증국번, 후난군(상군) 총지휘관.

증국전, 증국번의 동생으로 정원에서 아이들, 학과 함께 그린 초상.

망루에서 망원경을 들고 있는 다릉아.

말에 올라탄 포초를 창을 든 후난군이 호위하는 모습.

이홍장, 안후이군 지휘관(1879).

엘긴 경과 공친왕, 베이징 조약 체결 당시 펠리체 베아토가 찍은 사진(1860).

연합군 점령 후 다구 포대, 영국군이 진입한 지점에서 펠리체 베아토가 촬영.

연합군 점령 후 다구 포대, 프랑스군이 진입한 지점에서 펠리체 베아토가 촬영.

해리 파크스.

제임스 호프 제독,
일명 "싸움꾼 지미".

프레더릭 브루스,
제임스 브루스의 동생이자
중국 주재 영국 공사(1860~1864).

앤슨 벌링게임,
중국 주재 미국 공사(1861~1867).

베이징 성벽, 펠리체 베아토 사진.

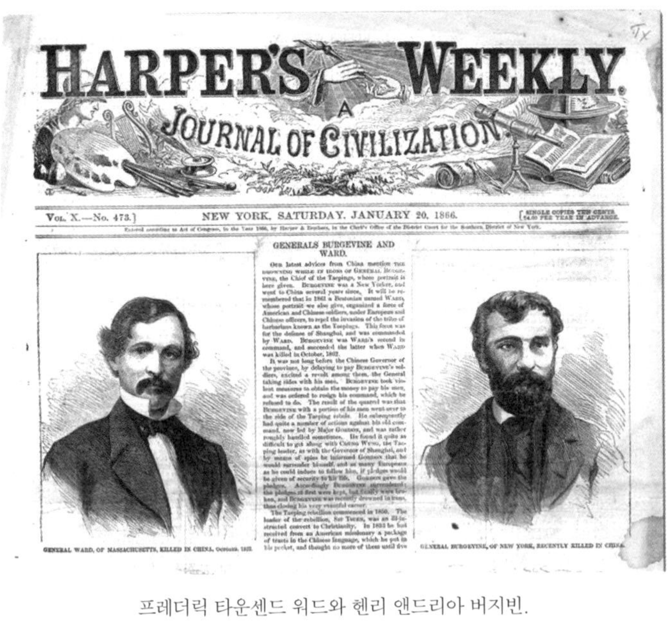

HARPER'S WEEKLY.
A JOURNAL OF CIVILIZATION.

VOL. X.—No. 473.] NEW YORK, SATURDAY, JANUARY 20, 1866. [SINGLE COPIES TEN CENTS. $4.00 PER YEAR IN ADVANCE.

GENERALS BURGEVINE AND WARD.

OUR latest advices from China mention THE DROWNING WHILE IN IRONS OF GENERAL BURGEVINE, the Chief of the Tapings, whose portrait is here given. BURGEVINE was a New Yorker, and went to China several years since. It will be remembered that in 1861 a Bostonian named WARD, whose portrait we also give, organized a force of American and Chinese soldiers, under European and Chinese officers, to repel the invasion of the tribe of barbarians known as the Tapings. This force was for the defense of Shanghai, and was commanded by WARD. BURGEVINE was WARD's second in command, and succeeded the latter when WARD was killed in October, 1862.

It was not long before the Chinese Governor of the province, by delaying to pay BURGEVINE's soldiers, excited a revolt among them, the General taking sides with his men. BURGEVINE took violent measures to obtain the money to pay his men, and was ordered to resign his command, which he refused to do. The result of the quarrel was that BURGEVINE with a portion of his men went over to the side of the Taeping rebels. He subsequently had quite a number of actions against his old command, now led by Major GORDON, and was rather roughly handled sometimes. He found it quite as difficult to get along with CHUNG WANG, the Taeping leader, as with the Governor of Shanghai, and by means of spies he informed GORDON that he would surrender himself, and as many Europeans as he could induce to follow him, if pledges would be given of security to his life. GORDON gave the pledges. Accordingly BURGEVINE surrendered; the pledges at first were kept, but finally were broken, and BURGEVINE was recently drowned in irons, thus closing his very eventful career.

The Taeping rebellion commenced in 1850. The leader of the rebellion, SIU TSUEN, was an ill-instructed convert to Christianity. In 1833 he had received from an American missionary a package of tracts in the Chinese language, which he put in his pocket, and thought no more of them until five

GENERAL WARD, OF MASSACHUSETTS, KILLED IN CHINA, OCTOBER, 1862.

GENERAL BURGEVINE, OF NEW YORK, RECENTLY KILLED IN CHINA.

프레더릭 타운센드 워드와 헨리 앤드리아 버지빈.

만주 의복을 입은 찰스 "중국의" 고든.

북쪽에서 우쑹강을 건너 바라본 상하이 부두 길(1869).

천국의 가을

걸작
논픽션
033

천국의 가을

스티븐 플랫 지음

임태홍 옮김

중국과 서양, 그리고 태평천국 전쟁의 역사

AUTUMN IN THE HEAVENLY KINGDOM

글항아리

일러두기

- 이 책의 주요 인물과 사건은 책 전체에 걸쳐 나온다. 이에 따라 앞부분에 등장인물과 연표를 제시하고 색인은 생략하도록 한다.

프랜시와 루시에게 바친다

화평하게 하는 자들은 복을 받을 것이다.
그들은 하나님의 자녀라 일컬어질 것이기 때문이다.
—「마태복음」 5장 9절

차례

제3부
위대한 평화

등장인물

청나라 정부

함풍제: 청나라 황제

공친왕(혁흔): 함풍제의 이복동생

숙순: 함풍제의 만주족 참모

재원: 함풍제의 만주족 참모

목음: 함풍제의 만주족 참모

단화: 함풍제의 만주족 참모

엽혁나랍: 함풍제의 후궁, 훗날 자희태후, 서태후로 불림

문상: 지략가

승격림심: 몽골족 귀족, 기수이자 장군

곽숭도: 관리

장국량: 산적 출신의 녹영군 장군

화춘: 녹영군 장군

오후: 상하이의 도대

설환: 장쑤성 순무

태평천국 반란군

홍수전: 태평천국 천왕

홍인간: 홍수전의 사촌 동생, 간왕, 태평천국 총리

이수성: 충왕

이세현: 이수성의 사촌 동생, 시왕

진옥성: 영왕

담소광: 모왕

석달개: 익왕

고영관: 납왕

지방 군대

증국번: 후난군(상군) 총지휘관

증국전: 증국번의 동생, 후난군 지휘관

증국화: 증국번의 동생, 후난군 지휘관

증국보: 증국번의 동생, 후난군 지휘관

좌종당: 후난군 장군

포초: 쓰촨성 출신의 후난군 지휘관

다룽아: 후난군의 만주 기병대 지휘관

이홍장: 증국번의 제자, 안후이군 지휘관

정학계: 반란군의 변절자, 안후이군 지휘관

기타 중국인

용핑: 1854년의 예일대학 졸업생

양방: 상하이의 은행가, 상승군 후원자

양창메이: 양방의 딸, 1862년에 프레더릭 타운센드 워드와 결혼

영국 정부

파머스턴 경: 총리

러셀 경: 외무장관

윌리엄 글래드스턴: 재무장관

윌리엄 헨리 사이크스 대령: 하원의원(스코틀랜드 애버딘 대표)

영국 외교관과 영사관

제임스 브루스: 엘긴 백작 8세, 영국 전권대사

프레더릭 브루스: 제임스 브루스의 동생, 중국 주재 영국 공사(1860~1864)

토머스 F. 웨이드: 통역원, 훗날 케임브리지대학 중국학 교수

해리 파크스: 통역원, 영사

프레더릭 하비: 영사

토머스 테일러 메도스: 영사

로버트 포레스트: 영사

영국 군대

제임스 호프 제독: 동인도와 중국 담당 영국 해군 총지휘관(1859~1862)

로더릭 듀 대령: 영국 군함 인카운터호의 대령

찰스 고든: 상승군 지휘관(1863~1864)

셰러드 오즈본: 영-중 함대 제독

기타 영국인

제임스 레그: 스코틀랜드 선교사, 훗날 옥스퍼드대학 중국학 교수

조지프 에드킨스: 영국 선교사

제인 에드킨스: 조지프 에드킨스의 아내

그리피스 존: 웨일스 선교사

토머스 볼비: 『타임스』 기자

존 스카스: 사업가

허레이쇼 넬슨 레이: 청나라 해양 세관의 감독관

미국인

프레더릭 타운센드 워드: 용병, 상승군 창설자

헨리 앤드리아 버지빈: 워드의 부관

에드워드 포레스터: 워드의 부관

이서카 제이콕스 로버츠: 미국 테네시 출신의 선교사

앤슨 벌링게임: 중국 주재 미국 공사(1861~1867)

조사이아 태트널: 동인도 함대의 제독(1858~1859)

프랑스인

그로 남작: 프랑스 전권대사

오귀스트 레오폴드 프로테 제독: 중국에 파견된 프랑스군 총지휘관

러시아인

니콜라이 파블로비치 이그나티예프: 외교관

스웨덴인

테오도레 함베리: 선교사

주요 사건 연표

1837년 홍수전이 처음 환영을 보다.

1839~1842년 영국과 청나라 간의 아편전쟁.
홍콩이 영국에 할양되다.
상하이가 교역항으로 개방되다.

1843년 홍수전이 하카족을 상대로 선교를 시작하다.

1850년 3월 9일, 함풍제 즉위.
여름, 광시성에서 배상제회의 첫 봉기가 일어나다.

1851년 1월 11일, 홍수전이 태평천국 건국을 선언하다.
태평천국의 반란이 시작되다.

1852년 홍인간이 테오도레 함베리를 만나다.

1853~1854년 홍인간이 홍콩에서 함베리와 공부하다.

1853~1856년 크림전쟁.

1853년 1월 8일, 증국번이 후난에서 민병대를 조직하라는 명령을 받다.
1월 12일, 태평천국이 우창을 점령하다.
3월 19일, 태평천국이 난징을 점령하고 만주족을 학살하다.
4월 27일, 영국 선박 허미스호가 난징에 오다.

1854년 1월, 증국번의 후난군(상군)이 후난에서 태평천국군과 전투를 시작하다.
5월, 홍인간이 상하이로 가 난징 침투를 시도하다.
7월 27일, 용굉이 예일대학을 졸업하다.
10월 14일, 증국번의 후난군이 우창을 탈환하다.
10월 25일, 크림전쟁 중의 발라클라바 전투.

1855~1858년	홍콩의 홍인간이 런던선교회에 고용되다.
1855년	1월~2월, 주장에서 후난군이 참패하다. 2월 11일, 증국번이 자살을 시도하다. 4월 3일, 태평천국이 우창을 다시 점령하다. 9월, 중국 서남부에서 무슬림 반란이 일어나다.
1856~1860년	영국과 청나라 간의 애로호 사건(2차 아편전쟁).
1856년	9월 2일, 동왕과 그의 부하들이 난징 쿠데타로 죽임을 당하다. 10월 8일, 광저우에서 청나라 관리들이 밀수선 애로호에 승선하다. 12월 19일, 후난군이 우창을 재탈환하다.
1857~1858년	인도의 세포이의 항쟁.
1857년	4월 20일, 엘긴 경이 중국 전권대사에 임명되다. 12월 28일, 연합군이 광저우를 공격하고 점령하다(1월 1일에 점유).
1858년	5월, 홍인간이 홍콩을 떠나 난징으로 가다. 5월 20일, 영국-프랑스 함대가 다구 포대를 공격하고, 계속해서 톈진으로 쳐들어가다. 6월 27일, 영국과 중국이 톈진 조약을 체결하다. 11월~12월, 엘긴의 함대가 양쯔강을 거슬러 올라 난징을 거쳐 한커우로 가다. 11월 1일, 영국 기관들이 인도를 직접 통치하고, 동인도회사가 해체되다. 11월 15일, 안후이의 세 강에서 태평천국군 주력 부대가 후난군에게 승리하다. 증국번의 동생인 증국화가 죽임을 당하다.
1859년	4월 22일, 홍인간이 난징에 도착해 5월 11일에 간왕으로 추대되다. 6월 25일, 하이허강에서 영국 함대가 다구 포대를 타격하다.
1860년	5월, 태평천국이 난징에서 청나라 포위군을 물리치다. 6월, 증국전이 안칭을 포위 공격하다(1861년 9월까지 계속됨). 프레더릭 타운센드 워드가 상하이에서 외국인들을 라이플총 부대에 입대시키다. 6월 2일, 충왕이 쑤저우를 점령하다. 6월 10일, 증국번이 장시성, 안후이성, 장쑤성의 임시 총독으로 임명되고, 8월 10일에 정식으로 임명되다.

7월 15일, 충왕이 편지를 통해 태평천국은 상하이의 외국인들을 해치지 않을 것임을 밝히다.
7월 16일, 프레더릭 타운센드 워드의 민병대가 쑹장을 점령하다.
7월 28일, 증국번이 치먼에 지휘 본부를 설치하다.
7월 30일, 프레더릭 타운센드 워드가 칭푸를 공격했다가 패하다.
8월 1일, 연합군 함대가 베이탕에 상륙하다.
8월 2일, 조지프 에드킨스와 그리피스 존이 쑤저우에 도착해 홍인간을 만나다.
8월 19일, 영국과 프랑스 병력이 상하이에서 태평천국군을 공격하다.
8월 22일, 영국과 프랑스 병력이 중국 북부의 다구 포대를 점령하다.
9월 22일, 함풍제가 수도를 버리고 도망가다.
10월 13일, 영국과 프랑스의 군대가 베이징을 점령하다.
이서카 로버츠가 난징에 도착하다.
10월 18일, 영국 군대가 함풍제의 이화원을 불태우다.
10월 24일, 중국과 영국 간 베이징 조약이 체결되다.

1861년

2월 9일, 미국 남부연합이 앨라배마주 몽고메리에 정부를 두고 수립되다.
2월 20일, 호프 제독이 처음 난징에 오다.
3월 4일, 에이브러햄 링컨이 미국 대통령에 취임하다.
3월 22일, 해리 파크스가 황저우에서 영왕을 만나다.
4월 17일, 링컨이 남부연합 항구들을 봉쇄하라는 명령을 내리다.
5월 13일, 영국이 남부연합을 교전 상대로 인정하다.
5월 19일, 프레더릭 타운센드 워드가 상하이에서 체포되다.
5월 31일, 영국 의회가 태평천국을 교전 상대로 인정하는 것에 대해 논의하다.
6월 7일, 영국 의회가 남부연합을 인정하는 것에 대해 논의하다.
7월 21일, 1차 불런 전투.
8월 22일, 함풍제가 사망하다.
9월 5일, 후난군이 안칭을 점령하고 1만6000명을 학살하다.
11월 8일, 트렌트호 사건(미국 남북전쟁).
베이징에서 쿠데타가 일어나 숙순 등 섭정들이 처형되다.
12월 9일, 태평천국이 닝보를 점령하다.
12월 15일, 증국번이 4개 성省의 군사 통제권을 장악하다.
12월 29일, 충왕 이수성이 항저우를 정복하다.

1862년

1월 20일, 태평천국군이 우쑹을 공격하고 상하이 포위 작전에 돌입하다.
1월 22일, 이서카 로버츠가 난징에서 빠져나오고, 태평천국을 비난하는 글을 쓰다.
2월 10일, 태평천국이 쑹장에서 워드의 상승군에 패하다.
2월 22일, 호프 제독이 상하이 지역에서 반란군을 소탕할 계획을 내놓다.

영국, 프랑스, 워드 사이의 동맹이 시작되다.
4월, 이홍장의 안후이군이 증기선을 타고 상하이로 이동하다.
4월 25일, 이홍장이 장쑤성의 순무가 되다.
5월 10일, 영국군과 프랑스군이 태평천국으로부터 닝보를 탈환하다.
저장에서 연합 작전이 시작되다.
5월 12일, 연합군과 워드가 칭푸를 함락하다.
5월 13일, 다륭아가 영왕으로부터 루저우를 탈환하다.
5월 15일, 영왕이 서우저우에서 붙잡혀 6월 4일에 처형되다.
5월 17일, 프랑스 제독 프로테가 태평천국군의 총에 맞아 사망하다.
프랑스군이 격분하다.
5월 30일, 증국전이 위화타이 기지에 진을 치다.
난징 포위 작전이 시작되다(1864년 7월까지 계속됨).
여름, 상하이에서 전염병 콜레라가 유행하다.
태평천국 포로들의 학살 소식이 전 세계에 보도되다.
7월 20일, 미국 공사 앤슨 벌링게임이 베이징에 도착하다.
9월 17일, 미국 남북전쟁 중 앤티텀 전투.
9월 21일, 프레더릭 타운센드 워드가 닝보에서 총상으로 사망하다.
10월 13일, 이수성이 위화타이에 있는 증국전 병력에 대한 공격을 개시하다 (11월 26일까지 45일간 계속됨).
12월 13일, 미국 버지니아주 프레더릭스버그에서 연방군(북군)이 패배하다.

1863년

1월 1일, 에이브러햄 링컨이 노예 해방 선언문을 발표하다.
1월 7일, 증국번의 동생 증국보가 난징에서 장티푸스로 사망하다.
2월 13일, 영-중 함대가 중국을 향해 영국을 출발하다.
3월 25일, 찰스 고든이 상승군 지휘를 맡다.
6월 13일, 증국전의 병력이 위화타이를 장악하다.
석달개가 쓰촨에서 항복하고 6월 25일에 처형되다.
7월 1일~3일, 게티즈버그 전투. 미국 남북전쟁의 흐름이 남군에 불리하게 전개되다.
8월 2일, 헨리 버지빈이 태평천국으로 전향하다.
9월, 용굉이 안칭에서 증국번을 만나다.
셰러드 오즈본이 중국에 도착해 영-중 함대의 지휘를 맡다.
10월 15일, 버지빈이 항복하다.
11월 19일, 링컨이 게티즈버그 연설을 하다.
11월 20일, 엘긴 경이 인도에서 사망하다.
12월 4일, 모왕 담소광이 다른 태평천국 장군들에게 암살되고, 이 장군들은 고든과 정학계 휘하의 청나라 군대에 쑤저우를 내주고 항복하다.

12월 6일, 이홍장이 쑤저우를 장악하고, 항복한 태평천국 장군들을 처형하다. 이로써 영국과 청나라 정부 사이의 군사 협력이 끝나다.

1864년

3월 19일, 율리시스 그랜트 장군이 연방군 전체에 대한 지휘를 맡다.
5월 31일, 상승군이 해체되다.
6월 1일, 홍수전이 사망하다.
7월 19일, 증국전이 난징을 함락하다.
7월 22일, 이수성이 난징의 외곽에서 붙잡히다.
7월 28일, 증국번이 안칭으로부터 도착해 난징을 접수하다.
8월 7일, 이수성이 난징에서 처형되다.
10월 9일, 홍인간이 장시에서 붙잡히다.
10월 25일, 유주幼主가 붙잡히고, 11월 18일에 처형되다.
11월 23일, 홍인간이 장시의 난창에서 처형되고 시신이 잘리다.

1865년

4월 9일, 로버트 리 남군 지휘관이 버지니아주 애퍼매턱스코트하우스에서 항복하다.

서문

1851년부터 1864년까지 중국을 집어삼킨 전쟁은 19세기의 가장 파괴적인 전쟁이었을 뿐만 아니라 모든 시대를 통틀어 가장 피비린내 나는 내전이었다. '태평천국의 반란'이라고 알려진 이 전쟁에서 중국의 '태평천국 반란군'은 200년 된 만주족 왕조인 청 왕조의 쇠퇴한 권위에 맞섰다. 이 잔인한 14년 동안 최소 2000만 명의 사람이 전쟁과 그에 따른 참혹한 기근 및 역병으로 목숨을 잃었다. 이 중국 내전의 마지막 몇 해는 미국 내전인 남북전쟁(1861~1865)과 시기상 겹치는데, 중국 내전의 사망자 수는 남북전쟁보다 적어도 30배 많았다.

대부분의 미국인처럼 나는 정규 교육 과정에서 태평천국의 반란에 대해 배우지 않았다. 나는 12년간의 공교육, 4년간의 대학 교육, 그리고 1년의 중국 유학을 거친 후에야 비로소 태평천국의 반란에 대해 접했고, 이것이 나만의 특이한 경우라고 생각하지 않는다. 이 전쟁은 미국에 거의 알려져 있지 않은데, 이는 미국의 내전이 당연히 해당 시기 우리 역사의 중심을 차지하고 있기 때문이기도 하고, 19세기의 중국이 본질적으로 폐쇄된 사회였고, 따라서 중국에서 벌어진 내전은 규모와 관계없이 오직 중국에 국한된 사건이라고 오랫동안 잘못 이해되었기 때문이기도 하다.

내가 이 책을 쓰는 목적 중 하나는 중국을 19세기 세계사에서 제 위치로 돌려놓기 위해서다. 중국은 폐쇄된 사회가 아니었고 흔히 생각하는 것과 달리 세계화는 그렇게 최근의 현상이 아니다. 청나라는 무역을 통해 세계 경제에 깊이 통합되어 있었고, 당시 홍콩과 상하이에는 수천 명의 외국인이 살고 있었다. 결과적으로 중국의 내전은 유럽과 아메리카에 이르기까지 전 세계로 이어지는 실들에 얽혀 있었고, 외부 세계는 긴박하게 이 사건을 지켜보았다. 나아가, 청나라 통치자들의 입장에서는 설상가상으로, 영국과 프랑스가 1850년대 말엽 무역권과 대사 배치를 놓고 청나라와 완전히 별도의 전쟁을 시작했는데, 이 전쟁이 진행 중인 태평천국의 반란과 겹치면서 청나라를 붕괴 직전으로 몰고 가는 데 한몫했다.

미국인들은 태평천국의 반란에 대해 알아야 한다. 단지 중국 역사를 이해하기 위해서만도 아니고, 당시 자국 사람들이 연루되었기 때문만도 아니다. 미국의 남북전쟁이 국경 너머까지 미친 더 폭넓은 영향을 조명하는 데 태평천국의 반란이 도움이 되기 때문이다. 중국과 미국에서 동시에 내전이 일어났다는 것은 사소한 문제가 아니다. 이 책에 담긴 나의 기본 주장들 중 하나는 1861년 미국에서 내전이 시작된 것이 중국 내전의 최종 결과(영국을 끌어들이게 됨으로써 도달한)에 영향을 미쳤다는 것이다. 당시 미국과 중국은 영국의 가장 큰 두 시장이었고, 양 전쟁에서 영국의 역할을 이해하기 위해서는 영국이 두 시장 모두를 동시에 잃을 가능성에 직면해 있었음을 기억할 필요가 있다. 이쪽이든 저쪽이든 어느 한쪽에서 질서가 회복되어야 했고, 영국은 미국에 개입해 면화 무역을 재개할 수도 있었겠지만, 그 대신 뒤에서 설명할 어떤 이유들로 중국 내전에 개입하는 것을 선택했다. 당시의 중국 개입이 영국은 경제 파탄에서 살아남고 미국의 남북전쟁은 외부의 방해 없이 전폭적이고 자연스럽게 진행될 수 있었던 이유였다고 훗날 영국 총리는 지적하게 된다. 바꿔 말하자면, 영국이 미국의 남북전쟁에서 중립을 취한 것은 중국에서 중립을 포기한 데 따른 것이었다.

이 책은 태평천국의 반란이라는 중국 내전에 관한 종합적인 역사서가 아니다. 그런 역사서라면 이 내전의 엄청난 규모로 미루어 날짜와 전투와 사상자들을 나열하다가 머리가 마비되어버릴 것이다. 이와 달리 이 책은 그 전쟁을 다방면에서 보여주려는 시도이자, 그 시대를 사는 게 어떤 것이었는지를(난리에 휩쓸린 중국인들 입장에서나, 열외자로서 그 나라를 여행하다가 그 전쟁에 더해 스스로의 전쟁을 시작한 외국인들 입장에서나) 느껴보게 하려는 시도다. 나는 내 생각에 그 난세에서의 선택, 공포, 기회를 가장 잘 구현했다고 여겨지는 각 진영의 몇몇 개인의 경험을 면밀히 살펴봄으로써 그 시대의 사건들을 꿰뚫어보고자 했다. 그 개인들 각자가 수백만 명을 아우르는 전쟁을 형성했다고 할 수 있을 정도로, 이 책의 중심 인물들은 내가 보기에 전쟁의 최종 결과에 가장 직접적인 책임이 있는 사람들이었다.

이러한 인물들은 영어를 구사하고 기독교를 전파하고 자유 무역, 철도, 신문이 있는 중국을 꿈꾼 태평천국 총리에서부터, 그 중국

전쟁에 나가 싸우는 것에 대한 보상에 혹해서 상하이로 온 미국 용병들, 주변의 이질적 세계를 이해하려다가 결국 그 세계의 양상에 영구적으로 영향을 미치게 된 서양 외교관과 선교사들에 이르기까지 다양하다. 청나라 측 사람인 증국번은 이 책의 6장에 이르러서야 등장해 중심적 역할을 보여주게 되는 만큼 독자로서는 인내심을 한껏 발휘해야 만날 수 있는 인물이다. 그는 가난한 농민의 아들로 태어나 장군이 되었다. 남북전쟁에서 활약한 율리시스 그랜트 장군에 비견되는 그는 그랜트 장군이 지휘한 군대처럼 규모가 크고 충성스럽고 무자비한 민병대를 지휘했고, 전쟁이 끝날 무렵 그의 권력은 그랜트도 일개 부하처럼 보이게 할 정도로 막강했다. 증국번 장군의 유산은 현대 중국에서 험난한 과정을 거쳤다. 여러 세대 동안 그는 민족을 배신하고 만주족 왕조를 지지한 사람이라고 비난받았지만, 최근에는 복권되어 중국인다운 게 무엇인지 보여주는 모델로 평가된다. 좀더 구체적으로 말하자면, 도덕적이고 강인하며, 서양에 물들지 않고 진정 중국적·유교적으로 함양된 것이란 어떤 것인지를 보여주는 모델로 평가된다. 그는 오늘날 중국에서 가장 유명한 역사 인물들 중 한 명이며, 그의 생애와 학문에 대한 수많은 책이 어느 공항 서점에나 갖추어져 있다. 이 책은 영어로 그의 삶을 되살려보려는 80여 년 만의 시도다.

태평천국의 반란에 관한 이야기는 필연적으로 국제적이다. 중국 내 양 진영의 힘이 너무 팽팽해서, 최종 결과가 1860년대 초에 이뤄진 외부 세력의 외교적·군사적 개입에 크게 좌우되었기 때문이다. 미국과 영국의 역사가들은 그 전쟁에서 중국 군대를 훈련시키고 이끈 더할 나위 없이 탁월한 두 외국인, 프레더릭 타운센드 워드와 찰스 고든에 대한 미화된 전기를 쏟아냈다. 나는 그들의 기록을 새롭게 살펴보았고, 그들이 소개한 그 끔찍한 전쟁의 내부 사정에 적절히 감응하며 두 인물에게 접근한다면 둘은 매우 다르게 보인다는 사실을 알게 되었다. 전통적으로 워드와 고든은 중국을 싹 쓸어버리고 바로 세운 외국인 영웅으로(한 권 이상의 전기가 워드를 가리켜 일컫듯이 "신"으로) 묘사되어왔다. 19세기의 아편전쟁과 무력에 의한 강압적 조약이 이어지는 우울한 역사를 배경으로 이 둘은 중국과 해외 강대국들 간의 긍정적 협력이라는 보기 드문 순간들의 상징이 되어왔다. 하지만 그러한 시각은 좀더 큰 전쟁의 상황에 대한 무지에 기인한 바가 크며, 내가 이 시대를 돌아보도록 촉발한 하나의 불꽃이 있다면 그것은 내가 우연히 접한 1909년의 어느 인터뷰였다. 이 책의 맺는말에 인용되어 있는 이 인터뷰에서 저명한 일본 정치가 이토 히로부미는 영국의 중국 내전 개입이 사실 중국-외국 협력의 영웅적 사례가 아니라고 기자에게 말했다. 오히려 영국이 중국에서 저지른 가장 큰 실수였다고 그는 말했다.

그럼에도 불구하고 이 연구 프로젝트를 시작했을 때만 해도 나는 외국의 개입이 실제로는 전혀 중요하지 않았음을 알게 되리라고 반쯤 예상하고 있었다. 오랫동안 서양의 역사가들은 중국 역사에서 외국인의 역할을 과장하는 경향이 있었고, 당시 상하이에 있던 영국인들은 의심할 여지 없이 자신들이 중국에 중요한 존재라는 과장된 의식을 갖고 있었다. 내륙에서 실제로 무슨 일이 일어나고 있는지에 대한 그들의 이해가 극히 제한적이었는데도 불구하고 말이다. 반면 중국어로 쓰인 전쟁의 역사들은 워드와 고든 같은 이들을 거의 중시하지 않고 지방 군대 및 다른 국내 세력들에 초점을 맞추는 경향이 있다. 상하이 해안 지대의 외국인들은 중국 내륙에서 벌어진 훨씬 큰 전쟁의 가장자리를 살짝 성가시게 하는 존재였을 뿐이다. 그래서 나로서는 그들의 역할이 실은 꼭 필요한 것이었음을 깨닫고 놀라지 않을 수 없었다. 외국인의 개입은 결정적이었을 뿐만 아니라, 대체로 비공식적이었고(이 점이 가장 놀라웠다), 흔히 미온적이었으며, 도덕적으로 충만했고, 전적으로 우연하게 여러모로 효과적이었다. 놀랍게도 외국인의 행동은 그들 자신도 모르게 중국 내륙의 지방 민병대들의 행동과 교묘하게, 거의 완벽하게 조화를 이루었다. 이 전쟁에 대한 중국의 기록과 외국의 기록을 조화시키다보면 특이한 사실이 떠오른다. 두 개의 세력이 본질적으로 동일한 전쟁을 치르는 데 따로따로 참가하고 있었고, 각 세력이 스스로를 중요한 유일 세력으로 여기고 있었다는 것이다. 따라서 이 책에는 서로 얽혀 있는 두 개의 서사 경로가 존재한다. 하나는 외국의 개입으로 이어지는 외부로부터의 경로이고, 다른 하나는 후난군(중국에서는 상군湘軍이라고 부른다)의 발생으로 이어지는 내부로부터의 경로다. 이 두 경로를 함께 따라가야만 그 전쟁의 대단원에 대한 충실한 군사적 이야기를 얻을 수 있다.

군인뿐 아니라 외국인도 참여한 것과 관련해, 이 시기의 일들은 인도적 개입과 제국주의를 구분하는 선이 얼마나 흐릿한지를, 그리고 그 선의 흔적과 굴곡이 다른 나라에 대한 전문 지식을 주장하는 데 성공한 나라의 사람에 의해 간단히 결정되는 경우가 얼마나 많은지를 일깨워준다. 이 책의 내용 중 국제적 측면 대부분은 청나라 내부에서 일어나고 있는 일을 받아들이려 애쓴(그것이 반란이든 내전이든 국가적 혁명이든 그저 무정부 상태로의 추락이든 간에) 외부 관찰자들의 노력과 관련되어 있다. 그리고 그들이 자신들의 결론에 기초해 이쪽 진영에서든 저쪽 진영에서든 적극적인 역할을 하도록 자신들의 정부를 설득하려 어떻게 노력했는지와 관련되어 있다. 이 과정의 중심에는 영사 업무, 사업, 개신교 선교 활동, 언론, 정부에 몸담고 있는 개인들이 뒤섞여 있었는데, 그들은 흔히 극렬하게 의견이 달랐다. 이 개인들 다수는 양심적이며 선의를 가지고 있었다. 물론 일부는 그렇지 않았다. 하지만 흔히 그렇듯이 괴물들조차 어느 정도는 자신이 오직 인류의 이익을 위해 행동한다고 믿었다.

태평천국의 반란에 대해 이미 잘 알고 있는 독자라면 이 사건에 대한 내 이야기에서 몇 가지 차이점을 발견할 것이다. 태평천국 반란의 기원과 태평천국의 종교에 대해서는 영어로 쓰인 훌륭한 책들이 이미 있어 나는 다른 데 힘을 쏟았다. 이 책은 전쟁의 기원보다는 결말에, 반란군의 종교적 이념보다는 민족적 이유에서 강력한 호소력을 만들어내려고 한 반란군의 시도에 초점을 맞추고 있다. 오랫동안 중국 역사를 다루는 서양의 역사가들은 이 시기에 지배자인 만주족과 피지배자인 한족 사이의 민족적 차이는 무시할 만한 수준이었거나 최소한 눈에 드러나지 않았다고 생각했다. 중국을 침략한 만주족 같은 외세는 시간이 가면서 쉽게 한족에 동화되었다는 것이 통념이고, 그 때문에 태평천국의 종교적 호소가 좀더 중요한 것으로 간주되는 데 비해 태평천국의 종족적(심지어 집단 학살적) 측면은 경시되었다.

하지만 최근 몇 년 사이 만주족을 연구하는 학자들은 만주족이 실은 자신들과 한족의 민족적 차이를 치열하게 의식하고 있었다는 것을 만주족의 언어와 문서들에서 알아보았다. 전쟁 말기에 태평천국 반란군이 널리 주장한 바를 보면 그런 감정은 상호 공통적이었던 듯하다. 이런 관점에서 볼 때, 반란군의 민족주의적인 호소, 즉 이민족 통치자들을 타도하고 한족을 권좌에 되돌려놓아야 한다는 호소는 좀더 심각하게 받아들여질 필요가 있다. 징집이 더해진 종교적 전향만으로는 전쟁 말기에 태평천국이 마치 마술을 부리듯이 만들어낼 수 있었던 수십만 명에 달하는 방대한 군대를 설명하기 어렵다. 반란군의 민족주의적 호소는 분명 해외에서 진지하게 받아들여졌다. 서방세계에서 태평천국 반란군을 지지하는 가장 강력한 주장들은 그들이 내세운 기독교 신앙이 아니라 만주족 지배로부터 한족을 해방시킬 존재라는 데 근거하고 있었다.

또한 내가 일반적으로 이 갈등을 좀더 익숙한 '태평천국의 반란'으로 부르기보다는 '내전'(당시 일반적으로 사용된 용어)으로 부르기를 선호한다는 것을 독자들은 알아차릴 수 있다. 이 갈등에 대해 글을 쓸 때 서양의 역사가들은 적어도 용어 선택에 있어서는 오랫동안 청 왕조 편을 들어왔다. 태평천국은 분명 반란 세력이었지만, 그 전쟁 전체를 태평천국의 반란이라고 부르는 것은 그 반란자들을 영원히 악으로 규정해버리는 것이며, 그들이 합법적인 통치자에게 저항했고, 그들만 없었으면 평화롭고 안정된 상태였을 제국을 파괴했다고 그들에게 모든 허물을 뒤집어씌우는 것이다. 그러나 당시로 돌아가보면, 특히 전쟁 말기에 어느 쪽이 더 파괴적이고 폭력적이었는지는 구별하기가 매우 어렵다. 중화인민공화국의 역사가들은 일반적으로 반대되는 편견을 취해, 태평천국을 원시 공산주의 농민 반란군으로 대우하고 그 전쟁을 "태평천국 혁명" 또는 "태평천국 봉기"라고 불러왔다. 그 전쟁의 참화에 대한 책임이 전적으로 태평천국에 있다고 주장하는 것이 불공평하듯이, 그들이 모종의 농민 유토피아를 건설하고 있었다고 주장하는 것 또한 과도하다는 점을 이 책의 독자들이 똑똑히 알게 되었으면 한다.

이 시기를 가리키는 가장 중립적이고도 매혹적인 용어는 "태평천국"이다. 이는 전쟁이나 파괴의 얼룩이 묻어 있지 않은 용어로, 중국에서 가장 부유하고 인구가 많은 지역 상당 부분을 10년 이상 차지했던 이 정권이 하나의 국가로 기술되는 것이 최선이라는 인식을 드러낸다. 나는 그런 입장에서 태평천국에 접근했고, 당시 많은 외부인도 그런 입장에서 태평천국을 경쟁적 정부, 경쟁적 국가, 중국이 구현해야 할 경쟁적 비전으로 보았다.

끝으로 덧붙이자면, 이 책은 19세기 세계의 특정 지역에서 일어났던 반란을 들여다보는 창이자 중국 현대사의 전환점을 통찰하는 도구가 되고자 하지만, 단순히 몰락하는 한 제국을 배경으로 한 양심과 운명에 대한 도덕적 이야기로도 읽힐 수 있다. 중국의 중심 인물들은 외국인들처럼 탈출이라는 사치를 누리지 못했다. 이것은 그들이 만든 혹은 파괴한 세계였다. 친숙한 삶의 조직에서 떨어져 나와 자신들이 꿈꿨던 것 이상의 역사적 결과를 가져온 역할들에 쑤셔넣어졌던 소수 개인들의 이야기다. 그리고 결코 되돌릴 수 없는 선택들, 일단 저질러

지면 결코 무효화될 수 없는 행위들, 위기의 시기에 끊임없이 침식되는 선택지들(더 이상 아무것도 남지 않아 어떻게든 반대편에서 평화를 찾기를 바라며 계속 격변으로 나아갈 수밖에 없는)에 대한 이야기다.

0
500 마일
러시아 제국
현재 중국 국경
청 제국
(1860년경)
티베트
쓰촨성
벵골
윈난성
인도
버마
(미얀마)
안남
시암

바이칼호
헤이룽강
러시아에 양도
(1860년)
헤이룽장성
몽골
즈리
지린성
베이징
만리장성
톈진
다구 포대
동해
대한민국
산둥성
황해
시안
허난성
산시성
안후이성
장쑤성
일본
난징
후베이성
우창
안칭
쑤저우
상하이
양쯔강
항저우
닝보
포양호
저장성
창사
난창
태평천국군의
가장 먼 거점
(1851~1864년)
저우성
후난성
장시성
메이링 고개
푸젠성
난슝
광시성
광둥성
타이완
광저우
홍콩
태평양
중국해
필리핀

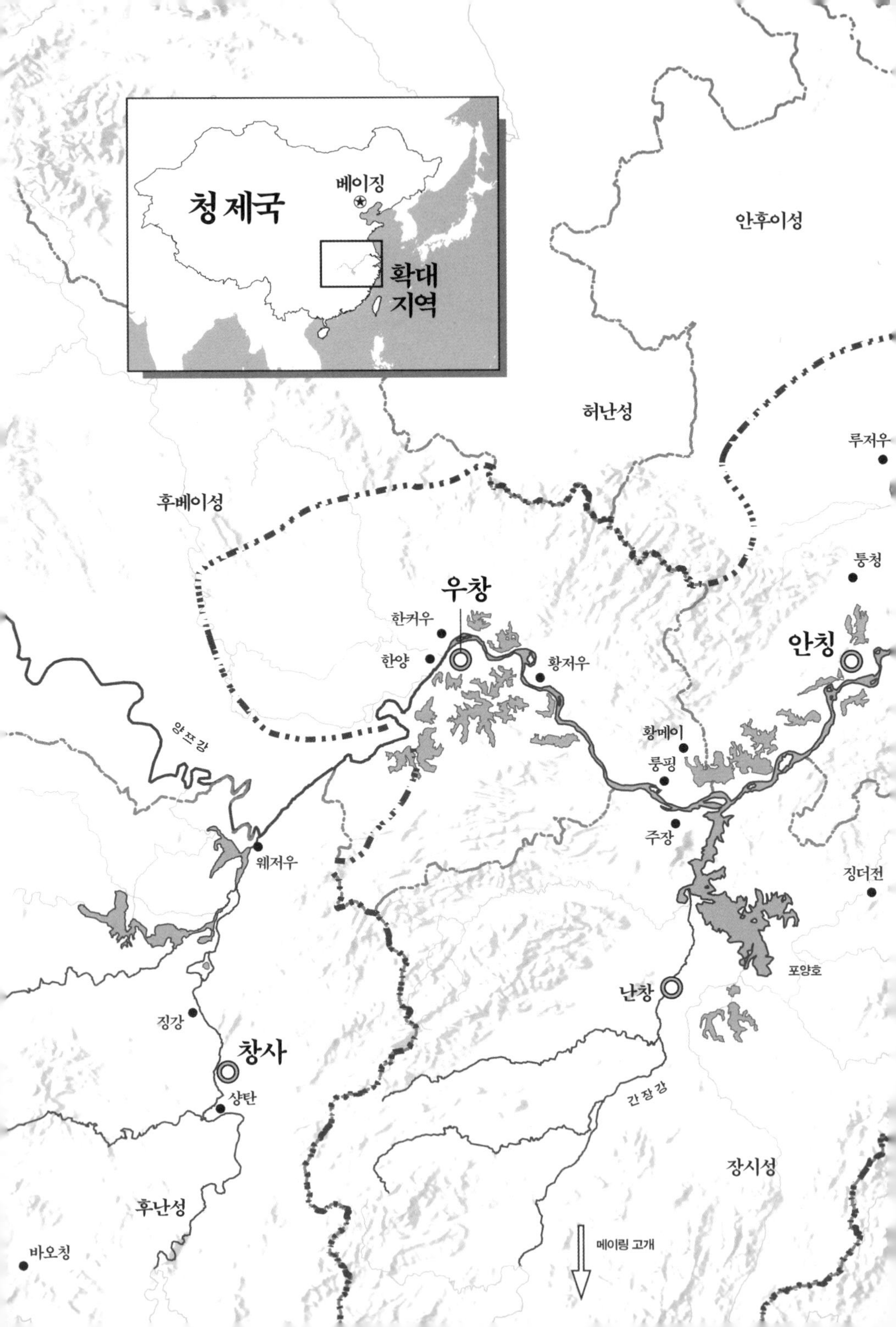

청 제국
베이징
확대 지역
안후이성
허난성
루저우
후베이성
통청
우창
한커우
한양
황저우
안칭
양쯔강
황메이
룽핑
웨저우
주장
징더전
포양호
난창
징강
창사
상탄
간장강
장시성
후난성
메이링 고개
바오칭

0
100 마일
장쑤성
황해
양저우
양쯔강
푸커우
전장
난징
단양
창저우
우시
쑤저우
천탕허
타이후호
우쑹
우후
칭푸
상하이
쑹장
양쯔강
후저우
저린
자푸
항저우
황산
후이저우
슈닝
닝보
저장성
태평천국군의
가장 먼 거점
(1851~1864년)
동중국해
푸젠성

난징
방어벽
양쯔강
'하늘 요새'
북쪽 호수
'땅 요새'
난징성
명나라 황제들의 능
천왕궁
'용의 어깨'
해자
만주족
요새 도시
해자
성벽
위화타이
0 1 2 마일
청 제국
베이징
난징
태평양

들어가는 말

천국의 아이들

1853년의 어느 이른 봄날 아침, 베이징 서북쪽에 자리한, 청나라 제7대 황제 함풍제의 여름 궁궐인 이화원 위로 조용히 태양이 떠오른다. 그 궁은 정원과 장식적인 건축물들이 약 3제곱킬로미터에 걸쳐 호화롭게 펼쳐져 있다. 그곳은 중국이라는 세계 안 또 하나의 세계라 할 만하고, 함풍제는 선대 황족들이 그랬듯이 그 궁 밖으로 나갈 일이 거의 없다. 거기에는 수목이 우거진 승마용 오솔길, 호수, 경극 공연장이 있다. 청나라의 더할 수 없이 웅장한 풍경이 황제의 즐거움을 위해 미니어처로 사랑스럽게 재현되었다. 21세의 함풍제는 황위에 오른 지 3년밖에 안 되었지만 이 궁에서 태어났고, 또한 그가 삶에서 경험한 것이라고는 천자天子가 되어 중국을 통치하기 위해 했던 준비가 전부다.

함풍제는 한족이 아니고 만주족이며, 원래 만리장성 이북 출신인 야외생활을 하는 유목민과 사냥꾼의 후예다. 만리장성은 중국의 초기 왕조들이 그의 종족을(중국인들은 과거에 그들을 "오랑캐"라고 불렀다) 막기 위해 세운 것이다. 하지만 그의 가문은 1644년 명나라가 스스로의 무게로 무너진 뒤 두 세기 이상 중국을 통치해왔다. 왕조는 관용을 발휘하며 통치했고, 행정과 관료제 실무를 담당하는 중국 학자들의 충성심을 유지하기 위해 중국 전통의 관리자와 같은 역할을 했다. 이전 왕조들이 그랬듯이 이 왕조는 유교적 시험을 통해 관리를 선발했으며, 왕조를 대리해 제국을 관리할 충성스러운 한족을 모집했다. 그리고 여러 세대가 지난 지금에 와서도, 천명에 따라 만주족이 통치를 하는 것이며 만주족 황제가 사실상 신에 의해 선택된 한족의 통치자라는 것에 의문을 제기하는 사람은 거의 없었다.

함풍제의 삶은 곧 일종의 특이성이다. 황제로서 그만이 걸칠 수 있는 색깔의 옷, 그만이 사용할 수 있는 먹, 그만이 스스로를 일컫는 데 사용할 수 있는 대명사가 존재했다. 그리고 어떤 의미에서 청나라에서 만주족의 상황은 대체로 특별했다. 그들은 소수의 엘리트(정복 당시 한족 1000명당 만주족 3명)로, 자기들만의 언어와 관습이 있으며, 자기 민족 사람과 결혼했다. 궁궐에서 세상 속 세상을 누린 함풍제처럼, 만주족 대부분은 몇몇 도시에 자기들끼리 모여 살았다. 이른바 만주족 요새 도시들, 큰 빗장도시 내의 빗장도시, 즉 벽을 쌓아 바깥쪽의 한족 대중과 분리되도록 한 도시들이다.

이 만주족 사람들도 거칠었던 때가 있었다. 그 시절에는 여름이면 남자들이 북방의 고향으로 돌아가 승마술과 활쏘기 같은 무술을 연마했고, 그러한 무술 덕분에 그들은 정주 성향의 한족보다 위풍당당하고 우월했다. 하지만 점점 안락함에 익숙해지면서 상황은 바뀌었다. 황제들은 더 이상 전처럼 기민하지 않았고, 만주족 남자들은 더 이상 신체 단련이나 무술 연마에 관심이 없었다. 그래서 1853년의 봄

날 아침, 함풍제의 궁에서 남쪽으로 1100킬로미터 남짓 떨어진 성곽 도시 난징에서 반란군들(또 다른 하늘에 의해 선택된 자들)이 그 도시의 외벽을 부수고 시민들에게 악마들이 있는 곳으로 안내하라고 외칠 때, 고립된 주민들을 둘러싼 성벽을 기어오르려 서로의 몸을 타고 넘으며 만주족의 성안으로 밀고 들어갈 때, 성안에 사는 약 2만 명의 만주족 중 남자들은 무기를 들지 않고 그저 땅에 몸을 던져 동정을 구걸하기만 했다. 반란군은 그들을 짐승처럼 도살했고, 그들의 아내와 아들딸들을 전부 죽였다.[1]

제1부 황혼

1장
선교사의 조수

1852년의 홍콩은 병들고 축축한 곳이었다. 청나라 남쪽 해안에 얹힌 바위투성이 섬이었고, 이곳 주민들이 묘사하는 것처럼 사람들은 "소택지에서 뿜어져나오는 독기가 사방으로 퍼져나가는" 듯한 두려움 속에서 살고 있었다. 작은 영국인 정착지는 산과 만 사이에 자리잡고 있었지만, 에메랄드빛과 사파이어빛이 어우러진 장관이 표면 아래 어둠을 감추었다. 향수 어린 이름이 붙은 이 식민지의 중심 거리들(퀸스로드, 웰링턴스트리트, 할리우드로드)을 따라 창고, 군 막사, 무역회사들이 몰려 있는 곳을 벗어나면 해안을 따라가다가 언덕으로 이어지는 자갈길에서 더할 수 없이 웅장한 경치를 볼 수 있었지만, 머지않아 그 유럽인 정착촌은 듬성듬성한 중국인 가옥들로 바뀌었고 영국이 아편전쟁의 전리품으로 이 섬을 차지한 지 10년이 지난 지금도 변함없이 벼와 고구마 경작지들이 집들 사이에 흩어져 있었다. 일부 더 부유한 상인들은 언덕 위에 항구와 시내를 굽어보는 계단식 정원이 딸린 호화로운 저택을 지었다. 하지만 정착촌의 보호에서 너무 멀리 벗어나기라도 한 것처럼, 그 집의 거주자들은 병들어 죽어나갔다. "열병

가구 또는 사망 가구"로 표시된 그 흉가 같은 저택들은 고요하게 버려져 있었고, 그 저택들의 공허한 시선은 아래쪽의 정착민들을 심판하는 듯했다.[1]

그 정착민들 중 한 명이 테오도레 함베리였다. 그는 젊은 스웨덴 선교사로, 섬세하고 거의 여성적일 정도로 가느다란 턱수염을 기르고 있었다. 그는 좋은 목소리를 타고났고, 스톡홀름에서 보낸 젊은 시절에 "스웨덴의 나이팅게일" 예니 린드와 함께 노래를 부르기도 했다. 하지만 린드가 유럽과 미국의 오페라홀들을 정복하고, 그러는 과정에서 프레데리크 쇼팽과 한스 크리스티안 안데르센 같은 구혼자들을 무릎 꿇렸다면, 함베리의 삶은 완전히 다른 길로 나아갔다. 그의 힘찬 테너는 설교를 하는 것에서 운명적인 출구를 찾았고, 그는 1847년 고향 스웨덴을 떠나 세계의 반대편 끝으로, 홍콩이라는 이 말라리아 발병 식민지로 왔다. 그의 유일한 목적은 다른 방식으로 중국인들을 무릎 꿇리는 것이었다.

테오도레 함베리는 당연히 무명의 삶을 살았을 것이다. 그의 가장 자랑스러운 업적도 작은 개신교 선교사 사회를 벗어나서는 어느 누구에게도 거의 의미가 없는 것이었기 때문이다. 그는 비교적 안전한 홍콩을 떠나 중국의 시골 마을까지 용감하게 나아간 동 세대 최초의 유럽인들 중 한 명이었다. 그는 주장강 하류에서 약 160킬로미터 거슬러 올라간 곳에 자리한 중국의 무역항인 광저우항 외곽 마을에서 선교 활동을 했다.(건강 때문에 결국 홍콩으로 돌아오게 되지만.) 또한 그는 처음으로 하카족 또는 "객가客家"족의 방언을 배워 구사한 사람이었다. 하카족은 중국 남부에 거주하는, 인구 밀도가 매우 높은 소수

민족이었다. 바깥 세상에서는 이런 사실들이 어느 누구에게도 의미가 없었을 테고, 단 하나만 의미가 있었을 것이다. 1852년 늦은 봄의 어느 날, 그의 선교를 통해 신도가 된 시골 사람들 중 하나가 그에게 어떤 손님을 데려왔다. 손님은 키가 작고 얼굴이 동그스름한 하카족으로 이름은 홍인간이었다. 그가 놀랄 만한 이야기를 들려주었다.

함베리가 이 첫 만남에 대해 회고한 바에 따르면, 이 하카족 사람의 가장 이상한 점은 홍콩 선교사들의 손이 닿는 좁은 범위를 훨씬 벗어난 곳 출신임에도 불구하고 이미 하나님과 예수님에 대해 많이 알고 있는 듯 보였다는 것이다. 홍인간은 자신이 홍콩으로 오는 계기가 된 일들에 대해 황당한 이야기를 들려주었고, 함베리는 호기심으로 귀 기울였다. 홍인간은 자신이 본 환영과 전투에 대해서, 적과 신도들에 대해서, 하카족 중에서 나온 선지자에 대해서 이야기했다. 그는 청 왕조에서 소임을 받은 자들에게 줄곧 쫓기는 중이었고, 가명으로 위장한 채 살고 있었다. 적어도 그렇게 주장했다. 그는 납치당했다가 도망쳤고, 4일 동안 숲에서 지냈고, 6일 동안 동굴에서 지냈다. 하지만 이해하기 힘든 이야기였고, 함베리는 "도무지 무슨 뜻인지 모르겠다"고 말했다.[2] 그는 그 이야기를 어떻게 받아들여야 할지 몰라서 홍인간에게 글로 적어달라고 부탁했다. 홍인간은 그렇게 했고, 세례를 받기 위해 거기 머물 것이라는 함베리의 기대와 달리 아무런 설명 없이 떠나버렸다. 함베리는 홍인간의 이야기가 적힌 낱장의 종이들을 책상 안에 넣어두고 다른 문제들로 주의를 돌렸다. 그는 1년간 그 글을 거의 잊고 지내다가, 난징이 피의 급류에 휘말렸다는 소식을 들은 1853년 봄에 이르러서야 홍인간의 이야기에 묘사된 그 이상한 일들이 자신이 생각했던 것보다 더 중요한 것임을 깨달았다.

중국에서 변란이 일어났다는 소식이 함베리를 비롯한 홍콩 정착민들에게, 그리고 상하이 해안 지역에, 그저 산발적이고 모호한 이야기들로 전해졌다. 중국 조정의 기록들에 따르면 1850년대 초반의 증가하는 무질서에는 패턴도, 원칙도, 응집력도 없는 것 같았다. 중국 시골의 지역적 봉기들과 소규모 도적 떼는 제국 당국의 끊이지 않는 골칫거리여서 새롭거나 주목할 만한 일은 아니었지만, 아편전쟁 이후 몇 년 동안 확실히 증가한 것처럼 보였다. 중국 내륙으로 깊이 들어간 중국인 여행자와 은밀한 가톨릭 선교사들은 '천덕天德'이라고 알려진 남자가 이끄는 좀더 큰 어떤 운동에 대한 소문을 전했지만, 많은 이야기가 그랬듯이, 그 남자가 청나라 군대에게 죽임을 당했다거나 혹은 애초에 존재하지 않는 사람이었다고 했다. 어떤 명확한 소식도 없는 상태에서, 항구 지역에 거주하는 외국인들은 그런 일에는 거의 신경 쓰지 않았고, 오직 강도들이 차와 비단의 생산을 방해하지 않을까 걱정할 뿐이었다.

하지만 1853년에 '남쪽 수도'라는 뜻을 지닌 난징南京이 함락되면서 상하이의 외국인 정착지 문 앞까지 대규모 내전이 닥쳤다. 그곳은 양쯔강과 바다가 만나는 하구로부터 300킬로미터밖에 떨어져 있지 않았다. 스스로를 '태평천국太平天國'이라 일컫는 50만 명의 반란군이, 징발한 배들을 모아 큰 함대를 이루고서 중국 중부로부터 난징으로 몰려들었고, 그들이 지나간 곳에는 텅 빈 도시들과 무너진 제국 방어선이 남았다. 이제 논쟁의 여지가 없었다. 이것은 단순한 도적 떼의 봉기가 아니었다. 상하이가 공포에 휩싸였다. 난징과의 직접 소통도 없었고, 구체적인 정보도 없었다.(미국 증기선 서스퀴해나호가 조사를 위해서 강을 거슬러 난징으로 가려다가 좌초되었다.) 폭도들이 외국인을 공격하기 위해 상하이로 진군할 것이라는 소문이 퍼졌고, 상하이의 중국인 주민들은 위험을 피하고자 집을 판자로 막고 짐을 꾸린 뒤 강배를 타거나 시골로 도망쳤다. 외국인 정착민들은 방어 수단이 미비함을 깨닫고, 되는대로 자원 방위대를 구성해 성벽을 지키게 하고 몇 척의 배를 손 닿는 곳에 띄워놓았다. 두 척의 영국 증기선, 한 척의 전쟁용 쌍돛대 범선, 그리고 프랑스인과 미국인들을 위한 각각 한 척의 증기선이었다.[3]

하지만 거기서 끝이었다. 적어도 당장은 그랬다. 태평천국은 상하이로 진군하지 않았고, 상하이의 경계警戒는 완화되었다. 그 대신 이 반란군은 만주족 통치자들의 수도인 베이징을 향해 목표를 북쪽으로 정했고, 난징을 기지로 삼아 길고 피비린내 나는 작전을 준비했다. 그들은 난징이라는 이름을 '톈징天京'(하늘 수도)으로 바꿨는데, 톈징은 상하이에서 그리 멀지 않았다. 영국 선박 한 척이 1853년 4월 말에 그곳을 방문했지만, 그곳에서 벌어지고 있는 일에 대해 상충되는 인상들을 가지고 돌아왔다. 가장 분명한 것은 태평천국이 "미신과 허튼소리"에 가까운 이념을 가지고 있다고 밝힌 영국 전권대사의 의견이었다.[4] 방문자들은 그 반란군의 기원에 대해 아무것도 알지 못했다.[5]

분명한 정보가 부족함에도 불구하고 이 중국 내전에 관한 설익은 이야기들이 상하이와 홍콩으로부터 바깥으로 퍼져나가 서구 세계의 상상력을 자극했다. 유럽은 이미 5년 전에 1848년 혁명으로 그러한 변란을 겪었고, 중국에서 일어난 일들은 그때의 일과 아주 유사해 보였다. 만주족 지배자들에게 억압받아 신음하는 중국 민중이 사죄를 요구하며 들고일어난 것으로 보였던 것이다. 『이코노미스트』는 이 사건을 "최근 고통받는 유럽이 겪었던 것과 같은 사회적 변화 혹은 격동"이라고 일컬었고, "아시아와 유럽에서 동시에 유사한 소요가 벌어졌다는 것은 특이한 일"이라고 보았다.[6] 이는 세상의 반대쪽 끝에 있는 이 제국이 이제 서구의 정치 및 경제 제도에 연결되어 있다는 증거였다.

1853년 『뉴욕데일리트리뷴』의 런던 통신원이던 카를 마르크스는 자본주의에 대한 자신의 생각을 정리하는 데 힘쓰고 있었는데, 그 역시 중국에서 일어난 반란이 중국이 세계 경제에 통합되었다는 신호라고 보았으며, 이는 결국 최근의 아편전쟁에서 영국이 중국에 무역 개방을 강요한 데 따른 최종 결과라고 보았다. 마르크스의 용어를 빌리자면, 중국에서 일어나고 있는 일은 단순한 반란이나 폭동이 아니라 "하나의 엄청난 혁명", 산업세계의 상호 연결성을 보여주는 혁명이었다. 그의 주장에 따르면, 바로 중국에서 서구의 미래를 볼 수 있었다. 그는 다음과 같이 썼다. "유럽인들의 다음 반란, 그리고 정부의 공화주의적 자유와 경제를 위한 유럽인들의 다음 움직임은 아마 현존하는 다른 어떤 정치적 이유보다 현재 중국(유럽과 정반대인)에서 일어나고 있는 일에 더 영향을 크게 받을 것이다."[7]

그의 설명에 따르면, 중국의 혼란은 아편 무역에 뿌리를 두고 있었다. 10년 전, 영국은 군함을 동원해 중국 시장을 강제로 개방시켰고, 이로써 통치 왕조에 대한 중국인들의 "미신적 믿음"을 약화시켰다. 세계에 노출된다는 것은 옛 질서의 파괴를 의미한다고 마르크스는 믿었다. "밀폐된 관에 조심스럽게 보관된 미라가 바깥 공기에 노출되면 부스러지듯이, 반드시 붕괴가 뒤따르기" 때문이다. 하지만 청 왕조 붕괴의 영향은 중국 자체에 국한되지 않을 것이다. 그가 생각하기에는 태평천국 혁명 전체가 영국의 잘못이었고, 이제 영국이 해외에서 벌인 일이 다시 영국에 영향을 미치게 될 것이었다. 그는 다음과 같이 썼다. "문제는 그 혁명이 시간이 지나면서 영국에, 그리고 영국을 통해 유럽에 어떤 반응을 일으킬 것인가 하는 점이다."[8]

마르크스는 태평천국 혁명에 따른 중국 시장의 상실이 영국의 면화와 양모 수출을 약화시킬 것이라고 예측했다. 혼돈의 중국에서는 상인들이 오직 금과 은만을 상품에 대한 지불 수단으로 받아들일 것이고, 그리하여 결국 영국의 귀금속 상점들이 무너질 것이다. 나아가, 그 혁명이 영국의 차 수입원을 단절시켜버릴 것이고, 그리하여 영국의 차(영국인 대부분이 중독되어 있던) 가격이 치솟을 것이며, 동시에 서유럽의 흉작이 식량 가격을 급등시켜 공산품에 대한 수요를 더 감소시키고 영국 경제가 의존하고 있는 제조업 전반을 약화시킬 것이다. 마르크스는 다음과 같이 결론지었다. "중국 혁명은 현재의 과부하 걸린 산업 시스템이라는 광산에 불을 댕겨, 오랜 시간에 걸쳐 형성된 만연한 위기의 폭발을 야기할 것이며, 이는 해외로 확산되어 즉각 유럽 대륙의 정치적 혁명으로 이어지리라고 예측해도 무방할 것이다."

마르크스가 『뉴욕데일리트리뷴』의 독자들을 상대로 중국 내전이 유럽의 움직임들과 유사한 것으로서 계급 투쟁과 경제 혁명의 하나임을 납득시키려 애썼다면, 미국 남부의 노예 항구인 뉴올리언스의 신문 『데일리피키윤』의 편집자들은 세계에 대한 특유의 시각을 바탕으로 중국 내전을 좀 다르게 보았다. 그들은 중국 내전이 민족 간의 전쟁이고, 중국을 격변에 휩싸인 노예 국가라고 보았다. 그들의 설명에 따르면, 태평천국은 거주민이 "주로 토착 민족"으로 이루어진 중국 남부의 광시성과 광둥성에서 발생했다. 반면에 북쪽의 만주족은 "중국의 지배 민족"으로, 200년 전 황권을 탈취했으며 그 이후 "중국은 만주족 지배자들의 피정복 국가로 통치되어왔다". 두 민족은 결코 섞이지 않았고, 노예제에 기반한 조화로운 사회라는 미국 남부의 세계관을 공유한 『데일리피키윤』은 중국의 "그 조용하고 근면하고 노동에 종사하는 수백만의 사람은 대체로 모범적인 온화함으로 지배자에게 복종해왔다"고 주장했다. 지배자와 노예가 평화롭게 공존하는 이 만주족-한족 국가의 안정성에 대한 유일한 위협은 지배에 복종하기를 거부하는 중국 남부의 이 "토착" 민족이었다. 그래서 태평천국의 반란은 미국의 아프리카 노예들이 폭동을 일으키는 것과 암울한 유사성이 있었다.[9]

런던의 『타임스』는 가장 선견지명 있는 관찰자였는데, 영국이 중국의 내전에 해군을 보내야 하는지, 만약 보낸다면 어느 쪽에 보내야 하는지의 문제를 즉각 파고들었다. 난징 함락 소식이 런던에 전해진 직후인 1853년 5월 17일의 사설에서 『타임스』는 태평천국을 막을 수는 없을 듯하며, "따져볼 수 있는 모든 가능성에 따르면 그들은 결국 중국 정부를 전복시키는 데 성공할 것"이라고 썼다. 또한 『타임스』

는 어떤 상하이 신문의 기사를 게재했는데, 그 기사는 "지배자 교체"가 중국 국민 전체가 바라는 것인지 물었고, 태평천국이 비록 중국 북부에서는 그다지 사랑받지 못하지만 중국인들에게 진정 환영받는 변화의 세력을 대표하며, "고관대작들의 착취와 억압을 더 이상 참을 수 없다는 분위기가 전국적으로 더 짙어지고 있는 듯하다"고 주장했다.[10] 여름이 끝날 즈음 『타임스』는 중국에서 일어난 반란이 "모든 면에서 세계가 이전에 경험해보지 못한 가장 큰 혁명"이라고 단언했다.[11]

하지만 반란군들 자체는 변변치 않았다. 『타임스』 독자는 태평천국이 중국인들의 지지를(적어도 마지못한 지지를) 받고 있고, 만주족을 타도하고 새로운 정부의 시대를 열 준비가 되어 있다고 쉽게 결론 내렸을 것이다. 한편 편집자들은 영국의 무지에 대해서도 경고했다. 그들은 "우리에게는 이 반란의 기원이나 목적에 대한 어떤 실질적인 정보도 없다"고, "우리는 현 중국 정부가 내전으로 전복될 가능성이 있음을 알고 있지만, 그 이상은 아무것도 모른다"고 썼다. 그들이 우려한바, 영국은 반란군을 지원하거나 격려해야 할지 말지를 결정할 만큼 반란군의 이념이나 성격을 충분히 알고 있지 못했다. "우리는 이 일에서 우리의 이익이나 의무가 어느 편에 있는지 말할 수 없다. 봉기가 정당화될 수 있는지 없는지, 유망한지 그렇지 않은지, 봉기에 사람들의 감정이 개입되어 있는지 그렇지 않은지, 봉기의 성공이 우리와 중국의 관계에 더 나은 변화를 가져올지 더 나쁜 변화를 가져올지, 아니면 아무 변화도 가져오지 않을지 말할 수 없다." 그러나 나중에 밝혀지듯이, 이러한 가장 시급한 질문들(반란의 기원에 대한, 태평천국이 정녕 어떤 것이었는지에 대한, 태평천국이 믿은 것이 무엇이었는지에 대한)

의 답은 홍콩에서 찾을 수 있었고, 테오도레 함베리의 책상 서랍에 처박힌 종잇장들에 적혀 있었다.

—

이듬해 가을에 홍인간이 다시 함베리를 찾았다. 함베리가 광저우 외곽의 마을에 머물고 있던 때였다. 선교사 함베리는 이번에는 그가 누구인지 알고 있었다. 홍인간은 바로 태평천국 '천왕'의 사촌이자 일생의 동지였고, 예측 밖의 변동에 의해 태평천국 운동에서 떨어져 나와 홍콩으로 온 것이었다. 중국 내륙에서 발흥한 세력에 대해 세계가 마침내 멀리서 주목하고 관찰하게 된 이 시점에는, 홍인간이 지배 왕조를 무너뜨리려 위협하고 있는 그 세력에 대해 직접적으로 알고 있는 외국인과 접촉한 유일한 사람이었다. 34세의 선교사 함베리와 31세의 반란군 이탈자 홍인간은 친밀한 우정을 나누게 되었고, 함베리는 홍콩으로 돌아가기에 앞서 1853년 9월 이 친구에게 세례를 주었다.[12] 함베리는 홍인간에게 세심하게 루터교 교리를 가르쳐, 그가 외국인 전도사들의 조수 역할을 하고 궁극적으로는 난징의 태평천국에 기독교라는 꼬리표를 붙이는 역할을 할 수 있게끔 준비시켰다.(하지만 나중에 홍인간은 자신이 몇 달 동안 외국인들에게 가르침을 주었다고 반대되는 주장을 편다.)[13] 그들이 함께하게 되면서, 하카족 방언에 능하지 않은 함베리는 홍인간이 글로 써놓은 것이 암시하는 내용에 대해 자세히 캐물을 수 있었고, 홍인간이 어떤 사람인지, 어떤 출신 배경을 가지고 있는지에 대한 전체적인 이야기를 정리할 수 있었다.[14]

홍인간이 이야기했듯이, 언제나 돋보였던 인물은 그의 사촌인 아홉 살 연상의 홍수전이었다. 그들은 광둥성의 성도省都인 광저우에서 약 50킬로미터 떨어진 서로 이웃한 마을에서 살았다. 맑은 날이면 광저우 동북쪽에 위치한 바이윈산이 보일 만큼 광저우에서 가까운 마을들이었다. 마을 사람들은 대부분 친척 사이로, 과거에 세도가였던 한 씨족에 속해 있었다. 송나라 때는 그들 중에서 고관과 황제의 참모가 다수 배출되었지만, 그것은 아주 오래전 일이었고 현재 그들은 가난한 농민이었다. 그러나 그들은 작은 학교를 두고 있었고, 홍수전은 일곱 살 때 그곳에서 유교 경전을 공부하기 시작했다. 그는 즉시 두각을 나타냈고, 몇 년 만에 사서와 오경, 그리고 과거시험에 필요한 다른 글들을 외웠다. 십대 초반에 그는 이미 중국 역사와 문학까지 폭넓게 읽은 상태였고, 가족이 보기에 그는 처음 접하는 옛 문헌들도 도움 없이 이해할 수 있을 만큼 똑똑했다. 가족은 오래전에 잃어버린 가문의 영광을 그가 되찾아주리라는 꿈을 가졌고, 그의 선생 몇몇은 그가 과거에 급제해 관리가 되면 자신에게 보답이 돌아오리라는 희망에서 돈을 받지 않고 그를 가르쳤다. 좀더 전문적인 교육의 필요성 때문에 그가 마을에서 멀리 떨어진 학교들을 다니게 되었을 때 가족은 자원을 끌어모아 뒷받침했지만, 그는 16세 때 이미 학교 선생이 되어 주로 쌀, 돼지기름, 소금, 등유로 지급되는 소박한 봉급으로 자활하고 있었다.

과거에 합격하는 것은 청나라 정부 관리에 등용되는 열쇠였고, 그것은 사촌 간인 홍수전과 홍인간이 갈망한 목표였다. 그러나 그 시험은 엄청나게 어려웠고, 성 단위의 시험인 향시鄕試에서의 낙방은 다음번 응시 기회까지 보통 몇 년은 기다려야 한다는 것을 의미했다. 향시를 치르는 실제 과정은 광저우의 습하고 곰팡내 나는 칸막이 구획 건물에서 3일에 걸쳐 진행되었고, 유교 경서들에 얼마나 통달했는지를 보여주게 되어 있었다. 홍인간은 별로 성공적이지 못했으나, 홍수전은 1827년 처음으로 광저우에 가서 응시했을 때 1일차에 높은 순위를 차지했다. 하지만 2일차 시험에서는 순위가 많이 내려갔고, 마지막 날인 3일차에는 합격자 무리에서 탈락하고 말았다. 그가 마침내 다시 시험을 볼 자격을 얻기까지는 9년이 걸려, 1836년에 다시 응시했지만 또다시 낙방했다. 홍인간 역시 합격하지 못했지만, 온 가족과 친척의 희망이 오로지 홍수전에게 집중되어 있었기에 결국 실패를 겪은 사람은 홍수전 한 사람인 셈이었다.

홍수전은 세 번째로 낙방한 직후인 1837년에 처음 환영을 보았다. 낙방의 시련으로 쇠약해진 그를 집으로 데려와야 했다. 집에 도착하자 그는 침대 위에 쓰러져 가족을 불렀고, 가족이 그의 주변에 모였다. 그는 자신의 삶은 이제 끝났고 자신이 가족을 실망시켰다며 사과했다. 그러고는 눈을 감았고, 완전히 탈진해버렸다. 가족은 그가 죽었다고 생각했다. 하지만 결국 다시 깨어났고, 그는 자신이 자는 동안 보았던 이상한 것에 대해 가족에게 말하기 시작했다. 그의 꿈속에서 용과 호랑이와 닭이 그 방으로 들어왔고, 그 뒤를 따라 음악을 연주하는 사람들과 가마가 들어왔다. 그들은 홍수전을 가마에 태워, 어떤 "아름답고 밝게 빛나는 곳"으로 데려갔다. 그곳을 가득 메운 남자와 여자들이 홍수전을 보고 매우 기뻐했고, 나이 든 한 여인은 그의 몸을 깨끗이 씻어주었다. 또한 나이 든 남자들 무리가 나타났는데, 그는 그들 중 몇몇이 고대 중국의 현인들임을 알아볼 수 있었다. 그들은 칼로 홍수전의 몸을 갈라 장기들을 빼낸 뒤, 붉은색이 감도는 새로운 장기들로 대체했다. 그런 다음 그들은 홍수전의 몸을 다시 아물렸는데, 그러고 나서도 그는 자기 몸에서 절개의 흔적을 찾을 수 없었다. 그는 사람들의 호위를 받으며 커다란 방으로 들어갔는데, 거기에는 가장 높은 위치에 검은 옷을 입고 금빛 턱수염을 늘어뜨린 한 노인이 앉아 있었다. 노인은 세상 사람들이 자신을 공경하지 않는다고 한탄했다. "그들은 내 선물들을 받아놓고도 악마를 숭배한다. 고의로 나에게 반항하고 나의 분노를 자아낸다. 그들을 본받지 마라." 그는 홍수전에게 이렇게 말하고서 악마를 죽일 칼을 주었고(하지만 형제자매에게는 그 칼을 사용하지 말라고 충고했다), 도장과 노란색 과일 한 조각도 주었다. 홍수전은 그 과일 조각을 먹었다. 달콤했다. 검은 옷의 노인은 그를 이끌어 지상의 사람들을 내려다보게 했다. 그는 지상의 모든 곳에서 부정함과 타락을 볼 수 있었다. 그러고 나서 그는 깨어났다.

홍수전의 환영은 40일 동안 단속적으로 계속되었고, 홍인간은 이 사촌 옆에 머물러 있으면서 그가 깨어날 때마다 그가 꿈에서 본 것에 대한 이야기를 들었다. 반복적으로 등장하는 다른 인물들이 있었는데, 한 명은 홍수전이 "형"이라고 부르는 중년 남자로, 이 남자는 세상의 극한 지역들까지 홍수전과 함께 다니며 악마들을 칼로 베어 죽였다. 또 다른 꿈 혹은 환영에서는 검은 옷의 노인이 공자가 중국 사람들에게 참된 가르침을 주지 못하고 있다며 공자를 질책하고 있었고, 홍수전이 지켜보는 가운데 공자는 자신의 잘못과 부끄러움을 겸손하게 고백했다. 홍수전의 형제들은 그 몇 주 동안 집의 문들을 잠가두었고, 때때로 홍수전이 방 안을 뛰어다니면서 "악마를 죽여라!"라고 외치고 허공을 향해 거칠게 공격하는 것을 저지하기도 했다. 그의 광기는 이웃 사람들의 호기심과 흥미의 대상이 되었다. 그들은 그가 잠들었을 때 그를 보러 찾아와, 이 유명한 광인을 가까이서 살펴보았다. 한번은 그가 깨어나 자신이 중국의 황제라고 주장했다. 그의 가족은 부끄러웠고, 걱정스러웠다. 홍인간이 함베리에게 설명했듯이, "그의 친구들과 친척들은 당시에는 그 일에 현실성이 있다고는 생각지 않았고, 정말 이상한 일이라고 대답할 뿐이었다". 홍인간이 당시 믿지 않은 것(하지만 그가 함베리에게 홍수전의 이야기를 전하던 시점에는 믿고 있었던 것)은 사촌의 환영이 실은 신의 계시라는 것이었다.

홍수전은 마침내 회복되었고, 홍인간은 홍수전이 시련을 겪은 후 문자 그대로 딴사람이 된 것을 보았다. 그는 키가 더 크고, 더 강하고, 훨씬 더 지적인 사람이 되어 있었다. 이제 그의 용모는 더 보기 좋았고, 깨끗한 피부와 높은 코가 돋보였다. 그의 시선은 "꿰뚫어보는 것 같았고, 참아내기 어려웠다". 그의 목소리는 쩌렁쩌렁했고, 그가 웃을 때면 목소리가 "온 집안에 울려 퍼졌다". 어느 때보다 더 건강하고 정신적으로 기민한 그는 학생들을 가르치고 과거를 준비하는 일상으로 돌아갔다. 그러나 그는 이전보다 성공적이지 못했다. 1843년에 그는 네 번째로 광저우에서 시험을 치렀지만, 또다시 실패했다. 같은 해에 또 다른 사촌이 홍수전의 장롱 속에 처박혀 있던 어떤 책을 발견했다. 그것은 기독교와 관련된 중국어 소책자로, 몇 년 전 광저우에서 한 선교사가 그에게 건넨 것이지만 그는 읽어본 적이 없었다. 그 사촌은 그것을 대충 훑어보았고, 흥미롭다고 생각했다. 그래서 홍수전은 시간을 들여 그것을 주의 깊게 읽어보았다. 이로써 그는 깨달음에 이르렀다. 그 책이 6년 전부터 자기가 봐온 꿈-환영의 비밀을 풀어주었다고 그는 홍인간에게 말했다. 기독교의 기본 교리를 읽고 나서 홍수전은 갑자기 모든 것을 이해할 수 있었다. 금빛 턱수염을 늘어뜨리고서 자신을 내려다보던 검은 옷의 노인은 신이었고, 자신을 도와 악마들을 죽인 형은 예수 그리스도였다. 악마들은 유교 사원과 불교 사원에서 중국인들의 숭배를 받는 우상들이었고, 그의 형제자매들은 중국 사람들이었다. 홍수전은 세례를 받았고, 자기 교실에 있던 공자의 위패들을 내버렸다.

홍수전이 가장 먼저 개종시킨 이는 홍인간과 풍운산이라는 이웃 사람이었다. 그들은 강에서 세례를 받았고, 교실에서 "우상들"을 치워버렸다. 과거 제도의 중심에 자리해 있는, 유교라는 국가 종교의 아이콘들, 즉 공자의 위패들과 공자의 모습을 형상화한 것들이 바로 그 우상들이었다. 이들 세 사람은 함께 공부를 시작했고, 기독교에 대한 번역된 글들을 찾아 모았다. 홍수전은 두 사람에게 설교를 했고, 머지않아 그의 메시지에 이끌린 다른 사람들에게도 설교했다. 그는 복음을 전하는 책자들과 자신이 본 환영을 언급해가며 설교했고, 그것들 각각이 진실임을 상호 증명해준다고 주장했다. 그는 성경이 분명 자신을 위해 쓰였다고 믿었다.

홍수전, 홍인간, 풍운산 세 신도는 이제 자신들의 부모와 형제자매를, 아내와 자녀를 홍수전이 선지자로서 섬기는 하나님에게로 이끌었다. 이 과정이 쉽지만은 않았다. 홍인간의 형은 홍인간이 공자의 위패들을 치웠다며 막대기로 그를 때렸다. 이 일로 홍인간의 학생들은 학교를 떠났고 그는 수입을 잃었다. 홍인간은 화가 나서 이렇게 대들었다. "내가 선생이 아닌가요? 그렇게 오래전에 죽은 공자가 어떻게 가르칠 수 있겠습니까? 형님은 왜 공자를 숭상하라고 강요하는 겁니까?" 홍수전과 풍운산은 광둥성 전역의 다른 마을들과 멀리 떨어져 있는 집안 사람들에게 가르침을 전파하기 위해 1844년에 집을 떠났다. 홍인간은 그들과 함께하기를 간절히 원했으나, 그가 고작 스물두 살밖에 안 되었기 때문에 친척들은 그에게 교사로 남아 있을 것을 강요했다. 그는 공자의 위패들을 다시 가져다놓았고, 돌아온 학생들을 받았다. 그러나 그렇게 머물러 있으면서 홍인간은 적어도 50~60명의 개종자들에게 세례를 줄 수 있었다. 이는 함베리가 해낸 것보다 더 훌륭한 성과였다.

풍운산은 광둥성과 이웃한 광시성의 산악 지방으로 가서 이 마을 저 마을을 돌아다니며 설교했고, 그러면서 운동이 점점 커지고 확산되었다. 자발적인 신도들이 생겨나 추종자가 수백 명에 이르렀고, 이들은 스스로를 "배상제회拜上帝會"(하나님을 믿는 사람들의 모임)의 일부로 여겼다. 그들 중 다수가 홍수전을 만나보지 못했음에도 그들은 홍수전을 영적 지도자로 여겼다. 1845년 홍수전이 집으로 돌아왔을 때, 홍인간은 그의 신념적 변화를 알아보았다. 그는 단지 유교에 더 이상 관심을 두지 않은 것이 아니라, 하나님에 대한 숭배로 유교를 대체한 것이었다. 그의 설교에는 청 왕조의 만주족 통치자들을 중국의 불법적 찬탈자로 폄하하는 새로운 어조가 있었다. 홍수전은 사촌 동생 홍인간에게 이렇게 설명했다. "하나님은 아버지가 아들들에게 땅을 나누어주듯이 세상의 왕국들을 나누시고 바다를 그 왕국들의 경계로 삼으셨다. 이 만주족이 왜 중국에 들어와 강제로 형제들의 땅을 빼앗아야 한단 말인가?" 그의 종교 운동은 정치 운동이 되어가고 있었다.

1847년경 배상제회 추종자는 거의 2000명에 달했고, 주로 하카족이었다. 신앙심과 많은 머릿수로 대담해진 그들은 간헐적으로 불교 우상과 사원들을 부수었고 당국의 의심을 사기 시작했다. 1849년경에 어떤 신도들이 발작하며 방언을 했다. 방언의 내용은 홍수전이 자신들에게 이야기하고 있는 것을 보았는데, 자신들이 영적으로 내림받은 말들 중 어떤 것이 하나님에게서 왔고 어떤 것이 악마에게서 왔는지를 말해주는 것이었다. 1850년에 전염병이 이 지방을 휩쓸었는데, 병 걸린 자가 홍수전의 하나님에게 기도하면 낫는다는 소문이 퍼지면서 신도 수는 폭발적으로 늘어났다. 수많은 사람이 배상제회에 들어왔고, 병이 지나간 후 그들은 홍수전의 종교 덕분에 살아남을 수 있었다고 믿었다.

하지만 그것만으로는 군대를 일으키기에 충분치 않았다. 결정적 영향을 미친 것은 광시성 내의 하카족 정착민과 "원주민" 사이에서 일어난 폭력 사태였다. 후발 주자인 하카족은 땅과 물에 대한 권리를 위해 싸워야 했고, 그곳에서 먼저 정착해 살아가던 주민들은 그들이 침입자라며 멸시했다. 1850년 가을, 하카족 마을과 원주민 마을 사이에 소규모 전쟁이 일어났다. 원주민들은 하카족의 집들을 불태웠고, 하카족은 배상제회의 보호와 지원에 의지했다. 이미 이 종교적 파벌을 수상쩍게 여기던 지방정부는 이제 그들을 말썽꾼을 만들어내는 온상으로 보기 시작했다. 하지만 홍인간에 따르면 홍수전은 이 모든 것을 예견하고 있었고, 자신이 움직일 때를 기다리고 있었다.

하카족과 원주민 간의 폭력이 확산되자, 문제를 하카족 탓으로 돌린 청나라 관리들은 홍수전과 풍운산을 체포하기 위해 일단의 군사들을 보냈다. 이 계획을 알아챈 인근의 배상제회 사람들은 칼과 창으로 무장하고 행군하여 자신들의 지도자를 구했다. 그들은 수적으로 열세인 청나라 군사들을 쉽게 물리쳤고, 홍수전은 전 지역의 배상제회 신도 모두에게 처음으로 한자리에 모여 다음 단계의 행동을 준비하자는 말을 전했다. 많은 사람이 준비를 위해 이미 집과 땅을 팔았다. 하루하루가 지나면서 신도들이 모여들었고, 그 수가 수만 명에 이른다는 것이 확인되었다. 그들은 거의 힘들이지 않고 작은 마을 하나를 점령했다. 첫 번째 군사적 승리였다. 청나라 군사들이 배상제회를 포위하고 사격을 가했지만 신도들은 야음을 틈타 포위를 뚫고 빠져나올 수 있었고, 아침에 군사들은 거의 비어 있는 마을을 습격했다. 추격하기 위해 파견된 부대는 숲에서 모두 죽었다. 좌절감에 치를 떤 청나라 군사들은 남아 있는 불운한 마을 사람들에게 잔인하게 복수했다.

1851년 1월 11일, 홍수전은 태평천국의 수립을 선포하고 스스로 중국의 새로운 황제 혹은 '천왕天王'이 되었다. 풍운산과 다른 세 부관은 네 방향의 왕들, 즉 동왕, 서왕, 남왕, 북왕으로 임명되었다. 1851년과 1852년을 지나면서 태평천국 군대는 북쪽으로 진격하면서 가난하고 권리를 인정받지 못한 사람들, 범죄자들을 흡수했다. 이들은 모두 군림하는 왕조 당국을 두려워하거나 미워했고, 기독교로 개종하여 유교와 무엇보다 만주족 지배자들을 타도하는 데 헌신하게 된다. 1853년 1월 그들이 중국 중부를 가로지르는 양쯔강에 도착했을 때, 풍운산을 비롯해 헤아릴 수 없이 많은 사람이 도중에 죽긴 했지만 숫자는 더욱 늘어 50만 명에 달했다. 하지만 홍인간은 이에 대해 그저 소문으로 들어 알 뿐이었다. 그는 첫 번째 집합 장소에 너무 늦게 도착해서, 그가 그 마을에 도착했을 때는 배상제회 신도들이 이미 밤을 틈타 빠져나가고 없었다. 그는 그들을 따라가려 했지만, 낙오자를 사냥하는 청나라 순찰대를 발견했을 뿐이다. 그리하여 그는 고향 마을을 초토화해버린 청나라 군사들에게 쫓겨 도주하고 위장을 반복하게 되었으며, 그러다가 그의 목에 걸린 현상금을 노린 자에게 납치되었다가 도망치기도 했고, 결국은 스웨덴 선교사 함베리와 함께 홍콩으로 피신하게 되었다.

테오도레 함베리가 일생에 한 일 중에서 그의 작은 선교사 동아리 너머 세상의 관심을 끌게 된 것 한 가지는 홍인간의 이야기를 영어로 번역해 출판한 것이었다. 그 일을 결행한 이유는 반란과 관련해 가장 경이롭고, 가장 있을 법하지 않고, 가장 놀라운 사실이 무엇인지를 그 이야기가 깨닫게 해주었기 때문이다. 그것은 바로 만주족을 몰아내기 위해 중국 중심부에서 일어난 반란군이 기독교인이라는 사실이었다. 그의 책은 처음에 홍콩과 상하이에서 "홍수전의 환영"이라는 제목으로 출간되었고, 그다음에 영국 런던에서 "중국 반란의 지도자"라는 제목으로 출간되었다. 그것은 영어권 독자들에게 태평천국 반란군이 자신들과 같은 신을 믿는다는 것을 납득시키기 위한 선전에 불과했다. 나아가 그것은 함베리의 표현을 따르자면 "수백만 명의 중국인을 위한 (…) 더욱 생생하고 영구적인 동정심"을 불러일으킴으로써 반란군에 대한 외국의 지원을 끌어내려는 시도였다. 물론 그가 말한 수백만 중국인 중에는 만주족에게 계속 충성하는 중국인은 포함돼 있지 않았다. 마지막으로, 함베리가 그 책을 출판한 데는 홍인간과의 우정을 통해 그 자신이 확실히 지지하게 된 대의를 위해 기금을 모으려는 의도도 있었다. 그는 책 말미에 이렇게 썼다. "이 책의 판매를 촉진하는 것이 곧 이 책의 주제를 이루고 있는 수많은 사람의 고통을 덜어주는 것임을 안다면 독자들의 만족도가 높아질 수 있다."[15]

1854년 5월, 책 집필을 마친 함베리는 홍인간과 두 명의 친구에게 상하이로 갈 여비를 마련해주었고, 그들이 청나라 군대의 저지선을 넘어 양쯔강을 거슬러 올라가서 난징의 태평천국 운동에 다시 합류할 수 있기를 희망했다. 그는 떠나는 홍인간에게 선물을 잔뜩 주었다. 다양한 중국어 책들이 있었는데, 외국인 선교사들이 엮은 공인된 성경 번역본, 번역된 역사서들, 세계와 중국과 성지를 보여주는 몇몇 지도 등이었다. 함베리는 또한 유럽인이 중국 청중에게 깊은 인상을 주고자 할 때 으레 동원하는 망원경, 온도계, 나침반(중국인이 발명했지만)도 주었다. 그는 홍인간이 유럽 선교사들과 태평천국을 이어주는 통로가 되어주길 바랐다.[16] 그리고 그것은 단지 시작일 뿐이었다. 함베리의 진짜 희망은 그들이 일단 난징에 도착하면 자신도 그들을 따라가 종교 교사로서 그 운동에 합류할 수 있다는 데 있었다. 홍인간은 태평천국의 수도에 얼마나 함베리를 데려가고 싶은지를 종종 언급했지만, 함베리는 주제넘게 굴고 싶지 않았고, 태평천국이 자신을 공식적으로 초대하지 않는 한 태평천국에 합류하지 않겠다고 다짐했다.[17]

그러나 그들의 여행은 실패했다. 홍인간은 상하이에서 자신을 보살펴준 선교사들과 사이가 틀어졌고(그들은 홍인간의 방에서 아편 파이프를 발견했고, 홍인간은 자신을 찾아왔던 친구가 두고 간 것이라고 주장했다), 어쨌거나 그들에게는 그가 난징으로 가는 것을 도울 방도가 없었다. 그 도시의 중국인 일부가 반란을 일으켰고, 태평천국에 동조적인 한 비밀 단체에 의해 통제되고 있었지만, 이 단체는 홍인간이 태평천국 천왕의 친척임을 믿지 않았고, 홍인간을 돕기를 거절했다. 홍인간은 이리저리 궁리를 하고 한 선교사 학교에서 천문학과 수학을 공부하기도 하면서 상하이에서 몇 달을 보낸 끝에 태평천국에 합류하는 것을 포기했다. 그는 증기선을 타고 숨 막히는 속도로 중국 근해를 항해해 홍콩으로 돌아왔고, 거친 바다를 전장에 비유하고 파도를 가르는 배의 소리를 "전투하는 만군의 주님"에 비유한 시를 썼는데, 여기에는 자신이 참여할 수 없는 전쟁에 대한 갈망이 담겨 있었다.[18] 그가 홍콩으로 돌아왔을 때 그를 맞아줄 스웨덴 친구는 더 이상 그곳에 없었다. 홍인간이 상하이로 떠나고 며칠 후 그 식민지의 "독기"가 함베리를 덮쳤고, 결국 그는 35세의 나이에 이질로 사망했다.[19]

1855년 홍인간의 홍콩 귀환은 영구적인 것이 될 가능성이 있었고, 그는 교리 교사 겸 런던선교회 전도사들의 조수라는 장기적 일자리에 고용되었다. 그는 매우 신뢰받는 사람이었고, 고故 테오도레 함베리와의 우정으로 잘 알려진 세례받은 기독교인이었으며, 온화한 성품으로 좀더 광범위한 선교사 커뮤니티의 호감을 얻었다. 그의 감독자이자 향후 몇 년간의 가장 긴밀한 협력자는 스코틀랜드 출신의 선교사 제임스 레그로, 유교 경전(지긋지긋한 과거시험의 기초인 바로 그 문헌들) 전체를 영어로 번역하는 프로젝트에 착수했다. 레그와 홍인간은 긴밀히 협력했고, 종종 함께 설교를 했다. 레그가 먼저 새로 배운 광둥어로 설교를 하고, 이어서 홍인간이 하카족 방언으로 설교를 하는 식이었다. 과거에 했던 것과 다르게, 홍인간이 홍콩에서 한 설교는 그의 사촌의 교리보다는 제임스 레그의 교리를 반영한 것이었다.

어떤 중국인도 쉽게 칭찬하지 않은 레그는 홍인간에 대해서는 무한한 애정을 품었고, 그를 "내가 아는 가장 다정하고 다재다능한 중국인"이라고 묘사했다.[20] 레그의 딸도 이를 뒷받침해, 까탈스러운 자기 아버지가 홍인간에 대해 "다른 어떤 중국인에게도 거의 표하지 않는 특별한 애정과 따뜻한 감탄"을 느꼈다고 증언했다.[21] 실제로 홍인간의 성품에는 그와 함께 일한 많은 선교사의 관심을 끄는 무언가(겸손과 지성 같은 자질)가 있었다. 또 다른 사람은 그를 "기독교 진리를 분명하게 잘" 이해하고 있는 "뛰어난 능력과 훌륭한 인품의 소유자"라고 묘사했다.[22] 런던선교회의 레그 동료들 중 하나는, 홍인간과 자주 대화하는 중국인을 보게 되면 "그에게서 뭔가 좋은 일이 일어나고 있다고 믿어도 된다"고 농담했다.[23] 그를 칭찬하는 것은 외국인들만이 아니었다. 영국 에든버러에서 공부한 한 중국인 의사 역시 홍인간을 "대단한 지성과 상당한 달변의 소유자"로 묘사했다.[24] 그러나 나중의 일들에 비추어보면, 수년 후 다른 사람들은 그것이 모두 계략이 아니었을지, 외국인들에게 그토록 칭찬받은 홍인간의 "호감 가는 기질과 기독교적 온화함"이 내면의 늑대를 감추는 양의 탈에 불과하지는 않았을지 의

심했다.[25]

난징이 함락되고 몇 년 후 홍콩 인구가 변하기 시작했다. 만주족 정부는 체포할 수 있는 태평천국 추종자들은 모조리 잡아들여 처형하는 광범위한 작전에 들어갔고, 이 때문에 피란민들은 홍콩이라는 안전하고 안정적인 영국 식민지로 갔다. 청나라 관리들은 난징 주변의 태평천국 통치 지역들에는 손을 댈 수 없었지만, 명목상 여전히 중앙 정부 치하에 있는 중국의 다른 지역들에서는 동조자들을 무자비하게 제거했다. 정부의 표적에는 태평천국 운동의 추종자들뿐 아니라 잘 알려진 구성원 모두의 가장 먼 친척들까지(무고하더라도) 포함되어 있었다. 홍콩에서 주장강을 따라 불과 160여 킬로미터 거슬러 올라간 곳에 자리한 광저우의 총독은 태평천국 동조자들을 진압하는 특히 잔혹한 지역적 노력을 주도했다. 그는 어떤 비밀 결사의 봉기를 난징의 반란군을 지원하는 것으로 (아마도 잘못) 판단했고, 그 결과 1854년에 그의 명을 받은 사람들이 광둥성 전역을 샅샅이 뒤져 태평천국 지지 혐의자 7만5000명을 잡아들였다. 그리고 즉시 체포되지 않은 사람들을 위해 정부는 자살 장소들, 즉 자살 도구들(단검, 밧줄)을 갖춘 가건물들을 마련해두었다. 거기에는 반란 지지자들에게 결국 체포되고 신체 절단에 처해져 가족에게 더 큰 수치를 안겨주지 말고 신속히 자결할 것을 촉구하는 현수막이 붙어 있었다.[26]

1854년부터 1855년까지 광저우 총독은 영국 영사가 "세상에 기록된 바 있는, 규모와 방식 면에서 가장 끔찍한 처형에 포함될 만한 일련의 처형"이라고 묘사한 일을 감독했다.[27] 한 영국인 목격자에 따르면, 태평천국 지지 혐의자 수만 명이 광저우의 처형장에서 학살당했다. 처형장은 도자기가 가득한 어떤 좁은 골목길이었는데(평화로운 시기에는 시장이었다), 응고된 피로 악취를 풍겼다. 그는 "수천 명이 칼에 찔렸고, 수백 명이 12명씩 묶여 강에 던져졌다"고 증언했다. 그는 혐의자들이 학살당하는 것을 공포에 질려 지켜보았다. 한 집행자가 묶인 채 무릎을 꿇은 죄수의 머리를 붙잡으면 다른 집행자가 칼로 목을 베었다. 비좁은 공간이었음에도 그 팀은 역겨운 효율성을 발휘했고, 이 증인은 4분 만에 63명의 남자가 참수당하는 것까지 본 뒤 고개를 돌렸다. 그는 다음과 같이 썼다. "나는 그 끔찍한 광경을 보았다. 머리 없는 몸통들, 그리고 그 사이사이에 섞여 있는, 그저 피부가 벗겨진 살덩어리에 불과한 팔다리와 머리가 없는 시체, 이런 것들이 처형장 전체를 뒤덮고 있었다." 효과적으로 처벌했다는 증거로 죄수들의 잘린 머리를 총독에게 담아 보내기 위한 상자들도 있었지만, 너무 많은 사람이 처형되어서 그들의 머리가 다 들어가지 않았다. 집행자들은 결국 귀(특히 오른쪽 귀)만 모아 담았고, 그것만으로도 상자들이 가득 찼다.[28]

이러한 폭력의 또 다른 목격자는 1854년 예일대학을 졸업한 뒤 미국에서 막 돌아온 중국인 용굉이었다. 철저히 미국화된 그는 청나라 정부를 위해 일하고 싶어했고, 미국을 본떠 교육 개혁을 추진하고 싶어했다. 그는 거의 잊어버린 중국어에 대한 기억을 되살리기 위해 먼저 광저우로 갔지만, 처형장의 광경을 목도하고서 그런 야만적 행위를 용납하는 정부를 돕는 것에 대해 다시 생각하게 되었다. 그는 자기가 본 것을 이렇게 묘사했다. "그러나, 아, 이게 무슨 광경인가! 땅이 온통 인간의 피로 젖어 있었다. 도로 양쪽에는 머리 없는 인간의 몸통들이 매장을 위해 운반되기를 기다리며 산더미처럼 쌓여 있었다." 너무나 많은 사람이 죽어서 "시신들을 다 묻을 수 있을 만큼 넓은 장소는 아직 찾지도 못한 상태였다. 거기서 시신들은 이글거리는 태양에 노출되어 있었다. 한여름이어서 기온은 아침부터 밤까지 줄곧 섭씨 32도를 유지했고, 때로는 그보다 높았다. 처형장에서 반경 2킬로미터 이내의 대기는 피에 젖은 땅과 최소 이틀 동안 방치된 시체 더미에서 나오는 유독하고 유해한 증기로 가득했다".[29]

광저우에서 벌어진 처형은 홍콩의 운명에서 중요한 전환점이 되었다. 난민들이 이 식민지로 몰려들었는데, 그중에는 총독의 부하들에게 쫓기는 도망자뿐만 아니라 사업을 운영할 좀더 안정적인 기반을 찾는 중국 남부의 부유한 상인들도 있었다. 새로 유입된 사람들이 집을 짓고, 기존 건물의 임대료를 끌어올리고, 새로운 무역 회사를 설립하고, 전반적으로 도시에 활기찬 새로운 생명을 불어넣으면서 홍콩은 급속도로 발전했다.[30] 선교사들은 기뻐했다. 외국인 선교사들로서는 광저우로 가는 것이 어려웠을 수 있는데, 이제 시간이 가면 광저우 전역이 결국 자신들에게 올 수도 있을 것 같았다. 광저우에서 벌어진 잔혹하고 피비린내 나는 탄압은 또한 청나라 정부를 새로이 차가운 시선으로 보게 만들었고, 태평천국의 동기를 의심하는 외부인들조차 기존 정권의 대응이 보여준 야만성과 끔찍함을 옹호할 수 없었다.

레그는 33세의 조수 홍인간이 태평천국 천왕의 사촌이라는 사실을 잘 알고 있었지만, 함베리만큼 그 반란자들에게 매혹되지는 않았다. 그는 태평천국 사람들의 교리가 어떤 공인된 교파가 아니라 그들의 소위 천왕에게서 비롯된 것이므로 그들은 진정한 기독교인이 아니라고 주장했다. 홍수전이 스스로를 예수 그리스도의 동생으로 여기는 것도 까다로운 문제였다. 홍인간에 대한 애정에도 불구하고 레그는 홍인간의 대가족이 하는 일에는 크게 관심이 없었고, 그에게 난징에 대한 생각은 접어두고 홍콩에서 전도와 공부에 삶을 바치라고 끊임없이 조언했다. 그는 더 넓은 영역에서 벌어지고 있는 일들이 지금처럼 계속된다면 시간이 흐르면서 중국 전역이 선교사들에게 개방되리라고 굳게 믿었던 것이다.

홍인간은 레그의 조언을 마음에 새긴 듯했고, 세월은 흘러갔다. 그는 수감된 죄수들을 방문하고, 병원에서 전도하고, 레그와 함께 타 지역을 돌아다니는 등 다양한 일을 했다. 선교사들이 세운 영-중 대학이 하나 있었는데, 홍인간은 그곳에서 중국인 기독교도 학생들에게 중국 역사와 문학을 가르쳤고, 또한 레그의 유교 문헌 번역을 도와, 과거에 자신이 청나라의 관리가 되려는 꿈을 품고 공부했던 유교 고전들을 레그에게 해석해주었다.[31] 중국 북부에서는 내전이 교착 상태에 빠져 있고 남부에서는 보복이 판치는 가운데, 홍인간은 홍콩에서 레그의 조수로서 안전하고 조용하고 효율적으로 활동했다. 그는 태평천국 동포들과도, 청나라 당국(그를 붙잡는 즉시 처형할)과도 멀리 떨어져 있었다.

훗날의 일들에 더 중요한 사실은, 홍인간이 홍콩에서 보낸 그 몇 년 동안 중국 밖의 삶에 대한 엄청난 양의 지식을 얻었다는 것이다. 예일대학에서 공부하고 다년간 미국에 거주했던 용굉만큼은 아니었겠지만, 그는 태평천국 운동의 다른 어떤 지지자보다 세계를 많이 알았다. 엄밀히 따지면 홍콩은 여전히 중국에 속해 있었지만, 대영제국이라는 더 넓은 세계와의 연결 고리였다. 선교사들이 운영하는 학교에서, 그리고 그들이 자기네 문명의 강점과 발견을 널리 알리기 위해 번역한 책들에서 홍인간은 정치경제, 과학, 의학, 행정, 심지어 군사학에 대한 유럽과 미국의 생각을 배웠다.[32] 그는 그 영국 식민지가 어떤 식으로 돌아가는지를 보았다. 삶에 질서를 갖춰주는 방식들, 경제에서 무역이 차지하는 위치, 도덕적 삶에서 교회가 차지하는 위치를 보았다. 이는 그가 알고 있던 사회와는 거리가 먼 곳을 엿보게 해주는 것들이었고, 그에게 오래 기억될 인상을 남겼다. 하지만 당시의 삶은 무엇보다 목가적이었고, 그와 레그는 공부와 선교 활동 틈틈이 그 도시에 솟아 있는 언덕들에서 하이킹을 했다. 본토에서 전쟁이 벌어진 4년 동안 그들은 책, 설교, 피크닉이 지배하는 삶을 누렸다.[33]

하지만 홍인간의 인기는 양면적이었다. 그는 선교사들에게만 인기가 있었던 것이 아니라, 그가 밖으로 나갈 때마다 주변에 몰려든 중국인 무리, 무시무시한 광저우 처형장 때문에 홍콩으로 도망쳐 온 난민 무리에게도 인기가 있었다.(그는 정말로 인기가 많았다.) 제임스 레그는 홍인간이 부두에 갔을 때 그의 몸을 밀치며 몰려드는 사람들이 그에게 종교에 관해 묻고 있는 것이 아니라는 걸(적어도 레그의 느낌으로는 아니었다) 잘 알고 있었다. 그들은 홍인간의 사촌과 반란에 대해 묻고 있었고, 홍인간이 자신들을 난징과 천왕에게로 데려갈 것인지 묻고 있었다. 다른 선교사들은 홍인간이 난징으로 갈 수만 있다면 그가 홍콩에서 배운 모든 것을 바탕으로 교리를 바로잡아주는 사람이 될 수 있을 것이라고 소곤거렸다. 그는 단독으로 마침내 중국에 진정한 기독교를 가져다준 사람이 될 수도 있었다. 그리고 바로 그 선교사들이 결국 레그의 등 뒤에서 자신들의 생각을 관철시켰다.

1858년 늦봄, 레그가 휴가차 집을 비운 사이에 홍인간은 사라졌다. 다른 선교사들이 그에게 여행 경비를 주었고, 그가 남겨두고 가는 가족들에게 수당을 주겠다고 약속했다. 하지만 태평천국에서 멀찍이 떨어져 있으라고 그에게 단호히 말했던 레그에게는 이 일이 비밀에 부쳐졌다. 홍인간은 홍콩에서의 안전한 삶을 포기했을 때의 심경에 대한 기록을 하나 남겼다. 그것은 낙관적인 출발의 시였고, 마침내 깨어나 자기 가족 및 신도들과 재회할 준비를 하는 외로운 여행자의 목소리였다.

기러기들이 남쪽으로 날아가며 나를 깨우니
나는 일어나 바람에 날리는 돛과 빛나는 강둑을 마주한다
나의 출발을 기릴 음악가들이 없으니
돛대의 깃발 위에 내 스스로 나의 노래를 적어 나부끼게 하리.

나의 생각은 봄날의 풀들처럼 깊어, 초록으로 물결친다.
산이 갈라놓아도 기러기들은 흥분하며 무리 짓는다.
소매를 걷어붙이고 배를 저어라, 나는 신경 쓰지 말고.
이 순간부터 영웅의 힘은 경계를 모르리니.[34]

그는 이번에는 성경이나 망원경을 가져가지 않았고, 편하게 증기선을 타지도 않았다. 그는 홍콩에서 그의 곁에 몰려들던 사람들이나 홍콩에서 그와 합류하게 된 몇몇 가족을 데려가지 않았다. 그는 형

을 레그의 집에 수석 하인으로 남겨두고 떠났고, 그곳에서 형은 안전하게 지내게 된다. 그는 변장을 하고 혼자 출발했고, 전쟁으로 파괴된 중국 시골을 1100킬로미터 이상 가로지르며 난징까지 가는 육로 여행을 시도했다.

2장
중립

1858년 5월 초, 홍인간이 출발 준비를 하고 있던 해안을 약 2800킬로미터 거슬러 올라간 지점에서 1287톤급 외륜선인 영국 군함 퓨리어스호가 중국 동북부 해안으로부터 약 14킬로미터 떨어진 차가운 진흙물 속에서 흔들리며 삐걱거렸다. 좋은 체격에 안색이 붉고 상대를 무장 해제시킬 만큼 품행이 온화한 엘긴 백작 8세 제임스 브루스가 갑판을 서성이고 있었다. 그의 기함 퓨리어스호는 21척으로 구성된 영국과 프랑스 연합 함대의 핵심이었다. 함대는 불길한 분위기 속에서 합동 지휘관들의 명령을 기다리고 있었다. 만주 벌판에서 불어오는 거센 모래바람에도 불구하고 꼼짝 않는 짙은 안개만 없었다면 그들은 이미 기슭 가까이에 가 있었을 것이다. 일주일에 한 번 정도는 수병들이 단조로운 기슭을 따라 방어 시설들을 발견할 수 있을 만큼 안개가 깨끗이 걷혔는데, 이런 모습이 보인다는 것은 제국의 수도 베이징으로 이어지는 수로의 입구에 들어섰다는 뜻이었다. 이곳은 톈진 하이허海河강의 하구로, 썰물 때면 물의 깊이가 몇십 센티미터밖에 안 되는 모래톱으로 이루어진 약 10킬로미터의 유역을 끼고 있었다. 방어 시설은 다구 포대였는데, 그중 다섯 개가 하구의 양안을 따라 배치되어 있었다. 다구 포대는 수도 베이징으로 가는 해상 관문이었고, 중국 해안 전체에서 전략적으로 가장 중요한 유일의 수군 요새였다.[1]

프랑스-영국 동맹은 최근에 끝난 크림전쟁 때부터 시작된 새로운 일시적 동맹이었고, 프랑스는 원정대의 합동 지휘관으로서 그로 남작을 엘긴 경에게 보냈다. 미국의 외교단이 중립적 자격으로 따라왔고, 크림반도에서 적이었던 러시아도 그랬다. 미국인들은 미시시피호를 타고 항해했고, 러시아인들은 혼란스럽게도 아메리카호를 타고 항해했다. 이것이 사실상 합동 원정임을 강조하기 위해서, 맑은 날씨를 기다리며 대기하는 동안 프랑스 기함 오다시외즈호가 4개국 대리인들의 회의장 역할을 했다.

엘긴 경은 자국 정부가 자신에게 원하는 바가 영국이 중국 무역에서 독점을 추구하지 않는다는 것을 보여주려 노력하는 것임을 알고 있었고, 그래서 프랑스가 교전국으로서 이 원정에 참여하는 것이 중요했다. 같은 이유에서 그는 미국과 러시아도 중립적 입장을 포기하기를 바랐다. 상하이와 해안의 소위 조약항(조약에 의해 개방된 항구)들은 아편전쟁 때 영국의 무력에 의해 개방된 것이긴 했지만, 어찌 됐든 이 모든 나라에 개방되어 있었다. 홍콩만이 진정한 영국 식민지였고, 이 점이 약간의 난처함의 원천이었다. 어쨌든 이 함대가 임무에 성공한다면, 영국과 프랑스 수병들이 목숨 걸고 얻으려 계획했던 모든 조계지와 상업권을 중립적인 미국과 러시아가 손가락 하나 까딱 않고 얻게 되리라는 것을 그는 알고 있었다. 그것은 약간 짜증 나는 일이었지만, 적어도 중국에서 영국의 목표가 이기적인 것이 아니라는 영국의 가식적 주장을 뒷받침하는 데는 도움이 되었다. 최소한 프랑스 역시 총을 겨누고 있다면, 청나라 정부와의 싸움은 무역과 국제관계라는 더 높은 원칙들을 위한 것이지 대영제국의 팽창을 위한 것은 아니라고 엘긴은 명예롭게 주장할 수 있었다.

함대의 존재는 청 왕조와 태평천국 사이의 전쟁과는 아무 관련이 없었다. 적어도 지휘관들이 그 전쟁을 의도한 것은 아니었다. 외국 정부들은 한결같이 중국 내전에서 한쪽 편을 드는 것을 피하고 원칙적으로 중립의 입장을 취하고자 했는데, 여기에는 어느 쪽이 승리하는지를 두고 보겠다는 좀더 계산적인 속셈이 감춰져 있었다. 하지만 그 국가들의 시민 개개인에게는 이 말이 해당되지 않았다. 많은 시민이 청나라 정부의 용병이라는 일자리가 비록 일시적이지만 돈벌이가 된다고 여겼는데, 자국 복무에서 주어지는 박봉에 비하면 청나라 정부는 "선장급 임금"을 지급했기 때문이다.[2] 1855년, 홍콩의 영국 총독은 홍콩과 상하이에서 전쟁 지역으로 유입되는 기회주의자들을 막고자 중국 내의 모든 영국 신민에게 "현재 중국의 지배권을 놓고 다투고 있는 세력들 사이에서 (…) 엄격한 중립을" 유지해야 한다는 공식 명령을 내렸고, 중립을 위반하는 신민에게는 전부 징역형이나 엄청난 벌금을 부과하겠다고 밝혔다.[3] 법적 효력을 지닌 이 명령은 정규군의 개입을 제한하는 데는 충분히 성공했지만, "탈함병들과 캘리포니아에서 온 실패한 금광 탐사자들", 즉 용병의 대부분을 차지하는, 간단히 영국 시민권을 포기하고 미국인이 됨으로써 총독의 명령을 피한 사람들에게는 별로 문제가 되지 않았다. 이 과정을 지켜본 한 관찰자는 "그런 영국인들은 무대에서 완전히 사라졌다"고 언급했다.[4]

그러나 중립은 여러 형태를 취할 수 있었고, 외교적 영향력이 있는 몇몇 외국인(특히 반란자들이 기독교인이라는 함베리의 증언을 인용한 선교사들)은 태평천국을 독립 정부로 인정할 것을 주장하기까지 했다. 1856년 미국 판무관으로 일한 미국인 선교사 피터 파커는 워싱턴에 공문을 보내 청나라의 여론이 반란군에게 결정적으로 유리해졌다고 주장했고,[5] 또 다른 미국인 선교사 윌리엄 알렉산더 파슨스 마틴은 1857년 미국 정부에 보내는 공개 서한을 발표해 태평천국 정권이 "독립을 달성"했으며 이제 사실상 두 개의 중국이 존재한다고 말했다. 난징에 기반을 둔 기독교 국가인 새로운 중국은 양쯔강 유역의 풍부한 차와 비단 생산지들과 남쪽을 통치할 것이고, 만주족의 기존 중국은 베이징에서 최북단을 계속 통치할 것이라고 그는 예측했다. 또한 그는 만주족 정부가 "너무 노쇠해 개혁에 대한 유망한 전망을 제공할 수 없다"고 믿었고, 따라서 외국 세력이 "시대 정신을 포착해 내륙의 보고寶庫를 열고 무제한적 교류의 문을 여는 것에 동의해줄 젊은 라이벌을 인정하는 것이 유리하다는 점을 고려"해야 한다고 주장했다.[6] 선교사 마틴은 당시 엘긴 경의 함대에서 미국 대표의 비서 겸 통역원으로 일하고 있었다.

태평천국을 공식적으로 인정했는지 여부와 관계없이, 내전에 대한 영국의 중립 입장은 영국이 정확히 같은 시기에 만주족과 별도로 싸움을 시작하는 것을 막지는 못했다. 사실 태평천국이 이미 청 왕조를 어렵게 만들었다는 것은 절호의 기회가 되어주었다. 반란군은 왕조의 가장 좋은 자원을 고갈시키고 있었고, 수세기 동안 남쪽으로부터 곡물을 수송해 베이징에 공급하는 데 이용된 내륙 수로인 대운하의 항행을 방해하고 있었다. 곡물 수송에 차질이 생기면 베이징은 굶주릴 것이고, 수도의 주민들은 위태롭고 두려운 삶을 살게 될 것이었다. 이런 불안정한 상황 속으로 영국이 중국에 대한 새로운 전쟁을 일으키며 들어왔다. 그것을 전쟁이라 일컬어도 된다면 말이다. 그것은 아편전쟁에 따른 1842년 조약을 개정해 영국 상인들이 중국 시장에 더 많이 접근할 수 있게 하려는 영국의 시도들이 점점 거세지면서 자라난 무계획적이고 목표가 불분명한 전쟁, 완전히 일방적인 전쟁이었다. 더할 수 없이 빈약한 구실(1856년 광저우에서 청나라 당국이 '애로Arrow'라는 이름의 중국 밀수선을 나포했는데, 이 배는 우연히 영국 국기를 게양하고 있었고, 따라서 이 배에 올라탄 것은 영국 왕권에 대한 모독으로 간주되었다)을 내세워 홍콩 총독은 조치를 요구했고, 런던의 총리 파머스턴 경은 1857년 엘긴을 중국으로 보내며 어떤 대가를 치르더라도 배상금과 새로운 조약을 얻어내라는 임무를 맡겼다. 이는 황제와 직접 협상하거나, 적어도 베이징 지척에서 황제를 대신해 이야기하는 대리인과 협상해야 한다는 것을 의미했으며, 결국 엘긴이 하이허강의 황제의 문 앞까지 군대를 이끌고 가야 한다는 것을 의미했다.

도중에 몇 차례 지연이 있었다. 엘긴은 1857년에 1700명의 상당한 병력을 이끌고 영국을 떠났지만, 실론을 지나갈 때 인도에서 세포이 항쟁이 일어났다. 절박했던 콜카타의 영국 총독은 엘긴에게 병력을 빌려달라고 간청했고, 엘긴은 그렇게 했다. 엘긴의 병력은 그해 여름 델리의 피비린내 나는 포위 공격에서 없어서는 안 될 존재임을 입증했고, 혹자는 그 병력 덕분에 반란의 흐름이 영국에 유리하게 바뀌었다고 말했다.[7] 하지만 그것은 그의 임무를 탈선시켰고, 그는 콜카타

총독의 호화로운 저택의 손님으로서 잠시 인도에 머물러야 했다. 식민지적 타락의 진수를 보여주는 그곳에서 엘긴은 자신의 임무를 벗어났을 때부터 마음속에서 커져가던 어떤 불편함을 마주하기 시작했다. 즉, 그는 아시아에 나와 있는 동포들의 행동이 도덕적으로 혐오스럽다고 생각했다. 콜카타에서 그는 "이것은 끔찍한 일이다. (…) 열등한 종족들 사이에서 사는 것"이라고 썼는데, 여기서 끔찍하다고 한 것은 원주민에 대한 대우 자체 때문이 아니라, 표면상 문명화된 영국인들이 인종적으로 우월한 위치에 있으면서도 스스로를 낮췄기 때문이다. 그런 상황에서는 기독교적 자비에 대한 모든 개념이 잊히고, 영국 남성과 여성 모두의 마음속에 남아 있는 것이라고는 "중국인을 향한 것이든 인도인을 향한 것이든 혐오, 경멸, 잔혹함, 복수"뿐이라고 그는 생각했다.[8]

그럼에도 불구하고 그는 그들의 세계에 어느 정도 끌렸고, 원주민 하인들에게 둘러싸여 있는 어색한 기분은 "곧 사라지고, 사람들은 완전히 무관심하게 그들 사이를 돌아다니며, 그들을 개처럼 대하는 것이 아니라(개처럼 대한다면 그들에게 휘파람을 불고 그들을 쓰다듬어줄 테니까) 교감이나 공감이 불가능한 기계처럼 대한다"는 것을 어느 정도 비꼬는 어조로 인정했다.[9] 영국이 인도에서 벌이고 있는 식민지 사업에 대한 엘긴의 염려는 그가 항해 중에 공부했던, 자국이 과거에 중국에서 했던 일에 대한 그의 이미 복잡한 감정을 악화시켰다. 그는 이렇게 썼다. "의회 보고서를 읽으면, 종종 우리가 정당화하기 매우 어려운 방식으로 중국을 대했다고 느끼지 않을 수 없다." 하지만 인도에 대한 그의 성찰과 마찬가지로 이 경우 그의 사고는 억압받는 사람들에 대한 특별한 동정으로 이어지지 않았다. 그는 중국인들에 대해 "그들의 배신과 잔인함은 때로 너무 심해서, 거의 모든 것이 정당해 보일 지경"이라고 결론지었다.[10]

빌린 배 한 척과 양심의 가책만 가지고 인도를 떠난 엘긴은 콜카타에 두고 온 병력을 대신할 증원군이 도착하기까지 홍콩에서 몇 달을 기다려야 했다. 그 무렵은 하이허강이 꽁꽁 얼어 있어서 상류를 향해 항행하기에는 계절상 너무 늦은 때였다. 베이징은 봄까지 육지로 둘러싸여 있게 될 것이었다. 모종의 생산적인 행동을 열망한 그는 프랑스군과 연합해 베이징 대신 광저우라는 좀더 온화한 도시를 포격하고 점령했다. 그것은 베이징에 있는 황제와 직접 접촉하는 것의 완벽한 대안은 아니었지만, 그들은 남쪽에서의 자신들의 화력 과시가 적어도 황제의 주의를 끌기를 바랐다. 하지만 그들은 자신들이 그 내전에서 어떤 역할을 하는 데 발을 들였음을 깨닫지 못하고 있었다. 광저우를 침략해 점령했을 때 그들은 태평천국 사람들을 처형하는 그곳 총독 휘하의 끔찍한 일을 전혀 의도치 않게 종식시키게 되었던 것이다. 우연히도 그 총독은 애로호 나포를 명령했던 바로 그 관리였다. 영국군은 그를 영국 왕권에 대한 범죄 혐의로 추적했고, 친구의 집 뒤쪽으로 탈출하려 한 그를 붙잡았다. 그들은 그를 결박해 인도행 배에 태워 보냈고, 그는 인도에서 영국에 의해 감금된 상태에서 사망하게 된다.

봄의 해빙기가 지나고, 이제 그들은 마침내 하이허강 하구에 도착해 청나라의 대리인이 와서 자신들과 새로운 조약을 맺기를 참을성 있게 기다리고 있었다. 배 위에서의 삶을 살아가는 사람들조차 지루함에 멍해진 채 몇 주가 흘러갔다. 배는 진흙탕 물결에 멀미가 날 정도로 흔들렸고, 만의 물은 너무 얕아서, 15킬로미터 떨어진 곳임에도 그들은 불과 8미터 깊이의 물속에 정박해 있었다. 낮에는 안개가 끼었고, 가끔은 멀리 강기슭의 선이 보였다. 밤에는 검은 물이 반짝이는 푸른빛을 발했는데, 이는 그곳에 가본 적 없는 사람들이 상상하는 것처럼 이 "하늘 왕국"에 어떤 마법 같은 것이 있을지도 모른다고 여기게 하는 유일한 것이었다.[11] 비축 물품들이 떨어져가고 있었다. 어떤 수병들은 시간을 때우기 위해 스케치를 하거나 책을 읽었고, 또 어떤 수병들은 갈매기들을 향해 총질을 해댔다. 해병들은 육지 침공에 대비해 훈련을 했다.

때때로 늑골처럼 골이 져 있는 모습의 돛을 단 정크선 한 척이 휴전을 알리는 깃발을 단 채 청나라 관리 몇 명을 태우고 기슭으로부터 나오기도 했다. 외교적 논의는 공허한 것이었지만, 그런 방문들은 적어도 그날의 단조로움을 깨뜨려주었고, 모두가 함께 앉아 식사를 할 수 있었다. 프랑스 대사인 그로 남작은 제국 관리들의 의중을 제대로 읽어내지 못했고, 유럽인들이 평화로운 조약 협상을 위해 강 상류로 올라가도록 허락해달라고 요청하는 반면 만주족 사람들은 그런 그들을 방해하기 위해 변명을 늘어놓는 것이 전형적인 교류 양상이었다.

어느 때인가 한 제국 관리는 연합 함대가 포대를 포격하기로 결정하더라도 자신들은 사실 그다지 개의치 않는데, 그 이유는 포대에 배치된 병사들이 "한낱 한족"이기 때문이라고 퉁명스럽게 말했다. 그건 허세였을 수도 있지만(아닐 수도 있고), 어쨌든 이 나라가 지배자 만주족과 피지배자 한족이라는 두 민족의 제국임을 분명히 상기시켜주었고, 유럽인들을 불편하게 했다.[12]

안개가 걷히면 작은 배들이 기슭 쪽으로 정찰하러 나갔는데, 거대한 황동 대포들이 바퀴 위에 얹혀 궤적을 남기며 밀려 옮겨지는 모습이나 화승에 불을 붙여 도화선에 불을 댕길 준비를 하고 있는 모습을 망원경으로 볼 수 있을 만큼 가까이 다가갔다. 주 항로에 방재가 설치되어 배가 지나가는 것을 막고 있었다. 프랑스인 통역원은 풍경에 실망했다. 그는 이렇게 썼다. "이보다 더 메마르고 황량하고 볼품없는 나라는 상상할 수도 없다. 진흙, 질척거리는 것, 염전, 모래 언덕 몇 개 외에는 아무것도 보이지 않는다. 식물의 흔적이라고는 없다."[13] 적절한 정보를 얻기가 어려웠고, 그들은 청나라와 국경을 공유하고 있는 만큼 더 가까운 관계에 있다고 여겨진 비밀스러운 러시아에 의존해야 했다. 베이징 소재 러시아 학교에서 막 돌아온 한 교사는 황제가 외국인들의 요구에 격노했으며, 대신들 중 황제에게 외교 문제와 관련된 얘기를 감히 꺼낼 사람은 거의 없다고 보고했다. 함풍제의 제국이 붕괴될 때, 소문에 따르면 그는 말을 타며 대부분의 시간을 보내고 있었고, 후궁들과 함께 이화원의 숲들을 이리저리 한가롭게 돌아다니고 있었다.

결국 대리인은 나타나지 않았고, 그리하여 연합 함대는 1858년

5월 20일 아침 10시 8분에 공격을 개시했다. 신호기가 올라갔고, 영국 군함 코머런트호는 선원들이 갑판 위에 납작 엎드린 상태로 전속력으로 나아가, 강물을 가로막고 있는 방재들을 부수며 함대의 다른 배들을 위해 길을 텄다. 세 척의 포함砲艦(영국 배 한 척과 프랑스 배 두 척)이 북쪽 기슭에 자리한 포대 두 곳을 공격하기 위해 포진했고, 다른 세 척의 포함은 남쪽 기슭 공격을 맡았다.[14] 여섯 척의 경포함이 뒤에 바짝 붙어, 영국과 프랑스 해병 총 1800명으로 이루어진 상륙 부대를 태운 상륙선들을 끌고 갔다. 하지만 포대들의 초기 대응은 그들이 예상했던 것보다 격렬했고, 그것은 교과서적인 전개가 아니었다. 프랑스 배 하나의 스크루가 어망에 걸리는 바람에 15분 동안 포탄들이 날아드는 가운데 속수무책으로 까딱댔고, 이 배의 선원 11명이 사망했다. 하지만 다구 포대의 포수들은 썰물 때의 공격을 예상하지 않았기에 조준을 높게 해놓았고, 그들의 일제 사격 대부분은 배의 삭구에 해를 끼치지 못한 채 쌩하고 날아가버렸다.(중국 대포들은 밧줄로 고정되어 있어서 그때그때 고도 각도를 조정하는 것이 간단한 일이 아니었다.)[15] 표적에 미치지 못하고 떨어진 잘못된 사격이 오히려 치명적이었다. 한 프랑스 소위의 머리가 포탄에 맞아 찢어졌다. 또 다른 사격은 드라곤호의 해군 사관 후보생 하나를 깔끔하게 둘로 갈랐고, 두 동강 난 그의 몸은 배 밖으로 튕겨나가고 그의 칼은 갑판에 철커덕 떨어졌다.[16]

연합 함대의 포함들이 포진했을 때 현측의 대포들에는 산탄과 포도탄이 장전되어 있었다. 긴 안정 장치로 유도된 콩그리브 로켓이 쉭쉭거리며 불타는 호를 그리더니 벽을 폭파했다. 그 포대는 해적과 중국 반란군의 소구경 화기의 발포를 견뎌내도록 설계된 것인지라 안쪽의 포수들은 영국과 프랑스의 포탄으로부터 거의 보호받지 못했다. 북쪽 포대들은 견고하게 지어지긴 했지만 항로에 비스듬히 배치되고 뒤쪽이 열려 있어서, 코머런트호가 좋은 각도를 얻기 위해 포대들 너머까지 강을 거슬러 올라가자 코머런트호의 장거리포에 측면이 완전히 노출되었다. 포대 뒤쪽에 사망자가 쌓이자 상륙 부대는 머스킷총을 들고 갯벌에 내려 첫 번째 요새의 벽을 향해 전진했다. 청나라 지휘관들은 이런 전술을 겪어본 적이 없었고, 그래서 그들 휘하의 포수들은 상륙 부대는 거의 무시한 채 배들을 포격하는 데 집중했다.[17] 해병과 수병들이 포효하고 함성을 지르고 머스킷총을 쏘면서 방어선으로 돌진하자 수비대는 돌아서 달아났다. 화약고가 폭발할 때 그 근처에 있었던 프랑스군 몇 명을 빼고는 상륙 부대에는 사상자가 거의 없었다. 안전한 거리에서 미국 관찰자들은 프랑스 군사들의 몸이 공중으로 치솟았다가 포대를 벗어난 땅바닥으로 다시 떨어지는 것을 망원경으로 지켜보았다.[18]

결국 침략자들은 청나라 병사 사망자가 500명이고 포대를 방어하던 약 3000명은 흩어진 것으로 보았다. 함대 지휘관들이 예상했던 바와 다름없는 결과였다. (미국 배에 타고 있던 『뉴욕타임스』 특파원은 "연합 군대는 운반 가능한 수상 포대를 가져갈 수 있는 곳에서는 늘 승자일 것이다"라고 자랑하기까지 했다.)[19] 엘긴은 결코 놀라지 않았다. "포대와 싸울 때 배는 바보다"라는 영국 해군의 격언에도 불구하고 그는 토착 중국인 수비대가 전투 경험으로 다져진 자기 휘하의 크림전쟁 참전 군사들에 맞서 오래 버틸 수 있으리라고는 결코 생각하지 않은 터였다.

하지만 그는 프랑스군에 대해서는 다소 냉소적이었다. 그에 따르면, 프랑스군은 "자국 포함들을 서투르게 다루더니, 급기야 화약고에 불을 질러 폭발시켜버리고 말았다".[20] 연합군은 포대들을 약탈해 돈, 식량, 특히 무거운 황동 대포를 자기들 배에 가득 실었다. 이 대포들이야말로 진짜 횡재였는데, 금속으로 돼 있어서 하나에 수십만 달러의 값어치가 있었다. 새김글에 따르면 그 대포들은 함풍제의 치세 중에 주조된 새것이었다. 연합군은 자신들의 수월한 승리에도 불구하고 수비대의 무기가 예상만큼 원시적이지 않다는 점에 주목했다. 심지어 수비대의 총 일부는 영국산이었는데, 난파선에서 인양하거나 상하이에서 비밀리에 구입한 것이었다. 모래 자루로 구축된 방어 시설들은 전문적으로 계획된 것이었다. 연합군의 승리는 무기나 장비의 승리라기보다는 훈련의 승리였다. 근처에 있는 막사들에서는 청나라 군대의 기강을 엿볼 수 있었는데, 한 병사의 시신은 탈영했다는 이유로 목이 베인 것이었다. 그리고 유럽인들에게는 좀더 당황스러운 사례로서, 한 포대 지휘관은 패전 끝에 자기 손으로 자기 목을 그은 것으로 밝혀졌다.[21]

흘수가 깊어서 모래톱을 통과할 수 없는 큰 배들과 작별한 대사와 수행원들은 흘수가 얕은 배들로 옮겨 타고 항로에 들어섰다. 기슭에서 지켜보던 농민들은 경악한 듯 보였고, 그들이 지나간 첫 마을들 중 한 곳에서는 남자들 모두가 강가에 엎드려 뭐라뭐라 외쳐댔는데, 엘긴의 통역원이 (서투르게) "만세, 위대한 왕이시여! 오, 어서 배에서 내려 우리를 다스리소서!"라고 통역했다.[22] 엘긴의 부관이 파악한 것처럼, "마을 사람들은 우리가 청 왕조를 멸하러 가는 길이라고 믿고 있는 것이 분명했다".[23] 그것은 무리한 가정이 아니었다. 이 함대는 누구의 기억 속에서도 하이허강을 거슬러 올라 항행한 최초의 외국 선박들이었고, 이는 함장과 선원 모두가 자랑스럽게 의식하고 있는 바였다. 이전에 영국 대사들이 이곳까지 온 적이 없었던 것은 아니다. 1816년에 애머스트 경이 왔고, 그보다 앞서 1793년에는 매카트니 경이 왔다. 하지만 그 사절단들은 황제에게 경의를 표하는 공물 사절단용 특수 깃발을 게양할 것을 선대 황제들에게 강요받았다. 그래서 이제 엘긴의 연합 함대가 자국 국기들을 달고 강을 거슬러 올라가는 상황에서 그들은 과거의 굴욕에 대해 복수하는 것을 상상했고, 더 나아가 자신들을 야만인으로 여기는 관리들이 존재하는 그 제국을 마침내 응징하는 것을 상상했다.[24]

그러나 그 거만함 아래서 엘긴은 자신들이 들어서고 있는 다른 종류의 미지의 지역에 대해 암울하게 숙고했다. 그는 집으로 보낸 편지에 이렇게 썼다. "우리가 이 후미진 곳, 과거의 전통으로 이루어진 이 더할 수 없이 어둡고 비밀스러운 곳에 끔찍한 폭력과 난폭한 에너지를 분출할 때 우리는 누구의 일에 참여하고 있는 것일까?" 하지만 이전의 고민들에서 그랬듯이 그는 중국을 그 자체의 근거로 방어할 만한 낭만적 요소를 마음속에서 찾지 못했고, 거의 허무주의적으로 결론 내렸다. "동시에 우리가 이렇게 날려버리고 있는 이 오래된 문명에는 아쉬워할 만한 것이 별로 없다."[25]

그들은 첫날 밤 요새로부터 약 32킬로미터 상류로 거슬러 올라가 정박했다. 기슭에서 모닥불이 타오르며 어두운 그림자 속에 악령들을 불러냈고, 검게 물든 하늘을 배경으로 배들이 가물가물하며 윤곽을

드러냈다.[26]

이튿날 아침, 하이허강을 거슬러 올라 톈진을 향해 느릿느릿 항행이 계속되었다. 강이 너무 구불구불해서 물길의 거리가 육로의 최소 두 배는 되었지만, 이것이 황제를 위협할 수 있는 위치로 대포들을 가져갈 유일한 방법이었다. 강바닥이 얕고 퇴적물이 두터워서 경포함들조차 끊임없이 좌초했다. 프랑스 선박 중 하나는 32회, 다른 하나는 42회 좌초했다. 그러나 그들은 천천히 나아갔고, 강은 천천히 비밀들을 풀어놓았다. 어느 지점에서는 사람 시체 하나가 시야에 들어왔는데, 강기슭의 진흙 속에 반쯤 파묻혀 있었다. 그 시체는 인간 세상으로부터 버림받은 것처럼 보였을지 몰라도, 그것을 두고 으르렁거리며 싸우는 두 마리 개에게는 버림받은 것이 아니었다. 개들은 서로 상대의 목을 물어뜯기 위해 몸을 비틀었고, 자기 권리를 주장하기 위해 썩은 시체에 앞발을 얹고 있었다.[27]

시간은 참을성 있게 흘러갔고, 배 위의 사람들은 청나라 병사들도, 또한 기슭에서 자신들의 진행을 따라오고 있는 농민 무리의 공공연한 적대감도 보지 못했다. 배들이 흰 연기를 내뿜으며 흐름을 거슬러 상류로 나아가는 동안 농민들은 곁에서 계속 걸어갔다. 이들은 공격받는 선교사들에 의해 유명해진 으르렁대는 중국 대중이 아니었다. 또한 침략당한 나라의 격분한 시민들처럼 보이지도 않았다. 배 위의 사람들은 그들이 황제의 운명에 대해 어떤 식으로든 신경 쓰고 있는

지 그렇지 않은지 알 만한 것은 전혀 발견할 수 없었다. (사실 중국 농민 대중에게 황제의 존재는 아주 거리가 먼 추상적인 것이었고, 그들과 전혀 무관하게 하늘이 선택하는 것이었다.) 함대가 사고 없이 강을 타고 올라가면서 군중의 초기 두려움은 경계 섞인 호기심으로 바뀌었고, 때로는 이상한 협력심까지 생겨났다. 배가 진흙 속에 좌초하면 선원들이 군중에게 밧줄을 던지고 기슭에 있던 남자들이 그 밧줄을 끌어당겨 배를 빼냈다. 이런 일은 반복적으로 일어났다. 어떤 사람들은 배 안에 있던 비스킷으로 노고에 대한 대가를 받았고(프랑스 수행원은 "그들에게는 대단한 진미"라고 생각했다), 또 어떤 사람들은 다구 요새에서 약탈한 엽전 꾸러미를 받았다. 선원들이 어떻게 처리해야 할지 알 수 없을 정도로 아주 작은 잔돈들이 더 많이 있었다. 때때로 선원들은 기슭에 있는 군중에게 그 잔돈을 한 움큼씩 그냥 내던지고서 군중이 그것을 주우려 쟁탈전을 벌이는 것을 지켜보았다.[28]

상류에서는 진흙이 옥수수, 기장, 상추, 무 같은 신세계 작물들을 집중적으로 길러내고 있었다.[29] 소금 평야에서 채굴된 소금 더미들이 풍경의 단조로움을 깨뜨리면서, 불확실한 어떤 길을 표시해주는 돌무더기 이정표처럼 서 있었다. 멀리서 탑 하나가 안개의 장막을 벗어나 모습을 드러냈다. 침략자들이 성곽 도시 톈진의 범위 안에 들어서자 강을 따라 늘어섰던 진흙집들이 좀더 빽빽한 목조 건축물들로 바뀌었다. 여기는 대운하 접속 지점이었고, 한쪽 강안을 따라 쌀과 다른 곡물들이 산더미처럼 쌓여 있었다. 그것은 중앙 정부의 세수로, 반란으로 인해 떨어져 나가지 않은 지역들에서 징수한 것이었다. 여기서는 관찰자들의 무리도 더 빽빽해졌고, 그들은 함대를 보려고 옥상 위로,

"거의 수면에서 집 처마까지 뻗어 있는, 끝은 위를 향하고 꼭대기는 비어 있는 비스듬한 면"[30]으로 몰려들었다. 강의 배들이 사이를 두고 서로 갈라서 함대가 지나갈 길을 터주고 청나라 병사들이 모습을 보이지 않자, 유럽 선원들은 마침내 긴장된 침묵을 깨뜨리며 크게 환호했다. 퓨리어스호의 함장은 다음과 같이 회고했다. "우리는 톈진이 우리 것이라고 느꼈고, 그곳에서는 우리가 중국을 장악하고 있다고 느꼈다!"[31]

그들은 톈진에 정박했고, 112킬로미터 정도 떨어진 베이징으로 가는 마지막 육로 구간을 포기했다. 여름 더위는 햇볕이 내리쬘 때면 섭씨 38도에 육박했고, 좀더 시원한 기후에 익숙한 유럽 군인들은 혹독한 더위 속에서 수도 베이징까지 수 킬로미터를 무기와 장비를 끌고 가는 것은 고사하고 그냥 움직이는 것조차 거의 할 수 없었다. 하지만 그들의 침략은 여기까지로도 충분했다. 황제는 굴복했고, 연합군이 톈진 너머까지 진입하는 것을 막아줄 조약을 협상하기 위해 대리인단을 보냈다. 그래서 연합군은 한 달간의 병영을 꾸렸다. 엘긴 경과 그로 남작은 그 도시에서 가장 큰 집들 중 하나를 지휘 본부로 삼았고, 그 집의 절반에서 영국군이, 나머지 절반에서는 프랑스군이 생활했다. 미국인과 러시아인들은 강 건너편에 있는 집을 하나 빌렸지만, 집주인은 돈을 줄 테니 집에 접근하지 말아달라고 그들에게 요청했다.(이는 결국 현명한 일이었다. 나중에 청나라 관리들이 침략자들과 자발적으로 교류한 사람들을 처벌했기 때문이다.) 청나라 대리인들이 곧 도착했고, 새로운 조약들을 위한 협상을 시작했다. 그들은 총 네 명으로 대표를 보낸 강대국들 각각에 한 명씩 배정되었다. 그렇더라도, 강에는 기대에 부풀어 정박해 있는 중무장한 포함들이 있었으므로 어쨌든 대등한 대화는 아니었다.

영국이 이끌어낸 평화·우호·통상 조약은 의도된 아이러니가 전혀 없는 제목 그대로 외국 상인들을 기쁘게 하는 조약이었다. 그것의 조항들에 따르면, 영국 배들은 이제 상하이로부터 중국 중부와 서부로 깊숙이 들어가게 해주는 중국의 주요 수로인 양쯔강을 따라 항행할 권리를 갖게 되었다. 이미 대외 무역에 개방된 5개의 해안 조약항들에 더하여 북부와 타이완, 내륙의 양쯔강 연안에 10개의 또 다른 항구가 개방되었다. 미국인들에게 막대한 영향력을 행사하던 선교사들을 달래기 위해, 외국인들이 청 제국 내 어디든 자유롭게 여행할 수 있고 현지 기독교인들은 보호를 받을 것이라는 조항이 포함되었다.(물론 이것이 태평천국에 적용되지 않는다는 것은 당연히 암묵적으로 이해되었다.) 또한 청나라 관리들이 영국인을 "오랑캐"라고 부르는 것이 더 이상 허용되지 않았고, 사적인 대화에서도 마찬가지였다. 프랑스, 러시아, 미국의 대리인들도 모두 각자의 조약을 체결했다.

하지만 그런 조항들에 더해 함풍제를 가장 괴롭힌 조항은 영국이 베이징에 대사를 둘 수 있도록 승인한 것이었다. 대사는 원할 때면 언제나 오갈 수 있었다. 그것은 이전에는 승인된 적이 없고, 청 왕조가 무엇보다 위엄에 기대어 통치를 유지하고 있었기에 잠재적으로 가장 치명적이었다. 황제의 위상은 태평천국과의 계속되는 전쟁으로 이미 추락한 상태였지만, 적어도 반란군의 영향력은 억제되고 있었으며, 중국 북부는 명목상으로는 황제의 수중에 남아 있었다. '명목상'이라 함은, 청나라가 난징에 최정예 병력을 집중시킨 데 따른 힘의 공백 속에서 북부에서는 염군捻軍이라고 알려진 무장 도적 떼의 난이 일어나, 연합 함대가 막 통과한 농촌 지역을 초토화시켰기 때문이다.

더욱이 외국 배들이 공물을 바치는 징후도 없고 황제의 위엄을 인정하는 징후도 없이 수도로 향하는 주요 정식 물길을 오르내리며 자국 대사들을 실어 나르도록(강가에 사는 대중에게 다 보이는 채로) 둔다면, 청나라 조정이 나라의 질서를 유지할 수 없을 뿐만 아니라 더 이상 외국인들에게 숭상을 강요할 수도 없다는 소문이 제국 전역에 퍼질 것이었다. 그것은 황제가 아직 누리고 있는 정통성의 빈약한 실마리마저 끊어버릴 것이다. 이 조항에 동의한 청나라 측 대리인은 황제를 조금이라도 안심시키기 위해서, 이 조약은 그 오랑캐들이 톈진을 떠나게 하기 위한 종잇조각에 지나지 않으며, 황제가 원한다면 쉽게 취소할 수 있다고 함풍제에게 말했다.[32] 그리하여 외국 사절단은 본국으로 돌아가기 위해 작별을 고하면서, 1년 후 조약 비준서를 가지고 돌아와 베이징에서 교환하기로 약속했다. 함풍제는 그 일이 절대 일어나지 않기를 간절히 바랐다.

엘긴 경은 후세에 중국에서의 영국 포함砲艦 외교를 대표하는 인물로 자리매김되었음에도 불구하고 자신의 톈진 침략을 후회했고, 그 침략으로 이어진 일련의 사건들을 실제로 부끄러워했다. 영국의 새로운 중국 전쟁을 촉발한 밀수선 애로호 사건은 그의 말에 따르면 "우리의 스캔들"이었다.[33] 하지만 그는 자신의 우려가 자신을 소수자로 만든다는 것을 알고 있었다. 영국의 여론은 무역을 거부하고 영국 왕권을 모욕한 중국과의 전쟁(즉, 그 제국의 지배자인 청나라와의 전쟁)을 지지하는 쪽으로 확실히 기울어 있었다. 이러한 대중의 감정에 반하여 의회의 다수당인 자유당은 1857년에 총리 파머스턴의 전쟁 요구를 차단하려는 양심적인 노력을 시작했다. 그러한 노력의 시작점은 젊은 윌리엄 글래드스턴의 무려 두 시간에 걸친 긴 연설이었다.(흥분한 한 열성 지지자의 말에 따르면 "인류사에 남을 하원 최고의 연설".) 연설에서 그는 "영국의 온 힘"이 중국에서 "무방비 상태인 사람들의 생명을 해치는 데" 발휘되려 하고 있다고 주장했다.[34] 하원 투표가 글래드스턴에게 유리하게 돌아가자, 파머스턴 경은 내각을 해산해버리고 새로 선거를 실시했다. 영국 언론은 이 선거를 "중국 선거"라고 불렀다. 이 선거를 통해 파머스턴의 전쟁 지지 세력은 압도적 지지로 다시 집권할 수 있었다. 엘긴 개인의 우려가 어떠하든, 그는 국민이 무엇을 원하는지 정확히 알고 있었다. 그리고 그가 톈진 침략 몇 달 후인 11월의 일기에 적었듯이, 영국 신문의 어조가 어떤 지표가 된다면, 국내 여론은 그가 훨씬 더 많은 무력을 동원해 "괘씸한 중국인들을 지금보다 더 크게 약탈"하기를 바랐을 것이다.[35]

청나라와의 전쟁에 대한 열망은 이 조약에 대한 뉴스가 전해진 미국에서도 넘쳐났다. 그 뉴스는 막 완공된 대서양 횡단 케이블을 통해 기록적인 속도로 미국에 전달되었고, 이 케이블을 통한 최초의 실질적인 뉴스 급보를 이끌었다.[36] 무역 승인 소식에 기뻐하는 반응은 있었지만, 그 기쁨은 좌절감에서 나온 불평에 짓눌려버렸다. 젊고 정의로운 미국이 영국과 프랑스의 약탈적인 포함들과 협력하는 오점을 남겼다는 점에서가 아니라 그 일을 미국이 주도하지 않았다는 점에서 비롯된 좌절감이었다. 『뉴욕타임스』 사설은 제임스 뷰캐넌 대통령의 중립 정책을 넌지시 공격하면서 "프랑스와 영국은 조만간 중국 정부를 굴복시킬 전쟁을 시작함으로써 더 현명하고 정치적인 길을 택했다"고 썼다.[37] 또한 새로운 조약은 전례 없이 중요한 것으로 "선사시대부터 지배적인 정책이었던 중국의 고립 정책의 완전한 포기"와 다름없다고 주장했다. 그것은 "세계 인구의 3분의 1이 (…) 복음 전파 사업에 개방되도록" 보장해주었다. 그런 엄청난 결과는 "수도 타격 거리 내에 대규모 육해군 병력을 유지할 필요성"을 의심의 여지 없이 입증한다고 선언했다.[38] (근시안적으로) "중국 전쟁의 종식"이라는 제목의 또 다른 사설은 심지어, "무력이야말로 중국인들이 인정하도록 만들 수 있는 유일한 논거"이므로 총구를 겨누어 이 조약을 얻어내는 것은 필연적이었다고 쓰기까지 했다. 미국의 중립은 도덕적 자부심의 대상이 아니라 오히려 허약함과 소극성의 징표였다. 왜냐하면 "중국과의 무역처럼 우리에게 중대한 이익이 걸린 문제에서 우리는 다른 이들이 역할을 하고 명예를 얻도록 내버려두었으며, 우리 자신은 이익을 챙기는 것으로 충분히 만족해왔기" 때문이다.[39]

중국에서의 공격적인 외교 방식으로 마음이 몹시 불편했던 엘긴은, 7월 말에 톈진을 떠나 중국의 작은 이웃 나라 일본으로 향하는 배에 오르며 안도감을 느꼈다. 그는 일본에 가서 유사한 무역 협정을 체결하라는 지시를 받았다. 상황은 완전히 딴판이었다. 일본을 통치하는 도쿠가와 막부는 중국 정부만큼이나 영국의 무역과 선교 활동을 몹시 경멸하고 있었지만, 동아시아에서 부차적인 지위에 놓인 터라 이것이 일본에게 유리하게 작용했다. 중국 시장의 광대함 때문에 영국의 총구가 중국을 먼저 겨눈 것이 일본에는 득이 되었던 것이다.

일본의 유력한 사무라이들은 1839~1842년의 아편전쟁에서 영국 배들이 중국을 억지로 개방시키는 것을 방관하며 지켜보았고, 따라서 미국 제독 매슈 페리가 1853년 증기선 함대와 함께 일본 해안에 처음 도착했을 때 그와 자발적으로 무역 협정을 맺어 중국과 같은 운명을 피했다. 1858년 엘긴이 영국과 일본의 관계를 열기 위해 도착했을 때, 일본인들은 미국과의 조약 관계라는 선례를 가졌을 뿐만 아니라, 만주족이 그의 진격을 막으려다가 아주 최근에 다구 포대에서 어떤 일을 당했는지도 정확히 알고 있었다.

충분할 정도로 경고를 받은 일본 정부는 자존심을 접고 엘긴과 함대를 저항 없이 환영했다. 그리고 어떤 무력 행사도 없이 중국의 조약들과 유사한 일련의 조약에 동의했다.[40] 영국과 청나라 사이의 고조되는 적대감과는 대조적으로 일본은 예포를 쏘아 엘긴에게 존경을 표했다. 쇼군의 우호적인 외교는 원하는 효과를 거두었고, 엘긴은 일본인들을 "더할 수 없이 친절한 사람들" "중국인들의 완고함과 편협함이라고는 모르는" 사람들로 기억했다.[41] 그처럼 적대감이 끼어들지 않은 상황이 엘긴이 아시아에서 자국의 광범위한 행동에 대해 갖고 있던 죄책감을 달래는 데 도움이 되었다. 일본을 떠나면서 그는 "이 지긋지긋한 동쪽에(그 자체로 지긋지긋하다기보다는 우리의 폭력과 흉계의 기록이 곳곳에 흩어져 있기 때문에) 도착한 이래 내가 떠날 때 아쉬움을 느낀 유일한 곳"이라고 썼다.[42] 그러나 중국으로의 귀환은 그에게 "어떤 공포감"을 안겼다.[43]

1858년 늦가을에 이르러 엘긴의 아시아 임무는 완료되었지만, 영국으로 돌아가기에 앞서 그는 다섯 척의 배로 구성된 작은 함대를 이끌고 양쯔강을 거슬러 태평천국의 영토를 거쳐서 새로운 조약 항구인 한커우까지 가는 3주에 걸친 항해를 했다. 조약에 의해 개방된 항구들 중에서 한커우는 양쯔강 가장 상류에 위치한 항구였고, 당장은 청나라 수중에 있었다. 기록에 따르면, 엘긴은 강을 따라 활동하는 중국 관리들이 새로운 조약에 따라 영국 국기의 지위를 존중하는지 시험해 보고자 했으나, 그것은 또한 반란군의 세력을 직접 확인할 수 있는 기회이기도 했다. 그는 상하이에 있을 때 태평천국에 대한 미심쩍은 소문을 들었는데, 그것을 직접 알아보고 싶었다. 톈진 조약은 영국 선박들에 양쯔강을 자유롭게 항행할 권리를 부여했지만, 그것은 그 강의 구간들을 지배하는 두 권력 중 하나와 체결된 것이었고, 엘긴은 그러한 상황이 부자연스럽다고 생각했다. 그는 외무장관에게 다음과 같이 썼다. "중국 황제와 반란군 사이에서 중립을 취하기로 한 이상, 당연히 우린 황제에게 권리와 보호를 요구할 수 없었습니다. 우리가 정중히 대하는 또 하나의 권력이 사실상 점령한 지역에서 말이죠."[44] 이 경우 중국 내전에서 영국의 중립은 허세에 불과하다는 것을 그는 인정했다. 왜냐하면 중국의 어느 한쪽과 관련된 어떤 행동 방침도 다른 쪽의 이익이나 불이익 없이 취해질 수는 없기 때문이었다.

퓨리어스호의 함교에서, 그리고 몇 차례의 짧은 내륙 탐사에서 엘긴이 목격한 바에 따르면, 내전의 영향은 상하이 사람들이 그에게 전하려고 했던 것보다 더 파괴적이었다. 북쪽 수도로 이어지는 대운하가 양쯔강과 만나는 전략적 요충지인 전장에 대해 그는 "이토록 황폐한 광경은 본 적이 없습니다"라고 보고했다. 청국군은 1년도 채 되지 않아 태평천국으로부터 전장시를 탈환했는데, 전투 후 남은 것이라고는 "무질서하게 뻗어나간 몇몇 길이 교차하는 폐허 더미"뿐이었다.[45] 그의 일행 중 한 사람이 설명했듯이, "〔우리가〕 폼페이에 와 있다고 상상할 수도 있었다. 우리는 지붕 없는 집들과 무성하게 뒤엉킨 잡초가 높이 자라 있는 담들 사이로 황량한 길들을 따라 걸었다. 쓰레기 더미들이 길을 막고 있었지만 누구에게도 방해가 되지 않았다."[46] 수백 명의 주민이 간신히 살아남아, 전쟁 전에 30만 명 이상이 살았던 도시를 유령 도시로 만들지 않고 있을 뿐이었다. 이러한 황폐함은 전장시에 국한된 것이 아니었다. 엘긴은 보고에서 음울하게 말했다. "정도의 차이는 있지만 이것이 양쯔강을 오르내리는 항행 중에 제가 방문한 모든 도시의 상태였다고 말씀드릴 수 있습니다."[47]

반란군과 엘긴의 첫 직접적인 접촉은 함대가 난징을 지나 강을 거슬러 올라갈 때 그의 배 갑판 위로 포탄 하나가 날아드는 형태로 이루어졌다. 그는 적대 행위가 있을 거라고 예상하지 않았기에, 한커우로 올라가는 길에 다소 어리석게도 태평천국 해안의 주요 포대들을 통과하도록 계획을 세웠고, 휴전의 백기를 올린 포함 한 척을 앞으로 보냈다. 그러나 반란군에게는 이것이 특별한 의미가 없었다. 수비대는 엘긴의 배들을 청국군 병력으로 여겼고(실제로 청국군은 엘긴의 함대를 쐐기 삼아 반란군의 수도를 공격할 요량으로 엘긴의 후방으로 몰려들었다), 그 배들이 지나갈 때 계속 포격을 가해 영국 수병 한 명을 죽게 하고 두 명을 다치게 했다. 탄환 한 발이 엘긴의 선실을 관통하고 여러 발이 그의 머리 바로 위의 삭구를 절단했지만, 이상하게, 그리고 아마 분에 넘치게 운이 좋았던 엘긴은 부상을 입지 않았다. 그는 나중에 이렇게 썼다. "반란군이 소통에 나서서 그들에게 해를 끼칠 생각이 없다는 우리 뜻을 설명할 기회를 주기를 바라지만, 이 멍청한 중국인들이 어떻게 나올지는 예측 불가능하다." 이에 대응해, 그는 이튿날 아침 포함들을 강 하류 쪽으로 돌려보내 "우리의 명예를 위해 충분히 했다" 싶을 때까지 반란군의 포대들을 공격했다.[48]

태평천국군 지휘관들은 엘긴의 소함대가 어느 측을 대리하는지를 일단 알게 되자 연락을 취하기 시작해, 먼저 그의 배들을 포격한 것에 대해 사과했고, 그런 뒤 청 왕조와의 전쟁에서 자신들을 도와달라며 그를 설득했다. 난징에서의 포격 직후, 엘긴은 태평천국군의 한 지휘관으로부터 "온 마음과 힘을 다해 〔나를〕 도와 반란군 선박들을 섬멸해달라"고 엘긴과 다른 영국 함장들에게 부탁하는 성명서를 받았다.(이 경우 반란군은 태평천국에 대적하는 청나라 군대였다.) 이에 대한 보답으로 그들이 천왕으로부터 명예로운 칭호를 받을 것이라고 그는 약속했다.[49] 엘긴은 난색을 표했다. 그날 중에 태평천국 반란군 한 분대가 물가로 내려와 그에게 닭 열두 마리와 붉은 천 약간을 선물로 주었다. 한 달 후인 1858년 크리스마스, 상하이로 돌아오던 그의 함대가 성곽 도시 안칭을 지날 때 그는 천왕 홍수전의 편지를 받았다. 만주족을 멸하려는 태평천국의 성스러운 사명에 동참하기를 청하는 내용이었다.

천왕은 엘긴 경에게 다음과 같이 썼다. "하나님 아버지와 형님께서 제게 큰 영광을 베푸시어, 저로 하여금 하늘나라를 다스리게 하시고, 악마의 영들을 쓸어버리고 근절하게 하셨습니다. 서양의 외국인 아우님들이여, 들으십시오. 하나님 아버지와 형님께 봉사하고 악취나는 파충류를 박멸하는 우리의 일에 동참하십시오."[50] 언어와 태생은 달랐지만, 그 메시지의 의도는 엘긴이 만주족과의 전쟁을 시작하기를 바라는 그의 고국 대중의 뜻과 크게 다르지 않았다.

일부 편지는 개별 지휘관들에게 보내는 것이었고, 엘긴이 홍수전의 편지를 받은 바로 그날 영국 군함 레트리뷰션호의 함장은 태평천국 지방 관리로부터 외국의 소총과 대포를 선물로 받고 싶다는 뜻을 표명하는 매우 정중한 편지를 받았다. 이 영국인 함장은 똑같이 정중하게, 총은 자신들이 사용하기 위한 것이며, "우리 나라의 법은 분쟁에서 어느 쪽이든 돕는 것을 금하고 있다"고 답했다. 이틀 후 그 태평천국 지휘관은 다시 편지를 보내, 자신이 원하는 것은 포함에 탑재된 대형 대포들이 아니라 그저 "소형 대포 1~2문, 화약 몇 꾸러미, 포신 10여 개" 정도라고 밝혔다. 그는 영국이 대포와 그 외 무기들의 공유를 법으로 엄격하게 막고 있다는 것을 이해했지만, 그들이 공유하는 기독교에 기대어 호소했다. 그는 이렇게 썼다. "〔당신과 나는〕 둘 다 하늘에 계신 하나님 아버지의 아들이며, 하늘에 계신 형 예수님의 동생입니다. 우리가 서로에게 느끼는 감정은 형제간의 감정과 같고, 우리의 우애는 같은 부모에게서 난 두 형제의 우애만큼이나 깊습니다."[51]

그러한 공유된 기독교는 중국에 있는 영국인들이 맞닥뜨린 가장 곤혹스러운 문제였다. 영국은 스스로를 기독교 국가로 여겼고, 태평천국의 호소는 흘려들을 만한 것이 아니었다. 게다가 영국과 프랑스가 청 왕조를 상대로 한 새로운 전쟁을 막 끝낸(그들이 생각하기에) 시기에, 즉 외국인들과 동맹을 맺으려는 태평천국의 바람이 외국인들을 들이지 않으려는 만주족의 오래된 노력과 극명하게 대조되던 시기에, 영국이 중국에서 원하는 것은 여러 면에서 청나라 당국보다 반란군에게서 얻을 가능성이 훨씬 높다는 점이 분명해 보였다. 분명 청나라 정부에는 영국인을 "형제"라 부르는 사람이 하나도 없었다.

그러나 두 가지 중요한 장애물이 가로막고 있었다. 첫 번째는 중립의 원칙이었다. 즉, 태평천국과 우호 관계를 맺는 것은 청나라에 더 큰 피해를 입힐 수 있으며(가뜩이나 엘긴이 이미 입힌 피해를 안타까워하는 마당에), 내전에서 한쪽 편을 들면 영국이 스스로 선언한 원칙에 위배된다는 생각이었다. 다시 말해, 중립은 영국이 만주족과 전쟁을 벌이고 있다면 동시에 태평천국과 우호 관계를 맺어서는 안 된다는 것을 사실상 규정하고 있었다. 또 다른 문제는 태평천국이 영국과 동일한 의미에서 진정한 기독교인인지 여부였고, 이는 선교사들이 여전히 알아내려 애쓰고 있던 문제였다.

반란군과 거리를 두려는 엘긴의 뜻은 그의 통역원인 토머스 F. 웨이드의 조언으로 더욱 굳어졌다. 웨이드는 중국 내 영국인들 중 언어 능력이 가장 뛰어난 인물로 일부 사람들에게(전부가 아니라) 알려져 있었고(훗날 그는 케임브리지에서 최초의 중국어 교수가 된다), 미국인들의 통역원이 선교사들이었던 것과 달리 그의 배경은 군대였다. 그는 98연대의 중위로 중국에 왔고, 홍콩에서 하루에 15시간씩 여러 선생을 통해 강도 높게 중국어를 습득했다. 그의 선생들은 관직에 있는 사람들이었고, 그보다 못해도 군 장교들이었기 때문에 그는 관료적 의사소통의 언어를 구사하는 데 능했고, 그의 정보와 견해 대부분은 정부 간행물에서 나왔다. 그의 지인들 중에는 중국 사회의 엘리트층인 고위 중국 관리들이 있었는데, 이는 개신교 선교사들이 가난하고 억압받는 이들에게 대부분의 시간을 바치는 것과 대조적이었다. 선교사들이 최하위층에게 힘이 되려는 바람에서 중국에 갔다면, 웨이드는 그 엘리트층을 중시했다. 반란군은 중국 극빈층과 광저우 근처의 "미개한" 남부 지역 출신자들이었기 때문에, 그들 중 누구도 그가 청나라 측 인사들을 상대하며 그들에게서 좋게 본 수준 높은 교양과 세련미를 보여주지 못했다. 그래서 그는 대부분의 선교사와는 반대로 그들을 완전히 경멸했다.[52]

웨이드의 경멸은 그의 서면 보고서의 언어에서 선명히 드러났다. 양쯔강을 항행하는 동안 이루어진 그의 첫 태평천국 방문에서 한곳은 "전반적으로 무장이 매우 빈약하고 아주 더러운" 요새였는데, 그곳의 지휘관은 "더럽지만 나쁘지 않은 외모를 가진 남자로, 노란 옷을 입고 머리에 두건을 두르고 있었다". 웨이드는 자신을 안내한 사람과 그 지휘관 모두 광둥어를 사용했으며, "넓은 방이 이내 광저우 방언을 쓰는 남자들로 가득 찼다"고 언급했다. 그들은 "질서라고는 찾아볼 수 없는" "빽빽한 군중"이었다. 그들의 보급품 주문을 친절하게 받아 적은 한 남자는 "특히 더러운 푸젠 사람"으로, "필체가 끔찍했고, 분명 동료들보다 계급이 높은 자가 아니었다". 어느 모로 보나 웨이드에게는 그들이 "아편을 피우는 해적 무리"였다.[53] 그가 며칠 후 방문한 안칭의 태평천국 역시 광둥어를 사용했으며(그는 2페이지 분량의 보고서에서 이를 여섯 차례 언급했다), 이곳 사람들은 이전 사람들보다 "더 건강해 보이고 더 나은 옷차림을 하고" 있었지만, 배에 타고 있던 웨이드에게 감히 다가간 한 사람은 "아편을 피우는 막노동꾼처럼 보였다".[54] 엘긴의 배들에 포격을 가한 것에 대한 태평천국의 사과 편지와 관련해서는, "중국인들의 작문의 표본으로서, 전체적으로 수준 이하"라는 것이 웨이드의 단호한 판단이었다.[55]

청나라 측에 대한 엘긴의 공격성이 그의 동포들을 기쁘게 했던 것만큼이나 태평천국 반란군에 대한 그의 경멸은 동포들을 화나게 했다.[56] 반란군은 중국에서 차와 비단이 가장 풍부한 생산지 일부에 접근하는 것을 좌지우지하고 있었고, 상하이의 영국 무역업자들은 거기에 들어가는 것을 간절히 원하고 있었기 때문이다. 반란군과의 거래를 위해 강을 거슬러 올라간 몇 척의 배는 화물을 가득 싣고 돌아왔고, 상하이의 외국인들 눈에 엘긴은 반란군과 무역 협정을 맺을 기회를 날리게 만든 것으로 보였다. 반란군과 관계를 맺으면 될 것을, 말도 안 되는 원칙을 고수하면서 청나라가 강에 대한 통제권을 되찾을 날만 기다리고 있다며 불평했다. 그런 날이 언젠가 올 것이라고 그들이 믿었다 해도, 그런 날을 간절히 기다리는 사람은 거의 없었다.

엘긴의 보고서들은 태평천국의 전쟁 승리 가능성을 궁금해하는 대중에게 해줄 말이 거의 없었다. 한편으로 그는 자신이 방문한 지역들에서 "그 반란군 운동에 대한 대중의 동조가 거의 또는 전혀 없다"고 말했다. 실제 방문한 지역 대부분이 청나라 지배하에 있는 곳이었음을 인정하기는 했지만 말이다. 다른 한편으로, 웨이드를 통해 그가 이야기를 나눈 중국인들은 만주족 정부에 대한 특별한 충성심 역시 갖고 있지 않은 듯했는데, 그는 "왕조 논쟁의 어느 쪽도 그리 열심히 편들지 않는 것이 국민의 일반적인 태도"라는 인상을 받았고, 그들이 진행 중인 내전에 대해 "지진이나 역병 등 신의 징벌을 대할 때와 비슷한 감정"을 느끼고 있다고 여겼다.[57]

엘긴과 웨이드의 기록은 도시들의 완전한 파괴를 묘사했지만, 그들은 그런 참화를 불러온 것이 어느 쪽인지는 알 방도가 없다는 것을 분명히 했다. 또한 그들은 태평천국 사람들을 비루하고 호감 가지 않는 인물로 묘사하긴 했지만, 태평천국이 지배하는 지역의 삶이 어쩌면 청 제국의 소문들이 암시하는 것만큼 그렇게 끔찍하지는 않을지도 모른다고 여기게 하는 소식들도 전했다. 도시들은 비어 있었을지 몰라도, 엘긴의 관찰에 따르면 농촌 지역은 "일반적으로 말해서 선량하고 만족해하는" "근면하고 검소하고 절도 있는 주민들"이 거주하고 있었다.[58]

결국 엘긴은 양쯔강 항해를 마치면서, 영국의 중국 개입의 도덕적 영향에 대해 도착했던 때보다 더 걱정스러운 마음을 갖고 떠났다. 그는 아시아를 영원히 뒤로하길 간절히 바라며 귀국했고, 1859년 1월 상하이에서 한 영국 상인 단체가 중국·일본과 맺은 새로운 조약들에 대해, 그리고 "이루어낸 귀중한 성과"에 대해 그에게 감사하는 편지를 보냈을 때[59] 통렬한 답변을 보냈다. 그는 이렇게 말했다. "초대받지 않았고, 항상 가장 신사적인 방법을 쓰지는 않은 우리는 이 오래된 국가들을 세상으로부터 감춰주고 있던 장벽들을 무너뜨려, 비밀들을, 또한 아마 적어도 중국과 관련해서는 그 쇠퇴하는 문명의 누더기와 부패를 드러냈습니다." 그는 상인들에게, 개방된 중국을 바라는 당신들

욕망의 도덕적 기반을 고려하라고 충고했다. 그리고 다음과 같이 마무리했다. "만약 우리가 기회를 어떤 용도로 썼느냐는 질문을 받았을 때 우리가 처한, 혹은 우리가 초래한 폐허 속에서 우리 주머니를 채웠다는 말밖에 할 수 없다면, 스스로의 양심도 인류의 판단도 우리를 무죄로 보지 않을 것입니다."[60]

정확히 톈진 침략 1년 후인 1859년 초여름, 새로운 연합 함대가 하이허강 하구에 나타났다. 이번엔 엘긴 경의 역할을 그의 동생인 프레더릭 브루스가 맡았는데, 그는 이전 임무에서 형의 부관으로 동행한 바 있었다. 엘긴이 양쯔강 탐험을 위해 중국에 머물렀을 때 비준을 위해 조약 문서를 영국으로 가져간 사람이 프레더릭이었다. 파머스턴 총리는 그를 영국 전권대사로 임명하고 황제와의 조약 문서 교환을 위해 중국으로 돌아가는 항해를 그에게 맡겼다. 비준된 문서를 교환하는 절차가 끝나면 프레더릭 브루스는 영국의 초대 중국 공사로 베이징에 거주하게 될 터였다. 브루스는 수줍음이 많았고, 45세의 나이에 아직 독신이었고, 얼굴이 종종 빨개지는 문제가 있었다. 그는 얼굴을 가리기 위해 수염을 길게 길렀지만, 당혹감을 느낄 때면 대머리인 정수리는 여전히 빨개졌다.[61]

비준된 조약 문서를 손에 든 프레더릭 브루스는 이번에는 강을 거슬러 올라 톈진까지 간 다음 베이징까지는 온전히 육로 여행을 계획했다. 황제가 그들을 방해할 것이라는 소문이 있었지만, 관계자 전원은 전년에 연합군이 다구 포대에서 거둔 성공으로 미루어 청국군이 자신들을 막을 방법이 사실상 없다는 것을 알고 있었다. 그래서 청나라 사절이 프레더릭 브루스에게 황제는 그가 하이허강을 통해 베이징에 오는 것을 허락하지 않을 것이라고(영국이 모욕으로 여긴, 조공 임무에 이용되는 부차적인 경로로 오는 것만 빼고) 말했을 때 브루스는 진로 변경을 거부하고 원래 계획대로 할 것을 고집했다. 이에 1859년 6월 함대는 다시 한번 다구 기슭의 진흙탕 물결 속에 진을 쳤고, 필요하면 하이허강을 두 번째로 거슬러 올라가는 것을 강행할 태세를 취했다.

이번 함대는 이전보다 더 불협화음이 심했다. 프랑스는 영국과의 단명했던 동맹 관계에 불안감을 느끼며 중국에서의 전투 의욕을 일시적으로 상실했고 미국보다 훨씬 적은 병력을 파견했는데, 1300명이 넘는 연합군 중 프랑스군은 60명에 불과했다.[62] 미국 기함 파우해튼호의 지휘관인 조사이아 태트널 준장은 1812년 전쟁의 참전 군인이었는데, 영국에 대한 그의 혐오심은 그의 부하들 못지않았다. 그들은 바로 얼마 전 홍콩 거리에서 영국 수병들과 난투극을 벌였고, 그 후 "눈에 띄는 영국 수병은 다 때려눕히는 것이 당연한 일이 되었다".[63] 하이허강에 도착했을 때 그들은 영국 기함의 선원들이 홍콩에서 자신들과 싸웠던 바로 그 수병 패거리라는 것을 알게 되었다.

엘긴의 다구 포대 공격이 있고 1년 후, 황제는 가장 믿음직하고 유능한 장군, 번성한 혈통의 몽골인 승격림심을 해안 방어 책임자로 전출시켰다. 승격림심은 혈통상 왕자에 가까운 지위를 가진 무자비하고 오만한 지휘관으로, 1853년 태평천국의 북벌 원정을 물리침으로써 명예와 명성을 얻었다. 그 원정에서 태평천국 군대는 난징으로부터 베이징 반경 약 128킬로미터 이내까지 계속 싸우며 북쪽으로 나아갔지만, 살면서 눈이라고는 본 적 없었던 이 남부 사람들을 강타한 혹독한 겨울 덕분에 승격림심의 군대는 그들을 돌려세웠고, 그들은 한 마을 요새 안으로 들어가 교착 상태에 빠질 수밖에 없었다. 그해 봄 날씨가 풀렸을 때 승격림심은 그의 명성을 굳건히 해준 대단한 위업을 달성했다. 그는 자기 군대에 태평천국 주둔지 전체를 멀리서 둘러싸는, 흙과 돌로 이루어진 벽을 쌓으라고 명령하는 한편, 1000명의 일꾼을 동원해 한 달 동안 일련의 도랑들을 파서 마른 강바닥을 통해 64킬로미터쯤 떨어진 대운하와 연결시켰다. 그들이 그렇게 틈을 내자 운하의 물이 밀려와 벽을 넘어 들어갔고, 태평천국 병영을 지붕까지 침수시키고 반란군들을 익사시키며 항복을 이끌어냈다.

승격림심은 외국 군대에 대해서는 그저 경멸의 감정뿐이었고, 내전으로부터 빠져나와 해안 방어를 맡는 것을 못마땅해했다. 머스킷총보다 활과 화살을 선호하는 강인한 몽골 기병이었던 그는 유럽 포함을 맞닥뜨린 적이 없었고, 유럽 포함의 무적 이야기들을 거의 믿지 않았다.[64] 또한 그는 수만, 수십만 명에 달하는 태평천국 군대가 청 제국의 다른 곳을 마음대로 돌아다니고 있는 마당에 수백 명 정도의 외국 군대에 신경 쓰는 걸 특히 이해하지 못했다. 하지만 1858년 여름 다구 포대가 엘긴에게 함락된 후, 황제는 다시는 포대가 그리 쉽게 공격당하지 않도록 포대를 재건하는 임무를 승격림심에게 맡겼고, 그는 열심히 그 일에 매달렸다.

함풍제의 참모들은 외국 함대의 예정된 귀환을 어떻게 처리할 것인지에 대해 의견이 크게 갈렸다. 일부는 환영하지는 않더라도 수용하라고 조언했다. 한 참모는 곽숭도라는 한족 관리였는데, 외세에 그들이 원하는 무역 관계를 허락해주고 반란군과 싸우는 데 집중하는 것이 왕조에 가장 이로우리라고 주장했다. 그의 말에 따르면, 반란은 내부적인 것으로 "위장과 심장의 위험"이었지만, 외세는 외부적인 것이고 무역만을 원하기 때문에 외세 문제에 대한 해결책은 군에 의지하는 데 있지 않고 무역 문제를 해결하는 데 있었다.[65]

사실 중국 역사에서 더 긴 시간 동안, 외부 세계에 문을 닫는 것은 일반적으로 왕조의 강력함의 표시가 아니라 허약함의 표시였다. 과거의 가장 위대한 왕조들은 지구 절반에 걸친 광대한 무역 제국들을 감독했으며, 수많은 속국으로부터 조공을 받았다. 그러나 함풍제는 사실 매우 허약한 시기에 통치했으며, 쇄국을 통해 강력해질 수 있다는 조언으로 마음이 기울었다. 소수의 가까운 만주족 참모들이 이 편에 서 있었고, 승격림심도 마찬가지였다. 승격림심과 대면한 온건파 곽숭도는 평화적 접근을 주장했다. 그는 이렇게 말했다. "우리는 해안 방어와 관련해 내세울 만한 성공을 거둔 적이 없습니다. 해안 방어는 효과적이지 않으며, 우리는 그것에만 의존해서는 안 됩니다."[66] 하지만 승격림심은 유럽인들이 돌아올 때 자신이 그들에게 한 수 가르쳐줄 수 있다고 생각했고, 바로 그것이 황제가 듣고 싶어한 말이었다. 곽숭도의 반대에도 불구하고 승격림심은 자신의 전쟁 준비를 시작했다.[67]

영국 정찰병들이 보기에 방어 시설이 어느 정도 개선된 것 같았다. 강 건너편에 하나가 아닌 두 개의 방책이 보였고, 포대에는 새로운 구조물이 어느 정도 있었다. 하지만 수비병이 많이 배치돼 있는 것처럼 보이지 않았고, 전투가 임박했음을 알려주는 깃발과 징도 분명 보이지 않았다. 총안들은 매트로 덮여 있었다. 정보원들은 태평천국 정크선들의 하이허강 접근을 막을 수 있는 최소한의 인원밖에 없다고 그들에게 말해주었다. 그래서 그들은 시험 삼아 두 번째 방책보다 좀 덜 튼튼해 보이는 첫 번째 방책을 절단했다. 저항은 전혀 없었다. 1859년 6월 25일, 맑고 화창한 아침에 포함들이 포대에서 약 730미터 떨어진 곳에 모였다. 신호기가 게양되었고, 지난번 승부 때 했던 그대로 영국 제독의 배인 플러버호는 증기를 최대한 끌어올려, 두 번째 방책을 돌파해 하이허강으로 이어지는 수로를 열어젖히기 위해서 돌진했다.[68]

바로 그때 모든 것이 틀어져버렸다.

청나라 공병들은 1858년의 굴욕에서 몇 가지 교훈을 얻었고, 통나무를 길게 엮어 무거운 사슬로 연결한 구조물이 마구 흔들리면서 플러버호를 멈춰 세웠다. 다른 포함들이 전진하지 못하고 강에서 빙빙 돌고 있을 때, 총안들을 덮고 있던 매트가 걷히며 전 수비병이 모두 모습을 드러냈고, 포대로부터 엄청난 총탄과 포탄이 쏟아지기 시작했다. 첫 번째 일제 발포로 플러버호 뱃머리 포수의 머리가 날아갔고, 다른 세 명의 수병이 부상을 입고 갑판에 쓰러졌다. 플러버호는 세 시간 동안 맹렬한 포격을 받았고, 결국 선체가 부서지면서 진흙탕 속으로 가라앉았다. 그날 그 배의 선원 중 단 한 명만 살아남았다. 맨 뒤에 있던 배들의 상황도 나을 것이 없었다. 승격림심의 군사들은 제대로 훈련받지 못했던 1년 전의 포수들보다 훨씬 더 유능한 포수임을 증명했다. 영국 포함 두 척은 좌초해 쓸모가 없었고, 다른 두 척은 산산조각이 나 완전히 가라앉았다. 다른 배들은 부서져 물이 차는 가운데, 포대의 소형 포들이 선원과 장교들을 한 명 한 명 겨냥할 때마다 후퇴하려 안간힘을 썼다.

그러나 상륙 부대는 계획대로 전진했고, 그때 패배는 재앙으로 바뀌었다. 초저녁에 포대가 포성 없이 잠잠해지자, 영국 장교들은 포대에 배치된 병력이 전년에 그랬던 것처럼 도망쳤다는 뜻으로 해석했다. 하지만 그것은 상륙 부대가 강가를 기습하게끔 유도하는 계략이었음이 드러났다. 이번에는 수비대가 지난번에 당했던 것과 같은 기습 공격에 대비하고 있었다.[69] 성벽 앞에는 물과 진흙이 가득한 넓고 깊은 두 개의 도랑이 있었고, 그것들 바로 뒤에는 뾰족한 철물들로 이루어진 치명적인 녹채 울타리가 있었다. 하지만 그것들은 해병대 병사들이 그 도랑에 도달할 수 있을 때에나 문제가 되는 것이었다.[70] 상륙이 너무 오래 지연되어, 그들의 바지선들이 기슭에 접근했을 때는 썰물로 물이 빠져 있었다. 드러난 기슭의 두터운 진흙 때문에 공격병들은 발이 깊이 빠져 앞으로 나아가지 못하거나 넘어졌고, 그들의 밑창 얇은 신발은 벗겨졌다. 그들은 포대로부터 가해지는 포격에 속수무책으로 당했다. 철 조각들을 장전한 대포들이 상륙 보병들을 향해 발포해, 그들의 행렬을 순식간에 무너뜨렸다. 겨우 도랑까지 간 병사들은 진흙과 물이 섞인 정도가 딛고 서기에는 너무 묽고 헤엄을 치기에는 너무 되다는 것을 알게 되었다. 진흙탕 도랑 속에서 익사하거나 녹채 울타리를 제거해보려다가 죽는 것을 피한 병사들은 흠뻑 젖어 쓸모없어진 탄약을 가지고 포대 성벽 아래에 모였고, 어둠이 내리고 수비대가 성벽 끝 너머의 긴 장대들에 이글거리는 횃불을 매달아 그들의 웅크린 모습이 위의 궁수들에게 비쳤을 때, 구출되기를 빌었다. 한 척의 배가 소수의 부상자들을 거두었지만, 증기를 내뿜으며 사정거리에서 벗어나려는 순간 잘 조준된 발포 한 방에 둘로 갈라지며 가라앉았고, 배에 탄 모든 사람이 익사했다.[71]

전투가 한창일 때, 영국 제독 제임스 호프가 총에 맞았다는 소식을 들은 파우해튼호의 조사이아 태트널 준장은 미국의 중립적 입장을 내팽개치고 전투에 참여하기로 결심했다. 태트널은 조지아 출신으로 강한 인종적 자부심을 가진 충성스러운 남부인이었고(2년 후에는 남부연합 해군의 고위 장교가 된다), 영국에 대한 그의 불만이 어떻든 그들은 백인이었지 중국인이 아니었다. 그의 부관 스티븐 트랭커드가 후세를 위해 기록해놓은 바에 따르면, 그는 "피는 물보다 진하다!"고, 그리고 "백인들이 눈앞에서 학살당하는 것을 그냥 지켜보고만 있지 않을 것이다. (…) 노익장 태트널은 그런 사람이 아니다. 이것은 인류의 대의다"라고 외쳤다.[72] 태트널의 개입은 전투의 흐름을 거의 바꾸지 못했다. 미국 군대의 주된 공헌이라면, 그 파멸적 상륙 작전에서 영국 해병 예비대를 더 많이 죽음으로 이끈 것이었다. 그의 군사 일부는 영국 포들을 가지고 포대들을 포격했고, 태트널은 영국 제독을 돌봤다. 미국 군사 한 명이 사망했다. 하지만 태트널의 중립 위반이 그날 벌어진 재앙에 미친 영향이 얼마나 미미했건, 그 일은 미국 군대에게 중국에서 피 맛을 보게 해주었고, 영국과 미국 간의 우호적 관계를 위한 새로운 분위기를 조성했다. 런던의 『타임스』는 나중에 이렇게 논평했다.

"전투 결과가 어떻든, 영국은 친절한 미국인들의 행동과 말이 하이허강에서 타격 입은 자국의 전사들을 지탱하고 위로해주었던 날을 결코 잊지 않을 것이다."[73]

이튿날 아침 동틀 무렵까지 400명 넘는 영국인이 죽거나 부상당했고, 그중 장교가 29명이나 되었으며, 생존자들은 흠뻑 젖고 진흙투성이가 된 채 절뚝거리며 배로 돌아왔다. 크림전쟁에 참전했던 이 군인들은 그런 패배를 경험한 적이 없었다. 그것은 5년 전 크림반도의 발라클라바 전투에서 있었던 경기병 여단의 파멸적 돌격을 떠올리게 했다. 그 해병들 중 한 명은 자신들이 다구 포대에서 막 겪은 일보다는 그 전투를 세 번 치르는 게 나을 것이라고 말했다.[74] 하지만 앨프리드 테니슨 경이 용감한 영국 기병들이 "죽음의 턱 안으로/ 지옥의 아가리 속으로" 무모하게 돌진했던 전쟁에서의 그 맹목적 숭고함에 대한 불후의 시를 통해 앞선 그 패배를 소중히 간직한 반면, 하이허강의 참사는 좀 덜 숭고한 맥락의, 분명 중요성이 좀 떨어지는 시인들에 의해 다루어진, 불멸의 교훈을 얻었다. 태트널의 말이 백인의 단결에 대한 찬가라 할 시와 노래로 다시 쓰였다.

"노익장" 태트널, 베라크루스에게 과감했던 그가,—
여기에서 보았다, 대포에 몸을 다친, 파도에 질식당한,
영국의 피와 말을 가진 남자들을—그가 거절할 수 있었겠는가?
그가 트랭커드에게 말한다. '노익장 태트널은 백인들이 저런 적에게 학살되는 것을
그냥 지켜보고만 있지 않을 것이다.

내 배는 어디 있는가? 정면 승부다, 명심하라! 저 영국인들이 싸우고 죽는 것을 보라—
피는 물보다 진하다. 가자.'[75]

승격림심은 노력해서 얻은 승리에 기뻐했다. 격퇴 직후 황제에게 보낸 서한에서 그는 영국과 프랑스가 더 많은 함선을 이끌고 재차 쳐들어올 가능성을 인정하면서도, 한두 차례 더 이와 같은 참패를 안겨준다면 "이미 혹독한 시련을 겪고 있는 오랑캐들의 오만과 허영은 즉각 사라질 것"이라고 자신 있게 주장했다. 그렇게 된다면 중국은 수십 년간 평화를 누릴 수 있고 황제는 그들과 다시 싸울 필요조차 없을지 모른다고 그는 덧붙였다. 왜냐하면 다구 포대에서의 승리가 너무나 결정적이어서, "이미 어느 정도 환멸을 느끼고 회개한 오랑캐들이 설득에 응해 통제하에 들어올 수도 있기 때문"이었다. "만약 그들이 자발적으로 진심으로 복종하게 된다면 평화는 견고하고 영구적일 것"이었다.[76] 황제의 답은 신중했다. 그는 군 간부들에게 해안을 주의 깊게 감시할 것을 명했다. 외국인들이 "비밀스러운 계략을 품고 근처 섬들 주변에 숨어 있으면서, 밤중의 혹은 폭풍 속의 기습 공격을 위한 더 많은 병력과 배의 도착을 기다리고 있을 수도 있기 때문"이었다. 하지만 궁극적으로 그는 승격림심의 안도감을 공유했고, 외국인들이 중국 물품을 필요로 한다는 것은 곧 상하이의 중국인과 외국인 상인들이 대사도, 새로운 조약도 필요 없이 서로 간의 문제를 해결할 수 있다는 뜻일 거라며 희망을 드러냈다. “이제 상황의 열쇠는 톈진이 아니라 상하이에 있다”고 그는 결론 내렸다.[77]

영국군이 상처투성이로 떠났을 때 미국인 통역원이자 선교사인 새뮤얼 웰스 윌리엄스는 파우해튼호에서 형제에게 편지를 쓰면서, 이번 일이 1842년 아프가니스탄에서 영국군 소장 윌리엄 엘핀스톤의 군대가 학살당한 이래 영국군이 겪은 최악의 패배일 것이라고 말했다. 하지만 그는 이번 패배가 훨씬 더 굴욕적이라고 생각했는데, 카불에서는 “자연이 사람보다 열 배 더 많이 목숨을 빼앗아”갔지만 하이허강에서는 전적으로 무기와 전술의 실패가 원인이 되었기 때문이다. 그리고 무엇보다 최악인 점은 상대가 중국이라는 것이었다. “중국군을 상대로 항상 승리해온 영국군에게는 새롭고 이상한 이야기”라고 윌리엄스는 썼다.[78] 다구 포대에서의 패배가 영국인들에게 미친 정신적 충격은 함풍제의 참모들이 알거나 상상할 수 있는 것보다 더 컸다. 그날 중요한 무언가가 바뀌었고, 중국에서 치른 영국의 이전 전쟁들에 대한 충천하는 자만심, 즉 아시아가 영국 무적 함대의 놀이터에 불과하다는 군인들의 의식이 무너졌다. 이를 대신한 것은 처절한 굴욕감과 영국을 이긴 “열등 인종”에게 복수하고픈 갈망이었다. 그것은 “중국인들에게는 그들이 겪었던 어떤 패배보다 더 큰 재앙이 될 만한 패배”라고 윌리엄스는 생각했다.[79]

3장
간왕

엘긴의 함대가 1858년 여름 톈진에 성공적으로 들어가고, 이어서 양쯔강을 따라 반란군 지역을 시험적으로 경험해보고 있을 때, 홍인간은 사촌과 재회하기 위해 훨씬 더 우회하는 경로로 중국 남부를 가로질러 난징으로 가고 있었다. 5월에 홍콩에 있는 제임스 레그의 집을 떠난 그는 먼저 영국과 프랑스의 점령하에 있던 안전한(적어도 그에게는) 곳인 광저우로 이동했고, 그런 다음 동북쪽으로 나아가며 광둥성을 관통했다. 그는 강을 따라 가다가 점점 더 무성해지는 산악 지대로 들어갔다. 광저우의 우뚝 솟은 성벽 아래 인구가 조밀한 마을들이 밀집해 있는 풍경은 이내 띄엄띄엄 흩어져 있는 집들과 계곡에 자리 잡은 마을 및 산비탈의 계단식 밭들이 있는 풍경으로 바뀌었다. 주요 통행로에는 주막들이 점점이 자리해 있었고, 북쪽에서 내려온 여행자들이 전하는 소문들로 활기를 띠었다. 그중 가장 왕래가 많은 길에는 노정과 방향을 일러주는 표지판들이 있었고, 또 어떤 길들은 노동자 부대로 하여금 산비탈에서 바위를 캐내고 망치로 깨서 자갈을 만들게 했던 이전 왕조들 덕분에 포장이 되어 있었다.

그 지역을 지나다니는 여행자는 대개 팔 물건을 나르는 짐꾼들이었고, 청나라 군사들은 밤을 기다리는 산적들을 색출하려고 순찰했다. 홍인간은 상거래 합류지인 난슝현까지 간 다음 오래된 돌길을 따라 북쪽으로 향했고, 절벽과 소나무가 있는 황량한 곳으로 들어섰다. 나선형 계단처럼 지그재그로 이어진 화강암 계단을 따라 산비탈을 올라가면 청나라의 그 남부 지역을 양쯔강 유역과 구분해주는 관문인 메이링 고개로 이어졌다. 그 너머는 장시성이었고, 장시성 너머에는 태평천국의 수도인 난징이 있었다. 그는 고개를 넘어가는 짐꾼들의 흐름에 합류했다. 그들은 짝을 지어 앞뒤로 서서 대나무 하나를 서로의 어깨 위에 걸쳐놓고 거기에 짐을 매단 채, 리듬을 맞추기 위해 노래를 부르며 빠른 걸음으로 움직였다. 길을 따라 움직이는 사람들의 흐름은 마치 강물처럼 거의 끊김 없이, 한 줄은 북쪽으로, 다른 한 줄은 남쪽으로 흘렀다. 정상에서 길은 산의 바위를 파서 만든, 석회암 아치를 이고 있는 6미터 너비의 관문을 통과했는데, 그곳에서는 청나라 파수꾼들이 반란군 운반원을 색출하기 위해 사람들의 왕래를 감시하고 있었다. 행상인 차림의 홍인간은 그들의 주의를 끌지 않은 채 무사히 지나갔다.[1]

장시성에서 그는 간장강을 따라 계속 동북쪽으로 이동했지만, 머지않아 격전 지역의 가장자리에 이르렀다. 그곳은 태평천국 통치 영역 바로 바깥이었고, 청국군이 주둔해 저지선을 형성하고 있었다. 그 군대는 그저 방대한 규모 때문에 효과가 있긴 했지만 통솔은 잘 안 되었고, 미숙한 장교들은 능력보다는 후원을 통해 지위를 얻은 자들이었다. 저임금 군대(그들 중 많은 인원이 아편 중독자였다)의 사기는 바닥이었다.[2] 덕분에 홍인간은 쉽게 외곽 부대들 중 하나에 배속되어 도자기 생산지인 징더전을 향해 동쪽으로 행군할 수 있었다. 하지만 태평천국 군대의 공격을 받자 청국군 부대는 당황하여 흩어졌고, 패배의 혼란과 살육 속에서 홍인간은 몸에 옷만 걸친 채 빠져나와 도망쳐야 했다.[3]

그는 이번에는 서쪽으로 방향을 잡았고, 이 격렬한 싸움을 벗어나 양쯔강 쪽으로 갔다. 이 지점에서 양쯔강은 후베이성에 속해 있었다. 이 양쯔강 유역을 두고 청나라와 반란군은 5년이 넘도록 전쟁을 벌이고 있었다. 그곳은 이쪽에 점령되었다가 저쪽에 점령되었다가 했고, 넓은 범위에 걸쳐 정상적인 형태의 인간 생활이 거의 이루어지지 않았다. 도시들은 텅 비어 있었고, 집집마다 그곳을 지나는 군대들의 음식 조리용 땔감으로 쓰이느라 창틀이 다 떨어져 나가 있었다.[4] 심지어 부유한 편인 곳들에도 적막만 감돌았다. 한때 북적이는 농촌사회가 자리했던 그곳은 이제 유령 도시가 되어 있었다. 인구가 부족해, 농가들은 흙에서 얻어낼 수 있는 얼마 안 되는 수확조차 거두어들일 일손을 구하지 못했다. 홍인간은 도중에 한 병사를 만났다. 훗날 홍인간이 그의 이름을 기억하지는 못했지만, 그는 청국군 치하의 강안 마을 룽핑에서 물건을 사다가 하류의 난징에 있는 반란군에게 팔 계획이었다. 그 병사는 자본이 없었지만, 물품들을 차단선 밖으로 가지고 나갈 수 있다고 자신할 만큼 인맥이 넓었다. 그의 계획이 꽤 그럴듯해 보여서, 홍인간은 겉옷 옷감 속에 넣어 안전하게 꿰매어두었던 금박 한 조각을 그에게 주고 동업자가 되었다.[5]

병사는 계획대로 물품들을 구입하기 위해 룽핑으로 갔고, 그동안 홍인간은 동북쪽으로 24킬로미터쯤 떨어진 황메이에서 그를 기다렸다. 그곳에는 병사의 지인이 한 명 있었는데, 같은 마을 출신의 '탄'이라는 행정관이었다. 홍인간은 그곳에서 태평천국군 파견대 하나가 근처에 배치되어 있었다는 소문을 들었다. 홍인간은 너무 늦게 도착해 그 반란군을 만나지 못했지만(그들은 이미 사라지고 없었다), 탄과 이야기를 나누며 즐거운 오후를 보냈다. 탄은 홍인간의 지성과 교육 수준을 높게 보아, 그 자리에서 홍인간에게 자신을 보좌하는 일자리를 제안했다. 무직의 학자에게, 특히 그런 불안정한 시기에 그것은 탐나는 일자리였다. 하지만 장기적인 일자리인 데다 홍인간은 난징밖에 생각할 수 없었던 터라 애매하게 대답했다. 결국 그는 두통이 심한 탄의 조카를 간호하는 사람으로 일하게 되었고, 그 결과 그 집안에서 유용한 존재가 되었다. 딱히 할 일 없이 동업자를 기다리던, 그리고 그 동업자 없이 혼자서는 난징으로 갈 수 없었던 홍인간은 몇 주, 몇 달이 지나도록 탄의 가족과 함께 지냈다.

난징 주변에서 청나라의 포위망이 조여오고 있고 반란군의 수도 난징이 곧 함락될 것이라는 새로운 소문이 돌았다. 홍인간은 다시 불안해져서 황메이를 떠나기로 결심했다. 탄은 조카를 잘 보살펴준 것에 감사하며 홍인간에게 소개장과 순례를 재개하기에 충분한 돈을 주었다. 홍인간은 다시 행상인으로 변장하고 혼자서 룽핑을 향해 떠났다.[6] 이동은 어려웠고, 훈련된 수준이 매우 다양한 청나라 군대들이 도처에 있었다. 청나라 순찰대가 10월에 그를 체포했지만, 그들은 그가 얼마나 값나가는 존재인지 알지 못했다.(그들은 금박과 함께 그의 가족사의 개요가 숨겨져 있던 그의 외투 솔기를 뜯는 것은 생각도 하지 못했다.) 그들은 그에게서 약간의 의술 문헌 말고는 유죄로 엮을 만한 것을 발견하지 못했지만, 어쩌면 징집병으로서 혹은 몸값을 바라서 며칠 동안 그를 붙잡아두었고, 그러다가 마침내 그는 탈출에 성공했다.[7] 불만을 품은 일부 청국군 병사들이 그가 룽핑으로 향하는 길을 계속 갈 수 있도록 도왔고, 룽핑에서 그는 태평천국 난민들의 비밀 기착지 역할을 하는 어떤 집에 숨어 지냈다. 많은 사람과 마찬가지로 그 집의 주인들도 청국군의 타락에 점점 더 염증을 느끼고 있었고, 암묵적으로 반란군을 지지했다. 그가 이름 모를 그 군인 친구를 다시 만났는지 혹은 금박을 되찾았는지 여부는 알 수 없다.

1858년 12월, 그는 우연히 엘긴 경과 마주쳤다. 은신처에서 홍인간은 양쯔강에서 외국 증기선들이 발견되었으며 그 배들이 상하이로 돌아가는 중이라는 이야기를 들었다. 그는 정박 중인 엘긴의 함대를 보기 위해 때를 놓치지 않고 감히 부두로 갔다. 그는 홍콩 시절부터 엘긴의 통역원인 토머스 웨이드를 알고 있었고, 영국 함대가 자신에게 난징까지 가는 통행권을 줄 수 있기를 바라며 배에 올라타 그를 찾아보려 애썼다. 그는 웨이드를 대면하지 못했고, 그가 말을 건넨 사람들이 그를 배에 태워주지도 않았지만, 적어도 영국 수병 한 명을 설득해 홍콩의 제임스 레그와 그의 다른 선교사 친구들에게 보내는 편지를 가져가게끔 했다.[8] 그가 아직 살아 있으며 난징으로 가려 애쓰고 있다는 것을 그들에게 알리는 편지였다.[9] 그는 몇 달 후 다시 모습을 드러내, 1859년 봄 마침내 안후이성에서 태평천국 순찰대와 접촉했다. 그가 순찰대에 자기 이야기를 들려주자 순찰대는 그를 청나라 첩자로 여겨 근처 천탕허의 주둔군에게 호송했다. 그곳에서 주둔군 지휘관에게 심문을 받은 그는 외투의 솔기를 뜯어 자기 가족의 이야기가 적힌 숨겨둔 종잇조각을 빼냈다. 그것은 그가 정말로 천왕과 같은 마을 출신임을 심문자에게 납득시키기에 충분했다. 그 지휘관은 직접 그를 호위해 태평천국 배를 타고 강을 내려갔고, 그는 거의 1년에 걸친 이동 끝에 1859년 4월 22일 마침내 태평천국의 수도 난징에 도착했다.[10]

난징은 전성기에는 중국에서 가장 웅장한 도시였고, 명나라의 원래 수도였다. 그곳에는 대략 네 방위로 뻗은 넓은 길들을 따라 사찰, 관청, 상점이 많이 들어서 있었다. 탑들과 약 21미터 높이의 흉벽들을 갖춘 이 대도시를 37킬로미터가량의 긴 장벽이 둘러싸고 있었고, 이제 이 도시는 서북쪽 모서리가 양쯔강과 만나는 지점(제국 함대가 사정권을 바로 벗어나 모여 있는 곳)에 배치된 대포들로 빈틈없이 요새화되어 있었다. 난징은 태평천국의 예루살렘이라는 새로운 성격을 띠게 되었다. 1853년 난징을 침략한 후 반란군은 정교한 도교와 불교 사원 대부분을 허물고 불태웠으며, 단기간이었지만 그곳 주민들을 강제로 분리해 남녀가 따로따로 공동 주택에서 살게 했고, 그들을 재산을 공유하고 개신교 예배를 공유하는 집단 노동 조들로 편성했다. 홍인간이 도착했을 무렵에는 결혼생활이 다시 허용되었고, 안식일(토요일)은 여전히 엄격하게 지켜졌지만 다른 면에서는 원래 운동의 청교도적 이상들이 약화되어 있었다. 아편은 다시 기승을 부렸다. 인구가 100만 명(유럽의 모든 수도를 합친 것보다 많은 수준)에 달했던 명나라 때의 가장 찬란한 시절에 비하면 이제 그 거대 도시는 거의 텅 빈 것처럼 보였다. 학살당한 만주족 시체들이 양쯔강에 버려져 하류로 떠내려간 후 도시의 민간인들은 출입이 허용되었고, 많은 주민이 시골로 떠나 버렸다. 북적이던 시장들은 안보상의 이유로 오래전 문을 닫았다. 홍인간이 잘 알고 있었듯이, 행상인으로 가장하는 것이야말로 첩자가 발각되지 않고 돌아다닐 수 있는 가장 쉬운 방법이었다. 결과적으로 태평천국의 수도 난징은 아름답고 식물이 무성했으며, 왕들을 위한 큰 궁궐과 폐허로 남은 사찰들을 간직하고 있었고, 삶의 압박으로부터 해방된 넓은 대로들은 더욱 차갑게 아름다웠다.

천왕의 궁궐은 전쟁 전에 그가 매우 강력한 환영 속에서 꿈꿨던 것만큼 웅장했다. 방문객들은 정문의 측면에 서 있는 북 치는 사람들을 지나 옻칠한 목재로 이루어진 휑뎅그렁한 접견실로 들어갔다. 그곳의 나무 기둥들에는 천장까지 구불구불 감아 올라간 용이 새겨져 있었다. 벽은 금으로 상감되어 있었고, 왕의 손가락이 닿는 거의 모든 것(젓가락, 그릇, 붓) 역시 금으로 만들어져 있었다. 그의 요강은 은으로 만들어져 있었다. 그 주요 공간 뒤에는 홍수전이 수많은 궁궐 여인들의 시중을 받으며 기거하는 넓은 내실이 있었는데, 그곳에서는 베이징 외곽의 이화원에 있을 때의 황제만큼이나 수도의 일상 업무에서 멀리 떨어져 있었다.[11]

홍인간이 도착했을 때, 그의 사촌은 공적 생활에서 물러나 궁궐 벽 뒤에서 경전을 읽는 것으로 나날을 보내고 있었다. 내실의 여성들을 제외하고는 거의 아무도 그를 만날 수 없었다. 황제가 사용하는 주홍색 먹으로 휘갈겨 쓴 그의 글들은 외부 벽들에 게시되어 도시 전체에 알려졌는데, 그의 환영들이 첫 번째 봉기 이후 몇 년 동안 더 강렬해졌음을 보여주었다. 어떤 글들은 반란에 힘을 실으며 이를 격려하는 것이었다. 또 다른 글에는 이렇게 쓰여 있었다. "우리를 거스르는 자들은 죽임을 당할 것이다. 우리에게 복종하는 자들은 구원을 받을 것이다. 아무도 우리 셋을, 하나님 아버지와 아들들을 피할 수 없을 것이다."(아들들은 그 자신과 예수를 뜻했다.) 이렇게 쓰여 있는 글도 있었다. "첫째, 나는 천국의 변경을 치리라. 둘째, 나는 지옥을 치리라. 셋째, 나는 인류의 생존을 위해 공격하리라. 넷째, 나는 악마의 섬멸을 위해 공격하리라." 희생의 개념을 깊이 고찰한 글도 있었다. "세상 사람들이 진리를 알지 못한다고 염려하지 마라. 언젠가 사람들은 죽도록 굶주려야 할 수도 있다. 언젠가 사람들은 어느 쪽으로 가야 할지 모를 수도 있다."[12]

홍인간이 사촌과 재회한 것은 그 자신의 말에 따르면 기쁘기도 하고 슬프기도 한 일이었다. 그들은 8년 만에 만난 터였고, 그간 많은 일이 있었다. 홍인간이 그곳까지 오는 동안 들었던 소문은 희망적이지 않았다. 외세에 의해 만주족 정부가 더 허약해졌음에도 불구하고 난징은 포위되어 있었다. 대규모 태평천국군이 난징을 떠나 세 개 부대로 나뉘어 장거리에 걸친 식량 징발 원정에 나섰고, 청국군은 식량과 곡물을 난징으로 가져오는 병참선들을 차단하는 데 총력을 기울였다. 천왕이 태평천국 정부의 실질적 지도부에서 배제되면서 2위 왕들 중 한 명인 동왕이 가혹한 규율(간음 또는 주취酒醉의 경우 참수)을 내세우며 수도와 군대의 지휘권을 장악할 수 있었고,[13] 자신이 태평천국 통치하의 모든 지역에 시행하고자 계획한 공동 토지 개혁이라는 유토피아적 이상을 실험할 수 있었다. 1856년에 동왕은 수도를 마치 자신의 영토인 양 다스리고 있었고, 상하이에서는 천왕이 죽었다거나 권좌를 빼앗겼다는 소문이 돌았다. 하지만 그는 죽지 않았다. 그해에 모호한 상황에서 일종의 유혈 쿠데타가 일어나 결국 동왕의 잘린 머리가 천왕의 궁궐 맞은편 벽에 내걸리며 대중에게 전시되었고, 태평천국 군대는 그 죽은 왕의 추종자 6000명과 그의 가족 전부를 학살했다.

동왕이 진압된 이래 홍수전은 믿을 만한 참모를 필요로 했고, 이제 홍인간에게서 그 면모를 찾아냈다. 천왕은 사랑하는 사촌에게 직함들을 쏟아부었고, 그를 빠르게 승격시켰다. 홍인간이 도착한 지 2주도 채 지나지 않아, 심지어 또 다른 왕을 임명하지 않겠다는 이전 약속을 어기면서까지 그는 홍인간에게 왕의 지위를 주었다.[14] 홍인간이 받은 거창한 새 직함의 온전한 명칭은 "왕조의 창건자이자 충직한 군사 참모, 천국의 신봉자이자 궁궐 질서의 수호자인 간왕(방패의 왕)"이었다. "충직한 군사 참모"인 그는 태평천국 군사 장교들의 최고봉에 합류했고, 그의 사촌은 "궁궐 질서의 수호자"인 그로 하여금 사망한 동왕과 동급으로서 난징의 민정 전체를 책임지게 했다. 반란군이 힘들게 길을 뚫으며 중국 중부를 통과하는 동안 홍인간은 홍콩에서 안전하게 제임스 레그와 테오도레 함베리를 도우며 태평천국 운동에서 오랫동안 벗어나 있었지만, 그럼에도 이제 그는 천왕에 이어 권력 서열 2위에 해당되는, 태평천국 지휘부의 한자리를 맡게 되었다.

홍인간의 예상치 못한 도착은 그의 사촌에게는 신이 보낸 신호처럼 보였을지 몰라도, 전쟁이 시작된 이래 태평천국 운동에 헌신해온 다른 사람들의 마음속에 어두운 분노를 불러일으켰다. 난징 방어를 지휘하는 이수성이라는 젊지만 야심찬 군 장교도 마찬가지였다. 거의 문맹의 가난한 농민이었던 이수성은 종교적 이유에서가 아니라 단지 중국 남부에 만연한 빈곤과 공포의 아수라장 때문에 태평천국에 합류했고, 이런 혼란이야말로 청나라에 대한 반란에 놀라운 힘을 불어넣는 것이었다. 이수성은 처음 봉기가 일어난 곳인 광시성 산악 지대에서 성장했다. 그는 배상제회 회원이 아니었지만, 그가 사는 곳에서는 훗날 태평천국의 천왕이 되는 신비한 인물 "홍 선생님"을 모르는 사람이 없었다. 이수성의 가족은 매우 가난했다. 산비탈에서 짓는 농사와 약간의 품팔이와 숯 굽는 일로 겨우겨우 살아갔다. 그는 이렇게 말했다. "매일 먹고사는 것도 어려웠지만, 매달 충분히 먹고사는 것은 훨씬 더 어려웠다."[15]

1851년에 제국의 추격자들을 피해 도망 중이던 태평천국군 한 무리가 이수성의 산골 마을에서 5일간 야영을 했다. 그들은 눈에 띄는 먹을거리를 모두 먹어치웠고, 심지어 마을 사람들이 숨겨놓은 것까지 찾아 먹었다. 하지만 거의 굶어 죽을 지경이던 이수성은 산적과도 같은 그들에게 분개한 것이 아니라, 그들의 공동 식량에서 매력적인 면을 발견했다. 지휘관은 배상제회 신도가 된 사람은 누구나 자신들과 함께 무료로 음식을 먹을 수 있다고 발표했고, 이에 이수성과 그의 가족은 그들과 함께 식사를 했다. 그 군대가 마을에서 철수할 때 이수성과 가족은 그들과 함께 떠났다. 천년왕국 태평천국에 합류하기 위해 그 마을에서의 삶을 포기한 다른 사람들과 마찬가지로, 이수성이 태평천국군과 함께 떠나기 전에 마지막으로 한 일은 지휘관의 명령에 따라 자기 가족이 살던 집을 불태우는 것이었다. "예루살렘"에 갈 때까지 이곳으로 돌아오는 일은 없을 것이었다. 그리고 불과 며칠간의 행군 후 그는 천국 군대의 구불구불한 행진에 합류한 다른 모든 농민이나 마을 사람들과 마찬가지로 자신이 곤경에 처했다는 것을 알게 되었다. 그들은 살아오는 동안 집에서 그렇게 멀리 떨어져본 적이 없었다. 그들은 더 이상 길을 알지 못했다. 청국군은 뒤를 쫓고 있었다. 이제는 설령 그들이 원한다 해도 길을 되돌릴 수 없었었다.[16]

숯쟁이의 삶을 완전히 떠난 이수성은 타고난 지휘자이자 원초적인 전술 천재임을 입증했다. 1853년 태평천국의 수도가 정해진 후 대대장에서 장군에 이르기까지 그의 군 계급은 꾸준히 올라갔다. 1856년 쿠데타로 동왕이 사망한 후 이어진 혼란 속에서 그는 태평천국군 최고 지휘자 자리에 올랐고, 홍인간이 도착할 무렵 그는 홍수전의 가장 신임받는 장군들 중 한 명이었다. 그러나 그는 왕이 아니었다. 홍콩의 외국인들 사이에서 지내다 온 천왕의 사촌 홍인간이 수년간 복무해온 이수성을 제치고 그보다 위로 갑자기 승격했을 때 질투의 씨앗이 뿌려졌다. 이수성 자신도 몇 달 후 왕의 지위를 얻어 충왕이 되긴 했지만, 임명이 늦어진 점과 사촌에 대한 천왕의 편애는 질투심의 양분이 될 뿐이었고, 그 질투는 계속해서 커져만 갔다.

홍수전은 장교들의 불만을 알고 있었고, 그래서 간왕 임명을 맞아 태평천국 지도부 전체를 주 접견실로 소집했다. 북과 징 소리가 요란한 가운데, 그는 결정을 요하는 수도 내의 모든 문제는 향후 오직 간왕의 권한에 맡겨져야 한다고 신하들에게 밝혔다. 사람들이 나지막이 불만의 말을 내뱉는 가운데, 그는 홍인간을 연단에 세워 직인을 수여했다. 참석자들 사이에 흐르는 분노를 감지한 홍인간은 임명을 거부하려 했지만 그의 사촌은 다 잘될 것이라고 속삭였다. 그는 부드럽게 말했다. "거세게 부서지는 파도는 곧 힘이 다하여 평온해지는 법이지." 그래서 홍인간은 직인을 받았고, 연단 위에서 사람들에게 말했다. 그는 홍콩의 선교사들에게 깊은 인상을 남겼던 침착한 수사적 힘을 발휘해 이번에는 태평천국 지도부를 향해 설교했다. 그는 동왕의 정책들을 상세히 설명하면서, 하나하나 비판하고 개선책을 제시했다. 참석자들은 조용해졌다. 그는 훗날 이렇게 말했다. "그들은 내가 많은 사람 앞에 서서 교리적인 문제에 대해 흠 없이 이야기할 수 있다는 것을 알아봤고, 결국 나를 지혜의 모범으로 받아들였다."[17]

반란군 운동은 1853년 난징 점령 이후 쇠퇴하기 시작했다. 진군 과정에서 뿜어져 나오던 혁명적 기세가 관료제와 조세, 지도자의 종말론적 비전에서 완전히 벗어난 모든 민사 정책을 동반한 정착 정부로 전환되면서 그 기세가 꺾인 것이다.[18] 동왕은 가혹하긴 해도 희망적인 시민 정부를 수립했지만, 이제는 그 정부가 엉망이 되어 있었다. 또한 종교가 태평천국 이데올로기의 기초이기는 했지만, 그것만으로는 충분하지 않았다. 태평천국의 애초의 핵심은 배상제회 신도들이었지만, 나중에 합류한 수많은 추종자(예컨대 이수성처럼)는 지긋지긋한 가난에서 벗어날 수 있다는 약속, 좀더 추상적으로는 만주족 제국 정부의 억압에서 벗어날 수 있다는 약속에 이끌린 사람들이었다. 종교

의례 참여가 요구되고 강요되었기에 그들은 그러한 의례에 참여했으며, 많은 사람이 교리를 배워 깊이 믿게 된 것은 분명하지만, 충실한 준수와 진정한 신앙심을 구별하는 것은 어려운 일이다.[19] 태평천국 운동 추종자들의 충성을 얻는다는 것은 곧 그들에게 영적 구원에 대한 희망 이상의 것을 주는 일임을 홍인간은 분명히 알고 있었다. 그들에게는 속세에서의 보상, 새로운 나라에서의 더 나은 삶에 대한 약속 또한 필요했다.

바로 이러한 토대 위에서 홍인간은 중국의 여러 전통과 서구 산업사회에 대한 자신의 지식을 하나로 엮어낼, 미래의 태평천국 정부와 사회를 위한 지속 가능한 구조를 상상하기 시작했다. 그는 만주족이 처음 중국을 정복한 이래 중국에서 서서히 끓어오르던 어떤 원형적 민족주의를 그 안에 주입했다. 실제로 홍인간이 간왕으로서 처음 내놓은 중요한 일성은 그 민족적 분노의 불꽃을 부채질하는 것으로, 그는 자기 사람들에게 "중국을 젊어지게 하고 북방 오랑캐(즉, 만주족)에 저항해 200년간의 굴욕을 씻어내자"고 촉구했다. 1644년 명나라가 멸망한 이후 "우리는 그들의 언어를 입에 올린다. (…) 우리는 그들의 구성원과 함께 살고 있으며, 우리 민족은 만주족 놈들의 비열함으로 고통받고 있다"고 그는 말했다.[20]

만주족으로부터 중국을 해방시킨다는 대의는 태평천국의 추종자들뿐만 아니라 외부에서 지켜보는 이들에게도 공감을 얻었다. 태평천국의 특이한 종교는 교리 중심적인 선교 기관들이 눈살을 찌푸리게 만들었지만, 해외에서는 태평천국의 반란이 한족(전 세계적으로 중국 영토의 자연스럽고 합법적인 통치자로 받아들여지는)을 이민족 군주로부터 해방시키려는 순수한 시도라는 것을 거의 의심하지 않았다. 일부 관찰자들(뉴올리언스 『데일리피키윤』의 편집자 등)은 이 민족적 봉기를 위협으로 볼 수도 있었겠지만,[21] 미국과 유럽의 관찰자 대부분은 한족의 반란에서 드러난 독립 의지에 공감했다. "미국인들은 자국 정부가 수립되고 번영하는 데 기초가 된 원칙들에 너무나 확고히 매여 있어, 외세의 속박에 맞서 싸우는 영웅적인 사람들에게 동조하는 일을 거부하지 못한다"고 한 상하이 거주자가 말했듯이 말이다.[22] 서양 신문들은 흔히 청나라 통치자들을 만주에서 온 "타타르족", 지배 계층, 중국의 제왕, 정복자로 기술했다. 또는 한 미국인 선교사의 기술처럼, 전쟁의 대의에 대해 "한 무리의 중국인들이 이민족의 지배로부터 조국을 해방시키기 위해 일어났다"[23]고 기술했다.

홍인간은 중국 역사상 최초의 진정한 세계적 개혁안인 "새로운 정부 발전 정책"이라는 제목의 문서에서 미래의 태평천국에 대한 자신의 비전을 논했다. 청 왕조에서도 이어져온 왕조의 전통적 시각에 따르면, 중국의 통치자들은 자신의 제국이 세계 문명의 중심이라고 생각했고, 외부인들(오랑캐)은 중국 왕좌의 문화적 우월성을 인정하기만 한다면 자유로이 중국에 와서 무역을 할 수 있었다. 이러한 세계관은 영국과 거듭 갈등을 빚었다. 반면 홍인간은 영국이 군사적으로 강하고 대단히 오만하다는 것을 경험을 통해 알고 있었기에, 중국인들이 그들과 소통할 때 "오랑캐" 같은 말을 더는 사용하지 말아야 하며, 대신 "평등, 우정, 화합, 애정"과 같은 느낌을 표현해야 한다고 주장했다.[24]

마찬가지로, 그는 전통적인 조공 외교 모델, 즉 외국이 속국으로서 베이징에 사람을 보내 황제에게 경의를 표하게끔 하는 외교 모델은 과거의 유물로서 현 세계에는 아무런 쓸모가 없으므로 폐기되어야 한다고 생각했다. 그는 "인간은 열등하게 여겨지고 싶어하지 않는다"고 말했는데, 이는 보통 중국 제국에는 없었다고 여겨지는 문화상대주의를 어느 정도 드러내는 말이었다. 과거에 다른 사람들이 중국인을 윗사람 대하듯이 행동했다면, 그것은 "진심으로 굴복해서가 아니라" 단지 강요당했기 때문이라고 그는 주장했다. 서로 대등한 지위에서 새로운 외교가 있어야 "외국과의 우호적인 관계가 만들어질 수 있다". 그는 다른 나라의 존경을 얻을 수 있는 유일하고 지속적인 방법은 "안으로는 정부를 완벽하게 하고 바깥으로는 믿음을 보여주는 것"이라고 썼다. 즉, 개혁을 위해 내부를 돌아보고 새로운 시대의 정부 모델로 자리매김해야만 중국은 다시 한번 과거처럼 존경을 받을 수 있었다.[25]

홍콩에서 생활한 경험을 통해 홍인간은 중국을 단지 많은 국가 중 하나로 보게 되었고, 19세기 세계의 다른 강대국들을 연구하면 중국이 얻을 게 많다고 생각했다. 가장 중요한 것은 그가 홍콩에서 테오도레 함베리와 제임스 레그를 통해 접한 기독교라는 종교로, 그는 이것이 서방 국가들이 지닌 힘의 열쇠라고 믿었다. 그는 정부에 대한 논문에서, 근래 세계에서 가장 강력하고 번영한 나라들은 예외 없이 개신교 국가들(영국, 미국, 독일, 스칸디나비아 국가들)이며, 그보다는 살짝 약한, 여전히 "기적과 신비주의"를 믿는 프랑스 가톨릭과 러시아 정교회가 그 뒤를 잇는다고 주장했다. 그의 설명에 따르면, 구약성서 이슬람을 따르는 나라들 혹은 더 나쁜 경우인데, 불교를 따르는 나라들은 모두 허약했고, 그중 많은 곳이 더 강한 나라들의 식민지가 되었다. 그는 만주족 치하의 중국을 페르시아와 동일시했는데, 페르시아에서는 사람들이 노예와 같은 지위를 불평 없이 받아들였다.

홍인간이 보기에 "가장 강한 나라"는 영국이었고, 영국에서는 통치 가문이 1000년간 지속되었다고(중국의 그 어떤 왕조보다 오랫동안 지속된) 믿었다. 그는 영국의 힘이 그 나라 사람들의 지성과 법체계에서 나오며, 중국은 이를 본받아야 한다고 설명했다. 그러나 그가 가장 큰 찬사를 보낸 대상은 미국(별과 줄무늬로 이루어진 성조기 때문에 중국어로 '꽃 깃발의 나라', 즉 '화기국花旗國'이라 불리는)이었다. 그는 미국을 "모든 나라 중에서 가장 의롭고 부유한 곳"이라고 칭했다. 그리고 미국의 위대함의 핵심은 관대함과 평등 의식이라고 믿었다. 미국은 강력한 군사력을 가졌음에도 "이웃 국가를 침해하지 않"으며, 캘리포니아에서 금이 발견되었을 때 누구나 그곳에 갈 수 있었다고 그는 썼다. 미국의 외국인 수용은 아주 폭넓어서, 어떤 사람들은 그곳에서 심지어 공무원이 되기도 했다. 홍인간은 또한 미국의 민주주의, 특히 모든 사람(적어도 모든 "선한 사람")이 지도자를 뽑고 정부 정책을 수립하는 데 관여할 수 있어야 한다는 생각에 열광했다. "다수에 의해 선출된 사람들은 훌륭하고 유능하다고 간주되며, 다수에 의해 내려진 결정은 정당하다고 간주된다"고 그는 썼다.[26]

정부에 대한 논설에서 홍인간은 또한 자신의 폭넓은 외국 접촉에 대해서도 이야기했다. 그는 제임스 레그 같은 영국 선교사들과 상하이에서 만난 소수의 미국인을 포함해, "강한" 나라들에서 온 많은 선교사 친구를 열거했다. 그리고 고인이 된 테오도레 함베리에 대해 서술하는 지면을 특별히 마련했고, 함베리가 "나를 매우 좋아했다"고 말했다.[27] 그가 외국인 친구들을 열거한 데는 두 가지 목적이 있었다. 첫째, 가장 우선적으로 그 문서를 읽게 될 홍수전과 태평천국 지도부에게 중국에 기독교 국가를 세운다는 그들의 프로젝트를 추진함에 있어 외국의 협력을 얻을 수 있으리라는 암묵적인 약속을 보여주는 것이었다. 둘째, 이 문서가 결국 외국인들에게도 누출되리라는 점에서(『런던 리뷰』의 한 필자는 그것을 "지금까지 나온 문서들 중 가장 특이한 것 중 하나"라고 묘사했다),[28] 태평천국의 새 총리가 외국인들을 형제로 여기고 있으며, 미래의 그의 나라가 먼지로 덮여 있던 중국의 문을 마침내 열어젖히리라는 것을 외국인들에게 암시하는 것이었다.

하지만 종교와 국제 외교는 시작에 불과했다. 뛰어난 통찰력을 가진 홍인간은 중국이 강해지려면 떠오르는 세계적 산업 경제에 뛰어들어야 한다고 주장했다. 그는 성삼위일체(천왕을 포함하는 삼위일체가 아니라 전통적인 삼위일체)가 국가의 "가장 큰 보물"이라고 서술했지만, 증기선, 기차, 시계, 망원경, 육분의, 회전포를 포함하는 사실상 좀더 물질적 보물인 "중간급 보물들"의 긴 목록이 바로 뒤따라 나왔다. 시암(태국)은 증기선 만드는 법을 배웠고, 그리하여 "부와 문명의 나라"가 되었다고 그는 주장했다.[29] 일본의 통치자들은 청나라 통치자들과 달리 기꺼이 대외 무역을 개방했고 "미래에는 분명 능숙해질 것"이다. 그리고 바로 그것이 태평천국 치하의 중국이 가야 할 길이라고 그는 믿었다.

홍인간의 논설은 중국과 관련해서 처음으로 근대의 산업 강국이라는 국가 비전을 제시했다. 그는 20세기와 그 이후까지 훗날의 중국 개혁가들에게 이런저런 형태로 표어가 되어줄 많은 제안을 했다. 그는 새로운 중국이 강력한 법체계로 시작해야 할 것이라고 주장했다. "모방자들이 유죄 판결을 받고 처벌받을 수 있도록" 특허권이 있어야 했고, 그러면 중국 기업가들은 서구와 견줄 수 있는 기계들을 발명해야 한다는 자극을 받을 것이다. 그는 교통의 혁명을 요구했다. 당시 외국만 소유하고 있던 증기선도 필요했고, 중국에는 없던 철도(1860년대에 중국 노동자들이 미국의 철도를 건설했는지는 몰라도, 홍인간이 이러한 글을 쓸 당시 그의 조국에는 철도라고는 1킬로미터도 없었다)도 필요했다. 계층적 도로 체계는 주요 도로들을 통해 성도省都들을 서로 연결해줄 것이고, 하위 행정 단위들에는 그보다 좁은 도로들이 뻗어나갈 것이다. 정부가 주요 강들을 준설한다면, 화력과 증기력으로 움직이는 선박들이 제국의 가장 깊숙한 곳까지 오가며 화물과 사람을 수송할 수 있을 것이다. 광산은 탐광자들과 국가가 수익을 공유한다는 전제하에 "금, 은, 구리, 철, 주석, 석탄, 소금, 호박, 굴 껍질, 옥, 보석" 등 다양한 종류의 귀중한 재료들의 채굴에 개방될 수 있을 것이다.(모든 지하자원은 신이 인류에게 공평하게 내려준 선물이지만, 개인적 유인책이 있어야 사람들이 그것을 찾아내는 일을 하기 때문이다.) 상인 개인이 은행 설립 허가를 신청해 지폐를 발행할 수 있을 것이며, 지폐는 청 왕조의 은괴와 동전보다 운반하기 쉽고 경제 발전을 더 촉진할 수 있을 것이다. 그는 심지어 사람들의 집, 재산, 생계를 보호하는 방책들을 제공할 수 있는 서구식 보험 회사의 설립까지 요구했다.

홍인간의 권고는 계속되었다. 그는 중국의 교통 기반 시설을 확충하는 것이 경제적 부의 창출뿐만 아니라 제국 내에서 정보의 자유로운 이동을 위해서도 필요하다고 주장했다. 또한 그는 중요한 새로운 일들과 중국 여러 지역의 물품 가격을 보도하는, 지역 일간지에서 성省 차원의 월간지에 이르기까지 상상 가능한 온갖 종류의 신문을 필요로 했으며, 허위 보도에 대해서는 엄중히 처벌할 것을 요구했다. 한 관청이 모든 신문을 모아 수도에 있는 군주에게 전달하면, 이 신문들을 가지고 군주는 필자들을 검열하는 것이 아니라 자기 왕국이 돌아가는 실상을 파악할 것이었다.

정치적으로 홍인간이 상상한 나라는 명백한 신정 국가, 그것도 근본주의적 신정 국가였다. 여기에는 자선의 측면이 있었다. 홍콩과 상하이에서 알았던 선교사들의 활동에서 영감받아 그는 고아와 과부, 장애인과 가난한 사람을 돌보는 기독교적 사회 제도들을 개발할 것을 중국인들에게 촉구했다. 그들에게 음악과 글을 가르칠 것이고, 그들이 죽으면 친절하게 매장해줄 것이다. 홍인간은 다음과 같이 썼다. "이 가난한 사람들은 신중하게 계획을 세우고 주도면밀하게 계산한다. 흔히 그들 중에는 유능한 사람이 많다."[30] 유아의 익사도 금지될 것이고, 어린이 매매도 금지될 것이다.

동시에 그 나라는 정부의 권력이 나쁜 행위들을 예방하는 데 사용되는 엄격하게 청교도적인 사회가 될 것이다. 술, 담배, 아편, 그리고 사람들의 일을 방해하는 연극과 화려한 색채의 도교 의식 및 불교 의례는 엄격히 금지될 것이다. 풍수지리는 채굴과 이동에 방해되는 미신으로서 근절되어야 했다. 게으른 사람들은 가족에 의해 넘겨져 추방될 것이고, 그리하여 그들의 게으름이 다른 사람에게 전염되지 않을 것이다. 다양한 처벌이 범죄자를 억제하겠지만, 중국에서 오랜 세월에 걸쳐 개발된 수많은 처형 방법은 폐기되어야 한다고 그는 믿었다. 최악의 범죄자들에게는 중국의 여러 등급과 여러 창의적인 종류의 사형 방식 대신 교수형이라는 단일한 서구식 사형 방식(교수대에서 집행되고 군중이 지켜볼 수 있도록 사전 공고되는)이 적용되어야 한다고 그는 썼다.

하지만 먼저 진정한 국가가 수립되어야 할 것이다. 그리고 그 국가가 세워지려면 우선 전쟁에서 이겨야 했다. 젊은 시절에 훙인간과 그의 사촌은 왕국을 세우는 계획에 대해 이야기했고, 그 왕국에는 북쪽이 포함되어 있지 않았다. 그들의 원래 전략은 난징에 기초를 마련하고, 양쯔강을 따라 내려가며 전장시까지 영토를 확장해 대운하를 장악하고, 상류 쪽 안칭을 점령해 양쯔강 상류 지역을 장악하는 것이었다. 그런 다음 그들은 남부 7개 성을 통합하고 서쪽으로 원정해 쓰촨성과 산시성을 점령할 것이고, 이로써 왕국을 이룰 것이었다. 양쯔강에서 바다까지 뻗어 있는 남부 제국이 세워지는 것이다. 국경은 감정을 자극하는 것으로 가득한 중국 중심부와 바로 접하게 될 것이고, 민족적으로 한족의 나라였던 옛 명나라의 경계와 대략 일치할 것이다. 주로 만주족, 몽골족, 중앙아시아 무슬림이 거주하는 북쪽과 서쪽의 광대한 영토를 정복한 청 왕조의 훨씬 더 광활한 지역은 포기할 것이다.[31]

하지만 그 전략은 실행되지 않았다. 난징 함락 후 태평천국 군대는 전장과 안칭을 통합하는 데까지만 성공했고, 이후 남부 전략을 포기하는 대신 제국의 머리를 자르고자 베이징을 향해 북쪽으로 방향을 틀었으나 실패했다. 홍인간이 도착했을 때 태평천국 수도는 절망적인 곤경에 처해 있었다. 반란군은 초기 원정 때 정복한 이 남부 영토의 많은 부분을 잃은 상태였다. 그들은 상류에 있는 양쯔강 전략 도시 안칭을 여전히 장악하고 있었지만, 청국군은 전장(엘긴의 부대가 폼페이 같다고 생각했던 폐허 도시)을 탈환했다. 더 긴급한 문제는, 수만 명에 달하는 청국군이 난징 북쪽과 남쪽의 전략적 지점들에 진을 치고서, 난징에 곡물과 소금을 공급하는 단일 보급로만 남겨둔 채 그 수도를 효과적으로 포위하고 있다는 것이었다.

이 청나라 군대는 두 개의 주요 진영으로 나뉘었는데, 하나는 양쯔강 북쪽의 양저우 근처에 있었고, 다른 하나는 난징 바로 너머 남쪽에 있었다. 이 군대는 제국 중앙의 주요 병력이자 북쪽에 있는 승격린심 군대에 상응하는 병력이었고, 이곳 지휘관들은 처음부터 계속 태평천국을 쫓고 있었다. 남쪽 진영은 난징이 함락된 지 불과 10일 만에 태평천국을 추격하기 시작해 결국 따라잡았고, 이후 거의 계속 그 자리를 지켰다. 화춘이라는 만주족 장군이 북쪽 진영을 지휘했다면, 남쪽 진영은 황제의 가장 귀중한 자산 중 하나인 훨씬 더 유능한 한족 장군 장국량의 휘하에 있었다. 1840년대에 장국량은 태평천국이 유래한 바로 그곳 광둥성의 산적 두목이었다.(일부 자료에 따르면 그는 홍수전과 같은 고장에서 태어났다.)[32] 로빈 후드 같은 이 인물과 그의 강력한 1만 군대는 "빈민을 구하기 위해 부자들로부터 빼앗는다" "관리들은 죽여도 백성의 목숨은 빼앗지 않는다"는 슬로건 아래 그 지역을 유린했다. 그러나 1850년대 초 청나라 군대가 마침내 그를 붙잡았을 때, 그는 부하들을 데리고 황제 측으로 귀순했다. 화춘은 유능한 지휘

관이었지만, 태평천국 장군들의 마음속에 정말로 공포심을 불러일으킨 인물은 장국량이었다.[33]

남쪽 진영에 있던 장국량의 포위군은 난징 성벽에 설치된 대포들의 사정거리에서 안전하게 벗어나 있었고, 인원이 워낙 많다보니 태평천국군이 야음을 틈타 말을 타고 휘몰아치듯이 출격해도 쉽게 흩어질 수 없었다. 동시에 난징은 거대한 성벽과 벽돌로 막힌 문 때문에 포위군이 실효성 있는 공격을 취할 수 없을 만큼 요새화가 아주 잘되어 있었다. 그리하여 양측은 6년 동안 교착 상태에 놓였고, 한쪽의 진격은 곧 다른 쪽의 응징이었다. 이러한 양상이 크고 작은 규모로 반복되었다. 1856년에 태평천국의 빛나는 일련의 승리로 청나라의 방어선이 무너졌지만, 그 후 동왕의 쿠데타가 일어나고 태평천국 지도부는 안으로부터 붕괴되었다. 이후 3년 동안 청국군은 병력을 재정비하고 난징 아래 참호를 파기 시작했는데, 1859년에 이르러서는 이 참호가 72킬로미터나 뻗어갔고, 그 길이를 따라 100개가 넘는 경비대가 배치되어 남쪽과 동쪽으로부터 난징에 접근하는 것을 차단했다.[34] 화춘과 장국량은 각자의 진영에서 이 반란군의 수도를 무너뜨릴 최후의 공격이 될 것으로 기대되는 일을 준비하는 중이었다.

더 경험 많은 태평천국 지도자들의 분노에 직면한 홍인간은 놀랍게도 총지휘관이라는 자신의 새로운 직책에 거리낌 없이 임했다. 그들은 홍인간이 권력과 명성을 원할 뿐이라고 불평했으나, 그는 화를 내며 이렇게 답했다. "나는 광둥에 있을 때 태평천국의 수도가 사방으로 포위되었다는 소식을 들었고, 어려움을 피하지 않은 채 목숨 걸고 여러분을 도우러 왔다. 어떻게 내가 봉급과 위세를 탐하는 사람일 수 있는가? 생각해보라, 수도는 사방으로 포위되어 있고 단 하나의 보급로만 열려 있다. (…) 우리가 어떻게 적과 싸울 수 있겠는가?"[35]

홍인간은 수도의 포위를 풀 대담한 계획을 제시했다. 반란군은 청국군 후위 너머로 저장성까지 넓고 광범위한 호를 그리며 소규모 원정군을 보내, 방어가 취약한 그곳의 성도 항저우를 공격할 것이다. 난징에서 동남쪽으로 240킬로미터쯤 떨어진 항저우에는 남쪽 진영을 지원하는 보급로가 있었다. 화춘과 장국량은 모든 병력을 난징 주변에 집중시킨 탓에 항저우를 구할 예비군을 보유하고 있지 않을 것이고, 그래서 난징을 포위하고 있는 대규모 진영으로부터 병력을 옮겨 태평천국군의 후위 작전을 막아야 할 것이다. 그런 계획이 서면 홍인간은 태평천국에서 가장 유능한 야전 지휘관 두 명, 즉 영왕 진옥성과 이수성의 사촌 동생이자 시왕인 이세현 휘하의 이동 부대들을 소환해, 그들이 멀리서 벌이고 있는 식량 징발 작전을 중단하고 수도로 돌아오게 할 것이다. 난징을 둘러싸고 있는 청국군의 경계가 충분히 소홀해지자마자 영왕, 시왕, 충왕의 연합 부대가 세 방향에서 몰려들어 약화된 청국군 진영을 무너뜨리고 포위망을 뚫을 때 항저우에 있던 원정군이 몰래 퇴각할 수 있을 것이다.

충왕은 이 계획이 포위를 푸는 데 효과적일 수 있다는 점에 동의했지만, 이로써 얻을 수 있는 지속적 이익이 무엇인지 궁금해했다. 포위가 풀리면 보급품이 거의 없는 난징에 태평천국군이 다시 집중될 것이라고 그는 말했다. 그러자 홍인간은 전쟁에서 이기기 위한 자신의 수정된 전략의 전체적인 틀을 제시했다. 그는 쌀을 재배하는 남부 성들, 서쪽의 쓰촨성, 북쪽의 만리장성은 모두 난징으로부터 적어도

1000킬로미터 이상 떨어져 있지만, 크고 부유한 도시인 쑤저우와 항저우를 포함하고 있고 바다로의 접근이 가능한 동쪽은 훨씬 더 가깝다고 지적했다. "그곳은 땅이 광활하고 보화가 넘쳐난다"고 그는 말했다. 그러므로 그쪽을 공격해야 했다. 청국군의 포위 진영을 궤멸시킨 기세를 이용해(전략의 첫 번째 단계가 효과가 있다면), 즉시 동쪽으로 방향을 돌려서 난징과 쑤저우 사이의 도시들을 한 번의 신속한 작전으로 정복할 수 있을 것이고, 이로써 보급품, 무기, 헤아릴 수 없는 부, 신병을 확보할 수 있을 것이다.[36]

하지만 그것은 시작에 불과할 테고, 여기서 홍인간은 외국인들과의 관계를 이용하기 시작했다. 쑤저우와 항저우를 점령해 얻는 부를 가지고 상하이에 있는 외국인들로부터 증기선 20척을 임대하거나 구매할 수 있다고 그는 설명했다. 그런 함대가 마련되면 그들은 아무런 저지 없이 양쯔강을 돌아다닐 수 있을 뿐만 아니라 푸젠성과 광둥성을 따라 홍콩까지 이어지는 남부 해안을 차지할 수 있을 것이다. 다음 단계는, 한 종대는 장시성으로부터 양쯔강 남안을 따라 보내 후난성을 침략하고 또 다른 종대는 양쯔강 북안으로 보내 후베이성을 침략하고 한커우를 점령함으로써 태평천국이 양쯔강 유역 전체를 장악하며 청나라를 둘로 가르는 것이었다. 그러고 나면 수월하게 남부 통합이 이루어질 것이고, 태평천국은 남쪽의 군대와 말을 가지고 마침내 쓰촨성과 산시성을 점령해, 옛 명나라의 심장부를 이루었던 성들을 재통합한 남부 제국이라는 홍수전의 원래 꿈을 완성할 수 있을 것이다. 베이징과 북부 성들은 곡식 조공이 완전히 가로막힐 것이다. 새로운 태평천국이 남부에서 형성됨에 따라 청 왕조는 굶주리고 시들어

갈 것이다.[37]

이 계획의 성공은 상하이에 있는 외국인들의 지원, 특히 그들의 증기선 공급 의지에 달려 있었는데, 바로 이 점에서 홍인간이라는 존재는 태평천국 지도부의 품에 떨어진 놀라운 선물일 수밖에 없었다. 그는 태평천국 측 관리든 청나라 측 관리든 중국의 다른 어떤 관리보다 외국인과 많이 접촉해보았고, 그들의 관습과 신앙을 잘 알고 있었다. 천왕은 홍인간의 경험이 제공하는 기회를 즉시 붙잡았다. 홍인간이 수년간 외국인들과 함께 살고 일하면서 그들을 이해하게 되었기 때문만은 아니었다. 훨씬 더 중요한 것은, 홍인간이 외국인들을 이해하고 있다는 것, 홍인간이 외국인들의 종교 행위, 학문, 문화를 제대로 이해하는 중국 유일의 인물이라는 것을 외국인들 스스로 알고 있다는 사실이었다. 따라서 그들은 홍인간을 자신들이 원하는 개방적 무역 관계와 선교 활동으로 이끌어줄 믿을 만한 사람으로 여길 것이다. 천왕은 홍인간을 외교 책임자로 임명했고, 포위가 풀리면 그들의 대표자들을 회의에 초대하라고 부추겼다.[38]

1860년 2월 10일, 충왕 이수성은 6000명의 엄선된 병사를 이끌고 열려 있는 유일한 경로를 통해 난징을 떠났으며, 북쪽으로 강을 건너 푸커우를 통과했다. 이 군대는 이전 전투들에서 죽은 적으로부터 탈취한 청국군 군복으로 변장하고 있었다. 청나라 측 연계 병력(지역 민병, 조직화된 민병대, 녹영군)의 협동이 너무 허약해서, 이수성의 부하들은 도중에 여러 마을을 점령하고 수비대를 배치해가면서 동남쪽으로 호를 그리듯 이동해, 마침내 3월 11일 갑자기 항저우에 들이닥쳤다. 이수성의 목표가 단순히 그 도시를 침략하는 것이었다면 이는 완전히 기습 공격이 됐겠지만, 그가 의도한 바는 그 도시를 공포에 떨게 하는 것이었다. 그의 부하들은 먼저 성벽 밖의 언덕에 수백 개의 태평천국 군기를 꽂아, 자신들의 총 병력이 굉장한 규모로 보이도록 수비대를 속였다. 그런 다음 주력 부대가 항저우의 정문을 정면으로 공격하고 공병들이 성벽 아래로 굴을 파 폭발물을 설치한 끝에 3월 19일에 돌파구가 열렸다.

포위된 그 도시에는 지옥이 펼쳐졌다. 훈련되지 않은 그곳 민병 수비대는 흩어져 이웃들의 집을 필사적으로 약탈한 다음 충왕의 맹공격을 피해 도망쳤다. 행정부의 우두머리들은 직무를 유기했고, 일부는 호위대를 끌고 다니며 그 도시의 가장 부유한 집들을 약탈한 뒤 도망쳤기에 그곳에서는 아무런 지휘권도 작동하지 않고 있었다. 이수성의 소규모 부대가 성벽의 틈을 뚫고 들어가느라 애쓰는 동안 지역 주민들은 자신들이 방어해야 할 약탈자들과 거리에서 전쟁을 벌였고, 폭행당하고 난도질되며 불태워진 사람들로 전사자가 늘어났다.[39] 화재가 발생했다. 도시의 여성들은 혼란기에 어떻게 행동해야 하는지에 대한 수세대에 걸친 도덕적 지침에 따라 스스로 목숨을 끊기 시작했고, 결국 수많은 여성이 그렇게 죽었다. 청 왕조는 이전의 다른 유교 왕조들과 마찬가지로 여성의 자살을 정절의 정점으로서 칭송했고, 이 내전 중에 일어난 여성의 자살을 특히 명예롭게 기렸다.[40] 여성의 자살은 반란군에 맞서는 일종의 비뚤어진 방어 수단이 되었다. 태평천국 병사들이 성안으로 들어왔을 때 벌어질 강간과 살인을 두려워한 항저우 여성들은 배운 대로 행동했다. 그들은 스스로 목을 맸고, 독극물을 마셨고, 자기 몸을 칼로 찔렀고, 우물에 몸을 던졌다.

항저우의 만주족 지휘관은 군대를 이끌고 내성으로 후퇴했는데, 이번에는 맹렬하지만 병력은 그리 많지 않은 충왕 군대의 공격을 견뎌냈다. 6일 후에도 이 만주족 수비대를 돌파하지 못한 이수성은 결국 공격을 포기하고 육로를 통해 난징으로 후퇴해야 했다. 하지만 그의 목표는 달성되었고, 계획은 완벽하게 작동했다. 장국량은 항저우가 많은 수의 태평천국군에게 공격당하고 있다는 보고를 들었다. 공격군의 규모에 대한 명확한 정보가 없었기 때문에 그는 항저우를 구하기 위해 난징 포위군 전체의 거의 4분의 1을 이동시켰다. 충왕과 그의 군대는 연기가 피어오르는 혼란의 도시를 뒤로하고, 다시 변장한 채 징발한 말을 타고서 시골길을 따라 재빨리 난징으로 돌아왔다. 장국량의 구원군이 긴급한 행군 끝에 마침내 항저우에 도착했을 때 그곳에 태평천국군은 없었다. 그리고 행정부라 할 만한 것도 없었다. 그래서 그들은 그냥 이전의 다른 사람들처럼 무엇이건 남아 있는 것들을 약탈했다.[41]

4월에는 영왕과 시왕의 태평천국군 주력 군대가 난징 외곽으로 돌아와 있었고, 이에 더하여 이수성이 그 도시로부터 쏟아져 나온 위수 부대를 이끌었다. 그들은 힘을 합해 약화된 청국군을 치는 데 전력을 다했다.[42] 총 10만 명이 넘는 태평천국군이 세 방향에서 덮쳐오자 남쪽 진영은 허둥지둥 후퇴하며 해체되었다. 이수성의 기병대가 남쪽 진영의 후방을 뒤에서 강타해 청국군을 그들 자신이 파놓은 방어물 안으로 밀어넣었다. 그곳에서 수천 명의 청국군 병사가 죽임을 당했고, 그들의 시체가 그들이 직접 파놓은 참호들을 메웠다. 수로의 둑으로 죽은 자들이 넘쳐흘렀다.[43] 남아 있던 청국군은 궤멸되어 무기와 깃발을 버리고 도보로 도망쳤다. 추격자들이 도망자가 된 채 몇 주에 걸친 필사적 후퇴가 이어진 끝에, 태평천국군이 마침내 동쪽으로 72킬로미터쯤 떨어진 단양에서 그들을 앞섰다. 만주족 장군 화춘은 생아편을 먹고 자살했고, 황제 편에 섰던 로빈 후드 장국량은 단양에서 탈출을 시도하던 중 익사했다.[44] 전쟁의 중앙 무대에는 더 이상 유능한 지휘관이 남아 있지 않았다.

4장
탐색

1860년 봄, 청나라 문명의 종말이 해일처럼 상하이를 향해 밀려갔다. 상하이 근처에 있던 한 중국인 관찰자는 "화재로 하늘이 훤하고 사람들의 외침이 땅을 뒤흔든다"고 썼다.[1] 반란군은 청나라의 저지선을 떨쳐버리며 태평천국 수도에서 일어나 동쪽으로 진군했고, 산산이 부서진 청국군으로부터 아무런 저항을 받지 않았다. 이수성의 부하들이 장쑤성을 휩쓸고 지나가면서 수년간의 양쯔강 전투가 발생시킨 난민들로 가득한 도시들을 정복할 때, 지역 민병대 방어선은 공포에 질려 흩어졌다. 그들은 청나라 군대를 단양으로 내몰아 5월 19일 그곳을 점령한 후, 양쯔강을 따라 빠르게 내려가 일주일 후 창저우를 점령했고, 그로부터 사흘 뒤에는 우시를 점령했다. 하지만 가장 큰 전리품은 대운하를 따라 펼쳐져 있는 전설적인 정원 도시 쑤저우였다. 200만 명에 달하는 그곳의 전시 인구는 엄청나게 많은 신병을 제공해줄 수 있었고, 상인들의 집에는 보물이 가득했다. 태평천국군의 기세는 막을 수 없었다. 이수성의 군대가 우시에서 쑤저우로 진군해 1860년 6월 2일 그 도시의 성벽 앞에 도착했을 때, 도시 내부의 동조자들은 순순히 문을 열어 새로운 주인을 맞았고, 충왕은 싸움 없이 그 정원 도시를 점령했다.

반란군이 지나가는 길목에 살고 있던 중국인들은 이미 전쟁에 말려든 수백만 명이 그랬듯이 선택에 직면했다. 특별히 용감하다면 마을을 지키기 위해 이웃 사람들로 구성된 민병대에 들어가 싸울 수 있었다. 압도적인 수의 반란군을 당해내지 못하고 필히 무너질 수밖에 없었지만 말이다. 아니면, 두발 모양을 바꿔서 반란군에 대한 충성을 보일 수 있었다. 청나라는 모든 남성에게 변발, 즉 후두부만 빼고 머리를 밀고 남은 머리카락을 길러 하나로 땋아 늘이는 두발 모양을 요구했다. 태평천국 반란군은 저항의 표시로 머리 밀기를 거부하고 머리카락이 자라도록 내버려두었으며, 색깔 있는 비단 띠로 머리를 감싸두기도 했다. 많은 농민은 그저 양측이 원하는 대로 맞춰주려 했다. 이에 따라 태평천국군 치하에 있을 때는 머리를 밀지 않고 기르되 땋은 뒷머리는 감아올려 숨겨두었다. 그러면 청국군이 반란군을 몰아낼 경우 다시 땋은 머리를 늘어뜨리고 앞머리를 밀어 "장발"로 인해 청국군에게 처형당하는 것을 피할 수 있었다.

그러나 어떤 위치의 사람들은 다른 선택을 했다. 그들의 부와 지위는 왕조의 생존에 달려 있었고, 그들은 반란군의 승리로 모든 것을 잃을까봐 두려워했다. 자살할 가능성이 가장 높은 이들이 그런 사람들이었다. 쑤저우를 비롯한 여러 도시가 함락되었을 때 그들은 무리지어 자살했다. 만약 그들이 다른 곳에 땅을 가지고 있었다면, 가족을 안전한 곳으로 이동시키려 했을 수도 있다.(전족을 한 노모들이 이동하기 가장 힘들었다.) 하지만 반란이 장쑤성을 거쳐 저장성까지 확산되면서 피난처는 거의 남아 있지 않았다. 가능한 이들은 많지 않은 외국인 인구의 보호를 받기 위해 국제 도시 상하이로 갔다. 하지만 그곳에서도 안전감은 미약했고, 이수성 휘하의 100만 태평천국군이 상하이로 이동 중이며, 1만 척의 배로 이루어진 함대가 얼마나 어마어마한지 강을 통과하는 데 꼬박 3일이 걸렸다는 종말론적 소문이 그 지역 주민들에게 퍼졌다.[2]

1860년 봄, 상하이 조약항에는 50만 명이 넘는 중국인이 거주하고 있었는데, 새로운 난민이 외국인 정착지에 몰려들면서 이 수치는 빠르게 증가했고, 위생과 거주에 많은 문제가 생기기 시작했다. 이 도시는 장쑤성의 동쪽 끝에 위치한 황푸강을 따라 네 개 구역으로 나뉘어 있었다. 황푸강은 북쪽으로 16킬로미터쯤 떨어진 양쯔강 어귀로 흘러들어 거기서 바다로 빠져나갔다. 남쪽 끝에 구식 지역인 중국인 지구가 있었다.(아편전쟁 이후 외국인 정착지들이 생겨나기 전에는 상하이 전역이 중국인 지구였지만.) 그곳은 높이가 7미터쯤 되는 원형에 가까운 방어벽에 둘러싸여 있었고, 좁고 구불구불한 길이 가득했다. 이곳은 계속 청나라 행정 당국에 의해 통치되었고 상하이 인구 대부분이 이곳에 거주했다.

황푸강을 따라 북쪽으로 가면 중국식 주택들이 꽉 들어찬 프랑스인들의 조계지가 나왔고, 그다음에는 훨씬 더 큰 영국인 조계지가 나왔다. 그 조계지는 '번드Bund'라고 알려진, 강을 끼고 개발된 길을 따라 펼쳐져 있었다. 그 길에는 부두, 창고, 사무실이 즐비했고 언제든 강안을 따라 200~300척의 배가 정박할 수 있었다. 영국 조계지는 바둑판 같은 모양으로 설계되었고 경마장, 개신교 교회, 세관을 갖추고 있었으며, 중국인 지구 전체와 비슷한 면적을 차지하고 있었다. 그곳은 동쪽의 황푸강과 북쪽의 좁은 우쑹강(황푸강의 지류)이 합류하는 지점에 자리 잡고 있었다. 끝으로, 우쑹강을 건너면 대부분 습지로 이루어진, 틀이 잡히지 않고 인구가 희박한 미국 조계지가 있었다.[3]

외국인 인구는 일반적으로 정착민 약 2000명에 일시적인 선박 승무원 인구 2000명 정도가 더해진 수준이었는데, 일시적 인구는 연중 시기와 무역 상황에 따라 달라졌다. 영국인들이 이 커뮤니티를 지배했고, 프랑스인들은 보조자 역할을 했다. 수적으로 얼마 안 되는 미국인들은 할 일이 거의 없었고(적어도 평온한 시기에는), "오만하고 완고하며 런던 말씨와 자만심으로 가득한 영국인들"보다 수적으로 열세인 것을 불평했다.[4] 중국인 지구의 방어벽 바로 바깥, 특히 강 쪽에는 교외라고 불리는 인구 밀도 높은 거주지들이 빽빽이 들어서 있었고, 그중에는 상하이에서 가장 부유한 상인의 집들도 있었다. 황푸강에서 멀어지며 내륙 쪽으로 나 있는 방어벽 서쪽 땅에서는 면화밭과 과수원 사이사이에 작은 마을들이 있는 모습이 펼쳐지다가, 끝에 가서는 한 거주자가 묘사한바 좁은 관개용 개울들이 교차하는 벼 논으로 이루어진 "이상하고 평평하고 쓸쓸한 땅"이 자리하고 있었다.[5]

상하이는 아무리 상상력을 동원해도 아름다운 도시가 아니었다. "희망과 행운이 넘치는 엘도라도"[6]라는 굉장한 상상을 품고 영국에서 온 사람들은 상하이가 그와 달리 사실은 "불결함과 열병과 악취가 가득한 허름한 집들"[7]로 이루어진 인구 과잉 정착지임을 알게 되었다. 새로 도착한 한 선교사는 그곳이 "이 세상에서 가장 더러운 도시 중 하나"이며 "나는 더러움에서 그곳에 견줄 만한 데를 본 적이 없다. 그곳은 모든 것을 능가한다"고 썼다.[8] 또 다른 선교사는 주변 시골을 산책하려는 사람은 인간 배설물로 논에 거름을 주기 위한 "똥 배, 똥 통, 똥 들통, 똥 수레"에 압도당할 것이라고 경고했다.[9] 그러나 외국인 거주자들에게는 구미에 당기지 않는 곳이었을지라도 상하이는 중국에서 해상 무역에 가장 유리한 항구였다. 바다와 양쯔강 모두에 쉽게 접근할 수 있는 상하이는 중국 내륙에서 생산되어 강을 통해 운반되는 차, 비단과 대부분 영국 선박에 의해 바다를 통해 운반되는 면직물, 아편(아편은 인도를 경유)의 교환이 이루어지기에 이상적인 지점이었다. 실제로 차와 비단의 거래는 너무나 수익성이 좋아, 세계에서 가장 빠른 상선들이 중국 무역을 제패하기 위해 특별히 건조되었다. 하지만 이제 태평천국군이 그 강을 휩쓸고 내려가자 상하이의 영국 당국은 반란군과의 거래를 금지하는 명령을 내렸고, 그 외국인 사회는 막대한 수익을 안겨주는 무역이 곧 중단될 것이라는 두려움에 사로잡혔다.

1860년 상하이에서 영국의 최고위 관리는 엘긴 경의 동생인 프레더릭 브루스였다. 그는 1859년 다구 포대에서 격퇴된 후 그곳으로 후퇴했는데, 비준된 조약 문서를 교환하는 데 실패했다는 점에서 대사라고 불리는 게 적절치 않았지만 그는 여전히 전권대사였고, 이제는 중국에서 영국 무역의 최고 관리자로서 역할하고 있었다. 그는 영국이 다구 포대에서 패한 것 때문에 몹시 난처했는데, 그 패배는 부분적으로는 베이징으로 가는 대체 경로를 거부한 그 자신의 고집 때문이었다.(미국 대사는 그 경로를 따랐고, 성공적인 결과를 얻었다.) 이에 브루스는 상하이의 권위 있는 자기 위치에서 점잖고 신중하게 행동하기로 결심했다. 진행 중인 중국 내전과 관련해 그는 완벽하게 중립적으로 행동하고 갈등에는 전혀 끼어들지 않겠다는 결심을 엄격하게 지켰다. 이러한 목적에서 그는 반란군과의 무역을 금지하는 명령을 내렸는데, 그러한 무역이 반란에 대한 영국의 지지로 여겨질 것이라고 믿어서였다.

동시에 그는 청나라 측을 돕는 것을 피하려 열심히 애썼는데, 이는 청국군이 그의 함대를 공격한 일이 있었기에 정당화하기가 다소 쉬웠다. 하지만 영국인들은 상하이에 이해관계뿐 아니라 투자한 것이 있었으며, 그 지역의 중국 관리들은 그것을 이용하는 데 능숙했다. 상하이의 청나라 측 최고 관리는 '도대道臺'(시 차원의 최고위직, 즉 시장과 같은 존재로 성의 순무巡撫에 의해 임명됨) 직에 있는 약 50세의 뚱뚱한 남자 오후였다. 태평천국 반란군을 상대하는 청국군의 무능에 절망한 오후는 반란군의 진격에 맞서 상하이를 방어하는 데 영국의 지원을 얻어내기 위해 브루스를 몰아대기 시작했다. 만약 태평천국군이 상하이를 점령한다면 그들은 모든 외국 무역을 중단시키고 영국 정착민들을 쫓아낼 것이라고 그는 경고했다. 브루스는 중립을 어기게 되는 상황을 철저히 차단하기 위해 청나라 당국과 거리를 두고 싶었지만, 이수성이 항저우를 공격했을 때 그곳의 거리들에서 어떤 난장판이 벌어졌는지에 대한 충격적인 이야기를 들은 바 있기에 상하이에서도 비슷한 일이 벌어지지나 않을까 걱정하기 시작했다.

이미 문제들이 생겨나고 있었다. 가장 급박한 위협은 반란군 자체가 아니라, 쑤저우와 항저우에서 도망친 후 상하이의 중국인 지구와 상하이 교외에 계속 주둔하고 있는 이탈한 청국군 군단이었다.

1860년 6월에 브루스는 패배한 청국군이 "퇴각로에 있는 무방비 마을들을 약탈하는 것으로 패배에 대한 분을 풀고 있다"고 보고했고, 그들이 내부로부터 상하이를 무너뜨릴까봐 걱정했다.[10] 반복되는 패턴이 있었는데, 도둑들(청국군이든, 반란군 동조자든, 아니면 단순히 일상의 나쁜 놈들이든)은 태평천국군이 공격하고 있다는 거짓 경고를 하고, 뒤이어지는 혼란 속에서 부자들의 집을 털기 시작했다.[11] 브루스는 이렇게 썼다. "패배한 군대, 승리한 반란자, 도시의 부랑자 모두가 부유하고 지체 높은 사람들을 약탈하는 데 동참한다."[12]

브루스는 자신의 감독하에 있는 외국인 거주지에서 혼란이 발생할 수도 있다는 우려스러운 가능성을 따져본 후, 상하이를 보호하는 것이 영국의 도덕적 의무라고 판단했다. 그는 상하이의 외국인 거주지뿐만 아니라 인접한 중국인 지구까지 전부 보호해야 한다고 보았다. 중국인 지구는 공식적으로 청나라 행정 당국 관할이어서 외국의 지배를 받지 않았지만, 그는 그 지역의 혼란이 이웃한 외국인 정착지로 확산될 경우 인도주의적 문제가 발생할 것을 우려했고, 영국군이 제한적으로 개입하면 이런 일이 일어나는 것을 막을 수도 있으리라고 생각했다. 이에 따라 그는 성벽으로 둘러싸인 중국인 지구에 방어선을 구축하는 것에 대해 런던에 허락을 구했다. "최근 항저우가 반란자들에게 공격받았을 때 그 도시에서 일어났던 유혈 사태와 약탈의 장면이 이곳에서 펼쳐지는 것을 가능하면 막기 위해서"였다.[13]

동시에 그는 영국이 상하이에 방어선을 구축한다면 그것이 중국인 지구에 엄격하게 한정되리라는 점도 분명히 했다. 브루스는 런던의 외무장관에게 보낸 편지에서, 쑤저우에 선제적으로 영국군을 보내 반란군의 진격을 저지하도록 오후가 자신을 움직이려 애썼지만 자신은 이를 단호히 거부했다고 밝혔다. (프랑스는 그렇지 않았다. 프랑스는 개입에 대해 좀더 부주의한 태도를 보였다. 개신교도 반란군이 프랑스 가톨릭 선교사 한 명을 살해했다는 이야기를 듣고 그들은 쑤저우로 진군하기 위해 열심히 3000명의 병력을 모았다. 이 일은 영국군 지원 요청을 브루스가 거부한 덕분에 무산되었다.)

브루스는 곤경에 처했다. 단지 영국 시민과 재산을 보호하기 위해서라 해도 상하이를 방어하는 것은 1년 전 다구 포대에서 그의 함대에 끔찍한 기습 공격을 가했던 바로 그 정권의 힘을 사실상 강화하게 될 것이었다. 그는 걱정했다. "무기력하기 때문에 그 권위가 억눌려 있는 그런 부패한 정권에 물질적 지원을 제공하는 것은 우리 영국의 명성을 떨어뜨리기 딱 좋다."[14] 하지만 이 국제 도시에 대한 반란군의 공격이 임박했다는 소문이 커지고 거세지자, 영국 상인들은 무엇이든 자신들을 보호해줄 조치가 취해져야 한다고 아우성쳤다. 브루스가 도시를 방어해도 되는지에 대해 런던으로부터 답을 듣기까지는 몇 달이 걸릴 테고, 그래서 그는 자의로 지원병을 모집하기 시작했다. 하지만 그것은 거의 가망 없는 시도로 보였다. 끌고 갈 영국 대포도 얼마 되지 않았고, 성벽에 배치할 경험 없는 자원병도 수백 명에 지나지 않았다. 그리고 소문이 사실이라면, 반란군 군단이 이미 진군 중이었다.

일부는 상하이 조계지가 중국에 이식된 유럽식 질서의 모델이 되기를 바랐지만, 이 국제 도시의 까다로운 관할 구역 분할(각 국가가 자체 군대를 보유했고, 각 외국인 시민은 자국 당국만 따르면 되었다)은 해외에서 온, 규율을 좋아하지 않는 사람들에게도 매력적으로 보였다. 무역선이 드나들면서 화물뿐만 아니라 때로는 선원들도 교환하게 됨에 따라 전 세계의 건달들이 상하이에 모여 그곳의 법과 법 사이의 틈새에 거주했다. 한 젊은 미국인은 그 도시에서 몇 년을 보낸 후 실망스러워하며 어머니에게 다음과 같이 썼다. "이곳에는 캘리포니아 사람, 흑인 악단, 도박꾼, 경마 기수가 득시글대며, 거리에는 최악의 남녀들이 가득합니다. (…) 이곳은 머지않아 초창기 샌프란시스코를 연상시키는 두 번째 도시가 될 것 같아요."[15]

하지만 아무리 그런 상하이라 해도 일부 외국인은 너무 해로웠다. 1860년 봄 상하이에서 서쪽으로 19킬로미터쯤 떨어진 진흙투성이 마을에서 훈련을 시작한 어떤 비정규 군대의 구성원들이 그랬다. 그들은 그 도시에서 전혀 환영받지 못했다. 부대에는 약 200명의 유럽인과 미국인이 있었고, 이들은 잡다한 출신을 드러내는 잡다한 군복을 입고 있었다. 어떤 사람들은 영국 해군의 선명한 붉은색 상의와 검은색 바지를 입고 있었고, 또 다른 사람들은 프랑스 수병의 파란색 상의와 흰색 나팔바지를, 또 어떤 이들은 상선 선원의 해진 회색 직물 옷을 입고 있었다.[16] 무기는 콜트 리볼버와 샤프의 연발 카빈총을 가지고 있었고, 그들의 목표는 태평천국이 장악하고 있는, 상하이에서 약 16킬로미터 떨어진 쑹장이라는 곳이었다. 서북쪽의 칭푸와 함께 쑹장은 항저우나 쑤저우로부터 상하이를 침략할 때 필수적 발판이 되는 전략적 성벽 마을이었다. 그들의 물주는 양방이라는 은행가가 이끄는 상하이의 중국인 상인 집단이었는데, 이들은 용병의 급여를 한 명당 월 100달러라는 터무니없이 높은 수준으로 지원했다. 이는 직업 군인들을 유혹해 그들로 하여금 군을 떠나 그 병력의 대부분을 구성하는 상선 선원들, 술 취한 그 하찮은 존재들에 섞여들게 하기에 충분하고도 남았다. 급여 외에도, 물주들은 이 외국인 파견대가 쑹장의 태평천국 수비대를 무찔러 그곳에서 몰아내는 데 성공한다면 그곳을 약탈해 챙기는 전리품과 함께 10만 달러 이상의 보상금을 얻을 것이라고 약속했다.

그 군대의 지휘자 겸 편성자는 스물아홉 번째 생일을 몇 달 앞둔 프레더릭 타운센드 워드라는 미국인이었다. 그는 한때 옛 중국 무역을 지배했던 해운 도시, 폭풍우가 몰아치는 음울한 도시, 매사추세츠주 세일럼에서 태어났다. 워드의 젊은 시절에 세일럼은 이미 오래전부터 쇠퇴하고 있었고, 잃어버린 찬란함에 대한, 소금기에 부식된 희미한 기억에 젖어 있었다. 워드는 너새니얼 호손의 여형제가 살았던 '일곱 박공의 집'(1851년 호손이 단지 세일럼이 아니라 19세기 중반의 뉴잉글랜드 자체를 고딕풍으로 구현한 소설 『일곱 박공의 집』으로서 되살린 바로 그 집)에서 불과 몇 집 건너의 퇴락한 저택에서 자랐다. 꿰뚫을 수 없을 정도로 새까만 눈과 귀까지 길게 늘어진 제멋대로의 더부룩한 검은 머리를 가진 워드는 북쪽 고향의 우울한 어둠을 걸치고 다녔다.

워드의 군대는 소위 '필리버스터'(불법 전사)를 모델로 삼았다. 필리버스터는 19세기 중반에 중앙아메리카에서 활동한 미국인 용병들로, 보수를 받으며 고용된 군인인 순수한 용병과는 달리, 자신의 정부를 수립하고 주를 통치하겠다는 희망을 가지고 싸웠다. 워드는 전통적 군인이 되려는 초기 시도에서 좌절한 바 있었다. 그는 1846년 웨스트포인트에 입학하는 데 실패했고, 버몬트에 있는 사립 군사 학교인 노리치대학에서 1년을 보냈으나 졸업하지 못했다.[17] 그의 실질적인 군사 훈련은 좀더 비공식적인 경로로 이루어졌다. 그는 1852년 중앙아메리카로 가, 악명 높은 윌리엄 워커의 휘하에 들어갔다. 워커는 1850년대 초 니카라과에서 일종의 내전을 선동할 소규모 미국인 군대를 조성해 그곳 정부를 전복하고 "양키 국가"[18]를 수립하려 했던 인물이다. 워드는 1853년 워커 휘하에서 싸우고 그의 훈련 장교로 복무했으며, 1년 후 자신의 경력을 시작하기 위해 떠났다. 이렇게 일찍 떠나버려서, 그는 자신의 옛 주인이 1856년 마침내 니카라과 정복에 성공해 그곳의 대통령이 되는 것을 보지 못했다. 그러나 그런 병력은 강대국들의 군대 밖에서 활동하는 것이기에 그 병력이 거둔 성공은 대개 수명이 짧았다. 워드가 상하이 외부에서 자신의 필리버스터 부대를 훈련하기 시작한 때인 1860년 봄에 워커는 영국군에 체포되어 중립법 위반으로 구금되어 있었다. 워드가 중국에서 태평천국을 상대로 전투를 시작한 직후 워커는 세상 반대편에 있는 온두라스에서 총살형으로 처형되었다.

중국에서 벌어진 이 내전은 필리버스터가 되고자 하는 사람에게는 환상적인 기회였고, 상하이 항구는 매우 실제적인 의미에서 역사를 통해 워드의 출생지와 연결된 실의 다른 쪽 끝이었다. 그는 불안정한 청년 시절에 한 번 중국에 간 적이 있고, 1859년 중국으로 되돌아와 전쟁에 참여했다. 외부에서 상황에 대해 들은 바에 기초한 그의 계획은 반란군에 합류해 만주족 정부를 전복하는 것이었다.[19] 그러나 그는 상하이에서 태평천국과 접촉하는 것이 매우 어려운 일임을 알게 되었고, 이에 프랑스 기선 '공자호'에서 일을 구했다. 이 기선은 상하이의 일부 부유한 중국 상인들이 양쯔강의 해적들로부터 사업을 보호하기 위해 임대한 것이었다. 해적들과 싸우는 것부터 외딴 도시들을 보호하기 위한 육상 병력을 훈련시키는 것까지 다 워드의 일이었고, 브루스의 청나라 측 상대인 상하이 도대 오후의 명령에 따라 워드와 공자호 선장 모두가 보조 전투 병력으로서 현지 군 당국의 휘하에 들어갔다.

이런 식으로 워드는 청나라 측에 서게 되었고(간접적이긴 했지만), 유럽인, 미국인, 필리핀인을 두루두루 상하이 바로 바깥 지역에서 싸울 신병으로 뽑기 시작했다. 그는 남의 눈을 의식하며 스스로를 모험가로 칭했고, 기다란 검은 머리에 어울리는, 몸에 착 붙는 검은 제복을 입었다. 또한 휘장은 달지 않았고, 허리에 차는 무기 대신 단장을 들고 다녔다. 그의 군대는 엄밀히 말해서 불법이었고, 중립 법령을 노골적으로 위반하는 것이었다. 그는 탈영병을 너무 많이 입대시켜서, 부상당한 그의 병사들은 감금되어 군법 회의에 회부될까봐 상하이로 가서 치료받는 것조차 할 수 없었다.[20] 그러나 그와 그의 병사들이 공개 전투에서 중국 반란군 몇 명 죽이는 것을 꺼리지만 않는다면, 그들 모두에게 많은 돈이 돌아가게 될 것이었다.

워드의 중국인 물주들의 관점에서, 적에 비해 수적으로 규모가 매우 작음에도 불구하고 이 외국인 민병대가 갖는 가치는 영국의 승리로 끝난 아편전쟁에서 확인할 수 있었던 외국 군인의 우수한 무기와 역량에 대한 거의 신화적인 믿음에 있었다. 그들은 무엇보다, 상대방이 그런 믿음을 강하게 갖고 있어서 백인 적과 맞닥뜨린다면 그냥 후퇴하거나 항복하기를 바랐다. 워드의 군대가 선봉에 서고, 1만 명의 청국군은 맹렬하게 바로 뒤를 따라가서, 도시마다 이 외국 군대가 성문을 공격한 뒤 안으로 침입해 수비대를 배치할 것이었다. 그것은 완전히 새로운 전술은 아니었다. 일찍이 1853년 한 미국인 병사가 전한 바에 따르면, 그는 광저우 근처에서 반란군을 속이기 위해 자기 장교들에게 유럽인 옷을 입힌 한 중국인 지휘관을 만났다. 그 지휘관 자신은 과거에 한 영국인의 하인이 되어 그를 따라 영국에 다녀온 적이 있는데, 그때 그곳의 복장뿐만 아니라 언어도 약간 익혔다. 그는 이 미국인 방문자에게 말했다. "반란군은 나를 영국인으로 생각합니다. 미국인일 수도 있고요. 저 성벽 위에서는 내가 넘버원이죠."[21] 워드의 민병대도 마찬가지였다. 그들이 단련된 전문가든 술주정뱅이든 간에, 중요한 것은 그들이 흰 피부, 외국인 복장, 그리고 연발 무기를 가지고 있다는 점이었다.

워드의 부하들은 1860년 4월에 쑹장을 처음 공격했고, 자신들의 가치를 증명하지 못했다. 성문을 폭파할 대포가 없어서, 워드는 어둠을 틈타 살금살금 도시에 접근한 다음 사다리들을 걸치고 성벽을 기어올라 기습적으로 보초병들을 제거한다는 계획을 세웠다. 그러나 그의 부하들은 이 모험을 준비하며 완전히 술에 취해버린 나머지 쑹장에 가까워졌을 때는 너무 시끄럽게 노래를 부르고 서로 욕하며 다투

다가 결국 태평천국군 보초병들의 잠을 깨우고 말았고, 이 보초병들은 사다리를 타고 올라오려 애쓰고 있는 그들을 산산조각 내버렸다.[22] 이 첫 번째 완패에서 발생한 사망자들을 대체하기 위해 서둘러 신병을 모집하고 상하이에서 0.5톤짜리 나폴레옹 대포(미국 남북전쟁 때 양측에서 널리 사용된 것과 같은 활강포) 2문을 구입한 워드는 약 500명의 병력을 이끌고 7월에 다시 쑹장으로 들어갔다. 이번에는 상선에서 일하던 "마닐라 사람들", 즉 필리핀 사람들이 더 많이 포함되어 있었다. 안개를 틈타 그의 포병들은 나폴레옹 대포를 쑹장의 동쪽 문을 향해 조준해두었고, 밤이 되자 5킬로그램의 포탄을 퍼부었다. 그리고 이때 나머지 병력이 어둠을 뚫고 동문의 균열 속으로 돌진했다.

그러나 이것은 그들의 첫 번째 공격 때보다 훨씬 더 심각한 재앙을 가져오게 될 위기였다. 그들이 바깥 성문을 통과했을 때 그 문과 직각을 이루는 방향으로 나 있는 안쪽 문이 나타났기 때문이다. 안쪽 문은 포격을 전혀 받지 않은 상태였다. 결국 그들은 벽에 갇히고 말았다. 안쪽 문을 통과할 수도 없고, 후퇴할 수도 없고, 해자 너머로 나폴레옹 대포를 가져갈 수도 없었다. 그들의 위쪽은 태평천국군 수비대의 공격에 열려 있었다. 수비대는 그들에게 직접 사격할 수는 없었지만, 밤새도록 그들에게 불타는 유황이 가득 담긴 악취탄을 던졌다.[23] 워드의 부하들은 끌고 온 화약 자루들을 점화해 안쪽 문을 조금 움직여놓았고, 그 작은 틈을 통해서 포화가 빗발치는 곳으로 한 명 한 명 들어갔다.(이때 한 영국인의 머리가 두 동강 났다.) 그들의 연발 무기는 근접전에서 충분히 효과적이어서, 성문 꼭대기의 안전한 구석을 향해 내벽을 올라가는 길을 확보해주었고, 그들은 밤새도록 그 도시의 수비대에 저항했다. 청국군 지원 병력이 새벽에 마침내 도착했고, 그러자 태평천국군 수비대는 도망쳤다. 이 시점에는 500명의 외국인 용병 대부분이 죽고, 생존자들도 27명만 빼고 모두 중상을 입은 상태였다.[24]

눈부신 승리는 아니었지만, 그 도시는 어느 정도 그들의 것이었고, 워드는 유교 사원에 지휘 본부를 설치했다. 쑹장을 기지(또한 병원)로 삼은 그와 그의 부관들은 전열을 가다듬고 상하이에서 신병을 모집했다. 그리고 1860년 8월 1일 서북쪽으로 16킬로미터 떨어진 또 다른 전략 도시 칭푸를 공격하기 시작했다. 이번 공격은 다시 실패로 돌아갔는데, 칭푸의 태평천국군도 외국인 병력을 동원한 것으로 밝혀졌다. 새비지라는 영국인 조타수가 몇몇 동료를 이끌고 태평천국군 쪽으로 넘어와 대형 포에 배치되었던 것이다.[25] 워드를 지원하는 청국군 부대는 오지 않았고, 워드는 전투 중 양 볼을 총알에 관통당해 여생을 흉한 모습으로 살아가야 했다.

무력해진 워드 대신 그의 부관의 지휘하에(그리고 상하이에서 갓 입대한, 대부분 그리스인과 이탈리아인인 신병들과 함께) 이 병력은 2주 후 다시 칭푸로 돌진했고, 이번에는 청국군의 뒷받침을 받았지만 이제 거의 5만 명에 달하는 강화된 태평천국군 수비대를 도발하고 이수성 자신을 전투에 끌어들이는 데 성공했을 뿐이었다. 이수성은 기습적인 측면 공략 전술을 이끌어 용병들을 패주시켰다. 청국군의 지원까지 받은 워드의 병력은 칭푸를 점령하지 못했을 뿐만 아니라, 이수성이 성을 가로질러 그들을 추격하면서 청국군을 섬멸하며, 거의 2주 동안 성문 밖에서 괴롭힌 탓에 쑹장을 거의 잃을 뻔했다. 워드에게 남은 밝은 전망이라고는 쑹장으로의 추격에 합류했던 앞서의 그 새비지가 전투 중에 총상을 입고 머지않아 난징에서 죽었다는 것뿐이었다.

모든 외국인이 반란군의 출현에 그렇게 적대적인 것은 아니었다. 1860년 7월 초 워드가 쑹장 공격을 준비하고 있을 때, 작은 배 한 척이 영국인과 미국인 선교사 다섯 명을 태우고 상하이를 떠나 내륙으로 향했다. 그들의 목표는 강과 운하의 위험한 수로를 따라 129킬로미터쯤 떨어진 쑤저우로 가서 태평천국 당국과 접촉하는 것이었다. 상하이를 겨우 16킬로미터쯤 벗어났을 때 그들은 빠르게 사라져가는 청나라 경비 초소들 중 마지막 초소를 지나며 전쟁 지대로 들어섰다. 멀리서 총성이 들리는 가운데 피란민들은 안전한 곳 상하이로 몰려들었지만, 독자적인 마을 방어 조직들은 강기슭을 순찰하면서 진흙 하안에 감히 상륙하는 이들에게 위협적으로 폭력 행사를 예고했다. 이 여행자들 중 한 명은 이렇게 썼다. "남자 노인이나 여자 노인이 혼자서 폐허 속을 천천히 몸을 떨며 걸어가고, 주변을 지배하는 끔찍한 황량함을 가만히 바라보며 울고 있는 것을 여기저기서 보게 될 수 있다."[26]

이 선교사 무리의 통솔자는 조지프 에드킨스였다. 그는 런던선교회의 원로 인사로, 하얀 턱수염을 넓고 길게 기르고 있었다. 그의 첫 번째 파견은 1848년 홍콩이었는데, 거기서 그는 제임스 레그와 친하게 우정을 나눴고, 레그와 함께 신약성서 각 권을 암송하는 놀이를 즐겨 했다.(보통 레그가 이겼다.) 그런 레그가 최근 그에게 편지를 보내, 몇 달 전 엘긴의 배를 통해 편지를 보내온 이후 홍인간으로부터 아무런 소식이 없으니, 가능하다면 두 사람 모두의 친구인 홍인간의 근황에 대해 알아봐달라고 부탁했다.[27] 그래서 그 일행이 강변을 따라 말을 타고 가는 태평천국군 기병 파견대 하나를 우연히 발견했을 때, 에드킨스가 그들에게 한 첫 질문은 홍인간이라는 이름을 아느냐는 것이었다. 에드킨스와 다른 사람들은 그들에게서 너무나 놀라운 대답을, 즉 그가 현재 난징에서 천왕 바로 다음가는 지위에 있다는 대답을 들었다. 이제 연결 고리가 만들어졌고, 여행자들은 태평천국군 기병대를 따라 그들의 진영으로 갔으며, 그곳에서 예상치 못한 후대를 받으며 기뻐했다. 이 여행자들 중 한 명인 웨일스 조합교회주의자 그리피스 존은 반란군을 "강한 근육, 자유롭고 대담한 태도, 솔직한 표정"으로 묘사했는데, 이는 영국인들이 중국인들을 묘사할 때 잘 사용하지 않는 말들이었다. 신이 나고 대담해진 여행자들은 새로 발급된 태평천국 통행권을 손에 들고서 이 보호자들을 떠나 쑤저우로 향했다.

이 선교사들은 태평천국군에 하나님의 손길이 작용하는 것을 봤기 때문에 이 내전으로 인한 파괴를 오래전부터 환영하고 있었다. 에드킨스는 쑤저우로 떠나기 몇 달 전에 이렇게 썼다. "'내가 나라들을 뒤흔들 것이다'라는 예언과 함께 중국에서는 변화의 시대가 시작되었고, 나라 전체를 아우르는 궁극적 선을 위해 수많은 사람이 현재의 재난을 겪고 있다."[28] 그러나 상하이라는 비교적 안전한 곳에서 그런 재난에 대해 생각하는 것과 그 재난 속으로 들어가는 것은 다른 문제였다. 배가 전쟁 지대로 더 깊이 들어가면서 선교사들의 성급한 낙관은 공포의 역류에 부딪혔다. 그들이 잊을 수만 있다면 잊었을 그 순간은, 마침내 정복 도시 쑤저우에 가까워지고 있던 그 네 번째 밤이었다. 그들이 탄 작은 배의 속도가 느려진 그날 밤 부패의 악취가 진동하며 점점 심해졌고, 결국 배가 멈춰 섰다. 땅거미가 내린 가운데 은은한 등불로 어둠을 밝히고 있던 그들이 전방 수백 미터에 걸쳐 검은 물의 고요한 수면에서 알아볼 수 있는 것이라고는 죽은 자들의 시체뿐이었다. 차가운, 이름 없는, 셀 수 없는 그 시체들이 마치 수많은 통나무인 양 운하를 막고 있었다. 하지만 길을 되돌릴 수는 없었다. 선교사들의 배는 그 암울한 덩어리 속으로 나아갔고, 어둠 속에서 노가 느릿느릿 덜컹거렸다. 그러다가 마침내 지쳐버린 그들은 그 군중의 거친 포옹 속에서 잠을 자야 했다.[29]

충격에 빠진 여행자들은 이튿날 아침 쑤저우에 도착했고, 그곳에서 전쟁의 야만성이 인간뿐 아니라 신도 집어삼키고 있다는 것을 알게 되었다. 반란군은 중국 전통 종교의 상징물들에 특별한 종류의 폭력을 가했다. 그리피스 존은 사원들에 대해, 나무로 만든 신들의 "코, 턱, 손이 잘려나간 것을 흔히 볼 수 있다"고 기술했으며, 또한 다음과 같이 썼다. "이 건물들의 바닥에는 무력한 신들의 유물이 널려 있다. 불교의 신과 도교의 신, 남성 신과 여성 신. 일부는 운하에 던져져, 약탈된 집들의 잔해와 죽은 자들의 시체에 섞여 강에서 떠내려가고 있다."[30] 어떤 조각상들은 그 도시로부터 옮겨져 반란군 깃발과 함께 언덕 위에 설치되었고, 그리하여 청국군을 전투로 끌어들이는 미끼가 되었다.[31] 그러나 그런 폭력을 목격한 데 따른 그리피스 존의 불안은 이것이 곧 태평천국이 우상 숭배에 반대하는 증거라는 기쁜 깨달음으로 인해 완화되었다. 불교 사원과 도교 사원을 모독한 반란군의 열의는 중국에 개신교 기독교를 주입하려는 반란군의 의도를 증명해주었다. 이는 프랑스 가톨릭 신자들에게는 아주 못마땅할 소식이었다.(런던의 한 분석가가 "프랑스인들은 태평천국의 승리를 우려할 이유가 있다. 왜냐하면 그들에게는 세례를 받았든 안 받았든 성상은 성상일 뿐이고, 성상 숭배자는 성상 숭배자일 뿐이기 때문이다"라고 말했듯이.)[32] 그러나 영국과 미국의 개신교도들에게 그것은 뜻밖의 선물과도 같았다.

그들이 도착했을 때 홍인간은 여전히 난징에 있었지만 이수성은 쑤저우에 궁을 두고 정사를 돌보고 있었고, 선교사들을 초대했다. 그들은 6발의 예포로 환영받았고, 시종과 장교들이 차렷 자세로 나란히 서 있는 통로를 따라, 축하의 북과 징 소리가 가득하고 붉은 카펫이 깔린 접견실로 안내되었다. 그들의 눈에 비친 충왕 이수성은 "작고 날카로운 얼굴"의 온화하며 지적인 모습에 가까웠고, 안경을 쓰고 황제의 색깔인 노란색 비단 옷을 걸치고 있었다. 에드킨스는 그가 "선한 사람의 성품"을 가지고 있으며 "이 내전의 희생자인 고통받는 이들을 부상과 모욕으로부터 보호"하기 위해서 잘 훈련된 군대를 두고 있다고 말했다.[33] (다른 맥락에서 다른 사람들은 그를 꿈틀거리는 강인함과 쉼 없는 탐색의 에너지로 이루어진 사람으로 보았다.)[34] 선교사들의 알현 시간은 길지 않았지만, 선교사들과 반란군의 장군 이수성이 그들 종교의 기본 교리와 안식일 날짜에 대한 합의에 이르기에는 충분했다. 그들은 만족스러웠고, 상하이에서 상업에 종사하는 교우들은 교리보다 이익에 더 신경 쓴다는 것을 알았기에, 이수성에게 태평천국 통치하에서도 계속 비단 무역을 허락할 것인지 물었다. 이수성은 그러한 무역이야말로 자신의 정권이 원하는 바라고 답했다. 그들은 중국어 성경을 선물로 받고 충왕과 헤어졌으며, 집으로 돌아가 그 놀라운 소식을 전하기 위해서 신나게 그곳을 떠났다.

에드킨스와 동료들은 곧장 상하이로 돌아왔고, 에드킨스는 언론 매체 기고를 위해 자신의 경험을 숨 가쁘게 적어나갔다. 상하이의 영자 신문 『노스차이나헤럴드』에 실린 그의 글은 그 도시에서 유포되고 있던 반란군에 대한 청나라 측 선전에 맞서 반란군에 대한 강력한 옹호가 되어주었다. 에드킨스는 이렇게 썼다. "'장발 반란군들'의 잔혹함에 대한 이야기가 숱하지만, 여기에는 과장과 잘못된 표현이 많이 있다."[35] 그의 주장에 따르면, 그들이 살인이나 약탈 같은 전쟁 범죄를 저질렀다 해도 그것은 오직 생존을 위해서였고, 게다가 그런 범죄들은 아직 상관으로부터 적절한 종교 교육을 받지 못한 신병들의 소행일 뿐이었다. 그 범죄자들은 태평천국군 고위 지도자가 올 때마다 즉시 처형되었다. 그는 점령 도시 쑤저우의 사망자들(그의 악몽에 나타나는 운하의 사망자들을 포함해) 대부분이 살해가 아니라 자살에 의해 발생했다고 주장했다. 그리고 청국군이 훨씬 더 나쁜 범죄자들이었다. 시간이 가면(그의 정보 제공자 중 한 명의 예측에 따르면 2년 안에) 태평천국이 승리를 거두어, 중국의 유혈 사태와 무질서를 종식시키고 평화와 도덕의 새 시대를 열 것이다. 에드킨스는 이렇게 썼다. "그들은 가장 엄격한 의미에서 혁명가들이다. 살육과 약탈 행위는 목적을 달성하는 데 필요한 만큼만 이뤄진다. 이러한 일은 그런 운동에 수반되는 필요악이며, 그 운동 자체가 정당하냐 그렇지 않느냐에 따라 정당하거나 그렇지 않거나 둘 중 하나다."[36] 그의 마음속에는 그 운동의 정당성에 대한 의심이 없었으므로, 그 운동이 야기한 불행하지만 일시적인 혼란에 대해서도 그랬다.

에드킨스는 태평천국의 중국이 서양의 개신교 국가들에 어떤 전망을 안겨줄 수 있는지에 대해 열렬히 이야기했고, 그들의 교리상 이상한 점들에 대한 우려를 일축했다. 그의 설명에 따르면, 홍수전이 하나님의 신성한 아들이라고 믿고 주장할 만큼 태평천국이 그렇게 불경스러운 것은 아니었다. 단지 그들은 구약성서의 영향을 받은 탓에 예수 그리스도의 신성을 이해하지 못했고, 그래서 홍수전이 예수 그리스도처럼 포교의 사역에 임한다고 생각한 것뿐이었다. 그들은 교육을 통해 깨우쳐질 수 있었다. 에드킨스는 그들이 종교를 내재화하고 있음을 높이 평가했다. 그는 이렇게 썼다. "그들과 함께하는 신은 추상적 개념이나 엄격하고 무자비한 군주가 아니라, 그들의 일을 부드럽게 지켜보고 그들의 손을 잡아 이끄는 사랑하는 아버지다."[37] 청나라가 무너지고 태평천국이 계승자가 된다면, 그 기독교도 반란군은 "중국인들이 오랫동안 따랐던 것보다 더 엄격하고 강력한 도덕성을 받아들일 것"이라고 기대해도 좋을 것이다.[38] 태평천국은 도덕 국가, 그리고 기독교 국가가 될 것이다.

무엇보다 선교사들과 그들의 후원자의 사회 훨씬 너머까지 호소력을 발휘하기에 알맞은 언어로 그는 태평천국이 서방 친화적 국가가 될 것이라고 말했다. 태평천국은 항상 외국인을 "우리의 외국인 교우들"이라고 불렀으며, 제국 전체를 외국 무역에 개방하는 것은 "그들에게 최고로 기쁜 일이 될 것"이라고 그는 강조했다. 게다가 태평천국은

"자신들의 영토를 지나가는 외국인들이 존중을 받을 것이라고 말한다"고 에드킨스는 전했다. 그는 그 미래 국가의 도래가 거의 확실하다고 결론지었다. 왜냐하면 "그들이 지금 이 제국을 철권으로 장악해 정복자처럼 짓밟고 있는 듯 보이기" 때문이다. 태평천국의 승리는 피할 수 없는 일이었고, 우호적 외교를 증진하고 무역을 환영한다는 반란군의 목표는 그토록 오랜 시간 외세가 만주족에게 계속 요구해왔지만 얻어내지 못한 바로 그것이었다.[39]

에드킨스에게 가장 감화된 전향자는 그의 젊은 아내 제인으로, 그가 처음 상하이를 떠날 때는 슬퍼서 울었고, 반란군 치하의 쑤저우에 대한 그의 이야기를 들었을 때는 기뻐서 울었다. 그녀는 겨우 스물한 살이었고, 당시는 그들이 결혼한 지 1년밖에 되지 않은 때였다.(그녀가 너무 허약해서 그녀의 가족은 그와 함께 중국으로 간 그녀를 내내 걱정했지만, 사실 그런 게 선교사 아내들의 처지였다.) 그녀는 1860년 7월 상하이에서 시어머니에게 이렇게 편지를 썼다. "이 반란 운동이 정말 멋지지 않나요? 이 반란군들은 우리처럼 안식일을 지키고, 매일 하나님께 기도하고, 성경을 읽고, 우상을 타파하고, 이교도 사원들 대신 예배당을 만들어 우리와 함께 예배 드리게 될 날을 갈망해요. 중국에 놀라운 시대가 펼쳐진 게 아닌가요?"[40] 나중에 태평천국군이 상하이를 향해 진군하고 있다는 소문이 파다해지고 외국인 지휘관들이 성벽 방어를 위해 지원병을 소집할 때 그녀는 한술 더 떴다. 그녀는 아버지에게 이렇게 썼다. "저는 마음속으로는 어느 정도 반란군임을, 그리고 반란군을 맞이하고픈 비밀스러운 소망을 갖고 있음을 고백합니다."[41]

몇 주 후인 7월 말경 조지프 에드킨스와 그리피스 존은 두 통의 개인적 초대 편지를 받고 두 번째 방문차 쑤저우로 갔다. 초대 편지 하나는 이수성으로부터, 다른 하나는 홍인간으로부터 온 것이었다. 제인 에드킨스가 편지에 쓴 바에 따르면, 홍인간의 초대장은 "선교사들의 귀에 들려온 최고로 기쁘고 즐거운 소식"이었고, 그녀는 그들의 새로운 탐험에 동참할 수 있기를 바랐지만 "그들이 거쳐야 하는 장면이 여성이 감당하기에 너무 힘들다"는 것을 인정했다.[42] 그리피스 존은 홍인간과 이수성으로부터 온 초대 편지들에 대해 이렇게 썼다. "남자다움과 온정이 깃들어 있다. (…) 기독교를 모르는 중국인이라면 이렇게 쓸 수 없을 것이다. 나는 그 안에서 어떤 새로운 것을 보았다. 그것은 오직 기독교만이 불어넣을 수 있는 것이었다."[43]

8월 초에 쑤저우를 다시 찾은 에드킨스와 존은 첫 방문 때보다 더 따뜻한 환대를 받았다. 비단 옷을 걸치고 수놓은 금빛 왕관을 쓴 홍인간은 자신의 지위를 쑥스러워하는 듯 보였다. 그는 이 두 사람을 이들의 방식으로 맞았다. 머리를 조아리거나 무릎 꿇는 것은 없었고, 진심 어린 악수가 있었다. 그는 수행원들을 내보내고 왕관을 벗은 뒤 그들과 격의 없이 이야기를 나눴다. 그들은 옛날 일, 옛 친구들, 그리고 선교의 진척에 대해 이야기했다. 그들은 함께 기도했다. 그들은 홍인간이 런던선교회에서 일하던 시절부터 애정을 담아 기억하고 있던 찬송가를 불렀다. 홍인간은 홍콩에서 전도사의 조수로 일하던 때만큼 행복했던 적은 없다고 털어놓았다. 그들은 중국의 미래에 대해 이야기했다. 홍인간은 반란은 선교사들이 하고 있는 일보다는 덜 중요하며, 청 왕조가 어떻게 되든 중국은 기독교화되어야 한다고 주장했다. 그는 자신이 원하는 바는 오직 태평천국을 종교에 대한 올바른 이해로 이끄는 것뿐이라고 말했다. 사촌이 자신을 왕으로 만들었지만, 그것은 자신이 거절할 수 있는 일이 아니었다. 그리피스 존의 말에 따르면, 그는 "모든 우상이 사라지고, 사원들이 예배당으로 바뀌고, 하루속히 순수한 기독교가 중국의 종교가 되기를" 기도했다. 그를 방문한 이 선교사들에게 그것은 "결코 잊을 수 없는 광경"이었다.[44]

중국의 원주민 전도사 중 한 명이 중국의 미래 정부에 진출하리라는 전망은 국제 선교계를 설레게 했다. 런던선교회의 잡지 『선교 매거진』은 1860년 10월에 홍인간의 출세를 알렸다. 편집진은 이렇게 썼다. "은혜의 하나님께서 이 사람을 그의 높은 지위에 따르는 위험들로부터 보호해주시기를 우리의 독자들이 하나 되어 열렬히 간구할 것임을 우리는 확신한다."[45] 『선교 매거진 크로니클』은 "현재 두각을 나타내고 있는 이 중국인"의 간략한 전기를 소개하면서, 홍인간의 전기적 사실들은 "승리한 중국 반란군 지도자라는 그 체제 내의 최고로 명예롭고 영향력 있는 지위에 신의 섭리에 의해, 그토록 특이하게 오르게 된 한 남자를 위한 적극적이고 간절한 마음을 일깨울 것"이 틀림없다고 단언했다.[46]

제임스 레그는 난징에 사랑하는 옛 친구 홍인간이 있으니 "반란군 중에 진리를 아는 사람이 적어도 한 명은 있다"고 썼다.[47] 레그의 주장에 따르면 홍인간은 난징으로 떠날 때 오직 두 가지 목표만을 가지고 있었다. 하나는 반란군의 "종교적 오류를 수정하는 것"이고, 다른 하나는 "반란의 목적들에 대한 외국인의 협력까지는 아니더라도 최소한 공감은 확보하기 위해 (…) 일련의 외국인 회유 정책을 권유하는 것"이었다. 바로 이것이 서양인들이 새로운 중국에 바라는 바, 즉 기독교에 부합해야 하고 서양에 우호적이어야 한다는 것을 집약한 것이었다. 11월에 이르러서는 영국의 거의 모든 주요 선교 단체의 대표들이 공동으로 외무장관에게 서한을 보내, 중국 내전에서 영국이 엄격한 중립 정책을 유지할 것을 요구했고, 그 반란군 운동의 "확실한 기독교 결부"를 변호했다.[48]

영국의 대중 언론은 홍인간을 찬양하는 글로 가득했다. 『테이트의 에든버러 매거진』에 실린 "중국 혁명"이라는 제목의 기사는 다음과 같이 썼다. "우리는 이제 (…) 기독교에 대해서도 유럽 관습에 대해서도 잘 아는 영향력 있는 혁명 지도자를 갖게 되었는데 (…) 그의 그런 앎은 상하이와 홍콩에서 우리 선교사와 미국 선교사들로부터 습득한 것이다." 이 "겸손하고 가난한 선교사" 덕분에 "구원의 기쁜 소식"이 이제 "태평천국 운동의 공문서에도 구현"되어 있다.[49] 홍인간의 국정에 관한 논설이 조지프 에드킨스에 의해 영어로 번역되어 있었는데, 이 기사의 필자는 거기 담긴 홍인간의 태평천국 계획(철도와 공장, 아편 퇴치, 과학 도입)을 요약했고, 영국과 청나라 정부 간의 크나큰 적대감을 감안할 때 태평천국이라는 "새로운 권력과 평화를 모색할" 때가 무르익었다고 결론지었다.

『런던리뷰』의 한 기사는 이렇게 썼다. "이것은 믿기 어려운 일로 보이는데, 지금껏 유럽인들이 중국의 권력자들에게 기대하고 얻어내는 데 익숙했던 모든 것이 완전히 달라지는 것이기 때문이다. 하지만 이런 변화가 옳다는 데는 의심의 여지가 없다."[50] 익명의 이 필자는 조지프 에드킨스와 간왕 홍인간 사이에 이루어진 방문을 이야기하며 이렇게 썼다. "20년 전에 어느 소설가가 중국에서 원주민과 영국인이 여기 묘사된 대로 각자 역할하는 그런 상황을 그렸다면, 그의 구상의 개연성에 대해 사람들은 어떻게 생각했을까? (…) 어떤 선교사가 1860년도를 예측해 그런 상황을 그렸다면, 열성적이고 자신감 넘치는 기독교인들조차 엉뚱하다고 여기지 않았을까?"[51] 이제야 비로소 영국인들은 태평천국 반란군의 실제가 무엇인지 제대로 볼 수 있었던 것 같다. "태평천국은 신화가 아니라" 권력이라고 이 필자가 선언하고 있기 때문이다. 그는 다음과 같이 이어갔다. 유럽의 눈에 때로는 제국의 문턱까지 간 것처럼 보이기도 하고 때로는 거의 잊힌 것처럼 보이기도 했던 10년간의 변화무쌍한 운명을 겪은 후 그들은 이제 수천만 명이 되어 우리 앞에 서 있다. 그들은 중국에서 가장 좋은 땅의 지배자들이다. 그 땅에서 난 차가 우리 식탁을 기분 좋게 만들어주고, 그 땅에서 난 비단이 우리의 몸치장을 세련되게 만들어준다. 그들은 대운하와 양쯔강을 장악하고 있고, 제국의 옛 수도를 차지하고 있으며, 거기에서 베이징의 외세 왕조를 치려고 위협하고 있다. 의심할 여지 없이 그들은 현재 중국에서, 그리고 우리가 아는 한 동아시아 해안 지역에서 가장 강력한 토착 세력이다.[52]

베일이 벗겨진 셈이었다.

5장 북방 임무

1860년 겨울, 홍인간과 이수성이 난징에서 청국군의 난징 포위를 무너뜨리기 위해 모의를 하는 동안, 만주족을 상대로 한 완전히 별개의 군사 작전이 그 대륙의 반대쪽 끝에서 구체화되고 있었다. 1860년 1월 24일 그레이 백작은 영국 상원에서, 충격적이게도 이미 3개월 동안 "우리의 항구와 무기고들"이 청 왕조에 대한 설욕전을 "준비하느라 시끄러웠다"는 것을 막 알게 되었다고 말했다.[1] 이 임무는 1859년 다구 포대에서 격퇴당한 소식이 처음 영국에 전해진 거의 그 때부터 비밀리에 준비되어온 터였다. 파머스턴 총리는 계속 피를 보길 원했고, 황제 나폴레옹 3세는 그로 남작을 엘긴 경과 함께 다시 중국으로 보내 그들이 시작한 일을 끝내도록 할 새로운 공동 원정에 흔쾌히 동의했다.

그러나 이 새로운 임무는 정부의 돈주머니를 통제해야 하는 영국 의회의 승인을 받지 않았다. 이 경우 의회의 승인이 완전히 무시되고 있었다. 그레이 백작은 영국 정부가 중국 북부 침략을 위해서 1만 명에 달할 것으로 우려되는 수준의 원정 병력을 위한 대포, 포함, 군수품을 준비하고 있다고 주장했다. 그는 이 은밀한 준비를 비난했고, 청 왕조와 다시 전쟁을 벌이는 것이 타당한지 의문을 제기했다. 그는 의원들에게 주장했다. "우리 나라와 중국 간의 대규모 무역, 즉 미국을 빼고는 세계 다른 어느 나라와의 무역보다 우리의 번영에 직접적으로나 간접적으로나 더 큰 보탬이 되는 그 무역이 (…) 그 광대한 제국의 도시들을 불태우고 주민들을 학살하는 것으로 과연 촉진될 수 있을지 우리는 생각해봐야 한다." 또한 그는 영국이 이 전쟁을 시작한다면 "오래되어 이미 흔들리고 있는 중국 제국의 뼈대를 무너뜨리는 것 외에는 후퇴의 길이 없을지도 모른다"고 경고했다.[2]

그레이 백작의 반대와 의회 승인의 결여에도 불구하고 전쟁은 계속 추진되었다. 1860년 엘긴 경과 그로 남작 휘하에서 하이허강으로 보내기 위해 두 나라가 영국, 인도, 프랑스의 배들로 꾸린 함대의 규모는 거의 전례 없는 수준이었다. 총 41척의 군함이 있었고, 143척의 수송선이 뒤를 따랐다. 수송선들에는 막대한 야전포와 비좁은 마구간에 수용된 1000마리 이상의 기병대 말이 실려 있었다. 병참 장교들은 싱가포르, 일본, 상하이, 마닐라로 미리 흩어져, 군대가 도착한 뒤 육로로 대포들과 군수품을 끌고 갈 동물들(몰이꾼이 딸린 2500마리의 노새, 거세한 황소, 조랑말)을 구입했다. 더할 수 없이 충실한 구성을 갖춘 이 침략군은 약 2만4000명의 영국, 프랑스, 인도 군대로 이루어졌고, 수천 명의 지원 인력을 동반하고 있었다.[3]

요컨대 이는 그레이 백작이 우려했던 것보다 두 배 이상 강력한 군대였고, 이 군대의 탄생에 대해 아는 이들은 지휘관들이 하려고만 들면 청 왕조를 충분히 무너뜨릴 수 있을 만큼 강력한 군대라고 생각했다. 엘긴은 그해 7월 러셀 경에게 보낸 편지에서 그 가능성에 대해 언급했다. 그는 이렇게 썼다. "그 제국을 손에 넣을 마음만 있다면 우리는 그 제국을 제2의 인도로서 합병할 수도 있겠지요. 혹은 더 나은 곳이 어디인지 안다면 그 제국 대신 다른 곳을 택할 수도 있겠고요."[4] 한 러시아 외교관에 따르면, 나중에 엘긴은 "반란군 지도자들 중 한 명이 톈진 조약의 유리한 조건들에 동의할 것을 상정해 영국이 그를 중국 황제로 인정"해야 하는 것은 아닌지 개인적으로 따져보았다. 그렇게 되면 영국은 원하던 무역 승인을 얻어내며 분쟁을 끝낼 수 있을 뿐만 아니라, 청나라가 보였던 저항이 더는 되풀이되지 않게 막을 수 있을 것이었다. "만약 중국의 수도가 난징처럼 우리 주둔군과 더 가까운 곳으로 옮겨진다면 (…) 영국은 네 척의 포함으로 중국 제국을 통제할 수 있을 것"이기 때문이었다. 만주족보다는 태평천국을 선택하는 것이 영국이 원하는 바를 충족시킬 더 쉬운 길인 듯 보였다. 이렇게 될 경우 만주족의 미래와 관련해서 엘긴은 이 러시아 측 인사에게 이렇게 말했다고 한다. "북부는 소멸되거나 별도의 정부를 구성하라지요. 우리는 그곳과는 무역상의 이해관계가 전혀 없으니."[5]

영국이 베이징에 있는 만주족과의 싸움을 준비하는 것과 프레더릭 브루스가 반란군의 상하이 침략을 걱정하는 것은 다가오고 있는 불안한 일들에 개입된 사람들의 마음속에서 전혀 별개의 문제였다. 그래서 브루스는 태평천국군으로부터 상하이를 지키는 것에 대해 걱정하면서도, 그리고 상하이를 보호하는 것과 청 왕조를 지지하는 것 사이의 그 미묘한(즉, 거의 눈에 띄지 않는) 차이를 고민하면서도, 중국 북부를 뒷받침할 새로운 병력을 보내줄 것을 영국에 촉구하고 있었다. 그러지 않고는 청나라로부터 어떤 양보도 얻어낼 수 없다고 그는 믿었다. 만주족과의 새로운 전쟁이 구체화되고 있을 당시 그는 러셀에게 "채택된 그 일을 영국에서 정당화하기는 매우 어려울 수 있다"고 썼지만, 여전히 그는 외국인들을 힘으로 막아낼 수 없다는 것을 알게 된 연후에야 중국이 진짜로 정책에 의해 외국인들을 허용하게 될 것이라고 생각했다.[6] 브루스의 정보원들에 따르면, 승격림심과 황제의 만주족 고참 참모들을 포함한 청나라 정부 내의 "주전파"(다른 사람들은 이들을 중국의 토리당이라고 불렀다)는 1858년 엘긴의 톈진 침략 이후 주도권을 잡고 있었다. 브루스는 "이 적대적 파벌의 완전한 패배, 그리고 배신과 불성실에는 반드시 엄중한 징벌이 따른다는 것을 중국인들에게 가르쳐주는 것 말고는 그 무엇도 우리와 중국의 장래 관계를 안전한 기반 위에 놓아줄 수 없을 것"이라고 철석같이 믿었다. 즉, 영국이 청나라와 우호적 관계를 맺을 수 있는(그리고 덧붙이자면 프레더릭 브루스가 마침내 대사가 될 수 있는) 유일한 방법은 영국이 전보다 훨씬 더 큰 병력으로 청나라를 공격하는 것이었다.

하지만 두 사건이 동시에 일어나서, 상하이의 외국인 거주자들이 반란군의 임박한 공격을 두려워하며 움츠러들던 바로 그때 연합군이 중국에 도착하기 시작했다. 상하이의 중국인 거주지들은 비워져 있었는데, 가정마다 집과 가게의 문을 닫고 강 깊은 곳에 떠 있는 대여 배들로 옮겨갔기 때문이다. 사람과 소지품으로 빼곡한 그 배들은 적군이 나타나는 순간 바로 떠나도록 준비되어 있었다.[7] 공황이 극심했던 바로 그때, 1860년 6월 29일 엘긴 경이 프랑스와 영국의 포함들로 이루어진 함대를 이끌고 도착했다. 이것은 마치 태평천국군의 침략으로부터 상하이를 구하기 위해 나타난 '뜬금없는 해결사 신' 같았다. 영국군 대부분이 중국 남부, 홍콩 맞은편의 주룽반도에 진을 쳤고, 프랑스 군대와 포함들은 상하이의 그로 남작과 엘긴 경 쪽에 합류했다. 외국인 거주지의 상인들은 이제 살았다는 생각에 감격했다. 어쨌든 엘긴 경은 프레더릭 브루스의 형이니, 분명 자신들의 이익을 잘 지켜주리라 믿었던 것이다.

그러나 얼마 안 가 분명해졌다. 연합군 지휘관들은 프레더릭 브루스를 도와 상하이를 지키려는 생각은 하지 않았다. 그들은 북쪽에서의 조약 비준을 강행하려는 계획에 변함이 없는 것으로 드러났고, 도착하자마자 포함 몇 척과 시크교도로 구성된 오합지졸 사단 몇 개만 남겨둔 채 상하이를 떠났다. 상인들은 가장 절실하게 필요할 때 동포에게 버림받았다며 울부짖었다. 엘긴의 함대가 떠난 것에 분노한 그들은 반란군이 서서히 모습을 보이게 될 서쪽 지평선 쪽으로 경계의 시선을 돌렸다. 그들은 주변에서 들리는 청국군의 무시무시한 예언들을 너무 깊이 생각하지 않으려 애쓰면서 최악의 경우에 대비했다.

형이 북쪽으로 떠난 후 상하이에서 자기 뜻대로 대처하게 된 프레더릭 브루스는 조지프 에드킨스와 다른 선교사들이 일깨운 가능성, 즉 홍인간 휘하의 반란군이 실제로는 외국인들에게 적대적이지 않고 우호적일 가능성을 받아들이려 하지 않았다. 브루스는 중국에 대한 경험이 거의 없었다(가장 최근의 경험 말고는 1840년대에 홍콩에 잠시 머물렀던 것밖에 없었다.) 그는 중국어를 할 줄 몰랐고, 인맥이 거의 없었으며, 중국 내에서 가본 곳도 거의 없었다. 그러나 그는 강한 신념을 가진 남자였다. 그는 책을 좀 읽었고(이는 그로 하여금 실제로 그가 아는 것보다 훨씬 더 많은 것을 알고 있는 양 착각하게 만들기에 충분했다), 다구포대에서의 끔찍한 일은 부류를 막론하고 모든 중국인이 이중적이라는 흔들림 없는 확신을 그에게 남겼다. 따라서, 비록 그에게 에드킨스와 존의 반란군 방문을 막을 힘은 없었지만, 그는 그들이 속고 있다고 확신하며 그들이 쑤저우에서 가져온 소식에 귀 기울이지 않았다.

브루스는 7월 28일 에드킨스에게 쓴 편지에서, 영국의 태평천국 지지를 부추기는 것에 반대하며 이렇게 경고했다. "비슷한 신앙과 공감은 어떤 나라의 내전에서 어떤 타국이 한쪽 편을 드는 것을 정당화하기에 충분한 근거가 되지 못합니다."[8] 구체적으로, 그는 그 자신이 태평천국의 "외국과의 교류에 대한 새로운 갈망"이라고 칭한 것이 외국의 지지를 얻기 위한 계략이거나, 그것이 진실일 경우, 자기 동포들을 이간시켜 그들이 중국을 통치할 수 없게 하려는 것이거나(놀라운 동어 반복) 둘 중 하나라고 판단했다. 베이징의 만주족 통치자들에 대한 혐오감에도 불구하고 브루스는 태평천국을 "단지 합법적인 정부에 맞서고 있는 무장 집단"으로 보았고, 이런 관점에서 그들은 반란자들에 지나지 않았다. 토머스 웨이드의 견해를 따라 브루스는 중국의 안정과 전통의 힘은, 아무리 부패했고 외국에 적대적일지라도 수도에 있는 그 "합법적인" 만주족에게 있다고 믿었다.

그러나 브루스는 에드킨스와 다른 선교사들이 수집한 내용을 런던에 있는 외무부에 충실히 전달했다. 그는 홍인간이 무엇보다 "평등에 기반한 외국인과의 교류, 증기선과 철도와 기타 서양 발명품들의 도입"을 옹호했으며, 정부에 대한 홍인간의 글에는 이전에 그 중국인들에게서 볼 수 있었던 것보다 "기독교에 대한 더 정상적이고 계몽된 견해"가 담겨 있다고 보고했다.[9] 그럼에도 불구하고 브루스는 그런 태도가 영국과 태평천국의 관계에 대해 갖게 하는 모든 기대를 일축했다. 그는 홍인간이 진실한 것인지 속임수를 쓰는 것인지 알 길이 없다고 말했고, 어쩌면 홍인간은 "기독교인들의 공감을 얻어내 자신의 유익을 꾀하고자 이런 글을 썼을지도 모른다"고 주장했다. 중국인의 정직성을 대수롭지 않게 여긴 브루스는 후자의 해석으로 기울어 있었다. 또한 그가 에드킨스에게 밝혔듯이, 중국인들이(관리나 학자뿐만 아니라 농민들까지도) 유학자들에게 너무 얽매여 있어서, 설령 홍인간의 글이 진심 어린 것이고 태평천국이 균형 외교와 기독교 사회를 지지한다 해도 그 사실만 가지고는 그들이 중국 대중의 지지를 얻는 데 성공할 수 없을 것이라고 그는 믿었다. 브루스의 뇌리에는 외국인에 대한 증오, 외국 종교에 대한 증오가 중국 문화의 결코 변하지 않는 일면들로 각인되어 있었기 때문에 그로서는 반란군의 승리를 상상조차 할 수 없었다. 그래서 그는 상하이의 중국인 지구를 태평천국군으로부터 방어하겠다는 결심을 굳게 지켰다. 원칙상 그는 적어도 반란군에게 자신의 의도를 알리고자, 강을 올라가는 배편으로 그들에게 편지를 보냈다. 그러나 그 배의 선원들은 편지를 전달할 사람을 찾지 못한 채 돌아왔다.

다른 사람들은 프레더릭 브루스의 확고한 신념을 돌려놓고자 애썼다. 브루스가 그 반란에 대해 완전히 잘못 판단하고 있다고 생각한 영국 영사 토머스 테일러 메도스가 특히 그랬다. 당시 상하이에서 근무 중이던 메도스는 브루스보다 훨씬 더 오래 중국을 경험한 사람이었다. 그의 상관과 달리 그는 중국어도 할 줄 알았고, 중국 내륙을 여행한 적도 있었다. 그는 당시 중국에 거주하던 모든 외국 공직자에게 가장 효과적인 중국인 정보원 네트워크였다고 할 만한 것을 유지했으며, 오랫동안 줄곧 태평천국의 성공이 불가피하다고 믿고 있었다.[10]

메도스는 중국의 정치 변동을 연구해, 몇 년 전 휴가차 귀국했을 때 『중국인과 그들의 반란』이라는 책으로 출판했다. 널리 읽힌 그 책에서 그는 반란이 중국 정치의 자연스러운 순환이라고 주장했다. 그는 이렇게 썼다. 오랜 시간에 걸친 중국의 역사에서 "주기적인 왕조 반란은 이 나라의 안녕을 유지하는 데 절대적으로 필요하다. (…) 그런 반란은 정치의 공기가 후텁지근해질 때 이를 해소해줄 수 있는 폭풍일 뿐이다". 즉, 브루스가 가망 없다고 생각한 그 반란과 같은 여러 반란은 사실 그렇게 오랫동안 제국 통치 형태로 중국이라는 나라가 존속하도록 해준 기본적인 힘들 중 하나였다. 메도스는 이렇게 썼다. "중국은 성공한 반란을 평화, 질서, 안보, 번영 속에서 중국의 존속을 위해 작동하는 '하늘의 뜻'이 실행된 것으로서 존중한다."[11]

중국 내전 중의 영국의 정책과 관련해 메도스는 서구 열강들이 할 수 있는 최악의 일은 어떤 자격으로든 간섭하는 것이라고 주장했다. 설령 열강들이 순수하게 인도주의적인 이유에서(예컨대 진행 중인 분쟁에서 발생하는 끔찍한 고통과 유혈 사태를 끝내기 위해서) 간섭한다 하더라도, 반란의 자연스러운 흐름에 대한 그러한 간섭은 "실패할 경우에는 무정부 상태 또는 내전의 연장을 가져올 뿐"이었다. 그러나 사실 실패한 간섭은 가장 가벼운 결과일 것이다. 훨씬 더 나쁜 결과는 성공한 간섭일 것이고, 성공한 간섭의 "확실한 결과"는 "내부적으로 취약한 정부"일 것이며, "내부적으로 취약한 정부는 비겁한 정부, 타락한 정부, 가혹한 정부와 동일하다".[12] 다시 말해서 영국은 중국에서 일어난 반란을 자연스럽게 진행되도록 내버려두지 않을 경우 잘해봐야 훨씬 더 심각한 무정부 상태를 초래할 것이고, 최악의 경우에는 중국 사람들을 몰락해야 마땅한 무도하고 부패한 정부의 통치에 맡기게 될 것이다.

메도스는 당대의 외국인 관찰자들 중 가장 통찰력 있는 사람이었던 셈이다. 그러나 영사인 그는 브루스로부터 명령을 받아야 하는 위치에 있었고, 태평천국에 대한 브루스의 신념은 여전히 지배적이었다. 1860년 7월 말, 메도스는 브루스에게 봉인된 편지 한 통을 전달했다. 그것은 인편으로 상하이에 보내진 것이었고, 수신자는 미국, 프랑스, 영국의 대표들이었다. 그것은 이수성이 보낸 편지였다. 브루스는 반란군과 연관되고 싶지 않다며 편지 개봉을 거절했다. 며칠 후 메도스는 브루스에게 또 한 통의 편지를 가져갔다. 이 편지는 홍인간이 보낸 것으로, 수신자는 역시 외국인 대표자들이었다. 메도스는 홍인간이 "홍콩과 상하이의 개신교 선교사들에게 잘 알려져 있으며, 그들 속에 섞여 기독교 개종자로 살았다"는 것을 상관에게 분명히 알리려 했다.[13] 그러나 브루스는 또다시 편지 개봉을 거부했다. 그는 메도스에게 "여왕 폐하의 영사들이 쑤저우의 반란자들과 소통해야 한다는 것은 원칙적으로 부적절하고 불쾌한 일"이라고 말했고, 그러니 "그것을 무시하라"고 지시했다.[14] 두 편지 다 개봉되지 않은 채 반송되었다.

그 편지들은 대단히 중요한 것이었다. 반송된 편지에서 충왕 이수성은 외국인 당국자들에게 태평천국군이 상하이로 가고 있으며, 태평천국군은 상하이의 중국인 지구를(중국인 지구만을) 만주족 정부로부터 빼앗을 계획이라고 통보했다. 그는 반란군이 외국인 형제들과 싸울 이유가 전혀 없다고 말했고, 그들의 인신이나 재산에 해를 끼치지 않을 것임을 맹세했다. 그러기 위해서, 외국인을 해친 태평천국군 병사는 모두 사형에 처하라는 명령을 내렸다고 그는 설명했다. 그는 상하이의 외국인 당국자들이 자국 사람들을 소집해, 태평천국군이 가까이 있는 동안 각자의 집 대문에 노란색 깃발을 내걸어 외국인들이 있는 집임을 표시해놓고 집 안에 머물러 있도록 요청해주기를 바랐다. 그들이 그렇게 해준다면, 태평천국군이 상하이 기지에서 청국군을 몰아낼 때 그들의 시민이나 재산이 다치는 일은 없을 것임을 그는 보장할 수 있었다. 이수성은 외국인 당국자들에게 보내는 편지를 우호적인 어조로 마무리하면서, 자신이 상하이에 도착하면 그들과 회담을 갖기를 고대하고 있다고 말했고, 그들의 건강을 기원했다.[15]

1860년 8월 17일 오후, 멀리서 발생한 화재의 연기로 상하이 서쪽 하늘이 어두워지기 시작했다. 이튿날 아침, 대오가 무너진 청국군 병사들이 중국인 지구의 성문을 향해 달려왔고, 반란군 기병들이 그들을 바짝 쫓고 있었다. 영국군은 성문을 통해 청국군 일부를 중국인 지구의 안전한 곳에 들여보낸 다음, 퇴각하는 군대가 성안으로 피신하려 할 때 반란군이 성문으로 들이닥칠 것을 우려해 해자를 가로지르는 다리를 부숴버렸다. 태평천국군 선봉대가 돌진하자 성벽 꼭대기의 목조 탑들에 자리 잡고 있던 관측병들이 소리를 질렀고, 영국과 프랑스 포병대는 반란군이 지나는 길에 산탄과 포도탄을 귀청이 떨어지고 땅바닥이 휜해지도록 쏟아부었다. 급조된 영국과 프랑스 수비대(영국 해병대가 갖춘 산악용 곡사포와 중국 대포, 머스킷총을 사용하는 시크교도 저격수들)는 치명적임을 입증했다. 성문을 무사히 통과한 소수의 청국군은 성벽 꼭대기에 올라가 앉아서, 담뱃대에 불을 붙이고 다리를 달랑거리며 아래에서 펼쳐지는 쇼를 즐겼다.[16]

소문 많았던 태평천국군의 침략은 터무니없이 적은 병력으로 수행되고 있음이 드러났다. 기껏해야 몇천 명의 인원이었고, 경무장만 하고 있었다.(영국군이 나중에 시체들을 뒤지다가 알게 되었듯이, 그들 중에는 외국인도 더러 있었다.) 영국과 프랑스의 포병들이 위에서 지켜보는 가운데, 성벽 근처의 무덤, 덤불, 건물 뒤에 몸을 숨긴 태평천국군 병사들은 멀리서도 보이는 당혹감을 그 엄폐물들 밖으로 드러냈다 감췄다 했다. 그들은 반격하지 않았다. 그러나 얼굴을 드러낼 때마다 성벽으로부터 불비가 쏟아져 내렸다. 태평천국군 파견대 하나가 외곽 포대에서 노획한 청국군 깃발들을 흔들며 앞으로 나아가려 했으나 총격을 당했다. 그들이 가짜 깃발들을 버리고 자신들의 노란색 깃발들을 치켜들자 총격은 더 거세졌다. 또 다른 파견대가 깃발을 휘날리며 돌진했는데, 한 남자가 거대한 검은색 깃발을 흔들며 이들의 공격을 부추기고 있었다. 이는 태평천국군이 주저하는 병사들을 앞으로 내몰 때 쓰는 방법이었다. 잘 조준된 포탄 하나가 800미터쯤 떨어진 곳으로부터 포물선을 그리며 느리게 날아가 떨어졌고, 그 무리 한가운데서 폭발하면서 깃발 든 남자를 땅바닥에 쓰러뜨렸다.

당황한 반란군 병사들은 교외의 한 집에 집합했지만, 성벽 꼭대기 탑의 관측병들은 그들이 들고 다니는 밝은 노란색 깃발을 볼 수 있었고, 쉽게 그들을 추적했다. 강의 한 포함에서 정교하게 발사된 포탄이 굉음을 내며 날아갔고, 영국인 거주지를 조금도 해치지 않고 지나쳐 그 집 바로 가까이의 지면에 떨어졌다. 그런 다음 10분 간격으로 계속 포탄이 떨어졌다. 밤이 되자 포탄들은 굉음을 내며 어둠 속으로 날아가 우레와 같은 폭발을 일으켰다. 땅이 흔들렸고, 성벽 안에 안전하게 머물러 있는 사람들도 가슴을 졸였다.[17] 밤이 지나고 아침이 왔을 때, 도대의 병력이 붙잡힌 반란군들을 불구로 만들고 있다는 이야기가 전해졌다.(한 명은 그들에 의해 배가 갈라진 다음 목이 베였다.) 그러자 영국 지휘관들은 태평천국군 포로들을 그들에게 넘겨주지 말라고 명령함으로써 자신들이 청나라 당국과 동맹관계에 있지 않음을 분명히 했다. 그러나 그들의 도덕적 우위는 거기까지였을 것이다. 이튿날 새벽에 프랑스군이 포로들을 청국군에 인계해 청국군이 악취미를 즐기도록 해주었기 때문이다. 반란군이 교외의 집들을 엄폐물 삼아 성벽으로 접근하는 것을 막기 위해 프랑스 지휘관들은 교외를 직접 파괴하기로 결정했다.[18]

8월 19일 이른 아침, 프랑스군은 성벽 아래의 혼잡한 중국인 거주지를 지나가면서 마음대로 머스킷총을 쏘고 집과 상점들에 불을 질렀다. 이곳은 상하이의 부유한 상업 지구였고, 설탕과 콩 창고지구 전체가 화려한 폭발로 날아가버렸다.[19] 며칠 후 『노스차이나헤럴드』에 실리고 이후 런던의 신문들에 전달되어 다시 실린 한 목격자 보고서는 어떤 공포스러운 장면을 묘사하고 있었는데, 이에 따르면 프랑스 군인들은 "그곳의 평화로운 주민들 사이로 미친 듯이" 달려들어 "남녀노소를 가리지 않고 살해"했다. 프랑스군의 만행은 적어도 청나라 측 만행만큼이나 끔찍했다. 목격자는 이렇게 썼다. "한 남자는 아편을 피우다가 바로 칼에 찔렸다. 갓 출산한 어떤 여자도 아무 이유 없이 총검에 찔렸다. 고삐 풀린 이 무자비한 습격자들에 의해 여자들이 강간당하고 집들이 약탈당했다."[20] 또 다른 목격자는 프랑스군이 기껏해야 3000명밖에 안 되는 것으로 추정되는 경무장한 태평천국군을 막아내는 과정에서 수만 명의 중국인을 거리로 나앉게 했다고 추산했다.[21]

엘긴의 군대가 청나라 정부와 전쟁을 벌이기 위해 북쪽으로 향해 가고 있는 상황에서 영국군이 반란군을 공격해야 하는 이 아이러니를 『뉴욕타임스』의 편집자들은 놓치지 않았다. "중국 반란군과 연합군"이라는 제목의 10월 1일자 사설은 영국군이 베이징의 만주족 정부에 대한 전면전을 계획하고 있으면서 반란군을 저지한 것을 조롱했다. "반란군이 내륙 경로로 베이징으로 이동하고 있었다면, 그들의 진군을 방해하기보다는 돕는 것이 현명한 일이었을 가능성이 매우 높다." 영국군의 목표와 반란군의 목표가 같아서 결국 함께 청나라의 종말을 가져오게 되리라는 사실을 영국군은 이해하지 못하고 있는 것 같았다. "유럽의 계획〔엘긴의 진격〕의 성공은 현 상황에서는 태평천국의 전쟁에 힘입은 것으로, 타타르족의 패권을 무너뜨리고 궁극적으로 다른 종족에게 제국의 권력을 쥐여주는 것을 수반해야 한다."[22]

그런데 프레더릭 브루스와 달리 『뉴욕타임스』의 편집자들은 선교사들의 보고를 받아들였고, 영국군이 싸워 얻고자 하는 바로 그런 중국을 태평천국이 분명히 이룰 것이라고 믿었다. 사설은 이렇게 이어졌다. "제한 없는 무역, 종교, 문명이라는 관심사는 현재의 반란의 바람을 전반적으로 견고하게 만들어준다. 이 반란의 바람이란 죽어가는 왕조의 뒤를 잇는 것이며, 그리하여 결국 외국인에게 우호적인 성격으로 대별되는, 또한 통치 중인 왕들이 그토록 선망하는 바인 그 모든 교류 수단을 열심히 장려하는 그런 통치를 추구하는 것이다." 그들에게는 중국의 미래가 태평천국에 달려 있음이 거의 확실해 보였고, 사설은 이렇게 경고했다. "따라서 떠오르는 이 권력에 대한 어떤 비우호적인 행동도 심각한 불행으로 작용할 것이다."[23]

태평천국군은 퇴각했지만, 상하이 교외 지역은 며칠 동안 불탔다. 외부 목격자들은 연합국이 확보한 이른바 승리에 경악했다. 『런던 쿼털리리뷰』의 한 필자는 이렇게 썼다. "우리는 그 사람들에게 우리의 적대감을 알린 적도 없이, 우리의 친구임을 맹세하고 보여준 그들을 학살했다."[24] 『뉴욕타임스』는 이전의 경고에 이어 1면에 프랑스와 영국의 행동을 규탄하는 "반란군의 상하이 방문: 그들의 공격은 없었다"라는 제목의 기사를 실었다. 여기서 이 신문의 중국 통신원은 상하이에서 프랑스 군대가 저지른 잔학 행위를 요약하고 "그런 야만성에는 변명의 여지가 없다"고 단언했다. 이 통신원은 "반란군이 중국인 지구를 점령하는 것 말고는 다른 목적을 갖고 있지 않았던 것 같다"고 주장했다. 또한 그의 지적에 따르면 태평천국군은 심지어 총격을 받는 와중에도 항상 외국인들을 "눈에 띄게 공손하게" 대해서, 반격하지 않았을 뿐만 아니라, 중국인 지구와 달리 성벽으로 둘러싸여 있지 않아

침략에 취약한 외국인 조계지들을 전혀 건드리지 않았다. "악명 높은 소위 워드 대령"과 "달아난 수병, 마닐라 사람, 외국인 방랑자들"로 이루어진 그의 용병 부대가 몇 달 동안 상하이 외부에서 이유 없이 그들을 계속 괴롭히고 있었음을 감안할 때, 포화 속에서 그들이 보여준 자제는 더욱 주목할 만했다. 열강의 적절한 행동은 그저 태평천국군이 이 중국인 지구를 차지하도록 내버려두는 것이었으리라고 그는 결론지었다. 무역은 평소처럼 계속될 수 있었을 것이고, 반란군은 중국인 지구를 차지했을 것이고, 중립이 적절히 지켜졌을 것이고, 평화가 있었을 것이다.[25]

대체로 보아, 상하이의 태평천국군에 대한 이 공격은 그들을 여러 신문의 1면에 등장시킨 만큼, 이전에 있었던 어떤 일보다 해외에서 그들의 대의에 대한 공감을 형성하는 데 더 도움이 되었다. 과거에 하찮은 존재였던 그들이 이제는 널리 비난받는 베이징의 만주족 통치자들을 대체할 기독교적이고 친서방적인 대안으로 떠올랐다. 영국과 미국의 많은 사람 눈에 상하이에서의 충돌은 최대한 좋게 보면 유감스러운 오해였고, 가장 나쁘게 보면 무고한 희생자들에 대한 비열한 공격 행위이자 내전에서 애먼 쪽을 공격한 것이었다. 영국에서는 어떤 사람이 상하이의 불의를 비난하기 위해 이렇게 썼다. "우리는 자유를 위한 우리의 정치적 신념과 희생을 자랑스러워한다. 그런데 인도양을 가로질러 항해하면서 바람이나 하늘이 바뀐다고 해서, 여기서 우리의 모든 선언이 저기서는 자유와 그것을 위해 싸우는 사람들에 대한 뜨겁고 비열한 거짓말로 바뀌어버려야 하는 것일까?"[26]

이 모든 것은 태평천국군이 격퇴를 당했음에도 불구하고 여전히 우세했음을 말해준다. 또한 그들이 상하이에서 영국군에게 인명 피해를 입긴 했지만, 그 피해는 베이징의 적들에게 이제 막 닥칠 피해에 비하면 아무것도 아니었다. 태평천국군이 상하이에서 퇴각하자마자, 그리고 그 도시에 평온한 기운이 다시 스며들자마자, 다구 포대로부터 막 도착하기 시작한 보고서들에 이끌려 세상의 눈은 이제 북쪽을 향했다. 그 보고서들은 엘긴의 군대가 스스로의 어두운 논리의 길을 따라 느리게 나아가면서 벌이고 있는 격전에 대해 상세히 서술하고 있었다.

다시 중국으로 가는 엘긴 경과 그로 남작을 호위한 병력은 색깔이 아주 다채로웠다. 유럽인으로는 어두운 청색 제복을 입은 영국 포병, 밝은 청색 재킷과 흰색 바지와 큰 사각형 배낭 차림의 프랑스 보병, 헬멧을 쓰고 (날씨에 따라) 카키색 상의나 붉은색 상의를 입은 영국 보병, 주홍색 재킷을 입고 흰색의 높은 헬멧을 쓰고 극도로 예리한 검을 든 근위 용기병대가 있었다. 프랑스 장군의 호위대를 구성하는 "아랍 복장"의 알제리인 기병 50명을 포함해 식민지인 부대도 있었다.[27] 식민지인 부대에서 가장 큰 비중을 차지하는 것은 4000명이 넘는 인도 출신 병력이었고, 이 중에는 검은 턱수염을 늘어뜨린 시크교도 기병들의 2개 대부대가 포함되어 있었다. 하나는 프로빈 기병대로 회색 터번을 두르고 짙은 남빛의 서지로 된 상의를 입었으며, 다른 하나는 페인 기병대로 붉은색 터번을 두르고 밝은 청색 상의를 입었다.

영국군 병참부는 이 원정대를 위해 비스킷, 소금에 절인 쇠고기, 셰리주뿐 아니라 양고기, 강황, 고추, 버터 기름도 제공했다.

이번에 영국군은 침략군을 지원하기 위한 "토착" 병력도 모집했다. 이들은 약 3000명의 광저우 출신 중국인으로 주로 하카족이었고, 보급 부대를 위해 보급품을 운반하는 일에 고용되었다. 그들은 한 달에 9달러 수준의 월급을 받았고, 매일 식량으로 쌀과 소금에 절인 고기를 받았다. 그들은 어두운 색깔의 중국식 상의와 헐렁한 바지를 입었고 신발은 신지 않았으며, 상의 앞부분에는 착용자의 번호와 소속 중대를 알려주는 동그라미가 있었다. 전선의 총알받이로 쓰일 것이라는 소문이 돌아 이들을 모집하는 데 어려움이 있었고, 입대자들은 "광저우의 인간 쓰레기"로 여겨졌다.[28] 영국 수행단 내의 어떤 이들은 그들의 존재가 불안하다고 보았다. 한 의무관은 이렇게 썼다. "그들 용역이 아무리 유용해도 모두 중국인이며, 달러의 강력한 매력에 유혹되어 자신들의 정부에 반하는 행동을 하고 있다는 사실을 잊기 어렵다."[29] 그럼에도 그들은 거기에 있었다. 병참감은 "그들은 근면하고 온순하며, 북쪽의 중국인들에게 동조하지 않는 것 같다"고 기록했다.[30] 그들은 모두 앞면에 "CCC"(Canton Coolie Corps: 광저우 쿨리 부대)라고 적힌 뾰족한 대나무 모자를 쓰고 있었다.

그중에는 아마추어 프랑스 동물학자도 한 명 있었는데, 그는 이 원정을 중국의 동물군을 조사하는 기회로 삼고자 했다.(엘긴 자신은 이 군사 행동 기간에 최근 출판된 찰스 다윈의 『종의 기원』을 읽고 있었고, 이 책에 대해 "대담하다"고 생각했다.)[31] 또 다른 프랑스 학자는 정치경제학을 연구하라는 자국 정부의 명령을 받아, 실제로는 과학자가 포함되지 않은 공식 "과학 사절단"을 가장해 동행했다.[32] 기자들도 있었다. 세계 최초의 전쟁 파견 기자들 중 한 명인 『타임스』의 토머스 볼비는 크림반도에서 전한 생생한 이야기들로 이미 유명했고, 이제는 중국 북부에서 벌어지는 일들에 대한 상세한 이야기를 영국 대중에게 생생하게 알릴 계획으로 엘긴의 수행단에 참여했다. 그는 나중에는 쑤저우로 가서 반란군을 취재하고 싶어했다.[33] 영자 신문인 『노스차이나헤럴드』와 『차이나메일』의 편집자들도 함께했다. 그중 한 명이 엘긴 경과 너무 비슷하게 생겨서 사람들은 두 사람을 줄곧 혼동했다.[34] 『일러스트레이티드 런던뉴스』는 이 군사 행동을 직접 그림으로 담기 위해 스케치 화가를 보냈다. 그리고 펠리체 베아토라는 이탈리아 사진가도 있었다. 그는 사진 장비를 다 갖추고 있었는데, 폭력 장면에 열광했고, 때로 죽은 청국군 병사들의 시신을 미적으로 보기 좋은 구성으로 재배치해 그런 장면을 재현하기도 했다.[35]

펠리체 베아토는 중국 내전의 살육에서 어떤 아름다움을 본 첫 번째 사람은 아니었다. 엘긴 경의 부관이 1858년 양쯔강을 따라 벌어진 전투를 목격하고 다음과 같이 기록했기 때문이다. "사람들의 몸이 들판 여기저기로 뛰어다닌다. 깃발들이 휘날리고 중국인들의 총이 불을 뿜는다. 우리의 대포들이 우레와 같은 소리를 낸다. 시골 사람들이 성안으로 대피하기 위해 머리에 무거운 짐을 이고 소를 몰며 무리지어 황급히 도개교를 건넌다. 그들의 집이 불타면서 구름 한 점 없는 하늘로 연기가 치솟는다. 이 모든 것이 장관을 이루어, 더할 수 없이 냉정한 사람의 심장을 흔들고 그 사람의 혈관들에 펄떡펄떡 피가 흐르게 했을 것이다." 당시 그는 "최대치의 미적이고 동물적인 흥분이 한순간에 공존하는 느낌을 경험하는 것은 매우 드문 일"이라며 행복하게 생각했다.[36] 마찬가지로 침략군에는 축제 분위기가 감돌았다.

엘긴의 명령은 간단했다. 다시 한번 하이허강을 거슬러 올라 톈진으로 가서 조약을 비준하고, 황제에게 지난해에 다구 포대에서 영국 함대를 공격한 일에 대해 사과를 받아내는 것이었다. 그는 또한 청나라 정부로부터 영국의 전쟁 비용을 물어줄 배상금을 받아낼 계획이었다. 승격림심 휘하의 청국군은 연합군이 오고 있다는 것과 그들이 무엇을 노리는지를 이미 잘 알고 있었고, 다구 포대에는 외국인들이 이전에 굴욕을 당했던 바로 그 장소에서 또다시 패배를 겪도록 많은 병력이 배치되었다.

그러나 이번에는 연합군이 다구 포대를 그냥 비켜갔고, 북쪽으로 몇 킬로미터 떨어진 곳에 상륙했다. 1860년 8월 1일 오후 3시 30분 영국과 프랑스 선박 200척이 앞바다에 정박해 있는 가운데, 400명의 연합군 전진 부대가 하이허강에서 해안을 따라 11킬로미터쯤 올라간 곳에 위치한 좀더 작은 강인 베이탕강 바로 아래 상륙했다.[37] 그날 아침 폭우가 내려 진흙탕 상황은 더 나빠져 있었다. 그들은 허리까지 오는 소금기 있는 물을 헤치고 나가 기슭에 다다랐고, 그다음에는 발목까지 빠지는 끈적끈적한 진흙 위를 때로 바지도 포기해가며 1킬로미터쯤 힘겹게 걸어가 갯벌 위로 2미터쯤 솟아 있는 둑길에 도달했다. 이 길은 그 근처의 성벽 마을로 이어졌다.[38]

남쪽의 넓은 다구 포대와 달리, 베이탕강 주변의 규모가 그리 크지 않은 방어 시설은 준비가 안 되어 있는 듯 보였고, 선발대는 사격 없이 그 둑길을 점령할 수 있었다. 어둠이 내리자, 강기슭을 지키는

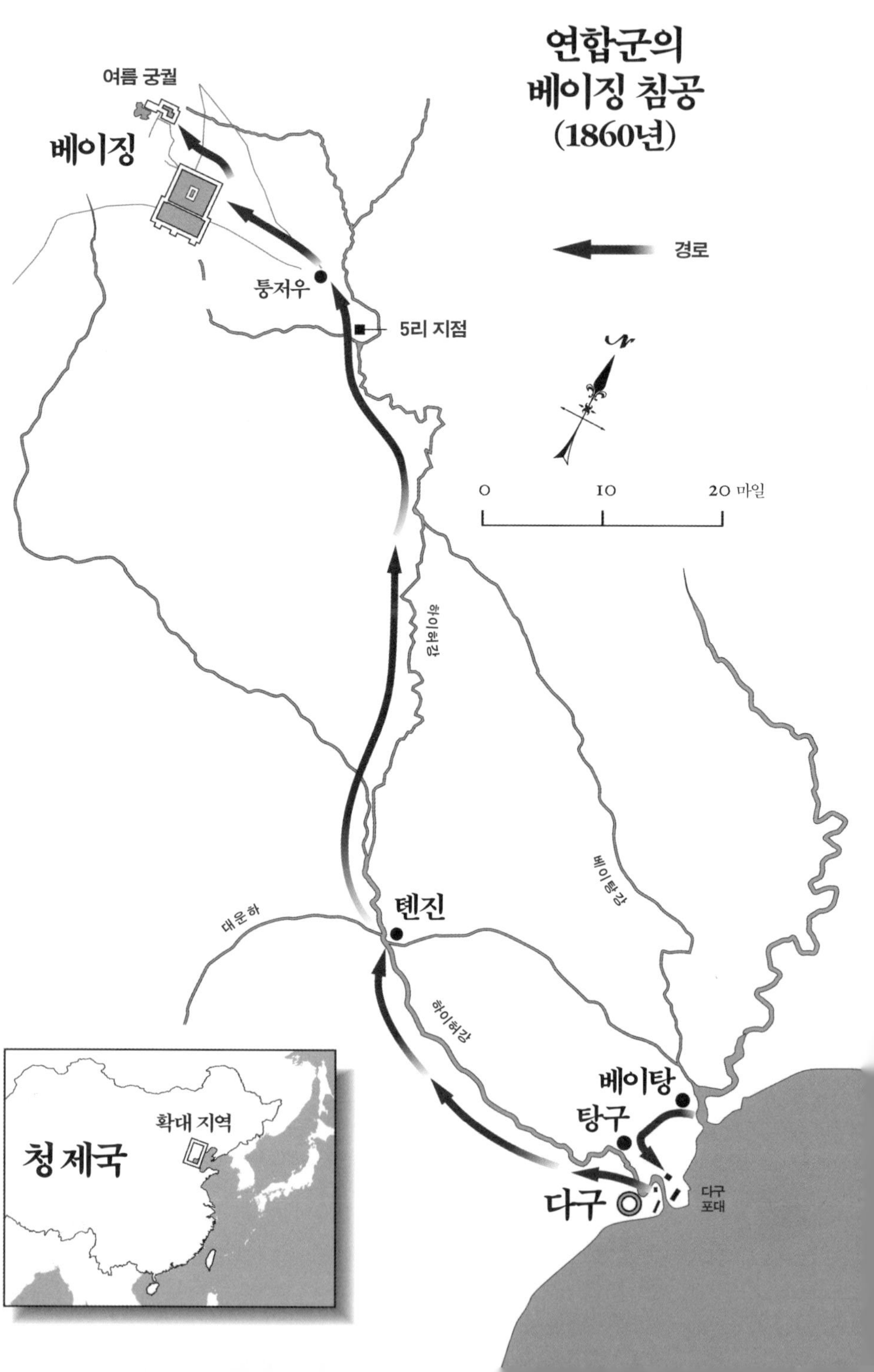

연합군의
베이징 침공
(1860년)
여름 궁궐
베이징
경로
퉁저우
5리 지점
0
10
20 마일
하이허강
뻬이탕강
톈진
대운하
하이허강
베이탕
탕구
다구
다구
포대
확대 지역
청 제국

두 보루의 중국인 수비대가 자리를 벗어나 사라졌다. 그날 밤 연합군 선발대원들은 가능한 한도 내에서 진을 쳤고, 아침에 쳐들어갈 마을의 성문으로부터 조금밖에 떨어지지 않은 곳에서 보름달을 등불 삼아 둑길에 그냥 몸을 드러낸 채 선잠을 잤다. 자정 무렵, 여덟 척의 연합군 포함이 아침의 공격을 위해서 강을 따라 올라와 착탄 거리 안에 자리를 잡았다. 그런 다음 (그 현장에 있었던 사람들 중 한 명이 생각한 바에 따르면, 마치 앞으로 펼쳐질 장면을 차마 볼 수 없다는 듯이) 달이 월식으로 어두워졌다.[39]

날이 밝자 병사들은 그 마을을 점령했고, 3만여 명의 그곳 주민들을 진흙과 짚으로 지어진 집에서 몰아내기 시작했다. 주력 함대는 기슭에 가까이 다가가 연합군과 지원 인력 대부분을 내보내기 시작했다. 한 선발대원은 그 베이탕 마을에 대해 "이루 말할 수 없을 만큼 더러웠"고 "참을 수 없는 냄새가 났다"고 썼다. 그들이 밤을 보낸 그 유해한 둑길에 대해서는, "열병이나 학질을 일으키기에 그보다 더 적절한 곳은 상상할 수 없다"고 썼다.[40] 하지만 그 마을은 그들에게 다구 포대로부터 안전한 거리에 있는 튼튼한 발판이 되어주었다. 그들은 이번에는 육지 쪽에서 다구 포대를 칠 생각이었다. 운송선들이 배에서 사람, 동물, 대포들을 내리고 그 마을의 부두에 탄약과 식량이 높이 쌓여갈 때, 영국과 프랑스 군인들은 전리품을 챙기기 위해 마을의 빈집들을 약탈하기 시작했다.[41] 겉보기에 그렇게 초라한 집들에 얼마나 귀중한 보물들이 있던지 그들은 깜짝 놀랐다.

청국군이 다구 포대에 집중되어 있긴 했지만, 사실 승격림심은 외국인들이 베이탕으로 상륙할 가능성을 고려해 대비를 해두었다. 그의 부하들은 포대들에 큰 함정을 몇 개 설치해놓았다. 땅바닥처럼 위장된 곳을 모르고 밟으면 구덩이로 떨어지고, 그 구덩이 안에 놓인 마치 대형 쥐덫처럼 생긴 장치는 누군가 그 위에 떨어지면 폭발이 일어나도록 화약통과 연결되어 있었다. 그는 연합군이 포대로 들어가려고만 하면 바로 폭파될 것이라 예상했기 때문에 수비대를 강화하지 않았다.[42] 그러나 외국인들의 환심을 사려는 한 현지 정보원이 그들에게 함정의 위치를 알려주었고, 누군가 걸려들기 전에 프랑스 공병들이 그 덫들을 해체할 수 있었다.[43] 정보원은 또한 남쪽 해안을 따라 배치되어 다구 포대를 지키고 있는 병력의 규모도 알려주었다. 승격린심 휘하에 최소 1만5000명의 청국군이 있고, 그중에는 6000명의 몽골 기병도 포함되어 있다고 정보원은 추측했다.[44]

폭우로 인해 연합군은 며칠 동안 베이탕에 머물러 있었고, 좁은 둑길을 따라 내륙으로 진격하라는 명령을 초조하게 기다렸다. 그 길은 다구 포대에서 상류 쪽으로 몇 킬로미터 떨어진, 하이허강 북안의 탕구 마을까지 이어지는 육로였다. 일단 약탈이 끝나자 이상한 분위기가 엄습했다. 영국 군인과 프랑스 군인들이 마을을 둘로 나누고, 각 측은 상대편 침입자들을 경계했다. 날씨는 습하고 더웠으며, 해가 나왔을 때는 양지의 기온이 섭씨 32도를 넘었다. 마을의 거리들에는 진흙과 쓰레기가 뒤엉켜 있었다. 진지들은 빗물에 침수되었고, 말들은 무릎까지 물에 잠겼다. 8월 9일 아침 여전히 진격 명령을 기다리는 가운데, 따분해하던 프랑스 병사 여섯 명은 옷을 벗고 벌거숭이가 된 채로 긴 막대기를 들고 지휘 본부 가까이의 진흙 속에서 신나게 달리기도 하고 미끄럼을 타기도 하면서, 쓰레기 더미를 뒤지는 개들을 쫓

아가 때려 죽이기도 하면서 아침 시간을 보냈다.[45]

이 군사 작전을 위한 영국의 핵심 무기는 아직 전쟁에서 사용된 적 없는 새로운 무기인 암스트롱포였다. 이 포는 주조되지 않고, 비교적 작은 크기에 엄청난 탄성을 부여하는 연철 동심이중관들로 만들어졌다. 그것은 무게가 318킬로그램 이하로 가벼워서, 비슷한 구경의 다른 포들에 비해 절반 수준이었다. 또한 혁신적인 강선 시스템 덕분에 놀랍도록 정확했고, 시험 사거리가 최대 8킬로미터에 달했다. 이 포는 비싼 가격 탓에 논란이 많았지만(결국 영국군에서 단명하게 된다), 『타임스』 기자 토머스 볼비는 군사 작전 과정에서 이 포에 홀딱 반해, 의심의 여지 없이 "지금까지 사용되었던 포들 중 최고"라고 보도했다.[46] 가벼움과 정확도를 넘어, 이 포는 또한 비할 데 없이 파괴적이었다. 이것은 49개의 각진 파편으로 터지는 5킬로그램짜리 전용 포탄을 발사했는데, 이 포탄은 존재하는 가장 잔인한 살상 무기로 보였다. 볼비는 이 포탄에 대해 이렇게 썼다. "그것의 효과는 무시무시하며, 그것이 죽음과 파괴를 퍼뜨리는 범위는 거의 믿기 어려울 정도다."[47] 동행한 영국군 군목의 보고에 따르면 "팔다리들이 날아가고, 몸이 말 그대로 산산이 부서졌다".[48] 포병들은 처음으로 전투에서 이 포를 사용해보게 되어 흥분했다.

8월 11일 늦은 시간에 마침내 날씨가 개었다. 이튿날 새벽 4시에 연합군 병사들은 줄지어 베이탕에서 나왔고, 두 사단으로 나뉘어 탕구를 향해 육로로 행군을 시작했다. 1사단은 둑길을 따라가고, 2사단은 그 길 오른쪽의 갯벌을 넓게 휩쓸고 지나가, 앞에서 기다리고 있을 청국군의 왼쪽 측면을 향했다. 좀더 단단한 땅에 도착하기까지 거쳐야 했던 처음 3킬로미터는 최악이었다. 끈적끈적한 진흙이 대포 수레의 바퀴들을 끌어당겼고, 그중 일부는 굴대까지 가라앉아서 버리고 가야 했다.[49] 기병의 말들은 무릎까지 빠졌다. 오전 11시경에 참호와 그 뒤의 몽골 기병 무리가 시야에 들어왔다. 암스트롱포들이 처음으로 인간들을 향해 발포되었다.[50] 그럼에도 몽골인 기병대는 이에 맞서며 진격해 진흙투성이 2사단 주위로 몰려들었다. 시크교도와 영국인 기병대가 그쪽 대열로 달려들어 몰아내려 했지만, 그들은 다른 방향에서 계속 나타났다.[51] 그러나 암스트롱포와 보병 머스킷총의 공격에 몽골인 기병대는 결국 철수했고, 연합군은 진군을 계속하면서 마을을 통과할 때마다 먹을 것을 뒤져 빼앗고 밭들을 약탈했다.[52]

연합군은 8월 14일에 탕구를 점령했다. 그 마을을 함락시키는 일은 36문의 대포와 2개의 로켓 포대에 의해, 보병의 지원을 받아 이루어졌다. 새로운 무기들 덕분에 시간이 오래 걸리지 않았다. "암스트롱포는 대성공입니다." 이 전투 후 한 영국 중위가 자기 지휘관에게 이렇게 썼다.[53] 상류 쪽을 장악한 상황에서, 정찰대가 다구 포대의 병력을 시험해보기 위해 강을 타고 내려갔다가 집중 포화를 받고 물러났다. 그들은 하이허강 어귀의 그 요새에 수비대가 최대한 많이 배치된 것 같다고 보고했다.

나머지 물자와 장비를 베이탕으로부터 둑길을 따라 실어 나르느라 6일을 지체한 뒤, 8월 20일에(상하이에서 프랑스군이 태평천국군을 몰아내기 위해 교외를 불태운 이후에 해당) 연합군은 다구 포대들 중 가장 북쪽 포대에서 800미터 이내에 6개의 포대를 설치했고, 남쪽으로부터의 공격을 위해 여덟 척의 포함을 불렀다. 이튿날 아침 해가 뜨기 직전, 북쪽 포대가 그들이 자리 잡은 곳을 향해 포격을 개시했다. 연합군은 포를 쏘아 대응하면서, 포대의 방벽에서 500미터도 채 안 되는 곳까지 서서히 전진했고, 보병이 그 뒤를 바짝 쫓았다. 오전 6시 30분, 북쪽 포대 안 화약고에서 엄청난 폭발이 일어났다. 하지만 놀랍게도 수비대는 대포 앞을 떠나지 않았다. 연합군 포병대는 암스트롱포, 8인치 박격포, 24파운드 곡사포, 프랑스제 12인치 강선포(이것들 모두 포대로부터 이들에게 포탄을 쏘아대는 중국제 황동 대포들보다 크기가 작았다)로 맹포격을 가했고, 두 시간 반 후에 보병이 방벽으로 밀려들었다. 8시 조금 지나서 이 포대는 그들의 것이 되었다. 그들이 포대 안쪽에서 목도한 것은 완전한 대학살의 광경이었다. 승격림심의 부지휘관을 포함해 1000명 이상의 수비대원들이 죽어 있었다. 대체로 암스트롱포 덕분에, 내부는 토머스 볼비가 묘사한 것처럼 "악취를 발산하는 뇌와 피의 덩어리" 그 자체였다.[54] 그들은 또한 화약고 폭발 후에도 수비대가 포기하지 않았던 이유를 알게 되었다. 그 포대는 밖에서 막혀 있어서 안에 있는 사람이 빠져나갈 수가 없었다.[55]

연합군이 일단 다구 포대들 중 가장 북쪽의 포대를 점령하자 나머지 포대들은 측면이 포위되어 쓸모가 없어졌다. 그 포대들은 오직 강 쪽으로부터의 공격에 대항할 목적에서 구축되어 뒤쪽이 뚫려 있었기 때문이다. 저녁이 되어서는 다섯 개 포대 모두가 항복했다. 연합군은 350명 조금 넘는 사상자를 내며 다구 포대를 손에 넣었다.[56] 토머스 볼비는 『타임스』에 이렇게 썼다. "이와 같이 10일간의 군사 작전 끝에 하이허강의 포대들이 함락되어 지난해의 재앙에 대한 복수가 이루어졌으며, 1860년의 중국 전쟁이 거의 막을 내리게 되었다."[57] 공병들이 하이허강 어귀의 방어 시설들을 제거하기 시작해, 영국과 프랑스 포함들에 하이허강을 활짝 열어주었다. 펠리체 베아토는 시신들의 배치를 시작해, 마치 다구 포대가 육지가 아니라 강 쪽의 공격에 의해 점령된 것처럼 보이도록 사진을 찍었다. 엘긴 경은 톈진을 향해 얕은 강을 구불구불 올라가는 여정에 다시 올랐다. 그는 8월 25일 아침에 출발했고, 도중에 청국군의 저항을 전혀 맞닥뜨리지 않았다. 보병대는 그와 함께 포함을 타고 갔고, 기병대는 말을 타고 강 양안의 육로로 갔다. 8월 27일에 이르러 연합군은 톈진 바로 밖에 진을 치고 있었고, 대사들은 마침내 조약을 비준할 준비를 하기 위해 다시 성안에 체류했다.

영국 측 수석 협상자는 해리 파크스라는 공격적인 젊은 통역관이었다. 그는 키가 작고 과도하게 활동적인 테리어 같은 남자로, 선명한 푸른색 눈, 넓게 기른 구레나룻, 유난히 큰 머리를 갖고 있었고, 성미가 급해서 가만히 앉아 있질 못했다.[58] 그의 경력은 영국과 중국의 적대적인 관계 전반을 아우르고 있었다. 그는 14세의 어린 나이에 1842년의 아편전쟁을 종식시킨 난징 조약 체결에 참석했다. 1856년에는 애로호 사건이 일어났을 당시 광저우의 영국 영사로 있었고, 배상금을 요구하는 데 기여했다.[59] 1858년 연합군이 광저우를 점령한 이후 파크스는 사실상 그곳의 영국 총독과 같은 역할을 했다. 이제 서른두 살인 그는 중국에서 이미 원로급 영국 외교관 중 한 명이었고, 단연코 그중 가장 고집 센 사람이었다.

적대 행위의 분명한 종식이 이루어지자 연합군은 마침내 전쟁이 끝났음을 기뻐했다. 엘긴 경은 토머스 볼비에게, 영국군이 가능한 한 빨리 중국 북부에서 철수했으면 좋겠고 광저우에서도 철수할 수 있기를 바란다고 말했다.[60] 해리 파크스는 아내에게 이렇게 썼다. "이제 나는 더 이상 대포 소리는 들리지 않으리라 생각하오."[61] 그러나 협상은 결론에 이르지 못했다. 두 명의 청나라 측 대리인이 9월 2일 톈진에 도착했고, 연합군을 대표해 파크스는 조약의 비준과 수도 베이징에 대사를 둘 권리, 그리고 각 측에 대한 은 800만 냥의 전쟁 배상금을 요구했다.(영국과 프랑스가 각각 거의 300만 파운드를 가져가는 셈이었지만, 영국이 원정군을 유지하는 데만 월 100만 파운드의 비용이 든다는 소문이 있었다.)[62] 청나라 대리인들은 모든 조건의 수락을 시사했다. 그러나 며칠 후 파크스가 그들에게 신임장을 보여달라고 요구했을 때, 그들이 자신들의 지위를 잘못 전달했고 사실상 황제를 대신해 서명할 권한을 갖고 있지 않다는 것이 드러났다.[63] 따라서 수도의 성벽 아래까지 가지 않는 한 조약 비준이 불가능하다는 판단하에, 9월 7일에 엘긴 경과 그로 남작은 베이징을 향해 계속 진군한다는 운명적인 결정을 내렸다.

그것은 꽤 흥분되는 전망이었다. 엘긴은 집으로 보낸 9월 8일의 편지에서 이렇게 썼다. "나는 다시 전쟁을 한다! 어리석은 중국인들이 속임수를 쓰는 바람에, 내게는 베이징으로 군대를 이끌고 갈 훌륭한 변명거리가 생겼다."[64] 군대는 흥분했고, 장교들도 흥분했다. 특히 기자들이 흥분했다. 볼비는 연합군이 "이 제국의 정책을 이끄는 쇠약하고 신뢰할 수 없는 관리 집단에 따끔한 맛을 보여주기를" 고대했다. 그가 이전에 런던의 『타임스』에 보냈던 가뜩이나 호전적인 기사들은 새로운 경지에 올라섰다. 그는 9월 9일에 보낸 기사에서 "오직 무기만이 중국을 무역 개방으로 이끌 수 있다"면서, "대사는 즉각 행동할 준비가 된 군대를 옆에 두고 협상해야 한다"고 말했다.[65] 공교롭게도 그 주에 런던에서 우편으로 엘긴 부대에 도착한 『타임스』에는 지난 7월에 쓰인 강력한 어조의 논설 두 편이 실려 있었다. 연합군이 베이징으로 밀고 올라갈 방법을 찾기를 바라는 편집진의 생각이 담긴 논설들이었다.[66] 그러므로 엘긴과 그의 군대가 진격할 때 그들은 고국의 대중이 자신들에게 바라는 바가 바로 그것이라는 믿음을 가지고 있었다.

베이탕과 다구 포대가 그렇게 쉽게 함락된 후 승격린심은 자살할 각오가 되어 있었다. 그러나 북쪽으로 후퇴해 베이징 바로 외곽에 있는 도시 퉁저우로 가라는 명령이 떨어졌다. 퉁저우는 톈진에서 베이징으로 가는 길 중간에 버티고 있었고, 외국인들이 감히 수도를 향해 진격하려 한다면 그는 그곳에서 마지막 항전을 준비할 것이었다.[67] 그는 1만 명의 보병과 7000명의 기병을 다구에서 그곳으로 보냈고, 9월 8일에는 4만 명의 몽골인 군대가 이들에게 합류했다. 그리하여 그의 전체 병력은 거의 6만 명 수준으로, 연합군과 황제 사이에 버티고 선 대군을 이루었다.[68] 그러나 그가 받은 명령은 공격이 아니라, 평화를 확보해 그의 뒤에 있는 수도를 지키라는 것이었다.

황제는 연합군이 톈진으로부터 진격하는 것을 저지하기 위해 두 명의 새로운 대리인을 보냈다. 해리 파크스가 재개된 협상을 담당하게 되었다. 그는 백기를 들고 자기 군대에 앞서 말을 타고 가서, 적진을 통과해 퉁저우에서 새로운 대리인들을 만나야 했다. 그는 『타임스』 기자 볼비, 엘긴 경의 부관 헨리 로크, 그리고 시크교도 기병 파견대를 포함한 작은 수행단을 이끌고 떠났다. 9월 14일 새롭게 협상이 시작되었을 때 엘긴 경은 톈진으로부터 뻗어나온 길을 40킬로미터쯤 와 있었고, 보병 2500명, 기병 600명, 대포 20문으로 이루어진 병력만 이끌고 있었다.[69] 이 시점에 연합군은 톈진을 거쳐 해안까지 이어지는 길을 계속 개방해두고 보급소들을 유지해야 했기 때문에 전력이 부족했다.

이번에 새로운 청나라 측 대리인들은 실질적 권한을 가진 사람들이었다. 이들은 황제의 두 만주족 고참 대신인 재원과 목음이었는데, 재원은 황제의 사촌이기도 했다. 퉁저우에서의 협상 첫날, 여덟 시간의 논의 끝에 그들은 파크스의 조건을 모두 받아들였다. 뿐만 아니라 비준 의전에도 동의했다. 연합군은 퉁저우에서 약 10킬로미터, 베이징에서 약 32킬로미터 떨어진, '5리 지점'으로 알려진 곳까지 오도록 허락되었다. 엘긴 경은 자신의 병력을 거기 남겨둔 채, 그중 1000명만 호위대로 거느리고 퉁저우로 가서 대리인들과 함께 조약에 서명할 예정이었다. 그런 다음 엘긴과 그의 호위대는 베이징으로 가서 황제를 만나 공식적인 비준식을 갖게 될 것이다. 파크스는 급히 엘긴의 진지로 돌아가 성공적인 협상에 대해 보고했고, 9월 17일에 퉁저우로 돌아와서 대리인들과 세부 사항들을 마무리 짓고 엘긴의 도착을 준비했다.[70]

그러나 파크스가 돌아왔을 때는 황제가 승격림심에게 엘긴 부대가 조약에 서명하기 위해 도착하거든 그들을 치라는 비밀 지시를 이미 내린 상태였다. 퉁저우의 청국군은 엘긴 수행단이 '5리 지점'에 도착했을 때 기습하고자 열심히 사전 작업을 했고, 길에 접해 있는 수수밭들에 겉으로 보이지 않게 포대를 설치하고 병력을 흩어놓았다.[71] 파크스가 퉁저우로 돌아왔을 때 협상은 갑자기 지체되었다. 평화를 이루려는 재원과 목음의 절박함이 분명해 보였음에도 불구하고 엘긴 경이 함풍제 앞에서 절하는 문제를 놓고 논의가 공전했다. 해리 파크스는 절대 할 수 없다고 말했다. 엘긴은 영국 여왕의 대리인으로서 청나라 황제와 대등한 입장에 있다는 게 이유였다. 1793년에 매카트니 경의 사절단이, 1816년에 애머스트 경의 사절단이 실패한 것도 바로 이 의전 문제 때문이었다. 한편 영국군은 이번에는 자신들이 강제로 이 문제를 해결할 수 있는 위치에 있다고 느꼈다.

그러나 무릎을 꿇는 것은 청나라 측 대리인들이 양보할 수 없는 문제였다. 청나라 황제에게 가해지는 굴욕감이 견딜 수 없이 클 것이었다. 청 왕조의 위신은 중국 백성과 외국인 모두의 위에 있는 황제의 지위를 인정하는 의례에 달려 있었기 때문이다. 사실 대리인들은 함풍제가 크게 화난 상태이고, 더 이상의 타협을 원치 않는다는 것을 잘 알고 있었다. 목음은 퉁저우로 떠나기 직전에 이화원에서 황제를 알현하려 했으나 거절당했다. 그가 이유를 묻자 문을 지키는 환관은 황제를 방해해서는 안 된다고 말했다. 그러자 목음이 환관에게 말했다. "청나라는 힘을 잃었다. 그런데도 황제를 방해하는 것이 두려운가?" 결국 목음은 황제를 알현할 수 있었고, 그가 황제에게 물은 것 중 하나는 연합군이 진군하는 길에서 도망치는 제국 관리들을 어떻게 처리해야 하느냐는 것이었다. 함풍제의 대답은 간단했다. "참수하라."[72]

재원은 파크스에게 조정의 대신들은 지위 고하를 막론하고 모두 황제 앞에서 무릎을 꿇어야 한다고 주장했다. 파크스는 "우리는 중국의 대신들이 아닌데 왜 무릎을 꿇어야 하는가?"라고 반문했다.[73] 저들은 엘긴이 멀찍이 떨어져 사실상 황제를 대면하지 않는 방법을 제안했다. 파크스는 받아들이지 않았다. 새로운 협상이 결렬된 이유는 바로 이 의례 문제 때문이었다. 목음은 승격림심에게 평화 회담이 실패했음을 은밀히 알렸고, 이 몽골인 장군은 행동에 들어갔다. 9월 18일 오후, 승격림심의 군대는 해리 파크스 및 그와 함께 퉁저우에 들어가 있던 25명의 다른 외국인들을 인질로 붙잡았다. 엘긴의 부관 헨리 로크, 1인으로 구성된 프랑스 과학 사절단, 『타임스』 기자 토머스 볼비, 영국 장교 3명, 시크교도 기병 19명이 있었다. 인질들은 나무 수레에 태워져 베이징으로 끌려갔다. 파크스와 로크는 족쇄를 차고 투옥되어 처형을 기다리게 되었다. 나머지 사람들은 심문을 받기 위해 이화원으로 끌려갔다. 한편 퉁저우의 청국군은 전투를 준비했다.

그날 오후 5시, 그로 남작의 부관은 말을 타고 엘긴의 진지로 헐레벌떡 달려가, 승격림심의 군대가 방금 '5리 지점'을 점령했음을 알렸다. 그 시점에 엘긴은 호위대와 함께 바로 그 '5리 지점'을 향해 이동하고 있었다. 그들의 앞쪽 멀리에서 벌써 소총 소리가 들렸다. 엘긴은 그날 밤 늦게야 자신의 수석 협상자인 해리 파크스가 인질로 붙잡혔다는 것을 알게 되었다.[74] 이튿날 아침, 엘긴의 지휘관들은 지원군을 요청하러 톈진으로 돌아갔고, 지체 없이 현재의 병력을 가지고 퉁저우로 진군할 준비를 했다.

작은 규모의 연합군은 열심히 전진해 9월 21일 퉁저우 바로 바깥에서 승격림심의 대규모 군대와 정면으로 부딪쳤다. 수적으로 월등히 우세하고 재빠른 몽골인 기병대는 다가오는 연합군의 왼쪽 측면을 향해 넓은 파도를 이루며 돌격했다. 연합군은 좌측에 기병대, 중앙에 포병대, 우측에 보병대, 이렇게 세 개의 열을 이루며 진군했다. 중앙의 포병대가 돌격하는 몽골인 기병들을 상대하기 위해 대포들의 방향을 확 틀자 영국과 프랑스 기병들이 재빨리 흩어지며 비켜섰다. 그러자 암스트롱포들이 다가오는 청국군 기병대 대열 한가운데로 일제 공격을 퍼부었고, 결과는 처참했다.[75] 몽골 기병들이 혼비백산해 멈춰 섰고, 이 순간 영국 기병대는 전력을 다해 중앙부로 돌격해 청국군의 방어선을 깨뜨렸다. 청국군은 무질서하게 뿔뿔이 흩어지며 후퇴했다.

그때 진짜 살육이 시작되었다. 한 냉정한 영국 장교는 이렇게 썼다. "우리 대포들이 후퇴하는 병사들을 향해 발포했고 효과가 좋았다. 천천히 발포되어 암스트롱포 포탄이 그들 사이에서 터질 때마다 적은 무더기로 쓰러졌다."[76] 비통해하는 한 중국인은 그날의 대패를 다음과 같이 기술했다. "우리 기병들이 전진했지만, 그들은 전투에 나가본 경험이 없는 몽골인 기병들이었다. 외국 대포들의 포성이 들리자마자 그들은 뒤돌아섰다. 그러자 뒤에 있던 보병들의 대열이 무너지면서 모두가 서로를 짓밟았다."[77] 날이 저물 무렵 청국군은 완전히 무너졌고, 남은 병력은 베이징 인근으로 퇴각했다. 연합군 병사들은 퉁저우를 점령했고, 수도 베이징으로 진격하기에 앞서 갖추어야 할 보급품, 탄약, 대구경 공성포와 함께 지원군이 톈진으로부터 도착하기를 참을성 있게 기다렸다.

그날 저녁, 함풍제는 이화원을 떠나 베이징 북쪽 끝에 위치한 자금성으로 이동했다. 평소 그는 자금성에서 시간을 보내는 것을 싫어했다. 그가 일단 자금성 안으로 들어가자 그곳의 문이 닫혔고, 아무에게도 출입이 허용되지 않았다. 그래서 안에서 무슨 일이 일어나고 있는지 신하들이 알 수 없는 상황에서 황제는 후문으로 빠져나왔고, 하인, 궁녀, 만주족 참모로 이루어진 대규모 수행단과 함께 수도를 버리고 도망쳤다. 그가 향한 곳은 북쪽 산악 지대의 안전한 곳이었다. 공식적으로 어떤 언질도 없었고, 황실의 경극 공연장에서는 아무 일도 없다는 듯 그날 저녁에도 여느 때처럼 공연이 계속되었다.

이튿날, 황제가 떠났다는 말이 결국 새어나왔고, 베이징의 관리들은 만주족이든 한족이든 다들 허둥대면서 수레에 소지품을 가득 싣고 수도를 빠져나가려는 데 필사적이었다. 수레를 빌리는 가격이 두 배로 뛰었고, 남은 수레가 하나도 없을 때까지 값은 계속 올랐다. 관리들이 자리를 버리고 떠나면서 정부는 해체되었고, 민간 방위를 담당하는 부서는 베이징 주민 누구든 약탈자를 발견할 경우 즉시 때려 죽여도 된다는 내용의 포고문을 게시했다.[78]

베이징의 부유층 주민들은 사실상 모두 그 도시를 떠났다. 그들은 베이징을 떠날 방도를 마련할 수 있는 사람들이어서, 다가오는 공격의 사정권을 벗어나 북쪽으로 자신들을 데려다줄 탈것들을 빌렸던 것이다. 그 후 성문이 봉쇄되었고, 식량 가격이 치솟았다. 구리 돈으로는 은을 구할 수 없었다. 가마 시장은 텅 비어버렸다. 10월 4일에 이르러 베이징에 남아 있던 상인들은 피할 수 없는 운명을 받아들였고, 소와 염소 1000마리를 잡아 다가오는 침략자들을 성대한 잔치로

맞아들일 준비를 시작했다.[79]

10월 5일에 연합군 종대의 첫 열이 둑길에 올라서, 넓은 황토 들판을 가로지르는 길고 낮은 베이징 성벽이 보이는 곳에 들어왔다. 승격림심은 이미 몽골 기병대를 이끌고 북쪽으로 가고 있었고, 남은 청국군은 연합군이 진격하기 전부터 사라지고 없었다.[80] 행군에 지친 연합군 병사들은 걸음을 멈췄고, 베이징에서 3킬로미터 정도밖에 떨어지지 않은 곳에서 진을 치고 밤을 보냈다. 이튿날 아침, 영국 기병과 프랑스 보병으로 이루어진 선발대가 이화원을 향해 출발했다. 여전히 그들은 함풍제가 그곳에 머물고 있으리라 예상하고 있었다.[81] 정문으로 들어간 그들은 그곳이 텅 비어 있고 무방비 상태라는 것을 알게 되었다. 그러고는 진짜 약탈이 시작되었다.

한 영국군 장교는 그 약탈의 첫날, 난장판이 한창인 이화원에 도착했을 때 자신이 본 것을 회상했다. "궁궐 약탈의 흥분으로 정신이 나가버린 어떤 군인들이 뚜렷한 이유도 없이 거대한 자수품들을 찢고" 있었다. 또 어떤 군인은 "거대한 거울을 자기 소총의 개머리판으로 깨버렸다". 그 장교는 궁궐 안으로 계속 들어가 "아마 금으로 만든 듯한 호화로워 보이는 꽃병과 화려한 옥 조각품들이 있는 넓은 홀"에 이르렀다. 그는 "갑자기 케이크 가게 안에서 원하는 걸 다 가져가라는 말을 들은 소년"이 된 듯한 기분이 들었고, "어디서 시작해야 할지 몰라" 얼떨떨했다. 옥이 특히 귀하다는 말을 들은 적이 있어서 그는 "아마 거의 본 적 없는 수준의 수집품"을 꾸려 자신의 조랑말 등에 실었고, 값진 보물들로 이루어진 그 짐을 두 팔로 껴안고서 주둔지를 향해 떠났다. 도중에 그는 시크교도 기병 몇 명과 마주쳤는데, 그가 힌두스타니어로 "서둘러, 안 그러면 다 없어질 거야!"라고 알려주자 그들은 쏜살같이 달려갔다.[82]

약탈 열기가 내열을 휩쓸면서 기강이 무너지자 영국 지휘관들은 당혹감과 분노를 금치 못했고, 부하들이 궁궐을 약탈하는 것을 막기 위해 주둔지에 붙잡아두려 했다. 그러나 프랑스 군인들은 마음껏 약탈했고, 이는 영국 군인들의 시샘과 분노를 촉발했다. 결국 영국군 지휘관들은 모든 병사에게, 약탈품을 베이징의 경매에 넘겨 일괄 판매하고 "전리품 위원회"를 통해 수익금을 균등하게 분배하라는 명령을 내렸다.(옥을 챙겨 나왔던 그 장교는 이 시점에 아쉽게도 자신의 약탈품을 포기했는데, 이에 대해 한 친구는 "이 바보야!"라고 꾸짖었다.)[83] 엘긴 경은 약탈자들, 특히 프랑스군이 저질러놓은 무분별한 파괴에 분개했고, 최악의 과도한 파괴라며 비난했다. 그는 다음과 같이 썼다. "어떤 곳을 이 지경으로 약탈하고 파괴하는 것은 매우 좋지 않은 일이지만, 훨씬 더 나쁜 것은 쓸데없이 훼손하고 파손하는 일이다. 프랑스 병사들은 더할 수 없이 아름다운 비단들을 온갖 방식으로 파괴하고 있었고, 옥 장식품과 도자기 등등을 부수고 있었다. 전쟁은 혐오스러운 일이다. 전쟁을 겪을수록 더 싫어진다."[84]

황제의 형제 가운데 한 명인 공친왕은 연합군이 도착했을 때 그들과의 중재에 나서도록 베이징에 남겨져 있었는데, 그가 가장 먼저 한 일 중 하나는 10월 8일에 해리 파크스와 헨리 로크를 풀어준 것이었다. 이후 며칠에 걸쳐 다른 포로 몇몇도 돌아왔다. 그들 모두 자신이 겪은 끔찍한 감금에 대한 이야깃거리를 가지고 있었다. 가장 중요한 인질이었던 협상자 파크스와 엘긴의 부관 로크는 계속되는 처형 위협으로 고통받긴 했지만, 초기의 몇 차례 구타 이후에는 견딜 만한 대우를 받았다.[85] 그러나 다른 사람들은 거침없는 고문과 모욕을 당했고, 음식과 물을 제공받지 못했으며, 손이 검게 변하고 심지어 부풀어 터지기까지 할 정도로 손목이 끈으로 세게 묶여 있었다. 9월 18일에 붙잡힌 26명의 포로 중 프랑스인 1명, 영국인 4명, 시크교도 10명, 이렇게 총 15명이 짧은 포로생활 중에 죽었다. 그들의 시신은 훼손되어 생석회로 덮여 있어서, 연합군에게 인계된 뒤에는 옷밖에 알아볼 수 없었다. 사망자 중에는 『타임스』의 호전적인 기자 토머스 볼비도 있었다. 그와 함께 수감되었던 한 시크교도에 따르면, "볼비 씨는 우리가 그곳에 도착한 지 이틀 만에 죽었다. 그는 손목에 구더기가 생겨서 죽었다. 그는 회색 체크 무늬 비슷한 옷을 입고 있었다. 그의 시신은 거의 3일 동안 그곳에 남아 있다가 그 이튿날에 대들보에 묶여 성벽 너머로 던져졌고, 개와 돼지들의 먹이가 되었다."[86]

인질들에 대한 고문과 사망 소식이 연합군 대열에 퍼지자, 독기 어린 분노가 뿌리를 내리고 자라났다. 병사들은 복수를 요구했다. 한 장군은 수도를 약탈하자고 제안했다. 또 다른 장군은 "우리가 마음대로 할 수 있었다면 베이징의 모든 관리가 목매달려 죽었을 것"이라고 말했다.[87] 나중에 엘긴이 설명했듯이, 엘긴은 해리 파크스와 그의 일행을 납치하고 토머스 볼비를 비롯해 여러 사람을 살해한 것에 대해 청나라 정부를 제대로 처벌하기 위해 자신의 군대가 취할 수 있는 행동은 하나뿐이라고 생각했다. 그것은 영국의 처벌이 이미 고통받고 있는 수도 베이징의 거주자들이 아니라 만주족 군주에게 전적으로 가해지게 하는 것이었다. 그래서 엘긴은 그로 남작의 항의에도 불구하고 또한 파괴적 약탈에 대해 그 자신이 일찍이 유감을 표했음에도 불구하고 영국군에게 이화원을 완전히 불태워버리라고 지시했다.

황제가 도망가고 없는, 관리들과 수비대에게도 버림받은, 한때 위대했던 청나라의 수도 베이징은 이제 완전히 무력했다. 하지만 연합군은 이 도시는 그냥 내버려두었는데, 10월 18일에 서북쪽으로 6킬로미터 떨어진 곳에서 영국군이 건축물과 정원들로 이루어진 약 3제곱킬로미터에 달하는 특정 단지를 체계적으로 파괴하는 작업에 들어갔기 때문이다. 그곳은 함풍제가 태어난 곳이자 삶의 대부분을 보낸 장소였고, 사실상 그가 아는 세상의 전부였다. 약 2.6제곱킬로미터가 넘는 부지에 화려한 건물이 너무 많아서, 주요 건조물들이 다 파괴되도록 태우고 부수는 데 꼬박 이틀이 걸렸다. 약탈해 영국과 프랑스로 가져가기에는(또는 베이징의 경매에 내놓기에는) 너무 무겁거나 부피가 큰 황실 보물들도 부숴지고 불태워졌다.[88]

명백한 귀중품들 대부분은 이미 약탈당했지만, 파괴 과정에서의 예상치 못한 발견물도 몇 가지 있었다. 펀자브 보병 중대는 수천 파운드 상당의 숨겨진 금을 우연히 발견해 인도로 가져갔다. 한 옷장 안에서는 웅크리고 있는 작은 피키니즈 개가 발견되었는데, 한 영국인 장교가 빅토리아 여왕에게 선물하기 위해 영국으로 가져갔다. 여왕은 개를 무척 사랑하는 사람이었고, "루티Looty"라는 이름을 얻은 이 개는 그녀가 매우 좋아하는 반려견이 되었다.[89] 그러나 가장 이상한 발견은 궁궐 부지에 있는 어떤 마차 차고에서 이루어졌다. 약탈하던 병사들이 그곳에서 1793년에 동포 매카트니 경의 실패한 사절단이 남긴 선물들의 창고를 우연히 발견했다. 영국제 최상급 의전용 마차, 천문학 기구와 과학 기구, 그리고 12파운드짜리 영국 곡사포 2문과 탄약 상자가 있었는데, 이것들은 모두 영국 왕 조지 3세를 대표해 함풍제의 증조부에게 전달된 것이었다.[90] 그 선물들은 여전히 새것 같았고, 결코 존재하지 않는 우정의 훼손되지 않은 증표와도 같았다.

확산되는 큰 화재로 첫 연기 기둥이 하늘로 올라갈 때, 그날 일어난 일을 좀더 깊이 돌아본 사람들의 마음속에서는 파괴와 방화의 고삐 풀린 기쁨이 누그러지면서 두려움과 후회가 뒤섞인 이상한 기분이 싹텄다. 어떤 이의 표현에 따르면 "대체할 수 없는 것을 파괴해놓고 기뻐하는" 자신들 내면의 본성이 보여준 어두움에 대한 불안 같은 것이었다.[91] 붉은 화염 속에서 춤추는 악마들은 바로 그들 자신이었다. 그러나 황제, 청 왕조, 중국에게는 그것이 참으로 불길한 순간이었다. 형언하기 어려운 착잡한 기분으로 그 광경을 지켜보던 사람들은 자신들이 한 왕조의 종말을, 그리고 어쩌면 한 문명의 종말을 목격하고 있다는 것을 알게 되었다. 영국 측 통역원 로버트 스윈호는 황궁의 그 화려한 건축물들에 불이 붙는 것을 아쉬운 눈길로 바라보았고, 다음과 같이 기록했다. "지붕이 연이어 무너져 내리면서 지붕을 떠받쳤던 벽들을 집어삼킨 불을 덮어 끌 때 (…) 우리 마음속에서 이것은 이 오래된 제국의 운명에 대한 슬픈 전조가 되었다. 그 제국은 상호 파괴적인 전쟁에 의해 내부가 파괴되고 (…) 사방에서 포위당하고, 도움을 구할 곳을 찾지 못하고, 결국 쓰러져 이전의 자신을 잿더미로 남긴 채 사라진다."[92]

제2부
질서의 재건

6장
다루기 힘든 장군

1860년 10월 16일, 안후이성의 험준한 산골짜기에서 추운 새벽이 밝았다. 증국번 장군은 침대에서 힘들게 내려왔다. 전날 밤 심한 구토를 겪은 탓에 기운이 없었다. 그는 40대 후반의 건장한 남자였다. 약 173센티미터의 키에 가슴이 떡 벌어졌고, 움푹 들어간 눈은 옷에 닿도록 길게 자란 턱수염에 의해 강조되었다. 나이로는 아직 노년에 이르지 않았지만, 전쟁의 압박이 그를 노년에 가깝게 만들어놓고 있었다. 그는 저녁 식사 전에 차를 너무 많이 마셔서 구토한 것이라고 여겼지만, 구토 증상은 그를 밤늦게까지 깨어 있게 하고 낮에는 피로에 시달리게 하는 심계항진이나 불면증 같은, 그를 약화시키는 늘어가는 불쾌한 장애들 중 하나에 불과했다. 이 특별한 아침에 그는 평소처럼 일정을 소화했다. 막사에서 접견을 하고 서신들을 처리했으며, 평소보다 바빠서 부관과 바둑을 둘 짬은 내지 못했다. 점심 식사 후에야 베이징에서 보내는 공문을 전하는 전령이 도착했다. 공문에는 황제와 그의 수행단이 만주에 있는 사냥터로 떠났으며, 영국군과 프랑스군이 수도에서 불과 몇 킬로미터 떨어진 곳에 와 있다는 내용이 적혀 있었다. 할 수 있는 일이 아무것도 없다고 그는 일기에 절망적으로 썼다. 적어도 그가 할 수 있는 일은 없었다. 황제의 도피와 관련해 아무것도 할 수 없는 무기력함을 인정하자마자 그는 울음을 터뜨렸다.[1]

실제로, 그는 안후이성 남부의 산들로 둘러싸인 치먼이라는 곳에 설치된 지휘 본부에 앉아서 양쯔강 상류 쪽 가장 먼 곳에 자리한 태평천국 거점을 상대로 장기간 후방 군사 작전을 벌이고 있었기에 그가 할 수 있는 일은 아무것도 없었다. 적어도 명목상, 현재 그는 태평천국 반란군에 맞서 싸우는 청나라 군대의 총지휘관이었다. 그는 그해 봄 난징의 포위 진영이 무너지고 장군 장국량과 화춘이 모두 사망하면서 갑자기 그 직책을 물려받았다. 하지만 그는 충왕의 승전군이 마음대로 돌아다니는 쑤저우로부터 태평천국 영토의 반대편으로 650킬로미터 정도 떨어져 있었고, 영국군과 프랑스군이 다가가고 있는 제국 수도 베이징으로부터는 훨씬 더 멀리 떨어져 있었다. 그의 군대가 그 두 곳 중 어디서든 역할을 하기에는 너무 늦은 상황이었다. 그래서 그는 마음을 가다듬고 자신이 실제로 역할을 할 수 있는 몇 가지 일에 집중했다. 그는 자기 진지와 마주하고 있는 가파른 산의 높이를 측량하기 위해서 밧줄을 들려 사람 한 명을 산으로 올려보냈다. 또한 문서 작업을 계속했다. 그날 밤 잠자리에 들었을 때 또다시 그는 잠을 방해하는 악마들에게 시달렸다.

증국번은 자신의 경력이 이곳으로 이어지리라 예상하지 못했고, 시골인 안후이성의 이 외딴 골짜기가 자신이 죽을 곳이 되리라고도 (현재로서는 그럴 가능성이 높아 보였다) 예측할 수 없었을 것이다. 그는 전투원이 아니라 학자였다. 청나라 과거시험에 도전한 홍수전을 비롯한 수백만 명의 사람들과 그리 다르지 않은 환경에서 삶을 시작한, 책과 시와 도덕철학의 사람이었다. 시골인 후난성의 농민 집안에서 태어난 다섯 아들 중 장남이라는 그의 배경에는 특별히 유망한 것이라고는 전혀 없었다. 그의 집안 남자들이 글을 못 읽는 것은 아니었지만, 그들 중 과거시험으로 출세한 사람은 아무도 없었다. 그의 아버지는 집안에서 본격적으로 과거시험에 도전한 첫 번째 사람이었는데, 가장 낮은 등급인 하위 행정 단위의 시험에서 열여섯 번이나 낙방한 뒤에야 1832년 마침내 합격했고, 이때는 이미 중년이 되어 있었다. 그러나 증국번은 훨씬 더 뛰어난 재능(적어도 심사위원들이 바라는 종류의 재능)을 보여, 아버지가 합격한 바로 이듬해에 같은 시험에 합격할 수 있었다. 이때 그는 겨우 스물두 살이어서, 많은 경력을 쌓을 기회가 열려 있었다. 쉽게 이루어낸 일은 아니지만(그는 여섯 번의 실패를 거쳐 합격했다), 그는 혼신의 노력과 스스로에 대한 채찍질을 통해 결국 계급 상승의 길로 나아갈 수 있었다. 이듬해에 그는 홍수전은 끝내 통과하지 못했던 향시에 합격했고, 그다음에는 최고 등급의 시험, 즉 베이징에서 황제가 시행하는 시험에 도전했다. 그는 두 번의 낙방 끝에 1838년 뛰어난 성적으로 합격했으며, 갈망했던 '진사' 칭호를 얻어 한림원에 임용되었다.[2]

유학자들이 통치하는 청나라에서 한림원은 엘리트 중의 엘리트들을 보유한 곳이었다. 증국번은 1838년에 이곳의 일원으로 선발됨으로써, 약 4억 명에 달하는 제국 인구 가운데 추려진 100명가량의 학생과 교수 그룹에 합류하게 되었다.[3] 한림원의 고참 학자들은 유교 경전 해석을 담당하고 있었다. 그들은 과거시험 문제를 출제했고, 시험 집행부를 감독했다. 또한 황제와 장차 황제가 될 수도 있는 어린 황자들의 공부를 지도했다. 이 사람들은 군주의 고문단이자 싱크탱크로서, 수천 년간 전해 내려온 고대의 난해한 철학 문헌들을 의미 있는 정책이나 통치 행위로 전환시켰다. 증국번과 같은 신참자들에게 그곳은 권력의 전당에 진입하는 첫걸음으로서, 제국에서 가장 뛰어난 학자들과 함께하는 유급 학업 기간, 수도 베이징의 궁중세계에 들어가는 입장권을 의미했다. 그의 한림원 임용은 청나라 관료제라는 복잡한 건축물을 기어 올라가는 우아한 등반이 시작되었다는 표시였다. 힘든 과거시험이 홍수전에게서 정신 착란과 반항심을 불러일으켰다면, 이 귀염받는 아이 증국번에게서는 충성심과 감사의 마음을 불러일으켰다.[4]

과거시험 합격이 주는 보상은 권력과 명예뿐만이 아니었고, 더 현실적인 것으로 '부'도 있었다. 증국번의 가족은 그의 교육비를 대느라 엄청난 빚을 지고 있었고, 한림원에서 급료를 받아도 그는 베이징에서 살 때 돈이 거의 없었다. 그러나 그런 상황은 그가 1843년에 처음으로 수도 밖의 직책에 임명되어 쓰촨성의 성도에서 치러지는 향시의 관리자로 가면서 완전히 바뀌었다. 비위를 맞추려는 하급 관리들이 선물을 가지고 그에게 몰려들었고, 시험에 합격한 유학자들의 가족들 또한 고마워하며 선물을 했다. 그는 모피, 옥, 은을 16개의 가마에 싣고 베이징으로 돌아왔는데, 이는 그의 상당한 빚을 모두 갚고도 남는 수준이었다.[5] 그러나 동시에 그는 궁중세계에 만연한 부패와 물질적 쾌락에의 집착을 경계했다. 그는 수도에서 많은 교우관계의 기초가 되는 거짓된 아첨과 정략에 대해 짜증스러워했고, 고향의 형제들에게 쓴 편지에서 자신이 좀더 나은 사람이 되는 데 도움이 되지 않는 친구는 원하지 않는다고 말했다.[6] 베이징 사회에 대한 그의 경계심은 베이징의 일단의 저명한 교사들에게 영향을 받으면서 더 커졌다. 이 교사들은 자기 훈련과 자기 수양 사상에 깊이 뿌리를 두고 있는, 일반적으로 신新유학이라고 알려진 엄격한 도덕철학 학파를 지지했다. 그들의 지도 아래 그는 날카로운 비판의 눈으로 자기 자신을 관찰해, 매일매일의 행동을 지배하는 규칙들의 엄격한 목록을 만들기 시작했다. 매일 아침, 일찍 일어나서 한 시간 동안 조용히 사색할 것. 밤에는 집에 머물 것. 하나의 책을 반드시 끝까지 다 읽은 다음에 새로운 책을 읽을 것. 매일 일기를 쓸 것. 식사 후 1000보씩 걸을 것. 규칙은 계속 이어졌다.[7]

1852년에 어머니가 사망하지 않았다면 증국번의 경력은 비교적 예측 가능하게 흘러갔을 것이다. 즉, 그는 지위는 높아졌겠지만 딱히 눈에 띄지 않는 존재가 되었을 것이다. 그러나 공교롭게도 태평천국군이 광시성으로부터 후난성을 거쳐 후베이성의 우창까지 북쪽으로 최초의 진격에 나섰던 그 여름에 그의 어머니가 세상을 떠났다. 통상적으로 청 왕조의 관리들은 출신 성의 관직에 배치되지 않았다. 그것은 현지 권력을 방지하기 위한 조치로, 관리들이 자신들이 다스리는 백성보다는 황제에게 더 충성하게 해주었다. 증국번과 같은 위상의 관리가 고향으로 돌아가는 것은 오직 은퇴했을 때나 무능함으로 인해 면직되었을 때, 또는 증국번의 경우처럼 부모 중 한 명의 사망으로 관습에 따라 삼년상을 치르기 위해 공적인 생활에서 물러나야 할 때뿐이었다. 증국번은 1852년 봄에 어머니의 부음을 받은 후 수도에서의 삶을 뒤로하고 후난성으로 돌아갔다. 후난성의 성도 창사가 포위당한 상태여서, 그는 급성장 중인 반란 세력을 피해 우회로로 멀리 돌아갔고, 늦가을에 집에 도착했다.

그의 고향 후난성에서는 질서가 무너지고 있었다. 청국군이 빠르게 이동하는 태평천국군에게 집중하려 하면서 경계의 공백이 생겨나 무법자들이 활개를 쳤다. 도적 떼가 마을과 도시를 약탈하고도 거의 처벌받지 않았다. 걱정이 된 황제는 현지의 관리들에게 관할 지역 보호를 위해서 지역 민병대를 구성하라는 명령을 내렸다. 그러나 그 민병대들은 대체로 규모가 작고 장비가 열악했다. 급히 모집된 병사들은 전투 경험이 없었고, 무기는 구하기 어려웠다. 반란군에 맞서 창사의 성벽을 지켜낸 2000명 규모의 부대를 제외하면 대부분의 민병대는 무용지물보다 더 형편없었다. 지휘관들은 이기적이어서 고향집 근처를 떠나기를 꺼렸다. 그들을 조율하는 것은 어려웠고, 결국 다른 곳으로의 파병에 성공했다 해도 대부분은 태평천국군이 지나간 뒤 남은 잔해를 약탈하는 데만 관심을 두었다.[8]

1853년 1월 초, 제국 중부의 상황이 악화됨에 따라 황제는 증국번에게 후난성의 엉터리 민병대들을 지휘해 그곳의 질서를 회복하라는 명령을 내렸다. 이웃한 성들에도 비슷한 명령이 내려졌다. 모두 절박함에서 나온 명령이었고, 본질적으로 청국군이 반란을 진압할 수 없음을 인정하는 것이었다. 증국번의 경우, 황제의 명령은 그에게 고향 지역에서 광범위한 군사 업무를 수행할 권한을 부여함으로써 그동안의 관례를 깨는 것이었다. 그러나 황제는 그가 충성스럽다는 것을 알고 있었으며, 그를 선택한 이유는 군사 업무에 어떤 재능을 보여서가 아니라(대부분의 유학자는 군사 업무를 경멸했고, 무용을 뽐내는 것은 피지배층인 한족이 아니라 지배층인 만주족의 허세였다)[9] 그가 그 일에 접근하기 편리한 상황에 있어서였다. 증국번은 공교롭게도 이미 현지에 가 있었고, 그 지역과 그곳 사람들을 잘 알고 있었던 것이다. 그가 특별히 강력한 추천을 받은 것은 아니었다. 황제에게 그의 이름을 거론한 사람은 베이징에 있는 그의 스승 탕젠이었다. 탕젠은 증국번이 학식은 많지만, 사실 대단히 재능 있는 사람은 아니라고 말했다. 탕젠에 따르면, 증국번의 잠재된 기술이자 그가 그 임무에 적격일 수 있는 이유는 그가 사람을 쓰는 법을 잘 안다는 것이었다. 탕젠은 황제에게 이렇게 말했다. "그는 사람들의 재능을 잘 알아보며, 사람들의 장점들을 통합하는 데 능합니다. 만일 그가 다른 사람들의 지혜를 자신의 것으로서 잘 활용한다면 (…) 훌륭한 지도자가 될지도 모릅니다."[10]

증국번은 그 임명을 원하지 않았다. 그가 황제의 명령을 전달받은 것은 고향에 돌아온 지 넉 달도 채 되지 않은 때였고, 그는 삼년상을 치르는 것은 고사하고 어머니의 장례 절차도 끝마치지 못한 상태였다.[11] 그는 실질적인 군사 경험이 없었고(그런 경험을 쌓는 데 관심도 없었다), 민병대를 이끄는 것은 자신에게는 불가능한 임무라는 생각이 들었다. 그래서 임명을 거부하기로 결심했고, 어머니의 상을 치러야 한다는 이유로 임명을 사양하는 상소를 작성했다. 황제의 명령을 거부하는 것은 작은 문제가 아니었지만, 유교의 가르침에서 부모는 무엇보다 우선이었다. 그의 마음은 진심이었다. 그는 그날 베이징의 한 친구에게 편지를 써, 어머니를 묻지 못하고 있는 것에 대한 죄책감을 견딜 수 없다고 말했다.[12] 그러나 예를 다하려는 그의 태도 뒤에는 민병대가 제대로 조직될 수 있을지에 대한 회의가 감춰져 있었다. 임무를 맡게 되면 그는 후난성을 이곳저곳 돌아다니면서 서로 돕는 데는 전혀 관심이 없는 향신들로부터 자금을 모아야 할 것이고, 그것이 괴로움 이상의 어떠한 일을 초래할지 알 수 없었다.[13]

그러나 그때, 태평천국 반란군이 1853년 1월 12일 후난성 북쪽에 인접한 후베이성의 성도 우창을 정복했다는 소식이 전해졌다. 그들은 이제 양쯔강 중류 지역을 장악했다. 사람들이 예상했던 것보다 위기는 더 커지고 있었다. 증국번의 아버지와 형제들 그리고 가까운 친구 한 명이 나서서 증국번에게 황제의 임명을 받아들여 고향을 파괴로부터 구하도록 도와달라고 간청했다. 결국 그는 설득되었고 상소문을 찢어버리고 임무를 받아들였다.[14]

청 왕조의 상비군은 크게 독립된 두 개의 병력으로 나뉘어 있었다. 정예군은 '팔기군八旗軍'으로, 만주족과 몽골족으로 구성되었고 북쪽에서 작전을 수행했다. 이들은 황제와 더 넓게는 만주족의 친위 군대였으며, 황제가 사는 곳뿐만 아니라 고향 만주와 제국 전역에 흩어져 있는 소수의 요새 도시들에도 병력을 집중했다. 그들은 위대한 18세기 국경 전쟁들의 시기에 정점에 올라, 중앙아시아라는 광대한 지역을 만주족 통치하에 통합했다. 그러나 그들은 이후 계속 쇠퇴했다. 두드러진 소수를 제외하고는 새로운 세대의 병사들은 위 세대인 위대한 전사들의 그림자에 불과했다. 베이징 주변 지역에는 약 13만 명의 팔기군이 주둔하고 있었지만 태평천국의 발상지인 광시성에는 팔기군이 전혀 없었다.

팔기군 아래 녹영군이 있었다. 녹영군은 청나라 대부분의 지역에서 통제 유지를 담당하고 있었다. 녹영군 병사들과 대부분의 녹영군 장교는 한족이었다. 대략적으로 말해서, 만주족 팔기군이 황제와 황제의 민족을 지켰다면 녹영군의 한족 병사들은 청나라 영토의 훨씬 더 광범위한 지역에서 질서를 유지했다. 녹영군의 고정 인원도 그만큼 더 많아서, 1850년대 초에 60만 명으로 기록되었다.[15] 그러나 실제로는 이렇게까지 많지 않았다. 지휘관들이 보통 여분의 급여와 물자를 횡령하기 위해 휘하 인원의 수를 부풀렸던 것이다. 또한 병사들은 큰 전쟁에 동원된 지 한 세대 이상(사실상 50년) 경과된 탓에 잘 훈련되어 있지 않았다.

게다가 녹영군의 수가 훨씬 더 많음에도 정예군인 팔기군이 청나라 군사 예산에서 가장 큰 몫을 차지해, 더 규모가 큰 한족 군대는 전투 준비만 부족한 것이 아니라 자금도 부족했다. 18세기의 전쟁들은 청 왕조의 군비를 고갈시켰는데, 이는 1850년대에 이르러서도 보충되지 않고 있었다. 광범위한 비용 절감 조치들은 군사 기술의 개선이 거의 또는 전혀 이루어지지 않고 기존 무기들이 부실하게 관리되고 있음을 의미했다. 전통적으로 병사들 개개인은 자신의 소지 무기(주로 칼과 단검)를 구입해 갖추고 있어야 했지만, 평화 시에 그들은 보잘것없는 봉급을 가족의 식량을 마련하거나 아편을 사는 등 다른 데 먼저 써버렸다. 국가는 총기를 제공했지만(화승총이었는데, 이것은 중앙아시아 지역에서는 쓰이고 있었지만 유럽에서는 미국 혁명 시기에 이미 퇴물이 되었다), 이 역시 비용 절감 노력으로 인해 손질이 잘 되어 있지 않았다. 1816년에 제정된 청나라 법령은 무기를 반드시 30~40년간 사용한 뒤 교체해야 한다고 규정했다. 실제로 사용되는 많은 무기는 한 세기 이상 된 것들이었다.[16] 따라서 19세기의 청나라 군대는 너무 많은 평화와 너무 적은 번영의 치명적인 조합으로 어려움을 겪었다.

태평천국군이 광시성에서 발생해 북쪽으로 나아갈 무렵, 녹영군은 군대보다는 제국 전역에 퍼져 있는 광대한 경찰력 네트워크 같은 역할을 했다. 녹영군 부대들은 지역의 질서를 유지하고 국내 곡물 수송을 도왔으며, 죄수 이송이나 우편물 운반 같은 평범한 일들을 수행했다. 지휘권은 서로 시기하며 경쟁하는 지역 문관과 군관들에게 분산되어 있었는데, 이는 반항적인 한족 지휘관 한 명이 녹영군을 청 왕조에 맞서는 세력으로 조직화할 수 없게 하려는 의도적인 조치였다. 그러나 분명한 지휘 계통이 없는 탓에 태평천국군처럼 빠르게 움직이는 대규모 적을 상대로 녹영군을 동원하는 것은 거의 불가능했다.[17]

증국번은 녹영군의 결함을 잘 알고 있었다. 일찍이 베이징에 있던 때인 1851년에 그는 녹영군의 수를 줄일 것을 주장했다. 그는 그 지방 병력이 할 일 없이 남아도는 병사들로 덩치가 부풀려졌다고 황제에게 건의했다. 한가하고 지루해서 녹영군은 지역 도적 떼와 어울려 지냈다. 그들은 아편을 피우고 노름판을 벌였다. 무단으로 외출해 문제를 일으켰고, 막상 싸우러 나가야 할 상황이 닥치면 부랑자들에게 돈을 주어 자기 자리를 메우게 했다. 증국번은 상소에서 이렇게 썼다. "그들은 적을 발견하자마자 도망치며, 적들이 떠나면 돌아와 지역 주민들을 살해하고[그들을 반역자로 위장하기 위해] 승리를 주장합니다."[18] 그리고 한 친구에게는 이렇게 썼다. "설령 공자가 다시 살아난다 한들 3년이 걸려서도 그들의 악행은 바로잡지 못할 것이다."[19] 1853년 황제가 내린 임무를 받아들였을 때 증국번은 더 신랄하게 비판했다. 그는 녹영군이 항상 반란군의 꼬리를 쫓고 있을 뿐 반란군을 정면으로 공격하지는 않는다고 썼다. 녹영군은 대포와 머스킷총을 가지고 멀찍이 떨어져서 공격할 뿐, 그들이 작은 무기를 들고 접전을 벌인다는 얘기는 들어본 적이 없었다. 이는 그들이 제대로 훈련되어 있지 않고 용기도 부족하며 이렇다 할 무술도 갖추지 못했음을 보여준다고 그는 썼다.[20]

그래서 그는 새로운 종류의 병력을 창설해 처음부터 다시 시작할 것을 주장했다. 증국번은 해안에 출몰하는 일본 해적들과 싸우기 위해 민병대를 조직했던 한 명나라 장군을 본떠 작고 효율적인 군대를 만들 것을 제안했다. 그 군대는 세심하게 훈련될 것이고, 그 군대의 병사들은 용감할 것이다. 넓은 의미에서, 1853년에 그가 조직하기 시작한 군대는 그가 가진 신유학적 도덕 질서 관념의 군사적 산물이었다. 그는 자기 훈련에 대해 배운 그대로 자신의 군대를 훈련할 계획이었다. 그는 걱정하는 황제에게 인내심을 가지고 기다려달라고 간청했다. 그는 이렇게 썼다. "저희는 수적으로 많은 것이 아니라 탁월함을 추구합니다. 또한 군대를 빨리 투입하는 것보다 군대를 정말로 효율적으로 만들기를 원합니다."[21]

그는 신병 모집의 엄격한 기준을 마련하는 것으로 시작했다. 첫째, 병사들은 그 자신과 마찬가지로 도시 출신이 아니라 시골 출신의 젊은이여야 했다. 1855년의 한 기록에서 그는 이렇게 설명했다. "강력한 군대를 원하는 사람들은 산골 마을 출신의 병사들을 기용하며, 도시 사람이나 수로에 사는 사람들을 기피한다."[22] 나름의 목가적 낭만을 드러내며 그는 다음과 같이 생각했다. "산골과 시골 지역에서 사는 사람들이 강인하다면, 강변 마을 사람들은 교활하다. 도시들이 게으르고 태평스러운 방랑자로 가득하다면, 시골 마을들에는 소박하고 성실한 사람들이 있다." 둘째, 그는 신병 모집이 오직 개인적 경로를 통해 이루어져야 한다고 주장했다. 형제, 친구, 동료 유학자, 그리고 세심한 면접을 통해 받아들인 사람들 중에서 자신의 지휘관들을 선택할 것이고, 그런 뒤 그들이 자기 부하들을 선택할 것이다. 이러한 과정은 위에서 아래로 내려가며 모든 계급에서 반복될 것이고, 가장 아래에서는 보병들이 그들의 고향 출신 장교들에 의해 모집되어 이웃들과 함께 싸운다.[23]

장교와 부하 관계의 측면에서 보면 그것은 유학자가 그리는 군대였다. 공자는 아버지와 자식 간의 관계가 사회의 절대적인 도덕적 토대라고 가르쳤고, 증국번은 장교와 사병 간에도 비슷한 정서적 유대를 장려했다. 이는 관대함을 장려하는 것이 아니었다.(그는 엄격한 아버지로 유명했다.) 오히려 끊을 수 없는 의무감을 형성하는 것이 목적이었다. 1858년에 그는 지휘관들에게 "아버지가 자식에게, 또는 형이 동생에게 하듯이 병사들을 대해야 한다. 윗사람이 엄격하면 아랫사람은 잘 훈육될 것이고, 집안은 번성할 것이다. 윗사람이 아랫사람의 응석을 받아주면 아랫사람은 방자하고 오만해질 것이고, 집안은 퇴락할 것이다"라고 가르쳤다.[24] 마찬가지로 그는 "용서"에 관한 어떤 글에서 처벌이 한 집단 내의 조화를 유지하는 열쇠라고 주장했다. 작은 친절이 무질서의 시작이라고 그는 믿었다. 자식의 잘못을 용서해주는 아버지는 결국 집안을 통제하지 못하게 된다. 장교에게 벌을 받지 않는 병사는 버릇없고 말을 듣지 않게 된다. 그는 이렇게 결론 내렸다. "용서는 사람들을 다스릴 수 없고, 관대함은 집안을 이끌 수 없으며, 너그러움은 군대를 통솔할 수 없다."[25] 가족 비유는 아래에서 위를 향해서도, 보병이 장군을 대할 때도 적용되었다. 그는 각자가 "자식이 아버지를 섬기듯이 상관을 섬기라"고 권장했다.[26]

이러한 인적 유대는 침범될 수 없었다. 어떤 병사나 장교에게도 인적 관계로 엮여 있지 않은 지휘관을 따를 것을 기대할 수 없었다. 그리고 장군들은 고위 지휘관들을 건너뛰어 하위 계급에 직접 명령을 내릴 수 없었다.[27] 극단적인 경우, 이는 한 장군이 자기 지휘관들 중 한 명을 전속시킨다면 그 지휘관 아래의 지휘 피라미드 전체가 그와 함께 전속됨을 의미했다. 그를 대체하는 장교가 새로 온다면 이 신임 장교는 자신의 지휘 체계를 구축하는 과정을 처음부터 다시 시작해야 했다.[28] 같은 논리로, 어떤 지휘관이 전투에서 사망하면 그 휘하의 병사들은 인적 체계를 통해 새로운 부대에 재투입되거나 아니면 퇴역해 집으로 가야 했다.[29] 증국번 자신이 사망한다면 그 군대는 해산되는 것이었다.

증국번은 또한 부하들에게 아주 좋은 보수를 주는 것으로 충성심을 고취했다. 자금이 있을 때면(이런 일은 드물었지만 입대자들은 그 사실을 몰랐다), 증국번 군대의 보병은 한 달에 4냥 남짓한 은을 봉급으로 받았는데, 이는 동급의 녹영군 병사 봉급의 거의 3배 수준이었다.[30] 게다가 전투에서 획득한 것에 대해서는 푸짐한 보상이 따랐다. 도적 한 명을 죽이면 은 10냥, 한 명을 산 채로 붙잡으면 은 15냥이 주어졌고, 태평천국군(보통의 도적과 구별해 "장발적長髮賊"이라 불렸다) 한 명을 붙잡으면 은 20냥, 즉 거의 5개월 치 봉급이 주어졌다. 반란군의 말을 포획하면 그 말 자체를 상으로 가질 수 있었고, 말을 원치 않는다면 상관에게 말을 넘기고 은 10냥을 받을 수도 있었다. 전쟁 물자를 포획했을 때는 좀더 작은 상이 주어졌다. 화약 한 통에 5냥, 납총알 한 통에 3냥, 큰 대포 1문에 10냥, 작은 대포 1문에 5냥이었다. 또한 머스킷총(또는 "조총") 한 자루에 3냥, 검, 창, 깃발에 각 2냥이었다.[31] 이런 것은 가난한 농민들에게는 환상적인 포상이었지만, 용맹함이 공짜로 발휘되지는 않았음을 시사한다.

신병 모집이 끝난 후에는 세뇌 교육이 이루어졌다. 증국번의 군대에 입대한 농민들은 대부분 군사 경험이 전혀 없었다. 그들은 백지 상태였다. 이에 그는 그들이 처음 진영에 들어왔을 때 황제의 명령을 전달했다. 그는 신병들에게 다음과 같이 말했다. "민병이 되어 청나라를 위해 힘쓰도록 우리는 여러분을 입대시켰다. 매일 여러분에게 제공하는 음식과 물자는 모두 황제의 금고에서 나온다."[32] 이것이 신병들의 이념적 세뇌 교육의 핵심이자 거의 전부였다. 즉, 나라를 위해 봉사하고 황제에게 감사하라는 것이었다. 나머지 세뇌 교육은 극히 현실적이고 사적인 것으로 요약되었다. 즉, 죽이지 않으면 죽임을 당한다는 사실을 알라는 것이었다. 그는 신병들에게 이렇게 말했다. "우리가 너희에게 무술을 배우라고 하는 것은 그래야만 너희가 목숨이 다하도록 도적들과 싸울 것이기 때문이다. 매일 아침 기술을 연마하지 않으면 너희는 도적들을 만났을 때 그들을 죽일 수 없을 것이고, 그러면 그들이 너희를 죽일 것이다." 그는 훈련에 사적인 이해관계가 달려 있다고 그들에게 말했다. "자기 목숨을 지키기 위해 무술을 배우는 것이다. 뛰어난 수준에 이를 때까지 연습하고 용감하게 돌격하라. 그러면 너희는 죽임을 당하지 않을 수 있다. 하지만 너희가 물러서는 순간 너희의 목숨은 끝난다. 이 원칙은 분명하다." 증국번은 진짜로 용감할 수 있는 유일한 방법은 죽음을 두려워하지 않는 것이라고 믿었다. 그래서 그는 또한 운명론에 호소하며 이렇게 설명했다. "너희가 죽을 때가 안 되었다면, 1000만 명의 적이 너희를 에워싸더라도 그들은 너희를 죽일 수 없을 것이다. 너희가 신의 보호를 받고 있을 것이기 때문이다. 하지만 너희가 죽을 때가 되었다면, 너희가 집에서 아무것도 하지 않고 가만히 앉아 있더라도 죽음이 너희를 찾아올 것이다."

사적인 충성심, 후한 보수, 일종의 운명 의식으로도 용기를 짜낼 수 없는 사람들을 위한 무자비한 처벌 목록도 있었다. 증국번이 장교들에게 설명했듯이, 엄격한 처벌 없이는 군대를 통제할 수 없기 때문이었다. 이에 따라 보상을 받기 위해서 거짓으로 부상당한 척하는 것은 매질 40대와 즉각적인 제대로 이어졌다. 전투에서 도망친 병사들은 붙잡히면 참수되었다. 그리고 공적을 허위로 보고한 병사는 목을 잘랐을 뿐만 아니라, 다른 사람들을 향한 경고로서 잘린 머리를 전시했다.[33]

증국번의 신병 모집 과정의 특이한 면이 특히 중요성을 띠는 것은 바로 이 지점에서였다. 거대하고 조직적이지 못한 녹영군에 들어가려는 사람은 그냥 나타나기만 하면 입대할 수 있었기 때문이다. 마찬가지로, 입대한 사람이 그냥 사라질 수도 있었다. 그러나 후난 민병대의 모집 과정에서 드러나는 사적인 성격은 탈영을 거의 불가능하게 만들었고, 증국번 체계의 큰 효율성은 바로 여기서 나왔다. 모든 병사는 자기 집에서, 자기 지역에서, 사적인 접촉을 통해 모집되었다. 어떤 병사가 어디서 살았는지를 그 병사와 같은 부대 병사들이 정확히 알았을 것이고, 그들은 필시 다 함께 어울려 자랐을 것이다. 어떤 사람을 입대시킨 장교는 증국번의 엄격한 지침에 따라 그 사람의 이름뿐만 아니라 그의 지문과 대가족 구성원 모두의 이름을 기록해두었다. 그 가족 구성원 중 일부는 그의 복무를 위해 신원 보증을 제공해야 했다.[34] 그리하여 이 군대의 병사들은 전투에서 도망쳐 그냥 시골로 사라져버릴 수는 없었다. 언제나 그의 가족이 처벌을 받을 수 있었다.

이 군대를 실제로 조성하는 데 가장 걸림돌이 된 것은 적이 아니라, 증국번이 자금, 무기, 물자를 놓고 경쟁을 벌여야 하는 상대인 지방 관리들이었다. 그들은 자기 관할권을 지키고 있었고, 명시적으로 강제되지 않는 한 그를 지원하는 것을 대체로 거부했다. 정통성 없는 그의 직책이 "황제가 파견한 전쟁위원회 부위원장, 전 의례위원회 부위원장"처럼[35] 모호한 이름을 가지고 있는 것도 도움이 되지 않았다. 이러한 직책은 성의 관리들에게 뚜렷한 의미가 없고 쉽게 무시되었다. 또한 임무가 임시변통으로 급하게 맡겨진 탓에 그의 권위의 물리적 표현인 인장이 옥이 아니라 나무로 만들어진 것 역시 도움이 되지

않았다. 어떤 이들은 그 인장이 위조된 것이라고 결론 내렸다. 그는 또한 협력을 얻어내야 할 상대인 녹영군 지휘관들에 대한 강제적 권한을 갖고 있지 않았다. 그래서 처음에 그들은 증국번이 너무 거슬려서 적군 대신 증국번의 민병대를 종종 공격하기까지 했다. 민병대 병사들은 녹영군에 의해 거듭 구금되었고, 때로는 살해되기도 했다. 한번은 1853년에 녹영군이 증국번을 직접 쫓아와 그의 지휘 본부를 불태우기도 했다.[36]

청나라 중앙 정부는 전통적으로 군대에 자금과 장비를 공급했지만, 태평천국의 반란이 일어날 무렵에는 지불 능력이 없어서 증국번의 민병대나 전국에 걸쳐 생겨난 다른 새로운 민병대들을 지원할 여력이 안 됐다. 이에 황제는 민병대 지도자들에게 강 운항세 징수, 부자들에게 지위와 신분 판매, 직접적 모금 등 다양한 방법으로 자금을 모으는 것을 예외적으로 허락했다. 따라서 증국번은 후난성의 부유한 지주나 상인들에게 직접 지원을 호소해야 했지만 그 부자들은 당연히 자기 본거지 밖의 일을 지원하려 하지 않았다. 증국번에게는 메시지가 필요했다. 그는 초기 태평천국군을 하나로 묶어주었던 종말론적 기독교 교리를 그저 막연히 알고 있었을 뿐이지만, 그에게는 태평천국군이 정복 도시들에서 유교 사원들을 파괴했다는 사실만으로 충분했다. 그 사원들은 현자와 그 사원들이 대변하는 국가 체제를 기리는 의례들을 담당하는 곳으로, 그의 정체성의 토대나 마찬가지였다. 따라서 그의 지원 호소는 청 왕조에 대한 태평천국 반란군의 위협에 초점을 두지 않았다. 청 왕조의 권위가 쇠퇴하는 것은 그다지 자극제가 되지 못했기 때문이다.(특히 후난성에서는 이미 수십만 명의 사람이 그 반란군에 합류한 상태였다.) 그는 만주족의 지배보다 더 멀리 나아가, 태평천국의 반란이 유교 문명 자체를 위태롭게 했다고 비난했다.

증국번은 1854년의 포고문에서 반란군이 중국의 전통적인 생활 방식에 가하는 위협을 거론하면서 자신의 민병대에 기부해달라고 호소했다. 그는 이렇게 썼다. "그들이 지나가는 곳마다 크든 작든 모든 배가 강탈당하고, 부유하든 가난하든 모든 사람이 약탈당해 빈털터리가 되며, 심지어 풀 한 포기 남지 않는다."[37] 그는 특히 유학자들에게 호소해, 태평천국 치하에서는 유교 경전들이 금지된다고 경고했다. 그는 이렇게 썼다. "학자들은 공자의 고전들을 읽을 수가 없고, 이른바 예수의 말, 즉 '신약성서'라는 책이 그것들을 대신한다. 예수의 말이 수천 년에 걸친 중국의 예절, 윤리, 고전, 법률을 가져다가 하루 만에 완전히 몰아내버린다!" 이것은 만주족 지배에 대한 단순한 위협을 넘어서는 훨씬 더 큰 범죄였다. 증국번은 이어서 이렇게 썼다. "어떻게 이것이 우리 청 왕조에 대한 교란에 그칠 수 있겠는가? 이것은 우리의 유교 가르침에 대한 개벽 이래 최대의 위협이다." 그의 말에 따르면 중국에는 오랫동안 여러 반란이 있었지만 반란이 유교 자체를 공격한 경우는 이전에는 없었다. 심지어 그 반란들 중 최악의 반란도 사당들에는 손을 대지 않았다. 그의 이런 말 속에는, 태평천국이 청 왕조를 몰아내고 다음 왕조가 되는 것을 목표로 삼고 있는 것이 아니라 왕조 통치 자체를 끝장내는 것을 목표로 삼고 있다는 암울한 경고가 담겨 있었다.

증국번은 그 포고문에서 아슬아슬한 줄타기를 하고 있는 셈이었다. 왜냐하면 그렇게 불확실한 시대에는 심지어 이전에는 현실에 만족했던 황제의 신민조차 반란군의 승리가 예견된다면 반란군을 지지하는 쪽으로 돌아설 수 있기 때문이다. 이른바 '천명'은 영원한 것으로 여겨지지 않았고, 모든 왕조는 결국 끝나기 마련이라고 사람들은 믿고 있었다. 그러나 증국번이 가장 직접적으로 호소한 상대인 부유한 지주들은 청 왕조하에서 번영했고, 증국번이 자신의 군대에 대한 그들의 지원을 얻으려면 만주족 왕조가 아직 쓰러질 때가 아니라는 것을 그들에게 납득시켜야 했다. 그래서 그는 현 상황이 왕조 말기적 상황이라 할 만한 것과 대단히 유사하다고(광범위한 봉기와 정부 통제력의 거의 완전한 붕괴) 인정했지만, 황제의 상태는 그보다 낫다고 주장했다. 한나라, 당나라, 원나라, 명나라 말기에는 정부가 지방에 대한 통제력을 잃어 "도적 떼가 사람들 머리카락만큼이나 많았다"고 썼다. 그러나 함풍제는 과거의 황제들과 달리 정말로 통제력을 잃은 적은 없다고 그는 주장했다. 아마도 바람을 담아 그는 함풍제에 대해 "자신의 행동에 대해 깊이 걱정하고 성찰한다" "하늘을 존중하고 백성을 불쌍히 여긴다"라고 썼다. 황제는 세금을 올리지도 않았고, 반란군과 싸울 병사들을 징집하지도 않았다고 증국번은 지적했다. 이는 황제가 여전히 통치 중이며 청나라가 끝나지 않았다는 증거였다. 증국번은 고삐 풀린 혼란 속에서 먼 곳에 동떨어져 있는 황제를 명백히 변호하는 이런 글을 씀으로써 모든 사람의 마음속에 있던 우려, 즉 만주족이 통치권을 잃어가는 중인지도 모른다는 우려에 대응했다.

이런 호소는 현 왕조에서 권력과 명성을 얻은 교육받은 향신이나 학자들에게는 공감을 얻을 수도 있었겠지만, 이념적으로 말해서 함풍제의 통치가 지속되는 것이 농민들에게 어떤 이득이 되었는지는 분명하지 않다. 기본적인 안전과 합리적 과세 말고는 베이징의 정부가 시골 사람들에게 중요할 것은 거의 없었다. 이 정부는 사람들의 안전을 확보하는 일을 특히 못 하고 있었다. 그러나 농민들은 그의 군대에 자금을 제공하는 것이 아니라 인력을 제공하고 있었고, 이 때문에 증국번은 필히 농민 병사들에게 후한 보수를 지급하고 그들의 식량과 물자가 황제의 선물임을 가르쳐야 했다. 비록 실제로는 그것들이 정부가 아닌 향신들에 의해 조달되었더라도 말이다. 군주에 대한 맹목적인 충성심이 없는 상황에서 물질적인 유혹은 꼭 필요했다.

무기에 대해 말하자면, 증국번의 군대는 전쟁을 벌이고 있던 양 진영에서 쓰인 것과 동일한 중국 무기들을 사용했다. 주요 무기는 근접전을 위한 잔인한 도구들로, 칼과 창, 괭이, 긴 쇠스랑, 손도끼 등이었다. 그다음으로 총기가 있었다. 특히 "조총"으로 알려진 긴 화승총이 있었는데, 이것은 총신 뒤쪽의 약실에 불 붙인 심지를 갖다 대어 발사했다. 화승총은 빗속에서는 발사할 수 없었고, 불타고 있는 심지는 어둠 속에서 쉽게 눈에 띄었다. 재장전하는 데는 약 1분이 걸렸지만, 반복 사격 훈련(증국번의 군대에서 시행한)을 잘 받은 숙련된 화승총 포수들이 팀을 이루어 차례차례 발사하면 꾸준히 연발 사격을 이어갈 수 있었다. 영어로 '진걸gingal'이라고 알려진 더 무거운 '타이창抬枪'은 약 2.4미터 길이의 대구경 화승총으로, 삼발 거치대 위에 놓여 있든 두 남자의 어깨 위에 걸쳐져 있든 작동하려면 서너 명의 남자가 필요했다. 이 화승총은 약 453그램짜리 총알을 1.6킬로미터 가까이 쏘아 보낼 수 있었다. 그리고 마지막으로 바퀴 달린 황동 대포가 있었는데, 큰 것들은 도시의 성벽에 배치하고 작은 것들은 전투에 끌고 다녔다. 이 대포들은 가격이 비쌌고, 따라서 비교적 수가 많지 않았다.

녹영군은 정부가 지급한 무기를 사용했지만, 증국번은 성 당국으로부터 얻을 수 있는 것들을 얻은 다음 자체 무기고를 설치해 그 밖의 것들을 조달했다. 반란군 측은 그 부분에서 훨씬 더 변통을 잘해야 했다. 태평천국군은 함락한 도시의 무기고를 급습했고, 농기구에 크게 의존했으며, 초기의 북진 원정 중에는 자체적으로 작은 대포들을 주조했다. 포위되어 있을 때는 심지어 건축에 쓰이는 벽돌들을 끓여 화약 제조용 초석을 추출하는 법을 배우기까지 했다.[38] 시간이 지나면서 양측은 상하이의 외국인들로부터 연발 카빈총을 구하려 노력하게 된다. 중국 역사상 그 시기에 군사 기술의 발전이 얼마나 정체되어 있었는지(그리고 그 외국 총들이 어째서 그렇게 유용해졌는지)를 암시해주는 일이 있었다. 당시 태평천국군은 1852년에 후난성의 웨저우라는 도시를 점령했는데, 그곳에서 1681년 끝난 전쟁 때 쓰였던 녹슨 총기들을 무더기로 발굴했다. 그 총들은 거의 200년이나 된 것이었겠지만, 반란군은 그것들을 얻고 기뻐했다.[39]

구조상 증국번 군대의 기본 구성 단위는 대대(영營)였다. 증국번은 대대를 장교 포함 505명으로 구성했다.[40] 이들은 다양한 크기의 부대로 조합되었지만, 내부 구조는 다 똑같았다. 각 대대는 전, 후, 좌, 우 4개의 정규 중대(사오哨)로 구성되었고, 각 중대는 108명으로 구성되었으며, 여기에 72명으로 구성된 대대장 호위대와 대대장 자신을 더하면 총 505명이었다. 각 중대는 8개의 분대(대隊)로 나뉘었는데, 그중 2개는 진걸총 분대였고, 2개는 화승 격발식 머스킷총을 소지했으며, 4개는 칼과 창을 소지했다. 보통의 분대는 10명의 병사와 1명의 취사병과 분대장으로 이루어져 있었다. 그러나 진걸총이 너무 다루기 힘든 까닭에 진걸총 부대는 2명 더 배치되어 12명의 병사로 (세 자루의 진걸총 각각에 병사 네 명씩 배치) 구성되었다. 각 중대의 중대장은 7명의 수행원을 두었는데, 부관 1명, 경호원 5명, 개인 취사병 1명으로 이루어져 있었다. 72명으로 구성된 대대장 호위대는 따로 분리되어 6개 분대로 운영될 수 있었고, 이때 각 분대는 10명의 병사와 1명의 장교와 1명의 취사병으로 구성되었다. 그중 2개 분대는 대포에 배치되었고, 3개 분대는 칼과 창을 소지했으며, 1개 분대는 머스킷총을 소지했다. 마지막으로 짐꾼들이 있었다. 대대마다 180명의 지원 인력이 있어서 무기, 화약, 의약품, 의복의 운반을 돕도록 파견되었다. 결국 대포는 아주 적었고, 병사의 거의 절반은 총기를 전혀 사용하지 않았다. 이들 대대는 자립적, 자율적으로 활동하도록 계획된 것이었다. 이 때문에 72명으로 이루어진 대대장 호위대도 진을 치고 있을 때는 독립적인 헌병대 역할을 맡아, 병사들이 인근 민간인 마을들에서 범죄를 저지르는 것을 막는 일을 했다.

육상 병력을 지원하기 위해 증국번은 강과 호수에서 싸울 수군을 둘 것을 주문했다. 그것은 완전히 기발한 계획이었다. 처음에는 그나, 그의 장군들도 포함을 본 적이 없었고, 후난에는 포함을 건조할 줄 아는 사람도 없었다. 그럼에도 그는 조선소 세 곳을 세우고, 외부 전문가들을 데려와 현지인들에게 적절한 전쟁용 배를 만드는 법을 가르쳤다. 광저우 출신의 한 참모는 그들에게 "빠른 게"라는 큰 배를 만드는 법을 가르쳐주었다. 그것은 남부 아편 밀수꾼들의 거래에서 사용되는 배로, 양 측면에 빽빽하게 14개의 노가 있었고 45명을 태울 수 있었다.(하지만 그 배들은 너무 다루기 힘든 것으로 판명되었고, 결국 증국번은 포기했다.) 광시성 출신의 두 명의 참모는 중국의 서남부 강들을 미끄러져 다니는 더 민첩한 "긴 용"과 삼판선을 만드는 방법을 가르쳐주었다. 긴 용들은 길이 약 14미터, 폭 약 2미터의 화려하게 장식된 배로, 노 16개와 각각 181킬로그램쯤 되는 황동 포 7문을 장착하고 있었다. 중앙에 큰 돛이 있었고, 정원이 탑승하면 창과 칼과 깃발이 빽빽했다. 그보다 작은 삼판선들은 갑판이 없고 각각 10개의 노를 장착하고 있었다. 길이 약 9미터, 폭 약 1미터였고, 각 방향을 겨눌 수 있는 황동 포 하나가 있었다.[41] 이 배들은 귀엽고 날렵했다. 한 젊은 미국인은 양쯔강에 떠 있는 삼판선을 보고 이렇게 묘사했다. "밝게 광택이 나고 바닥이 널빤지처럼 평평해서 거의 물에 닿아 있지 않은 것처럼 보였다."[42]

1854년 2월에 이르러 증국번은 전투에 투입될 준비가 된 육상 병력 13개 대대와 이를 지원하는 수군 10개 대대를 갖추고 있었다. 수군은 함대를 보유하고 있었고, 이 함대는 200척 이상의 전함, 군용 물자를 나르는 100척의 정크선, 크고 넓은 기함으로 구성되어 있었다.[43] 그러나 책만 아는 증국번은 전술 지휘관으로서는 완전히 엉망이었다. 그는 육체적으로 서툴렀고, 말을 타는 것도 간신히 했다. 그해 봄 반란군을 후난성에서 북쪽으로 몰아내는 데 초기에는 약간 성공적이었지만, 이후 참혹한 패배가 이어지면서 그의 군대는 계속 후퇴해 후난성의 성도인 창사까지 돌아갔고, 반란군은 그가 안전하다고 여겼던 지역을 점령했다. 태평천국군은 그를 상대로 승리를 거둔 후 후난성의 심장부를 관통하여, 창사 남쪽에 자리한 주요 도시 샹탄을 점령했다. 샹탄은 증국번의 조선소 중 하나가 있는 곳이었다. 그들은 서둘러 방어 시설을 구축했고, 증국번의 함대를 징발했다. 또 다른 태평천국군 부대는 창사 북쪽의 작은 도시 징강을 점령했고, 이젠 이 두 도시 사이에 끼어 있는 창사 자체가 위협을 받았다. 증국번은 황제에게 자신의 미숙함에 대한 책임을 지고 처벌을 달게 받겠다는 상소를 올렸다.

창사의 잠재적 포위를 뚫기 위한 시도로 증국번은 자신의 병력을 나누었다. 그는 일부 병력을 수군의 지원하에 남쪽의 샹탄 쪽으로 보냈고, 자신은 징강을 되찾기 위해서 40척의 배로 이루어진 함대를 북쪽으로 직접 이끌고 갔다. 강이 남쪽에서 북쪽으로 흘렀기 때문에 증국번은 상류의 이점을 가지고 싸울 수 있었다. 그럼에도 기대했던 승리는 완패로 바뀌었다. 옆바람과 강한 물살에 휘말린 그의 미숙한 병사들은 배를 제어하지 못했다. 즉각 익사하지 않은 병사들은 기슭에서 기다리고 있던, 혹은 증국번의 함대보다 몇 배 큰 함대를 가지고 자신들을 막고 있던 반란군이 자신들의 배를 나포해 불태우는 것을 지켜보았다. 증국번은 이번에는 상소를 올리지 않았고, 직접 자신을 처벌하고자 했다. 그는 배를 저어 장교들의 시야에서 벗어난 곳으로 갔고, 물에 빠져 죽으려는 시도를 했다. 하지만 걱정되어 몰래 따라온 부관이 그가 물속으로 떨어지는 것을 보았고, 간신히 그를 끌고 나왔다. 장교들은 그를 회복시키기 위해 창사로 데려갔다.[44]

반복되는 패배는 후난성 비판자들에게 먹잇감을 제공했고, 심지어 그가 자살 시도 후 회복을 위해 누워 있을 때도 창사의 제국 관리들 한 무리는 그를 처벌하고 그의 군대를 해산할 것을 청원하고 있었다.[45] 그러나 그때 그가 남쪽 샹탄으로 보냈던 육상 병력이 뚜렷한 승리를 거두었다는 소식이 전해졌다. 진흙으로 만든 반란군의 방어 시설에 대한 4일간의 끊임없는 공격 끝에 살육이 벌어졌다. 보고에 따르면 1만 명의 반란군이 사망하고 1000척의 배가 나포되었다. 태평천국군 패잔병들은 북쪽으로 넓게 돌아 후퇴하기 시작했고, 창사는 당분간 안전해졌다. 희망이 있었다. 증국번은 곧 전장의 지휘권을 다른 사람들에게 맡기는 것을 배웠다.(탕젠이 황제에게 말한 바 있듯이, 증국번의 진정한 재능은 다른 사람들의 재능을 사용하는 것이었다.) 그는 병력을 재통합하고 수군을 재건할 시간을 가졌다. 그의 군대는 1854년 여름과 가을 동안 태평천국군을 후난성의 북쪽으로 완전히 밀어내고 후베이성까지 밀고 들어갔으며, 10월에 후베이성의 성도인 주요 강안 도시 우창을 다시 정복했다.

일련의 승리는 후난성의 비판자들을 한동안 침묵시켰지만, 후난성과 베이징의 많은 사람은 그의 정통성 없는 지위에 대해 계속 의문을 제기했다. 하지만 적어도 함풍제는 증국번의 군대가 우창을 탈환했다는 소식에 기뻐했다. 그는 이렇게 말했다. "그저 학자일 뿐인 증국번이 그렇게 대단한 업적을 이루어내다니 놀랍다!" 그러나 황제의 참모들 중 한 명은 좀더 삐딱하게 보면서, 후난성 출신의 한 지방 사람이 주로 그 자신에게 충성하는 1만 명의 사람들로 군대를 일으킨 결과가 장기적으로 "제국에 축복이 되지는 않을 것"이라고 충고했다.[46] 황제는 아무런 대답도 하지 않았다.

—

군대가 성장함에 따라 증국번은 찾을 수 있는 최고의 지휘관들을 모았다. 그들 대부분은 후난성 사람들로, 그의 가장 가까운 지인이나 이웃들에서 시작해 그 지역 학자들의 네트워크에 속하는 사람들까지 있었다. 그의 네 남동생 중 셋, 즉 증국화, 증국전, 증국보도 지휘관으로 복무하게 된다. 증국번이 43세였던 1854년에 증국화는 32세, 증국전은 30세, 증국보는 26세였다. 그러나 후난성 출신 지휘관들에 더해 다른 성 출신의 주요 지휘관도 몇 명 있었는데, 이들은 추천을 받거나 녹영군의 상위 계급에서 발탁된 터였다. 심지어 만주족 지휘관도 몇 명 있었는데, 그중 가장 중요한 사람은 다룽아라는 기병 장교였다. 그는 대단히 유능했지만, 고압적인 데다 중국어를 모르는 것을 자랑스러워했다. 만주족이 아닌 지휘관들에 대한 그의 경멸은 역력했고, 그 지휘관들도 대부분 그와 함께 일하기를 거부했다.[47] 증국번은 또한 특정 기술들에 대해서는 외부인들에게 의지했다. 그가 북부의 성들에서 기병을 모집한 것을 예로 들 수 있는데, 그곳의 좀더 평평한 지형이 산악 지형인 후난성보다 더 나은 기병들을 배출하기 때문이었다. 그는 후난성이 아닌 다른 지역 사람들에 대해서는 별도의 급여 체계를 마련했다. 장교들은 급여가 훨씬 높았는데, 아마 동료들에게 동기를 부여하는 데 도움이 되는 지역적 충성심이 부족했기 때문일 것이다. 하지만 낮은 직급에서는 똑같거나 더 높은 급여를 받는 쪽이 후난성 출신 병사와 짐꾼들이었다. 증국번이 보기에 이들의 가치가 더 높았기 때문이다. 하급 장교와 보병의 대부분은 언제나 후난 출신이었고, 이에 따라 증국번의 군대는 통틀어 후난군으로 알려졌다.

그것은 반란 진압군이었고, 증국번이 편지와 명령으로 끊임없이 반복한 말은 "백성을 사랑하라"였다. 그는 지역 주민들의 마음을 얻지 못하고는 자신의 군대가 성공할 가망이 없다고 믿었다. 그리고 정규 청국군의 잘 알려진 약탈을 감안할 때 후난군은 좀더 자제시키려고 노력했다. 이것은 선전을 위한 것이기도 해서, 백성을 보살피는 자비로운 청나라 정부라는 도덕적 이미지를 확산시켰다. 또한 실용적인 측면도 있었는데, 군사 행동 중인 군대는 식량을 인근 주민들에게 크게 의존했기 때문이다. 후난성으로 이어지는 물길을 따라 믿을 만한 보급선이 확보되어 있으면 그의 군대는 인력, 편지, 화약, 은뿐만 아니라 쌀, 소금, 식용유, 숯 등 기본 식자재를 실은 바지선도 꾸준히 받을 수 있었다. 그러나 채소와 고기는 진지 근처에 서는 장에서 병사들이 직접 구입해야 했다. 그리고 진지 주변에 벽을 쌓고 도랑을 파는 노동자들을 현지 주민 가운데서 구해야 했다.

장교들은 책과 철학의 세계에서 살고 있는 학자였지만, 그의 부하들은 글을 몰랐다. 그래서 증국번은 노래로 그들을 가르쳤다. 전쟁의 어느 시점에 이르러 자기 병사들의 비행에 대한 빈번한 보고에 신경 쓰이게 된 그는 전쟁 기간의 처신에 대해 그들에게 가르치기 위해 "백성을 사랑하라"라는 제목의 노래를 작곡했다. 그 노래는 병사들이 자주 하는 행동들이자 증국번이 그들이 하지 않기를 바라는 행동들이 반영된 규칙들을 담고 있었다. 예컨대 다음과 같은 것이었다. (땔감으로 쓰기 위해) 사람들 집에서 문짝을 훔치지 마라. 농작물을 짓밟거나 사람들이 자는 시간에 시끄럽게 굴지 마라. 취사 도구를 훔치거나 오리나 닭을 훔치지 마라. 도랑 파는 일을 강제로 시키지 마라. 돈이 없으면 길가의 채소를 따지 마라. 노래는 이렇게 이어졌다. "누군가를 강제로 끌어다 짐꾼으로 쓸 때마다 한 가족이 울며 두려움 속에서 살게 된다." 또한 "우리는 훔치지 않는다, 반란군이 훔친다. 우리가 약탈한다면 우리는 반란군과 똑같은 사람이 되는 것이다". 이 노래는 그가 꿈꾸는 반란 진압의 정수, 즉 농민의 단결(20세기의 초기 붉은군대에서 계획적으로 모방된 정서)로 끝났다. "군인과 백성은 한 가족과 같다. 무슨 일이 있어도 우리는 백성을 괴롭히지 않을 것이다. 매일 '백성을 사랑하라'를 부르면 하늘에도 평화가 있을 것이고, 땅에도 평화가 있을 것이고, 인간들 사이에도 평화가 있을 것이다."[48] 그는 지휘관들에게 시간이 날 때마다 부하들에게 그 노래를 가르치라고 명령했다.[49]

1854년 10월 우창을 점령한 후 후난군은 양쯔강을 따라 동쪽으로 내려가기 시작했다. 그들의 고향 후난성은 마침내 안전하게 뒤에 남아 있었고, 우창의 그들과 난징을 포위하고 있던 큰 녹영군 진지 사이에는 약 643킬로미터(직선 거리로는 약 482킬로미터)의 구불구불한 강이 놓여 있었는데, 그 강을 따라 태평천국군이 모든 전략적 성곽 도시들을 장악하고 있었다. 반란군이 그 도시들을 장악하고 있는 한, 반란군은 항상 자기들의 수도인 난징으로 열린 길을 확보할 수 있었고,

청국군의 난징 포위는 결코 달성될 수 없었다. 그리하여 엄청난 역경을 딛고 그 도시들을 탈환하는 임무가 증국번에게 맡겨졌다.

태평천국군은 규모가 더 크고 기세가 더 강해서, 증국번은 대체로 태평천국군의 주의가 다른 데 쏠려 있을 때를 틈타 승리를 거두곤 했다. 그러나 그의 군대가 거둔 초기 승리 대부분이 너무나 가혹하고 완전한 반전으로 이어져, 그가 얻어낸 자신감은 계속 무너져내렸다. 증국번의 군대가 양쯔강과 양쯔강 남쪽의 거대한 포양호湖가 만나는 지점을 굽어보고 있는 도시인 주장까지 강을 따라 내려간 후, 1855년 겨울의 대단히 잘못된 병력 배치 탓에 2월에 결국 그의 기함은 불길에 휩싸였고, 또한 그의 가장 좋은 배들은 태평천국군에 의해 호수 안에 봉쇄되어 강으로 나가지 못한 채 쓸모없어졌다. 손실의 규모가 분명해지고 부하들이 반란을 일으키기 직전까지 가자 그는 두 번째로 자살을 시도해, 전투가 한창인 전장에 서투르게 말을 타고 뛰어들었다. 다시 한번 그의 장교들은 그가 뜻을 이루기 전에 간신히 그를 끌고 나왔다.[50]

1855년 2월 주장에서 낭패를 당한 후, 증국번은 후난성 서쪽에 있는 장시성에서 18개월 동안 오도 가도 못 하고 있었다. 그에게는 1만 명 이상의 군사가 있었지만, 그들에게 급여를 지급할 돈이 없었다. 장시성의 관리들은 후난성의 관리들이 그랬던 것만큼 그를 업신여겼다. 그들은 지원을 거절했을 뿐만 아니라, 공개적으로 그를 조롱했다. 그 결과 태평천국군이 다시 양쯔강을 거슬러 올라와 그해 4월 우창을 탈환했을 때 증국번은 굴욕을 당하고 무력하게 행동할 수밖에 없었다. 1856년 반란군의 수도에서 일어난 동왕의 쿠데타 시도에 대한 유혈 진압, 그에 뒤이은 태평천국군의 힘의 소강 상태에 이르러서야 그는 마침내 한시름 놓을 수 있었다. 1857년 말에 그의 아버지가 사망했고, 그는 상을 치르기 위해 다시 집으로 돌아갔다. 그는 실패에 낙담했고, 끊임없이 자신의 노력을 가로막는 비타협적인 관리들 때문에 좌절감을 느꼈다. 그는 사직서를 제출하고 고위 장교들에게 군대를 맡겼다. 황제는 부름을 받으면 다시 싸우러 돌아와야 한다는 조건으로 그의 사임을 받아들였다. 휴직 기간은 1년쯤 지속되었다.[51]

증국번 군대의 지역적 성격은 대개 굳건한 전투 조직을 이루기 위한 것이었지만, 그것은 또한 그의 병사들의 사기가 후난성 자체의 안전에 크게 좌우된다는 것을 의미했다. 따라서 군대를 그 성 바깥으로 이끌고 가는 것, 양쯔강을 따라 내려가 다른 사람들의 근거지로 이끌고 가는 것은 매우 민감한 문제였다. 무엇보다 처음에 민병대를 만든 것은 태평천국군의 침략을 겪은 뒤 후난성의 질서를 회복하기 위해서였고, 심지어 황제가 내린 임무를 받아들이기로 한 증국번 자신의 결정도 고향을 지켜야 한다는 그의 아버지의 신념에 따른 것이었다. 그러나 일단 후난성에 있는 도적들과 태평천국군 잔당을 진압하는 목표가 달성되자 이제 증국번은 양쯔강을 따라 내려가 후베이성, 장시성, 안후이성을 거치며 난징까지 가는 것을 계획했다. 설령 그가 자기 군대를 고향인 후난성 밖으로 이동시키는 것에 대해 개인적으로 껄끄러워했더라도 가족에게 이런 마음을 털어놓지는 않았을 것이다.

1860년 여름 무렵, 그는 집으로 보낸 편지에서 자기 삶이 이제 청나라 전체에 걸쳐 있다고 썼다. "나는 하늘의 뜻을 받아들였으니, 하늘의 뜻이 나를 안후이로 데려가든 장난 지역으로 데려가든 내가 가지 않을 곳은 없다. 일찍이 나는 죽음에 대한 생각을 머릿속에서 지워버렸다. 나의 종말을 마주할 시간이 왔을 때 나는 후회의 감정을 느끼지 않을 것이다. 이것은 큰 축복이다."[52]

그러나 그의 장교와 병사들은 이런 식으로 거룩하게 생각하지 못했다. 후난성을 떠난다면 그들은 자신의 가정을, 자신의 부모와 자식과 아내를 위험 속에 방치하는 셈이었다. 따라서 그는 이웃 성들인 장시성과 안후이성으로의 원정을 명령함에 있어서, 후난군이 그곳에 가서 싸우면 후방에서 후난성을 보호하게 된다는 것을 일러주는 데 주의를 기울였다. 그러나 여러 개의 전선이 이리저리 움직이는 전쟁에서는 그런 전략이 늘 유효할 순 없었다. 1859년 봄, 그의 군대가 포양호 건너편에 위치한 도자기 생산 도시 징더전을 지키기 위해 장시성에서 꼼짝 못 하고 싸우고 있을 때, 익왕 석달개 휘하의 20만 내지 30만 명에 달하는(증국번의 정보 수집에 따르면) 별도의 대규모 태평천국군 병력이 장시성을 남쪽으로 휩쓸고 내려간 다음 북쪽의 경계를 넘어, 증국번 군대의 뒤쪽에 위치했던 후난성으로 들어갔다.

석달개 부대의 후난성 침략은 증국번의 군사들에게 큰 충격이었고, 그들은 귀향 허가를 간청하기 시작했다. 그러나 그는 징더전에서 철수해도 될 만한 이유를 전혀 찾을 수 없었다. 그의 군대가 철수하면 태평천국군에게 상류 지역을 위협할 별도의 경로를 열어주게 될 뿐이었다. 이에 그는 소수의 지휘관만 후난성으로 돌려보내면서, 전역했거나 휴직 중이거나 퇴역한 후난군 재향 군인들을 전부 동원하라는 명령을 내렸다. 그리고 다른 장교들에게는 각자의 부대를 안심시킬 것을 주문했다. 그는 그들에게 이렇게 썼다. "후난은 병사나 지휘관들이 없다는 걱정을 할 필요가 없다. 후난의 걱정거리는 단 하나, 우리가 함께 힘을 합쳐 후난성 경계 지역에서 반란군을 제때 저지할 수 있을까 하는 것뿐이다." 그는 후난에서 소집되는 병력이 반란군의 침략을 저지할 수 있다고 믿었고, 징더전에 있는 지휘관들에게는 "부하들에게 마음 놓고 계속 전쟁에 임하라고, 고향 일에 대한 걱정은 버리라고 이르라" 명령했다.[53] 부하들을 안심시키려는 이러한 말은 바람이 담긴 것이지만, 급하게 조성된 방위 병력은 궁극적으로 성공적이었다. 4만 명의 병사가 증국번의 고향집에서 불과 48킬로미터쯤 떨어진, 후난성 깊숙한 곳인 바오칭이라는 성곽 도시에 주둔하고 있던 석달개의 군대를 맞아 그해 여름 내내 저항했다. 석달개는 결국 포위를 포기했고, 8월에 남쪽 광시성으로 군대를 이끌고 갔다. 같은 달에 징더전이 함락되고서야 증국번은 후난성으로 더 많은 지원병을 보내기 시작했다.[54]

증국번은 경험이 많아질수록 더 고집스러워졌다. 그것은 그가 자기 사람들(후난성의 자기 가족과 군사, 그 군사의 가족들)에 대한 책임감 및 함풍제와 더 넓게는 청나라에 대한 책임감 사이에서 균형을 잡아가는 가운데 생겨난 특성이었다. 그가 1859년 봄여름에 징더전에서 향수병에 시달리는 부하들을 끝까지 싸우도록 몰아쳤을 때, 그는 태평천국 반란군을 상대로 한 제국의 전쟁을 최우선시해, 부하들에게 개인적인 걱정은 접어두고 자신을 믿어달라고 부탁했다. 하지만 때로는 그러한 특성이 반대로 작용했다. 그가 징더전을 점령한 후 황제는 그에게 군대를 이끌고 양쯔강을 거슬러 올라가 후난성 서북쪽의 쓰촨성까지 온 힘을 다해 진격하라고 명령했다. 석달개가 끝내 그곳으로 가서 그 크고 부유한 성에 대한 지배권을 위협할 가능성을 막기 위해서였다. 그러한 배치 전환을 따르면 증국번과 그의 군대는 후난성을 후방에서 보호하는 군사 작전에서 철수해 현재의 전쟁터를 벗어날 터였고, 만약 이로써 난징 정복에 성공한다면 증국번과 그의 군대는 반란 진압에 대한 공로를 인정받을 것이었다. 이때 증국번은 자신과 자신의 부하들을 우선시했다.

그는 병사들의 고통에 대한 동정심을 호소하는 것으로 황제의 명령을 거절했다. 그는 황제에게 이렇게 썼다. "장시성에 와 있는 후난 민병대원들은 고향집 걱정을 떨치지 못하고 있습니다. 그들은 가족을 지킬 책임이 있고, 향수병이 매우 심합니다. 징더전의 상황이 너무 심각해서 저는 그들에게 휴가도 허락하지 않으려 했는데, 이제 우리 군대가 다시 힘을 모아 쓰촨성을 향해 진군을 시작한다면 우리는 후난성을 지나가게 될 것이고, 그들 모두가 잇따라 휴가를 요구할 것입니다. 저는 그들을 막을 힘이 없습니다."[55] 이것이 민병대와 함께 일하는데 따르는 단점이라고 그는 말했다. "오랫동안 행군을 하다보면 그들은 흔히 집으로 돌아갈 생각을 하기 시작하기 때문"이었다. 설령 그가 가족을 돌보기 위해 휴가를 얻으려는 병사들을 막을 수 있다 해도, 쓰촨으로 가는 여정은 1600킬로미터 이상 되는 고된 길인 데다 싼샤를 비롯한 위험 지역들을 통과해야 했고, 그의 군대는 장시성에서의 전투로 지쳐 있었다. "저로서는 부하들이 기꺼이 저를 따르지 않을까봐 두렵습니다." 그는 이렇게 썼다. 그의 호소는 효과를 냈고, 동쪽에 그가 필요하다는 다른 사람들의 청원에 힘입어 그는 쓰촨성으로 가라는 명령에서 벗어나 후난성 하류 쪽에서 계속 군사 작전을 수행하기 위해 떠났다.

그러나 부하들에 대한 애정과 황제에 대한 의무 사이에서 균형을 잡으려 애써도 때로는 수많은 희생이 그를 짓눌렀다. 그의 부하들이 같은 지역 사람들이라는 데서 오는 친밀감은 그들의 희생이 더욱더 쓰라리게 느껴진다는 의미이기도 했다. 증국번의 동생 증국화는 훌륭한 전투 지휘관으로 성장했지만, 1858년 11월 안후이성 싼허라는 곳에서 그의 군대가 태평천국군에게 학살당했다. 증국화는 전투 중에 죽었고, 선임 지휘관은 자살했다. 당시 6000명의 후난군이 싼허에서 몰살되었는데, 그들 중 다수가 증국번의 고향 마을 출신들이었다. 곧이어 징더전에서 학살이 있었고, 후난군 희생자는 더 늘어났다. 증국번이 진지에서 동생 증국화의 죽음을 슬퍼하고 있을 때, 그리고 또 다른 동생(이 동생 역시 나중에 전사한다)이 피붙이의 죽음에 대한 복수를 맹세하고 있을 때, 고향 후난성에서는 증국번의 어린 시절이 녹아 있는 계단식 논 언덕들에 이웃 사람들의 비통한 울부짖음이 울려 퍼졌다. 그들은 여기저기서 옥상에 올라가, 멀리 떨어져 있는 죽은 아들들의 혼을 소리쳐 부르며 집으로 오라고 호소했다.[56]

1860년까지 양쯔강에서 활동한 증국번 군대는 청국군의 군사 행동 전체에서 보조적인 역할을 하는 데 그쳤다. 청국군의 활동은 장국량과 화춘 휘하의 녹영군을 중심으로 이루어졌고, 그들은 계속해서 난징 포위를 조여가고 있었다. 하지만 승리가 곧 손에 잡힐 듯했던 그때, 1860년 봄의 큰 반전이 일어났다. 포위를 무너뜨리려는 홍인간의 계획이 놀라운 성공을 거둔 것이다. 5월 말경 청국군은 궤멸되었고 청국군 지휘관들은 사망했다. 태평천국군은 난징 밖으로 쏟아져 나와 동쪽으로 진격했다. 이어진 지휘 공백 속에서 마침내 증국번의 시대가 도래했다. 1860년 6월, 함풍제는 그를 전쟁으로 가장 심하게 파괴된 3개 성인 안후이성, 장쑤성, 장시성의 총독이라는 강력한 지위에 임명했다. 그리고 8월 말에는 그를 그 3개 성의 군사 업무를 담당하는 청국군 지휘관으로 임명해, 양쯔강 유역의 새로운 청국군 총지휘관으로 만들었다.

(증국번의 한 보좌관의 말처럼) 의지할 데 없는 황제의 절박함 덕분에, 그가 자신의 군대를 꾸려나가며 끊임없이 겪어야 했던 좌절감은 사라지기 시작했다.[57] 증국번은 협조적이지 않은 성 관리나 시샘하는 녹영군 지휘관들과 수년간 씨름한 끝에 두 개의 지위에 임명되어, 주요 전장에서 민간 행정과 군사 행정을 동시에 담당하게 되었다. 군대의 총지휘관으로서 그는 남아 있는 청국군과 지역 민병대에게 후난군 지원을 명령할 수 있었다. 그리고 3개 성의 총독으로서 자신의 군사들을 그 성들의(적어도 그 성들 중 여전히 온전하고 여전히 제국의 지배하

에 있는 부분들의) 자원을 짜낼 수 있는 민간 요직에 임명해, 자기 군대에 필요한 자금과 물자를 공급할 수 있었다.[58]

이 우연한 승진은 오히려 그를 더 고집스럽게 만들었다. 중국 역사에는 독립적인 사고방식을 가진 지휘관들의 오랜 전통이 있었다.("장군이 수도 밖에 있을 때 통치자의 명령이 모두 이행되지는 않을 것이다"라는 속담이 있다.) 그리고 증국번이 노련한 지도자로 발전해 전쟁 수행에 대한 더 확고한 통제력을 갖게 되면서, 그가 왕조에 대한 충성심을 공언했음에도 불구하고 자기보다 더 높은 권위자의 지시를 따르지 않는 듯 보일 때가 있었다. 전쟁 전 수도 베이징에서 봉직하던 시기에 그는 중앙 정부의 관료들이 얼마나 무능할 수 있는지, 얼마나 경험이 부족하고 자기 만족적일 수 있는지를 알게 되었다. 그는 그들의 미숙함이 자신의 전쟁 수행에 영향을 미치지 않기를 바랐다. 그는 계속 발전하고 있는 자신의 전략 감각만을 믿었고, 자기 군대의 한계를 잘 알고 있었기에, 베이징에서 내려온 명령 가운데 많은 것을 거의 무시했다. 그가 석달개를 추격해 쓰촨성으로 가라는 명령을 거부했던 1859년과 비슷한 상황이 1860년에도 펼쳐졌다. 1860년에 일련의 새로운 명령이 내려왔다. 안후이성에서의 작전을 그만두고 즉시 군대를 양쯔강 하류 쪽으로 끌고 내려가 쑤저우와 상하이를 수호하라는 명령이었다. 그러나 그는 현재 자신의 병력이 도움을 줄 여력이 없다는 공식적인 구실을 내세우면서 있던 곳에 계속 머물렀다.

그가 따르기로 결심한 전략은 일종의 포위였다. 바로 그 전략 때문에 그는 어떻게든 그곳을 떠나지 않으려 한 것이다. 이 전략은 바둑에 대한 그의 집착을 적잖이 떠올리게 했다. 그는 1859년 11월 11일 황제에게 올린 상소에서 자신의 전략적 구상을 제시했다. 당시는 그가 아직 녹영군의 난징 포위를 돕는 보조적 위치에 있던 때였다.[59] 증국번의 설명에 따르면 청나라는 두 개의 반란군과 싸우고 있었고, 이들을 구별해야 했다. 하나는 끊임없이 움직이는 군대와 함께하는 "유랑하는 도적 떼"였고, 다른 하나는 수도와 황위를 노리는 "참칭 도적 떼"였다. 청나라 땅을 종횡으로 누비고 다니는 석달개와 말을 타고 떠돌아다니는 군대를 가진 북쪽의 염군은 모두 유랑하는 도적들이었다. 그들과 싸우는 유일한 방법은 그들의 도착에 대비하며 나의 자리를 지키고 있다가 그들의 추진력을 약화시키는 것이었다. 그러나 참칭 도적들을 상대할 때는(그중 가장 중요한 상대가 난징을 수도로 삼아 그곳에 머물고 있는 천왕이었다) "그들의 가지와 잎들을 잘라내고"(그들에게 물자를 공급하는 징발 부대로부터 그들을 단절시키고) 그들을 둥지 안에 틀어박히게 하는 식으로 싸울 수 있었다. 그는 녹영군이 난징을 완전히 포위하는 데 실패했다고 지적했다.(실제로 그들이 열어두었던 하나의 자유로운 통행로가 그들의 실패 원인으로 드러난다.) 그는 정말로 도시를 봉쇄하려면 청국군은 먼저 안후이성의 성도 안칭에 있는 영왕의 거점부터 시작해 양쯔강을 따라 서쪽으로 일련의 요새화 도시들을 하나하나 점령해나가야 할 것이라고 믿었다. 1853년 이래 반란군이 점령하고 있던 안칭은 양쯔강 상류 쪽 주요 거점들 가운데 가장 먼 곳이었으며, 강으로든 육지로든 서쪽에서 난징으로 가는 길목들에 대한 방어력을 발휘했다. 그곳은 관문이었고, 태평천국군이 그곳을 장악하고 있는 한 증국번의 군대가 그곳을 넘어 이동할 방법도, 온전한 난징 포위를 달성할 방법도 없었다. 그러나 만약 안칭을 차단하고 무너뜨릴 수만 있다면 반란군의 수도로 통하는 길을 열어젖힐 수 있을지 모른다고 증국번은 생각했다.

육상에서는 그것이 그리 간단한 일은 아니었다. 반란군은 수적으로 엄청나게 우세했고(1860년경 증국번의 민병대는 여전히 총 6만 명 정도에 불과했다),[60] 야전을 벌이는 것은 거의 불가능했다. 증국번의 정보 장교들이 작성한 보고서에 따르면 반란군이 사용한다고 알려진 다양한 변칙적 대형이 있었다. 변화무쌍한 "게의 대형"은 여러 부대가 중앙에 모여 무리를 이루고 있고(게의 몸통) 양옆으로 다섯 개의 줄이 뻗어나가 있었는데, 그들이 맞닥뜨린 상황에 따라 2개 종대, 4개 종대, 혹은 5개 밀집 대형으로 이루어진 십자 형태로 빠르게 재편될 수 있었다. "100마리 새 대형"에서는 하나의 큰 사단이 25명의 병사로 이루어진 작은 무리들로 나뉘어 있었고, 각 무리는 새떼 속의 새들이나 은하계 내의 별들처럼 자유롭게 돌아다녀서 그들의 병력 규모나 그들의 어디를 공격해야 하는지를 알 수 없었다. "웅크린 호랑이"는 구릉성 지형에서 사용되었는데, 1만 명 이상의 반란군이 소리를 죽인 채 지면 가까이 숨어 있다가 청국군이 골짜기를 지나갈 때 갑자기 튀어나와 기습하는 것이었다.[61] 야전에서 청국군은 일반적으로 승산이 없었다.

따라서 승리는 전장을 자신에게 유리하게 조종하는 문제였다. 증국번이 전략에 관한 어떤 글에서 쓴 바에 따르면, 모든 교전에서 언제나 한쪽은 주인이 되고 다른 한쪽은 손님이 된다. 언제나 주인이 유리하다. 언제나 성곽 도시를 수비하는 쪽이 주인이고, 그 도시를 공격하는 쪽이 손님이다. 요새화된 진지에서도 마찬가지다. 만약 두 군대가 트인 장소에서 맞붙는다면, 전투 현장에 먼저 도달한 쪽이 주인이 되고 나중에 도달한 쪽이 손님이 된다. 두 군대가 교착 상태로 마주하고 있는 상황에서는 인내심이 중요하다. 손님은 먼저 소리를 지르고 발포하는 쪽이다. 주인은 기다리는 쪽이다.[62] 근본적으로 더 약한 군대를 가진 증국번은 언제나 반란군을 손님으로 만들려고 노력했다. 반란군을 유인해 자기 쪽 방어물을 공격하게 하거나, 그게 안 되면 그들을 자극해 먼저 행동을 취하게 만들었다. 이를 위해 그는 반란군 가까이에 요새화된 진지를 설치하고 그들이 먼저 공격을 취하도록 유도하는 전략을 썼다.

1860년 6월, 태평천국군 대다수가 동쪽에서 거듭된 승리로 해이해졌을 때, 증국번은 서쪽에서 안후이성으로 이동했고, 동생 증국전을 보내 조용히 안칭을 포위하게 했다. 증국전은 1만 명의 후난군을 성벽 가까이로 이끌고 가 진을 쳤고, 현지 주민들 가운데 고용한 일꾼들의 도움을 받아 양쪽에 약 6미터 너비의 해자를 낀 두 개의 높은 흙벽을 쌓기 시작했다. 이 흙벽들은 그 도시의 성벽과 나란히 뻗어나갔고, 이 양쪽 벽 사이에 후난군 진지가 끼어 있었다. 도시를 마주한 안쪽 벽은 도시 안에 있는 적 병력으로부터 그들을 보호하는 것이었고, 바깥쪽 벽은 적의 지원병으로부터 그들을 보호하는 것이었다. 본질적으로 그것은 규모가 작더라도 그들 자신의 성곽 도시였다. 북쪽에서 오는 증원군을 더 잘 막아내기 위해서 만주족 지휘관 다룽아 휘하의 2만 명 기병대는 안칭에서 북쪽으로 약 64킬로미터 떨어진 반란군 거점 퉁청의 바깥에 일종의 장애물을 설치했다. 그리고 증국번의 수군은 안칭에서 상류 쪽과 하류 쪽으로 수 킬로미터 떨어진 곳에서 양쯔강을 봉쇄했다.

7월 말에 증국번은 남아 있는 3만여 명의 병력을 이끌고 강 하류 안후이성 남부 산악 지대로 갔다. 그는 안칭 동남쪽으로 약 96킬로미터 떨어진 골짜기에 자리 잡은, 성벽으로 둘러싸인 치먼이라는 곳에 지휘 본부를 만들고 6개 대대를 배치했다. 그곳은 도로가 거의 없는 험준한 지역이었다. 그는 지휘관들 휘하의 나머지 병사들을 반경에 배치해, 동쪽으로부터의 접근을 통제하고, 징더전(당시 그가 장악하고 있던)을 거쳐 장시성으로 들어가는 서쪽으로의 육로 보급로를 유지했다.

첫눈에 그는 치먼이 자신의 지휘 본부를 두기에 완벽한 장소임을 알아보았다. 그곳은 사방이 들쭉날쭉한 산맥으로 둘러싸여 있고, 북쪽이나 남쪽으로는 접근이 거의 불가능했다. 그의 군대는 동쪽에서 서쪽으로 뻗어 있는 길을 통제했다. 그는 기뻤다. 처음 그곳에 도착했을 때 그는 이렇게 썼다. "봉우리가 층층이 솟아 있고, 산이 고향에 있는 것보다 네 배나 많다. 신선한 샘과 울창한 숲이 있다. 이곳은 기분 좋게 호젓하고 조용하며, 산길들은 1개 중대면 충분히 장악할 수 있다. 이곳은 더 큰 병력 없이도 우리가 방어할 수 있는 곳이다."[63] 그곳에서 증국번은 안전한 지점을 확보한 채 안칭을 위한 전쟁 수행 전반을 조율할 수 있었다.

그러나 1860년 여름이 지나 가을로 접어들고 북쪽에서 영국·프랑스와의 새로운 전쟁이 터졌을 때, 치먼에 있는 그의 안전한 거점은 감옥처럼 느껴지기 시작했다. 10월 10일 베이징으로부터 명령이 내려왔다. 북쪽에서 외국 연합군에 맞서 방어전을 펼치고 있는 승격림심의 팔기군을 돕도록 증국번의 최고의 야전 지휘관인 쓰촨성 출신 포초라는 부하를 그의 3000명 규모 베테랑 부대와 함께 보내라는 명령이었다. 증국번은 포초의 지원 없이는 자신의 군대가 안칭에서 자리를 지킬 수 없을 거라 생각했고, 승격림심의 정예 몽골 기병대가 수도 베이징을 방어할 수 있을 것이라고 확신했다. 그래서 황제의 위기가 임박했음에도 불구하고 그는 자기 생각대로 행동했다. 그의 추론에 따르면 포초의 군대는 1월이 되어서야 베이징에 도착할 테고, 때는 겨울이라 더 이상 그들이 필요치 않을 게 분명했다. 그동안 그는 안칭 포위에 모든 병력을 투입해왔고, 상류 쪽에서 그의 후방을 받쳐주는 것은 거의 아무것도 없었다. 안칭에서의 실패는 태평천국군이 우창까지 다시 양쯔강을 거슬러 올라와 후난성을 위협하도록 문을 열어주게 될 것이었다. 이에 그는 안후이성의 발판을 굳게 지키는 데 거의 병적으로 집중했다. 그가 꼼짝하지 않으려 한 것은 고집의 산물만이 아니었고, 두려움의 산물이기도 했다. 그는 집에 보낸 개인적인 편지에서 자신이 간신히 버티고 있다고 털어놓았다.[64]

그는 명령을 따르지 않았다. 적어도 직접적으로는 따르지 않았다. 그 대신 증국번은 마침내 답신을 보내, 후난군 파견대를 이끌고 북쪽으로 가서 승격림심을 도와 외세와 싸울 지휘관을(증국번 자신을 포함해) 선택해달라고 황제에게 요청했다. 그러나 딱히 그런 상소를 보낼 이유는 없었다. 그는 단지 안후이성에 있는 자기 병력의 분할을 지연시키려는 것뿐이었다.[65] 그 서신이 치먼에서 베이징까지 거의 1287킬로미터에 달하는 거리를 이동하는 데는 꼬박 2주가 걸렸고, 증국번은 자신이 답신을 받을 때면 적어도 4주가 지나가 있으리라는 것을 잘 알고 있었다. 그는 안칭 포위를 유지시킬 한 달을 훔쳐낸 것이었다. 그는 좌절감을 느끼며 동생들에게 이렇게 썼다. "청나라 전역에서 반란군이 우위를 점하고 있지만, 여기 안칭에서만은, 오직 이 도시에서만은 반란군이 약해지고 있다. 어떻게 우리가 쉽게 물러날 수 있겠는가?"[66] 주변 세상이 전부 무너져 내리는 가운데 그는 자신의 거점을 굳건히 지켰고, 자신이 왕국 중심부의 이 산골짜기에서 얻을 수 있는 작은 유리함마저 포기한다면 모든 것이 사라지리라 믿었다.

10월은 차가운 비의 연속이어서 증국번은 의기소침해졌다. 그는 거처 안을 쉴 새 없이 서성이며 황제의 운명을 생각했고, 자신이 어떻게 해야 할지 고민했다. 그는 끊임없이 바둑을 두었고, 시간이 흘러가는 것에 강박관념을 느꼈다.[67] 그는 동생들에게 이렇게 썼다. "날이 갈수록 나의 시력은 흐려지고 나의 힘은 약해진다. 하루하루 늙어가는 것을 느낀다. 나는 이 큰 책임을 감당할 수 없을까봐 심히 두려워하며 살고 있다."[68]

그가 모든 것을 건 작전은 잘 돌아가지 않고 있었다. 안칭은 닫혀 있었다. 그 안에 주둔하는 반란군은 아마 넉넉한 비축 물자를 가지고 있어서 필요한 만큼 오래 증원군을 기다릴 수 있는 듯했다. 증국번이 가장 아끼는 지휘관 중 한 명은 며칠 동안 소식이 없었다. 증국번의 동쪽 측면을 지켜야 했던 후이저우 근처의 그의 수비대가 태평천국군의 습격으로 갑자기 궤멸된 탓이었다. 반란군은 치먼의 사방에서 눈에 보이지 않게 압박을 가해왔고, 치먼은 수천 명의 패배한 병사로 꽉 찼다. 그들은 가게를 약탈했고, 하나도 남김 없이 시장을 쓸어갔다.[69] 베이징에서는 여전히 아무 말이 없었다. 그래서 그는 거점을 지키면서 마음을 졸였고, 태평천국군에 안칭을 넘겨줘야 하는 것인지, 아울러 안후이성 남부와 우창을, 어쩌면 후난성과 제국 중심부까지도 넘겨줘야 하는 것인지 고민했다.

마침내 1860년 11월 6일 오후, 그는 북쪽의 한 친구에게서 온 서신을 읽고 영국과 프랑스 군대가 베이징 침략에 성공했을 뿐만 아니라 황제의 궁궐을 완전히 불태워버렸다는 사실을 처음으로 알게 되었다. 그의 망연자실은 충격으로 바뀌었다. 그는 일기에 이렇게 썼다. “이 고통의 깊이를 설명할 말이 없다.”[70] 팔기군은 북쪽에서 흩어졌다. 녹영군은 동쪽에서 궤멸되었다. 청나라의 전통적인 두 군대가 두 전선에서, 두 적 모두에게 패했다. 증국번은 이제 암울한 전망을 마주했다. 청나라를 통틀어 오직 그 혼자만이 아직 무너지지 않은 군대를 지휘하고 있었다. 안후이성에서 수행하고 있는 그의 전쟁만이 남아 있는 유일한 전쟁이었다.

7장
교리의 힘

부하들이 포도탄과 산탄의 폭풍 속에서 상하이로부터 격퇴된 지 이틀 후인 1860년 8월 21일, 충왕 이수성은 영국과 미국 영사들에게 분노에 찬 편지를 써서 항의했다. "나는 조약을 맺음으로써 우리가 무역과 상업을 통해 하나가 되게 하고자 상하이에 왔다. 당신들과 싸우려고 온 것이 아니다." 그는 프랑스인들이 덫을 놓았다고 비난했다. 그가 말했듯이, 몇몇 프랑스 시민이(구체적으로 밝혀지지 않은 다른 사람들과 함께) 그해 여름 일찍이 쑤저우에 와서, 양국 간의 우호적인 관계에 대해 논의하자며 그를 상하이로 초대했다. 그는 이렇게 썼다. "프랑스 사람이 청나라 악마에게 현혹되어 약속을 어기고 합의를 저버릴 줄은 꿈에도 생각지 못했다."[1] 그는 청나라 정부가 프랑스인들에게 상하이 방어를 위해 거액을 주었다는 말을 들었으며, 그가 보기엔 그 돈이 "의심의 여지 없이" "다른 나라들과 공유되었다". 이는 영국 시민이나 미국 시민 중 누구도 그와 협상하러 나오지 않았고, 대신 모두 프랑스와 함께 성벽에서 대포를 쏘았다는 사실에서 알 수 있었다.

"그 일은 결코 잊을 수 없다." 그가 경고했다. 그러나 그는 영국인과 미국인들을 기꺼이 용서했다. 그들은 같은 개신교도이기 때문이었다. 배신자(그리고 우상 숭배자) 프랑스인들은 경우가 달랐다. 그는 태평천국군이 중국 전역을 지배하는 것은 시간문제일 뿐이며, 그 후 심판의 날이 올 것이라고 말했다. "인간의 감정이 수반되는 인간사의 모든 행위에는 결과가 따른다. 프랑스인들은 스스로의 신뢰를 더럽혔고, 우리 사이의 평화를 깨뜨렸다." 그는 자기 자신은 "관대함"을 발휘해 그들이 태평천국 영토로 들어오는 것을 막지 않으리라고 다짐했지만, "그들에게 속아넘어간", 그리고 이제는 "분노와 복수심으로 가득 차 있는" 많은 장교와 병사들도 그럴지는 보장할 수 없다고 말했다. 결론적으로 그는 자존심을 억눌렀고, 태평천국이 무엇보다 원하는 것은 영국과 미국에서 온 기독교도 형제들과의 평화로운 관계임을 거듭 밝혔다. "당신들과 우리는 똑같이 예수님을 숭배한다. 우리 사이에는 공통의 기반과 공통의 교리에 따른 관계가 존재한다."

이 편지를 쓴 사람은 이수성이지만, 편지 뒤에 있는 것은 홍인간의 심경이었다. 홍인간은 상하이의 영국인과 미국인들의 지원에 의지해 전쟁을 승리로 이끈다는 전략을 가지고 있었기 때문이다. 특히 양쯔강 장악을 가능하게 해주는 증기선을 반란군에게 팔거나 임대해주려는 그들의 의지가 중요했다. 참모장이자 총리인 홍인간은 사촌 홍수전의 승인을 받아 다른 왕들이 따라야 하는 그런 방침을 정했다. 홍인간은 반란군의 가장 큰 희망이 상하이의 외국인들과 평화적 관계를 구축하는 데 있다고 굳게 믿었기에, 홍인간이 총리인 한 이수성은 그 지침을 따라야 했다. 하지만 그는 마지못해 따를 뿐이었다. 태평천국 핵심 집단 내에서는 이수성이 외국인들에 대한 홍인간의 신뢰에 대해

이의를 제기했고, 좀더 공격적인 견해를 취했다. 그는 홍인간에게 이렇게 말했다. "외국인들은 싸우는 걸 좋아합니다. 그들은 평화를 좋아하지 않습니다."[2]

상하이에서 예상치 못한 교전이 벌어지면서 이수성의 주장은 힘을 얻었고, 그와 홍인간 사이의 갈등은 더 깊어졌다. 그러나 홍인간은 외국인들보다는 이수성을 탓했다. 그는 외국인들이 자신들에 대한 이수성의 호전적인 태도를 눈치챘을 것이고, 따라서 당연히 이수성이 자신들을 공격하러 온다고 생각했을 것이라고 말했다. 홍인간이 말했듯이 충왕 이수성은 장쑤성을 휩쓸고 쑤저우를 정복한 후 의기가 충천했고, 그래서 상하이를 이미 자기 손안에 있는 듯 여겼다. 외국인들은 그의 자신감을 이용해 "빈 도시 전략"으로 그를 유인했다. 그들은 상하이가 완전히 무방비 상태라고 충왕이 믿도록 유도했고, 그가 접근했을 때 기습 공격을 했다. 홍인간의 생각에 따르면, 패배 후 이수성은 "마침내 내 방식대로 상황을 보기 시작"했지만, "그 자신이 실수했다는 것은 인정하려들지 않았다".[3] 그러나 전술에 대한 의견 불일치에도 불구하고 반란군에게 상하이가 필요하다는 점에 대해서는 두 사람 다 이견이 없었다. 그곳은 돈줄이 풍부했고, 외국 무기들을 구할 수 있는 거점이었다. 또 그들의 지배하에 있던 일정 영토 내에서 청나라 저항의 중심지였다. 그곳은 아직 획득되지 않은 셈이었고, 이제 그들의 영향력 아래로 그곳을 끌어들이는 것은 홍인간의 외교에 달려 있었다.

홍인간은 외교 책임자의 자격으로 난징에서 알현을 받기 시작했고, 상하이에서 잇따라 찾아오는 방문자들을 맞이했다. 방문자들은 그에게 뉴스와 선물을 가져왔고, 어느 때인가는 심지어 홍콩에 남아 있었던 그의 가족들까지 데려왔다.[4] 그의 궁은 수도 난징에서 큰 편에 속하는 궁들 가운데 하나였으며, 그의 집이자 집무의 중심이었다. 정문 바로 맞은편에 커다란 석판이 입구를 향해 서 있었다. 높이 약 4.5미터, 폭 약 3미터의 석판에는 "복福"이라는 한자가 크게 새겨져 있고 금칠이 되어 있었다.[5] 그 큰 글자 위에는 예수 그리스도의 산상수훈에서 나온 아홉 가지 복이 새겨져 있었다. 그것들은 그들의 새로운 이상한 맥락에 맞게 의미가 조절된 것이었다.(일곱 번째 복이 가장 그랬다. "평화롭게 하는 자들은 복이 있나니, 그들은 하나님의 아이들이라고 불릴 것이기 때문이다.") 안에는 옥좌가 놓인 주 회당이 있었고, 그곳에서 간왕 홍인간은 황제의 색깔인 노란색 비단 옷을 입고 옛 명나라의 장식적 스타일을 보여주는 금박 판지로 된 관을 쓴 채 접견을 했다.[6]

주 회당 너머에서는 어두침침한 복도와 문들이 궁 내부 깊숙한 곳에 자리한 그의 사적인 주거지로 이어졌다. 그의 방은 옥으로 장식된 큰 침대를 갖추고 있었고, 정원이 있는 밝은 안뜰을 마주보고 있었다. 여기서 그는 산업화된 세계의 단편적인 부적들에 둘러싸여 있었는데, 대부분 방문자들이 남긴 기념품이었다. 그의 책꽂이는 다양한 기능을 지녀, 외국 시계들, 기압계 하나, 망원경 하나, 콜트 리볼버 몇 자루, 중고 풍금 하나, 태양등 두 개, 영국 비누 하나, 영국 해군도 하나, 그리고 호기심 있는 한 방문자의 표현에 따르면 "비겁자의 혼합 피클 단지" 하나를 진열하고 있었다. 또한 참고 도서, 그림책, 그리고 그가 영국의 병법을 연구하고 있었음을 보여주는 책들(예컨대 영국 울리치의 왕립육군사관학교에서 나온『축성술의 원칙』)이 있었다. 상하이 선교사들에게서 받은 중국어 출판물들(선교사들은 자신들의 종교가 자연계를 지배했다는 것을 중국인들에게 납득시키고자 과학 관련 자료를 번역했다)도 있었고, 필수적인 책인 성경과 복음 관련 책자들도 있었다. 그리고 금 젓가락, 옥 찻잔, 은 부채 등 손질이 약간 더 잘 되어 있을 뿐인 중국 사치품들이 있었다. 여기서 그는 소고기 스테이크와 포도주로 구성된 저녁 식사로 외국인 손님들을 접대하면서, 영어로 이야기를 나누고 포크와 나이프의 능숙한 사용을 보여주었다.[7]

난징의 홍인간을 찾아갔던 초기 방문자들 중에는 이서카 로버츠라는 전 남부침례회 전도사가 있었다. 그는 미국 테네시주 섬너 카운티 출신의 매우 변덕스러운 선교사로, 전쟁 전 광저우에서 잠깐 동안 홍수전의(그리고 더 잠깐 동안 홍인간의) 선생이었다. 로버츠는 1852년 홍인간이 테오도레 함베리에게 해준 이야기의 진정한 중요성을 감지한 유일한 사람이었지만, 당시에는 아무도 그에게 관심을 갖지 않았다. 백발에 야윈 체격의 그는 선교사 사회 내에서 특이한 사람이었다. 선교사에 대한 역사가들은 심지어 그를 "이상하고 별난" 인물로 기억했다.[8] 보스턴의 침례교 해외선교위원회는 1836년 로버츠가 중국 선교사에 처음 지원했을 때 불합격시켰다.(그의 추천서들 중 가장 좋은 것조차 그의 설교를 "보통 수준 이상은 아니다"라고 평했다.) 이에 그는 본인 소유 토지 일부를 기부해 자신의 중국 선교를 후원했다. 그 토지에서 나온 수익금으로 스스로의 모든 비용을 충당하고자 한 것이다.[9] 여기에 기초해 그는 별도의 비용 부담 없이 자신을 선교사로 파견하도록 침례회를 설득했고, 결국 중국으로 출발해 1837년에 도착했다. 그가 기부한 땅은 거의 쓸모가 없는 것으로 추후에 판명되었지만, 침례회는 그를 계속 떠맡았다.[10] 그는 중국 남부의 선교 활동에서 어느 정도 성공을 거두었음에도 불구하고 다른 선교사들과 친구가 될 수 없는 사람임을 드러냈고, 고국의 위원회는 그의 행동에 대한 보고들에 거듭 경악했다. 그가 중국인 하인들 중 한 명을 공개적으로 학대했으며, 선교를 위한 기부 장부를 위조했다는 등의 보고였다.[11] 그가 면도칼로 자기 목을 그은 한 선교사를 도우러 가기를 거부한 후, 침례회는 1852년 결국 그와 관계를 끊었다.[12]

그러나 1853년에 홍수전은 이서카 로버츠에게 난징에 오라는 초대장을 보냈고, 같이 보낸 편지에서 로버츠의 가르침에 대한 존경을 드러냈다. 그 편지는 로버츠에게 침례회 자격을 박탈당한 굴욕을 공적으로 어느 정도 만회해주었지만, 당시 난징으로 가는 것을 막고 있던 청국군의 봉쇄를 뚫는 것은 불가능한 일이었다. 설령 가능하다 해도, 중립을 어기고 반란군을 방문할 경우 처형하겠다며 미국 판무관은 위협했다. 이 때문에 그는 미국으로 돌아갔고, 그곳에서 남부와 서부의 여러 주를 돌아다니면서 태평천국의 대의를 지지하는 연설을 하고, 반란군을 상대로 선교하는 독립 선교사로서 중국으로 돌아가기 위해 돈을 모았다.[13] 그는 꽤 이름을 알렸고, 신문들은 그를 "애국적인 혁명 무리의 수장인 태평천국 왕의 종교적 스승"으로 치켜세웠다.[14] 로버츠는 연설로 번 돈을 가지고 1856년 중국으로 돌아왔지만, 이후 4년 동안 계속 반란군 영토에 들어가는 데 성공하지 못했다. 그러나 1860년 간왕 홍인간이 외국인들의 난징 방문을 환영한다고 발표하면서 마침내 기회가 왔고, 그는 옛 제자들과 재회하기 위해 급히 태평천국 수도로 갔다. 그는 1860년 10월 13일 난징에 도착했는데, 영국과 프랑스 군대가 북부에서 베이징을 침략하고 있던 바로 그 시점이었다. 난징에서 그는 홍인간의 넓은 궁의 위층 방들 중 거실 딸린 곳에 머물렀다.

간왕은 로버츠를 통역원으로 삼았고, 태평천국의 선교 업무를 그에게 맡겼다. 그러나 그런 일은 로버츠가 난징에 온 목적이 아니었다. 로버츠는 역사의 우연으로 인해 자신이 미래의 중국 황제의 영적 스승이 되었다고 믿었다.(적어도 홍콩의 성공회 주교는 그렇게 말했다.)[15] 그는 반란군이 자신을 천왕의 스승으로서 떠받들기를 기대하며 난징으로 간 것이었다. 그런데 자기가 바랐던 것과는 다른 식으로 맞아들여졌고, 홍수전과 직접 대면하기까지는 시간이 걸렸다. 접견 지연은 의례 문제 때문이었는데, 당시 만주족의 수도를 휩쓸고 있던 전쟁의 이면에 있었던 절을 하느냐 마느냐의 문제와 크게 다르지 않았다. 2위 왕들은 로버츠가 천왕을 알현할 때면 다른 왕들처럼 그 앞에서 무릎 꿇어 복종을 표해야 할 것이라고 주장했다. 자긍심 강한 미국인 침례교도 로버츠는 거부했다. 어찌 됐든 결국 알현은 허락됐는데, 그가 예복을 갖춰 입고 모인 태평천국 관리들의 긴 줄 뒤에 거북하게 서 있을 때 홍인간이 갑자기 회당 맨 앞에서 그에게 "로버츠 씨, 하늘에 계신 아버지께 경배하시오"라고 소리쳤고, 그러자 허를 찔려 당황한 하얀 수염의 로버츠는 앞으로 나가 한때 자신의 제자였던 남자 앞에서 본능적으로 무릎을 꿇고 경배했다.[16]

이서카 로버츠는 난징에서 유령 같은 존재로 살았다. 그는 홍인간이 입었던 낡아서 해진 비단옷을 입고 여기저기를 돌아다녔다. 머리에는 작은 왕관을 쓰고 있었는데, 한 방문자의 묘사를 빌리자면 "우스꽝스럽게 생긴, 금박 판지로 만든 왕관으로, 괴상한 모양들로 재단되었고, 때로는 엉성하게 만들어진 인조 꽃들로, 때로는 작은 호랑이 형상들로 장식되었다".[17] 그는 자신이 스승일 것이라고 생각했지만, 그 궁에서 그는 사실상 일종의 조수였다. 그러나 모든 괴상한 점에도 불구하고 그는 상하이에서 홍인간이 필요로 하는 대변인이 되었다. 상하이는 반란군의 직접적인 영향을 전혀 받지 않은 도시여서, 그곳의 외국인 거주자들은 중국 내륙에 대한 정보 대부분을 자신들과 어울려 살아가는 청나라 관리와 상인들에게서 얻었다. 관리들은 사실상 청나라 충성파였고, 상하이의 중국인 상인들은 세심하게 다져온 청나라 관리들과의 관계 덕분에 큰 부를 축적하고 있었으며, 정부의 변화에는 관심이 없었다.[18] 그들의 눈에는 태평천국군이 무자비한 파괴 세력으로 보였다. 게다가 현재 외국인들의 투자 자산(그들의 선박, 부두, 사무실, 은행, 창고, 주택 등)이 그들의 고국 정부가 거래를 허락지 않을 상대들이 점령하고 있는 넓은 영토의 가장자리에, 청국군 지배하의 안전 지대에 위치해 있었다. 그들의 사업 운이 흔들릴 위험에 처하자 그들은 반란군을 비난했다. 청나라에 충성하는 이웃들은 태평천국군이 승리하면 항구들이 완전히 파괴될 것이라며 불길하게 경고했고, 이를 반박할 증거는 거의 없었다. 그래서 그해 여름에 도덕적인 이유로 전투를 후회하는 사람들이 있었음에도 불구하고 영향력 있는 외국 상인들 중에는 태평천국군 침략자들에 맞서 저항하는 것이 당당하고 불가피한 일이라 여기며 프레더릭 브루스 편을 드는 사람이 많았다.

이런 흐름을 거슬러, 반란군의 수도에 머물던 이서카 로버츠는 1년 넘게 상하이와 홍콩의 영자 신문들에 편지를 보내, 난징의 실제 상황을 (자기가 본 대로) 알리고 태평천국 정부의 혁명적 잠재력에 대한 공적 증언을 계속 제공했다. 그의 편지에서는 벅찬 감동이 드러났다. 그해 11월의 홍콩 『오벌랜드 레지스터』에 실린 첫 편지들 중 하나에서 그는 이수성에 대해 이렇게 썼다. "나는 그 남자를 사랑하지 않을 수 없다. 그는 1000명 중 한 명 나올까 말까 한 인물이다! 그는 학식 있고 온화하고 다정하기만 한 것이 아니라 왕이기도 하고, 10만 명 이상의 병력을 지휘하는 비범한 능력의 장군이기도 하다." 로버츠는 반란군(로버츠가 "혁명가들"이라고 부른)이 사실은 외국 상인들과의 교역을 바라고 있다는 충왕의 메시지를 외국 상인들에게 전달했다. 그렇다면 어째서 외국인들은 동료 기독교도인 태평천국군보다 청나라와 교역을 하려는 걸까? 로버츠가 쓴 바에 따르면 태평천국군은 "더 나은 조건은 몰라도 적어도 동일한 조건으로 거래할 용의가" 있고, "태평천국군 영토에는 차와 비단 같은 교역할 만한 것들이" 있는데 말이다. 외국 상인들이 그동안 반란군과의 활발한 교역에 나서지 못한 것은 오로지 그들의 정부가 아직 태평천국군과 조약을 맺지 않았기 때문이었다. 그는 이렇게 썼다. "영국과 프랑스에서 메아리가 울린다. 조약을 맺는 게 어떤가? 미국에서 반향이 울린다. 조약을 맺는 게 어떤가? (…) 즉시 그들과 관대한 조약을 맺어, 그들에게 그들이 칼로 얻어온 것에 상응하는 정당한 이득을 주고, 그들의 백성에게 기독교라는 종교를 주는 게 어떤가?"[19]

로버츠에 바로 뒤이어 웨일스의 선교사 그리피스 존이 1860년 11월에 반란군의 수도로 왔다. 전년도 여름에 쑤저우로 가는 참담한 여행을 함께 했던 동료 조지프 에드킨스는 몸이 좋지 않아 따라오지 않았다.(그의 아내 제인은 그의 병이 지난 쑤저우 방문 때 보았던 무시무시한 광경에서 야기된 고통이라고 생각했다.)[20] 그리피스 존은 반란군이 상하이에서 받은 공격 때문에 분노를 품고 있을지도 모른다며 경계했다. 그 공격은 그에게 몹시 충격적이었다. 그는 이렇게 썼다. "그들은 모든 외국인을 향해 상상할 수 있는 가장 우호적인 마음을 품고 왔다. 하지만 우리와 우리의 동맹인 프랑스 사람들은 우리 깃발에 먹칠하는 방식으로 그들을 대했다."[21] 그럼에도 불구하고 그는 난징에 도착했을 때 따뜻한 환대를 받았고, 바로 이 태평천국 수도에 새로운 선교 기지를 세울 가능성이 있다는 데 흥분했다. 그는 희망에 부풀어 조지프 에드킨스에게 편지를 썼다. 조지프의 아내 제인 에드킨스는 그 편지를 언급하면서 이렇게 썼다. "그는 난징에 질서와 건강, 평화와 행복이 넘쳤다고 말한다. 그리고 반란군과 운명을 같이하지 않으려는지 다시 생각해보라며 에드킨스 씨를 부추긴다."[22]

이서카 로버츠와 달리 그리피스 존은 거기 계속 머물 계획이 아직 없었다. 그의 임무는 상하이에 있는 70명가량의 개신교 설교자들을 대신해 정탐하는 것이었다. 그리고 그는 12월 초 상하이 조약항으로 되돌아왔을 때 그들에게 기념품 하나를 가져왔다. 태평천국 천왕의 칙령이었다. 노란색 공단에 황제가 사용하는 주홍색 잉크로 쓰인 그 칙령은 외국 선교사들의 태평천국 거주를 환영한다는 것이었다. 이것은 선교사 공동체가 가장 바란 양보였다. 영국이 무력으로 막

베이징 정부로부터 얻어낸 양보이기도 했다. 반란군은 자발적으로 그런 양보를 하고 있었다. 그것은 신의 손이 태평천국을 이끌고 있다는 더 진전된 신호처럼 보였다. 그리피스 존은 동료 선교사들에게 이렇게 썼다. "나는 하나님께서 반란군을 통해 이 땅에서 우상 숭배를 뿌리 뽑고 계시며, 외국인 선교사들과 결부된 반란군을 통해 그 자리에 기독교를 심으시리라는 것을 굳게 믿는다."[23]

여기서 중요한 구절은 "외국인 선교사들과 결부된"이다. 종교적 동기에서 태평천국에 동조하는 사람들 중 다른 이들이 그랬듯이 그는 반란군이 아직은 기독교 국가 중국의 원자재에 불과하다고 믿었던 것이다. 장래성이 있는 쪽은 간왕 홍인간이지 그의 사촌 형인 천왕은 아니었다.(그리피스 존은 천왕이 "미친 사람처럼 글을 쓴다"고 생각했다.) 태평천국 추종자들이 천왕의 신성을 믿고 그의 일부다처제 관행을 용인하는 한(그리피스 존이 알게 된 바에 따르면, 심지어 홍인간도 태평천국 궁중에서 영향력을 가지려면 자기 사촌인 천왕의 관습을 따라야 한다며 이 무렵 네 명의 아내를 두고 있었다), 즉 그들이 그런 믿음과 관행을 고수하는 한, 그들은 오류에 빠진 것이었고, 가망성 있는 불경함 이상으로 받아들여질 수 없었다. 그들은 명백히 반기독교적인 만주족 통치자와 유학자인 향신들보다는 훨씬 더 가망성 있었지만, 그래도 여전히 표준에는 못 미쳤던 것이다.

게다가 외국 선교사들에게는 반란군의 교리를 바로잡는 것이 그저 기회이기만 한 게 아니라고 그리피스 존은 믿었다. 그것은 그들의 도덕적 의무이기도 했다. 그가 이해한 바와 같이, 애초에 반란을 야기한 쪽은 선교사들이었다. 천왕에게 영감을 준 것은 그들의 성경과 가르침이었고, 따라서 이 모든 것이 좋은 결말을 맺도록 하는 게 그들의 책임이었다. 그는 몇 달 후 출판된 한 소책자에 이렇게 적었다. "중국에 가 있는 개신교 선교사들이여! 이 반란은 당신들이 만든 것이다."[24] 그리피스 존은 홍인간을 도와 반란군의 중심부에서 반란군의 교리를 구체화한 첫 번째 사람(괴짜 로버츠 외에)이 될 기회를 잡고 싶어했다. 하지만 상하이의 친구들은 기다리라며 그를 설득했다. 상하이와 난징 사이에 아직 직접적인 소통이 없으므로 그의 선교 활동이 더 큰 공동체와의 단절을 야기할 것이라고 그들은 경고했다. 그는 생계를 반란군에게 전적으로 의존하게 될 텐데, 양쯔강에서의 교역이 어떻게 될지, 전쟁이 어떻게 흘러갈지는 아직 아무도 알 수 없었다. 위험했다. 대안으로 조지프 에드킨스는 동해안을 따라 올라간 곳에 위치한 산둥성을 그에게 제시했다. 엘긴의 조약에 의해 새로 개항한 산둥성은 구원이 필요한 2900만 명의 영혼이 살고 있는 곳이었다.(타도 대상인 공자의 출생지이기도 했다.)[25]

결국 그리피스 존은 적어도 봄까지 기다려본 뒤 난징에서의 장기 선교 활동을 시작할지 말지 결정하기로 했다. 그러나 중국의 미래가 어디 있는지에 대해서는 그의 마음속에 의심이 없었다. 그는 그해 2월 런던선교회의 간사에게 보낸 편지에서, 반란군의 승리와 연합군의 베이징 침공이 "만주족 정권을 완전히 약화시켰다"고 썼고, "그 정권은 무너져야 한다. 지탱할 힘이 없다"고 했다. 그의 목소리는 확신에 차 있었다. "만주족은 자신들의 어리석음과 폭정이 댕긴 이 불길을 끄려 하느니 차라리 하늘 밖으로 태양을 날려버리는 편이 나을 것이다."[26]

조지프 에드킨스를 남겨둔 채 그리피스 존은 난징에 다른 이를 데려갔다. 그는 예일대학을 졸업한 용굉이라는 중국인으로, 대부분의 삶을 홍콩과 뉴잉글랜드에서 서양인들과 어울리며 살아온 사람이었다. 1855년 대학 졸업 후 중국으로 처음 돌아왔을 때 광저우에서 반란군으로 고발된 사람들이 계획적으로 처형되는 것을 보고 그토록 경악한 바로 그 사람이기도 했다. 그동안 차 무역업자로 일한 그는 정치적 야망이 있었고, 이제 그리피스 존과 함께 난징으로 갔다. 그의 말에 따르면 "태평천국군의 성격을 알아보고, 그들이 만주족 왕조를 몰아내고 새로운 정부를 수립하는 데 적합한 사람들인지 아닌지를 알아보기 위해서"였다.[27] 용굉은 종교보다는, 태평천국이 유럽이나 미국식으로 중국을 통치할 능력이 있는지에 더 관심이 많았다. 난징으로의 여행은 그에게 호감을 남겼다. 그는 자기 일행이 쑤저우로 가는 길에(쑤저우에서 이들은 유럽과 미국의 소수 군 요원과 의사들이 태평천국군에게 봉사하는 것을 보았다), 이어서 난징으로 가는 길에 이상하게도 청국군으로부터든 반란군으로부터든 아무런 도전을 받지 않았다고 언급했다. 그는 도중에 본 반란군들이 "대체로 매우 정중"했으며, 농민들에게 "사려 깊고 칭찬할 만한" 태도를 보였다고 기술했다. 농촌 파괴에 대해 태평천국군을 탓하기 쉽지만, 사실 청국군도 자신들의 활동 영역에서 그다지 친절하지 않았다고 그는 지적했다. 난징에 도착한 용굉은 이서카 로버츠를 먼저 만난 다음(그는 로버츠에게는 별 관심이 없었다) 11월 19일 홍인간을 만났고, 선교사들과는 다른 종류의 메시지를 홍인간에게 전했다.[28]

홍인간은 홍콩에서 제임스 레그의 설교를 돕고 있던 시기에 용굉과 서로 알았고, 둘 다 남부 지역의 가난한 가정에서 태어났고 홍콩과 해외의 외국인 사회에서 살아본 수년간의 경험으로 인해 삶이 크게 바뀌었다는 점에서 서로 친근감을 느꼈다. 또한 둘 다 이제는 자신의 외국 경험을 활용해 중국 내에서 영향력을 행사하려 했다. 홍인간은 옛 지인 용굉을 기쁘게 맞았고, 용굉이 태평천국 운동에 동참해주었으면 하는 바람을 내비쳤다. 용굉은 처음에는 난색을 표하면서 자신은 그저 반란군에 대해 좀더 알고 싶어서 온 것뿐이라고 했지만, 이른바 "영국 정부 및 다른 유럽 열강들의 힘과 권력의 비밀"이라는 자신의 제안 목록을 간왕에게 제시했다.[29] 태평천국이 그러한 현대화를 실행한다면 당신의 대의에 헌신하겠다고 용굉은 약속했다.(그에게는 잘난 체하는 의식이 없지 않았다.) 그가 제안한 것은 다음과 같았다.

1. 과학적 원칙에 따라 군대를 편성할 것.
2. 유능한 군 장교 양성을 위해 군사 학교를 설립할 것.
3. 수군을 위해 수군 학교를 설립할 것.
4. 다양한 행정 부서에서 참모 역할을 할 수 있는 유능하고 경험 많은 사람들로 구성된 시민 정부를 조직할 것.
5. 은행 제도를 구축하고 도량형의 표준을 정할 것.
6. 일반 백성을 위한 단계적 학교들로 이루어진 교육 체계를 구축하고, 성경을 교과서에 포함시킬 것.
7. 산업 학교 제도를 만들 것.[30]

즉, 현대식 군대, 미국식(그리고 기독교식) 학교, 산업 경제를 수립한다는 것이었다. 홍인간은 선뜻 동의했다. 실제로 그는 새로운 정부에 관한 자신의 글에서 이 중 많은 것을 이미 제안한 터였다. 그러나 다른 왕들은 다른 데 신경 쓰고 있었기 때문에, 홍인간은 그 제안들이 실행될 것이라고 용굉에게 즉각 약속할 수 없었다. 그들이 표결을 거쳐야 하며, 과반수의 동의가 나와야 한다고 설명했다. 따라서 개혁 문제는 그때까지 기다려야 했다.(그 후에는 아마도 태평천국이 정말로 승리를 거둘 때까지 기다려야 했다. 왜냐하면 그 제안들은 기성 정부를 위한 것이지, 정권을 차지하려 싸우고 있는 교전 세력을 위한 정책이 아니기 때문이었다.)

그럼에도 홍인간은 용굉을 자기편으로 끌어들이기를 고대하고 있었는데, 용굉이 태평천국 정부에 대한 미국의 지지를 얻는 데 유용할 인물이었기 때문이다. 며칠 후 그는 용굉에게 태평천국의 직인과 예복을 보냈다. 용굉은 태평천국이 자신의 현대화 제안을 추진하리라는 확신이 들기 전에는 이곳 관리가 될 수 없다며 예복과 직인을 거절했다. 그러나 그는 태평천국 영토를 자유롭게 돌아다닐 수 있도록 통행증을 마련해달라며 홍인간을 설득했고, 홍인간은 허락했다. 홍인간에게는 딱히 밝히지 않았지만, 용굉이 통행증을 원한 것은 태평천국에 대해 더 많이 알고자 해서가 아니었다. 오히려 그는 봉쇄로 인해 반란군 영토의 내륙 깊숙한 곳에 고스란히 남아 있는 차를 사들여 상하이의 탐욕스러운 외국 상인들에게 팔면 큰돈을 벌 수 있겠다고 생각했다.[31] 용굉은 11월 말에 통행증과 산더미 같은 청정한 차에 대한 꿈을 부여잡고서 그리피스 존과 함께 난징을 떠났고, 상하이를 향해 강을 내려갔다. 홍인간은 그를 다시는 보지 못했다.

용핑과 그리피스 존이 난징에서 돌아온 이튿날인 12월 2일, 북방 침략에서 승리한 엘긴 경이 의기양양하게 상하이로 돌아왔다. 그는 임무를 성공리에 완수했다는 만족감으로 가득 차 있었다. 10월 말, 북쪽의 긴 겨울이 시작되어 첫눈이 베이징 서쪽 구릉지에 이미 쌓이던 그 시점에, 엘긴 경과 공친왕은 마침내 중국과 영국 간의 새로운 조약을 비준했다. 그 조약은 엘긴이 다구 포대의 방어를 뚫고 톈진을 침공했던 1858년에 처음 다룬 조항들을 모두 포함하고 있었다. 신규 조약항들의 개항, 영국 선박에 양쯔강 개방, 선교의 자유 같은 것이었다. 이 조약은 승격린심이 1859년 다구 포대에서 프레더릭 브루스의 함대를 공격한 것과 1860년 9월 해리 파크스 및 다른 사람들을 납치한 것에 대한 징벌로서 중국이 영국에 지불해야 하는 높은 배상금도 정해 놓고 있었다. 프랑스도 유사한 양보를 얻어냈다.

함풍제가 보기에 협상의 요점은 언제나 외국인들이 수도에 들어오지 못하게 하는 것이었다. 그는 자신의 협상자들에게 이렇게 말했다. "도시의 성벽 아래서 체결되는 조약은 옛사람들의 수치였다. 200만 냥의 배상금 지불로 인해 우리 금고가 고갈되는 것은 문제가 아니다. 설령 우리가 그 배상금을 지불할 수 있다 해도 오랑캐들은 여전히 1000명의 자기 쪽 사람들을 데리고 수도 안으로 들어오게 해달라고 요구할 것이다. 심지어 여자와 아이들도 그들의 터무니없는 요구 뒤에 숨겨진 사악한 의도를 알아차릴 수 있다."[32] 그러나 이제 외세는 그곳에 대사를 주재시킬 권리가 있었고, 사실상 청나라에 더 심각한 위협이 되는 것은 바로 배상금이었다. 황제가 단지 돈 문제일 뿐이라며 부차적으로 여겼던 배상금이 더 위협적이었던 것이다. 영국은 원래 약 130만 파운드의 가치가 있는 은 400만 냥을 요구했다. 그러나 베이징 성문에 이르는 것을 싸움으로 쟁취해야 했기에 배상금은 두 배인 800만 냥이 되었고, 공친왕은 이를 승인할 수밖에 없었다. 프랑스도 같은 금액을 요구했다.

함풍제의 제국은 1851년 그가 황위에 올랐을 때 이미 재정 파탄 상태였다. 1842년 아편전쟁을 종식시킨 조약에 따른 배상금에 황실 금고에서 막대한 자금이 눈에 띄지 않게 새어나갈 지경의 지속적 부패(1843년에 은 900만 냥이 내역도 없이 금고에서 사라졌다)가 더해진 결과였다. 그리고 함풍제 자신의 치하에서 상황은 악화되었다. 반란으로 제국의 광대한 지역이 차단되고 대운하가 단절되면서, 청나라 정부는 일반적으로 수입의 5분의 4를 차지하던 토지세 세입을 상당 부분 잃었다. 남부의 광부들 사이에서 일어난 폭동으로 수도에 귀금속 공급이 중단되었다. 북부 평원의 도적 떼는 값나가는 정부 독점품인 소금의 생산을 방해했다. 공친왕이 영국과 프랑스에 배상금으로 총 1600만 냥의 은을 지급하기로 합의한 시점에 그 총량은 황실 금고에 실제로 남아 있던 은의 약 80배에 해당됐다.[33] 역설적이게도, 배상금에 충당할 수 있는 유일한 의미 있는 수입원은 상하이와 광저우의 대외 무역에서 발생하는 관세였다. 이는 중국에서의 영국과 프랑스의 무역 상황이 청나라가 새로운 부채를 상환할 수 있는지 여부(그리고 영국과 프랑스가 배상금을 받을 수 있는지 여부)와 불가분하게 엮이게 되었음을 의미한다.

상하이로 돌아온 엘긴은 자신이 북쪽에 가 있는 동안 자기 동생이 반란군으로부터 상하이를 방어했다는 이야기를 직접 들었다. 영국인들은 자신들이 상하이에서 청나라의 적들에게 공격을 가한 바로 그 시기에 중국 북부에서는 청나라 정부를 상대로 전쟁을 벌였다는 아이러니를 전혀 눈치채지 못했다.(아마도 프레더릭 브루스는 빼고.) 런던의 외무장관 러셀 경은 다구 포대의 항복과 상하이의 태평천국군 공격에 대해 정확히 같은 날에 알게 되었다.[34] 런던 『타임스』의 한 사설은 어리둥절해하면서 이것이 중국의 이상함 때문이라고 말했다. "일반적으로 한 나라의 주민이 두 파벌로 나뉘면 침략군은 그중 한 파벌과 연합하는 경향이 있다. 하지만 중국의 정치는 오스트레일리아의 동물 생태와 비슷해서, 모든 일반적 규칙의 역전을 보여준다."[35] 설명해보자면, 상하이의 꽤나 투지 넘치는 한 영국인 장교가 미국인 장교에게 말했다. "이보게, 친구, 우리는 항상 큰 물결에 몸을 맡기지. 북쪽에서는 청나라에 충성하는 자들이 큰 물결이지만, 아뿔싸, 여기 아래쪽에서는 반란군이 큰 물결이지. 모르겠나? 그래서 우리는 양쪽 모두에 뛰어드는 거라네."[36] 그러나 어떤 사람들에게는 좋은 스포츠처럼 보인 것이 다른 사람들에게는 중대한 오판이었다. 『뉴욕타임스』는 태평천국 반란군을 외세의 자연스러운 동맹으로 보았다. "굴욕을 통해 중국을 되살리고, 가능하다면 편협하고 배타적인 기존 정권을 몰아낸다는 동일한 목표를 위해 힘쓴다"는 점에서였다.[37] 홍콩의 『오벌랜드 레지스터』는 "상하이에서 심각하고 지독한 실수가 저질러졌다"고 비난하며 영국이 반란군을 지원해야 한다고 단언했다. "반란군 지도자들의 정치 신념에서는 처음부터 끝까지 모든 중요한 사항에서 중국적 사유 방식에 대한 완전한 혁명적 변화가 드러나며, 그중에는 자국에 더해 다른 나라의 안녕까지 걱정하는 사람 모두에게서 따뜻한 공감을 얻지 못할 사항이 하나도 없다"는 이유에서였다.[38]

그러나 그 누구도 더 이상의 갈등을 예상하지 못했다. 조약이 체결되고 나서 영국은 청나라 정부와 평화롭게 지내는 것처럼 보였고, 8월 충왕의 서한으로 미루어 태평천국이 상하이를 적대시하지 않는 것이 분명했다. 그래서 가장 많았을 때 2만 명 이상의 중국 내 영국군과 프랑스군으로 이루어졌던 침략군은 해체되어 본국으로 송환되었다. 12월 말에는 영국군 절반이 이미 인도와 영국으로 돌아간 상태였다.(당시 중국에서는, 영국군이 떠나는 것은 본국에서 누군가 자국을 공격하고 있기 때문이라는 소문이 일었다.)[39] 남아 있는 영국군은 대부분 홍콩 식민지에 주둔했고, 배상금 지급이 꾸준히 이루어지도록 뒷받침하기 위해 북쪽의 톈진과 다구 포대에(베이징을 쉽게 공격할 수 있는 거리 내에) 약 4000명의 수비대가 주둔했다. 그런데도 중국 북부의 이 병력을 유지하는 데 드는 높은 비용이 이 병력 덕분에 안전하게 확보되는 청나라 정부의 배상금 지급액을 다 까먹어버린다는 불평이 있었다. 예컨대 상하이에는 1860년 말 영국군이 1200명 정도밖에 남아 있지 않았고, 엘긴은 심지어 그만큼도 필요치 않을 거라고 생각했다.[40]

엘긴은 영원히 중국을 떠나기에 앞서 영국인 거주지에서 한 달을 보냈다. 그의 북방 임무는 완수되었고, 귀국하기 전 마지막 목표는 영국과 반란군이 관계를 맺을 가능성을 타진해보는 것이었다. 반란군은 그의 조약 덕분에 이제 공식적으로 영국과의 무역에 열려 있던 양쯔강 물길을 대부분 장악하고 있었다. 그는 지난해 여름 동생 프레더릭 브루스가 태평천국군의 공격으로부터 상하이를 "방어"한 것에 대해 기쁜 내색을 전혀 보이지 않았고, 오히려 상하이 교외의 검게 그을린 잔해를 보고 뚜렷하게 실망감을 드러냈다. 그는 또한 외국인 사회와 중국인 사회 모두에 떠도는 소문을 들었는데, 프랑스군이 반란군으로부터 도시를 보호한다는 구실로 그 동네들을 불태웠지만, 실은 교회를 짓고자 땅을 원했기에 그렇게 한 것이라는 소문이었다.[41] 엘긴은 일기에 이렇게 썼다. "그들은 미친 짓에 일가견이 있다. 이제 그들은 '그 땅에는 집들이 없으니' 그 땅을 희생시켜 그 땅을 갖겠다고 한다."[42]

프레더릭 브루스는 반란군에 대한 부정적인 시각을 고수했지만, 형 엘긴 경은 그에게 열린 마음을 가지라고 충고했다. 엘긴 경은 동생에게 보낸 사적인 편지에서(이 시기에 동생 브루스는 대사가 되어 있었고, 베이징에 거처가 준비되기를 기다리며 톈진에서 겨울을 나고 있었다), 청나라와 태평천국 "둘 다 나쁘지만" 둘 중 태평천국의 미래가 더 밝다고 생각한다고 말했다. 엘긴은 태평천국 통치 지역들에 가본 경험을 통해(브루스는 가본 적이 없었다) 반란군에게서는 "정직함과 힘"이 드러난다고 느꼈다.[43] 그리고 브루스가 태평천국군의 상하이 도착에 앞서 받은 충왕의 서신을 읽길 거부했던 일에 대한 질책일 수도 있는 내용으로서, 엘긴은 반란군과의 접촉을 피하라는 청나라의 어떤 요청에도 응하지 말라고 브루스에게 경고했다. 그는 이렇게 썼다. "양쯔강에서 반란군과 소통하지 말아야 한다는 의무감을 갖는 것은 절대 안 될 일이다. 그것은 원칙적으로 틀린 일일 것이고 (…) 실제로 불가능한 일일 것이다."

겨울이 왔다. 엘긴은 직접 양쯔강을 다시 거슬러 올라갈 시간이 없었지만, 중국에 있는 영국 해군의 총지휘관인 제임스 호프 제독에게 명령을 내려, 오는 봄에 태평천국의 수도를 방문해 영국과 반란군 간의 우호적 관계를 위한 토대를 마련할 수 있을지 알아보라고 주문했다. 엘긴이 인정했듯이 상황은 미묘했는데, 영국이 태평천국의 적인 청 왕조와 조약 관계를 맺었기 때문이다. 그러나 그는 엄격한 중립을 통해 영국이 양측과의 상호 작용에서 이익을 얻기를 바랐다. 심지어 그 양측이 이 중국 내전의 양 당사자임에도 말이다. 그는 호프에게 보낸 사적인 편지에서 이렇게 썼다. "나는 이곳에 온 이후 반란군의 전망을 오히려 더 좋게 보고 있습니다. (…) 어쨌든 이 내전에서 우리가 편파적이지 않아야 한다는 것은 분명합니다."[44]

만주족과의 전쟁을 종결시키고 호프 제독이 태평천국과의 수교에 나서도록 시동을 거는 것으로 엘긴 경의 임무는 완수되었고, 그는 귀국 길에 올랐다. 긴 항해가 될 것이었지만, 오히려 다행이었다. 그가 중국을 떠나 홍콩에 들렀을 때부터 이미, 그의 군대가 베이징에서 한 행동이 영국에서 동의를 얻지 못하고 있다는 풍문이 들리기 시작했다. 마침내 본국에 도착했을 때 그는 많은 것을 책임져야 했다.

한편 중국 동부의 부유한 성인 장쑤성의 태평천국군 통합은 빠르게 진행되었다. 일찍이 1860년 9월에 이 지역의 한 청나라 지지자는 여전히 지탱되고 있는 외국인들의 직접 보호 구역들만 빼고 상하이 주변의 모든 구역이 반란군에게 장악되었다고 언급했다.(그는 "당분간 무슨 일이 닥칠지 누가 알겠는가?"라며 불안해했다.) 많은 청나라 충성파처럼 이 관찰자도 낙담해 있었다. 그는 일기에 이렇게 썼다. "어떻게 하면 우리가 사람들의 마음을 북돋울 수 있을까? 어떻게 하면 우리가 영토를 되찾을 수 있을까? 내 세대가 이 위기를 겪고 있지만, 우리는 발 디딜[조치를 취할] 곳이 없고, 우리 목소리는 한숨 쉬는 것 말고는 아무것도 할 수 없다."[45] 태평천국은 그러한 낙담을 이용해, 만주족 통치의 귀환을 바라는 사람들의 의지를 흔드는 선언문들을 유포시켰다. 쑤저우 근처 우장이라는 도시의 한 선언문에는 이렇게 쓰여 있었다. "청나라 황제는 망한 나라의 황제이며, 그의 관리들은 모두 망한 나라의 관리들이다."[46] 황제가 베이징에서 도망쳤다는 소식이 입에서 입으로 전해지면서 충성파조차 뿌리까지 흔들렸고, 청나라의 붕괴 가능성을 직시하게 되었다. 이 관찰자는 일기에 이렇게 썼다. "200년을 이어온 왕조가 순식간에 멸망 위기에 처했다. 이렇게 빨리 종말이 올 줄은 상상도 못 했다."[47]

태평천국군은 양쯔강 하류의 풍요로운 지역, 즉 장쑤성, 안후이성, 저장성이 만나는 지점을 포함하는, 장난江南(말 그대로 "강의 남쪽") 이라고 알려진 지역 전체로 지배권을 확장했다. 상하이가 속한 장쑤성에서는 태평천국군이 성도 쑤저우와 주요 도시들인 단양, 우시를 장악했다. 유령 도시인 강안의 전장은 버티고 있었지만, 주변 시골 지역은 모두 태평천국군의 통제하에 있었다. 안후이성에서 그들은 성도 안칭을 장악했지만, 증국번이 인근에서 막 존재감을 드러냈다. 상하이 남쪽에는 저장성이 있었는데, 이곳의 부유한 무역 도시 닝보와 성도 항저우는 당장은 청국군의 수중에 있었다. 이수성은 포위된 난징을 구하기 위한 작전 중에 속임수로 항저우를 공격해 그곳에 지옥 같은 상황을 펼쳐놓았지만, 그 만주족 요새 도시를 돌파하지도 않았고, 자신의 난징 귀환 후 그 도시를 장악할 군대를 남겨놓지도 않았다.

장난에 도착한 태평천국군은 매혹과 공포가 뒤섞인 반응과 마주했다. 상하이에서 서쪽으로 약 96킬로미터 떨어진 창수라는 곳의 한 목격자는 1860년 가을에 자기 마을을 통과한 반란군 행렬을 묘사했다. 밝고 다채로운 비단으로 화려한 모습의 태평천국군 장교들이 지나갈 때 호기심을 느낀 마을 사람들이 문 뒤에서 내다봤다. 그들은 여우 털 상의와 다람쥐 가죽 망토를 걸치고 있었고, 깃발과 창을 든 병사들이 길에 늘어선 가운데 수백 마리의 말을 타고 천천히 지나갔다. 그는 대략 1만 명의 태평천국군 병사가 지나갔다고 추정했고, 그들이 마을 사람들에게 전혀 해를 끼치지 않았다고 밝혔다. 그러나 이 대규모 군대가 지나간 후, 그 뒤를 따르던 악마들이 나타났다. 행렬을 느릿느릿 따라오던 몇백 명의 장발들이 집들 사이를 마음대로 왔다 갔다 하면서 문(현재는 잠겨 있는)을 두드렸다. 그들은 집 안으로 침입해 강도, 강간, 살인을 저질렀다. 또한 젊은 남자들을 붙잡아 긴 끈으로 함께 묶어서 군대가 사라진 쪽으로 끌고 갔다. 겁에 질린 목격자는 그들이 마을까지 불태워버리지 않은 게 다행이라고 생각했다. 위풍당당한 군대가 남쪽을 향한 길로 사라지고 악마의 무리가 그 뒤를 따라 멀리 가버렸을 때, 많은 마을 사람이 집을 떠나 그들을 따라갔다. 어떤 이들은 끌려간 친척을 찾아 나섰다. 어떤 이들은 군대를 따라잡아 식량을 팔기 위해 서둘러 쫓아갔다. 어떤 이들은 길을 따라 무기력하게 돌아다니면서, 행군이 남긴 잔해와 쓰레기 더미를 뒤지며 혹시 가질 만한 게 있는지 살폈다.[48]

최악은 주변적인 무리였는데, 행군하는 군대의 뒤를 따르는 사람들에 의해 야기된 공포는 승리한 포위군보다 앞서간 사람들, 몇 주나 몇 달 동안의 저항 끝에 함락된 도시들에 먼저 들어가 무방비 상태의 시골 지역을 악몽처럼 휘저은 사람들에 견주면 아무것도 아니었다. 누더기와 헝클어진 머리의 그 남자들은 도시가 확보되고서 하루이틀 뒤에 오는 장군들의 통제에서 완전히 벗어난 채 잔학 행위들을 저질렀는데, 이 때문에 수천 명의 사람이 이들이 도착하기 전에 먼저 자살해버릴 정도였다. 저장성 샹산 지역의 한 목격자는 그 남자들 10여 명이 새 신부를 강간하고 그녀 신랑의 배를 가른 일을 이야기했다. 원래 신랑이 그들의 표적이었는데, 그가 청나라 만주족 스타일로 앞머리를 밀었기 때문이다. 그들은 두 사람 다 죽게 내버려두었다.[49] 저장성의 또 다른 목격자는 이렇게 전했다. "배를 갈라 피를 마시는 사람들도 있었고, 사지를 잘라버리는 사람들도 있었다. 어떤 사람들은 심장을 파내서 먹었다. (…) 내 붓으로 차마 쓸 수가 없다."[50] 그들은 여자들을 데려갔다. 어린 소년들은 징집병으로 데려가 죽도록 훈련시켰다. 또 다른 사람의 보고에 따르면, 청나라 관리들이 이미 도시를 탈출하고 없을 때면 선봉대가 겁에 질린 시민 몇 명을 죽여 시신에 청나라 관리들이 두고 간 옷을 입힘으로써 뒤따라 온 군대에 활기를 불어넣기도 했다.[51]

패턴은 이랬다. 장군들이 있는 곳에는 상대적으로 질서가 있었다. 태평천국군의 엄격한 규율을 어긴 병사들은 신속하고 무자비하게 처벌받았다. 말뚝에 머리가 내걸렸고, 강간범이나 약탈자가 어떻게 되는지를 경고하는 게시물이 붙었다. 그러나 주변부에서는 더 적은 수의 태평천국군 병사가 더 많은 수의 민간인 사이에서 행동하다 보니 통제가 잘 안 되었다. 정복의 정점에서는 도시들이 무너지고 청국군의 방어가 무너지면서 악행의 봇물이 터질 수 있었다. 정복한 태평천국군의 폭력과 패배한 청국군의 폭력은 구별하기 어려울 때가 많았다. 그러나 일단 통제가 제대로 이루어지고 청국군의 재침입 위험이 없어지면 상황은 평온해졌다. 세금이 징수되었다. 경작이 이루어졌다. 새로운 관리들이 임명되었다. 법령이 공포되었고, 때로는 폐지되었다. 남자들은 더 이상 앞머리의 머리카락을 밀지 않고 반란군처럼 자라나게 했다. 땋아 늘인 뒷머리는 보통 자르지 않았다.(청국군이 다시 나타날 경우 그들을 맞이하기에 편리해서였다.) 삶은 계속되었다.

그렇게 평온하게 통제되는 지역에서 태평천국군의 통제로부터 멀리 떨어진 시골 마을에 두세 명의 "장발" 남자로 이루어진 파견대가 불시에 도착하면 지역 주민들은 겁에 질려 문을 닫아 걸 수도 있었다. 하지만 그들은 보통 자기가 먹은 음식에 대해 값을 치렀다. 그리고 그 같은 반란군들 스스로도 어둠 속에서 습격당할 것을 두려워하며 이동하고 있었을지 모른다. 그런 공격이 있으면 도보로 하루이틀 거리의 도시에 주둔해 있는 수비대가 보복에 나서게 되리라는 것을 알면서도 말이다. 청국군이 오고 있다는 소문은 옛 삶을 되찾고 싶어하는 향신들에게는 안도감을 줄 수 있었지만, 농민들에게는 공포를 의미했다. 농민들에게는 그것이 혼돈의 귀환을 알리는 신호였기 때문이다. 이 전쟁 동안 중국 농민들이 어떤 의사를 갖고 있었는지에 대한 외국인과 학식 있는 중국인들의 이야기에서 일치되는 주장이 있다면, 그들은 누구의 치하에 놓이는가에 전혀 관심이 없었다는 것이다. 그들은 그저 싸움이 끝나기만을 바랐다. 그들은 질서를 바랐다. 어느 편에 서든 싸움에서 좋은 결과가 나오는 일은 거의 없었다.

태평천국군 통치하에서 일반 주민들에게 적용되는 규칙들은 대체로 명확했지만, 때로는 불가능할 정도로 엄격했다. 전쟁 초기에 후베이, 안칭, 난징, 양저우에서 전족 풍습을 금지하는 법령이 내려졌다.(전족은 소녀들의 발이 자라지 못하게 헝겊으로 꽁꽁 동여매어 성인이 되어도 약 15센티미터에 머물게 하는 것으로 한족의 풍습이었고, 태평천국을 세운 하카족에게는 그런 풍습이 없었다. 하카족은 종교적인 이유로 그것에 반대하기도 했다.) 전족을 하는 여성에 대한 명시적인 벌은 발을 자르는 것이었다.[52] 그런 타협 없는 법이 군의 기강을 잡았을지는 몰라도, 대중의 관습 앞에서는 쓸모가 없었다. 그 법의 강제 집행은 여성 인구의 상당수를 불구로 만든다는 뜻이나 다름없었다.(만주족 역시 중국을 통치하게 되었을 때 전족을 금지하려 했다가 실패했음을 지적할 만하다.) 1861년 저장성 사오싱에서 태평천국군 통치하에 살고 있던 한 학자가 기록한 바에 따르면, 청나라 사람처럼 앞머리의 머리카락을 민 자, 아편을 피우는 자, 불교 우상과 같은 "악마" 우상을 숭배하는 자는 참수하라고 한 반란군 장수가 명령을 내렸다. 모든 금지 사항 중에서 이 학자를 정말 깜짝 놀라게 한 것은 아편 금지였다. "우리 왕조하에서는 모든 사람이 아편을 피운다. 가장 부유한 향신부터 종들과 시장의 채소 장수에 이르기까지 다 아편을 피운다. 심지어 반란군도 아편에 심하게 중독되어 있는데 어떻게 참수를 말할 수 있을까?"[53] 중국인과 외국인 모두에게 아편 금지는 태평천국 정부의 사회 개선 운동 중 가장 잘 알려진 것이자 분명 가장 효과가 없는 것이었다.

많은 새로운 영토와 엄청난 농촌 인구를 다스리게 된 태평천국은 어떤 경우에는 기존의 지방 권력자나 향신과 협약을 맺어, 그들에게 인접 지역에 대한 자치권을 주는 대신 세금 징수 업무를 맡기고, 청국군의 영토 탈환을 돕지 않는다는 암묵적 약속을 받았다.[54] 그러나 대부분의 경우 태평천국은 '향관'이라는 지방관을 임명해, 세금을 징수하고, 필요한 것들(벽돌, 목재, 공공 사업의 노동력)을 조달하고, 지역 주민을 관리하는 임무를 맡겼다. 청나라가 지방 통제를 유지하는 데 오직 부유한 지주와 출세한 학자들에게만 의존했던 만큼, 태평천국 치하의 이런 봉직 기회는 지방에서 권력을 어느 정도 재분배했다. 태평천국의 통치에 편승해 새로운 체제에서 향관이 된 사람들 중에는 사실상 전 청나라 관리와 과거 급제자들이 많았다. 하지만 옛 사회에서는 그런 지위를 차지하지 못했을 사람도 많았다. 남아 있는 향관 명부들에는 그저 마을 차원의 중요 인물인 농민, 임원, 상인, 노인 등 다양한 배경의 사람들이 올라가 있다. 비단 짜는 사람, 승려, 두부 장수, 무술 사범도 있었다. 쑤저우 근처의 한 지역에는 직업이 단지 "도박꾼"으로 기재된 향관이 있었다.[55] 태평천국은 또한 이 새로운 관리들

밑에서 향관의 임무를 도울 재능 있는 지역 주민들을 모집했다. 특히 지리, 군사 전술, 의학, 수학, 지역 관습, 점성술 분야의 전문가들을 구했다.[56]

태평천국의 종교는 홍인간이 외국인의 지지를 호소하는 데 중심이 되는 것이었지만, 그것이 중국 동부의 장난 지역에 거주하는 한족 반란군 추종자와 일반 백성에게 매력을 발휘했을지는 의심스럽다. 심지어 그들의 적들조차 "진짜 장발들"(남부의 광시성과 광둥성에서 온 원래의 신자들)과 나중에 반란 운동에 합류한 대중을 구별했다.[57] 태평천국의 구원과 종말의 비전이 일부 사람에게 동기를 부여했을 수도 있지만, 반란군이 호소력을 발휘한 것은 주로 통제, 안정, 징세 같은 좀 더 세속적인 문제들(빈곤 계층에 필수적인)과 관련해서였고, 사회 엘리트층 사람들에게서는 만주족 아닌 한족에 의해 통치되는 제국의 가능성과 관련해서였다.

홍인간은 상하이의 국제적 공동체와 종교적 유대를 형성하려 노력하는 한편, 태평천국이 마침내 만주족을 물리치고 중국을 통치하게 되었을 때에 대비해 새로운 정부를 설계하고자 궁내에서 노력했다. 1850년대에 태평천국 지도자들은 광범위한 토지 재분배를 시행하고 청교도적인 종교생활을 강요하려고 했지만 실패했다. 이제껏 살아온 방식과 비슷하게 살고 싶어하는 일반 백성의 저항이 너무 컸다. 홍인간이 오면서 태평천국의 정책들은 더 융통성 있게 변했다. 홍인간은 환영을 보는 사촌 형의 종교적 이념과 과거로부터 많은 영향을 미쳐온 제도들 사이에서 타협을 추구했기 때문이다. 말하자면 홍인간이 중국을 위해 구상한 정부는 적어도 그가 자신의 집무실 내에 구현해 본 작고 예비적인 규모에서는 혁명적인 것이 아니었다.

한 가지 예로, 홍인간은 베이징의 청나라 관료 체제의 골격을 이루는 6개 부서(재정, 민정, 전쟁, 공공사업, 의례, 형벌)와 똑같은 부서들에 업무를 분담시킴으로써 청나라 정부를 복제한 것과도 같은 정부를 수립했다.[58] 만주족도 중국을 정복하기에 앞서 1600년대에 이와 똑같이 해서, 명나라 수도의 정부와 일치하는 복제 그림자 정부를 세웠는데, 이는 만주족의 베이징 입성이 수용되는 데 꼭 필요했던 것으로 판명되었다. 왜냐하면 그것은 그들의 통치 방식이 어떻든 그들이 정부 관료 체제의 근본적인 구조를 바꾸지는 않을 것이라는 암묵적인 약속을 내포하고 있기 때문이었다. 홍인간의 6개 부서 체제는 아직 실무 인원도 부족했고, 난징의 그의 궁 안의 일부 공간(사실상 이서카 로버츠의 거처 바로 아래층)에 국한되어 있었지만, 그럼에도 불구하고 유사한 계획을 반영하고 있었다.

그리고 과거 제도가 있었다. 어떻게 보면 태평천국의 반란 이야기 전체는 과거시험에 낙방한 자의 역력한 분노로 묘사될 수도 있을 것이다. 그러나 난징의 반란군 정부는 그럼에도 기존의 과거 제도가 충성스러운 관리를 뽑는 데 매우 효과적인 방법이며, 중국의 식자들은 그 시험을 통해 경쟁하기를 바란다는 것을 받아들였다. 따라서 청나라처럼 태평천국에서도 인재 등용이 과거시험에 의해 이루어졌는데, 다만 이제는 시험의 기초가 유교 고전이 아니라 성경이었다. 태평천국 점령지에 거주하는 청나라 충성파 학자들은 태평천국이 시행하는 과거시험의 기독교적 내용을 비웃는 경향이 있었다. 과거시험에서 "하늘에 계신 아버지를 경배함"이라는 주제에 대해 써야 했던 쑤저우 인근의 한 학자는 태평천국이 "하늘"에 해당되는 한자로 뭔가 새로운 것을 의미한다는 데 당혹스러워했다. 그는 자신의 글을 제출하면서 심사관에게 속삭였다. "오늘 제가 쓴 '하늘'이 어떻게 예전부터 있던 '하늘'과 다를 수 있을까요?" 그러자 심사관은 조용히 미소 짓더니 그가 낸 글을 찢어버렸다.[59] 어떤 사람들은 아예 시험을 거부했고, 시험을 치르는 이들을 뻔뻔스럽다며 몰아붙였다.(만주족이 1640년대에 중국에서 과거 실시를 시작했을 때 비웃었던 명나라 충성파들을 상기시키는 반응.) 그러나 청나라 충성파 유생들이 태평천국이 실시하는 과거에 응시하기를 기피한 것은 다른 사람들에게 기회를 만들어주는 일이 되었고, 새로운 경쟁은 옛 경쟁보다 훨씬 덜 치열해졌다. 1861년 4월 쑤저우 근처에서 치러진 하위 행정 단위의 시험에서는 응시한 젊은이 100명당 40~50명이 합격했다. 청나라가 실시한 과거에서는 아마 100명당 한 명 정도가 합격했을 것이다. 합격한 학생들은 새로운 지위와 함께 상금을 받았고, 쑤저우에서 치러지는 성 단위 시험과 난징에서 치러지는 전국 단위 시험에 응시할 권리를 얻었다.[60]

홍인간은 태평천국 수도에 온 직후 과거시험을 담당하게 되었고, 이 시험에 변화를 주기 시작했다. 어떤 변화들은 사소한 것이었다.(예컨대 각 단위 과거의 급제자들이 받는 명칭을 아주 약간 바꾸는 정도였다.) 하지만 어떤 변화들은 훨씬 더 중요했다. 원래 태평천국의 과거시험은 성경만을 다루었기 때문에, 많은 중국인은 반란군이 공자를 예수 그리스도로 대체해버린 것이라고 믿었다. 증국번은 1854년에 바로 그런 주장을 이용해 자신의 군대에 대한 지원을 호소했고, 태평천국과의 전쟁을 유교 문명을 구하는 전쟁이라고 불렀다. 그러나 난징에서 홍인간의 영향력을 보여주는 뚜렷한 표지 하나는 1861년 초에 이르러서는 그의 지휘하에 치러지는 태평천국 과거에 중국 고전도 포함되기 시작했다는 것이다. 홍인간의 휘하에서 공자가 태평천국 내에 설 자리를 얻은 것이다.

따라서 1861년 봄 지방 과거에 응시한 학생들은 종교 교리와 관련된 글뿐만 아니라 공자의 가르침이 담긴 기록인 『논어』와 관련된 글도 써내야 했다. 시험에 제시된 예문 전문은 남아 있지 않지만, 논술 주제에 대한 암시는 여러 일기에 기록되어 있다. 선택된 예문은 전쟁의 잿더미에서 새로운 국가를 만들려는 태평천국의 계획과 소름 끼치도록 공명하는 것이었다. 선택된 구절에서 한 제자는 공자에게 국가에 가장 중요한 기둥 세 가지가 무엇인지 물었다. 공자는 국가가 군사력을 가져야 하고, 국가가 백성에게 먹을 것을 제공해야 하며, 백성이 정부에 대한 믿음을 가져야 한다고 대답했다. "세 가지를 전부 가질 수 없다면요?" 제자가 물었다. "그럼 군대를 없애라." 공자가 말했다. 이어서 제자는 통치자가 한 가지를 더 포기해야 한다면 어떻게 해야 하는지 물었다. "그렇다면 먹을 것을 없애라. 죽음은 늘 있어왔지만, 믿음이 없으면 국가가 존재할 수 없다." 공자가 말했다.[61]

홍인간은 태평천국의 정치적 선전물을 쓰고 출판하는 데 앞장섰다. 그는 자신의 궁에 있는 서양식 납활자 인쇄기를 사용해 그러한 선전물을 대량 인쇄했다. 그렇게 나온 출판물 가운데 어떤 것들에서는 산업화에 대한 그의 신념이 드러났다. 그는 철도, 기계식 무기, 증기선, 전신의 중요성과 전국적 신문의 필요성을 언급했다.[62] 인쇄기 자체(광저우에서 처음 제조된)가 그런 혁신의 하나였고, 그의 인쇄 담당 인력은 외국의 가동 활자 기술을 손쉽게 익혔다. 그 인력은 반란군 수도에서 가장 교육 수준이 높은 축에 속했고, 한 방문자의 기록에 따르면 그 도시에서 종교적 열정이 가장 적은 축에 속했다. 심지어 그들 중 한 명은 이 방문자에게 홍수전의 환영을 믿지 않는다고 털어놓기도 했다.[63] 적절하게도, 그 출판물들은 천왕의 환영에 근거한 필수적인 종교적 선전만 담고 있는 것이 아니라, 신학에 관심 없는 사람들의 마음을 끌 만한 좀더 세속적인 호소의 강한 흐름도 담고 있었다. 내전 말기 몇 년 동안 반란군의 주요 선전물이었던 그 기록들에서는 이 내전이 종교 간의 투쟁이라기보다는 민족 간의 전쟁인 것처럼 보였다. 즉, 한족과 만주족이 맞붙게 만든 역사적 원한과 종족 학살에 대한 복수의 전쟁인 것처럼 보였다.

그런 출판물들 중 하나인 『영걸귀진(진리를 향한 영웅의 귀환)』은 반란군 편으로 넘어온 한 청 왕조 고위 관리의 이야기를 들려주었다. 하나의 이야기인 이 책은 그 관리와 간왕 홍인간 사이의 대화를 담고 있는데, 대화에서 홍인간은 태평천국의 신앙에 대한 그의 잘못된 생각을 바로잡아준다. 이 책은 무엇보다 청나라에서 권력을 잡고 있던 엘리트들을 향해 민족적 지지를 호소했다. 주인공은 한족이지만 그의 집안 사람들은 오랫동안 만주족 왕조의 고위직을 지냈다. "나는 살과 피 모두 진정한 중국 사람이다." 그는 이렇게 말했다. 그는 만주족 왕조가 무너지고 있어서 그 왕조에서 봉직하는 것을 그만두었다. 그리고 이제 태평천국 쪽으로 넘어왔는데, 청나라 관리를 지내온 그의 집안 사람들이 오랫동안 청나라 세력가로 자처했지만 실은 그들이 자기 나라를 지배하는 만주족의 노예에 불과했음을 그가 깨달았기 때문이다. 홍인간은 그를 환영했고, 그가 홍수전과 나눈 대화를 소개했다. 대화에서 홍수전은 이렇게 말했다. "18개 성에 걸친 넓은 땅이 만주개들의 겨우 3개 성에 지배되고 있으니, 5억 명이나 되는 한족이 겨우 몇백만의 타타르족 악마들에게 지배되고 있으니, 이것은 정말 너무나 수치스럽고 부끄러운 일이다." 그 관리는 태평천국이 사실은 만주족으로부터 한족을 구하는 구원자임을 깨달았다. 그는 홍인간의 말이 "갑자기 벼락처럼 내 귀를 내리쳐, 처음으로 나를 바보 같은 꿈에서 깨워주었다"고 말했다.[64]

이 책에 따르면 태평천국은 결코 혁명적이지 않았다. 사실 태평천국 사람들은 토착 전통주의자였고, 과거 어느 때나 외세의 침략에 저항했던 중국의 유산을 이어갔다. 홍인간은 과거 명나라 때의, 더 멀게는 만주족의 북방 조상들에게 정복되었던 송나라 때의 충성스러운 한족과 태평천국 간의 유사점을 끌어냈다. 과거에 수많은 한족이 목숨을 바쳐가며 외세의 침략을 막아내려 애썼듯이, 태평천국은 만주족이 자신들의 정당한 통치자라는 착각에서 깨어나도록 한족을 이끌 것이다. 그는 심지어 송나라 때의 위대한 다섯 유학자, 즉 주희, 장재, 주돈이, 정호와 정이 형제를 언급하기까지 했는데, 이들은 증국번에게 그토록 소중했던 신유학이라는 학파를 세운 사람들이었다. 그들의 신념 체계는 증국번이 목숨 걸고 지켜내려 한 문명의 핵심이었지만,

홍인간의 손에서 그들은 왜 한족이 만주족에 대항해야 하는지를 상기시켜주는 존재가 되었다. 홍인간은 이런 위대한 유학자들이 송나라와 명나라 같은 한족이 세운 나라에서만 생겨났다고 지적했다. 청나라처럼 정복을 통해 세워진 나라에서 한족이 예속 상태에 놓였을 때는 그들의 문명이 약화되고 악화되었다. 이 관리는 홍인간의 말에 또다시 충격을 받고 깨우침을 얻었다고 말했다. 그는 홍인간에게 이렇게 말했다. "말씀을 들으니 머리에 찬물을 끼얹은 것 같고 심장에서 뜨거운 숯이 타고 있는 것 같습니다."[65]

『영걸귀진』에서 홍인간은 태평천국이 유교 문명을 파괴하려 한다는 비난에 맞서, 태평천국이 없애고자 하는 것은 우상 숭배일 뿐이라며 관리에게 끈기 있게 설명했다. 공자의 책들은 환영받았고, 공자의 철학은 여전히 태평천국 사회에서 중심적이었다. 단지 이것이 변질되어 중국인들이 현인을 유교 사원에서 사이비 신처럼 숭배하게 되었을 뿐이고, 그 사원들은 파괴되어야 한다. 중국의 유학자들은 "공자와 맹자가 말하는 인과 의와 예를 지켜야" 하지만, 그렇다고 해서 "제물을 바치며 〔그들을〕 숭배해야" 한다는 뜻은 아니라고 그는 썼다. 지혜와 지식과 성공은 하늘이 부여하는 것이지 인간이 부여하는 것이 아니라고 홍인간은 설명했다. "이제는 죽은 이들인 현인들이 어떻게 인간에게 명성이나 지혜를 부여할 수 있겠는가?" 공자와 맹자는 읽히고 존경받아야 하지만, 하나님과 혼동되어서는 안 되었다.

따라서 홍인간은 오직 종교만이 아니라 태평천국의 종교적 신념과 중국의 유구한 역사 사이의 조화에 근거해 지지를 호소했다. 그것은 증국번의 틀과 경쟁하는 또 다른 틀의 주장이었다. 즉, 그는 유교

대 기독교가 아니라 한족 대 만주족이라는 틀을 내세운 것이었다. 홍인간이 이렇게 틀을 짠 만큼 이 전쟁의 핵심 문제는 한족의 해방이었다. 그것은 강력한 호소였고, 증국번이 지지 기반으로 의지했던 부유한 향신과 엘리트 학자들을 똑같이 겨냥하는 것이었다. 홍인간이 기존 관료제를 계승할 수 있는 정부를 설계하려 애쓰고 태평천국의 과거시험에 유교 경전을 포함시킴으로써 그 시험에 대한 호감을 키우려 한 만큼, 그의 구상은 안정적 전환, 지속, 보존을 지향한 것이었다. 그러나 홍인간의 폭넓은 노력과 그 휘하의 유능한 인력에도 불구하고 그는 궁에서 수적 열세를 느꼈다. 그는 사촌인 천왕의 신임을 받고 있어서 다른 왕들보다 우위에 있었지만, 그의 동료 왕들은 때때로 그를 좌절시켰다. 처음부터 태평천국에 합류했던 왕들이 "영웅적 건국자"로 자처한다고 그는 불평했다. 그들은 미래에 대해 별로 관심이 없었고, 어떻게 일반 백성의 마음을 얻을지, 또는 어떻게 그들의 정부를 통합할지에 대해 별로 관심이 없었다. 그는 이렇게 썼다. "그들은 오직 자기 자신만 생각했고, 큰 그림은 생각하지 않았다."[66]

진정한 지배권은 여전히 반란군의 수중에 있지 않았다. 베이징의 청나라 정부는 연합군의 침략과 황제의 도주 이후에 몹시 약해졌지만, 단지 천명이 존재한다는 이유로 여전히 천명에 매달렸다. 청나라 정부가 그렇게 하는 한, 청나라 충성파들은 끝까지 정부를 위해 싸울 것이었다. 증국번은 그해 가을 안후이성의 양쯔강 상류 쪽에 위치한 안칭을 포위했고, 태평천국군이 장난 지역을 장악하고 유럽인들이 수도 베이징을 침공하는 동안에도 꾸준히 포위를 유지했는데, 겨울이 되자 쩡궈판의 안칭 포위가 하류 쪽에 위치한 태평천국 수도 난징에 긴급한 걱정거리가 되었다. 왜냐하면 안칭은 태평천국군의 요충지이기도 했기 때문이다. 그들의 안칭 기지는 북쪽으로부터든 서쪽으로부터든 적이 난징으로 쳐들어오는 것을 막아주는 완충 지대였다. 양쯔강 전체를 통제하지 못하면 훙인간과 이수성이 합의한 전략의 마지막 단계들, 즉 비옥한 남부 성들을 통합하고, 옛 명나라의 심장부를 재건하고, 그런 다음 만주족이 지배하는 북쪽의 건조한 지역을 굶겨서 전멸시키는 단계들이 복잡해질 것이었다.

1860년 늦가을 무렵 이수성은 결국 안칭 주둔군 구출을 돕기 위해 동부 성들의 정복 작전을 중단해야 했다. 사실 천왕은 이수성에게 북쪽으로 가라고(아마도 약해진 만주족 수도를 치기 위해서) 명령했지만 그는 거부했다. 쩡궈판이 자기가 상황을 더 잘 파악하고 있다고 생각해 황제의 지시를 거부했던 것처럼 말이다. 명령을 거스르며 충왕 이수성은 병력을 이끌고 서쪽으로 이동해 장시성과 후베이성으로 가야 한다고 주장했다. 그곳의 많은 지역 지도자가 수십만 명의 추종자를 태평천국군 대열에 합류시키기로 약속했기 때문이다.[67] 예정된 그 신병들이 안칭 포위선 건너편에 막 배치되었다. 11월에 군대를 이끌고 난징을 떠난 이수성은 양쯔강의 구불구불한 남안을 따라 대략 서쪽으로 행군했는데, 남안의 아래쪽에서는 쩡궈판의 군대가 치먼에 주둔하고 있었다.

이수성이 떠나면서 수도 난징에 남아 있는 사람들에게 한 말은 식량 비축을 시작해야 한다는 엄중한 지시였다. 그는 태평천국군이 이제 상하이까지 양쯔강 하류 지역을 통제하고 있는 만큼 동쪽으로부터의 공격은 우려할 필요가 없다고 사람들을 안심시켰지만, 청국군의 다음 공격은 상류 쪽에서 올 수도 있었다. "안칭을 장악할 수 있다면 걱정할 필요가 없지만, 그곳이 흔들리면 우리 수도가 안전하지 않을 것"이라고 그는 예측했다.[68] 만약 전쟁이 난징까지 더 밀고 들어온다면 옥도 은도 쓸모가 없을 것이다. 필요한 건 곡식이었다.

1861년 2월 초에 이르러서는 홍인간까지도 천왕의 명령에 따라 전쟁터로 나갔다. 그는 궁과 인쇄기를 뒤로하고 자신의 군대를 조직해, 거세게 안칭을 포위하고 있는 후난군으로부터 안칭을 구출하는 합동 작전을 도우러 나섰다. 그는 이전에 군대를 지휘해본 적이 없었다. 심지어 군대의 일원으로 싸워본 적도 없었다.(난징으로 들어가려 애쓰던 시기에 잠깐 청국군 부대에 들어갔던 것을 제외하고.) 그러나 그는 간왕이었고, 적어도 그의 추종자들은 그를 믿었다. 윌리엄 뮤어헤드라는 런던선교회 측 방문자는 중국 명절인 춘절(음력 1월 1일)에 난징을 출발한 홍인간의 위풍당당함을 목격할 수 있었다.[69] 그날은 태평천국력으로는 11년의 첫날이었다. 홍인간은 금관을 쓰고 왕좌에 조용히 앉아 있었고, 그의 작은 몸은 환한 노란색 비단 옷에 폭 파묻혀 있었다. 한 무리의 태평천국군 장교들이 그의 옥좌 앞에 꿇어앉아 합창했다. "간왕이시여, 천 년을 사소서, 천 년을 사소서, 천 년의 천 배를 사소서!" 그런 다음 뮤어헤드는 과거 홍콩에서 옛 친구 제임스 레그의 공손한 조수로 일했던 그 동그란 얼굴의 남자가 엄숙하게 왕좌에서 내려와 커다란 가마에 오르는 것을 지켜보았다. 여덟 명의 힘센 남자가 운반하는 그 가마가 그를 전쟁터로 데려갔다.

이후 뮤어헤드의 귀에 맴돈 말은 그 노랫말이 아니었다. 그 말은 그 의례가 있기 전에 홍인간이 뮤어헤드 자신에게 했던 말이었다. 그때 두 사람은 앞에 놓인 위험에 대해 사적인 대화를 나누고 있었는데, 홍인간의 평온한 태도 뒤에 숨어 있던 불안(혹은 두려움이었을까)의 기미가 언뜻 드러났다. 홍인간은 이렇게 말했다. "뮤어헤드 씨, 나를 위해 기도해주세요."[70]

8장
문명의 위기

적어도 영국 여왕은 중국에서 벌인 전쟁의 결과에 만족했다. 빅토리아 여왕은 1861년 2월 9일 의회 개회 연설에서, 엘긴 경과 그로 남작이 중국에서 "모든 분쟁 사안에 대해 명예롭고 만족스러운 해결을 이루어낼 수 있었다"며 기뻐했고, 영국군과 프랑스군 지휘관들이 "더할 수 없이 우호적으로 협력했다"고 칭찬했다.[1] 그러나 엘긴은 여왕과 총리 파머스턴 경, 외무장관 러셀 경 이외의 지지자는 찾기 어려웠다.

가장 공감한 사람들은 『타임스』의 편집진이었고(그들의 특파원 볼비도 중국에서 살해당한 사람 중 한 명이었다), 1860년 크리스마스의 『타임스』 사설은 엘긴이 사실 중국인들에게 너무 온화했다고 지적했다. 적어도 재정적으로, 그는 배상금을 두 배 아닌 네 배로 늘려도 되었을 것이다. 사설에 따르면, 중국인들은 배상금이 싸게 책정되었다는 것을 알아야 했다. 왜냐하면 영국은 침략군을 운영하는 데 배상금 금액보다 훨씬 더 많은 돈을 썼기 때문이다.(나중의 추산에 따르면 실제로 영국의 전쟁 비용은 두 배로 늘린 배상금의 몇 배에 달했다.) 하지만 크리스마스 시즌의 정신에 따라 사설은 "평화는 어떤 금전적 희생을 치르더라도 기쁜 것"이라고 인정했다. 베이징의 파괴에 대해서는, 청국군이 파크스를 납치하고 볼비를 비롯한 포로들을 살해한 것에 대한 정당한 보복으로 여겼다. 사설은 이렇게 썼다. "그들의 무덤은 청국군의 범죄를 말해줄 수 있을 것이고, 청나라 황제의 이화원이 검게 그을린 폐허로 남은 것은 오랫동안 그 범죄에 대한 처벌임을 상기시켜줄 것이다."[2]

다른 신문들은 그렇게까지 호의적이지는 않았다. 그중 하나인 『일러스트레이티드 뉴스오브더월드』는 좀더 관조적인 관점을 취해, 베이징 함락 소식에 환희보다는 막연한 불안감을 느끼는 영국 대중의 양면성을 언급했다. "인류의 3분의 1을 차지하는 나라의 수도가 먼 서쪽에서 온 소수의 군대에게 함락되었다"는 점에서 연합군의 승리는 "세계 역사상 가장 주목할 만한 승리 중 하나"였다. 하지만 승리의 들뜬 분위기에는 "이상하게도 후회와 불안이 뒤섞여" 있었는데, "왜냐하면 우리는 어떤 결과에 이를지 알지 못하기 때문"이었다. 중국과 영국 간의 전쟁은 거의 의도치 않은 일로 보였고, 여러 차례의 우연한 사고, 모욕감, 상황 악화, 지독한 보복이 무질서하게 이어진 데 따른 결과였다. 그러나 그 전쟁은 "인류의 거의 절반이 나머지 절반과 치명적으로 다투는" 지경에 이르렀다. 이 신문은 중국 정부가 배신적으로 행동했다는 데 동의했지만, 그에 대한 대가로 영국이 가한 폭력에 의해 영국 자신이 더럽혀졌다고도 주장했다. "엔필드 라이플총은 그들에게 진실을 말하는 법을 가르쳐주지도 못할 것이고, 그들의 정열에 내재된 타고난 야만성을 누그러뜨리지도 못할 것이다." 신문은 이렇게 썼고, 따라서 비난에 나서는 대신에 이 역사의 순간이 그냥 간단히 지나가버렸으면 하는 바람을 피력했다. "전쟁의 기원을 따지고 들기에는 너무 늦었다. 우리는 전쟁에 휘말렸고, 할 수 있는 최선의 방법으로 전쟁에서 빠져나와야 한다."[3]

전쟁에 대한, 또는 전쟁을 종식시킨 조약에 대한 의견이 어떠하든, 각자의 정치적 입장을 떠나 모두에게 진정 충격적인 것은 이화원을 파괴한 일이었다. 나폴레옹 3세의 독재 정치에 반대해 영국해협의 한 섬에 망명해 있던 프랑스 작가 빅토르 위고는 유명한 한 편지에서 연합군의 이화원 파괴를 규탄했다. 그는 중국을 마구 약탈하고 불태운 한 쌍의 도적으로 프랑스와 영국을 규정했다.[4] 그는 탐욕스러운 엘긴 경들의 유산이라 할 만한 것이 존재한다고 보았다. 바로 얼마전 이화원의 내장을 털어버린 엘긴 경은 한 세대 전 그리스에서 대리석 조각들을 약탈한 그 엘긴 경(그 조각들은 '엘긴 대리석 조각군'이라 불린다)의 아들이었다. 빅토르 위고에 따르면 아들이 아버지보다 더 나쁜데, 아들은 아무것도 남기지 않았기 때문이다.[5] 중국 황제의 이화원은 세계 문명에서 가장 경이로운 것들 중 하나로, 그리스의 파르테논, 이집트의 피라미드, 로마의 콜로세움, 파리의 노트르담에 버금간다고 위고는 썼다. 그런데 이제 그것이 사라져버렸다. 문명의 유럽과 야만의 중국을 똑같은 것으로 만들어버린 사람들의 선동적 약탈 덕분이었다. 위고는 이렇게 선언했다. "바로 이것이 문명이 야만에게 한 짓이다."

프랑스의 반정부 인사에게서 비판이 나오는 것은 아마 예상 가능한 일이었겠지만, 마찬가지로 가혹한 비판이 의회에서도 나왔다. 1861년 2월 14일, 양원이 중국 원정에서 성공적으로 잘 싸운 영국군 지휘관과 병사들에게 감사를 표하는 결의안을 심의하던 중 논쟁이 벌어졌다. 상원에서는 파머스턴 총리가 엘긴의 행동을 옹호하자 배스 후작이 반박했다. 배스 후작은 자신은 "약탈과 파괴의 행위를 눈감아주는 것을 용납할 수 없다"고, "아무리 영국 대사가 승인하고 장관이 옹호했다 해도" 자신이 보기에 그 행위는 "알렉산드리아 도서관 방화나 부르봉 공작의 로마 약탈 같은 행위에 버금가는 것"이라고 말했다.[6] 마찬가지로 하원에서는 이화원을 불태운 것에 대해 아일랜드 하원의원 빈센트 스컬리가 "자신이 생각하기에, 그리고 하원 밖의 많은 사람이 생각하기에 그 행동은 야만성과 파괴성을 드러내는 것으로, 고대사에서나 현대사에서나 전례를 찾기 힘들며, 알렉산드로스 대왕이 다소 비슷한 상황에서 페르세폴리스를 불태운 것과 가장 유사하다"고 말했다.[7] 스컬리는 만약 중국인들이 런던을 정복하고서 그런 식으로 행동했다면 어떻겠느냐고 반문했다. 그리고 이렇게 물었다. "이화원을 불태운 목적이 무엇이었습니까? 중국인들을 회유하는 것이었습니까? 아니면 그들을 기독교화하는 것이었습니까?"

엘긴은 공개적인 망신에도 굴하지 않았다. 그가 생각하기에 자신이 그렇게 한 것은 현재 자신을 비난하는 바로 그 사람들을 위해서였다. 실제로 그의 두 차례의 중국 원정을 관통하는 가장 일관된 맥락 중 하나는 그가 느낀 저항할 수 없는 어떤 힘, 즉 조국과 국민으로부터 투사된 어떤 집단적이고 상상적인 의지였다. 바로 그 힘이 그가 자주 느낀, 때로는 강하게 느낀 의구심을 거스르도록 그를 이끌었다. 그는 귀국 직후 왕립아카데미에서 한 연설에서, 이화원을 파괴하기로 한 자신의 결정은 그 상황에서의 '홉슨의 선택'(선택의 여지가 거의 없는 극단적인 상황—옮긴이)이었다고 변호했다.

> 장담하는데, 여름 별장과 정자들로 이루어진 그곳, 내가 어떤 행동을 취하기도 전에 이미 내용물을 약탈당한 그곳, 중국 황제의 여름 궁궐이라는 위엄 있는 이름을 가진 그곳을 파괴한 것에 대해 저보다 더 진심으로 가책을 느끼는 사람은 없습니다. 그러나 우리 나라와 중국에 또 1년간의 전쟁이라는 재앙을 안겨주는 것 말고는 다른 어떤 방법으로도 제가 품고 있는, 영국군이 품고 있는, 그리고 이 모임에서 감히 말씀드리는데 우리 나라 국민이 품고 있는 느낌—만약 우리의 응징이 없었다면 극악무도한 범죄가 중국에 있는 모든 유럽인의 생명을 위태롭게 했을 것이라는 느낌—을 나타낼 수 없다는 것을 이해하게 되었을 때, 저는 부자연스럽지 않은 어떤 감을 따를 것인가 아니면 어려운 의무를 이행할 것인가 사이에서 선택을 해야 할 때가 되었다고 느꼈습니다. 그 선택은 유쾌한 것이 아니었지만, 책임 있는 위치에서 국왕을 섬기는 사람이라면 어떤 결정을 내려야 하는지가 제시된 상황에서 망설일 수는 없다고 믿습니다.[8]

즉, 자신의 예술적 감수성보다 영국, 영국군, 그리고 무엇보다 영국 국민에 대한 의무를 우선시해야 한다는 것이었다. 그의 주장에 따르면, 이화원이라는 청나라 황제의 궁을 파괴하는 것이 바로 승격림심의 파크스 납치와 포로 살해에 대한 영국 대중의 분노를 (선제적으로) 누그러뜨려 중국과의 또 다른 전쟁을 강요하지 않는 유일한 방법이었다. 그는 그것이 끔찍한 손실이었음을 인정했지만, 책임 있는 사람이라면 누구든 자신과 같은 입장에서 똑같이 했을 것이라고 믿었다. 왜냐하면 그 방법밖에 없기 때문이었다.

그러나 그가 가책을 느낀 것은 이화원 파괴가 중국에 미친 영향 때문이라기보다 자신이 아름다운 것을 파괴했다는 사실 때문이었다. 그를 비판하는 사람들, 심지어 빅토르 위고도 마찬가지였을 것이다. 그들이 비난한 것은 중국을 위해서가 아니라 예술을 위해서였다. 엘긴의 연설에 담긴 진심 어린 가책에는 중국이 어떻게든 영국의 개입을 요구하는 나라라는 그의 근본적 신념이 여전히 깃들어 있었다. 청나라 황실의 보물로 가득한 궁을 잃은 것이 유럽의 예술 애호가들에게 안타까운 일이었을 수는 있지만, 그는 중국 자체에는 거의 동정심을 느끼지 않았다. 중국 문명이 역사에서 사라졌다고 그는 믿었다. 이어지는 왕립아카데미 연설에서 그는 중국인들이 화약을 발명했지만, 폭죽을 만드는 것 말고는 별다른 일을 하지 못했다고 말했다. 그들은 나침반을 발명했지만 바다로 가지 않았다. 그들은 인쇄기를 발명했지만, "정체된" 공자의 말씀들을 찍어내는 데만 사용했다. 과거에 중국의 발명품들을 가지고 유용한 것을 만들어낸 쪽은 유럽이었고, 미래에도 다르지 않으리라고 그는 생각했다. 대외 무역에 막 문을 열어젖힌 그 오래된 왕국에 대한 그의 간략한 판단은 오직 영국만이 중국 문명을 되살릴 수 있다는 것이었다. 그는 이렇게 결론지었다. "이 많은 유산流産과 쓰레기 아래에는 더 신성한 불을 일으킬 불씨들이 숨어 있으며, 우리 국민의 천재성이 그 불씨들을 모아 타오르게 할 수도 있다고 저는 믿습니다."[9]

한편 중국에서는, 1860년 9월 베이징을 빠져나간 함풍제가 도피의 여정을 끝냈다. 그는 베이징에서 동북쪽으로 241킬로미터쯤 떨어진 산악 지대의 옛 황실 사냥터에 위치한 낡고 황폐한 궁에 도착했다. 18세기 청나라 전성기에는 여름철이면 고위층 만주족이 더위를 피하고 황제와 사냥하기 위해 그곳을 찾았다. 그들은 말을 타고서 숲과 개울을 누비고 다녔으며, 활쏘기 연습을 했고, 야외 활동을 한껏 즐겼다.(그들은 자신들을 온순하고 글만 읽는 한족보다 우월한 존재로 만들어주는 것이 야외 활동이라고 생각했다.) 그러나 최근 몇 세대 동안 그 사냥터는 쓰이지 않았다. 함풍제 아버지의 통치기에 겪은 재정 위기 이후 버려지다시피 했고, 그곳의 유지 비용은 베이징 외곽의 이화원을 유지하는 데 드는 비용의 일부로 전용되었다. 이후 이 옛 사냥터는 잡초가 무성하도록 방치되어 과거 영광의 껍데기로 전락했다.

시종과 궁녀들로 이루어진 수행원과 소수의 참모가 함께 왔다. 참모들은 황제의 만주족 대신들 가운데 가장 확고한 과격파에 해당됐고, 그들 대부분은 함풍제가 19세의 나이로 황위에 올랐을 때부터 쭉 그와 함께했다.(이때 함풍제는 29세였다.) 그중에 단화와 재원도 있었는데, 이들은 함풍제의 아버지가 아들을 잘 이끌어주길 바라며 임명한 사람들로, 이제는 실각한 승격림심과 함께 이 선대 황제의 임종을 지켰다.[10] 그리고 엄격한 대신이자 세입을 관장하는 기관의 수장인 숙순이 있었는데, 그는 궁에서 증국번의 지지자였다. 이들은 외국과의 조약에 대해 가장 강력하게 반대의 목소리를 내는 매파였고, 이제는 수도 베이징의 어느 누가 황제를 방문할 수 있는지, 어떤 메시지가 황제에게 전달되도록 할 것인지를 효과적으로 통제하고 있었다. 그것은 그들이 수도에서 행사했던 것보다 훨씬 더 강력한 힘이었다.(그들이 항상 타당한 수준 이상으로 권력을 행사해오긴 했지만.) 곧 포고문이 발표돼 황제가 "사냥 여행" 중이며 다시 통고가 있을 때까지 그곳에 머물 것임을 알렸다. 함풍제가 도주하면서 수도에 대한 책임을 떠맡은 황제의 이복동생 공친왕은 방문을 승인받지 못한 사람들 중 한 명이었다. 참모들은 황제가 충격적인 탈출로 인해 너무 허약해졌다는 이유로, 형을 알현하게 해달라는 동생의 청원을 거부했다.

공친왕은 두 세계 사이에서 표류하고 있었다. 그는 한편으로는 형이 피신해 있는 궁으로부터 고립되어 있었고, 다른 한편으로는 수도와 그 수도가 통치하는 광대한 왕국에 대한 책임을 갑자기 떠맡았다. 27세의 공친왕은 호리호리한 체격, 두터운 눈꺼풀, 수줍은 태도, 매끈하고 소년 같은 얼굴을 지니고 있었다. 그런 그에게 영국, 프랑스와 벌였던 전쟁의 뒤처리 임무가 떨어졌다. 하지만 그는 항상 형보다 똑똑했다. 황위는 자동으로 장남에게 넘어가는 것이 아니었고, 사실 공친왕이 열세 살이던 1846년까지는 그가 황제가 될 가능성이 높다는 소문이 돌았다. 전해지는 말에 따르면, 그해에 병든 아버지 도광제는 총애하는 이 두 아들을 불러, 만약 황제가 된다면 무엇을 할 것인지 물었다고 한다. 작은아들은 황위에 오르자마자 법제화하고자 하는 구체적인 정책 계획들을 열거하는 것으로 답했다. 큰아들은 바닥에 엎드려 울기만 했다. 자신이 황제가 된다는 것은 곧 아버지의 죽음을 의미하기 때문이었다. 아버지는 큰아들은 효자이고, 작은아들은 그저 재능이 있을 뿐이라고 말했다. 그는 큰아들을 후계자로 삼았고, 작은 아들은 평생 황족 가운데 한 명으로 남았다.[11]

연합군이 철수한 후 공친왕은 형 함풍제에게 일련의 탄원서를 써서 베이징으로 돌아오라고 간청했다. 전쟁은 끝났고 외국 군대는 물러갔으며, 군주는 백성을 안심시키기 위해 수도에 거주할 필요가 있다고 호소했다. 이화원 파괴가 중국 정부에 정직하게 행동하는 법을 가르쳐줄 것이라는 엘긴의 믿음을 역설적으로 뒷받침하면서, 공친왕은 조약을 준수하는 한 더 이상 영국, 프랑스와의 전쟁은 없을 것이라고 함풍제에게 확언했다. 공친왕은 이렇게 썼다. "앞으로 우리가 외국 오랑캐들에게 신뢰감을 주고 성실함을 보인다면, 그들은 내년 봄 수도로 돌아왔을 때 갈등을 유발하지 않을 것입니다." 그는 어느 정도는 궁정의 이중성이 궁정의 파멸을 초래했다고 암시했으며, "우리가 거짓된 말과 기만적인 행동으로 그들을 대하려 한다면, 그것은 제가 감히 감수할 수 없는 위험스러운 일일 것입니다"라고 충고했다.[12]

그러나 함풍제는 베이징으로 돌아가기를 거부했다. 그가 공친왕의 탄원서에 답한 바에 따르면, 외국 군대가 철수했을 수는 있지만, 수도에는 여전히 외국인들이 있었다.(그는 동생이 베이징에 외국 대사들을 받아들이기로 합의한 것에 격노했다.) 그는 자신이 베이징으로 돌아간다면, 외국 군대가 되돌아와 자신을 또 한번 도망치게 만들고, 나아가 이미 벌어진 것보다 더 심각한 혼란을 야기할지 누가 알겠느냐고 말했다.[13] 그래서 황제는 황후와 후궁, 과격파 만주족 참모들과 함께 사냥터에 머물렀다. 그리고 수도로 돌아갈 준비를 하기는커녕, 새로운 집에 있는 오래 방치되었던 정원들과 경극 공연장을 보수하라고 지시

했다.[14]

1860년 가을이 지나고 1861년 겨울이 찾아와 북부의 강들이 얼자 공친왕은 휴식을 취할 수 있었다. 사신들이 안칭 일대의 전투에 대한 증국번의 심각한 보고서들을 가져왔지만, 안칭은 남쪽으로 멀리 떨어져 있었고 황제의 수도는 겨울 동안 안전하게 육지에 둘러싸여 있었다. 프레더릭 브루스는 톈진에서 겨울을 보내는 중이었고, 봄이 되어 하이허강이 풀린 다음에야 베이징으로 올 것이었다. 그리하여, 황제가 귀환할 기미도 없는 상황에서, 공친왕은 역시 베이징에 남겨진 문상이라는 중년의 온건파 관료와 함께 때가 되면 유럽 대사들을 잘 맞이하되 그들에게 황제(부재 중인) 알현을 허락하는 굴욕을 피할 방법을 모색하는 데 관심을 쏟았다.

1861년 1월 초의 한 계획안에 대략 설명되어 있는 그들의 해결책은 외교 문제를 다루는 별도의 기관을 만드는 것이었다. 그 기관은 황제의 도시 바깥에 위치해 황제의 영역과는 안전하게 거리를 두어야 했고, 외국 대사들을 직접 상대할 수 있고 청나라 정부의 최고위와 닿아 있는 만주족 고관들이(공친왕과 문상이 대표적이었다) 거기 배치되어야 했다. 그것은 양측 모두를 만족시킬 수 있는 계획으로, 외국 대사들에게 그들이 요구하는 접근을 허용하는 동시에 그들을 황제의 세계로부터 적당히 떨어뜨려놓는 것이었다. 황제는 도피처에서 이 제안을 승인했다. 불가피하게 수도에 유럽인들이 머무르게 된 상황에 대해 체념한 것이었을 수도 있고, 외국인들을 완전히 몰아낼 수 있을 때까지 적어도 이 제안이 그들로부터 얼마간 거리를 유지해주길 바란 것이었을 수도 있다.

이런 외교 기관에 대한 제안은 청나라의 많은 위험을 잘 처리하기 위한 더 큰 계획의 일부였고, 이제 공친왕도 형에게 그 위험들을 대략 설명했다. 공친왕의 주장에 따르면 태평천국은 신체 장기들의 질병과도 같았고, 청나라가 안고 있는 문제들 중 가장 시급한 것이었다. 한편 영국인 같은 외국인들은 팔다리의 고통과도 같아서, 위협이 되긴 하지만 외적인 문제였고, 따라서 부차적이었다. 그는 청나라가 첫 번째로 해야 할 일은 태평천국군을 섬멸하기 위해 가능한 일을 다 하는 것이라고 말했다. 태평천국군이 진압될 때까지 청나라 정부는 외세를 달래며 외세와의 갈등을 피해야 했다. 그러다가 일단 반란이 종식되면 외세도 제압할 수 있었다.[15](장제스도 1930년대에 비슷한 표현을 사용해, 마오쩌둥 휘하의 중국 공산주의자들과 계속 싸우는 동시에 일본 침략자들을 달래는 것을 정당화했다.)

같은 맥락에서, 공친왕도 만주족이 태평천국군을 물리치는 데 외부 도움을 이용해야 할지에 대해 진지하게 생각하기 시작했다. 새로운 조약들이 체결된 이후, 런던의 영국인들이 자국의 대중국 정책의 도덕적 함의에 대해 괴로워하고 있을 때, 영국과 미국의 중립 압박에서 자유로운 러시아는 청나라에 직접적인 군사 원조를 제공하는 것으로 베이징의 호의를 노리고 있었다. 게다가 태평천국군이 대운하를 차단한 상황에서 러시아는 해운 원조를 제공했고, 광저우의 미국 영사관과 협력해 반란군 통치 영역을 피할 수 있는 해로를 통해서 남부의 쌀을 톈진으로 가져올 수 있음을 암시했다.

중국 내 4대 강국 중 러시아는 여러모로 겉돌았다. 우선 러시아는 크림전쟁에서 비롯된 영국과 프랑스에 대한 원한을 여전히 품고 있었다. 그리고 영국, 프랑스, 미국이 무엇보다 바다와 강의 항구들을 통한 수상 무역의 확대(모든 해양 강국의 공통된 관심사이자 그 나라들 간 협력의 좋은 토대)를 원한 데 반해 러시아만은 청나라와 육상에서 국경을 맞대고 있었고, 게다가 그 국경은 수천 킬로미터에 달했다. 그래서 러시아 외교관들은 약해져 고분고분해진 만주족 정부에서 자국의 영토를 확장할 기회를 엿보았고, 또한 유럽과 미국 상인들을 배제하고 중국과 국경을 넘는 무역을 발전시킬 기회를 엿보았다. 러시아 대표들은 일찍이 1857년 함풍제에게 라이플총을 제공했고, 1858년의 톈진 협상 때는 만주족 본토에 있는 헤이룽강 이북 영토에 대한 통치권을 넘겨받는 조건으로 군사 고문 역할을 해주겠다고 나섰다.[16]

함풍제는 그러한 제안을 거절했고, 이에 1860년 니콜라이 파블로비치 이그나티예프라는 유능한 젊은 러시아 외교관이 새로운 영향력을 얻으려는 희망을 품고서 엘긴의 베이징 원정에 따라나섰다. 연합군이 베이징을 침공한 후, 이그나티예프는 유럽인들과 만주족 사이의 "공평한" 중재자 역할을 한 뒤 비밀리에 공친왕과 새로운 중-러 조약을 협의할 수 있었다. 유럽인들이 청나라 정권을 무너뜨릴 수도 있는 위험에 맞서, 그는 헤이룽강 이북의 77만 제곱킬로미터 이상 되는 광활한 지역(북부의 인접국 한국보다 몇 배나 큰 면적)과 청나라 서쪽 끝에 위치한 신장 지역의 북쪽에 해당되는 상당한 넓이의 국경 지대에 대한 통치권을 러시아에 넘기도록 공친왕을 압박했다. 이그나티예프는 러시아의 이 새로운 영토(홍콩을 바늘구멍 정도로 보이게 할 만큼 넓은 지역) 획득을 옹호하기 위해서, 그리고 러시아가 베이징 내 다른 강국들보다 우위를 점하기를 바라면서, 러시아가 만주족을 도와 반란 진압에 나서고 싶어한다는 뜻을 거듭 밝혔다.[17] 그가 공친왕에게 주장한 바에 따르면, 앞서 약속한 라이플총 선물에 더해, 증기 추진 포함들에 승선한 300~400명의 러시아인이 육상의 청국군과 협력해 함께 반란군의 수도 난징을 함락시킬 수 있었다.

이번에는 공친왕이 제안을 진지하게 받아들였다. 그는 황제의 허락을 받아 소수의 중국 고위 관리에게 이 사안에 대해 문의했다. 그중에는 증국번도 포함되어 있었다. 문의를 받은 사람 몇몇은 그것을 지지했다. 상하이의 중국 무역 감독관은 전리품을 가지고 외국인들에게 보상하는 것을 제안했다. 러시아인들이 태평천국군 장악 도시를 함락시킬 경우 전리품을 둘로 나누어, 절반은 고갈된 황실 금고로 가져오고 나머지 절반은 군사적 공로를 보상하는 데 쓴다는 것이었다. 그리고 공로에 할당된 부분 중 5분의 2가 중국인 병사들에게 돌아가고 나머지 반이 외국인에게 돌아갈 것이었다.[18] ("전리품"이 자국민에게서 훔친 재산이라는 문제는 차치하더라도, 프레더릭 타운센드 워드가 베이징은 모르는 상황에서 이미 좀더 나은 조건으로 고용돼 있던 곳이 바로 이 관리의 관할 지역이었다는 점을 언급할 필요가 있다.) 반대편에서는, 러시아가 몇 안 되는 배에 태운 몇백 명의 병사로 태평천국군을 물리칠 수 있다고 주장하는 것은 터무니없으며, 설령 성공한다 하더라도 러시아는 분명 점점 더 큰 요구로 청나라 정부를 협박할 것이라고 곡물 운송 담당자가 답했다. 따라서 그러한 계획은 장점이 없고, 청나라를 더 위태롭게 할 뿐이라고 그는 결론지었다.[19]

안후이성 기지에 있는 증국번은 좀더 양면적인 입장을 취했다. 1860년 12월에 쓴 서신에서 그는 외국의 군사적 지원을 즉시 받아들이지 말라고 권고했지만, 나중에는 그 지원이 유용할 수도 있다고 인정했다. 그는 이렇게 썼다. 중국과 러시아 사이에는 적대감이 없으므로 이것이 꼭 음흉한 제안은 아니며, 청나라는 외국의 군사 원조를 받아들인 선례가 있다. 함풍제의 현조할아버지 강희제가 17세기에 타이완의 반란군에 맞서 싸우면서 네덜란드 선박을 사용했던 것이다. 그러나 증국번 자신의 수군이 양쯔강에 잘 배치되어 있고 후난성에서는 더 많은 배가 건조되고 있는 만큼, 러시아의 해상 지원은 필요하지 않다고 그는 썼다. 진짜 문제는 육상에 있었다. 그의 군대가 난징으로 진격할 육로가 전혀 없었고, 따라서 이그나티예프의 계획에 따라 협공을 벌이는 것은 불가능할 터였다. 증국번은 자신의 육상 병력이 태평천국 영토를 충분히 탈환해 난징을 제대로 위협할 수 있게 될 때까지 러시아의 지원을 미룰 것을 권고했다.

곡물 운반과 관련해서는 그는 위기 때 타산적인 외국인들이 중국에 도움을 제공하는 오랜 관행이 있었음을 황제에게 상기시켰다. 그는 이렇게 썼다. "예로부터 외부인들이 중국을 도울 때마다, 그들은 일을 끝내자마자 항상 예기치 못한 요구를 내놓았습니다." 토의를 통해 모든 것을 미리 분명히 정해놓아야 하고, 상대하는 외국인들의 성격을 잘 파악해야 한다고 그는 경고했다. 외국인들이 다 똑같은 것은 아니었다. 그는 당면한 외국인들 사이의 차이점을 간략히 설명했다.(기록에 근거하면 그가 만나본 적은 없었지만.) 그의 의견으로는 영국인이 가장 교활했고, 프랑스인이 그 뒤를 이었다. 러시아인은 영국인이나 프랑스인보다 거셌다. 러시아인은 곧잘 영국인과 싸웠고, 그래서 영국인은 러시아인을 두려워했다. 반면 미국인은 "순수하고 정직한" 성격을 가지고 있었고, 중국에 대해 항상 정중하고 고분고분했다. 1858년 영국과 프랑스가 광저우를 침공했을 때 미국은 그들의 반역 행위를 돕지 않았다고 증국번은 지적했다. 또한 미국은 하이허강 하구에서의 전투에도 참여하지 않았다.(그는 1859년 조사이아 태트널이 보조적 역할을 했음을 알지 못했다.) 따라서 그는 이렇게 썼다. "우리는 미국이 중국과의 거래에서 진실하고 순종적이며 영국, 프랑스와 굳건한 패거리를 이루고 있지 않다는 것을 알 수 있습니다." 곡물을 북쪽으로 운반하는 것과 관련해서는 미국과 러시아의 도움을 고려해볼 만했다. 그러나 당장의 결과가 어떻든, 그는 중국이 애초에 외부 도움이 필요하지 않도록 자체적으로 기술을 향상시키는 것이 가장 중요하다고 생각했다. 그리고 이렇게 결론 내렸다. "그들이 어떻게 대포와 배를 만드는지를 연구한다면 장기적으로는 우리에게 큰 도움이 될 것입니다."[20]

황제는 신중하라는 조언을 받아들였다. 그는 러시아로부터 라이플총 1만 자루와 대포 8문을 받는 것을 수락했지만(이 무기들은 1년 안에 도착할 예정이었다) 수군 지원 제의는 거절했다.[21] 공친왕이 1월 24일 황제에게 썼듯이, 진짜 문제는 증국번의 병력이 러시아 군함들과 합류할 수 없는 상황에서 러시아 군함들이 난징까지 가도록 내버려둔다면 러시아가 반란군과 동맹을 맺으려 할지도 모른다는 것이었다.[22]

1861년 2월경, 호프 제독이 반란군과 관계를 맺기 위해 영국 해군 소함대를 이끌고 양쯔강을 거슬러 올라갈 계획이라는 영국의 언론 보도가 나오기 시작했다. 엘긴이 그에게 출발 명령을 내린 취지는 그런 것이었지만, 파머스턴 정부에서 대부분의 중국 정책이 그랬듯이, 이 원정은 의회는 물론이고 외무장관으로부터도 사전 승인을 받지 못한 상태였다. 2월 19일 상원에서 그레이 백작은 반란군을 만나려는 정부의 계획에 대한 정보를 요구했고, 계획된 호프의 항해를 영국이 중국에서 벌였던 전쟁, 즉 그레이 자신이 처음부터 불의하다고 반대했던 바로 그 전쟁의 기원을 재조명하는 계기로 삼았다. 그는 역사적으로 영국과 중국의 관계에 대해 포괄적으로 이야기한 연설에서 중국 내전이 사실상 영국의 잘못이라고 주장했다.

그레이 백작은 영국 의회의 누구 못지않게 외교 정책을 판단할 자질을 갖추고 있었다. 그는 고인이 된 부친(그레이 백작 2세로, '얼그레이'라는 홍차 이름의 기원이다)의 총리 재임기였던 1830년대 초에 전쟁·식민지차관을 지냈고, 나중에는 전쟁장관과 식민지장관을 모두 지냈다. 1861년 2월 19일 그의 연설은 근본적으로 1853년 카를 마르크스가 『뉴욕데일리트리뷴』에 기고한 글들과 맥을 같이했다. 그는 1차 아편전쟁으로 거슬러 올라가는 영국의 약탈적 무역 정책이 중국 정부를 불안정하게 만든 탓에, 현재 태평천국의 반란으로 절정에 달한 중국 통치권에 대한 반란의 광범위한 발생이 초래되었다고 주장했다. 따라서 지난 20년에 걸친 중국인들의 비참함과 현재 중국을 괴롭히고 있는 끔찍한 전쟁은 결국 영국의 잘못이었다. 그리고 이것은 새로운 현상이 아니었다. 그는 이렇게 말했다. "의원 여러분, 인도에서 우리의 경험이 우리에게 이 문제에 대한 경고가 되어야 합니다. 한 아시아 정부를 무너뜨리는 것은 쉽지만 그 정부를 대체하는 것은 그리 쉽지 않다는 가르침이 되어주어야 합니다."[23]

마르크스가 중국의 대변혁을 유럽의 피압박 국가들에 불을 댕기는 불꽃과 같은 것으로 봤다면, 그레이는 오히려 그것을 영국의 아시아 식민지 건설(그가 반기지 않는)의 새로운 장을 여는 서막으로 보았다. 그의 주장에 따르면, 영국이 무력으로 중국에 개입한 탓에 이제 청 왕조가 붕괴 직전에 몰렸고, 그 붕괴가 실제로 일어난다면 중국에 개입해 그 나라의 고통받는 사람들을 돕는 것이(그의 제안에 따르면 영국인들이 당시 인도 북부의 아와드에서 한 것처럼) 영국의 인도주의적 의무가 될 것이었다. 영국이 중국에 대한 도덕적 의무에 신경 쓴다면 "우리는 꼼짝없이 이끌려, 급기야 그들의 행정부를 인수할 수밖에 없게 될지도 모른다"고 그는 경고했다. 다시 말해 중국이 또 하나의 인도가 되리라는 것이었다.

하지만 아무도 또 하나의 인도를 원하지 않았다. 1857년의 세포이 항쟁 이후, 영국에는 식민지 사업의 엄청난 정치적, 군사적 비용으로 인한 피로감밖에 남지 않았다. 그 봉기의 여파로 동인도회사는 국유화되었고, 이제는 정부가 그 식민지를 직접 책임지게 되었다. 단지 중국으로부터 계속 차와 비단을 수입하고 중국에 직물과 아편을 팔기 위해서 또 하나의 제국(더욱이 인도의 세 배에 달하는 인구를 가진 제국)의 행정부를 떠맡는 데 필요한 엄청난 영국 인구를 투입할 자금도, 군사적 자원도, 대중의 의지도 없었다. 그래서 그레이는 동료 의원들에게 영국이 인도 식민지를 위해 이미 치른 엄청난 희생을 상기시킨 다음, 연설의 절정에 이르러 암울하게 경고했다. "인도에서 겪은 어려움은 중국에서 예상되는 어려움에 비하면 아무것도 아닙니다. 만약 여러분이 중국에서도 국가 기관들과 정부를 무너뜨린다면 말입니다. 그런데 여러분이 바로 이런 일을 하고 있는 것이 아닐까 우려스럽습니다."

그레이 백작은 청 왕조의 붕괴를 막기 위해 영국이 할 수 있는 일은 아무것도 없다고 판단해 중국 내전에서의 엄격한 중립을 요구했다. 그는 지난여름 태평천국으로부터 쑤저우를 탈환하기 위해 청 왕조의 관리들이 영국군 파견을 요청했을 때 프레더릭 브루스가 이를 거부하고 프랑스군을 저지한 것을 칭찬했다. 또한 그는 태평천국군이 8월에 상하이에 도착했을 때 브루스가 "매우 경솔하게" 태평천국군을 공격한 것을 비난했다. 만주족 제국의 통치력이 약화되면서, 그리고 중국 비단 생산지들에 대한 반란군의 지배력이 강화되면서, 영국이 흔들리는 청 왕조를 도와야 한다는 요구가 더 많이 터져나올 것이라고 그레이는 예측했다. 하지만 그레이의 주장(토머스 테일러 메도스가 쓴 중국의 반란에 관한 영향력 있는 책에 의거한)에 따르면, 중국에서는 오랫동안 반란이 "학대와 폭정에 대한 〔백성의〕 유일한 견제"였다. 청 왕조의 붕괴를 막고 그에 따른 식민지화를 피하기 위해 개입을 주장하는 영국인들에게 그는 더할 수 없이 가혹한 말을 했다. "만약 중국 정부가 스스로 반란을 막아낼 수 없을 만큼 약해진 후에 여러분이 개입한다면 (…) 여러분은 그토록 불평의 대상이 되고 있는 고관들의 부패와 사치에 대한 유일하게 효과적인 견제 수단을 없애버리게 되는 것이고, 결국 중국 사람들에게 잘못된 통치의 해악을 안겨주게 되는 것입니다." 그가 보기에 영국이 마주한 선택지들은 암울했다. 중국을 방치해 붕괴시킬 것인가, 아니면 중국에 개입해 중국인들이 신용 없는 만주족 정부에의 예속을 계속 견디게 만들 것인가, 아니면 영국이 직접 청나라를 장악할 것인가. 어떤 것도 바람직하지 않으며, 자랑스러운 엘긴 조약은 단지 미래 전쟁의 씨앗을 담고 있을 뿐이라고 그레이 백작은 결론지었다.

진보적인 그레이 백작의 연설에 응해서 나온 한 보수당 의원의 목소리는 그를 더 나은 사람으로 만들었다. 그날의 가장 놀라운 견해는 논란 많은 전 인도 총독, 엘렌버러 백작 에드워드 로에게서 나왔다. 그는 영국인들이 중국인의 불행에 도덕적으로 책임이 있다는 그레이의 전제를 받아들였지만, 그의 결론은 그레이의 결론과는 달랐다. 그는 직설적으로 주장했다. "무역을 개방시킨다는 것은 곧 발포한다는 것을 의미합니다." 그는 엘긴이 1858년 처음 태평천국군을 만났을 때 어땠는지를 의원들에게 상기시켰다. 당시 엘긴은 퓨리어스호를 타고 난징을 지나가던 중이었는데, 태평천국군이 그를 향해 발포했다. 엘렌버러는 만약 영국이 지금 호프 제독을 보내 양쯔강을 따라 올라가게 한다면, 분명 "이 도적들(그들은 도적이니까)"과의 싸움을 다시 촉발하게 될 것이라고 말했다.[24]

그러나 사실 그는 다시 싸움이 시작되는 것이 좋은 일일 수도 있다고 생각했다. 만약 호프의 난징 원정이 태평천국 반란군과의 전쟁으로 이어진다면, 영국은 중국에서 만주족과 전쟁을 치르며 입힌 피해를 보상할 수 있을 것이기 때문이다. 엘렌버러는 태평천국군과 싸우는 것이 "유혈 사태와 학살에 신성모독 죄를 더하고, 여자들을 유린하고, 남자들과 그들의 모든 업적을 파괴한 그 악당들의 끔찍한 결탁을 끝장낼 수 있는 유일한 방법"이라고 말했다. 그는 영국이 과거 중국에서 저지른 일들 때문에 인도주의적 의무를 띤다는 그레이 경의 생각에 동의했지만, 무력 개입의 종식을 주장하기보다는, 영국이 그 의무를 이행하는 가장 좋은 방법은 반란군과 전쟁을 하는 것이라고 주장했다. 그리고 이렇게 결론지었다. "우리가 중국 제국에 초래한 큰 불행과 우리가 이 전쟁들에서의 행동으로 인류에게 끼친 상처에 대해 어떤 식으로든 속죄하려면, 우리의 무기와 힘을 그 도적들을 진압하는 데 사용하는 수밖에 없다."

파머스턴의 전쟁에 대해 비판한 자들 중 누구도 태평천국이 만주족의 대안으로서 가능성 있다고 생각하지 않았다는 점에 주목할 필요가 있다. 하지만 딱히 어떤 이유가 있어서는 아니었다. 어쨌든 상하이의 영국인들은 불과 300여 킬로미터 떨어진 난징에서 반란군들이 무슨 일을 꾸미고 있는지에 대해 뚜렷한 인식을 갖기가 어려웠다. 하물며 수천 킬로미터나 떨어진 곳에 사는 영국 정치인들에게는 그것이 더 어려웠다. 그들에게는 두 달의 연락 지연이 있었고, 멀리 떨어진 중국 문제 말고도 처리해야 할 일이 아주 많았다. 대부분의 국회의원은 외무부가 상황 파악을 위해 수집하고 인쇄한 공식 보고서들, 이른바 '청서青書 Blue Books'에 의지해 중국에서 벌어지고 있는 일에 대한 정보를 얻었다. 그 청서에서는 당연히 프레더릭 브루스의 목소리가 두드러졌다. 그는 중국 주재 공사였고, 영국 정부는 그의 견해를 가장 신뢰했다. 좀더 열린 생각을 가진 형 엘긴 경과 달리 프레더릭 브루스는 청 왕조가 중국에서 통치 능력이 있는 유일한 권력이라고 일찍부터 굳게 믿고 있었다. 결과적으로 국회의원 대부분이 그렇게 믿게 되었다.

게다가 런던의 외무부가 그 청서들을 편집하고 인쇄했는데, 관련 문서들의 발간이 때때로 상당히 지연되기도 했다. 일례로 그레이와 엘렌버러가 상원의원들 앞에 서서 중국에서 만주족을 대신할 수 있는 세력이 영국밖에 없다고 한탄하던 바로 그날, 토머스 테일러 메도스는 상하이에서 러셀 경에게 태평천국이 중국을 지배할 운명이라는 자신의 확고한 믿음을 전하는 편지를 쓰고 있었다. 메도스는 중국 반란에 대한 그레이의 믿음직한 소식통이자, 프레더릭 브루스로 하여금 이수성과 홍인간에게서 온 편지를 읽게 하려 헛되이 노력했던 영국 영사였다. 그는 만주족의 청 왕조가 엘긴의 침략으로 "치명적인 타격을 받았다"고 썼다. 영국이 만주족을 대신할 새로운 세력, 새로운 정부를 찾고 있는 상황에서, 메도스는 "우리는 태평천국에서 바로 그런 세력을 찾을 수 있고, 태평천국이 난징에 수립한 정부에서 바로 그런 정부를 찾을 수 있다"고 보고했다.[25]

메도스의 편지는 태평천국의 통치 능력에 대한 길고 강력한 옹호였지만, 그가 편지에 그 견해를 밝힌 것이 런던에서 논쟁이 벌어지고 있던 바로 그날이었음에도 편지는 4월이 되어서야 러셀 경에게 전달되었고, 그로부터 꼬박 1년 후인 1862년 4월에야 러셀의 외무부가 그것을 수록한 청서를 발간했다. 하지만 이 시점에는 그것이 더 이상 중요하지 않은 문제가 되어 있었다. 메도스 자신은 머지않아 상하이를 떠나 북쪽의 외딴 항구로 이임하게 되었다. 혹자는 그것을 징벌적 조치로 봤지만, 사실 그의 이임은 그가 문제의 편지를 쓰기 전에 이미 논의되고 있던 것이었다. 어쨌거나 상하이를 떠나 다른 임지로 가면서 그는 사실상 이 사태에서 빠지게 되었다.[26]

중국 반란군에 대한 동정은 정부 밖에서 훨씬 더 컸다. 영국 언론의 다양한 목소리가 청서에 담긴 부정적인 이미지 이상을 봐달라고 대중에게 간청했다. 감리교 계열의 『런던리뷰』는 프레더릭 브루스가 자국 선교사들의 긍정적인 보고들을 무시하고 홈스라는 미국인이 전한 난징에 대한 단 한 건의 극히 부정적인 이야기만을 부각했다고 비난했다.(홈스는 그 반란군 수도에 "기독교적인 것이라고는 그 이름이 반역적인 우상 숭배 체제에 잘못 적용된 것 말고는 아무것도" 없었다고 보고했다.)[27] 『런던리뷰』는 홈스가 전혀 신뢰할 수 없는 정보원이라고, "중국에서 짧은 시간을 보냈고, 그곳 방언을 거의 또는 전혀 모르는 젊은이"라고 비난했다. 또한 홈스가 반란군 지도자들과 제대로 소통할 수 없었고, 그의 분노가 주로 의례 문제에서 비롯된 것이었다고 주장했다. 태평천국 방문 중에 무릎 꿇으라는 요구를 받아서 그는 대단히 기분이 상했던 것이다. 그런 논리라면 "백악관을 방문한 뉴질랜드 추장은 미국 대통령에게 자신과 코를 비빌 것을 요구해야 한다"고 『런던리뷰』는 경멸적으로 주장했다. 홍콩의 『오벌랜드 레지스터』는 난징에 대한 그리피스 존의 긍정적인 이야기를 홈스의 부정적인 이야기와 대조시키면서, 그리피스 존의 이야기에는 "교육받은 사람들"이라는 제목을, 홈스의 이야기에는 "무식하고 어설픈 광신자들"이라는 제목을 달았다.[28]

태평천국에 대한 지지는 선교사들에게서 많이 나왔지만, 그들만은 아니었다. 중국에서 10년 이상 상업 활동을 하다가 막 귀국한 존 스카스라는 영국인 사업가는 런던에서 일련의 소책자를 출판해 영국의 분명한 만주족 선호를 공격했다. 스카스는 "우리 전쟁은 만주족과의 전쟁인가 한족과의 전쟁인가?"라는 제목의 소책자에서 영국이 한족(태평천국)과 대결관계에 있는 타타르족(청 왕조)과 연합한 것으로 보인다고 주장했다. 그의 소책자 표제지에 나와 있는 제사題辭를 보면 그가 어느 쪽에 동조했는지가 분명히 드러난다. 그 제사는 『애서니엄』에서 인용한 것으로, 다음과 같은 구절을 포함하고 있다. "외국의 반대와 고관들의 끔찍한 학대에도 불구하고 자유라는 대의는 〔중국에서〕 승리할 것이며, 만주족은 그들이 그토록 오랫동안 끔찍하게 괴롭혀온 땅에서 쫓겨날 것이다."[29]

스카스는 태평천국이 "타타르족 왕조에 대한 반란일 뿐만 아니라, 반란이라는 단어의 최고로 확장된 의미에서 하나의 혁명"이라고 주장했다. 하지만 영국 대중으로서는 태평천국에 대한 분명한 인식을 갖기가 어려웠는데, 상하이의 외국 기자들이 주로 청 왕조 동조자들과 어울려 지낸 탓에 이들로부터 많은 정보를 얻고 있었기 때문이다. 따라서 기자들은 반란에 대한 긍정적인 뉴스를 줄이고 늘 "정해진 문구로 반란자들을" 모욕했다. 해외 언론과 관련해서는, 그는 런던 『타임스』 특파원들이 엘긴의 통역관 토머스 웨이드(자신이 만난 반란군들을 "아편을 피우는 해적 무리"라고 묘사했던 사람) 같은 사람들의 심히 독단적인 견해를 앵무새처럼 반복할 뿐이라고 주장했다. 스카스는 오히려 태평천국의 반란이 어느 모로 보나 당시 조국의 통일을 위해 싸우고 있던 이탈리아인들의 반란만큼이나 정당하다고 말했다. 그는 이렇게 썼다. "나폴리에서 자행되었던 모든 폭정과 로마의 모든 악정을 고려하더라도, 그것들은 타타르족 통치자들 아래서 사람들이 견뎌야 했던 억압의 10분의 1도 보여주지 못할 것이다. 그런데 왜 중국인들이 반란을 일으키면 안 되는 것인가? 우리의 동조를 얻을 수 있는 것이 이탈리아 사람들뿐이란 말인가?"[30]

그 같은 민족주의적 맥락에서, 1861년 봄 『더블린대학 매거진』은 중국 반란자들에 대한 기사를 실어(이 기사에 대해 『이코노미스트』는 "그들에게 호의적인 (…) 공정한 기사"라고 평가했다),[31] "민족적 권리에 대한 열렬한 사랑이 깃든 지적인 언론"이 중국발 보도들을 면밀히 재검토해야 한다고 주장했다. 이 기사의 필자는 존 스카스를 따라 태평천국 반란을 이탈리아 통일 운동(대조적이게도 파머스턴은 이 운동을 지지했다)에 견주었고, "이탈리아나 프랑스처럼 진정 스스로의 잘못을 바로잡을 자격이 있는 당당한 중국의 일부분"을 방해하는 모든 영국 정책에 대해 도덕성을 의심했다. 상하이에서 브루스가 취한 행동으로 미루어 그가 개입에 관심이 없음을 감지한 영국 의회 내 비판자들에게 동조해, 필자는 영국 정부의 말을 반박했다. 그는 이렇게 물었다. "엘긴 경이 세계 최악이라고 인정하는 정부를, 중국을 기독교 국가로 만들려는 바람을 친구에게도 적들에게도 표명하는 사람들을 탄압해가면서까지 떠받쳐주어야 한단 말인가?"[32]

이 필자들에 의해 드러났듯이, 문제는 종교적인 것이라기보다는 민족 자결에 대한 것이었다. 태평천국은 만주족의 폭정에 대한 한족의 반란이었고, 태평천국의 앞을 가로막는 것은 곧 폭군 편에 서는 것이었다. 이 주장은 종교적인 주장과 깊이 얽혀 있었지만, 독립된 주장일 수도 있었다. 이 반란자들의 기독교가 불완전하거나 심지어 불쾌한 것일 수도 있지만, 그럼에도 불구하고 그들은 민족 해방의 권리를 가지고 있었기 때문이다. 그리고 그것은 영국에서 매우 영향력 있는 주장이었는데, 왜냐하면 당시의 선출된 정권이 자유당 정권이었기 때문이다. 파머스턴은 그가 행한 모든 외국 침략에도 불구하고 자유당원이었고, 그의 동료 당원들은 도덕적 렌즈를 통해 외교 문제를 보는 경향이 있었다. 러셀 경은 영국이 중국 내전에서 엄격하게 중립 노선을 취하고 있다고 의회에서 거듭 주장했고, 그것이 정말인지에 대해 자기 당내 사람들이 계속 의구심을 표했기 때문에 아주 분명하게 주장해야 했다. 그러나 중국을 보는 도덕적 렌즈는 하나만 있지 않았다. 어떤 사람에게는 민족 해방인 것이 다른 사람에게는 인도주의적 재앙이었다. 브루스를 통해 사태를 파악하던 파머스턴과 러셀은 태평천국을 불신했고, 그래서 그들의 주장에서는 태평천국이 무정부적이고 약탈적인 세력이며, 만약 영국이 중국과 관련해 소명받은 바가 있다면 상하이의 자그마한 영국 세력권 내에서 중국인들이 잔인하게 다루어지지 않게 하는 것이라는 메시지가 일관되게 견지되었다.

의회 내에 청 왕조의 현 정부를 실질적으로 지지하는 발언을 하는 사람은 없었지만(이화원 파괴에 대해 어떤 우려가 있든 간에, 그런 사태를 초래한 일들 때문에 만주족을 경멸하지 않는 사람은 의회에 한 명도 없었다), 반란군은 영국 하원 내에 열성적이고 대단히 편파적인 지지자를 한 사람 갖고 있었다. 그는 여러모로 이런 역할을 할 것이라 상상하기 어려웠던 인물로, 71세의 전 동인도회사 회장 윌리엄 헨리 사이크스였다. 스코틀랜드 사람인 그는 13세 때 동인도회사의 군사 부문 생도로 경력을 시작했다. 이후 50년에 걸친 경력에서 대령 계급까지 올라갔고, 회사의 이사회에 들어갔고, 마침내 회장직을 맡았다. 이사회 회장으로서 사이크스 대령은 1858년 동인도회사가 국유화되는 것까지 지켜보았다. 당시 영국 정부는 처음에 인도를 정복하고 기초를 다졌던 무역 합자회사로부터 인도 통치권을 넘겨받았다.

사이크스 대령은 은퇴하면서 스코틀랜드 애버딘의 의석들 중 하나에 당선되어 의회에 들어갔다. 그는 하원에서 대단한 존재감을 발휘했다. 인도에서 그의 방대한 경험 때문이기도 했고, 그가 왕립아시아학회 전 회장으로서 중국에 대한 구할 수 있는 모든 자료를 읽었기 때문이기도 했다.[33] 그는 통계를 매우 좋아했고, 런던통계학회(훗날의 왕립통계학회) 설립자 중 한 명이기도 했다. 이 학회에서 그는 토머스 맬서스, 플로렌스 나이팅게일과 함께 어울렸다. 또한 영국령 인도제국에서 평생 봉직했음에도 불구하고(혹은 그랬기 때문에) 아시아에서 자국의 정책에 대해 매우 도덕적이었다.

3월 12일, 사이크스는 러셀 경에게 영국이 태평천국에 대해 어떤 정책을 취할 것인지 물었다. 그는 스카스와 마찬가지로 태평천국이 만주족의 폭정에 맞서는 한족을 대표한다고 믿었던 터라 태평천국을 중국의 "민족 집단"이라고 불렀다. "영국은 중국에 군대를 주둔시킬 계획이었나? 만약 그렇다면, 영국은 1644년 명나라 내부 반란에 맞서 명나라를 돕기 위해 불려왔던 만주족이 한 역할을 다시 하게 될 것이다"라고 그는 비난했다. 만주족은 "반란을 진압하고 황제도 진압했다".[34](그의 이 진술은 거의 정확했다. 만주족이 중국에 들어갔을 때는 명나라의 마지막 황제가 이미 죽은 뒤였지만, 만주족은 실제로 명나라 내부 반란의 진압을 돕는 일에 부름받았고, 스스로 황위를 차지했다.)

계속해서 사이크스는 만주족이 한족 사회에 동화되기를 거부했으며, 200년이 지난 지금도 여전히 별도의 요새 도시들에서 살고 있고, 지배 엘리트는 피지배 대중과 분리되어 있다고 설명했다. 그는 지난봄 반란군이 포위 진지를 무너뜨리기까지의 과정을 이야기했고, 그 군사적 성공은 홍인간이 마침내 난징으로 들어가 반란군과 합류한 덕분이었다고 설명했다. 홍인간은 "반란군에 새로운 활력을 불어넣은 진정한 원동력"이었다. 그는 "홍콩에서 선교사들에게 교육받고 기독교로 개종해 전도사가 된 유능한 사람"이었다. 연설 후반부에 사이크스는 홍인간이 쓴 정부에 대한 논설과 그것이 예고하는 중국의 미래에 대해 감탄했다. 사이크스는 이렇게 말했다. "한 장章에서 그는 철도, 기선, 생명 보험과 화재 보험, 신문 및 기타 서양 발명품들의 도입을 주장합니다. (…) 몇십 년이 지나기도 전에 광활하고 자원이 무궁무진한 이 고귀한 나라가 철도들이 관통하고 교차하는 곳, 덜컹거리는 소방 마차와 번쩍이는 전류가 사람들을 화들짝 놀라게 하는 곳이 될지 누가 알겠습니까?"

사이크스는 상하이 선교사들의 목소리를 전달하되 거기에 자신의 군사적 경험과 상업적 경험의 무게를 더했다. 그는 쑤저우의 반란군에 대해 "모든 유럽 국가 사람들, 상업인, 선교사 등을 정중하게 맞이"하고 있으며, 편지들을 통해서 "그 민족 집단을 위해" 상하이를 평화롭게 점령하겠다는 뜻을 밝히고 있다고 말했다. 그는 『노스차이나

헤럴드』에 실린 프레더릭 브루스에 대한 이야기를 되풀이했다. 브루스는 이수성이 보낸 편지의 수령을 거부했으며, 그 결과 폭력 사태가 일어났다. 반란군은 평화적으로 상하이에 도착했지만 사격 훈련의 표적처럼 다루어졌으며, 그럼에도 단 한 발의 대응 사격도 하지 않았다. 이는 중립을 지키라는 러셀 경의 지시를 영국 대표들이 사실상 무시했음을 보여준다고 사이크스는 비판했다. 영국군은 한마디로 "용병"처럼 행동했다. 그것은 "우리 명예에 거의 지울 수 없는 오점을 남긴 행동"이었다.

사이크스는 상하이에서 벌어진, "우리 적들을 위해 싸우고 정작 우리 친구가 될 사람들은 죽이는 이상한 상황"이 전적으로 브루스의 태평천국에 대한 편협한 생각에서 비롯되었다고 주장했다. 내전에서 한쪽 편에 모든 책임을 덮어씌우는 것은 하나의 당파가 되는 것이었고, 그는 브루스를 당파적이라고 누누이 비난했다. 사이크스는 "브루스 씨는 반란군이 어디에 가든 그곳을 사막으로 만들어버린다고 말"하지만 자신은 그게 전혀 사실이 아니라고 믿는다고 말했다. 그가 수집한 통계에 따르면, 반란군이 중국의 가장 생산적인 지방들을 정복한 이래 몇 년 동안 실제로는 상하이를 통한 차와 비단 수출이 증가했다. 태평천국이 존재하기 전보다 10배 이상 늘어난 규모였다. 그는 난징이 다시 살아나 재건되고 있다는 그리피스 존의 보고서를 인용했고, 존이 천왕으로부터 받았던 종교적 관용의 칙령에 대해 이야기했다. 또한 외국인 여행자들이 청국군에게 약탈당했다는 보고가 자주 있었지만, 그들은 반란군에게는 대개 호의적인 대우를 받았다고 사이크스는 주장했다. 그는 이서카 로버츠의 말을 인용해, 태평천국은 영국과의 평화적인 무역을 원하며, 충왕은 "상업과 종교 모두에서 더할 수 없이 큰 우정과 화합을 유지하기를 바라고 있다"고 말했다.

태평천국은 "중국의 3분의 1을 점령하고 있고, 타타르족 축출과 우상 숭배 폐지와 기독교 도입을 서약한, 반기를 든 민족 집단"이라고 그는 결론 내렸다. 즉, 그 모든 것이 영국이 옹호해야 하는 것이었다. 태평천국을 가로막고 있는 상대는 "유럽 국가들과의 조약에 불성실하며 기독교인들에게 적대적인, 무능한 외래 타타르족의 전제 정치"였다. 둘 중 어느 쪽을 선택해야 했겠는가? 그러나 영국은 지난여름 상하이에서 취한 행동을 통해 후자 편을 들었다. 그는 러셀 경에게 물었다. 이 정책을 얼마나 더 끌고 갈 것인가?

러셀은 거드름을 피우면서 사이크스가 일부러 순진한 척한다고 비난했고, 태평천국이 만주족에 대항하는 한족을 대표한다거나 태평천국 사람들이 기독교도라는 믿음에는 "맞는 말이 하나도 없는 것 같다"고 말했다. 그는 프레더릭 브루스의 이야기를 되풀이해, 반란군이 기독교를 조롱하는 약탈범들이며, 오직 지극히 폭력적인 목적에서 상하이로 온 것이라고 말했다. 중립은 자기 방어를 허용한다고 러셀은 주장했고, 자신은 "우리 나라 사람 일부가 그 반란군들이 하나의 민족 집단이며 우리가 그들을 지지해야 한다는 잘못된 생각을 가지고 있다는 이유만으로 우리 상인들이 모여 있는 마을들이 파괴되도록 놔두지" 않을 것이라고 맹세했다.[35]

하지만 사이크스는 계속 그를 압박했다. 4월 12일에 그는 다시 발언권을 얻어, 상하이 『노스차이나헤럴드』를 흔들어대면서 거기 실린 기사들이 자신의 지난번 주장을 직접적으로 뒷받침한다고 말했다.

그리고 의원들이 이런 기사들을 접할 수 있었는지 러셀 경에게 물었다. 러셀은 그의 말을 거의 무시해버린 채 독일과 덴마크 문제에 관한 이전의 어떤 질문에 답하는 장황한 이야기로(공식 의사록에 따르면 거의 3000단어) 방향을 바꾸었고, 마침내 이 발언을 끝내면서 사이크스를 무시하는 언급을 했다. "애버딘의 의원이신 저의 명예롭고 용감한 친구(사이크스 대령)는 제 생각에 하원에서 태평천국에 관심을 갖고 있는 유일한 분이십니다."[36] 외무부의 인쇄공들이 워낙 바빠서 다른 것들까지 인쇄해 제공할 수 없다고 그는 말했다.

런던에서 토론이 한창일 때, 호프 제독은 이미 난징으로 향하고 있었다. 1861년 2월 초, 그는 상하이의 외국인 정착지를 떠나 코로맨델호를 타고 양쯔강을 거슬러 올라갔다. 며칠 동안 쏟아진 폭우로 양쯔강의 물이 불어 있었고, 그의 배는 진흙으로 탁한 차가운 물살을 헤치고 나아갔다.[37] 호프는 귀가 크고 말끔히 면도를 한, 호기로우면서 무뚝뚝해 그를 숭배하는 부하들로부터 "싸움꾼 지미"라는 별명을 얻은, 호리호리하고 귀족적으로 생긴 남자였다.[38] 51문의 포를 장착한 그의 기함은 강에서 민첩하게 조종하기에는 너무 컸고, 그래서 그는 그 지휘선을 상하이에 남겨둔 채 최근에 북쪽을 침략했던 영국 함대의 배들을 가지고 소함대를 꾸렸다. 배들은 비를 뚫고 나란히 세 줄로 항해했다. 작은 배들은 수심을 측정해서 뒤따르는 흘수가 더 깊은 배들에게 불투명한 강의 깊이를 알리기 위해 앞서나갔다. 호프가 주의를 기울였음에도 불구하고 배들은 자꾸 좌초해 마비되었고, 약 322킬로미터의 항해를 끝마치는 데 2주가 넘게 걸렸다. 관리, 선교사, 사업가들로 구성된 유쾌한 대표단은 "떠다니는 호텔"로 불리는 증기선을 타고 소박한 호사를 누리며 이동했다.(이 증기선은 좌초되기 전에는 그런 별명으로 불렸지만, 좌초된 후에는 "상륙선"이라고 불렸다.) 이 대표단은 난징을 방문한 가장 큰 규모의 외국인 무리였다.

원정대의 수석 협상가는 바로 베이징에서 승격림심에게 붙잡혀 죽을 뻔했던 해리 파크스였다. 그는 따로 항해해 2월 24일 난징에 도착했고, 원정대는 나흘 뒤에 도착해 그와 합류했다. 원정대는 난징에 오는 길에 폐허가 된 전장시에 들러 고독한 영사를 내려주었다.(그는 이제 업무가 개시되기를 참을성 있게 기다리며, 깃대에 쓸쓸하게 펄럭이는 유니언 잭 깃발을 바라보고 있었다.) 난징에서 그들은 그곳에 거주하고 있던 이서카 로버츠를 발견했고, 2월 초 홍인간이 떠난 후 2주 동안 그곳에 머무르고 있던 윌리엄 뮤어헤드도 발견했다. 엘렌버러 경의 발포 예측과 달리 원정대는 환영의 분위기를 느낄 수 있었고, 부재 중인 충왕의 궁궐 내에 숙소를 배정받았다.

3월 1일, 해리 파크스는 영국의 양쯔강 무역 계획을 태평천국의 두 하위 왕에게 설명했다. 다른 왕들이 안칭 작전을 위해 떠나면서 그들이 난징을 책임지고 있었다. 파크스는 그들에게 영국이 만주족 정부와 맺은 조약에 따라 영국 배들은 후베이성의 한커우에서 무역할 권리가 있다고 말했다. 안칭 너머 상류 쪽에 위치한 한커우는 한양, 성도 우창과 함께 3개 도시 연결 지역의 한 부분을 이루며, 당시 청국군의 지배를 받고 있었다. 반란군은 그 사이에 있는 지역 대부분을 장악하고 있었기에, 파크스는 강 유역을 누가 장악하고 있든 간에 영국 배는 양쯔강 전체를 자유롭게 운항할 권리가 있음을 그들에게 알렸다. 나아가 호프 제독이 6문의 포를 장착한 호위함 센토호를 난징에 남겨두어, 그곳에 들르게 되는 모든 영국인을 보호할 것임을 밝혔다.

이들 두 왕은 파크스의 메시지를 궁궐에 있는 천왕 홍수전에게 전달했다. 그 궁궐은 영국 함대가 정박해 물결에 까딱까딱 흔들리고 있던 곳으로부터 번성한 그 도시의 저편으로 11킬로미터쯤 떨어진 곳에 있었다. 몇 시간 후 그들은 답을 가져왔는데, 천왕이 외국인들이 포함을 두고 가도록 허락하지 말라는 경고의 환영을 봤으며, 따라서 자신들은 그 요청을 들어줄 수 없다는 것이었다. 그러나 대단히 열띤 협상 끝에(협상 중에 파크스는 그들에게 "그는 틀림없이 다른 환영을 봤을 거예요!"라고 외쳤다고 한다) 그들은 마침내 마음을 바꾸어 파크스의 조건을 받아들였다.[39] 반란군이 영국의 이익이 달려 있는 도시들을 공격할 계획을 갖고 있을 수도 있으므로, 파크스는 만약 반란군이 전장(방금 영국 측이 영사를 하선시킨 곳)이나 주장(안칭 너머 상류에 위치한 곳)을—두 도시 모두 여전히 청국군 지배하에 있고 조약에 의해 막 개방된 곳이었다—공격해야 한다면, 그곳에 있는 영국인이나 영국인의 재산에는 해를 끼치지 않는 것이 좋다고 경고했다. 그 대가로, 영국군은 상하이에서 그랬던 것처럼 그 도시들에 대한 태평천국의 공격을 방해하지 않을 것이라고 그는 약속했다.[40] 파크스 자신은 반란군에 대해서 어떤 특별한 호의도 느끼지 않았다. 반란군은 그에게 "방금 한 도시를 약탈한 강도들 무리"[41]를 떠올리게 했다. 하지만 영국 무역상들이 반란군에게 방해받지 않고 사업을 계속할 수 있는 한 반란군은 완전히 용납될 수 있을 것이라고 생각했다. 그는 한 보고서에 이렇게 썼다. "우리는 이곳의 '왕자들' 중 두 명을 봤고, 그들이 충분히 합리적이라는 것을 알게 되었다. 만약 우리 배들이 강을 오르내릴 때 그들이 간섭하지 않는다면 우리의 주요 목표는 달성될 것이다."[42]

파크스는 양쯔강에서의 대외 무역의 긍정적인 영향을 철석같이 믿었고, 이 무역이 "이 병든 나라의 대동맥을 통과하는 따뜻한 교역의 흐름"이라고 생각했다.[43] 그러나 이 경우 그의 믿음은 반란군이 다른 무엇보다 원하는 두 가지 물품이 바로 총과 아편이라는 점 때문에 흔들렸다. 후자는 아마 상하이 아편 상인들의 관심을 자극할 수도 있었겠지만(그 아편 상인들은 태평천국 때문에 자신들의 무역이 중단될 것이라는 아마도 쓸데없는 걱정을 했다), 파크스는 중국 내전 지대의 중심부를 통한 제한 없는 영국 민간 무역의 그야말로 폭발적인 잠재력에서 벗어날 수 없었다. 그리고 무기상들을 환영하는 개방은 반란군 측의 현상만이 아니었다. 그것은 "청나라 측에서도 (…) 마찬가지"라고 그는 썼다. "아편과 무기, 아편과 무기. 어느 곳을 방문하든 우리가 여전히 고관, 군인, 일반인들에게서 듣는 외침이 이것이다." 그는 양쯔강의 주요 도시들이 대외 무역에 개방되는 것을 보고 기뻐하면서도, "그러한 교류가 유익함만큼이나 해악도 초래할 수 있다"고 걱정했다.[44]

반란군과 청국군 사이에서 파크스는 영국이 선호할 만한 것을 거의 보지 못했다. 만주족에게 고초를 당했음에도 불구하고 그는 여전히 내전에는 무관심했고, 그의 주장에 따르면 양측의 상대적 장점에 대한 그의 의견은 그가 강을 따라 이동하다 만난 한 농민의 말을 통해 형성된 것이었다. 그 농민은 "다른 사람들에게 자기 말소리가 들리지 않는 잠깐 동안 자신의 고통과 자기 나라 전역의 비참함에 대한 슬픈 이야기를" 그에게 들려주었다. 파크스는 그 농민의 견해를 전해주었는데, 그것은 전쟁 중에 수없이 되풀이된 것이었다. "그는 청국군과 반란군을 거의 구분하지 않았다. 그는 양쪽 모두에게 똑같이 고통을 당했다."[45]

파크스의 실용주의와는 대조적으로, 호프 제독은 프레더릭 브루스를 따라 반란군을 영국의 이익을 위해서는 거리를 두어야 하는 파괴 세력으로 보았지만, 그러한 목적을 달성하기 위해서는 영국이 무력을 사용해야 한다고 브루스보다 훨씬 더 굳게 믿고 있었다. 개인적으로 호프는 조약항들의 미래를 안정의 오아시스와 같은 것으로 상상했다. 그가 "청나라의 상업 도시들이 파괴되고 가장 생산적인 지역들이 황폐화될", "얼마나 계속될지 모를 무정부적 시기"라고 내다본 그 시기 내내 조약항들이 영국 무기로 보호받으면서 토착 상인들에게 안전을 제공하게 되리라 상상한 것이다.[46] 그러자면 영국은 상하이를 중심으로 도보로 이틀 거리의(중국식으로는 100리에 해당되고 영국식으로는 대략 50킬로미터에 해당됨) 반경을 설정하고 태평천국군이 그 안으로 들어오는 것을 막아야 한다고 호프는 생각했다.

그러한 반경은 중립성에 대한 정말 말단적인 해석(이를테면 영국 이익의 계획적 방어)이었고, 적어도 당시에 러셀 경이 의회에서 중립을 옹호하고 있었던 만큼, 영국의 명시적 정책에 정면으로 위배되는 것이었다. 그러나 호리호리한 체격의 제임스 호프에게는 어떤 동시대인의 말에 따르면 "상황의 긴급성이 전부였고, 공식적인 결정권은 거의 없었고, 책임에 대한 두려움은 전혀 없었다".[47] 러셀과 브루스가 자기들 나름의 고상한 이론과 중립이라는 도덕적 원칙에 매달렸을지 몰라도 해군은 나름의 책임을 띠고 있었고, 호프는 스스로를 시대의 각광받는 사람, 행동하는 사람으로 여겼다. 한 달 뒤 그는 한커우로부터 양쯔강을 내려와 상하이로 돌아오는 길에 다시 난징에 들렀는데, 이때 이미 결심이 서 있었다. 조약항 상하이의 반경 50킬로미터 이내에는 반란군이 들어오지 말아야 한다는 것이 바로 파크스를 통해 태평천국군 지도자들에게 요구할 사항이라고 결정내렸던 것이다.

그래서 호프의 지시에 따라 3월 말에 파크스는 두 명의 하위 왕과 새로운 협상에 들어갔다. 제일 먼저 그는 반란군 측에 상하이를 중심으로 도보로 이틀 걸리는 거리 이내에는 접근하지 않겠다는 약속을 요구했다. 그들이 일단 이 첫 번째 요구에 동의할 것처럼 보이자, 또다시 모든 조약항에 대해서 도보로 이틀 걸리는 반경 내에 접근하지 않을 것을 요구했다. 이것은 태평천국에 이로운 일이 될 것이라고 그는 꽤 뻔뻔스럽게 말했다. 그러한 조치 덕분에 태평천국이 마침내 청나라를 정복하는 날 그 중요한 무역 도시들이 전쟁으로 인한 손상을 입지 않고 남아 있게 되리라는 이유에서였다. 하지만 협상은 예상대로 수렁에 빠졌다. 파크스는 두 왕이 권한을 갖고 있지 않다는 의심을 하기 시작했다.(이 시점에 홍인간이 수도를 떠나 있었던 것은 모든 관련자에게 불행한 일이었다.) 그리하여 그는 천왕을 직접 만나기 위해서 그 왕들을 떠나 난징을 가로지르는 행군을 했다. 하지만 천왕의 궁에 도착했을 때 경비병들은 그를 안으로 들여보내주지 않았다. 시간이 갈수록 파크스는 조급해졌다. 그는 씩씩대며 바깥 마당에 앉아 있었다. 그로서는 화가 나서 벽을 노려보는 것 말고는 할 일이 없었다. 벽에는 태평천국 지도가 걸려 있었는데, 기분 나쁘게도 그 지도에서는 영국과 프랑스가 왼쪽 상단 모퉁이에 옹송그린 작은 섬들처럼 나타나 있었다. 마침내 궁녀들을 통해 주고받은 일련의 메시지(파크스는 종이에, 홍수전은 노란색 비단에 적었다)를 통해 그들은 합의에 도달했다. 홍수전은 상하이 인근의 지휘관들에게 그해의 남은 기간에 상하이로부터 50킬로미터 떨어져 있으라고 통보하기로 했다.[48] 그는 다른 도시들에 대해서는 뭐라 말할 수가 없었는데, 왜냐하면 출정 중인 군대가 그 도시들로부터 식량을 조달해야 할 수도 있기 때문이었다. 파크스는 천왕이 전쟁터에 나가 있는 자기 대리인들을 실제로 잘 통제할 수 있을지 의심스러워하며 난징을 떠났다.

물론 러셀 경에 대해서도 같은 의심이 들 수 있을 것이다.

호프 제독은 자국의 중립 정책에 몇 가지 양보를 했다. 우선 그는 상하이 당국에 중국 내전의 용병으로 입대한 영국인들을 체포하라고 명령했다. 이는 오랜 중립 조례를 준수하기 위한 것일 뿐만 아니라, 자신의 군대에서 이탈한 것을 처벌하기 위함이기도 했다. 반란군 측의 외국 용병들은 난징에 근거지를 두고 있다고 여겨졌기에, 로버트 포레스트라는 영사관 직원이 1861년 3월 상하이를 출발해 태평천국 영토를 통과하는 육로를 통해서 반란군 수도로 갔다. 그의 계획은 한커우에서 돌아오는 길의 호프 제독과 함께 정찰에 나서 영국인 탈영자들을 찾아내는 것이었다.

포레스트는 수로 인접 지역 너머에 펼쳐진 반란군 왕국의 모든 것을 탐험한 최초의 영국 관리였고, 그의 기록은 청서의 독자들에게 중국 전쟁의 다른 쪽 당사자의 세계를 처음으로 엿보게 해주었다. 그 기록은 충분히 예상 가능하게 양쯔강 쪽과 대운하 쪽 모두 2킬로미터 정도의 시골 지역이 완전히 황폐해졌음을 확인하는 것으로 시작되었지만, 이어서 그는 내륙 깊숙한 곳에서의 반란군 치하의 삶은 생각보다 훨씬 더 나았다고 보고했다.[49] 그는 청국군이 지배하는 상하이와 반란군이 지배하는 쑤저우 사이에서 활발한 지하 무역이 이루어지고 있다는 것을 알게 되었다. 수천 척의 작은 배가 끊임없이 오갔는데, 그 배의 주인들은 청국군 초소와 반란군 초소를 모두 통과할 수 있는 계략을 꾸몄다. 그는 여정 중에 여러 반란군 병사와 이야기를 나누었는데, 그중 다수가 징집병이었음에도(심지어 일부는 도망치지 못하도록 볼에 '태평천국'이라는 문신이 새겨져 있었다) 그가 보기에 행복하고 잘 먹는 것 같았다. 그들은 매일 많은 양의 쌀밥을 먹는다고 말했고, 미래에 대해서는 별로 관심이 없다고 했다. 그러나 그들의 표정 뒤에 어떤 고통이 감춰져 있을지 알 수 없었다. 그가 마주친, 겉으로 가장 즐거워 보이고 "허풍과 거드름"이 가득한 병사들은 소년병들이었다. 그들은 납치되어 가족과 헤어졌는데, 그를 쫓아다니며 외국 악마라고 불렀다.

포레스트는 인간의 뼈가 하얗게 쌓여 있는 대운하 기슭을 떠나 내륙을 향해 출발했고, 완전히 다른 세계로 들어갔다.[50] 그곳 사람들은 "운하를 따라 가면서 마주쳤던 몇몇 비참한 사람과 달리, 이방인들을 보고 놀라지 않았다"고 그는 썼다. 강기슭이 귀신이라도 나올 것처럼 텅 비어 있었던 것과 대조적으로 내륙의 삶은 "자신감과 안전감"을 발산하는 듯했다. 사람들은 다시 들판에서 일을 했다. 그는 일상생활에 질서를 부여한 많은 법률 선포에 주목했다. 그가 만난 사람들은 반란군이 처음 왔을 때의 처참한 파괴에 대해, 납치와 약탈과 피난에 대해 말해주었지만, 그의 보고에 따르면 그 혼란기는 끝난 듯 보였다. "기쁜 마음으로 말하는데, 그들은 이제 자기 집으로 빠르게 돌아가고 있다"라고 그는 썼다. 태평천국 치하의 농촌세계에 대한 그의 묘사는 같은 시기를 살았던 중국 향신들이 남긴 몇몇 기록과 일치한다. 대체로 정복 후 사람들이 방임되었다는 것이다. 좀더 큰 마을들에는 태평천국 '향관'이 있었다.(사람들이 향관을 "신뢰하는 것처럼 보인다"고 포레스트는 생각했다.) 하지만 더 외딴 농촌 지역들에는 변발한 청나라 관리가 없을 뿐 아니라, 반란군 당국이 존재함을 보여주는 것이라고는 매달 누군가가 곡물이나 현금으로 세금을 징수하러 온다는 것뿐이었다. 즉, 청나라의 지배를 받던 때의 농촌 생활과 크게 다를 것이 없었다. 포레스트는 이 지역에 전쟁이 재발하지 않는 한 "주변 마을들에는 곧 사람들이 살게 될 것이고 땅은 예전처럼 비옥한 모습을 되찾을 것"이라고 예측했다.[51]

포레스트는 길을 가는 동안 파란 눈을 가진 사람을 딱 한 명밖에 못 만났지만, 그로부터 반란군에 복무하는 외국인들에 대해 최대한 정보를 수집할 수 있었다. 난징에 들어가서는 100명 이상의 외국인을 보게 되었는데, 태평천국을 위해 싸우는 유럽인과 미국인들이었다. 그들은 외국 선박이 부두에 들어올 때마다 모두 숨곤 했기에 그들의 전체 규모가 어느 정도인지에 대해서는 알려진 바가 없었다. 포레스트는 영국 국민인 사람들을 넘겨달라며 반란군 왕들을 설득했다. 그가 아는 한 그들은 26명이었다. 그들 중 소수만이 태평천국군에 자발적으로 들어갔다고(증국번 군대의 대대장과 같은 수준인 한 달에 60냥의 봉급을 받기 위해서) 인정했다.[52] 다른 사람들은 체포될 상황에 직면하자 자신이 유괴당했다거나, 훗날의 속어를 빌리자면 "상하이 식으로 당했다Shanghaied"고 주장했다. 상하이의 한 술집에서 술을 마시고 있었는데 누가 몰래 자신에게 진정제를 먹였고, 정신을 차리고 보니 난징으로 가는 배에 태워져 있었고 바로 앞에 총구가 보였다는 것이다. 어쨌든 그들은 그렇게 말했다. 포레스트의 보고서에 따르면 그 남자들은 "아주 비참한 상태"에 있었다. "급여는 못 받았지만 쌀과 술은 넉넉했다. 그들은 어디를 가든 약탈을 허락받았지만 거의 성공하지 못한 것 같았다." 이 점에서 그들은 프레더릭 타운센드 워드 휘하의 청국군 쪽 용병들과 놀라울 정도로 비슷한 처지에 있었다. 그들은 지도자 새비지가 죽임을 당할 때까지 칭푸와 쑹장에서 이 청국군 용병들과 싸운 바 있었다.

그것은 분명 힘든 삶이었다. 그들 중 한 남자는 이질에 걸려, 포레스트가 도착하고 며칠 뒤에 죽었다. 또 다른 남자는 포레스트에게, 자신들 무리의 한 이탈리아인이 최근에 한 아일랜드인을 죽여 해자에 던졌는데 별다른 처벌을 받지 않았다고 말했다. 포레스트는 토착민 부대만이 잔혹 행위를 독점한 것이 아님을 알게 되었다. 그의 동포들이 "강간과 강도 같은 범죄를 숨기지 않았고, 심지어 더 악독한 행위까지 암시했기" 때문이다. 그가 난징에 도착했을 때, 그들은 저장성의 항저우를 공격하기 위해 이동 중이었고, 그들의 전 지도자인 새비지는 '피콕'이라고만 알려진 미국인으로 대체되어 있었다. 부하들은 피콕을 두려워했다. "그는 태평천국군에서 계급이 높고 생사를 결정할 힘을 갖고 있다"고 그들은 포레스트에게 말했다. 포레스트는 다른 나라 시민들에 대해서는 관할권이 없었으므로, 용병대의 대부분을 남겨둔 채 26명의 확인된 영국인들만 데리고 나와야 했다. 그는 무장 경비대의 보호를 받으며 그들을 센토호에 태웠고, 중립 조례 위반으로 집단 재판을 받도록 상하이로 이송했다.[53]

호프 제독은 일관성을 위해서 청국군 측 외국인 용병들도 해산시키려 했다. 여왕 폐하의 군대가 쑹장에서 프레더릭 타운센드 워드의 민병대원 13명을 체포했다고 5월 2일 한 영국 영사가 기쁜 마음으로 보고했다. 그중 한 명은 이제 청국군 측에서 싸우는 외국인이 82명밖에 남지 않았다고 증언했다.(이는 태평천국의 외국인 민병대보다 적은 인원이었다.) 그중 29명은 영국 해군에서 이탈한 탈영병이었다. 이 정보원은 또한 워드를 폭군 같은 존재로 묘사했는데, 이에 따르면 워드는 부하가 용병 생활을 그만두고 상하이로 돌아가도록 허락하느니 그를 가둬버리거나 청나라 자객의 손에 사라지게 할 사람이었다.[54]

그들은 마침내 5월 19일에 워드 본인을 체포했다. 당시 그는 상하이에서 자신의 민병대를 위해 신병 모집을 도모하고 있었다. 그는 매사추세츠 출신이었으므로, 국제 도시 상하이에서 그에 대한 관할권을 가진 유일한 사람은 미국 영사였다. 하지만 워드가 자신은 더 이상 미국 시민이 아니며 청나라 황제의 신하가 되었다고 주장하면서(지난 가을 총에 맞아 뺨에 생긴 상처 때문에 불분명한 발음으로) 상황이 복잡해졌다. 그는 중국 여성과 약혼한 상태였다.(시기를 보면 이 결혼은 급하게 계획된 것으로 보이는데, 현재 남아 있는, 예비 신부의 아버지가 워드의 아버지에게 보낸 축하 편지의 날짜가 워드가 체포된 지 열흘 뒤로 되어 있기 때문이다.)[55] 그를 뒷받침하기 위해서, 어쩌다가 그의 후원자 중 한 명이 된 상하이의 순무가 워드가 중국 시민임을 증명하는 서류를 제출했다. 이 서류는 가짜였다. 청나라 정부는 실제로 그를 시민으로 인정하게 되지만, 이듬해 2월에야 이루어진 일이었다.[56] 그럼에도 서류는 충분히 설득력을 발휘해, 미국 영사는 워드를 기소하기를 거부했다.[57] 영국은 워드가 풀려나 계속해서 사람들을 청국군 복무로 유인하는 것을 원하지 않았지만, 재판을 위한 법적 근거가 없어 보였다. 그래서 호프 제독은 그를 자기 기함의 한 방에 그냥 가둬둔 채 어떻게 처리할지 고민했다. 어느 날 밤 늦게 워드는 열린 창문을 통해 배에서 뛰어내렸고, 대기하고 있던 삼판선 하나가 그를 태워 항구를 벗어났다. 그는 다시 어둠의 세계로 사라졌다.[58]

9장
인내

안칭시는 양쯔강 북안에 위치해 있었다. 넓고 굽이굽이 흐르는 강물이 서쪽에서 동쪽으로 잠시 직선으로 흐르다가 섬을 휘감아 돈 다음 북쪽으로 방향을 틀어 640킬로미터쯤 떨어진 바다를 향해 내처 흘러가기 시작하는 지점에 해당됐다. 약 1.6킬로미터 길이의 높고 총안이 있는 벽돌 성벽이 각 면에서 이 도시를 둘러싸고 있었다. 성벽의 남쪽 면은 강기슭을 따라 뻗어 있었고, 이곳에서 강기슭은 평평한 모래사장을 이루고 있었다. 전쟁 전 몇 년 동안은 강변과 성벽 사이에 밀도 높은 정착지와 시장들이 들어선 좁은 완충 지대가 있었지만, 1860년에 이르러서는 그 도시 동쪽에 있는 7층탑 하나만 제외하고는 그 위의 모든 것이 무너지고 제거되어 있었다. 강기슭은 특징 없는 황무지였고, 강에서 상륙하는 적들이 몸을 숨길 만한 보호막이나 피난처를 남겨두지 않았다. 안칭은 중국의 성도들 중 가장 큰 곳은 아니지만 2.6제곱킬로미터가 넘는 웅장한 요새였고, 강과 주변 시골을 굽어보았다. 군사적 관점에서 그곳의 입지는 완벽했다. 사방이 깎아지른 듯한 높은 지대에 자리 잡고 있어서 탁 트인 시야와 전술적 이점을 제공했다. 게다가 육로로 접근하기가 매우 어려웠다. 바로 남쪽을 에워싸고 있는 양쯔강에 더해, 서쪽으로 몇 킬로미터 떨어진 곳과 동쪽으로 가까운 곳에 넓은 호수들이 있었는데, 이는 북쪽으로 꺾어진 강의 물굽이 부분과 함께 이 도시의 내륙 지역 삼면이 물로 둘러싸이게 만들었다. 북쪽으로 10킬로미터쯤 떨어진 곳에서는 가파른 산맥이 안개 속으로 솟아 있어, 그 방향에서의 접근도 대부분 방해했다. 그 방향에서의 접근을 가능케 하는 유일한 산길은 지셴 고개였는데, 거기에는 석축 방어 시설이 있었다.[1]

전략적으로 안칭은 지렛목 같은 작용을 했다. 동쪽으로는 양쯔강 이북에서 난징으로 이어지는 길들에 방어력을 투입했고, 안후이성을 가로지르고 후베이성으로 들어가는 태평천국군의 북방 작전과 서방 작전의 거점이 되었다. 그리고 물론 안칭은 그곳의 기반이 되는 강을 장악하고 있었다. 여기서 양쯔강은 폭이 800미터 정도였지만, 흘수가 깊은 배들을 위한 수로가 북쪽 기슭 가까이에 있었다. 너무 가까워서, 그곳을 지나가는 배의 선장이 성벽에서 자신을 겨누고 있는 대포의 검은 포신을 똑똑히 볼 수 있었다.[2] 따라서 안칭의 지배자들은 자신들을 넘어 태평천국 영토로 들어가려는 그 어떤 청국군 수상 보급로도 파괴해버릴 수 있었다.[3] 증국번은 먼저 이 보급로를 확보해야만 자기 군대를 난징에 더 가까이 진격시킬 수 있었다. 그리고 태평천국은 우창에 이르기까지 양쯔강 북안을 탈환하고, 궁극적으로 쓰촨에서 석달개의 떠돌아다니는 군대와 합류하려면 이 보급로를 확보해야 했다.

수비가 철저하다면 적군이 안칭에 접근하는 것은 거의 불가능했지만, 증국번이 1860년 여름 안칭을 얻기 위한 작전에 나섰을 때는 수비군의 경계가 삼엄하지 않았다. 태평천국군이 7년간 장악하고 있던 안칭은 영왕 진옥성의 영역이었다. 그는 겨우 25세의 조숙한 반란군 장군으로, 18세라는 놀랄 만큼 어린 나이에 우창을 정복했으며, 눈 밑에 무섭게 생긴 검은 점이 두 개 있어서 적들에게 "네눈박이 개"로 알려져 있었다.[4] 1860년 봄, 그는 이수성이 청국군의 난징 포위를 무너뜨리는 것을 돕기 위해 군대를 이끌고 동쪽으로 떠났고, 안칭에는 그 도시를 지키고 그곳의 민간인들을 보호할 약 2만 명 규모의 수비 병력을 남겨두었다. 민간인 중에는 여성이 4000~5000명 있었고, 그 수의 두 배는 되었을 아이들이 있었다. 영왕의 가족도 있었다.[5] 수비대 병사들은 후난성과 후베이성 출신의 경험 없는 신병들이었다. 영왕은 그들에게 성벽을 방어하되, 적과 교전하기 위해 성문을 나가지는 말라는 엄명을 남겼다. 증국번은 영왕의 부재를 틈타 자기 동생과 1만 명의 병사를 보냈다. 그들은 북쪽으로부터 산악 지대의 지셴 고개를 통해 안칭에 접근했고, 수비병들을 겁먹게 해 빗속으로 쫓아냈다. 거의 저항 없이 그들은 성벽까지의 사정거리 내에 진을 칠 수 있었다.[6]

태평천국군은 점령한 다른 도시들과 마찬가지로 안칭을 주로 군 주둔지로 여겼다. 거대한 외성문을 통과해 안으로 들어서면 깔끔하게 관리된 마을이 나왔고, 거기에는 수비대와 민간인들을 위해 보존된 가파른 자갈길이 있었다. 자갈길 너머에는 사람이 살지 않는 넓은 주택지가 있었는데, 그곳의 집들은 머지않아 철거되어 장작, 성벽을 따라 새로운 보루들을 건설하는 데 쓰일 벽돌, 그리고 텃밭을 가꿀 공터를 제공하게 된다. 이 도시의 주민들은 채소를 풍부하게 재배할 수 있었다. 또한 처음부터 식량이 충분했기에, 성벽 아래서 소규모 후난군 병사들이 분주하게 움직이고 있었음에도 수비대원들은 영왕의 귀환을 기다리며 성문에 바리케이드를 치고 성벽 위 망루에서 번갈아 벌판을 감시하는 동안 별다른 걱정이 없었다.[7]

처음에는 증국번의 안칭 포위가 태평천국 지도자들에게 긴급한 걱정거리가 아니었다. 그들은 그 도시가 견고하게 요새화되어 있다는 것을 알고 있었고, 수비대는 비록 경험이 부족하지만 성벽 아래의 적군보다 두 배나 인원이 많았다. 안칭을 구하는 계획이 1860년 9월에 구체화되었는데, 이는 우창까지 이어지는 양쯔강 상류의 통제권을 탈환하려는 태평천국의 큰 계획의 부차적인 목표였다. 양쯔강 상류의 통제권 탈환은 난징 동쪽의 양쯔강 하류를 통합한 후 상류로 관심을 돌린다는 홍인간의 전략의 두 번째 단계에 해당됐다. 그러나 8월의 상하이 격퇴 후, 홍인간이 태평천국군을 상류 쪽의 우창까지 수송하기 위해 필요로 한 증기선을 외국인들이 팔지 않을 게 틀림없었고, 결국 태평천국군은 도보로 이동해야 했다. 동쪽의 쑤저우를 중심으로 한 주요 통합 작업을 마친 후, 영왕 진옥성과 충왕 이수성은 양쯔강 양안에서 서쪽을 향한 대규모 협공 작전을 개시했고, 후난군보다 상류 쪽에, 방어가 허술한 후베이성의 성도 우창에 집결하기로 했다.

계획에 따르면 영왕은 10만 명의 대군을 이끌고 안후이성을 가로지르며 북쪽으로 가면서 초겨울에 안칭의 포위망을 뚫을 예정이었고,

이후 계속 진격해 봄까지는 우창 건너편 북안에 위치한 한커우라는 작은 도시를 점령할 예정이었다. 이수성은 그보다는 작은 군대를 이끌고 양쯔강 남안에서 영왕의 경로를 거울상처럼 따라갈 예정이었다. 즉, 강 이북의 병력이 증국번의 동생 증국전 휘하의 안칭 포위를 무너뜨리고 있을 때 이수성의 군대는 강 이남의 치면에 있는 증국번의 지휘 본부를 돌파하게 될 것이고, 그런 뒤 아래로부터 올라와 4월에 영왕의 군대를 만나 우창을 양쪽에서 공격하게 될 것이었다. 증국번이 거의 모든 전력을 안칭 공략에 쏟아부은 터라 우창의 수비대는 약 3000명 규모에 불과했다.[8] 주 작전에 투입되고 남은 증국번의 군대는 보급로와 증원군이 차단된 채 갇혀버릴 것이고, 영왕과 충왕 휘하의 연합 태평천국군은 우창을 거점으로 하여 양쯔강 양안을 다시 내려가면서 후난군을 모두 쳐부술 수 있을 것이었다.[9]

영왕은 1860년 10월에 난징을 출발해 양쯔강 북안으로 건너간 다음, 서쪽으로 진군해 안후이성으로 들어갔고, 거기서 청국군의 전력을 시험했다. 이곳은 중국에서 가장 치열한 전투가 벌어진 지역 중 하나였다. 북쪽에서 염군의 파괴 행위가 청국군과 태평천국군 간의 전쟁과 맞물려 피해는 극심했다.(전쟁이 끝나고 50년이 지난 후에도 그 지역을 지나가는 여행자들은 전쟁의 상흔이 아물지 않았다고 탄식하게 된다.) 태평천국군 지도자와 염군 지도자들의 관계는 속셈에 의해 의도된 것이었지만, 그들은 청나라 정부라는 공통의 적을 두고 있었고, 때로는 공통된 견해를 갖기도 했다. 이 경우, 영왕은 염군의 한 장군을 끌어들여 기마 부대와 함께하게 했고, 이 부대는 청국군을 교란시

안칭 공격 (1860~1861년)

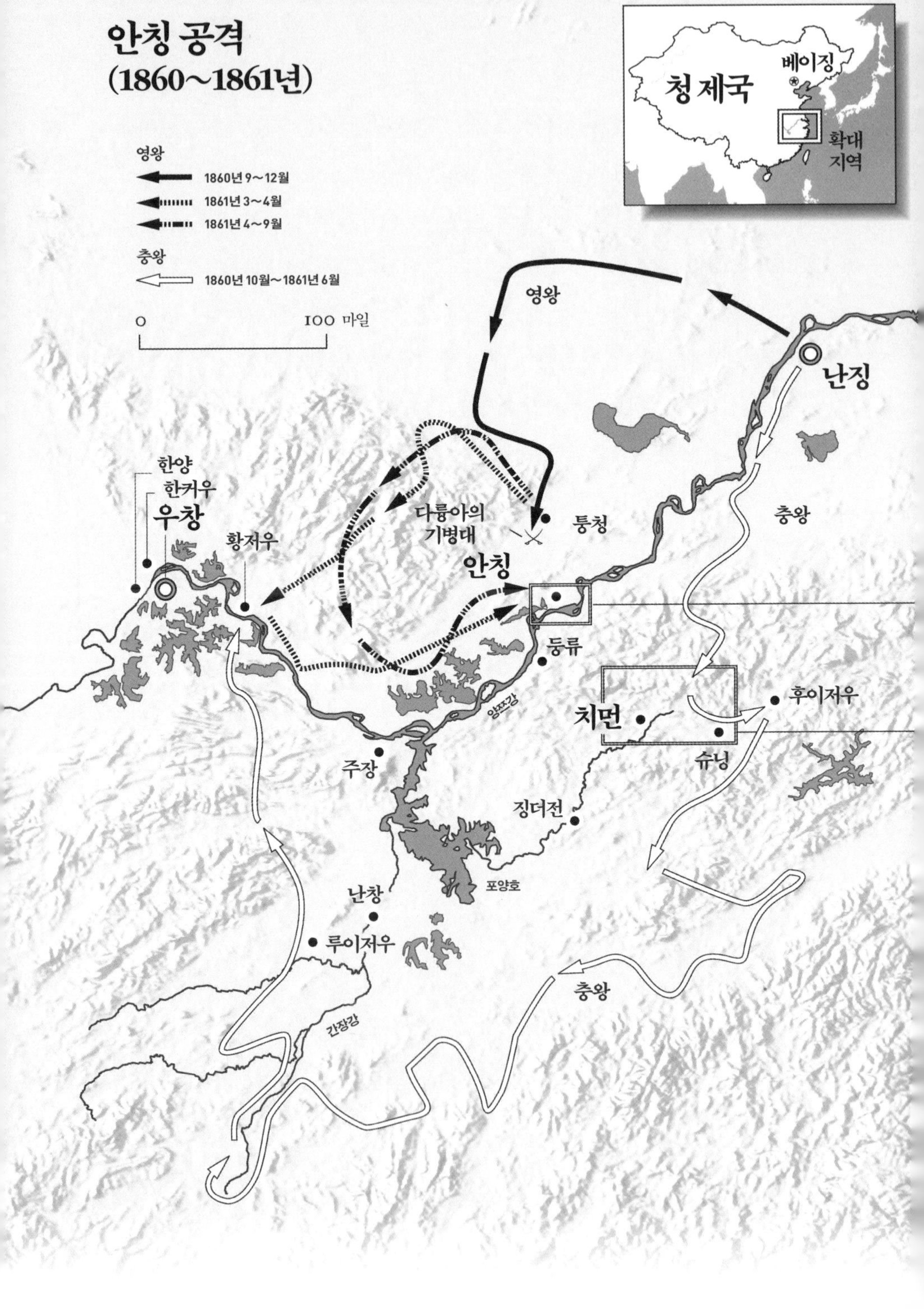

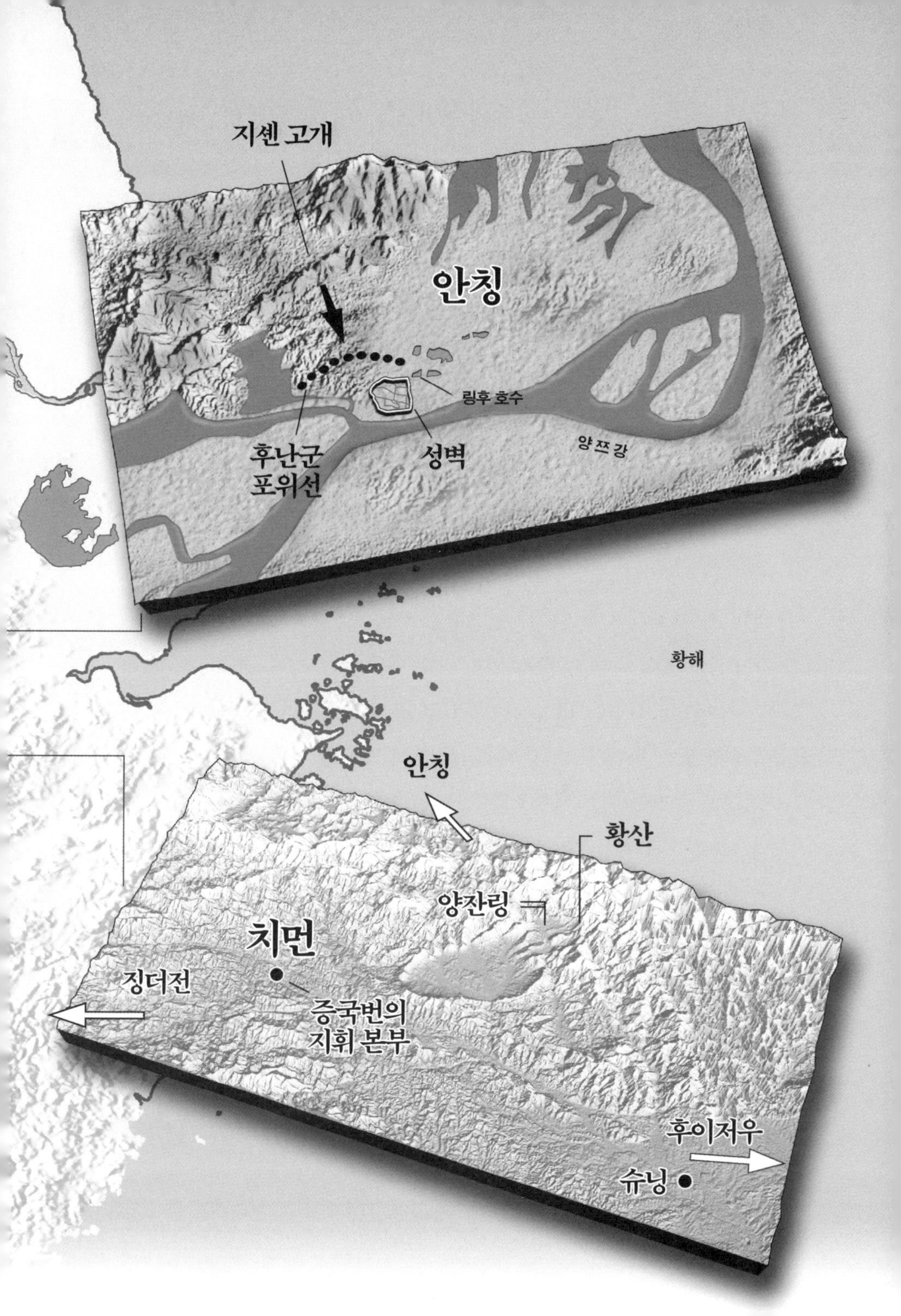

지센 고개
안칭
링후 호수
후난군
포위선
성벽
양쯔강
황해
안칭
황산
양잔링
치먼
징더전
쩡궈판의
지휘 본부
후이저우
슈닝

키고 진군 경로를 위장하기 위해 일련의 위장 측면 공격을 감행했다. 11월 말, 진격에 나선 그는 남쪽으로 급히 방향을 틀어 안칭을 향해 곧장 내려갔다. 그러나 안칭 포위선 북쪽, 태평천국이 장악하고 있던 퉁청 바로 너머에서 그는 만주족 장군 다룽아가 이끄는 2만 명 규모의 거대한 청국군 기병대와 맞닥뜨렸다. 증국번이 바로 그런 접근으로부터 안칭을 보호하기 위해서 퉁청 남쪽에 다룽아를 배치해두었던 것이다.

영왕은 다룽아의 기병대 대열을 무너뜨릴 수 없었고, 속도가 떨어지는 자신의 병력이 날랜 북부 기마병들에게 계속 측면 공격을 당하는 것을 보고 퉁청의 방어벽으로 후퇴했으며, 안칭으로 통하는 북쪽 접근로를 포기했다. 그는 겨우내 청국군의 공격에 맞서 퉁청을 지켜냈고, 춘절이 시작된 직후인 3월 초에(홍인간이 더 많은 지원을 제공하기 위해 수도를 떠나던 바로 그때) 급히 철수했다. 그의 군대는 이번에는 기병대의 사정권 너머 서북쪽으로 훌쩍 이동한 다음, 서남쪽으로 급히 방향을 틀어 우창, 한커우, 한양 세 도시가 만나는 양쯔강 유역을 향해 직진했다. 마지막으로, 그들은 폭발적인 속도로 단 11일 만에 약 320킬로미터를 걸어서 이동했고, 그 과정에서 여러 민병대의 저항을 돌파했다. 후난군 기병 파견대 하나가 서쪽으로 돌격해 그들을 차단하려 했지만, 너무 늦게 도착했다. 1861년 3월 17일, 영왕 군대의 선봉대가 한커우와 우창에서 하류로 불과 80킬로미터쯤 떨어진 양쯔강 북안의 황저우라는 강변 도시 외곽에 도착했다.

영왕의 선봉대는 황저우에 주둔하고 있던 2000명의 청국군 병사와 기병대를 기습해, 그들을 모두 학살하고 말을 빼앗았다.[10] 그런 다음 집들을 허물어, 목재와 돌로 마을을 둘러싸는 세 줄의 방어용 바리케이드를 조성하기 시작했고, 그러는 동안 긴 행군에 지친 영왕의 나머지 병사들이 계속 비틀거리며 도착했다. 어떤 병사들은 봉쇄선을 통과하자 너무나 진이 빠져서 짐도 내려놓지 않고 그냥 땅바닥에 쓰러져 잠들었다.[11] 황저우를 손에 넣은 영왕 진옥성은 이제 상류 쪽의 한커우를 공격해 협동 작전에서 맡은 바 소임을 완수하는 데 필요한 완벽한 거점을 확보하게 되었다.

증국번은 안칭으로부터 동남쪽으로 100킬로미터쯤 떨어진, 강을 건너고 험준한 산맥을 지나 닿는 곳인 치먼의 지휘 본부에서 걱정스러운 마음으로 반란군의 움직임에 대한 소식을 들었다. 진행 중인 새로운 대작전(그는 아직 모르고 있던)과 무관하게, 별도의 태평천국 병력이 초가을부터 치먼 주변의 그의 방어 전초 기지들을 계속 공격하고 있었다. 늦가을에 이르러서는 이수성의 사촌인 시왕 휘하의 한 반란군 부대가 슈닝이라는 마을을 장악한 상태였다. 증국번이 있는 곳에서 동쪽으로 겨우 50킬로미터 정도 떨어진 그 마을은 동쪽으로 가는 유일한 길을 굽어보는 곳이었다. 그는 그곳을 되찾으려 자신의 최고 야전 지휘관 포초를 파견했다. 그의 군대는 훈련이 잘되어 있었지만 수적으로 열세였고, 반란군의 광범위한 계획에 대해 거의 인지하지 못하고 있었다.

이런 와중에 강 건너 안칭에 있는 동생 증국전과 관련된 소식 또한 전혀 고무적이지 않았다. 다룽아의 봉쇄 덕분에 포위는 여전히 안정적이었지만, 증국전은 경험이 부족한 지도자였고, 증국번은 그의 장교들이 해자를 파고 방어벽을 쌓는 데 동원된 수많은 일꾼에게 부패하고 곰팡이 핀 곡식으로 임금을 지불해왔음을 알게 되었다. 그 굶주린 농민들은 그런 곡식이라도 받을 수밖에 없었다. 증국번은 동생에게 분노에 찬 편지를 보내, 후난군이 부패했고 매정하다는 소문이 퍼지고 있으니 반드시 은으로 보수를 지불하라고 요구했다. 그는 이렇게 썼다. "너는 백성을 위해 백성을 돌봐야 하며, 백성을 위해 행동할 관리들을 뽑아야 한다. 내가 정말 싫어하는 것은 관리들이 백성에 대한 사랑을 보여주지 않는 것이다."[12] 유일한 좋은 소식은, 외국 군대가 황제의 궁을 약탈한 뒤 수도를 떠났다는 사실을 그가 늦가을에 알게 되었다는 것이다. 그들은 스스로 청나라를 정복할 의도가 없어 보였고, 이것만이 안도감을 주는 소식이었다.

1860년 11월 23일, 증국번은 50번째 음력 생일을 맞이했다. 하지만 잔치를 벌일 때가 아니었다. 그는 일기에 이렇게 적었다. "나의 여러 해가 헛되이 지나갔다. 낙담한 나는 이제 노인이 되었다."[13] 그는 당시 시찰을 다니는 중이었고, 치먼 동북쪽으로 16킬로미터쯤 되는 곳, 타원형의 골짜기를 둘러싼 산봉우리들을 돌아보고 있었다. 골짜기는 평평하고 넓었고, 가로로 20킬로미터, 세로로 7킬로미터 정도 되었으며, 부유한 상인 마을과 조밀한 차 농장들이 들어서 있었고, 900미터가 넘는 깎아지른 듯한 빛나는 봉우리들이 사방에 솟아 있었다. 그곳은 마치 산속의 오아시스 같았고, 산들이 너무 가까이 있어서 실제로 산에 접근할 수도 있었다. 동북쪽으로는 약 1600미터 높이의 황산 봉우리들이 있었다. 화강암으로 된 그 봉우리들에서는 휘어진 소나무와 작은 암석들이 하늘을 찌르고 있다. 정북쪽으로는 첩첩 산맥들이 바다처럼 펼쳐진 가운데, 군대가 북쪽으로부터 그 골짜기로 들어올 때 이용하기에 딱 알맞은 좁은 길이 나 있었다.

증국번은 이른 아침 식사와 약간의 서류 작업을 마친 후 아침 7시경 출발했고, 험준한 자갈길을 통해 양잔링이라는 봉우리까지 올라갔다. 그곳은 전략적으로 중요한 봉우리로, 그의 진지에서 북쪽으로 10킬로미터쯤 떨어져 있었고, 북부 산악 지대를 통과하는 길을 굽어보고 있었다. 800미터 높이의 그곳에서는 화창한 날에는 반대편의 멋진 풍경을 감상할 수 있었다. 흔들리는 대나무 숲을 지나 골짜기의 작은 농촌 마을까지, 그리고 북쪽으로 뻗어나간 소나무 숲에 뒤덮인 골짜기와 그곳의 잔물결 이는 수로를 따라 수 킬로미터 떨어진 곳까지 다 눈에 들어왔다. 하지만 이날은 날씨가 화창하지 않았고, 두터운 구름이 고개 위에 무겁게 드리워져 있어서 짙은 운무로 인해 정상에서 아무것도 볼 수 없었다.[14]

고지대에서는 날씨가 추워지고 있었고, 그 후 이틀 동안 그의 정찰병들은 산악 지대를 통과하는 다른 길들이 눈으로 막혀 있음을 확인했다. 골짜기는 겨울 동안은 안전했다. 그래서 그는 시찰을 마치고 11월 26일에 치먼으로 돌아왔다.

5일 후인 12월 1일, 이수성의 전 군대가 북쪽으로부터 양잔링을 넘어 그 골짜기로 들어섰다.

증국번은 그날 오후에 소식을 들었다. 그는 도움을 청하고자 즉시 가장 빠른 통신병을 보냈고, 공포 속에서 밤을 지새웠다. 이튿날 아침, 그는 피로와 걱정으로 암울했고, 지휘 본부에는 반란군을 막아낼 병력이 고작 3000명밖에 없었다.[15] 가장 가까운 지원 병력은 포초 휘하의 군대로, 슈닝에서 동쪽으로 50킬로미터쯤 떨어져 있었고,[16] 바로 그들 사이에 이수성의 군대가 나타난 것이었다. 그에게는 희망이 거의 없었다. 그러나 그는 안칭의 증국전에게 상황을 설명하는 편지를 쓰면서 담담한 표정을 지으려 애썼다. 그가 동생에게 쓴 바에 따르면, 그로서는 할 수 있는 일을 다 했고, 적군이 안개와 눈을 뚫고 이렇게 몰려오는 것이 그저 하늘의 뜻인가도 싶었다. 이제 반란군은 병력이 부족한 그의 지휘 본부에서 겨우 24킬로미터 정도밖에 떨어져 있지 않았다. 그는 이렇게 썼다. "지척이다. 그들을 멈춰 세울 장애물은 없다. (…) 우리가 지금 할 수 있는 일이라고는 우리 방어에 대해 연구해, 그들이 왔을 때, 누군가가 우리를 도우러 올 때까지 버티려 노력하는 것뿐이다."

그는 죽음이 닥쳤을 때 어떻게 맞이할 것인지에 대해 여러 해 동안 수차례 생각해온 터였고, 편지에 담긴 그의 목소리는 차분하게 받아들이고 있었다. 그는 마지막에 이렇게 적었다. "나의 지난 50년을 돌아보았다. 아직 학문을 완성하지 못한 것이 아쉽지만, 적어도 큰 죄를 저지르지는 않았다." 그의 마지막 말은 가족을 위한 도덕적 조언이었다. 그는 증국전에게 "우리 동생과 아들들을 잘 지도해, 안으로는 근면하고 밖으로는 겸손하며 오만한 습성을 경계하도록 가르쳐달라"고 부탁했고, "이것 말고는 더 바라는 바가 없다"고 말했다.[17] 편지는 이렇게 끝났고, 그는 앉아서 마음을 가다듬고 자신의 운명이 전개되기를 기다렸다.

하지만 이수성은 그날 그를 공격하지 않았다. 이수성은 치먼의 증국번 병력이 얼마나 허약한지도 알지 못했고, 증국번의 최정예 병력이 다른 방향으로 도보로 하루가 걸리는 곳에 가 있다는 것도 알지 못했다. 그의 병사들은 산과 눈을 뚫고 오느라 지쳐 있어서 휴식이 필요했다. 게다가 그는 진짜 목표(장시성과 후베이성에서 기다리고 있는 수십만 명의 새로운 태평천국 추종자)가 더 멀리에 있는데, 예측할 수 없는 역경에 맞서 치열한 전투를 벌이고 싶지 않았다.[18] 그래서 그는 골짜기 중앙의 현청을 점령하고 잠깐 멈췄다. 하지만 그 잠깐의 멈춤으로 충분했다.

이튿날 아침, 증국번이 황제의 명령을 따랐다면 바로 그 시점에 베이징에 도착했을 포초가 기병대 전 병력을 이끌고 동쪽으로부터 이 골짜기로 돌진해 전선을 구축했다. 첫째 날, 양측은 교착 상태에 빠졌다. 둘째 날은 피바다였다. 포초의 병력은 수가 더 적었지만 휴식과 무장이 훨씬 잘되어 있었고, 충왕 이수성은 더 큰 목적을 고려해 후퇴 명령을 내렸다. 그는 지친 병력을 이끌고 산속으로 들어가 안개 속으로 다시 사라졌고, 골짜기에 4000명의 사상자를 남겼다.[19]

양쯔강 남쪽에 자리 잡고 있던 증국번에게 겨울은 보급로와 통신로가 끊겼다가 다시 열리고, 전략적 마을들이 적에게 넘어갔다가 탈환되는 등 끊임없는 불확실성과 변동의 계절이었다. 치먼 외곽의 태평천국 부대들(이수성이 직접 지휘하는 부대를 제외하고, 장시성을 향해 진격한 3개 부대)이 산개해, 그의 지휘 본부로부터 뻗어나간 길들을 장악하고 있는 마을들을 하나하나 공격하기 시작했다. 12월 15일, 태평천국군은 증국번 지휘 본부의 서쪽 마을을 장악했고, 이로 인해 증국번이 안칭에 있는 동생과 연락을 주고받는 통신로가 끊겼다. 8일 후, 태평천국군은 지휘 본부 남쪽에 있는 또 다른 마을을 장악했고, 이로써 장시성에서 오는 그의 육상 보급로가 끊겼다. 증국번은 그 마을들을 되찾기 위해 포초를 남쪽으로 보내고 다른 지휘관을 서쪽으로 보냈지만, 그것이 무모한 일임을 알고 있었다. 그는 주도권을 상실했고, 불이 나자 불을 끄는 데 급급했다. 하지만 그가 할 수 있는 일이라고는 그게 전부였고, 그는 증국전에게 이렇게 썼다. "그들이 성공하지 못한다면 내 보급로는 두절될 것이다. 모든 게 무너지고 있다. (…) 보급품이 전달되지 않으면 내 휘하의 4만 내지 5만 명의 병력이 패배할 것이다."[20]

12월 27일, 증국번은 수군 지휘관 한 명에게 안후이성 남부에서 모든 일이 잘못되고 있다고 편지를 썼다.[21] 1월 초에는 그의 군사들이 양잔링을 통해 재개된 침략 시도들에 맞서 싸우고 있었다.[22] 치먼은 사방에서 괴롭힘을 당하고 있었고, 그는 강 양안에서 벌어지는 작은 접전들이 안칭 구출이라는 큰 계획에 방해가 되는 것은 아닐까 의심하기 시작했다.[23] 그럼에도 끊임없는 공격을 막아내는 것 말고는 그가 할 수 있는 일이 없었다. 2월과 3월에 치열한 여러 전투가 벌어지면서 증국번의 치먼 지휘 본부에서 30여 킬로미터 이내에 다시 전투가 침투했다. 그는 안후이성을 누비고 다니며 침략군이 나타날 때마다 공격한 포초에게 목숨을 빚지고 있었다. 또한 징더전을 지켜낸 후난군 장군 좌종당에게 군대 유지를 빚지고 있었다. 징더전은 서남쪽의 도자기 생산지이자, 증국번에게 남은 유일한 보급로인 장시성으로부터의 보급로를 지배하는 성벽 도시였다. 그러나 4월 9일 그 도시가 이수성의 사촌에게 함락되면서 증국번의 보급품은 결국 완전히 끊겨버렸고, 외부 세계와의 통신도 완전히 두절되었다.[24]

반란군의 포위망에 갇힌 병사들이 굶주리거나 학살당할 것을 우려한 그는 태평천국의 저지선을 돌파하기 위해 지휘관 한 명과 함께 9000명의 병력을 이끌고 동쪽으로 진군했다. 그는 생존의 유일한 희망이 거기에 있다고 보았다. 그는 기대감에 젖어 일기에 이렇게 적었다. "입과 혀가 마르고 심장이 불탄다. 삶의 크나큰 기쁨이 있을지, 죽음의 크나큰 슬픔이 있을지 나는 모르겠다."[25] 그러나 저지선 언저리의 성벽 도시인 후이저우에서 그들은 재앙을 만났다. 반란군 수비대가 어둠을 틈타 몰래 빠져나와 증국번의 진지에 불을 질렀다. 진지가 불타 허물어지면서 병사들은 어둠 속으로 흩어졌다.

증국번은 식량도 보급품도 돌파구도 얻지 못한 채 치먼으로 후퇴했다. 1861년 4월 22일, 그는 후난성의 집에 있는 아들들에게 암울한 편지를 썼다. 거기에는 전쟁은 이제 끝났다는 체념적 확신이 담겨 있었다. 일기에서 그는 그 편지를 자신의 유언이라고 일컬었다.[26] 현재 자신이 처한 상황은 1855년 1월 포양호에서 함대를 잃고 자살을 시도했던 때만큼이나 암울하다고 아들들에게 말했다. 이번에는 병력이 온전히 남아 있지만, "우리는 사방으로 포위되어 있다. 우리의 보급품은

다 끊겼다. 게다가 이런 패배를 겪다보니 우리 군의 사기가 정말 무너졌다"라고 그는 썼다.[27]

유언에서 그는 아들들에게 군인이 되지 말라고 말했다. 학자이고픈 마음밖에 없었지만 장군이 되어버린 증국번은 자신의 경력을 돌아보면서 실패했다고 여겼다. 그는 아들들에게 이렇게 말했다. "근본적으로 군대를 이끄는 것은 내가 잘해낸 일이 아니다. 전쟁은 극단성을 요구하지만, 나는 너무 안정적이다. 전쟁은 속임수를 요구하는데 나는 너무 솔직하다. 그러니 내가 어떻게 이런 극악무도한 반란군을 상대할 수 있겠느냐?" 그는 유일한 진짜 자랑거리였던 조용한 유학자의 삶 말고는 자신이 걸어온 길을 따르지 말라고 말했다. "너희가 해야 할 일은 오직 한마음으로 학문에 매진하는 것뿐이다." 그는 전쟁이 자신을 통째로 삼켜버리기 전, 자신이 목숨 바쳐 군에 복무하기 전의 행복했던 시간을 떠올리며 말했다. 또한 이렇게 말했다. "너희는 군인이 되어서는 안 된다. 그리고 관리가 될 필요도 없다."[28]

1861년 3월 17일 황저우를 점령한 후, 영왕 진옥성은 상류 쪽으로 80킬로미터쯤 떨어진 한커우(양쯔강을 사이에 두고 우창 맞은편에, 양쯔강 북안에 위치한 곳)를 점령할 태세를 갖추었다. 그 거점에서 진옥성은 머지않아 4월에 남쪽으로부터 이수성의 군대가 도착할 것에 대비할 수 있었다. 그런데 한커우는 엘긴의 조약에 의해 영국 무역에 개방된 항구들 중 하나였고, 너무나 뜻밖의 우연으로, 영왕이 양쯔강 언저리에 도착한 시점이 호프 제독의 원정 시점과 겹쳤다. 이 원정에서 호프는 2월 말에 1차 난징 방문을 했고, 이제는 상류 쪽의 한커우에 올라와 있었다. 호프와 파크스는 다시 강을 따라 내려가 2차 난징 방문(파크스가 상하이로부터 50킬로미터 거리 이내에는 태평천국군이 들어오지 말 것을 요구하게 되는 것이 바로 이 방문 때다)을 하기에 앞서 한커우에서 영국 영사를 배치할 준비를 하고 있었다.

그리하여 영왕의 군대가 황저우를 점령한 지 불과 5일 후인 1861년 3월 22일 해리 파크스가 그를 만나려고 나타났다. 이 도시에 들어온 반란군 선발대는 그 시점에 2만 내지 3만 명이었고, 아직 수만 명이 진격해오는 중이었다. 선발대가 방어용 바리케이드를 조성하느라 분주할 때, 포함 바운서호가 강안에 정박해 파크스를 내려주었다.(이는 유럽인을 처음 보는 많은 병사에게 큰 흥밋거리가 되었다.) 과단성 있게 마을로 성큼성큼 걸어 들어온 작은 체구의 파크스는 세 가지 포고 사항을 주목했다. 하나는 마을 사람들에게 군대와의 상거래를 권유하는 것이었고, 또 하나는 병사들에게 약탈을 금지시키는 것이었고, 마지막 하나는 "반란군 두 명의 머리에 붙여놓은" 것으로서, 두 번째 사항을 위반하는 병사들은 어떻게 되는지를 경고하는 것이었다. 그에게 반란군은 초췌하지만 우호적으로 보였고, 반항이나 불만의 기색은 없는 듯했다. 그는 그들이 중국 전역에서 왔지만, 안칭의 수비대 병사들처럼 주로 후베이성과 후난성 출신이라는 것을 알아냈다. 이들은 중국 중부 영왕의 영토에서 온 사람들이었다. 파크스는 마을을 가로질러 그곳의 관청으로 안내되었다. 그가 창과 깃발들을 지나 안으로 들어가니 영왕이 접견을 위해 앉아 있었다. 그는 "젊어 보이는 남자로, 황색 새틴 옷을 걸치고 용이 수놓아진 두건을 쓰고 있었다". 파크스는 그가 겸손하고 매우 똑똑하다고 생각했다.[29]

진옥성은 파크스에게 눈에 띄게 개방적이었다. 천왕과 마찬가지로 그는 반란군이 외국인들과의 우호와 친선을 도모해야 한다는 홍인간의 권고를 신중하게 따랐다. 진옥성은 파크스에게 현재 진행 중인 작전에 대해 이야기해주었고, 지난 11월에 자신이 북쪽으로부터 안칭에 접근하는 것을 가로막았던 다룽아 기병대와의 전투에 대해서는 언급하지 않았다. 하지만 그는 여러 태평천국 군대의 전력과 작전 전체에서의 그 군대들의 상대적 위치를 매우 솔직하게 밝혔고, 4월에 한커우와 우창으로 집결하기로 되어 있는 계획을 설명했다. 그는 당장의 목표는 안칭 포위를 돌파하는 것이며, 그 목표를 달성하기 위해 청국군을 우회해 북쪽으로 와서 청국군의 후방에 단단히 자리 잡은 것이라고 말했다. 감명받은 파크스는 "지금까지는 그는 완벽하게 성공적이었다"라고 보고했다. 맹속력으로 이루어진 영왕의 마지막 행군이 청국군의 측면을 뒤흔들었으며, 이제 영왕은 나머지 군대가 도착하면 후방에서 청국군을 공격하거나, 아니면 상류 쪽의 한커우를 점령해 몇 주 후 도착할 다른 태평천국 군대들의 기지로 삼거나 할 태세를 갖추고 있다고 파크스는 말했다. (파크스가 잘 알고 있었듯이, 우창의 방어가 워낙 허술해서 당시 우창, 한커우, 한양 세 도시의 주민 전체가 반란군의 접근 소식에 공포에 질려 시골로 도망치고 있었다.) 영왕은 한커우를 바라는 만큼 재빨리 쉽게 손에 넣을 수 있겠지만, 이제 영국인들이 거기 있으니 그곳을 공격해야 할지 말지 잘 모르겠다고 파크스에게 말했다.

파크스의 대답은 그가 상상할 수 있는 것보다 결과에 더 중대한 영향을 미치게 된다. 파크스는 이렇게 보고했다. "나는 이 점에 있어서 그의 신중함을 칭찬했다. 그리고 한커우로 진군할 생각을 하지 말라고 충고했다." 그는 영왕에게 이제 영국은 그 도시에 대해 큰 이해관계를 갖고 있으며, 태평천국이 "우리 무역을 심각하게 방해하는 일 없이" 그곳을 점령할 방법이 없다고 설명했다. 파크스는 보고서에서 그리 많은 언급을 하지 않았지만, 그의 말 뒤에는 비록 명시적으로 드러나진 않았지만 영왕에게는 분명하게 느껴졌을 위협이 자리해 있었다. 영왕 진옥성은 파크스와 천왕 사이의 협상에 대해서도 알지 못했고, 영국의 중립 정책 논쟁이나 통역원에 불과한 파크스가 행사할 수 있는 제한적 권한에 대해서도 알지 못했다. 그의 앎의 한계를 감안할 때, 분명 그는 파크스의 말을 자신이 군대를 이끌고 한커우에 접근한다면 영국 대포가 지난여름 상하이에서 이수성을 상대로 그랬듯이 불을 뿜게 되리라는 뜻으로 이해했을 것이다. "그들의 움직임이 우리의 움직임과 충돌하지 않도록 정리되어야 했다."[30] 파크스는 영왕에게 한커우에 접근하지 말 것을 경고한 데 대해 브루스에게 이렇게 이유를 밝혔다.

영왕은 협상을 시도했다. 그는 파크스의 우려를 이해한다고 말했지만, 영국은 우창과 한커우에서 계속 사업을 하고 그동안 자신과 곧 도착할 이수성 휘하의 군대는 한양(3개 도시 연결 지역을 이루고 있는 나머지 한 도시)을 점령하는 것이 어떻겠느냐고 제안했다. 파크스는 절대 안 된다고 말했다. 그 도시 모두가 상업적으로 연결되어 있다는 것이었다. (엘긴의 조약에 따르면 영국인들은 한커우에서만 교역할 수 있었지만, 파크스는 한커우를 이 3개 도시를 모두 포함하는 것으로 곧잘 생각했다.) 파크스는 "반란군이 이 도시들 중 어느 하나라도 점령하면 그 상권 전체의 무역이 파괴될 것"이라고 주장했다. 영왕은 마지못해 동의했고, 자기 군대의 나머지 병력이 다 도착할 때까지 기다릴 것이며, "그런 뒤 상황에 따라 다음 작전을 결정하겠다"고 말했다. 그러나 파크스가 떠난 후, 그는 지원 없이 후방에서 안칭 포위군을 공격해야 할지, 아니면 원래 계획에 집중해 파크스의 경고를 무시하고 한커우를 공격해야 할지 마음을 정할 수 없었다. 후자의 선택은 이제 외교 문제가 되었으므로, 그는 지시를 받기 위해 수도 난징에 통신병을 보내야 했다.[31] 그리하여 그가 전속력으로 황저우에 도착함으로써 얻은 주도권은 점점 무용지물이 되어갔다. 안후이성을 가로지르며 그를 뒤쫓았던 청국군 기병대가 우창에 도착해 경종을 울렸다. 그의 군대가 황저우에 진을 치고서 몇 달이 걸려 도착할 명령을 기다리는 동안, 우창과 한커우의 청국군 수비대는 닥쳐올 반란군의 공격에 대비해 증원군을 소집하며 칼을 갈고 있었다.

한편 하류 쪽 안칭에서는 주둔군이 8개월째 포위를 지속하고 있었다. 북쪽의 통청과 남쪽의 치먼 일대에서 벌어지는 치열한 전투는 너무 멀리 떨어진 일이어서 그들에게는 보이지 않았다. 그들이 있는 곳에서는 모든 것이 조용했다. 증국전이 조성한 보루는 점점 더 확대되어, 성벽으로부터 3킬로미터쯤 떨어진 곳에서 일련의 벽과 해자들을 갖추고서 그 도시의 육지 쪽 면 전체를 둘러싸고 있었다. 그러한 보루는 사실상 바깥쪽에 새로운 요새를 형성한 셈이어서 안쪽의 안칭 요새를 집어삼켰다. 멀리 눈에 띄지 않는 곳에서 강을 정찰하는 수군이 그 포위를 완성했다.

그 도시 내의 주민들은 식량 배급을 받고 있었지만 양은 풍족했다. 하루에 쌀 약 600그램(2000칼로리 이상 제공)이 배급되었고, 주민들은 텃밭에서 채소를 직접 재배해 먹고 주변에서 작은 동물들을 직접 잡아 먹을 수 있었다. 파크스는 영왕을 방문한 직후 난징으로 내려가는 길에 이곳에 들렀는데, 그들이 조금 "수척해" 보이긴 하나 건강하고 편안했다고 언급했다. 그들은 구출되는 것에 대해 특별한 긴박감을 표하지 않았고, 영왕이 한커우 공격을 계획하고 있는지 그에게 물었다. ("그가 그 항구를 피할 것으로 본다고 나는 대답했다." 파크스는 이렇게 기록했다.) 또한 그들은 그에게 난징에 도착하면 홍인간에게 쌀, 식용유, 소금을 보내달라고 말해주기를 부탁했다. 그들의 미소 뒤에 있는 불안감이 보이기 시작한 것은 그 요청 때문이었다. 파크스가 다시 배에 오른 뒤, 그들은 그의 호의를 얻기 위해서 바로 심부름꾼들을 보내 금팔찌를 한 움큼 건네며 그를 압박했다. 그들이 자신을 매수할 수 있다고 생각하는 것에 모욕감을 느낀 파크스는 격분하여 선물을 거절했고, 다시는 누구도 그의 배를 찾아오지 않았다.[32] 나중에 난징의 반란군 왕들이 그에게 영국 배로 안칭까지 물자를 운반해줄 수 있는지 물었을 때, 그는 불가능하다고 말하며 그들에게 "중립의 권리와 의무"[33]에 대해 일장 연설을 했다.

그러나 파크스의 도움이 없어도 안칭의 수비대는 다른 보급 경로들을 가지고 있었다. 외국 증기선들이 꾸준히 한커우를 향해 강을 올라가기 시작했고, 그 배들 중 일부는 기꺼이 안칭 남문(강을 마주하고 있어서 포위군의 시야와 사정권에서 벗어나 있었다) 밖에 닻을 내려 교역을 위해 나온 병사들에게 비싼 값에 식량과 무기를 넘겨주었다. 증국번의 수군은 새로운 조약을 위반하지 않고는 그 선박들을 멈추게 할 방법이 없었다. 그래서 그의 정찰병들은 선수 너머로 대충 한두 번 사격한 뒤 외국 선적 배들이 마음대로 오가도록 내버려두어야 했고, 밀수업자들은 이 점을 이용해 안칭에서 큰돈을 벌었다.

대규모로 물자를 공급하는 외국 선박들 외에, 성벽 바깥에는 좀 더 은밀하게 실제로 시장이 존재했다. 포위가 오랫동안 교착 상태에 빠지면서 수비군과 포위군 사이에 이 시장이 생겨났고, 성벽 안에 갇혀 있는 사람들은 자신들을 가두고 있는 바로 그들에게서 일부 생필품을 살 수 있었다.[34] 이는 어느 정도는 증국번 쪽의 재정 문제 때문이었다. 후난군은 급여 지급이 9개월이나 밀려 있었고, 이 때문에 후난군 병사들은 안칭 성내의 주민들이 식량을 원하는 것만큼이나 돈을 원했다.[35] 그러나 그것은 또한 포위의 안쪽 사람들과 바깥쪽 사람들이 사실은 같은 지역 출신이고 비슷한 배경을 지녔던 현실을 반영하는 것이었다. 안후이성의 이 도시에는 청국군이 포위하고 있는 성 바깥쪽에나 반란군 편에서 싸우고 있는 성 안쪽에나 후난성 출신이 많이 있었다. 그것은 단지 그들이 이 전쟁의 초기에 어느 쪽에 충성을 바쳤는지, 어느 쪽에 미래를 걸었는지의 문제였다. 그것만 아니었다면 그들은 중국 내의 이방인들이 그러듯이 친하게 지냈을 것이다. 그들은 같은 방언을 쓰는, 같은 지역에서 난 사람들이었다. 군관들의 엄중한 공격 명령이 없는(때가 되면 명령이 떨어지겠지만 아직은 아니었다) 상황에서 양쪽 병사들은 각자의 위치를 고수하며 경계를 늦추지 않고 서로를 살폈다.

이수성의 군대는 예상과 달리 4월에 나타나지 않았다. 12월에 치먼에 인접한 골짜기에서 후퇴한 후 그는 증국번의 군대를 멀리 피해서 움직였고, 안후이성 남부의 다른 태평천국 군대에 의지해 이 후난군 지도자를 봉쇄했다. 그는 충분히 괴롭힘을 당한 증국번이 스스로를 보호하기 위해서 포위를 풀고 안칭의 병력을 남쪽으로 철수시키기를 바랐던 것이다. 증국번이 갇히자 충왕은 수십만 명의 신병이 약속되어 있는 장시성과 후베이성을 향해 서쪽으로 목표를 잡았다. 그의 경로는 대략 반원형을 그렸다. 그는 남부 안후이성으로 내려가 증국번이 있는 곳 아래쪽으로 간 다음 서쪽으로 방향을 틀어 포양호 아래의 장시성으로 들어갔고, 끝으로 후베이성으로 올라가 영왕이 기다리고 있는 우창으로 향했다.

그는 자신의 본래 영토를 벗어났다. 청나라의 이 부분은 영왕의 영토였고, 충왕의 자리는 동쪽에 있었다. 그리고 그가 지금 와 있는 강 아래쪽은 비록 수비가 허술하긴 하지만 대부분의 마을이 청나라 통치하에 있었다. 따라서 그의 군대는 거듭 포위를 뚫고 헤쳐나가면서 한 마을에서 다음 마을로 움직여야 했고, 그물처럼 얽혀 있는 요새화된 정착지들을 따라 바느질하듯 왔다 갔다 하며 식량과 말을 모아야 했다. 증국번에게는 그를 추격할 여유 병력이 없었다. 그리하여 마을들은 대부분 쉽게 이수성의 군대 앞에서 무너졌다. 그러나 여전히 진도가 느렸고, 영왕이 충왕 군대의 우창 도착 시점으로 예상한 4월에 이르러서도 충왕의 군대는 여전히 장시성 깊숙한 곳에, 우창에서 남쪽으로 320킬로미터 이상 떨어진 곳에 있었다.

그것은 이상한 여정이었고, 그 여정에 대한 충왕의 기억은 거의 신비적이었다. 4월 초 그의 군대는 장시성을 남북으로 가로지르는 강인 간장강에 도착했다. 강물은 차가웠고, 눈이 녹아 물이 불어나 있었다. 그의 군대는 배가 없어서 강을 건너지 못했기에 더 이상 서쪽으로 이동할 수 없었다. 강 건너편에는 적의 민병대가 있었고, 정찰병들은 강을 순찰하는 청국군 포함들을 발견했다. 그래서 그는 강기슭을 따라 남쪽으로 나아갔지만, 여전히 강을 건널 만한 곳을 발견할 수 없었다. 그러던 어느 날, 마치 신이 행하신 것처럼 강물이 갑자기 말라버렸고, 그의 군대는 걸어서 강을 건넜다.[36]

나중에 이수성이 자기 부대의 지체에 대해 설명한 바에 따르면, 그는 행군 중에 마주친 사람들에게 모종의 의무감을 느꼈다. 5월 초 그의 군대는 우창에서 240킬로미터 이상 떨어진 루이저우라는 곳에 집결했다. 그는 계속 나아가고 싶었지만, 루이저우 사람들은 그에게 남아달라고 부탁했다. 그는 지도자로서 자신의 명성이 청나라 중부 깊숙한 지역에까지 알려져 있다는 것을 알게 되었다.(이 점은 당대의 여러 독립적인 기록들에서 확인되었다.) 무법의 시대에 그의 존재는 질서와 안전을 예고했다. 그것은 사람들을 끌어당기는 힘이었고, 장래성 있는 신병들이 그에게로 왔다. 그가 루이저우에서 대기하고 있을 때, 몇 주가 지나는 동안 약 30만 명의 새로운 추종자가 그에게로 왔다. 그가 다시 우창을 향해 북상할 무렵에는 그의 군대가 몇 배나 더 커져 있었다.[37] 그러나 새로운 추종자들은 훈련되어 있지 않았고, 농장에서 가져온 무기들밖에 갖고 있지 않았다. 또한, 증국번이 잘 알고 있었듯이, 군대가 커질수록 군대를 먹이고 훈련시키는 부담이 커졌다.

그는 적에 대한 행동에서도 남다른 면을 보였다. 그의 병사 몇 명이 루이저우로 가는 길에 청국군 지휘관 한 명을 붙잡아 포로로 끌고 갔다. 루이저우에서 그들은 처벌을 내리도록 그를 이수성 앞으로 데려갔다. 그러나 그 남자와 이야기를 나눠본 이수성은 그가 처형으로 없애버리기엔 너무 아까운 사람이라고 판단했고, 그에게 태평천국군에 들어오기를 권했다. 이 지휘관은 자신은 포로이므로 "이제 마음대로 결정할 수 없다"며 거절했다. 이수성은 그의 충성심에 감동하여 그를 풀어주고, 자기 진영으로 돌아가는 데 쓸 여비로 60냥을 주었다. 그는 그 돈을 받기를 거부했다. 태평천국군 진영을 떠난 그는 장시성을 가로질러 돌아가, 증국번 군대의 장군인 좌종당 휘하의 부대에 다시 합류했다. 그러나 용서라는 것이 희박한 전쟁 상황에서 그 지휘관은 자기 몫의 용서를 이미 소진해버린 터였다. 제 위치로 복귀하자 그는 반역자로 참수되었다.[38]

이수성은 마침내 6월에 무리를 이끌고 우창 외곽에 도착했다. 두 달이나 늦은 것이었다. 강 너머로 연락을 취하는 것은 거의 불가능했고, 이수성은 여전히 영왕이 강 북안의 한커우에 자리 잡은 채 우창에 대한 연합 공격을 감행한 뒤 하류 쪽 안칭으로 향한다는 각오를 다지고 있으리라 기대했다. 하지만 그가 알게 된 사실은 영왕이 지원을 기다리지 않고 떠났다는 것, 그리고 더 나쁜 점은, 그가 한커우를 확보하지 못했다는 것이었다. 그 무렵 청국군이 장악하고 있던 우창 주변 도시들은 3개월 내내 예비군 소집을 통고하고 있었고, 철저히 방어되고 있었다.

훈련되지 않은 병사가 너무 많아서, 이수성은 그 지역 언저리까지만 접근했을 뿐 더는 감히 접근하지 않았다. 영왕은 이수성이 우창에 도착했을 때 그와 함께하도록 황저우에 주둔군을 남겨두었지만, 그곳의 강은 증국번의 수군이 아주 잘 통제하고 있어서 강 건너로 편지를 전하는 것이 불가능했다. 절박한 상황에 처한 이수성은 한커우의 신임 영국 영사에게 황저우 주둔군에게 편지를 하나 전해달라고 부탁해야 했다. 그 편지에서 이수성은 자신은 강 북쪽에서의 영왕의 작전에 대해 아주 막연하게밖에 알지 못한다고 밝혔고, 자기 군대의 이동 계획을 세울 수 있도록 즉각적인 정보를 달라고 요청했다. 영국 영사는 그 편지를 하나의 기념품으로 간직하고 전달하지 않았다.[39]

북안의 병력으로부터 답도 없고 안후이성에서 영왕의 동향에 대한 정보도 없어서, 이수성은 더 큰 작전에서 역할을 맡지 못한 채 남겨졌다. 그는 그곳에 그냥 머물러 있을 수도 없었는데, 검증되지 않은 자신의 군대로 우창을 점령할 수 있으리라는 확신이 들지 않기 때문이기도 했고, 포초의 군대가 자신을 치러 오고 있다는 말이 동쪽으로부터 전해졌기 때문이기도 했다. 그는 포초의 정예군이 경험도 없고 무장도 부실한 자기 신병들을 마주한다면 처참한 학살이 벌어지리라는 것을 예견할 수 있었다. 그리하여 6월 말에 그는 서쪽에서의 작전을 포기하고, 거대 신병 부대를 이끌고 후베이성을 빠져나와 동쪽에 있는 자신의 안전한 영토로 향했다. 포초의 군대가 추격하고 있었지만, 이수성에게는 계속 그의 신이 함께했다. 간장강 부근의 작은 지류에서 청국군이 그의 군대를 거의 따라잡을 뻔했지만, 충왕의 병사들이 그곳을 헤엄쳐 건넌 직후 강풍이 불어닥쳤고, 바람이 너무 거세어서 배는 4일 동안이나 강을 건널 수 없었다. 포초의 병사들이 추격을 재개할 수 있게 되었을 때는 충왕의 군대가 이미 멀리 앞서 있어서 따라잡을 가망이 없었다. 이수성은 도중에 정복한 도시들을 지키기 위해 수비대를 남겨두면서, 험난한 길을 되돌아가 장시성을 통과하고 안후이성 남부를 가로지른 다음, 마침내 저장성의 성도인 항저우의 취약성을 이용해 군대를 2개 종대로 나누어 저장성 동부로 들어갔다. 이때 증국번의 군대는 안칭을 점점 더 바짝 조이고 있었다.

4월에 이수성이 나타나지 않자 영왕은 단독으로 행동했다. 난징으로부터 영국인들이 있는 한커우에 대한 공격을 승인한다는 답을 아직 받지 못한 상황에서, 그는 황저우에 수비군을 남겨둔 채 최정예 병력을 이끌고 하류 쪽으로 내려가, 계획했던 충왕 군대의 지원 없이 직접 안칭 포위군을 공격하기로 결정했다. 4월 27일, 그는 3만 병력을 이끌고 안칭을 되찾기 위해 지셴 고개에 도착했다. 빙 둘러 있는 빽빽한 방어 시설들의 엄호를 받고 있는 수적 열세의 후난군 병력을 겁주면서, 그의 병사들은 증국전의 포위망 바깥에 또 다른 방어 시설들을 구축하는 작업에 들어갔고, 이로써 포위군을 바깥에서 효과적으로 봉쇄했다. 한 영국 해군 장교는 자기 배의 갑판에서 이 "이상한 광경"에 주목했다. 반란군과 청국군이 동심의 원들 안에 각각 자리를 잡고 있었다. 영왕의 군대는 더 넓은 외곽에서 증국전의 포위군을 둘러싸고 있었고, 증국전의 포위군은 성벽을 두른 도시 안칭을 둘러싸고 있었고, 중심에 해당되는 성벽 안쪽에는 반란군 수비대와 민간인들이 있었다. 영왕의 병사들은 지셴 고개에 무거운 목재 방책들로 이루어진 일련의 요새들을 구축했다. 그리고 링후 호수 양안에 18개의 방책을 더 설치했다. 링후 호수의 동안은 그 도시의 경계를 이루었고, 증국전의 포위망이 끝나는 지점이었다. 반란군은 호수를 조금이나마 지배하게 되었고, 일련의 부교와 임시 뗏목들을 만들고 그 도시로 비상 보급품을 수송하기 시작했다.[40]

그러나 사흘간의 거친 공격을 벌인 후에도 영왕의 군대는 높은 벽과 깊은 해자들을 갖춘 증국전의 주요 방어 시설들을 돌파하지 못했다. 그들은 포위망을 뚫고 들어갈 수가 없었다. 그렇다고 북쪽으로 이동할 수도 없었는데, 강 쪽에서 바라보는 시야를 한참 벗어난 곳에 방사형 포위의 일환인 또 하나의 포위 층이 있었기 때문이다. 영왕이 지셴 고개 안에서 증국전의 포위군을 위협할 때는 북쪽으로 50킬로미터쯤 떨어진 곳에 다룽아의 사나운 청국군 기병대가 계속 버티고 있는 탓에 바깥으로부터의 지원이 차단되었다. 그 기병대는 지난 11월 곧장 안칭으로 가려는 그의 시도를 막은 바로 그 병력이었다. 다룽아의 기병대는 안칭에 있는 영왕의 군대와 태평천국 점령 도시 퉁청 사이의 통로를 봉쇄했다. 그것은 반란군 수도 난징으로 돌아가는 데 필요한 통신과 병력 증원의 루트를 막는 첫 번째 조치였다. 영왕은 혼자 힘으로 포위를 뚫을 수 없었고, 양쯔강 남안에 있는 이수성 군대의 지원도 받을 수 없었기에, 안칭의 구원자라기보다는 포위와 질식이라는 큰 게임의 새로운 참가자에 머물고 말았다.

5월 1일, 영왕에게 희망이 생겼다. 홍인간의 지휘 아래 2만 명의 태평천국 증원군이 퉁청에 도착한 것이다. 이것은 2월에 시작된 여정, 윌리엄 뮤어헤드가 난징에서 홍인간의 출발을 지켜보았던 바로 그 여정의 끝이었다. 그를 전장으로 보낸 명령은 퉁청에서 기병대를 무너뜨리지 못한 영왕의 첫 번째 실패 직후에 내려졌다. 홍인간의 군사적 역할은 명확했다. 영왕을 도와 그 기병대를 물리치는 것이었다. 그러나 홍인간은 좀 내키지 않는 마음으로 왔다. 자기 뒤에서 정치가 작용하고 있다는 의심이 들었기 때문이다. 그는 자신을 수도 바깥으로 내보내는 명령에서 홍수전 집안의 다른 구성원들(특히 홍수전의 아들)의 시기심을 감지했다. 그들은 홍인간이 천왕에게 큰 영향력을 발휘하는 것에 기분이 상해 있었다. 홍인간은 또한 그들에게서 다른 왕들의 분노도 감지했다. 다른 왕들은 겨울에 야외에서 군사 작전을 수행하며 고생하는 자신들과 달리 홍인간은 수도에 틀어박혀 가족들과 함께 지내면서 정부에 대한 글이나 쓰고 외국인 방문자들이나 맞고 있다고 여겼다.[41]

홍인간은 먼저 난징에서 남쪽으로 가, 안후이성과 저장성의 태평천국군 장악 지역으로 들어갔고, 그곳에서 병사와 장교들을 모았다. 반란군에게 유리한 조류가 매우 강했으므로, 그가 군대를 일으키는 것은 어려운 일이 아니었다. 증국번조차 이 시기에 태평천국군의 엄청난 수에 대해 놀라움을 표했다. 태평천국군이 끊임없이 나타나는 것 같았다. 증국번은 지난해 장쑤성에서 포위 진영들이 무너지고 주요 도시들이 함락된 후 태평천국군이 10배 이상 증가했다고 추정했고, 민병대와 청국군이 무너질 때마다 거기 속했던 병력 대다수가 반란군에 합류한다고 불평했다.[42] 간왕 홍인간은 (장시성의 충왕과 마찬가지로) 신병을 모집한다기보다 병사들을 거두어들였다. 그가 양쯔강 이북으로 되돌아가 퉁청에 있는 영왕의 군대를 보강하기 위해 서쪽으로 행군할 때, 그가 이끄는 군대는 증국번의 후난군 전체의 절반에 가까운 규모를 이루고 있었다.

홍인간은 학자에서 장군이 된 사람의 또 다른 표본이었다. 그에게는 증국번이 가진 것과 같은 전략적 감각도, 규율과 질서에 대한 감각도 없었다. 하지만 그는 생각의 힘을 믿었고, 군사 행동 중에 자신을 따르는 사람들을 고무하기 위해 일련의 시를 썼다. 그는 천왕의 명을 받은 것에 대해 이렇게 썼다. "붓이 마치 무기처럼 똑바로 일어섰다. 붓은 천 명의 군대를 쓸어버리니 그들의 대형에 무엇이 남겠는가?"[43] 홍인간의 전쟁 시들은 그가 외국인 선교사 친구들에게 주었던 이미지와는 극명하게 대조되었다. 온화하고 스스로를 낮추는 설교자는 이제 없었다. 한 나라를 이끌 사람의 목소리가 그를 바꿔놓고 있었다. 어떤 시에서 그는 하늘을 어둡게 하는 "타타르족의 지독한 악취" 운운했고, "천지를 새롭게 하고 우주를 바로잡을 자가 누구인가?"라고 물었다. 그 시의 종결부에서는 엄청난 힘이 전해졌다.

> 나의 의지는 강과 산을 뒤흔든다. 나의 심장은 행동을 원한다.
> 나는 가슴속에 온 우주를 품으며, 분노마저 삼켜버린다.
> 나는 죄인을 단죄한다. 나는 백성을 위로한다.

그리고 내가 돌아오는 날,
풀과 나무들이 함께 노래하며
이슬과 비의 은혜를 선포하리.[44]

홍인간의 군대는 5월 1일에 퉁청 외곽의 진지들을 점령했고, 지셴 고개에 있는 영왕의 진지와 접촉하기 위해 산간으로 정찰대를 보냈다.[45] 5월 6일에 그들은 2개 종대로 나뉘어 남쪽으로 향했다. 두 종대 모두 다룽아의 기병대에게 처절하게 격퇴되었다. 바로 그 시점에, 지원군이 퉁청에서 봉쇄되었다는 소식을 들은 영왕은 아마 그가 수행했던 군사 작전 전체를 통틀어 최악의 실수라 할 만한 것을 범하고 말았다. 그는 1만2000명의 병사를 지셴 고개와 링후 호수의 방책들을 지키도록 남겨놓은 채 나머지 병력을 이끌고 북상했다. 홍인간의 부대가 다룽아 기병대를 위로부터 새롭게 공격하는 것과 연계해 아래로부터 다룽아 기병대를 공격할 계획이었다. 그는 오래 걸릴 것으로 예상하지 않았다. 5월 24일 새벽, 이 연합 병력은 북쪽으로부터 2개 종대, 남쪽으로부터 1개 종대, 이렇게 3개 종대로 다룽아를 공격했다. 하지만 첩자 하나가 이 계획을 누설한 탓에 그들은 매복 작전에 걸려들었다. 다룽아는 기병대의 일부를 영왕의 후방 쪽으로 보내 그의 군대를 뒤에서 습격했고, 영왕은 많은 사상자를 내며 무질서하게 후퇴해 북쪽의 퉁청으로 올라갔다. 이 참패로 인해 영왕은 안칭에 있는 1만2000명의 자기 병력과 단절되었고, 이 병력은 증원군도 장군의 직접적인 지휘도 받을 수 없는 상황에 처했다.

이 패배는 또한 홍인간의 첫 번째 군 지휘권 도전이 끝났음을 의미했다. 그는 해리 파크스의 수도 난징 방문 때마다 부재중이었는데, 두 번째 방문 때 파크스가 너무 고압적이고 불안감을 주어서 천왕은 간왕 홍인간의 부재를 더 이상 견딜 수 없겠다고 판단했다. 그리하여 퉁청에서 홍인간의 군사적 실패와 시기상 맞물려, 악화되고 있는 태평천국 외교를 다시 맡도록 수도로 그를 불러들이는 명령이 난징으로부터 도착했다.[46]

영왕의 병력 분할 작전이 실패한 후, 방책을 지키고 있던 1만 2000명의 병사(4000명은 지셴 고개에, 8000명은 링후 호수에 배치)에게는 직접 가지고 갔던 물자들밖에 남아 있지 않았다. 그들은 여전히 증국전의 포위군보다 수가 많았지만 근소한 차이였고, 청국군 증원군도 오고 있었다. 증국번은 "네눈박이 개" 영왕이 안칭에 도착했다는 것을 처음 알게 되었을 때, 포초에게 군대를 이끌고 양쯔강 이북으로 건너가 동생 증국전과 함께 더 커진 반란군 병력을 상대하도록 명령했다. 포초의 군대는 5월 말 양쯔강 북안에 집결한 후, 서쪽으로부터 산을 넘어 안칭으로 진군했다. 영왕이 퉁청으로 퇴각한 이튿날, 그들은 고아 같은 신세가 된 지셴 고개의 4개 반란군 방책 요새를 급습해 맹렬히 공격했다. 그것들을 무너뜨리는 데는 일주일 남짓밖에 걸리지 않았다. 6월 7일(이즈음 이수성이 마침내 우창 외곽에 나타났다) 지셴 고개의 방책 요새 세 곳이 먼저 항복했고, 포초의 병사들은 그 안에 있던 반란군 3000명을 전부 죽였다.[47] 네 번째 요새는 며칠 더 버티다가 같은 운명을 맞았다. 포초는 그 요새들을 통틀어 단 한 명의 포로만 살려두게 했다. 그 포로는 태평천국군의 노장 지휘관으로, 부하들이 좋아하고 영왕이 소중히 여긴 베테랑 장교였다. 포초는 그를 계속 살려두었다가, 안칭 성벽 아래서 그 안에 있는 수비대의 사기를 떨어뜨리기 위해 그의 사지를 베었다.[48]

포초의 군대가 지셴 고개에서 방책 요새들을 무너뜨리는 동안, 증국전의 군대는 링후 호수의 18개 방책에 배치되어 호수를 건너는 물길을 지키고 있던 더 많은 병력을 집중 공격했다. 그 방책들은 지셴 고개에 있던 것들보다 더 오래 버텼지만, 7월 초 마침내 식량이 다 떨어지면서 항복 의사 표시가 나왔다.[49] 그러나 증국전은 형만큼 강단이 있지 않아서, 그들의 항복 의사가 모종의 계략일지도 모른다고 걱정했다. 그의 우려를 덜어주기 위해 대대장 한 명이 반란군으로 하여금 먼저 무기를 내보내게 하자고 제안했다. 증국전은 동의했고, 빨리 시행하라고 걱정스럽게 말했다. 이튿날인 7월 7일, 링후 호수의 방책에 배치되어 있던 8000명의 반란군 병사들이 모든 무기를 넘겨주었다. 외국제 라이플총 6000개, 긴 창 8000개, 진걸총 1000개, 명나라 화승총 800개, 말 2000마리였다.

증국전은 포로들을 어떻게 처리해야 할지 몰랐다. 포로는 그의 포위군 전체에 맞먹을 만큼 수가 많았고, (그가 보기에는) 무섭도록 강인했다. 항복을 주선했던 바로 그 대대장은 그들을 죽이는 게 최선일 것이라고 말했다. 증국전은 "그렇더라도 어떤 계획이 있어야 한다"고 말했다. 그러자 그 지휘관이 한 가지를 제안했다. 수용소 문을 열고 포로들을 한 번에 열 명씩 데리고 나와서 한 무리씩 참수한다는 것이었다. 그는 "한나절이면 끝낼 수 있을 것"이라고 생각했다. 증국전은 그 계획을 참을 수가 없었고, 그래서 그 지휘관에게 일을 맡겼다. 지휘관은 수용소로 돌아가 준비한 다음, 그 자신의 말에 의하면 단 하루 동안 8000명의 포로를 도살하는 것을 감독했다. 그 일은 아침 7시에 시작해서 해가 지고 어둠이 내린 직후 등불 아래서 끝났다.[50]

증국번은 동생의 성공을 기뻐했고, 마침내 안칭이 함락될 수도 있다는 희망을 품게 되었다. 그는 이후 며칠에 걸쳐 증국전에게 여러 통의 편지를 썼다. 처음에는 좀더 낙관적으로, 수천 구의 시체를 땅에 묻든, 아니면 낡은 배들에 실어 강물에 흘려보내든, 악취로 인해 질병이 생기지 않도록 방법을 찾으라고 동생에게 말했다.[51] 그러나 살육이 증국전의 양심을 무겁게 짓누르고 있다는 데 생각이 미치면서 그의 편지는 마음을 어루만지는 어조에 가까워졌다. 7월 12일에 그는 동생의 마음을 다독이려고, 만약 공자가 살아 있다면 공자 역시 반란군을 몰살하는 것이 옳다 할 것이라고 썼다.[52] 7월 19일에는 불안해하는 동생에게 거의 화가 난 것처럼 이렇게 썼다. "너는 군대를 이끌고 있으니 반란군을 죽이는 것을 목적으로 삼아야 한다. (…) 그런데 왜 그들을 많이 죽인 것을 후회하는가?"[53]

그러나 포위는 계속되었다. 심지어 포초와 증국전이 태평천국 구원군을 격퇴했을 때도(그리고 외곽의 시장들을 폐쇄했을 때도) 외국 배들은 여전히 강기슭으로부터 안칭의 반란군 수비대에 물자를 가져다주고 있었다. 한 영국 사절(아마도 파크스)이 5월에 증국번의 진지를 방문할 예정이었고, 증국번은 그가 그런 물자 제공을 중단시켜주기를 바라면서 "그를 악마처럼 대하지 않고 사람처럼 대할" 계획이었다. 그러나 6월 초가 되어서도 그 사절은 아직 오지 않았고, 증국번은 집에 보낸 편지에서 이제는 외국 배들이 매일 강을 오르내린다고 썼다. 한 척은 바로 지난주에 도착해 소금과 식용유를 수비대에 전달했다. 그는 또 이렇게 썼다. "우리는 여기서 이렇게 포위를 지속하느라 힘들지만, 반란군은 여전히 중단 없이 물자를 공급받고 있다."[54] 이틀 뒤 그는 증국전에게, 외국 선박들이 안칭으로 물자를 실어 나르는 것을 중단하지 않는다면 그 도시를 정복할 방법은 없을 것이라고 썼다. 한편 강 이남의 증국번의 식량 보급로는 취약했고, 그는 무력으로 다시 보급로를 장악할 좋은 방법을 찾지 못했다. 그는 이렇게 썼다. "외국 배들을 멈춰 세우는 것이 가능하다면 우리는 안칭 정복의 날을 맞게 될 것이다. 하지만 외국 배들을 멈춰 세우는 것이 불가능하다면, 우리가 할 수 있는 일은 아무것도 없다."[55]

6월 중순, 동생의 한 첩자로부터 최근 도착한 배가 안칭에 거의 200톤의 쌀을 하역했다는 보고를 들은 그는 마침내 인내심을 잃었다. 이는 안칭 주민들이 일주일 이상 먹기에 충분한 양이었다.[56] 외국인 특사의 도착에 대해 체념한 증국번은 우창을 다스리는 우두머리에게 항의 편지를 보냈고, 이 우두머리는 이 편지를 다시 베이징으로 보냈다. 동시에 증국번은 휘하의 포함들에 강을 따라 안칭을 지나는 모든 외국 배에 대한 호위를 시작하라고 명령했다. 문제는 외국 국기를 단 배가 포함 함장의 명령을 거부하고 그 반란군 도시의 외곽에 닻을 내릴 경우 함장이 어떻게 해야 하느냐는 것이었다.[57] 외국 상선을 침몰시키는 것은 영국과 새로운 전쟁을 시작한다는 의미일 수 있었다.

이 경우, 베이징에 새로 설립된 외교 기관은 매우 효과적으로 기능했다. 증국번의 항의는 베이징에 있는 공친왕에게 전해졌고, 공친왕은 7월 18일 프레더릭 브루스에게 외국 선박의 안칭 접안에 항의하는 편지를 썼다. 공친왕은 청국군에게는 반란군 영토에 접안하려는 외국 선박에 승선할 권리가 있으며, 정당한 사유가 있다면 화물을 압수하고 선원을 체포할 권리가 있다고 주장했다. 그리고 청나라 정부에 외국 국기를 단 선박에 대한 수색 권한을 부여하는 중국어와 영어로 된 증서를 상하이 주재 영국 당국이 발부해줄 것을 브루스에게 요청했다. 브루스는 외국 배들이 반란군에 물자를 공급하고 있다는 것을 정말로 믿지는 않았지만, 그럴 가능성이 있다고 칠 때, 그리고 반란군에 대한 그 자신의 기존 감정을 고려할 때, 그것은 영국인이 끼어들 만한 사업이 아니라고 생각했다. 또한 그런 밀수 때문에 청나라 정부가 정규 무역을 희생시키면서까지 강을 완전히 봉쇄하게 될 수도 있음을 우려했다. 그래서 그는 행동을 취했다. 7월 23일, 브루스는 상하이 주재 영국 영사에게 편지를 썼다. 그는 "정부가 권리를 주장할 수 없거나 주장할 의사가 없는 다른 나라에서 외국인을 제지하는 것만큼 어려운 일은 없다"고 투덜거리면서, 청국군이 안칭 봉쇄를 뚫고 출입하려는 배들에 대한 공격을 계획하고 있으며, 그 계획이 실행된다면 영국 해군은 그 배들을 보호하지도, 피해 보상을 요구하지도 않을 것임을 외국 상인들에게 경고하라고 말했다.[58] 수송이 중단되었다.

늦여름에 이르러 증국번은 탈취한 편지들을 통해 안칭 내 주민들의 식량이 마침내 바닥나기 시작했다는 것을 알게 되었다.[59] 그동안 그 자신도 간신히 버티고 있었다. 그는 4월에 치먼에서 고립되었다가 좌종당이 징더전을 탈환하고 보급로를 되찾은 덕분에 살아남을 수 있었다. 하지만 자신의 안전을 위해, 그리고 동생과의 더 긴밀한 소통을 위해 5월 초 치먼을 포기했다. 그는 포초를 강 건너편으로 보냈고, 지휘 본부도 안칭에서 40킬로미터 정도밖에 떨어지지 않은 둥류라는 곳의 양쯔강 남안에 있는 큰 배로 옮겼다. 둥류에서 그는 자기 수군의 보호를 받았고, 안칭에 있는 동생과 계속 직접적으로 소통할 수 있었으며, 치먼에 물자를 공급하는 취약한 육로에 의존하지 않아도 되었다.

초여름에 집에 보내는 편지를 쓰면서 그는 그 전쟁이 얼마나 개인적인 것이 되었는지를 드러냈다. "우리 가족의 운명과 우리 제국의 안전이 모두 안칭 탈환 여부에 달려 있다."[60] 그는 어느 때보다 더 자신의 온 생애와 경력은 물론이고 가족의 미래까지도 청나라를 위해 안칭을 탈환한다는 단 하나의 목표에 달려 있다고 믿게 되었다. 청나라가 살아남으면 그의 가족은 번영할 것이다. 청나라가 멸망하면 그의 가족도 사라질 것이다. 그의 마음속에서는 자기 형제와 아들들의 명망이 청나라의 생존과 더 이상 따로따로가 아니었다. 그들의 운명은 하나여서, 안칭에서 승리하지 못하면 모든 것을 잃을 것이었다. 남쪽의 태평천국군이 떨어져 나가기 시작했다. 그들이 장악하고 있던 마을들에서 하룻밤 사이에 갑자기 사라지고 있었던 것이다. 이수성이 동쪽의 저장성에서 뭔가를 계획하고 있음이 분명해졌지만, 증국번은 편집광적 집착으로 포위를 고수했다. 한여름에 황제가 증국번에게 좌종당을 징더전으로부터 저장성으로 보내 그곳 성도의 방어를 돕게 하라고 명령했지만 그는 거부했다. 황제가 또다시 그의 수군 제독 중 한 명을 광둥성 남부로 보내라고 명령했지만,[61] 이 또한 거부했다. 그는 안칭을 둘러싼 올가미가 점점 조여드는 것을 볼 수 있었고, 풀어주고 싶지 않았다.

한편 매우 가혹한 여름 더위 속에서 영왕은 마지막으로 포위를 무너뜨리려는 시도에 나섰다. 퉁청 아래쪽에서 기병대 대열을 무너뜨릴 수 없었던 그는 자신의 남은 병력과 수도로 떠나버린 홍인간이 남긴 병력을 이끌고 마지막 장거리 행군을 했다. 서북쪽으로 크게 원을 그리며 나아간 뒤 후베이성과 경계를 이루는 산악 지대를 통과해 내려왔고, 다룽아의 방어선 아래쪽의 강 북안을 따라 다시 내지로 들어갔다. 320킬로미터가 훨씬 넘는 이 우회 끝에 8월 24일 다시 지셴 고개로 갔다. 지셴 고개에서 그의 군대는 다시 방책 요새를 점령했고, 증국전의 포위망을 후방에서 전면 공격할 준비를 했다.

찌는 듯한 여름이 끝나갈 때, 지셴 고개에서의 전투는 광란의 최고조로 치닫고 있었다. 계산과 인내가 절망 속에서 무너졌다. 영왕은 가족을 그 도시로부터 구출해야 했고, 수비대는 굶어 죽기 전에 탈출해야 했다. 물길로의 탈출을 막기 위해서 증국번의 수군은 포함 몇 척을 강에서 링후 호수로 옮겨 배치한 뒤 그곳에서 정찰하며 동쪽 출구를 피해 뗏목을 타고 도망치려는 자들을 향해 발포했다.[62] 8월은 총성과 천둥 같은 대포 소리로 끝났고, 그 거슬리는 소리 위로 소름 끼치는 반란군들의 비명이 울려 퍼졌다. 그들이 증국전의 참호들로 겹겹이 몸을 던질 때 터져나온 비명이었다. 한쪽에서는 수비대가 쏟아져 나왔고, 다른 쪽에서는 구원군이 쏟아져 나왔다. 겁에 질린 포병들이 새로 터져 나오는 사람들을 날려버리는 바로 그 순간에도 죽은 자들 위로 산 자들이 기어 올라왔다. 7일간 밤낮으로 유혈 사태와 혼란, 분별없는 공포와 칼부림이 이어졌다. 그러다가 9월 3일 밤에 그 모든 것이 갑자기 끝났다. 귀를 찢는 폭발음과 반란군의 비명은 도시 북쪽에서 조용히 날름대는 불꽃들로 바뀌었다. 그 불꽃들은 점점 커져, 완전히 포기한 영왕이 지센 고개의 방책들에 불을 지르고 안칭을 운명에 맡긴 채 철수할 때 마침내 포효하며 밤하늘로 치솟았다.[63]

살아남은 수비대 병사 대부분은 성벽 아래 파놓은 땅굴을 통해 그 마지막 날 밤에 안칭을 탈출한 것으로 보인다. 북쪽의 불타는 방책들이 적의 주의를 돌리는 데 도움이 되었다고 볼 수도 있지만, 적어도 한 가지 자료는 그들의 탈출이 청국군 쪽 누군가와의 사전 조율에 따른 것이었다고 주장한다. 싸움 없이 안칭을 넘기는 조건으로 계획된 일이었다는 것이다. 어쨌든 그들은 민간인을 모두 남겨두고 떠났다. 성벽 위에 시체 같은 포병 몇 명도 남겨졌는데, 그들은 대포에 사슬로 묶여 있었다. 9월 5일 후난군이 이 도시에 들어왔을 때 방어하는 사람은 아무도 없었다.[64]

이 도시 안의 참상은 전쟁에 단련된 베테랑 병사들도 상상하기 힘든 수준이었다. 초여름에 외국 배들의 왕래가 멈춘 후, 그리고 7월 초 링후 호수의 철책들이 파괴된 후, 그 도시로의 식량 수송은 더 이상 없었다. 여름의 막바지에 이르러서는 매일의 쌀 배급이 없어진 지 오래였다. 텃밭의 채소와 잡초는 남김없이 먹어치워버렸다. 쥐를 포함한 모든 동물이 사라졌고, 도시 안의 굶주린 사람 수천 명을 먹여 살릴 것은 아무것도, 혹은 거의 아무것도 남아 있지 않았다. 9월 5일 그 도시로 들어간 승자들은 그동안에도 안칭의 시장들이 문을 닫은 적이 없음을 알고 경악했다. 인육의 가격은 마지막까지 약 600그램당 은화 반 냥, 즉 1파운드당 약 38센트에 달했다.[65]

이미 여름에 증국번은 동생에게 보낸 편지에서 안칭이 결국 항복하면 자신들이 무엇을 해야 할지에 대해 이야기한 바 있었다. 그는 증국전에게 이렇게 썼다. "우리가 그 도시를 정복했을 때 마땅히 해야 할 일은 많은 사람을 죽이는 일일 것이다. 우리는 동정심에 이끌려 큰 일을 그르쳐서는 안 된다. 어떻게 생각하느냐?"[66] 백성을 사랑한다는 것은 반란군 편 사람들을 사랑한다는 뜻이 아니었다. 총 1만6000명이 안칭 포위에서 살아남은 것으로 추정되는데, 그들 전부는 아니더라도 대부분이 민간인이었다. 이후 그들에게 무슨 일이 일어났는지에 대한 보고들은 증국번의 장교들이 남아 있는 이들을 모두 죽이기에 앞서 먼저 여성들을 분리했는지 여부에 따라 다르다.[67]

10장
하늘과 땅

당시 이상한 점성술적 징조들이 있었다. 1861년 7월, 서북쪽 하늘에 빛나는 꼬리를 가진 혜성이 나타나 베이징 주민들에게 공포를 안겨주었다. 주민들은 이를 황제가 다시는 돌아오지 않을 징조로 여겼다.[1] 9월 5일 새벽에는 해와 달이 함께 떠올랐고, 알려진 다섯 개의 행성이 진주를 엮은 줄처럼 하늘을 가로지르며 일렬로 늘어서 있었다.[2] 중국 전역의 관측자들은 이 희귀한 정렬을 보기 위해 일찍 일어났다. 어떤 이들은 이것이 청나라가 힘을 회복할 징조라고 말했지만, 적어도 한 사람은 하늘이 이를 통해 정말로 뜻하려는 바가 무엇인지 알 수 없어 했다. 그 사람은 이렇게 썼다. "나는 경외감을 가지고 하늘을 우러러보지만, 격려를 받아야 할지 두려움을 느껴야 할지 모르겠다."[3] 증국번은 행성의 그러한 정렬을 상서로운 조짐으로 받아들였고, 실제로 안칭은 그날 중에 함락된다.[4] 하지만 그가 그 신비로운 현상에 담긴 하늘의 뜻을 곰곰이 생각하던 바로 그때, 황제의 사망을 알리는 소식이 베이징에서 남쪽으로 말을 타고 달리는 전령의 손에 들려 이미 그에게 빠르게 다가오고 있었다.

함풍제는 서른 살 생일에서 채 한 달도 지나지 않은 1861년 8월 22일에 사망했다. 직접적인 사인은 결핵이었을 수도 있지만, 좀더 시적으로 표현하자면 그는 수치심과 불명예로 죽었고, 결국 자신이 도망쳐 나온 수도로 다시 돌아가지 못했다. 9월 14일에 소식을 들은 증국번은 "하늘이 무너지고 땅이 갈라졌다"고 썼다.[5] 이 일로 그의 기백은 완전히 허물어졌다. 그날 밤 그는 잠을 이루지 못한 채 이 불행한 천자의 운명을 생각했고, 이렇게 기록했다. "나의 황제는 황위에 오른 때부터 오늘까지 12년 동안 우리의 위험을 걱정하지 않은 날이 하루도 없었다. 이제 안칭은 마침내 정복되었고, 반란군은 약해지기 시작했다. 전쟁이 전환기에 이른 것 같다. 그러나 나의 황제는 승리의 소식을 들을 때까지 살지 못했으므로, 그의 낙담과 우울이 영원토록 그를 따라다닐 것이다. 나와 그의 모든 신하에게는 이 얼마나 끔찍한 고통인가."[6]

함풍제의 갑작스러운 죽음은 청나라 전체에 나쁜 징조였다. 군주의 건강과 장수가 하늘이 그의 통치를 기뻐한다는 뚜렷한 신호였기 때문이다. 만주족 왕조는 중국 역사상 가장 오래 재위한 황제 두 명을 배출한 것을 근거로 왕조의 정통성을 주장하고 있었는데, 그 황제 가운데 한 명이 함풍제의 증조부인 건륭제였다. 건륭제는 18세기에 63년이라는 전례 없는 긴 시간 동안 통치했다. 그래서 함풍제가 황위에 오른 지 고작 11년 만에, 아직 매우 젊은 나이에 병으로 사망했다는 것은 몹시 불안한 일이었다. 그러나 더 불안한 것은, 왕조의 존속이 아버지에게서 아들로 황위가 이어지는 데 달려 있는데 공교롭게도 함풍제는 불임에 가까웠다는 점이다.[7] 이화원이라는 환락의 정원에서 열여덟 명의 후궁과 황후가 끊임없이 관심을 기울였음에도 불구하고 함풍제는 황위를 물려줄 아들을 하나밖에 두지 못했다. 그 아들은 1861년 8월에 겨우 다섯 살이었다.

태평천국군은 상하이에서 온 한 외국인 방문자를 통해 함풍제의 사망 소식을 접하고 매우 기뻐했다. 최근에 전장에서 돌아온 홍인간은 황제의 때 이른 죽음을 도덕적 타락 탓으로 돌리는 포고문을 즉각 발표했다. 한 대목에서 그는 더욱 악의에 차서 이렇게 썼다. "함풍제는 악마 같은 바보, 도박꾼에 술 주정뱅이였다. 그는 재물을 흙과 모래처럼 낭비해 탕진해버렸다. 이화원은 그의 방탕한 휴양지였고, 그는 그곳에 남성의 성적 타락을 위한 구역을 만들었다. 이제 그 유원지는 잿더미가 되었고, 그 자신도 지옥에 떨어졌다." 어린아이인 후계자와 관련해 홍인간은 함풍제가 "몇 살 안 된 어린 악마를 남기고 갔고, 악마의 통치를 계속하기가 어렵다는 것을 알게 될 것"이라고 썼다. 절호의 기회가 왔고, 청 왕조의 종말이 코앞에 있었다. 그는 이렇게 선언했다. "지금이야말로 하늘의 뜻을 따라 이 세상의 영웅으로서 우리 역할에 걸맞게 행동할 기회로 삼을 때다."[8]

함풍제에 대한 홍인간의 비난은 전적으로 그 자신이 지어낸 것은 아니었다. 그는 지난해에 홍수를 이루었던 소문의 흐름을 어느 정도 이용하고 있었다. 청나라를 괴롭힌 수많은 재앙은 함풍제와 그의 만주족 조정의 도덕적 타락 때문에 발생했으며, 그들이 하늘의 분노를 사 신성한 통치 권한을 박탈당했다는 소문이었다. 황제가 죽기 몇 달 전, 베이징 주재 영국 공사관 소속의 한 의사는 수도의 식자층이 이미 청나라를 포기한 듯하다고 보고했다. 그가 이야기를 나눈 그 사람들은 절대 반란군 동조자가 아니었지만, 자신들은 "현 왕조의 안정을 바란다거나 믿는다는 말은 하지 않는다"고 그에게 말했다. 그의 보고에 따르면, 그들은 "그 왕조가 한때 훌륭했고 200년간 지속되었지만, 그 왕조를 특징지었던 미덕과 군사적 활력은 사치와 방탕으로 인해 쇠퇴해버렸다"고 말했다."[9] 함풍제의 삶에 대한 대중의 시각을 대변하는 것이 바로 이런 "사치와 방탕"이었다. 대중의 눈에 비친 그는 밖에서 제국이 무너지고 있을 때 후궁들과 이화원에 틀어박혀 태평한 나날을 보냈던 것이다. 그런 관점에서 볼 때, 영국군과 프랑스군이 이화원을 파괴한 것은 제국주의적 행위가 아니라 신의 심판 행위였다.

그런데 그 베이징 식자층은 (증국번처럼) 왕조의 종말이 꼭 비극은 아니라고 여겼다. 왕조가 종말을 맞고 더 강한 다른 왕조에 자리를 내주는 것은 세상의 자연스러운 흐름일 뿐이었다. 그 의사는 이렇게 썼다. "그들은 그 왕조의 시대가 왔고, 신의 명령에 따라 그 왕조가 멸망할 것이며, 그 왕조의 상태가 이제 영구적 소생이 거의 불가능할 정도로 쇠약해졌다고 생각한다. 그리고 그러한 쇠약이 단지 그 왕조를 구성하는 요소들의 도덕적 타락일 뿐이라고 말한다."[10] 해리 파크스는 양쯔강을 항행하며 만난 청나라 관리들로부터 비슷한 말을 들었다. 파크스의 보고에 따르면, 심지어 청나라 전체 민간 행정부에서 가장 영향력 있는 인물 중 한 명인 우창 행정부의 우두머리조차 "이 왕조가 이전 왕조들의 평균 지속 기간보다 오래되었다는 점에서 쇠퇴할 이유가 충분하다고 보는 듯했다". "정부의 잘못은 (…) 완전히 거짓된 체제에 있으며, 베이징에서 개혁이 이루어지기 전에는 각 성에서의 개혁을 기대하는 것이 헛일"이라고 그는 파크스에게 말했다. 이 우창 행정부의 우두머리는 비슷한 견해를 표명한 양쯔강 지역의 수많은 관리 중 한 명에 불과했고, 파크스는 "이 시대의 불행한 징조 중 하나는 많은 고위 당국자가 파멸적 상황을 인정할 준비는 되어 있지만, 해결책을 제시하지도, 숙명론적 원칙 이외의 방식으로 그 결과를 설명하지도 못한다는 것"이라고 생각했다.[11]

안칭에서의 끔찍한 패배를 받아들이려 애쓰고 있던 태평천국군은 아직 베이징으로 진군할 처지가 아니었지만, 만주족 황제의 죽음은 패배를 만회하기 위해 재정비 중이던 그들에게 새로운 활력을 불어넣었다. 영왕은 안후이성 북부에서 자신의 나머지 군대와 단절되어 있었지만, 이수성의 군대는 이제 거의 저항 없이 동쪽으로 진군했다. 이수성은 실패한 그 서부 원정을 떠나기 전에 상하이 서쪽과 북쪽의 장쑤성 지역 대부분을 정복한 바 있고, 이제는 장시성과 후베이성을 통과하며 이동했던 원정에서 돌아오면서 저장성과 그곳의 남쪽에 관심을 돌렸다. 저장성은 청나라에서 장쑤성과 안후이성 다음으로 인구 밀도가 높은 성으로, 켄터키보다 약간 작은 면적에 당대의 미국 전체 인구와 비슷한 2600만 명이 거주하고 있었다.

이수성은 점점 홍인간으로부터 독립적으로 행동해, 저장성 정복을 계획했다. 총리로서 홍인간은 왕들 사이를 조정하고 왕들의 이동에 대한 승인을 담당하는 존재였다. 그러나 홍인간은 적어도 아직은 저장성을 원하지 않았다. 그는 안칭을 원했고, 이 도시를 넘겨준 뒤에도 여전히 그는 이수성과 영왕이 그곳을 증국번으로부터 되찾기 위한 새로운 원정에 나설 수 있다고 믿었다. 양쯔강에 대한 통제권이 여전히 중국 남부 통합이라는 그의 전략적 계획의 핵심이었고, 그는 그 통제권을 놓치고 싶지 않았다. 그해 가을 홍인간은 난징으로부터 이수성에게 편지를 보내, 저장성 정복을 그만두고 군대를 다시 강 쪽으로 끌고 올라가 계속 증국번에 맞서 싸워달라고 부탁했다. 그는 이렇게 썼다. "예로부터 양쯔강은 뱀으로 묘사되어, 머리는 후베이에, 몸통은 안후이에, 꼬리는 장난에 있다고 했다. 우리에게는 후베이가 없고, 안후이까지 놓아버리면 그 뱀은 찢어져버릴 것이고, 꼬리는 혼자서 오래 버티지 못할 것이다."[12] 이수성은 안후이성의 성도 안칭은 이제 희망이 없다고 답했고, 저장성을 떠나기를 거부했다.[13] 홍인간은 몹시 화가 났지만 더 이상 할 수 있는 일이 없었다.

홍인간이 양쯔강을 후베이성 성도 우창 근처에 머리를 두고 상하이 근처에 꼬리를 둔 하나의 생물로 묘사한 것은 고대의 군사 교리였고(증국번도 이에 동의했다), 이 교리는 우창과 안칭의 상류 이점뿐만 아니라 이전 왕조들에서 해적이 들끓는 중국 해안보다 훨씬 더 중요하게 여겨졌던 광대한 내륙 농업 생산 지역에 대한 우창과 안칭의 통제력도 강조했다.[14] 하지만 그 오래된 교리는 19세기의 상하이를 비롯한 해안 조약 항구들의 전례 없는 경제 발전이나, 무기와 물자 조달에 있어 새로이 떠오른 해상 무역의 중요성을 설명할 수 없었다. 이수성은 옛 시대와 달리 지금은 동쪽에 훨씬 더 많은 재정적, 군사적 자원이 있다는 것을 인식했고, 따라서 그를 안후이로 보내려는 홍인간의 노력에도 불구하고 부유하고 인구가 많은 동부 성들을 통합하려는 계획을 고수했으며, 그 결과 태평천국군 전략의 전반적인 추진력은 동쪽으로 이동했다.

홍인간은 안칭 원정에 실패하고 돌아왔을 때, 떠날 때와는 다른 사람이 되어 있었다. 흥분을 고조시키는 그의 지휘 취향, 퉁청에서의 군사적 패배 경험, 그리고 그의 이동에 대해 이렇다 할 외국의 지원이 없었던 점이 어우러져 그의 성품의 어두운 면이 드러났다. 그는 만주족 정부를 공격하는 선전에서 더욱 신랄해졌고, 다른 왕들과 많이 다투었다. 그리고 그가 수도를 비운 사이, 그가 우려했던 대로 작지만 중요한 조정이 있었다. 그가 난징으로 돌아왔을 때는 천왕에게 올리는 상소에 더는 간왕의 직인을 받을 필요가 없다는 칙령이 내려져 있었다. 따라서 그는 더 이상 홍수전과 외부 세계 사이의 독점적 매개자가 아니었다.[15] 이제는 칙령에서 천왕의 아들이 천왕 바로 다음에 기록되어, 홍인간보다 상위임을 드러냈다. 홍인간은 여전히 외국과의 관계를 담당하는 총리였고, 수도의 행정부를 다스리고 있었지만(다른 왕들은 그의 집무실로 찾아와 그를 만났고, 이와 반대로 되는 경우는 절대 없었다), 더 이상 태평천국 운동을 지휘하는 명백한 2인자가 아니었다. 아무리 사소한 강등이라도 그의 마음은 꺼림칙했고, 충왕 이수성이 비록 멀리서라도 그의 명령을 무시하고자 한 것은 전체 지휘 체계 내에서 그의 지위가 더 이상 이전만큼 확실하지 않음을 시사했다.[16]

적어도 외부자들에게는 홍인간이 여전히 영향력 있었다. 영국 용병들을 소탕하기 위해 난징에 와 있던 영국 영사관 로버트 포레스트는 양쯔강에 정박한 배에서 몇 달간 지내다가, 홍인간이 전장에서 돌아온 후 그를 만났다. 그는 홍인간을 "내가 본 가장 계몽된 중국인"[17]이라고 묘사했고, 한번은 "태평천국 전체가 그런 사람들로 이루어져 있다면 중국은 머지않아 그들의 것이 되"리라고 단언하기도 했다.[18] 토머스 블래키스턴이라는 영국 포병대 대위는 포레스트의 말을 기록해놓았다가, 이듬해 런던에서 이를 토대로 한 『양쯔강에서 5개월』이라는 책을 출간했다. 이 책은 영국 독자들에게 간왕을 다시 소개하는 데 기여했으며, 태평천국 통치하의 중국에 그가 계몽을 일으킬 수 있으리라는 점을 상기시켰다. 이 책은 태평천국 자체를 옹호하는 것이 아니었고, 포레스트는 난징에서 유감스러운 점을 많이 발견했지만, 동시에 청나라의 부패를 "국가적 이질痢疾"이라 부르며 청나라에는 희망이 없다고 보았다.[19]

포레스트가 판단하기에 영국이 할 수 있는 일은 단 하나, 즉 뒤로 물러나 전쟁이 저절로 진행되도록 내버려두는 것이었다. 영국은 큰 그림, 즉 "소용돌이치는 세상사의 '큰 전체'"를 생각해봐야 했고, 그 안에서 대외 무역에 미치는 일시적 피해나 기독교의 확산 같은 문제는 아무런 의미가 없었다. 중국이 스스로의 혼란을 겪어내야만 마침내 새로운 질서가 생겨날 수 있으며, "영국이나 프랑스가 지금 격렬하게 벌어지고 있는 내부 갈등에 개입해 혼란을 더 악화시키는 일은 절대 없어야 한다"고 그는 주장했다. 포레스트가 공공연한 열혈 지지자는 아니었지만, 그는 난징에 머무는 동안 자신을 "예의 바르게" 대해주고 "사실상 우대"해준 반란군에 애정이 간다고 인정했다. 그는 블래키스턴에게 이렇게 말했다. "어떤 사람들 사이에서 살면서 그들에게 관심을 갖지 않는다는 것은 불가능하며, 어떤 면에서는 그들을 좋아하지 않는다는 것도 불가능하다."[20]

그러나 홍인간이 수도를 떠나 있는 동안 몇 차례 외교적 차질이 있었다. 가장 골치 아픈 것은 호프와 파크스의 도저히 받아들일 수 없는 요구였다. 태평천국군이 그 한 해 동안 상하이 및 다른 항구들에서 50킬로미터 떨어져 있어야 한다는 것이었다. 하지만 이런 공식적인 교섭을 넘어, 홍인간이 원정으로 자리를 비운 상황에서 선교사 사회 내의 가장 강력한 태평천국 지지자 일부가 난징에서 살려는 계획을 포기했다. 조지프 에드킨스는 홍인간의 출발 직후인 3월에 첫 방문으로 수도 난징에 왔다. 난징에 대한 에드킨스의 첫인상은 지난해 가을 그리피스 존의 첫인상만큼이나 긍정적이었다. 그는 아내 제인에게 보낸 편지에서 반란군의 수도가 "상황에 비해 아름답다"고, 천왕이 "종교적인 점에서 설득력 있는 사람"으로 보인다고 썼다.[21]

그러나 사소하다 할 만한 이유로 에드킨스의 난징 이주 계획은 무산됐다. 천왕은 그의 선교 활동을 지원하기 위해 난징에 집을 마련해주었지만, 집은 작았고(두 가족이 살기에는 너무 작았다), 에드킨스와 제인은 그렇게 좁은 거처에서 자신들과 함께 살 의향이 있는 다른 선교사 부부를 찾을 수 없었다. 홍인간이 전장에 나가 있는 상황에서 수도에는 그들을 위해 더 나은 숙소를 마련해줄 사람이 아무도 없었다. 에드킨스는 젊은 아내를 차마 상하이에 두고 갈 수 없었지만, 다른 선교사들 없이 아내와 함께 난징에서 산다면 그가 선교 활동을 위해 밖에 나가 있을 때 아내와 함께 있어주거나 아내를 지켜줄 사람이 아무도 없을 것이었다. 제인은 고국의 부모에게 이렇게 썼다. "아무도 그것이 옳다고 생각하지 않아요. 저는 어느 때고 오래 혼자 지낼 수가 없었어요." 또한 그녀는 건강이 좋지 않았고, 남편 에드킨스는 많은 동료 선교사와 달리 의사가 아니었다. 그녀로서는 남편을 항상 곁에 두어야만 하는 자신의 처지가 "그의 사역에 반드시 걸림돌이 될 것"이라며 걱정했다.

그래서 그들은 반란군과 함께 난징에서 살겠다는 계획을 접고, 대신 톈진으로 가기로 결정했다. 그곳에서 그들은 여전히 그 도시에 주둔해 있던 영국군과 함께할 수 있었고, 또한 그곳이 이제는 조약항이 되어 있었기 때문에 자신들이 원하는 적당한 집도 빌릴 수 있었다. 제인은 영국인들을 많이 사귀게 될 것이었고, 그들은 결국 바라던 대로 인근 베이징에서의 선교 활동 시작을 허락받을 수도 있을 터였다. 그러나 그해 여름 제인이 더위와 설사로 인해 스물두 살의 나이로 사망하면서 그런 희망들은 물거품이 되고 말았다. 남편은 그녀에게 웨딩드레스를 입혀 톈진에 묻었다.[22]

그리피스 존 역시 그 몇 달 동안 난징에서 살지 않기로 결정했다. 그는 1861년 4월에 반란군의 수도를 두 번째로 방문했다. 홍인간과 이수성이 모두 군대를 이끌고 전장에 나가 있던 때였다. 존은 그 도시가 조용하고, 유령 도시 같고, 일반인이 거의 없다는 사실을 알게 되었다. 모든 상점이 천왕의 명령으로 문을 닫은 상태였다. 청국군 첩자들이 상인으로 변장해 난징에 잠입해 있다는 천왕의 커져가는 편집증에 따른 명령이었다. 그리피스 존이 보기에 그곳 사람들은 어느 때보다 변덕스럽고 불안정한 그 통치자를 두려워하는 것 같았다. 아주 최근에는 그의 상점 폐쇄 명령을 무시한 소수의 상점 주인들이 즉결 처형되기도 했다. 그럼에도 불구하고 그리피스 존이 만난 태평천국 지도자들은 여전히 그를 환영했고, 그가 머무르면서 설교를 해주기를 바란다고 말했다. 하지만 그는 난징의 상황에 대한 불안감과 더불어, 상하이 외국인 사회에서 감지된 반란군에 대한 적대감을 우려했다. 한 운송인은 비단과 차 무역에 대한 반란군의 간섭을 비난하는 많은 사람을 대변해, 존의 동료 에드킨스를 난징으로 태워가기를 거부하면서 "그가 이 '쓸모없는 놈들'에게 가는 것을 돕는 일은 절대 하지 않겠다"고 말했다. 이러한 태도를 접한 그리피스 존은 자신이 태평천국에서 살게 된다면 지원이나 소통이 끊길까봐 걱정했다.

결국 존은 한커우에서 선교 활동을 하기로 했다. 한커우는 호프와 파크스가 1861년 3월 개항시킨, 우창 건너편에 위치한 조약항이었다. 8월에 그가 기선을 타고 그곳에 도착했을 때는 하류 쪽에서 안칭 포위가 극심한 고통 속에 막바지로 치닫고 있었고, 한커우는 안전하게 청국군의 수중에 놓여 있었다. 한커우는 영국 영사(이수성의 편지를 주머니 속에 넣어버렸던 바로 그 사람)도 있고 정기 우편 서비스도 있는 곳이어서, 그에게는 난징보다 훨씬 더 안전해 보였다. 그러나 그는 천왕이 직접 자신에게 외국 선교사들을 환영하는 칙령을 써주었던 난징에서와 같은 개방성과 환대는 느끼지 못했다. 한커우와 우창은 증국번의 부하들이 지배하고 있었고, 그들은 반란군과는 대조적으로 외국 선교사들에게 전혀 신경 쓰지 않는 듯했다. 증국번은 청나라와 태평천국 간의 투쟁을 토착 유교와 외래 기독교 간의 전쟁으로 간주했고, 그런 관점에서 보면 선교사들은 반란군의 교리를 설파하고 있는 셈이었다. 이 때문에 기독교인에 대한 증오는 후난 사람들의 자존심이 걸린 문제가 되고 있었다. 그리피스 존은 증국번의 영향력 아래 있는 지역들에서 동료 선교사들이 어떤 상황에 직면하게 될지를, 한커우에서 후난군 출신의 한 익명의 장군과 아침 식사를 함께 하면서 엿볼 수 있었다. 그 장군은 "후난의 군사적 영광과 후난 남자들의 무용"을 자랑한 후, 그리피스 존에게 "그들이 예수를 믿거나, 예수의 종교가 그 이름난 지역에 깊이 뿌리내릴 위험은 없다"고 설명했다.[23]

적어도 이서카 로버츠는 난징에 계속 머물러, 홍인간과 다른 사람들이 부재하는 동안에도 내내 2층의 특별실에서 살았다. 그러나 이 백발의 침례교도는 자신의 위치를 헷갈려하고 있었고, 방문자들이 전한 바에 따르면 그는 강요에 의해 홍수전 앞에서 무릎 꿇은 것에 대해(단 한 번으로 끝난 그의 천왕 알현 때) 여전히 원한을 품고 있었다. 그는 또한 태평천국군 지도자들이 자신의 종교적 가르침을 이해하지 못한다고 불평했다.[24] 그럼에도 불구하고 그는 영자 신문에서 반란군을 계속 옹호했다. 홍인간이 군대를 일으키기 위해 떠난 지 2주 후인 1861년 3월, 로버츠는 상하이의 『노스차이나헤럴드』에 기고해, 태평천국군은 통치할 수 없고 전쟁을 일으키는 것밖에 할 줄 모른다고 주장하는 사람들에게 이렇게 반박했다. "지금은 평화에 대해 이야기할 때가 아니다. '악마 같은 청국군'이 몰살되기 전에 먼저 그들에게 평화에 대해 이야기하라. 아하즈의 가문이 몰살되기 전에 먼저 그 유대왕에게 평화에 대해 이야기하는 것이 나았을 수 있다."[25]

태평천국이 청나라를 상대로 계속 전쟁을 벌이는 것에 대한 로버츠의 변명은 영자 신문들의 편집진으로부터 비웃음을 샀지만, 이러한 비웃음은 종종 로버츠를 지지하는 사람들의 반발로 이어졌다. 『노스차이나헤럴드』는 1861년 9월 그를 비난하는 사설을 실었지만, 편집진의 말을 빌리자면 "고백건대, 그를 지지하는 편지를 우리가 생각했던 것보다 훨씬 더 많이" 받고서 거의 곧바로 철회문을 실었다.[26] 『차이나메일』은 로버츠가 반란군을 "현명하지도, 정당하지도 않은" 시각으로 봤으며, 반란군에게는 "신정 체제하에서 유대인들이 가졌던 것과 동일한, 반대자를 몰살할 권리와 의무"가 있다고 주장했다고 비난했다.[27] 그럼에도 불구하고 이 신문은 로버츠가 보내온 글을 전부 실었고, 그 글들은 영어권 세계에 전해졌다. 특히 미국에서 그의 글들이 따뜻한 환영을 받았고, 태평천국에 대한 광범위한 공감을 불러일으켰는데, 이서카 로버츠가 미국인이기 때문이었다.[28]

로버츠가 본 환영은 구약성서에 나오는 불과 유황의 환영이었고, 여기서 태평천국은 하나님의 진노의 대행자였다. 1861년 7월에 그는 『차이나메일』에 이렇게 썼다. "혁명, 그리고 특히 내전은 일반 대중에게는 언제나 달갑지 않은 일이며, 당연히 그래야 한다."[29] 그러나 그는 중국에서 벌어진 폭력의 이면에서 "더 높은 힘"이 작용하고 있음을 보았다. 그는 이렇게 썼다. "하나님은 태평천국 운동의 나태한 방관자인 적이 없다. 하나님은 '나를 섬기지 않는 민족과 왕국은 멸망할 것이다'라고 말씀하셨다." 로버츠의 주장에 따르면, 지금 중국에서 벌어지고 있는 일은 하나님을 섬기지 않을 청나라에 대한(아니, 중국 역사상의 모든 왕조에 대한) 하나님의 징벌적 복수나 다름없었다. 여호수아가 가나안 사람들을 멸망시켰을 때처럼, 태평천국이 만주족 제국을 멸망시킴으로써 여호와의 뜻을 섬기고 있는 것이라고 로버츠는 믿었다. 그는 전쟁에 대한 더없이 냉혹한 논리를 드러내며 이렇게 결론지었다. "사실 그 민족의 절반이 결과적으로 의를 배우게 된다면, 나머지 절반이 지금껏 해온 대로 계속하기보다는 차라리 멸망하는 것이 그 단어의 최고의 의미에서 더 낫지 않을까!"

다섯 살의 청나라 황위 계승자는 함풍제의 후궁 중 한 명인 예쁘게 생긴 젊은 만주족 여성의 아들이었다. 엽혁나랍이라는 이름의 이 후궁은 겨우 열다섯 살 때 함풍제에 의해 간택되었고, 스무 살에 그에게 아들을 낳아주었다. 함풍제의 자녀들 중 하루 이상 살아남은 아이는 단둘뿐이었는데, 이 아들이 그중 하나가 되었다.(다른 한 아이는 딸로, 통치 자격이 없었다.)[30] 이 아들이 후계자가 되는 것이 확실시되자 궁정에서 젊은 엽혁나랍의 지위는 세 번째 서열의 황제 배우자에서 현 황제의 어머니로 상승했다. 현 황제의 어머니란 선대 황제의 아내에 버금가는 지위였고, 그 후 그녀는 중국과 해외에서 그러한 자격에 따라 '서태후'라는 칭호로 알려졌다.[31] 장차 서태후는 빅토리아 여왕과 함께 19세기 세계에서 가장 강력한 두 여성 중 한 명이 된다. 그러나 당장은 새 황제의 어머니라는 그녀의 지위는 대체로 명예의 지위였다.

실질적인 권력 이동에 대해 말하자면, 함풍제는 죽기 직전에 가장 가까운 8명의 만주족 참모, 즉 숙순, 재원, 목음, 단화 외 4인을 자기 후계자의 섭정으로 임명하는 칙령을 내렸다. 전통적으로 새 황제가 너무 어려서 통치에 나설 수 없을 때는 보통 전 황제의 형제나 사촌인 한 명 이상의 섭정에게 권력이 맡겨졌고, 어린 군주가 성년에 이를 때까지 섭정들이 군주를 대신해 통치했다. 청나라 초기에 두 명의 어린 황제가 탄생해 섭정이 통치한 적이 있는데, 당시의 경험에 따르면 대개 섭정들은 물러날 때가 되어도 권력을 내려놓으려 하지 않았다. 그 초기 황제들이 성년이 되면서 암투가 이어졌다. 그러나 함풍제의 후계자가 현저히 어린 나이였기 때문에, 숙순을 비롯한 새로운 섭정들은 그 어린 황제가 자신들을 기피하게 될 때까지 적어도 10년 동안 자신들이 청나라를 다스리게 되리라고 내다볼 수 있었다.

이들은 황제와 함께 도피 길에 올랐던 바로 그 참모들이었고, 청나라 안에 유럽인들이 들어와 있는 것을 몹시 싫어한 바로 그 만주족 매파였다. 그들은 새로운 조약의 폐지를 꿈꾸었고, 외국인들에 대한 공친왕의 온순해 보이는 태도를 의심스러워했다. 그들이 권력을 잡게 되자, 외교 기관을 신설하려는 그의 계획에 차질이 생겼다. 그는 유럽인들을 달래기 위해 할 수 있는 일은 다 하려고 전담 기관을 따로 만들어놓고 청나라의 남은 힘을 태평천국과의 전쟁에 다 쏟아붓고자 했던 것이다. 그러나 증국번에게는 그 섭정들이 정부를 맡는 것이 매우 좋은 징조였다. 황제의 궁에 있는 그의 주요 후원자 숙순이 새 섭정의 일인자였기 때문이다. 사실 황위 계승자를 지명하는 칙령 자체가 숙순의 손으로 작성되었다. 함풍제는 임종 직전에 너무 허약해서(공식 기록에 따르면) 직접 칙령을 쓸 수 없었고, 가장 신뢰하는 참모인 숙순에게 받아쓰게 했던 것이다.[32]

새 섭정들의 권력을 견제할 수 있는 유일한 존재는 두 명의 태후, 즉 서태후와 함풍제의 미망인 동태후였다. 함풍제는 죽기 전에 그들 각자에게 황제의 인장을 주었는데, 새 황제의 명의로 공포되는 칙령이 적법성을 갖추려면 반드시 그 인장을 찍어야 했다. 모든 칙령은 섭정들이 작성하겠지만, 이 태후들은 인장을 소지함으로써 실질적인 거부권을 행사할 수 있었다. 예상대로 동태후는 순응적이었지만, 서태후는 섭정들의 의견을 무조건 따를 의사가 없다는 것이 머지않아 분명해졌다. 그녀가 독자성을 주장하고 그들의 정책 결정에 대한 승인을 보류하겠다고 위협하자, 남성으로만 구성된 섭정단과 새 황제의 어머니 사이에 긴장이 고조되기 시작했다.

10월 말, 함풍제의 유해가 마침내 베이징으로 옮겨질 때 긴장은 극에 달했다. 124명의 운구자가 황제의 시신이 안치된 상여를 옮기는 가운데 장엄한 행렬이 펼쳐졌다. 섭정단의 수장인 숙순이 시신을 호위했고, 다른 섭정들은 장례 행렬이 수도에 도착했을 때 맞이할 준비를 하기 위해 앞서 갔다. 두 태후는 어린 황제와 함께 막혀 있는 가마를 타고서 선두 일행과 같이 이동했다. 어린 황제는 어머니의 무릎에 꼿꼿이 (상징적으로) 앉아 있었다. 다른 섭정들은 바로 앞에서 그들과 동행했다. 11월 1일, 그들은 흰색 상복을 입은 수많은 관리와 병사, 그리고 호기심 어린 관찰자 군중 앞에 도착했다. 하늘에 구름 한 점 없는 시원하고 청명한 눈부신 날이었다.[33]

태후들은 숙순보다 하루 먼저 수도에 도착했고, 재빠르게 움직였다. 공친왕이 마중을 나와, 베이징 도착 즉시 그들을 맞았다. 경호 부대가 그와 동행했다. 태후들 앞을 지키며 함께 이동했던 섭정들은 과거 공친왕이 도피처에 있는 형 함풍제를 알현하는 것을 막았듯이 공친왕이 어린 황제에게 접근하는 것을 막으려 했다. 그러나 수도는 이제 공친왕의 영토였다. 그는 영국, 프랑스와의 전쟁 후 베이징에 질서를 회복시킨 공로로 명성이 높았고, 재편된 베이징 수비대는 그에게 충성했다.[34] 그가 어린 황제에게 접근하는 것을 섭정들이 막으려 하자 그는 경호원을 통해 힘으로 위협하며 뚫고 나아갔다.

태후들은 몇 주 동안 사냥터에서 공친왕의 동생과 비밀리에 모임을 가졌고, 이제는 양측(황제의 인장을 가진 태후들 측과 수도에서 영향력을 갖고 있는 공친왕 측)이 앞서 합의한 계획을 실행했다. 공친왕은 베이징으로 들어오는 그들을 맞아 동행했고, 그들 가까이에 머물렀다. 그날 오후, 숙순이 여전히 선대 황제의 시신을 모시고 길을 가는 동안, 공친왕은 새 황제를 알현했고, 어린 황제의 이름으로 나온 칙령을 소리 내어 읽었다. 칙령에는 두 태후가 가진 인장이 찍혀 있었다. 그것은 숙순을 비롯한 섭정들에게 반역죄를 씌우는 칙령이었다. 곧이어 공친왕은 그들의 체포와 처벌을 요구하는 또 다른 황제 칙령을 내놓았다. 공친왕 동생의 지휘를 받는 만주족 경비대가 그날 밤 숙순의 숙영지로 달려가 천막 안에 들어가 있던 그를 체포했다. 다른 섭정들은 베이징의 거처에서 체포되었고, 공친왕은 수도 전역에 그 칙령들을 공포했다.

혐의는 주로 외국과의 처참한 전쟁과 관련된 것이었다. 많은 죄목을 통해, 섭정들은 불성실한 조언으로 함풍제를 오도함으로써 영국, 프랑스와의 전쟁을 야기했다는 혐의를 받았다. 또한 해리 파크스를 비롯한 사절들을 납치함으로써 연합군과의 신의를 저버리고 엘긴의 수도 침공을 유발했다는 혐의를 받았다. 칙령은 그들에게 외세의 침략에 대한 책임을 지우는 동시에, 나중에 황제가 베이징으로 돌아오려 했으나 그 뜻을 거스르며 막았다는 혐의도 제기했다.[35] 혐의 내용 중 마지막으로, 섭정들이 자신들을 섭정으로 지명한 칙령을 날조했다는 혐의를 서태후가 직접 제기했다. 그녀는 함풍제가 죽기 전날 내내 자신이 그의 곁에 있었으며, 함풍제가 너무나 기력이 쇠하여 유언을 구술하기는커녕 말도 할 수 없었다고 주장했다.

그들의 재판은 신속하게 진행되었다. 일주일도 안 되어 황실재판소(청나라 최고 재판소)는 열거된 모든 혐의에 대해 섭정들이 유죄라고 보았다. 다섯 명은 지위가 박탈되고 서쪽 변경으로 추방되었다. 세 명의 중진, 즉 재원, 단화, 숙순은 사형을 선고받았다. 서태후는 겉으로는 동정심을 보이며, 재원과 단화에게 비단으로 목을 졸라 자결하는 특권을 허락했지만, 사실 그것은 상징적인 것에 불과했다. 그들은 실제로는 황실재판소 지하 감옥에서 교수형에 처해졌다.[36] 서태후는 자신의 최대 라이벌인 숙순에게는 더욱 관대하지 않았다. 그는 11월 8일 오후 2시 베이징 배추 시장 안에서 많은 군중이 지켜보는 가운데 참수되었다.[37]

섭정들의 체포를 명한 바로 그 칙령은 또한 어린 황제의 목소리로, 어머니 서태후가 "정부를 직접 다스릴 것", 그리고 서태후가 "최고위 왕자들 중에서 선택된 한 명 또는 여러 명의 고문의 도움을 받고, 즉각 황제와 연합할 것"을 요구했다.[38] 그리하여 서태후가 공친왕을 수석 고문으로 하여 청나라의 새로운 통치자가 되었다.

홍인간은 난징으로 돌아온 후 그곳을 찾은 선교사들을 계속 만났지만, 그들을 기쁘게 하려 애쓰는 데 지치기 시작했다. 선교사 대부분은 그리피스 존과 조지프 에드킨스가 그랬듯이 외교적 언사에 능하거나 재치 있는 사람들이 아니었다. 중국 선교는 위험하기도 하지만 해방적이기도 했고, 그래서 열성분자와 문제적 인물들을 과다하게 끌어들였다. 상하이의 국제사회에서는 많은 사람이(대부분의 사람까지는 아니더라도) 자신들 사이에서 함께 살고 있는 선교사들을 미심쩍게 여겼다. 한 젊은 미국인은 고국의 집으로 보낸 편지에서, 선교사들이 "많긴 하지만, 유감스럽게도 본국에서처럼 평판이 좋진 않다"고 썼다.[39] 한 영국 세관원은 "구두 수선 노점을 버리고 좀더 존경받을 만해 보이는 직업을 찾아간 것이 뻔한 어떤 사람"이 이끄는 선교 예배에 참석했는데, 나중에 일기에 이렇게 적었다. "본국 사람들이 선교 활동에 더 수준 높은 이들을 구할 수 없다는 것은 안타까운 일이다."[40]

그런 선교사 한 명(출처에 이름이 언급되지 않은)으로 인해 홍인간은 사촌인 천왕과 마찰을 빚게 되었다. 그 외국인은 난징에서 몇 주를 보내며, 밤에는 강에 정박한 배에서 지내고 낮에는 그 도시에서 설교를 했다. 홍인간은 외국과의 관계를 총괄하는 책임자로서 수도에서 그 선교사가 하는 일에 대해 책임이 있었지만, 매일 그를 따라다닐 수는 없었다. 감독을 받지 않는 채 그 선교사는 길거리에서 홍수전이 진짜 천왕은 아니고 태평천국도 진짜 천국은 아니라고 설교하기 시작했다. 그의 신성모독에 대한 보고가 홍수전에게 전해졌고, 홍수전은 이를 주목했다. 그러던 어느 날 밤, 이 선교사는 도시 안에 있는 홍인간에게 긴급한 볼일이 있다고 주장하면서 난징 성문 중 하나를 열어달라고 두 명의 문지기를 설득했다. 이는 수도의 방어를 위험에 빠뜨렸고, 비밀 침투에 대한 천왕의 편집증에 직접적으로 영향을 미쳤다. 홍인간의 말에 따르면, "경비병들은 천 대의 매를 맞았고, 간신히 참수를 면했다".[41] 천왕은 외국과의 관계를 담당하는 홍인간을 해임했다.

이 일이 있은 직후, 홍콩에서 사귄 옛 친구인 런던선교회의 조사이아 콕스가 난징에 도착했다. 콕스는 제임스 레그와 함께 활동하던 때의 홍인간을 알고 있었지만, 간왕의 얼굴에서 과거에 자신이 알았던 사람, 전도사의 조수로 일했던 그 사람을 알아보기가 어렵다는 것을 알게 되었다. 홍인간은 그때 이후 체중이 많이 늘었고, "강마르고 초췌하지만 활동적이었던 현지 도우미" 시절에 비해 "거칠어" 보였다.[42] 콕스가 처음 홍인간을 알현했을 때, 홍인간은 멀찍이 왕좌에 앉아서 차갑고 불안한 모습을 보였고, 콕스의 출현에 당황한 듯했다. 콕스 선교사에게 말을 거는 홍인간의 목소리에서 피로가 느껴졌다. 그는 이렇게 말했다. "콕스 씨, 내가 외국인과 선교사들에게 우호적이었다는 점을 당신도 알 것이오. 그로 인해 나는 곤경에 빠지고 좌천되었소." 홍인간은 미안해하면서도 솔직했다. "서둘러 옛 친구를 맞이했어야 하는데, 당신을 만나기가 부끄러웠소." 콕스는 좋은 소식으로 그를 기쁘게 하려 했다. 그는 홍인간에게 영국에서는 이제 간왕이 누구인지, 그리고 간왕이 대변하는 중국의 미래가 어떤 것인지 사람들이 알고 있다고 말했다. 영국인들은 홍인간에게 큰 기대를 걸고 있었다. 콕스는 이렇게 말했다. "그곳의 많은 사람이 당신의 행적을 염려하며 지켜보고 있고, 우리 교회의 장로들은 성경을 굳건히 지킬 것을 당신에게 권고하라고 제게 명했습니다." 이에 홍인간은 "고맙습니다"라고 답했다.[43]

그러고 나서 콕스는 난징에서 선교 활동을 시작하는 것에 대해 물었다. 그러자 홍인간은 거의 폭발해버렸다. 그는 얼굴이 벌게지며 벌떡 일어서더니, 자신의 명성에 그토록 먹칠한 것이 바로 선교사라고 소리쳤다. 그는 천왕이 이단적이라고 설파한 그 외국인에 대해, 그가 밤중에 홍인간의 이름을 팔아 성문을 열게 했던 일에 대해 콕스에게 이야기했다. 그리고 그 선교사의 경솔한 행동 때문에 자신이 "두 단계나 지위가 강등"되었고, "외교 업무를 맡을 수 없게" 되었다고 말했다. 그는 콕스에게 이렇게 분노를 표했다. "나는 이제 외교 업무와는 무관하니, 내게 업무상의 이야기를 하면 안 되오." 그런 다음 그는 다시 왕좌에 앉았고, 노란색 옷을 매만지며 평정심을 되찾으려 애썼다.

홍인간은 콕스에게 난징에서 하룻밤과 그 이튿날 낮 일부 동안만 머물도록 허락했으나, 그 짧은 시간만으로도 이 선교사는 난징에 있는 홍인간의 가족과 친구들이 홍인간을 깊이 걱정하고 있다는 사실을 알 수 있었다. 이서카 로버츠는 홍인간 아래의 인쇄 담당자 두 명이 천왕이 요구한 대로 문서를 변경하지 못했다는 이유로 천왕의 명령에 따라 막 처형되었다고 살짝 말해주었다. 홍인간의 형(홍인간이 제임스 레그의 집에 하인으로 남겨두고 왔던 형)은 홍인간과 함께 살기 위해 얼마 전 아들을 데리고 난징에 왔는데, 콕스에게 몰래 이렇게 말했다. "선교사들은 이곳에 오면 안 됩니다. 교리가 다르고, 천왕은 자신의 교리가 아닌 다른 교리를 용납하지 않기 때문입니다." 동생을 위해서 그는 콕스에게, "간왕의 또 다른 친구가 우리 교리를 공격하고 있다"는 말이 나오지 않도록 난징에서 설교하지 말아달라고 간청했다.[44] 게다가 태평천국의 교리는 서양 선교사들의 가르침에 대해 점점 더 적대적으로 되어가고 있었다. 최근 일련의 칙령을 통해 천왕은 성령이 존재하지 않는다는 것을 분명히 했다. 그의 교리에서는 그 자신이 하나님과 예수 그리스도와 함께 삼위일체의 한 부분을 이루었다. 천왕에 대한 홍인간의 영향력이 위태로워진 상황에서, 콕스는 외국 선교사와 태평천국 지도자들 간의 관계, 또한 양측 정부 간의 관계가 나빠질 수밖에 없을 것이라며 걱정했다.

그러나 두려움과 불확실성의 벽 뒤에서 여전히 옛날의 홍인간이, 1852년 봄 테오도레 함베리의 집 문간에 나타났던 둥근 얼굴의 하카족 남자, 제임스 레그로 하여금 그토록 "특별한 애정과 훈훈한 감탄"을 느끼게 했던 그 남자가 때때로 모습을 나타냈다. 조사이아 콕스의 깨달음의 순간은 그의 방문 첫날 오후에 찾아왔다. 그들은 함께 저녁을 먹었고, 이후 홍인간은 마침내 긴장을 풀고 예전의 모습으로 돌아와, 콕스의 애정 어린 표현을 빌리자면 "예전의 유창한 말솜씨"를 되찾았다. 그는 홍콩을 떠나 난징에 도착하기까지의 여정에 대한 생생한 이야기를 들려주었고, 태평천국의 미래에 대한 숨 가쁜 희망을 이야기했다. 또한 전쟁 중에 군대의 규율을 유지하는 것에 대한 어려움을 토로했다. 이날 그는 콕스에게 자기 궁에 있는 책과 외국 기념품이 가득한 방들을 보여주었다. 하지만 선교사의 비난 어린 시선을 붙잡은 것은 금은으로 된 보물들이었다. 콕스는 홍인간의 세속적인 보물들을 못마땅하게 쳐다보면서 이 옛 친구에게 말했다. "아! 당신은 이제 변해서 부를 갖고 있네요. 나는 예전 그대로여서 평화를 갖고 있지요."[45]

홍인간의 얼굴에 그림자가 드리워졌다. 그리고 이렇게 말했다. "땅에는 왕이 많이 있지만, 하늘에는 그들의 자리가 없지요."

11장
교차

1853년 카를 마르크스는 태평천국의 반란이 중국 내에서 영국 무역을 마비시켜 "현재의 산업 시스템의 과부하 걸린 광산에 불을 댕길" 것이라고 예측했지만, 완전히 틀린 말을 한 셈이었다. 실제로는 태평천국 반란기에 영국의 대중 무역은 증가했고, 단지 프레더릭 브루스의 반란군과의 무역 금지령이 있었을 뿐이다. 상하이, 광저우를 비롯한 조약항들의 중국 상인들은 여전히 면직물과 인도 아편을 구입하고 차와 비단을 팔았으며, 거래량도 전반적으로 증가했다. 모든 예측과 기대를 뒤엎고, 심지어 상하이 주변 지역이 전쟁에 휩싸였을 때도 영국 무역은 증가했다. 지역 교통망이 마비되면서 결국 중국 상인들은 차와 비단 재고를 외국인에게 팔아 수출할 수밖에 없었던 것이다. 그래서 1860년 태평천국군이 장쑤성을 휩쓸고 지나간 뒤에도, 심지어 영국인들이 상하이에서 태평천국군에게 발포한 후에도 비단 수출량은 줄어들지 않았을 뿐만 아니라, 오히려 이듬해에 30퍼센트나 증가했다.[1] 결국 중국 내전은 영국의 세계 무역 지배력을 무너뜨리기에는 역부족이었다. 적어도 중국 내전만 맹위를 떨치고 있던 시기에는 그랬다. 그러나 1861년 여름 미국에서 내전이 일어나자 영국의 세계 무역 지배력은 마침내 흔들리기 시작했다.

영국의 정책 입안자들이 1861년 봄여름에 청나라 붕괴 가능성에 직면해 있는 동안, 세계 반대편에서는 미국이 또 다른 피비린내 나는 분열의 길로 치닫고 있었다. 그레이 백작은 상원의원들 앞에서 "한 아시아 정부를 무너뜨리는 것은 쉽지만 그 정부를 대체하는 것은 그리 쉽지 않다"고 경고한 바 있는데, 이 연설이 있었던 것은 미국 앨라배마주 몽고메리에서 아메리카남부연합이 수립된 지 겨우 열흘이 지났을 때였다. 그해 3월, 호프 제독이 중국 반란군과의 관계를 트고 있을 때 워싱턴에서는 에이브러햄 링컨이 대통령에 취임했다. 안후이성에서 후난군과 태평천국군 사이의 교전이 격화되던 4월에는 미국의 11개 주가 미연방에서 탈퇴한 상태였다. 그리고 1861년 7월, 포초와 증국전이 안칭 외곽에서 수천 명의 반란군 포로를 학살하느라 분주할 때 버지니아주 머내서스 인근의 불런에서는 미국 남북전쟁의 첫 번째 주요 전투가 벌어졌다.

영국은 그 두 전쟁 사이에 갇혀 있었다. 미국과 중국은 영국의 양대 시장이었고(중국은 직거래 시장이기도 했고 인도를 경유하는 시장이기도 했다), 영국 산업의 핵인 랭커셔의 섬유 공장들은 이 두 나라의 안정에 생계가 달려 있었다. 이 영국 공장들은 원면의 4분의 3을 미국 남부에서 조달했고, 완제품의 거의 절반이 극동 지역에서 판매되었다.[2] 다가오는 미국 면화 공급의 감소는 정치권에 영국의 국내 제조업 경기가 무너질 것이라는 매우 현실적인 두려움을 불러일으켰다.(아메리카남부연합의 많은 사람은 이런 두려움 때문에 영국이 자신들을 도와 미국 전쟁에 참전하기를 기대했다.) 실제로 영국의 창고들은 그 운명의 해인 1861년에 들어섰을 때 원면을 가득 쟁여놓고 있었지만, 장차 닥칠 혼란에 대한 두려움이 머지않아 가격을 폭등시키면서 이 산업은 아시아에서 수익을 낼 가능성을 상실했다. 중국인들은 직접 면화를 재배하고 가공했지만 공업화된 영국인들은 미국 남북전쟁이 발발하기 전에는 면직물을 저렴한 가격으로 팔 수 있었는데, 남북전쟁 발발 후에는 영국산 면직물의 가격이 너무 올라 중국인들이 외부에서 사들이는 것을 중단했다. 결국 영국의 대중국 수출은 급감했고, 섬유 무역은 1861년부터 1862년까지 가치의 3분의 2를 잃고 계속 감소했다.[3] 영국 공장들이 줄줄이 문을 닫기 시작했고, 1862년 11월에는 랭커셔의 실업률이 60퍼센트에 달했다.[4] 면직물 기근이 시작되었다.

면직물은 전체 상황의 일부분에 불과했다. 전통적으로 미국인들은 영국 상인들이 중국에서 사들인 녹차의 3분의 2를 소비했다. 그러나 수요 감소로 영국 상인들은 재고를 국내 시장에 쏟아부어야 했고, 그 결과는 뻔했다.[5](상하이의 한 영국 상인은 간결하게 이렇게 말했다. "본국의 차 시장은 결딴났다.")[6] 만일 중국 무역이 별도로 분리된 것이었다면, 영국은 미국에서의 전쟁 발발을 대수롭지 않게 여기며 버틸 수도 있었을 것이다. 영국이 중국의 혼란에 휘말려 있을 때도 미국은 계속 평화로웠듯이 말이다. 그러나 영국에게는 미국과 중국 두 나라의 시장이 매우 깊고 밀접하게 연결되어 있어서, 1861년 늦봄 무렵의 두 전쟁의 동시 발발로 영국 경제는 파탄 위기에 처했다.

하지만 이 위기에 대한 잠재적 방어책이 있었다. 엘긴의 조약으로 새로 개항한 중국 항구들은 아직 정체되어 있긴 하나 장래성이 있었다. 영국과 밀접한 시장들(미국과 중국의)에서 그런 손실이 생기면서 새로운 시장들을 찾으려는 노력이 있었고, 중국 내 무역을 확대하는 것이 가장 가능성 있는 방법으로 보였다. 단순한 수입-수출이 아니라 조약항들 간, 특히 장대한 양쯔강의 조약항들 간 수입-수출을 확대하는 것이었다. 양쯔강에서는 외국 증기선이 돛과 노를 사용하는 중국인들의 배보다 경쟁에서 훨씬 더 유리한 위치를 점할 수 있었다. 미국 남북전쟁의 발발로 중국의 조약항들이 영국의 무역 경제 붕괴를 막아줄 수 있는 미개발 자원으로서 새로운 중요성을 띠게 되었다. 그런데 어쩌다보니 그 항구들은 중국 전쟁 지역의 한복판에 위치해 있었다. 미국이 점점 더 깊은 혼란에 빠지면서, 이 상황은 영국이 이전에 중국에서 취했던 느긋한 정책에 대한 재평가를 촉발했다. 간단히 말해서, 더이상 기다릴 시간이 없었다. 영국은 중국에서 수익성 있고 성장 가능한 시장을 확보해야 했고, 적어도 초기에는 그 성장으로 가는 가장 직접적인 경로가 지금껏 영국이 무역 관계를 맺지 않았던 반란군에게 있는 것처럼 보였다.

대부분의 영국인에게 중국은 아득하고 낯설었다. 그러나 미국은 조사이아 태트널이 하이허강에서 투지 넘치게 말했듯이 피로 이어져 있었다. 그래서 10년째 이어지고 있던 중국 내전에 영국이 천천히 대처했던 것과는 대조적으로, 미국과 관련된 일들은 눈 깜짝할 새에 전개되었다. 1861년 4월 17일, 에이브러햄 링컨은 남부연합의 모든 항구를 봉쇄한다고 발표했다. 이는 하나의 전쟁 행위로서, 국제법상 이 분쟁이 단순한 반란이 아니라 내전임을 분명히 한 것이다. 이에 영국 정부는 5월 13일 남부연합의 교전국 지위를 인정한다고 발표했다. 이것은 영국이 미국 남부를 불법적인 반란군이 아니라 권력을 다투는 별도의 정부로 대하겠다는 의미였다. 빅토리아 여왕의 이름으로, 영국은 자국민들에게 양측 사이에서 중립을 지킬 것을 요구했다.

교전국 지위란 무엇보다 남부연합이 영국 은행들로부터 자금을 빌릴 수 있고 영국 제조사들로부터 무기와 전쟁 물자를(포함砲艦까지는 아니더라도) 구입할 수 있음을 의미했다. 남부는 이를 통해 남부연합이 북부의 침략에 맞서 싸우는 하나의 독립 국가로서 공식 인정을 받는 단계로 나아가기를 바랐다. 이를 위해 남부는 영국과 프랑스에 외교관들을 파견해 자신들의 사실상의 주권을 주장했다. 국제법의 원칙은 기대되는 바나 주장되는 바가 아니라 실제 상황에 기반하는 것이기 때문이다. 러셀 경이 말했듯이, "교전국의 권리는 원칙의 문제가 아니라 사실의 문제"였다.[7] 파머스턴과 러셀은 개인적으로 남부의 독립에 공감했으며, 미국의 영구적 분단을 통해 영국이 쥐고 있는 세계 무역 패권에 대한 위협이 줄어들기를 바랐다.

영국에서 중국을 지켜보는 사람 모두의 눈에 유사점이 분명해 보였고, 영국 왕실이 남부연합에 교전권을 부여한 바로 그날 런던의 『타임스』는 태평천국에도 유사한 권리를 부여해야 한다는 사설을 실었다. 공친왕 휘하의 베이징 외교 기관이 설립된 데다(『타임스』는 이를 엘긴이 "그 수도의 문을 시끄럽게 두드린" 데 따른 기쁜 결과라고 보았다), 『타임스』의 바람대로 호프 제독의 난징 방문을 통해 반란군과의 무역 가능성이 커짐에 따라, 영국이 중국 내 두 세력과 동시에 생산적이고 우호적인 무역 관계를 발전시킬 수 있을 듯 보였다. 『타임스』는 이러한 상황이 중국에서 "위대한 미래 운명을 향한 첫걸음"이 될 것이라고 생각했다.

『타임스』 편집자들의 주장에 따르면, 양측과 수익성 있는 무역 관계를 맺는 관건은 영국이 중립을 유지하는 것이고, 중립의 관건은 태평천국이 남부연합과 마찬가지로 단순한 반란이 아니라 대립하는 하나의 정부임을 공식적으로 인정하는 것이었다. 『타임스』는 난징의 천왕을 언급하며 이렇게 썼다. "우리는 남부의 수도에서 왕좌에 앉은 지 이제 10년이 된 이 사실상의 군주가 적어도 교전권을 인정받기를 바란다." 도덕적 문제와는 별개로, 그들은 이러한 인정이 중국에서의 영국 무역의 미래를 위한 실질적인 필수 요건이라고 보았다. "천왕은 중국의 그 거대한 물길을 장악하고 있으며, 우리는 그와 협상하든 싸우든 해야 한다. 전자가 쉬워 보이고, 후자는 미친 짓일 것이다."[8]

2주 후인 5월 31일, 그리녹 출신의 스코틀랜드 하원의원 알렉산더 던롭은 하원에서 태평천국 통치 지역 내에서 태평천국의 주권을 인정할 것을 정부에 촉구하는 건의안을 제출했다. 여기서 그는 태평천국을 중국 내 "여러 성의 사실상의 통치자"이자 "두 경쟁 세력" 중 하나라고 일컬었는데, 이는 태평천국을 하나의 교전 세력으로 규정하는 핵심 표현이었다. 또한 그는 중국 내 영국인들에게 양측 사이에서 엄격하게 중립을 지키도록 명할 것을 정부에 요구했다. 이는 미국과 관련해 막 발표된 정책과 일치하는 것이었으며, 예컨대 프레더릭 브루스가 영국 상인들과 태평천국 사이의 무역을 금지할 수도 없고, 태평천국군이 청나라가 장악한 도시를 공격했을 때 호프 제독이 개입할 수도 없음을 의미할 터였다. 또한 이것은 영국 상인들이 중국 반란군에게 라이플총, 군수 물자, 비무장 증기선을 자유롭게 판매할 수 있게 되리라는 것을 의미했다.(건의안 작성자는 이것은 자신의 의도가 아니라고 말했지만.) 포함은 또 다른 문제로, 외국입대법에 의해 여전히 금지되어 있었다.(하지만 미국의 남부연합은 이미 그 정책의 허점을 파악하고 있었다.) 파크스와 호프가 요구하는 상하이 반경 50킬로미터는 강제력이 없을 터였다. 그리고 태평천국을 교전국으로 인정하는 것은 미국의 경우처럼 그 세력을 하나의 독립국으로 인정하는 데 한 걸음 다가가는 것이었다.

러셀 경이 지난 몇 달 동안 여러 차례 강조한 바에 따르면, 던롭이 촉구한 그런 중립 정책은 줄곧 영국의 행동 강령이었어야 했다. 그러나 의회에 그런 건의안이 제출되었다는 것은 정해진 정책과 중국 현지의 현실이 매우 다를 수 있다는 의심을 품는 하원의원이 많아졌음을 보여주었다. 던롭은 연설 서두에서, "중국의 우리 대표들의 반란군에 대한 중립 선언이 제대로 지켜지지 않고 있음을 보여주는 사례는 충분했다"고 비판했다. 그가 보기에 남부연합과 태평천국의 유사점은 너무나 분명했다. 그는 이렇게 주장했다. "태평천국군은 긴 시간 동안 중국 황제와 성공적으로 전쟁을 치러왔으며, 미연방에서 탈퇴한 남부 주들과 마찬가지로 교전국으로 인정받을 자격이 있었습니다."[9]

던롭은 반란군과의 좋은 관계를 희생하면서까지 영국이 중립을 어긴 사례들을 장황하게 늘어놓았다. 예를 들면 1858년 엘긴이 배를 타고 지나가면서 난징에 발포한 것, 1860년 프레데릭 브루스가 청나라 정부로부터 상하이 방어 비용에 충당할 자금을 받은 것 등이었다. 던롭이 교묘하게 "용병"이라는 말을 쓰지 않고 주장한 바에 따르면, 후자의 사례는 중국 황제가 "우리 여왕을 자신의 가신들 중 한 명으로, 중국 방어를 위한 군대를 제공하고 마치 속국 군주처럼 황제로부터 보수를 받는 존재로 여기게" 만들었다. 또한 그는 프레더릭 브루스가 영국 상인들에게 태평천국과 교역하는 것은 국제법 위반이라고 경고한 것을 언급했다. 던롭의 말에 따르면 "그런 원칙은 분명 미국 남부의 연방 탈퇴 주들에는 적용되지 않았으며, 영국인들은 사우스캐롤라이나주와 교류하는 것에 대해 경고를 받은 적이 없었다". 던롭이 바라는 바는 오로지 영국이 공언한 중립 정책이 잘 이행되는 것뿐이었다. 던롭은 이렇게 말했다. "경으로부터 중국에서 불개입 정책이 추진될 것이라는 확언을 받는다면 저는 기꺼이 제 안건을 철회할 것입니다."[10]

던롭은 강력한 지지를 받았다. 또 다른 스코틀랜드 하원의원인 글래스고의 월터 뷰캐넌은 영국이 "우리가 유럽과 미국에서 우리 정책의 핵심이라고 공언한 원칙, 즉 불간섭 원칙을 중국에도 적용해야 한다"는 데 동의했다. 그는 중국 주재 영국 공사가 왜 청나라 정부에 그렇게 명백히 편향되어 있는지에 대해 의문을 제기하면서 이렇게 말했다. "옛 제국이 무너지고 강력한 새로운 세력들이 진보와 문명을 놓고 서로 경쟁하는 상황이 펼쳐지고 있는데, 우리가 그중 가장 약하고, 가장 부패했고, 가장 계몽되지 못한 세력에게 애착을 가져야 한단 말인가?" 태평천국은(여기서 그는 홍인간의 영향을 언급했다) "서구 문명의 영향을 인정하고 수용"했으며, "새로운 사상에서 벗어나 있지도 않고, 만주족의 특징인 다른 민족들에 대한 냉담과 경멸에 빠져 있지도 않은" 것으로 드러났다. 말하자면 태평천국은 중국 내의 진보 세력이었고, 영국의 동조를 얻을 만한 세력이 있다면 그것은 바로 태평천국이

어야 했다.[11]

태평천국의 주권 문제에 대해서, 또 다른 스코틀랜드 하원의원인 몬트로즈버그스 출신의 윌리엄 백스터는 태평천국 반란군을 "여기저기 떠돌아다니며 살인과 폭행을 저지르는", "정상적인 정부나 안정적인 장소를 갖고 있지 않은", "그냥 단순한 강도이자 약탈자들"로 폄하하는 영국인들을 비난했다. 실제로 그는 다음과 같이 주장했다.(이것은 사이크스, 스카스를 비롯한 런던의 태평천국 지지 선전자들이 메시지를 전달하고 있다는 신호였다.) "진실은 그들이 중국에서 가장 부유하고 생산적인 6개 성을 점령했다는 것이다. 〔파머스턴은〕 단 몇 주 동안 별도의 세력으로 존재했을 뿐인 미국 남부 주들의 교전권을 인정했기 때문에, 무려 8년 동안 중국의 드넓은 지역을 지배한 태평천국의 교전권을 인정하지 않을 도리가 없다는 것을 알고 있었습니다."[12]

또한 백스터가 청중에게 상기시켰듯이, 태평천국은 만주족이 베이징에서 했던 것처럼 외국인에게 잔혹 행위를 저지른 적도 없었다.

러셀과 파머스턴은 신중했다. 결국 영국이 중국 반란군과 수익성 있는 무역을 할 수 있다는 희망은 반란군이 실제로 자신들의 영토 내에서 통치하고 질서를 유지할 수 있다는 점을 전제로 했고, 프레더릭 브루스의 의견에 영향을 받은 그들 중 누구도 이러한 전제를 받아들일 준비가 되어 있지 않았다. 그래서 그들은 태평천국을 인정하는 안건이 무의미하다고 반박했다. 중국에서 중립성이 침해된 적이 없었고, 앞으로도 없을 것이라고 그들은 주장했다. 러셀은 방금 받은 호프 제독의 성공적인 첫 번째 난징 방문 소식을 전했고, 영국 군대는 상하이에서 그랬듯이 태평천국이 다른 조약항들에 접근하는 일을 막지 않을 것임을 호프가 태평천국 왕들에게 약속하는 내용을 인용했다. "그것이 중립 아닌가요?" 러셀이 물었다. (호프와 파크스가 상하이 반경 50킬로미터를 요구하고, 다른 조약항들에까지 그것을 확대하려 했던 2차 협상은 아직 영국에 알려지지 않은 상태였다.) 러셀은 태평천국군이 청국군보다 인도적이었다는 백스터의 말을 비웃으면서, 상대방이 오히려 일종의 동조자일 수도 있다고 암시했다. 러셀은 히죽거리며 이렇게 말했다. "자, 제가 의원님보다 훨씬 더 중립적이네요. 저는 중국 문명을 별로 동경하지 않았고, 중국인들의 인간성에 대해서는 더욱 그랬습니다."[13]

그러나 러셀은 좀더 유화적인 어조로, 영국이 중국에서 중립 정책을 포기하는 것은 불가능하다고 말했다. 그리고 미국과 비교한 지적에 응하며 이렇게 말했다. "그게 우리가 다른 나라에서 추구해온 방향이며, 중국에서 그것을 추구하지 않을 이유를 저는 알지 못합니다." 그는 청나라가 태평천국을 진압하거나 태평천국이 청나라를 완전히 전복시키는 것은 "가능성 없다"고 봤지만, 논쟁 상대들의 생각에 동의한다는 뜻을 다음과 같은 말로써 밝혔다. "우리는 이쪽도 저쪽도 편들지 말아야 합니다. (…) 우리 여왕 폐하의 정부는 언제나 중립을 지지한다는 것을 저는 의원님께 확실히 말씀드릴 수 있습니다."[14] 파머스턴 경은 "우리 정책은 엄격하고 성실하게 중립을 지키는 것"임을 다시 한번 밝히며 논쟁을 마무리했다. 호프 제독과 태평천국 사이의 새로운 협정이 "태평천국이 점령하고 있는 이 중국 지역들과의 무역이 제대로 보호받고 아무 방해도 받지 않도록" 보장해줄 것이라고 그는 단언했다. 영국은 청나라 정부와 반란군 모두와의 무역 증가로 이득을 볼 것이며, 따라서 둘 중 어느 쪽에 대해서든 신의를 저버림으로써 얻을 게 없었다. 그러므로 이 안건은 불필요했다.[15]

던롭은 만족하여, 약속대로 안건을 철회했다. 『타임스』는 이 토론을 성공적인 것으로 평가해, "우리가 분명 중국의 재건 방법을 알고 있다 하더라도, 이 문제에 절대 개입하지 않는 것이 어느 모로 보나 바람직하다는 보편적 합의"를 이루어냈다고 보았다.[16]

한편 이수성의 반란군은 아무런 저항도 받지 않고 저장성을 통과하고 있었다. 저장성의 성도 항저우는 1861년 12월 말에 8주 동안의 포위 공격 끝에 태평천국군에 함락되었다. 이 포위 작전은 증국번의 안칭 포위 작전보다 훨씬 더 신속하고 효과적이었는데, 이는 성안에 230만 명의 사람이 있어서 기아가 빨리 닥쳤기 때문이기도 했다.[17] 12월 13일경 식량이 바닥나, 방어 부대는 기마병의 말들과 짐 운반용 동물들을 잡아먹고 민간인들은 식물 뿌리들과 나무껍질을 삶아 먹었다.[18] 12월 29일에 주민들이 성문을 포기했는데, 당시 상황은 안칭 때와 비슷해서, 거리거리에 수천 명의 아사자가 있었다. 그러나 안칭과 비슷한 상황은 거기까지였다. 함락 전 이수성의 병사들은 주민들을 해치지 않을 것이며 태평천국에 합류하든 자유의 몸이 되든 선택권을 주겠다는 메시지를 담은 화살들을 성안으로 쏘아 보냈다.[19] 이 전술은 대체로 효과가 있었던 듯하다. 일주일 뒤에 그 도시는 함락되었고, 항저우 부근에 있던 한 청나라 충성파는 좌절감을 느껴 이렇게 썼다. "충왕이 주민을 해치지 말라는 명령을 내렸기 때문에 주민들은 충왕의 군대에 맞서 싸우는 것을 돕지 않았다. (…) 그래서 주민들 누구도 반란군에게 고통당하지 않았고, 주민 모두가 오히려 자신들이 겪은 고통에 대해 청국군을 비난했다."[20] 이 목격자가 전한 바에 따르면, 항저우에서 일어난 대부분의 폭력 행위는 반란군의 소행이 아니라 청국군 스스로 행한 일이었다. 이 요새 도시의 만주족이 스스로 몸을 불사르고 한족 제국 관리 다수가 스스로 목을 베었지만, 일반인들은 이 도시가 함락되는 과정에서 비교적 적은 피해를 입었다.[21]

이수성은 안칭에서 증국번의 만행으로 민심이 흔들렸다는 사실을 알고 있었고, 항저우에서 태평천국군이 도덕적 우위를 점하도록 애썼다. 과거에 태평천국군이 만주족 대량 학살을 자행했던 것과 대조적으로, 이수성은 항저우의 만주족과 관리들에게 자유롭게 풀려나는 선택권을 주었지만, 많은 사람이 자살을 택했다. 저장성 순무는 태평천국군이 성안으로 들어오자 항저우의 저택에서 목을 맸지만, 이수성은 그 남자의 시신을 상하이로 옮겨가 엄숙하게 장례를 치르도록 비용을 지불했고, 심지어 그의 관복과 관모까지 함께 관에 넣는 등 세심한 주의를 기울였다.[22] 그는 그자의 충성심에 감탄했기 때문이라고 말했다. 적어도 한 청나라 관리는 반란군 장군이 뜻밖에도 이렇게 예를 갖추는 것을 보고 충격을 받았다. "야만적인 늑대가 어떻게 그런 감정을 가질 수 있을까?"[23] 그는 이렇게 의아해했다.

항저우는 저장성의 성도였고, 따라서 저장성의 핵심이었으며, 저장성의 상실은 중국 동부에서 청나라의 전망을 어둡게 하는 타격이었다. 그러나 어떤 면에서는 태평천국이 동시에 수행한, 더 작은 해안 도시 닝보에 대한 군사 작전이 훨씬 더 중요했는데, 닝보가 조약항이기 때문이었다. 태평천국군은 난징에서 파크스, 호프와의 협상이 있은 후 처음으로, 태평천국군의 길을 막지 않겠다는 그들의 약속이 지켜지는지 시험해보았다. 닝보는 상하이 정남쪽에 위치한 곳으로, 항저우만을 사이에 두고 상하이와 마주하고 있었다. 상하이에서 닝보까지는 배로는 약 160킬로미터 거리였고, 육로로는 그보다 두 배 정도 거리였다. 육로를 이용한다면 항저우까지 갔다가 거기서 다시 닝보로 방향을 틀어야 했기 때문이다. 닝보가 상하이와 워낙 가까워서, 닝보의 청나라 관리들은 외국인들이 자신들도 방어해주기를 바랐고, 오래전부터 프레더릭 브루스에게 닝보에 영국군을 보내달라고 간청하고 있었다. 그러나 브루스는 본국 정부가 논란거리인 상하이 방어를 되풀이하길 원치 않는다는 것을 알고 있었다. 그는 닝보 주재 영사에게 편지를 보내, 내전이 그 도시에 닥칠 경우 "우리는 이 내전에 관여하지 않는다"는 뜻을 분명히 밝히라고 말했다.[24] 그러나 동시에 호프 제독에게도 편지를 보내, "우리가 닝보 보호를 책임질 수 있다고는 생각지 않"지만, 그 도시에서 영국의 해군력을 과시하는 것을 "이 내전에서 괜한 의혹을 사는 일 없이" 해낼 수만 있다면, 그로써 반란군을 겁먹게 할 수 있으리라 생각한다고 밝혔다.[25]

호프 제독은 그 명령을(그리고 자신이 태평천국군 지도자들에게 한 약속을) 자기 마음대로 해석했다. 1861년 5월, 태평천국군이 저장성의 다른 지역들과 함께 닝보를 겨냥하고 있다는 것이 분명해지자 그는 그들을 단념시키기 위해 14문의 포를 장착한 인카운터호에 로더릭 듀 대령을 태워 보냈다. 듀는 상하이에 가장 가까이 있는 태평천국군 지휘관들과 접촉해, 파크스가 지난 3월 영왕의 한커우 공격을 단념시키는 데 성공했을 때 했던 바로 그 일을 할 예정이었다. 즉, "닝보를 점령하고 파괴하는 것은 영국의 무역에 엄청난 해를 끼치게 되리라는 것을 그에게 지적"할 예정이었다. 호프는 듀에게, 영국 외교관들이 난징의 태평천국 지도자들과 소통할 때까지 "그 도시에 대한 모든 적대 행위를 중단하라"고 태평천국 장군에게 경고할 것을 지시했다. 더욱 교활하게, 그는 영국이 반란군의 조약항 장악에 반대하지 않을 것이라는 자신의 약속에도 불구하고 파크스는 입 밖에 내지 않았던 바로 그 위협을 입에 담았다. 호프는 듀에게 이렇게 말했다. "무력에 의지할 필요성을 확언하지는 말고, 그냥 작년에 상하이에서 있었던 일을 상기시키기만 하라."[26]

태평천국군이 닝보에 접근하지 않게끔 경고한 뒤, 듀는 그 조약항으로 가서 그곳의 청나라 관리들을 도와 "반란군의 점령을 가로막는 방해물들을 배치"하는 데 착수할 예정이었다. 중립 정책의 정신에 대한 단 하나의 인정으로서, 호프는 듀에게 반란군을 상대로 한 영국의 무력 위협은 일종의 허세이며, 태평천국군이 사태를 그 지경까지 몰고 가더라도 듀는 그들을 상대로 "실질적 전투"를 개시해서는 안 된다고 상기시켰다. 그러나 호프는 그러한 제한조차 일시적일 수 있다고 생각하는 듯했다. 그가 듀에게 닝보에서 "그곳의 방어에 충분하다고 생각되는 유럽 보조 병력의 규모"를 보고해달라고 요청했기 때문이다.

그럼에도 불구하고 사이크스, 그레이, 던롭, 백스터 등이 의회에서 벌인 논쟁은 효과가 있어서, 러셀 경은 약속을 지켰다. 그는 브루스에게 보낸 7월 24일자 편지에서 호프가 듀에게 내린 명령을 공식적으로 승인했지만, 말 그대로, 허세의 의미로서, 그리고 오직 허세의 의미로서만 승인했을 뿐이었다. 그는 만약 태평천국군이 조약항들에 가까이 접근하지 않는 것을 기꺼이 받아들인다면 청국군 역시 그 항구들을 반란군 공격의 안전 기지로 사용하지 않는 데 동의할 수 있을 것이며, 결국 영국 무역에 해를 끼치지 않도록 충돌을 피할 수 있을 것이라는 강력한 (그리고 근거 없는) 희망을 피력했다. 그러나 브루스의 편지나 호프의 편지에도 청나라 정부는 그 항구들을 그처럼 중립지대로 다루는 데 동의할 것임을 보여주는 내용이 전혀 없었다. 어쨌든, 비록 러셀이 호프의 명령서를 승인하긴 했지만, 러셀의 답변에는 호프가 전투를 개시할 구실을 찾고 있다는 그의 인식이 반영되어 있었다. 러셀은 브루스에게 보낸 편지를 다음과 같이 엄중한 경고로 끝맺었다. "하지만 여왕 폐하의 정부는 영국 국민의 생명과 재산을 실질적으로 보호하기 위한 경우를 제외하고는 어떤 때에도 반란군에 대한 무력 행사를 원치 않는다는 것을 당신은 이해할 것입니다." 2주 후, 그는 정부의 중립성 요구를 더 분명히 드러냈다. 영국인들을 "고문이나 사형"에서 구출하는 것 말고는, 중국의 영국 군대는 "중국 내전에 대한 모든 간섭을 삼가야" 한다고 쓴 것이다.[27]

그러나 제임스 호프와 프레더릭 브루스는 이미 그 정책이 바뀔 가능성을 꾀하고 있었다. 6월 16일, 브루스는 호프에게 편지를 써 "닝보를 보존하는 것이 유리하다는 데 전적으로 동의한다"고 말했지만, "내 방침이 그 목적을 위해 내가 무력을 사용하는 것을 정당화해주지는 않는다"고 인정했다.[28] 그는 시간이 가면 중립 정책이 꺾일지도 모르니 호프에게 인내심을 가지라고 요구했다. 그의 언급에 따르면, 태평천국군은 그해의 남은 날 동안 상하이를 피하겠다고 약속했고, 그때쯤이면 런던의 정부가 반란군의 파괴 행위에 대한 그의 보고를 고려해 불개입 정책을 재고하게 될지도 몰랐다. 만주족 정부는 분명 반란 자체를 진압하기에는 너무 약했지만, 태평천국군이 승리한다면 그들이 영국의 이익에 훨씬 더 나쁘게 작용하게 되리라 우려된다고 그는 호프에게 말했다. 왜냐하면 태평천국군은 "극단적 허세"로 가득 차 있는 데다, 틀림없이 "기존 왕조보다 더 다루기 힘들고 제어하기 어려울 것"이기 때문이었다.

브루스는 이제 공공연하게 생각을 드러내고 있었다. 어쩌면 영국은 중국이 태평천국군에게 넘어가는 것을 그냥 방관하고 있을 필요가 없었다. 다른 방법이 있었다. 호프가 처음 양쯔강을 거슬러 올라갈 때 구상했던 방법으로, 영국이 모든 조약항을 접수해 직접 보호하는 것이었다. 브루스는 인상적인 논리 왜곡을 통해, 의회의 중립 의지를 저버리지 않고도 이를 실현할 수 있다고 추론했다. 조약항들에서 발생하는 관세는 청나라가 영국에 전쟁 배상금을 지불하는 데 사용되고 있었고, 따라서 조약항들의 지속 가능성에 영국의 직접적인 국가 이해가 걸려 있었다. 만약 반란군이 조약항들을 점령해 청나라 정부의 무역 수입을 끊어버린다면 청나라는 배상금을 갚지 못하게 될 테고(아직 남아 있는 배상금이 수백만 냥에 달했다), 따라서 반란군은 사실상 영국의 고정 수입원을 끊어버리는 셈이 될 것이다. 이는 영국에 대한 전쟁 행위나 마찬가지였다. 그런 상황에서, 브루스는 영국이 기술적으로 계속 중립을 유지하면서도 반란군으로부터 조약항들을 방어할 수 있을 것이라고 생각했다.

다소 무모한 결론에 도달한 후 브루스는 호프에게 영국 무장 함대 전체를 난징으로 보내는 것이 가능할지 물었다. 영국은 중국에 조약항 모두를 방어하기에 충분한 병력을 두고 있지 않았으므로(사실 이 무렵 상하이의 영국 병력은 800명 미만이었고, 그나마도 대부분이 인도인이었다),[29] 어쩌면 반란군을 조약항들로부터 떼어놓기 위해 호프의 해군력이 "반란군 수도에 대한 응징을 위협"할 수도 있을 것이었다.

칭찬할 만하게도, 7월 11일에 호프 제독은 난징 공격이 "가장 현명치 못한 행위일 것"이라고 답했다.[30] (러셀은 두 달 뒤 브루스의 편지를 읽으면서 격하게 동의했다.) 하지만 호프의 이유는 순전히 현실적인 것이었다. 그는 브루스에게 난징의 규모가 해군의 공격에도 영향이 없을 만큼 크기 때문에 영국이 대규모 상륙군을 투입해야 할 것이라고 설명했다. 설령 그렇게 하더라도 그러한 공격은 반란군을 내륙으로 더 깊숙이 몰아넣는 데나 성공하게 될 뿐, 반란의 전반적인 흐름에는 아무런 영향을 미치지 못할 것이었다. 태평천국 왕들이 난징에 남아 있는 한, 영국은 적어도 그들과 협상은 할 수 있다고 호프는 생각했다. 그리고, 그가 그렇게 말하지는 않았지만, 이 문제에는 또 다른 측면이 있었다. 호프는 해군력의 한계를 잘 알고 있었던 것이다. 영국의 포함들이 태평천국이 소유한 어떤 종류의 배보다 월등하다는 데는 의심의 여지가 없었지만, 그 포함들은 물길 바로 근처 지역들에 대한 지배력밖에 확보해주지 못했다. 만약 대규모 태평천국군이 육지에서 영국군과 교전하게 된다면 어떤 일이 벌어질지 아무도 알 수 없었다.

호프 제독의 지시를 따라 듀 대령은 반란군과 청국군 사이에서 섬세한 줄다리기를 시작했다. 먼저 그는 6월에 배를 타고 닝보로 가 그 도시의 방어 체계를 점검했다. 그는 방어 체계가 형편없다는 것을 알게 되었다. 수비대는 고작 1000명의 오합지졸일 뿐이었고, 성벽 위의 낡은 포들에는 탄알이 없었다. 그는 청국군 지휘관에게 방어 체계 강화를 위한 권고 사항의 긴 목록을 남겼고, 상하이에서 32킬로미터쯤 떨어진 칭푸의 태평천국군 수비대를 방문하기 위해서 배를 타고 상하이로 돌아왔다가 다시 강과 운하들을 따라 내륙으로 들어갔다. (태평천국군이 칭푸에 있는 것은 50킬로미터 반경을 침범한 것으로 간주되지 않았는데, 파크스가 난징에 가기 전에 이미 그들이 그 도시를 점령했기 때문이다.) 프레더릭 타운센드 워드가 재편한 용병 부대는 듀가 도착하기 직전에 칭푸를 공격했고, 듀가 그 도시에 접근했을 때 예상대로 총격을 받았다. 적대적인 분위기를 감지한 듀는 상하이에서 약 80킬로미터 떨어진, 닝보 건너편의 만 연안에 위치한 도시 자푸의 군 주둔지를 방문했다. 듀의 통역관은 그곳의 반란군 장교들을 "산뜻하기 이를 데 없는 색깔의 비단으로 멋지게 차려입었지만 모두 더럽고 병들어 있었으며, 팔은 금팔찌와 부스럼 딱지로 뒤덮여 있었다"며 과도하게 극적으로 묘사했다. 듀가 만나본 첫 태평천국군 장교는 태평천국과 외국인들 사이의 우호관계에 대해 상세히 설명했고, 듀에게 자신의 노란색 두건을 씌우려 했다.[31] 이튿날 그는 담당 장교를 만났는데, 그는 상하이나 닝보를 공격할 계획이 없다고 말했고, 듀에게 총과 화약을 요청했다. 그는 듀에게 태평천국 도시들에 총을 팔러 오는 외국인이 많다고 말했다.

이 태평천국군 지휘관들을 떠난 듀는 닝보의 성벽 강화를 돕기 위해 상하이의 영국 무기고에 있었던 대형 대포 12문을 가지고 다시 닝보로 갔다. (호프가 생각하기에, 그 대포들을 영국군이 실제로 작동시키는 것이 아니라면 이 일이 중립 정책에 위반되진 않을 것 같았다.) 듀는 자신이 없는 동안 지역 당국이 "성벽면의 잡초를 뽑는 것 외에는" 도시 방어를 위한 준비를 전혀 하지 않았다는 것을 알게 되었다. 그들은 그의 권고 사항을 완전히 무시했고, 심지어 성벽 위의 기존 대포들에는 여전히 화약이나 포탄이 없었다. 하지만 첫 방문 때 듀는 닝보의 청국군 지휘관에게, 영국군이 그 도시의 방어를 맡는 것을 허락하는 명령이 떨어질 것으로 기대한다고 털어놓았던 만큼, 청국군이 그 도시를 스스로 지키려 하지 않는다면 그에게도 어느 정도는 책임이 있었다.[32] 호프 제독은 닝보의 한심한 상황을 알게 되자, 영국이 청나라 정부와 협력하는 것은 무의미하다고 결론 내렸다. 나중에 그는 해군 본부에 편지를 보내, 듀 대령이 "무력을 사용하는 것만 빼고" 그 도시의 방어를 위해 청국군을 도울 수 있는 일은 다 했지만, 그의 지원은 "고관들의 비겁함과 무능 때문에 (…) 완전히 무용지물이었다"고 밝혔다.[33]

반란군이 다가오자 닝보는 텅 비어버렸다. 떠날 방도가 있는 사람은 다 떠났다. 청나라 고위 관리인 도대는 작은 증기선을 구입해 가족과 재산을 실은 채 앞바다에 정박시켰다. 그러나 도시 방어를 책임지고 있는 지휘관은 이 문관과 함께 탈출 대열에 합류할 수 없게 되자, 도대가 떠나지 못하도록 방해하라고 부하들에게 명령하는 것으로 보복했고, 결국 도대의 배는 그의 가족만 태운 채 상하이를 향해 출발했다. 11월 12일에 새로 도착한 영국 영사 프레더릭 하비는 한 편지에서 이렇게 썼다. "그 도시는 마치 사막 같았고, 눈에 보이는 활동은 오직 해운뿐이었다. 외국 증기선들이 빠르게 그 항구를 떠나고 있는 중국인 주민들을 엄청난 속도로 상하이로 실어 나르느라 바빴다."[34] 11월 20일, 외국 당국들은 중국어에 능통하지 않은 그 도시 내 모든 선교사에게 보호를 위해 외국인 정착지로 오라고 요청했다. 그곳은 성벽으로 둘러싸인 그 중국 도시 동부의 강 건너편에 있었다.[35]

11월 26일, 반란군이 50킬로미터쯤 떨어져 있는 상황에서 하비 영사는 "지역 당국자들이 완전히 사기가 꺾이고 무력해 보인다"고 보고했다. 12월 2일, 태평천국군은 그 도시에서 도보로 하루밖에 걸리지 않는 거리에 있었고, 영국 분견대 한 명이 급히 달려가 반란군 지휘관들에게 공격 개시를 일주일만 늦춰달라고 요청했다. 그들은 마지못해 동의했다. (반란군이 그 도시에 도착했을 때 인카운터호가 반란군에게 발포해도 된다는 허락이 당도하기를 듀가 바라고 있었던 게 아니라면 영국이 왜 이런 요청을 했는지는 분명치 않다.) 이제 그 도시에 사실상 감금되어 있던 도대는 프랑스 세관장에게 태평천국군과 싸울 외국인 민병대를 조직하면 5만 냥을 주겠다고 제안했지만, 그가 선불을 거부하면서 계획은 무산되었다. 지역 군대의 탈영을 막으려는 누군가의 절박한 시도로서, 중국어로 쓰인 사기성 공보문이 그 도시 곳곳에 나붙었다. 거기에는 영국과 프랑스 군함 여섯 척이 닝보 방어를 위해 상하이로부터 오는 중이며, 600명의 외국 군인을(다소 배은망덕하게도 "검은 악마"라고 묘사된 200명의 시크교도 포함) 태우고 있다고 적혀 있었다.[36]

미루어진 일주일이 12월 9일로 끝나자, 2종대로 이루어진 6만 명의 태평천국군이 깃발과 징과 뿔피리의 소용돌이를 이루며 성문 바깥에 나타났다. 돌격대가 앞서 나아가, 사다리를 끌고 닝보의 해자를 헤엄쳐 건넜다. 그들은 사다리를 성벽에 기대어놓고 "들고양이처럼" 기어올랐다.[37] 수비병들은 뿔뿔이 흩어져 군복을 벗어던지고는 도망가는 민간인들 속에 섞이려 애썼다. 돌격대가 성벽을 넘어가 남쪽과 서쪽의 성문들을 열어젖혔고, 반란군 군대가 성안으로 진입했다. 하비 영사는 곧 이렇게 보고했다. "이제 닝보는 의심할 여지 없이 고스란히 태평천국 군대의 수중에 있다."[38]

그것은 비교적 평화적인 정복이었다. 하비 영사의 예상과 달리 광범위한 학살은 없었다. 또한 청국군이 그 도시에서 도망쳐 나오기에 앞서 불을 지른 것 말고는 화재도 없었다.[39] 어느 정도의 약탈은 있었으나, 반란군이 "굉장한 절제"를 발휘했다고 하비는 놀라워하며 보고했다. 하비는 도대가 영국 배를 타고 상하이로 도주하도록 도운 뒤(그는 잠시 생각해본 다음 그것이 중립 위반에 해당되지 않을 것이라는 판단을 내렸다) 미국과 프랑스의 영사들과 함께 외국인 조계지에서 배를 타고 강을 건너 한족의 도시로 갔고, 거기서 12월 4일에 두 명의 태평천국군 지휘관을 만났다. 그 지휘관들은 전장에 있을 때 그랬던 것처럼 우호적이었고, "모든 외국인과 우정 및 친선을 유지하는 것이 소망"이라고 말했다. 외국인들은 청나라 정부 치하에서와 같은 무역과 주거의 특권을 기대한다고 말했고, 점령 기간에 어떤 유럽인이나 미국인도 피해를 입어서는 안 된다고 말했다. 반란군 지휘관들은 적극적으로 동의했고, 외국인 시민과 문제를 일으키는 사람은 다 처형하겠다고 말했다. 그러고 나서 영사들은 외국인 조계지로 돌아가, 닝보가 더 이상 황제의 지배를 받지 않으므로 자신들이 더 이상 황제에게 의무를 지지 않는다는 것을 인정하며 청나라 세관을 폐쇄했다.

반란군 입장에서 닝보 점령은 대성공이었다. 그것은 최소한의 공격으로 이루어졌고, 외국인들의 재산 피해는 없었다. 게다가 유럽 열강들과의 충돌이 전혀 없었는데, 이는 파크스와 호프가 지난 3월 난징의 태평천국 왕들에게 자신들은 반란군이 상하이 아닌 다른 조약항들을 점령하는 데 방해가 되지 않을 거라고 말했던 것이 진실이었음을 보여주었다. 이것은 태평천국과 외국인들이 공존할 수 있다는 희망을 되살려주었다. 1862년 1월 초에 이르러서는 닝보가 조용해졌고, 작은 유럽인 공동체의 구성원들은 저녁 파티에 태평천국군 장교들을 초대하기 시작했다.[40] 반란군은 유럽인들에게 청국군이 반란군의 강한 기세를 누그러뜨릴 수 없을 뿐만 아니라, 상하이에서 나온 청나라의 선전이 묘사한 것처럼 반란군이 중국에서 외국 무역을 몰아내는 데 급급한 파괴 세력도 아니라는 것을 보여주었다.

하지만 현지의 영국 고위 관리인 하비 영사는 그 일이 성공이라고 생각하지 않았다. 1월 3일, 닝보는 "평온함이 지배"하고 있지만 여전히 무역은 이루어지지 않고 있으며, 이 도시에 상인들이 남아 있지 않다고(상인 대부분은 아직 내전의 영향을 받지 않은 곳인 앞바다의 큰 섬 저우산으로 옮겨갔다) 그는 런던에 보고했다. 영국인들이 태평천국에 의해 실질적인 피해를 입게 될까봐 걱정할 필요는 없다는 것이 하비에게는 이제 아주 분명해졌지만, 그의 임무는 무역을 감독하는 것이었고, 닝보가 함락된 지 몇 주밖에 안 되었음에도 그는 무역이 회복되지 않을까봐 우려했다. 그는 "상당한 중국 상인들의 귀환을 보여주는 조짐은 전혀" 없다고 썼다.[41] (그러나 그의 판단은 성급했던 것으로 보인다. 공식 매체인 『중국 무역 보고서』는 8주 후 다음과 같이 보도한다. "사람들이 (…) 많이 돌아오고 있다. 항구의 교역이 살아나고 있으며, 완전히 회복될 가능성이 상당히 높아 보인다.")[42]

하비는 태평천국군이 평화 유지를 위해 최선을 다했고 약속한 바를 다 지켰음을 인정했다. 태평천국군은 백성에게 생업으로 돌아갈 것을 촉구하는 현수막을 내걸었다. 그들은 청나라가 부과했던 것과 동일한 관세율을 적용하는 자체 세관을 개설할 계획이었고, 그 조약항을 평화롭게 점령한 것을 기념하여 3개월의 면세 기간까지 승인했다. 그의 보고에 따르면, 태평천국은 자신들이 "자주 묘사되는 것과 같은 그런 재앙이 아님"을 보여주려 애썼으며, "우리와 좋은 관계를 맺으려는 (…) 강한 열망"을 보였다. 그럼에도 불구하고 하비 영사는 그 모든 것의 이면에서 거짓말과 속임수만을 감지했다. 그는 그들의 우호 관계 구축이 "두려움과 자금 부족" 때문이라고 확신했다. 그들은 믿을 수 없는 존재였다.[43]

1862년이 시작되었을 때, 중국은 미지의 세계에 막 발을 들여놓으려 하고 있었다. 베이징과 난징의 정부 고위층은 모두 변화를 겪는 중이었다. 그들은 어느 누구도 끝을 알 수 없는 전쟁에서 다음 단계를 위해 스스로를 다시 조직하고 있었다. 증국번 군대의 성공과 함께 그의 개인적 권력 기반이 커지고 있었다. 그는 전쟁을 계속하면서, 이제는 자신의 난공불락의 요새가 된 안칭에 새로운 지휘 본부를 꾸렸고, 지휘관들과 함께 강 하류 쪽에 위치한 반란군의 중심 영역으로 치고 들어갈 원정을 계획하고 있었다. 이제 안후이성과 그 뒤의 중앙 지대에서 그의 권력은 도전받지 않았고, 그가 새 정부에 계속 충성하는 한 청 왕조 또한 그곳에서 도전받지 않을 것이었다. 그러나 돌이켜보면, 청 왕조는 증국번의 군대가 없는 거의 모든 지역에서 영토에 대한 지배력을 이미 잃은 상태였다. 석달개의 반란군은 후난성 서쪽의 쓰촨성을 독자적으로 통과했다. 서남부에 위치한 그 무슬림 영토는 청나라에 맞서 공공연히 반란을 일으켰다. 염군의 기마 부대는 계속 북부 평원을 괴롭혔다. 비공식적인 민병대, 도적단, 지역 실력자들이 그 사이사이를 장악했다. 희망도 없고, 방향도 없었다.

항저우 함락 후, 충왕은 100만 명이 넘는 군대를 지휘했다. 중국 남부의 가난한 숯쟁이였던 어린 시절은 이제 그의 기억에 없었다. 반란군을 중앙 지대로부터 차단해버리고 반란군 수도 난징의 측면을 찢어버린 안칭에서의 끔찍한 패배에도 불구하고 동쪽에는 여전히 풍요로운 방대한 지역들이 있었다. 게다가 그곳에는 청나라 병력이 전혀 존재하지 않을 수도 있었다. 이수성은 이제 장쑤성과 저장성을 거의 완전히 장악하고 있었는데, 이 두 성은 평화 시에 청나라 연간 수입의 무려 4분의 1을 담당했고, "그 지역에 상당하는 전 세계 어떤 지역과도 자원 면에서 여러모로 비교가 안 되는 영토"로 유명했다.[44] 항저우와 닝보에 이어 이수성 원정의 다음 단계는 필연적으로 상하이였다. 상하이가 퍼즐의 마지막 조각이었다. 그는 그곳의 재정적 여유, 해안 지대에 대한 지배력, 그리고 외국 무역에서 나올 미래 수입이 필요했다. 그는 청국군에게 거점을 하나도 내주지 않고 장쑤성과 저장성을 온전히 지배해야 했다. 그리고 지난 2년간의 일들을 통해서 태평천국의 영국인 "형제들"이 자신들에게 제대로 된 인정이나 존경을 표할 가능성이 얼마나 낮은지를 깨달았다. 그리하여 1862년 1월 천왕의 약속이 만료되자 이수성은 상하이 귀환을 위해 자기 군대를 준비시키기 시작했다. 이번에는 경무장한 탄원자로서 상하이에 가는 것이 아니었다. 물론 이수성은 태평천국이 어떻게든 외국인들과 우호 관계를 맺을 수 있으리라고 정말로 믿은 적은 결코 없지만, 홍인간은 언제나 외국인들에게 악착스럽게 맞서는 것을 자제시켰다. 그러나 이제는 홍인간이 좌천되어 외교 담당 직위에서 내려왔기에 더 이상 최종 결정권을 행사할 수 없었다.

영국 정부는 분쟁에 개입하지 않겠다는 약속을 재확인했고, 의회는 중립을 고수했지만, 현지 외국인들에게는 호프 제독의 개입 의지가 거의 확연하게 느껴졌다. 프레더릭 브루스는 열린 마음을 유지하려 애썼지만, 영국의 태평천국 인정을 확실히 하기에 앞서 먼저 닝보의 토착 중국 상인들이 태평천국을 받아들이는지를 확인하고 싶었다. 그는 1월 18일자 편지에서 그런 "민족적 인정"이 "우리와 그들 사이의 더 긴밀한 관계에 선행되어야 한다"고 썼다.[45] 그는 기다리며 지켜볼 셈이었다. 한편 하비 영사는 반란군 치하 닝보의 무기력한 상황을 전하는 암울한 보고서들을 계속 영국으로 보냈다. 호프가 해군 본부에 보낸 편지도 암울한 보고서의 하나가 되어, 항저우 함락 소식을 전했다. 호프는 이수성이 항저우에서 만주족을 풀어주겠다고 한 것이나 순무의 장례를 준비해준 것에 대해서 설령 뭔가 알고 있더라도 아무

말 하지 않았다. 그는 또한 안칭에서 증국번이 자행한 학살(강을 운항하는 두 척의 증기선이 항저우에서 떠내려온 시체 더미에 뒤엉켰던 일을 그 배의 승객들이 전해준 덕분에 상하이에 잘 알려져 있던 사실)과 대비되는 점들을 전혀 언급하지 않았다. 호프는 반란군이 항저우를 정복하면서 "평소와 마찬가지로 잔혹 행위를 저질렀다고 한다"고 간결하게 보고했을 뿐이다.[46]

이 걱정스러운 보고는 브루스가 수개월 동안 외무부에 전달해온 태평천국군의 파괴 행위에 대한 간접적 암시에 뒤따르는 것이었다. 브루스는 의회 내 고결한 자유주의자들이 중국에 대해 바라는 바가 무엇이든 간에 불개입 정책은 결국 중국과의 무역을 마비시킬 것임을 이 보고들을 통해 러셀 경이 납득하게 되기를 바랐다. 게다가 미국의 남북전쟁으로 인해 영국 경제가 위협받고 있음을 고려할 때, 영국은 중국과의 무역을 가볍게 포기할 수 없었다.

사본이 만들어진 다음 접혀서 봉투 안에 봉해진 그 보고서들은 공적 서신을 담는 가죽 주머니들 안에 넣어져 영국까지 두 달에 걸친 여정을 시작했다. 그것들은 먼저 소하물로서 배에 실려 상하이로 운반된 다음, 상하이에서 다른 우편물과 함께 커다란 나무 상자에 담겼다. 이 상자들은 중국인 짐꾼들의 어깨 위에 얹혀 '번드'로 알려진 부두 길까지 내려갔다. 짐꾼들은 일렬로 짧은 보폭과 속보로 걸었고, 붐비는 지저분한 거리를 재빨리 통과해 면화 꾸러미와 아편이 담긴 나무 상자들이 높이 쌓여 있는 부두로 갔다. 거기서 마침내 우편물 상자들은 계류장에서 흔들거리고 있는 기다란 검은색 우편 증기선에 선적되었다. 이 상자들은 이미 승객으로 가득 찬 배에 마지막으로 실리는 화물이었다. 갑판에는 남녀 승객이 가득했고, 그들은 더러움, 질병, 소외감, 두려움에서 벗어나 마침내 본국으로 돌아간다는 안도감을 감추려 애쓰면서 환송객들을 향해 즐겁게 손수건을 흔들었다.[47]

그 보고서들에게는 동행이 있었다. 1862년 1월 15일에 출항해 황푸강 물살을 가르며 나아간 그 우편 증기선의 승객들 중 한 명이 해리 파크스였기 때문이다. 그는 마침내 귀국을 허락받았다. 수년간의 격한 협상, 이동, 고뇌는 그를 "신경질적이고 기진맥진한 상태"로 만들었고, 그는 논란의 여지가 많은 자신의 중국에서의 삶에서 벗어나 평온함을 누리기를 갈망했다.[48] 베이징에서 만주족이 포로 신세가 된 상황에서 그는 용맹함으로 갈채받는 존재인 전쟁 영웅으로서 영국에 귀환하게 된다. 결국 이화원이 불타버린 것은 대체로 그에게 유리한 일이 되었다. 그의 고통은 그 전쟁에서 유일하게 영국의 도덕적 명료함을 보여주는 지점이었고, 영국은 그것에 매우 집착했다. 그리하여 귀국했을 때 그는 유명 인사였다. 그는 런던 사교계와 시민들의 환호를 받았고, 34세의 나이에 여왕으로부터 바스 훈위의 중급 훈작사를 수여받아 최연소 수훈자의 한 명이 되었다.

브루스는 전달된 보고서와 편지들이 설득력 있다고 생각했지만, 그것들은 곧 작위를 받을 해리 파크스 경 자신과는 비교도 안 되었다. 파크스는 살아 있는 목소리였고, 영국 국민이 간절히 듣고 싶어하는 목소리였다. 그리고 그의 견해는 이제 브루스의 견해보다 훨씬 더 어두웠다. 파크스가 중국에서 간절히 기다리던 귀국까지 연기하며 마지막으로 한 일은 상하이에서 거리를 두겠다는 태평천국의 약속을 다른 곳까지 확대하기 위해 난징의 태평천국 지도자들과 재협상을 시도한 것이었다. 그들은 거절했다. 협상은 결렬되었고, 상하이 근처 어디에든 반란군이 접근하면 전처럼 연합군이 그들을 몰아낼 뿐만 아니라 그들로 하여금 "어리석음에 마땅한 대가"를 치르게 할 것이라고 호프의 지휘관 한 명이 위협할 정도로 격렬한 비난으로 끝났다.[49] 이제 파크스는 영국의 요구에 대한 반란군의 인내심이 한계에 달했다는 것을 그의 동포들 중 어느 누구보다 잘 알고 있었다. 그래서 그는 영국으로 돌아왔을 때 한편으로는 곧 닥칠 폭풍을 증거하는 예언자가 되어 있었다.

1월 17일, 닝보의 『뉴욕타임스』 특파원은 이렇게 썼다. "지금 중국은 암울하다. 내일 무슨 일이 일어날지 알 수 없다."[50]

제3부 위대한 평화

12장
배수의 진

증국번은 더 큰 군대가 필요했다. 탄탄하게 조직된 그의 후난군은 안칭을 점령하는 데 성공했지만, 일단 그 거점이 확보되자 수천만 명의 백성이 존재하는 광대한 반란군 영토가 동쪽으로 뻗어 있었다. 태평천국은 여전히 안후이성 북부의 몇몇 중요 도시를 장악하고 있었고(영왕 진옥성은 이제 그곳에서 후퇴를 서두르고 있었다), 난징을 향해 내려가는 강 양안의 지역들 역시 확고하게 반란군 수중에 있었다. 물론 난징 너머에는 동해안 전체가 있었는데, 이는 가망 없는 목표였다. 그의 군대는 1년간 계속된 안칭 원정으로 기진맥진해 있었고, 많은 병사가 집으로 돌아가고 싶어했다. 그는 무기력증이 시작될까봐 걱정했다.[1] 하지만 그들은 이 도시 하나만은 아주 확실하게 장악할 수 있었기에, 증국번은 다음 행보에 대해 숙고하는 가운데 재건에 집중했다. 그는 안칭의 관청들을 접수했다. 그는 안칭이 몇 년간 청나라의 통치에서 벗어나 있었음에도 불구하고 이곳을 성도로 유지해달라고 베이징에 청원했다. 그의 지휘 아래, 노동자 부대가 안칭의 유교 서원과 과거시험장(청나라 문명의 가장 뚜렷한 상징들)을 재건하기 시작했다.

그들은 성벽을 수리했다. 새 총독 증국번은 마침내 자신의 3개 성 중 하나에 제대로 된 지휘 기반을 확보했다.

증국번의 직접 통치하에 있던 비교적 작은 영토, 주로 안후이성의 남부 절반에 해당되는 그 지역은 끔찍한 상태였다. 강의 이남, 즉 치먼과 슈닝 주변의 산악 지역에서는 안칭을 얻기 위한 1년 반 동안의 전투로 인해 농업 순환이 완전히 망가져버렸다. 골짜기의 논들은 잡초로 뒤덮였고, 산비탈의 키 작은 차나무들은 가지 치기가 되지 않아 아무렇게나 자라 있었다. 산으로 도망친 덕분에 전쟁에서 살아남은 농민들은 식량 부족으로 굶주리고 있었다. 증국번의 자금도 바닥나서, 그가 그들을 위해 할 수 있는 일은 그리 많지 않았다.(쌀과 차를 재배해 그의 군대를 지원해야 할 사람들이 바로 그 농민들이었다.) 증국번의 지시에 따라 안후이성의 민간 정부는 기근에 시달리는 주민들에게 죽을 나누어주기 위해 성 남부 산악 지역에 구호소를 설치했다. 7개 구호소가 있었고, 각 구호소는 3000명을 먹일 수 있었다. 그는 구호소들이 도움이 되기를 바랐지만, 그가 후난성의 가족에게 보낸 편지에서 털어놓은 바에 따르면, 안후이성 남부의 상황이 얼마나 나빠졌던지, 농민들이 죽은 사람을 먹는다는 소문까지 돌기 시작했다.[2]

태평천국을 상대로 한 청나라의 전쟁은 이제 온전히 증국번의 손에 달려 있었다. 안칭 원정에 집중되어 있던 그의 시야가 훨씬 더 큰 새로운 전장으로 옮겨가면서 그는 그에 맞게 부대를 재편하기 시작했다. 안칭을 정복한 지 2개월 후인 1861년 11월, 그는 동생 증국전을 후난성으로 돌려보내, 다가오는 난징 공격을 위해 후난군을 6000명

더 모집하게 했다. 정치적으로 그것은 위험한 행동이었다. 증국번은 숙순이 축출된 베이징의 쿠데타에 대해 아직 모르고 있었는데, 그가 고향 땅에서 동생을 통해 신병을 모집해가며 계속 개인적으로 병력을 키우는 것은 가뜩이나 그를 중앙 정부의 권위에 대한 커가는 위협으로 여기고 있던 베이징의 비판자들에 대한 도발이었다. 그러나 그는 중앙 정부에 일어난 변화를 전혀 알지 못한 채, 후난성에서 새로 병력을 모으기로 했다는 상소를 11월 16일 베이징으로 보냈다. "저희는 반란군에게 심어준 공포를 이용해 난징에 있는 그들의 소굴로 곧장 돌격할 수 있습니다." 증국번은 이렇게 장담했다. 단, 그의 군대에 충분한 병력이 있어야 했다. 그는 이렇게 썼다. "그 반란군 영토 속으로 깊이 치고 들어가는 데 증국전의 군대보다 더 나은 것은 없을 것입니다. 가만히 앉아서 이 기회를 놓쳐버린다면 얼마나 안타까운 일이겠습니까!" 새로 충원된 후난군 병력이 그의 군대가 이미 점령한 도시와 마을에 주둔할 수 있게 될 것이고, 그러면 베테랑 병력이 그의 동생과 함께 하류 쪽의 반란군 수도를 향해 원정에 나설 수 있을 것이라고 그는 설명했다.[3]

하지만 증국전의 모병 노력이 성공적이었다 해도, 그 추가 병력으로는 충분치 않았다. 증국번이 처음부터 주장했듯이 적의 "소굴"을 파괴하는 유일한 방법은 그곳을 완전히 포위해 보급과 증원군을 위한 경로를 모두 차단하는 것이었는데, 그만큼 전장은 안칭과 반란군 수도 사이에 놓인 약 320킬로미터에 달하는 강변 평지 그 이상을 아우를 정도로 넓었다. 설령 그가 어떻게든 동생의 군대를 난징까지 밀어붙일 수 있다 해도, 그리고 그가 강을 따라 군대에 계속 보급을 해줄 수 있다 해도, 반란군 수도는 여전히 다른 모든 쪽으로 열려 있을 것이다. 난징을 완전히 차단하려면 아직 영왕의 군대가 도사리고 있는 안후이성 북부를 장악해야 했다. 그는 안칭 원정 동안 간신히 지켜냈던, 강 이남의 안후이성 남부를 확고하게 장악해야 했다. 또한 저장성과 그곳의 성도 항저우에서 그 남부 지역으로 통하는 길들도 장악해야 했다. 그는 특히 태평천국이 1860년에 그토록 능숙하게 정복한, 난징 동쪽의 강 하류 쪽 도시들, 즉 우시, 창저우, 그리고 무엇보다 이수성이 거점으로 삼았던 정원 도시 쑤저우가 필요했다.

그의 머릿속에서 전략이 구체화되기 시작했다. 그는 군대를 셋으로 나눌 생각이었다. 그중 하나는 안칭으로부터 동쪽으로 행군해 하류 쪽의 난징으로 갈 것이다. 또 하나는 좌종당의 지휘 아래 장시성으로부터 저장성의 남부로 들어간 다음 북쪽으로 곧장 나아가 그곳의 성도인 항저우까지 올라갈 것이다. 나머지 하나는 병참술상 크나큰 도전에 나서게 될 텐데, 장쑤성에서 시작할 것이고, 동쪽으로부터 쑤저우와 난징을 향해 내륙 쪽으로 나아가며 싸울 것이다. 이러한 구상을 실현하기 위해서, 그는 어떻게든 반란군 왕국 반대편에 충성스러운 군대를 배치할 방법을 찾아야 했다. 하지만 그들을 그곳까지 안전하게 보낼 수 있는 경로가 없었고, 수천 명의 병력을 보내 적의 중심부를 관통하게 하는 것은 그가 생각한 것보다 더 큰 위험을 초래하는 일이었다. 하지만 그 문제는 어떤 의미에서는 고려할 가치가 없는 것이었다. 난징 반대편에 병력을 배치할 방법을 결정하기에 앞서 그런 병력이 먼저 존재해야 했기 때문이다. 그리고 더 많은 병사를 모집하기 위해 동생을 후난성으로 돌려보내면서, 그는 강하고 젊은 후난

성 남자들을 너무 뽑아 써서 머지않아 그들이 고갈되지 않을까 걱정했다.[4]

이에 그는 이전의 관행에서 크게 벗어나 그물을 더 넓게 던졌다. 이홍장이라는 안후이성 출신의 호리호리한 38세 학자를 안후이성 중부의 고향으로 돌려보내, 후난성 사람들로 조직된 증국번의 군대를 보충할 수 있는 완전히 새로운 안후이성 민병대를 조직하게 한 것이다. 이홍장은 증국번과 마찬가지로 한림원 학자로, 중국 과거 제도의 최상위 시험을 통과한 극소수 엘리트 중 한 명이었다. 이홍장은 증국번보다 열한 살 어렸다. 그의 아버지는 1838년 베이징에서 진사 시험에 합격했는데, 당시 증국번과 같은 소규모 모임에 속해 있었다. 이러한 인연이 이홍장의 아버지와 증국번을 평생 묶어주었다. 이홍장이 안후이성의 향시에 합격하고 나서 1844년 베이징에 처음 도착했을 때 증국번은 흔쾌히 그의 선생이 되어 진사 시험 준비를 도왔고, 그 덕분에 이홍장은 1847년 뛰어난 성적으로 급제했다.[5] 이홍장은 아버지와 증국번 사이의 우정으로 인해 증국번을 삼촌처럼 여겼기 때문에, 그리고 무엇보다 증국번을 스승으로 여겼기 때문에 그와 끈끈하게 엮여 있었다. 유교적으로 말하자면, 스승과 제자는 아버지와 아들이나 마찬가지였다.

그럼에도 불구하고 증국번이 군대에 대한 책임을 맡기는 데 있어서 이홍장을 신뢰하기까지는 시간이 좀 걸렸다. 젊은 인재 이홍장은 원대한 야망을 품고 있었고, 증국번은 스승으로서 그 점을 잘 알고 있었다. 그들의 오랜 친분에도 불구하고 그리고 이홍장의 형이 이미 증국번의 참모로 복무하고 있었음에도 불구하고 1858년 이홍장이 후난군 지휘 본부에서 일하고자 그곳을 처음 찾아왔을 때 증국번은 그를 환영하지 않았다. 사실 이홍장이 그곳에 온 뒤 처음 몇 달 동안 그는 이홍장을 완전히 무시했다. 좌절한 이홍장은 결국 증국번에게 왜 자신을 보려 하지 않고 자신에게 말도 걸지 않느냐고 물었다. 증국번은 약간 빈정거리는 투로, 후난군은 "이홍장과 같은 큰 배가 정박하기에는 너무 얕은 바다"라고 답했다.[6]

이후 몇 년간, 증국번은 이 젊은이의 오만함을 깨뜨리려 노력했고(예컨대 그가 늦잠을 자면 부하들을 시켜 침대에서 거칠게 끌어내게 하는 등), 이홍장은 자신의 충성심과 겸손함을 증국번에게 확신시키려 노력했다. 그들 사이에는 불화가 있었고, 심지어 이홍장이 치먼에서 증국번을 잠시 떠나기도 했지만, 1862년 초에 이르러서는 그들의 관계가 굳건해져 있었고, 증국번은 그에게 이인자에 해당되는 지휘권을 맡겼다. 증국번은 이홍장보다 더 충성스러운 지휘관들, 이홍장보다 더 전쟁 경험이 더 많고 전투 능력이 더 좋은 지휘관들을 데리고 있었지만, 그들 중 한림원 학자인 이홍장처럼 과거 제도의 상위 시험에 급제한 사람은 없었다. 장군들에 관한 한 증국번은 학문 연마를 매우 중시했다.

1862년 초부터 이홍장은 후난군과 거의 동일한 성격을 가진 지역 민병대를 안후이성에서 조직하기 시작했다. 그는 증국번이 후난성에서 썼던 것과 같은 모병 방법을 사용했다. 즉, 고향 마을에 가서 직접 모병함으로써, 같은 고향 출신의 병사들이 자신들과 개인적으로 이미 아는 사이인 장교 아래 중대를 편성하게 하는 것이었다. 이런 방법으로 이홍장은 1862년 2월 몇천 명의 안후이성 농민을 안칭으로 데려가, 증국번의 후난군 베테랑 부대에 의해 훈련을 받게 했다. 안후이군은 증국번이 후난군에 적용했던 것과 동일한 조직 체계, 동일한 세뇌 방식, 동일한 야영 및 전투 규칙을 따르게 된다. 따라서 이홍장의 부대는 증국번이 자신을 중심으로 구축한 군대와 거의 완전히 일치했으며, 개인적 관계라는 동일한 내적 논리를 가지고 있었다. 오직 생성된 지역만 다를 뿐이었다.(이홍장의 안후이군을 훈련시킨 후난군 대대 일부가 이홍장의 군대에 흡수되면서 그 구분조차 모호해졌지만 말이다.) 아니면, 안후이군은 축소 복제품으로서, 유일하게 주요한 차이점은 종속적이라는 것이었다. 이홍장은 증국번으로부터 명령을 받았지만, 증국번은 베이징에 허락을 구하는 절차가 있었음에도 실제로는 누구에게도 명령을 받지 않았다.

서태후와 공친왕은 숙순의 처형과 그의 추종자들의 숙청 이후, 증국번을 계속 휘하에 두기로 결정했다. 그들은 충직한 만주족 사람이 아닌 이 한족 장군을 믿을 만한 특별한 이유가 없었지만, 한편으로는 그의 군대의 지원 없이는 태평천국을 견제할 가망이 없다는 것을(그리고 청나라 전통 군대의 태만에 비추어, 그가 자신들의 권위에 저항한다면 그를 굴복시킬 가능성이 없다는 것도) 알고 있었다. 그래서 숙순이 처형된 지 2주 후인 1861년 11월 말에 그들은 어린 황제의 이름으로 일련의 칙령을 내려, 원래 함풍제가 숙순의 요청에 따라 증국번에게 주었던 민정과 군정의 드높은 지위를 재확인했다. 증국번은 안후이성, 장시성, 장쑤성의 총독으로 유임되었고, 동시에 그 세 성의 군사 책임자가 되었다.[7] 그러나 새 정권은 거기서 멈추지 않고 필사적으로 증국번의 충성심을 얻고자 했다. 공친왕과 서태후가 그에게 저장성의 군 통치권까지 넘겨주며 그의 명예를 더 높여준 것이다. 결국 청나라에서 가장 부유하고 가장 인구 밀도가 높은 4개 성이 그의 발아래 놓였다. 청나라에서 그런 권력을 가진 한족 관리는 없었다.

증국번의 영전 소식은 쿠데타 소식보다 먼저 그의 지휘 본부에 도착했고, 그에게 놀라움과 당혹감을 동시에 안겨주었다. 그는 1861년 12월 15일에 재임명과 승진의 칙령을 받았고, 반란군의 맹공격을 받으며 무너져가고 있던 저장성까지 자신이 새로 떠맡게 되었음을 알게 되었다. 저장성의 닝보는 6일 전 태평천국군에게 함락되었고, 성도인 항저우는 태평천국군에 포위되어 2주 안에 무너질 것이었다. 이런 상황은 그에게 무능과 실패에 대한 오래된 두려움을 다시 불러일으켰다. 그는 일기에 이렇게 썼다. "이 권력은 너무 크다. 내 위상은 너무나 높아질 것이고, 나에 대한 과분한 평판은 이미 한계를 넘었다. 이것이 나를 극도로 두렵게 한다." 언젠가 그는 부와 권력이 있는 삶보다 장수하는 삶이 낫다는 말을 들은 적이 있는데, 이제야 그 말의 의미를 이해할 수 있었다. 한밤중에 잠이 깬 그는 책상 앞에 앉아 실제 공적에 비해 명성이 과도했던 역사 속 인물들의 운명에 대해 곰곰이 생각했다. 끝이 좋은 사례가 거의 없었다는 것이 그의 결론이었다.[8]

하지만 마침내 그가 쿠데타와 섭정들의 처형에 대해 알게 되자, 새롭게 받은 과한 영예에 대해 좀더 이해가 되기 시작했다. 12월 23일, 베이징의 친구에게서 온 편지를 통해 증국번은 황제의 정부가 태후의 손에 들어갔으며, 이제 그 태후가 "수렴 뒤에서" 통치하고 있음을 알게 되었다. 3일 후, 증국번을 위한 귀중한 선물들이 안칭에 도착했다. 태후가 보낸 귀한 예복, 모피, 비단, 옥 반지, 카펫, 그 밖의 다른 보물들이었다.[9] 메시지는 분명했다. 증국번은 자신의 충성심을 얻기 위한 새 정부의 도를 넘은 필사적인 노력에 당혹스러워했고, 4개 성에 대한 군사 책임자의 위치를 사양하는 서신을 거듭 보냈다.[10] 1862년 2월 자신이 황제의 대신으로도 지명되었음을 알게 된 그는 상소를 올려, 난징을 탈환할 때까지 정부가 자기 가족에게 더 이상의 영광을 베풀지 말아달라고 청했다.[11]

그러나 그의 이의 제기에도 불구하고 태후가 그의 지속적 충성을 확보하기 위해서 무슨 일이든 할 것임이 분명해지자, 그는 새로운 권력을 행사하기 시작했다. 1862년 초반에 증국번과 그의 부하들은 베이징과 공모해 중국 동부의 민정을 완전히 장악했다. 그는 안후이성, 장시성, 장쑤성의 총독으로서 맨 꼭대기에 위치했고, 자신이 신임하는 부관들을 자신의 바로 하위에 해당되는 각 성의 우두머리 직, 즉 순무에 배치했다. 그의 충직한 제자 이홍장은 상하이, 쑤저우, 난징을 포함하고 있는 성인 장쑤성의 순무가 되었다. 후난성에서 그의 이웃이었고 안칭 작전 때 치먼의 보급로를 장악한 지휘관이었던 좌종당은 중요 도시인 닝보와 항저우를 포함하고 있는 저장성의 순무로 지명되었다. 또 다른 부하 두 명은 장시성과 안후이성의 순무가 되었다. 상류 쪽 내륙 지역 일부를 포함하는 그 전쟁 무대의 행정부 전체가 이제 주로 후난성 출신 사람들의 지배를 받게 되었고, 그들은 개인적 충성심이라는 더할 수 없이 강력한 끈으로 오로지 증국번과 연결된 사람들이었다.[12]

이런 임명에 대해 말하자면, 장시성처럼 비교적 안정적으로 청나라의 통치를 받고 있는 성의 경우, 증국번이 직접 고른 순무를 임명했다는 것은 증국번이 세수(평시에 비해 크게 감소했지만 전체적으로는 여전히 유의미한 수준이었다)의 상당 부분을 전투가 가장 치열하게 전개되고 있는 성들의 군대에 급여와 물자를 지원하는 데 전용할 수 있음을 의미했다. 그러나 반란군 치하에 있는 장쑤성과 저장성 같은 성들에서는 순무라는 직위가 마치 해당 장군의 눈앞에 매달려 있는, 쟁취해야 하는 상賞과도 같았다. 자신에게 지정된 성을 반란군으로부터 탈환할 수만 있다면, 그는 그곳 성도에서 권좌를 차지하고 그에 따른 권력과 위신을 누릴 수 있었다.

물론 청나라 정부는 똑같은 원칙을 써서 증국번을 몰아붙이고 있었다. 그에게 굉장한 지위와 명예를 내린 것은 중앙 정부가 그로 하여금 목숨 바쳐 청나라를 반란군으로부터 지키게 하려는 가장 강력한 유인책(사실 유일한 유인책)이었다. 그리고 난징은 가장 큰 상이었다. 난징은 단지 반란군의 수도가 아니라, 전통적으로 장쑤성, 안후이성, 장시성을 관할하는 총독의 권좌가 위치한 곳이었다. 태평천국이 패배한다면 그곳은 증국번의 것이 될 수 있을 것이다. 동생 증국전이 난징을 치기 위해 후난성에서 새로운 군대를 모집할 때, 그리고 제자 이홍장이 새로운 안후이군을 조직할 때, 증국번은 태평천국 수도의 탈환과 그곳에서 자신들을 기다리고 있는 영원한 개인적 영광(자기 자신과 사랑하는 형제들과 자기 가문과 그 가문의 후손들을 위한)에 온 마음이 쏠려 있었다. 다른 무엇보다 이것이 증국번으로 하여금 청나라에 계속 충성하게 하는 이유였다. 청나라가 무너지면 영광도, 권력도, 아들들에게 남겨줄 불멸의 유산도 없을 것이기 때문이었다. 정부는 두 가지 목표, 즉 청나라를 위해 반란군 수도를 되찾는 것과 가족을 위해 난징이라는 도시를 획득하는 것이 동시적이고 분리 불가능하게 되어 있는 위치로 그를 이끌었다. 그래서 그는 형제와 아들들을 위하여, 청나라가 곧 무너질 듯이 흔들릴 때도 다시 만주족을 위해 몸을 던졌다.

그해 겨울, 홍인간은 일이 잘 풀리지 않았다. 난징에서 그의 이력은 처음부터 긴장관계에 의해 찢겨 있었다. 사촌 형인 천왕에 대한 그의 변함없는 충성심이 그를 한쪽으로 끌어당겼고, 그가 태평천국 편으로 끌어들이려 애썼던 외국인들이 그를 다른 쪽으로 끌어당겼다. 외국인 선교사들이 그에게 반란군의 교리를 "바로잡을 것"을 요구했다면, 태평천국 사람들은 그가 만주족과의 전쟁에서 외국인들의 지지를 얻어내기를 기대했다. 두 가지 다 나름대로 불가능한 것으로 드러나고 있었다. 안칭 원정으로 그가 난징을 떠나 있는 사이 그 긴장관계는 급격히 악화되었고, 조사이아 콕스가 목격했듯이, 그가 돌아온 후인 1861년 가을에 그는 이미 한계점에 가까워져 있었다. 외국인 선교사들은 난징에서 그에게 작지만 공허한 약속 사항들을 계속 가져왔으며, 그들 나라의 외교관들은 태평천국 왕들을 무례하고 고압적으로 대하는가 하면 홍인간이 책임져야 하는 터무니없는 요구들을 해댔다. 그들은 반란군이 계속 우호 관계를 호소한다는 점을 이용만 하고 아무것도 돌려주지 않았다.

사촌 홍수전과 함께 홍인간은 외국인들과의 우호 관계를 호소하는 것으로 이름이 높았고, 태평천국군의 여러 왕과 지휘관들은 간왕 홍인간이 가르친 대로 영국과 미국 "형제들"에게 계속 호의를 얻으려 애썼다. 그러나 그러한 노력이 계속 수포로 돌아가자, 그는 태평천국의 수도에서 공격을 받았다. 그는 은밀한 공작의 표적이 되었고, 자신이 아끼는 외국인 선교사들이 천왕의 권위를 전복하고 있으며, 그들을 보호하고 격려함으로써 자신마저 태평천국에 위협이 될 수 있다는 비난에 당혹감을 느꼈다. 콕스가 방문했을 당시 홍인간은 외국인들의 세계에서 물러나려 애쓰고 있었다. 그가 콕스에게 그랬던 것처럼 외국인들에게 너무 가까이 가자, 그를 보호하려 애쓰며 개입한 사람이 바로 그의 형이었다. 1862년 겨울에 이르러서는 난징에 남아 있는 선교사라고는 오직 이서카 로버츠뿐이었다.

그 뒤 로버츠마저 그를 떠났다.

미국인 선교사 로버츠의 말을 따르자면, 1862년 1월 13일 홍인간이 결국 완전히 이성을 잃은 탓에 로버츠는 난징을 떠나지 않을 수 없었다. 그의 말에 따르면, 그날 간왕 홍인간은 "아무런 경고나 정당한 이유 없이" 긴 칼을 손에 들고 위층의 로버츠 방으로 갑자기 뛰어들어, 그의 중국인 하인을 그 자리에서 살해했다. "무해하고 무력한 그 가엾은 소년을 살해한 후", 홍인간은 이번에는 같은 칼로 로버츠도 끝장내버릴 듯이 그를 향해 손을 치켜들어 이 흰 수염의 선교사를 자극했다. 홍인간은 "마귀처럼" 하인의 시신 위로 뛰어올라, 비단 양말을 신은 발로 죽은 사람의 머리를 짓밟았다. 그런 다음 로버츠에게 달려들어, 그가 앉아 있던 의자를 밀쳤다. 로버츠가 반응하지 않자 홍인간은 찻잔을 집어들어 그의 얼굴에 던졌다. 그러고는 노인을 붙잡아 흔들며 그의 머리 오른쪽을 손바닥으로 한 대 때렸다. 로버츠가 돌아서자, 이번엔 머리 왼쪽을 그의 귀가 울릴 정도로 세게 때렸다. 선교사는 저항 없이 맞고만 있었고, 그러다가 결국 홍인간은 그를 쓰러뜨리고는 "썩 꺼지라고 개처럼" 하고 소리를 질렀다.[13]

로버츠는 일주일 후 책과 옷가지를 모두 놔둔 채, 지나가는 영국 포함을 타고 서둘러 탈출했다. 그는 1월 30일 휘둥그런 눈과 거친 호흡으로 상하이에 나타났는데, 16개월 전 반란군에 합류하기 위해 떠난 이후 처음으로 그 외국인 정착지에 모습을 드러낸 것이었다. 그는 사람들을 만나기만 하면 홍인간이 미쳤다고 떠벌렸다. 도착 직후 그는 홍인간이 자신의 하인을 살해했다, 홍인간이 로버츠 자신을 죽이려 했다, 심지어 로버츠의 책과 옷가지를 모두 훔쳤다 등등 긴 비난거리를 담은 전말서를 발표했다. 그는 모든 사람을 향해 이렇게 썼다. "나는 지금까지 〔이〕 혁명 운동의 친구였다. (…) 이제는 그들을 지지했던 것만큼 그들을 반대한다." 반란군의 최고 외국인 옹호자가 이제 가장 신랄한 비판자가 되었다.

나중에야 밝혀졌지만, 이 미국인 선교사의 이야기는 대부분 그의 별난 상상력의 산물이었다. 그는 반란군을 찬양하기 위해 마음껏 과장했던 것처럼, 이번에는 그들을 맹비난하기 위해 그렇게 했다. 그가 "살해"했다는 하인은 멀쩡히 살아서 나중에 상하이에 나타났던 것으로 보인다. 홍인간이 훔쳤다는 책과 옷가지도 상하이에 도착해서 이 늙은 선교사가 회수했다. 그의 이야기는 말할 때마다 달라졌다. 처음에 그는 홍인간이 "나이 든 일꾼"의 부추김 때문에 그 하인을 죽이게 되었다고 말했지만, 몇 주가 지나면서 그 사건에서 그 일꾼이 점점 더 큰 역할을 띠게 된다. 6월에 홍콩에서 출판된 한 소책자에 따르면, 결국 로버츠는 홍인간 자신이 정말로 그 하인을 공격한 것이 아님을 인정했다. 그 불쌍한 하인을 공격한 이는 홍인간의 일꾼이었다. 이유 없이 구타가 있었던 것도 아니다. 하인은 확실치 않은 어떤 범죄로 인해 유죄임이 인정된 상태였고(어떤 정보에 따르면 그가 왕이 다니는 길에서 대변을 봤다고 한다), 로버츠는 그가 처벌받지 않게 하려 애쓰고 있었다. 바로 그러한 편애가 홍인간을 궁궐 내부의 공격에 노출시켰고, 그의 일꾼이 이러한 공격으로부터 그를 보호하기 위해 개입했을 가능성이 있었다. 로버츠에 대한 공격이 있었다는 증거는 없었다.[14] 그날 소란을 피운 사람은 간왕이 아니라 테네시주 출신의 선교사 로버츠였던 것 같다.

홍인간은 이서카 로버츠와의 이 다툼을 사소한 일로 묘사했지만, 실망감을 감추기 위해 그 일의 중요성을 축소한 것일 수도 있다. 그 일에 대해 그가 언급한 것이라고는, "어느 날 사소한 오해로" 로버츠가 "급하게 그 도시를 떠났고, 온갖 노력에도 불구하고 그를 되찾지 못했다"는 것뿐이었다.[15] 하지만 그 추운 1월에 난징에서 간왕과 로버츠 사이에 무슨 일이 있었든 간에, 그때 이후 상하이에서는 홍인간을 옹호하는 측, 즉 종교적 이유로 반란군에 동조하는 측의 말은 더 이상 들리지 않았다. 태평천국과의 관계도 심각한 타격을 입었다. 한 동시대인이 아쉬워하며 언급했듯이, 이 미국 선교사가 난징을 버린 것은 "우리 개신교 선교사들과 태평천국 운동의 중요한 연결 고리가 이제 끊어졌음"을 의미했다.[16] 더 이상 직접적인 소통 창구는 없었다. 정확하든, 과장되었든, 허황되든, 비판적이든, 반란군을 바깥 세계와 이어주던 통로가 사라진 것이다.

타이밍도 더할 수 없이 안 좋아서, 그 시점은 상하이의 외국인들이 이수성 군대의 접근에 대비하고 있던 때였다. 그런 불확실한 시기에, 이것은 반란군을 옹호하는 목소리를 침묵시키는 뉴스였다. 적어도 당분간은, 태평천국의 그 가장 계몽된 왕(외국 선교사들이 가장 마음에 들어한 둥근 얼굴의 온화한 왕, 19세기 세계의 흐름 속으로 중국을 이끌고 나갈 새로운 정권의 상징적 인물)이 환상에 불과했던 것 같았기 때문이다. 간왕 홍인간의 외형이 허공으로 사라지자, 무대 양옆에서 걸어나와 자리를 잡은 어둠의 존재는 다른 모든 존재와 마찬가지로 괴물이었다.

증국번이 1861~1862년 겨울 안칭에서 꾸준히 군대를 확대하고 훈련시키는 동안, 강 하류에 동떨어진 상하이의 향신과 지역 관리들은 스스로 사태에 대응해야 했다. 그들은 지난 11월 증기선으로 소규모 대표단을 안칭에 보냈다. 대표단은 약간의 과장된 눈물을 내비치며 후난군을 해안 수출입항 상하이로 내려보내 자신들을 보호해달라고 간청했다. 그들은 만약 그가 상하이를 지켜준다면 관세 수입과 지역 사업가들의 분담금을 가지고 그에게 매달 수십만 냥의 은을 제공할 수 있다고 말했다. 그러나 증국번은 처음에는 난색을 표했다. 그는 상하이의 부유함을 잘 알고 있었지만, 전략적으로 그의 초점은 난징에 맞춰져 있었고, 상하이는 난징의 반대쪽으로 너무 멀리 떨어져 있었다. 내륙 깊숙한 곳에 위치한 후난성의 농민이 볼 때 상하이는 세상의 끝이나 다름없었다. 그는 그들에게 참고 기다리라고 말했고, 아마 이홍장이 봄에 군대 훈련을 끝마치면 그들을 도울 방법을 찾을 수 있을 것이라고 말했다. 하지만 그건 적어도 몇 달 내에 이루어질 일이 아니었고, 대표단은 빈손으로 상하이에 돌아왔다.

겨울 중에 태평천국의 공격이 있을 게 거의 확실시되고 영국과 프랑스의 보호를 받는 것이 보장되지 않는 가운데, 상하이의 부유한 중국인들은 프레더릭 타운센드 워드 휘하의 돈이 많이 드는(그러면서도 거의 효과가 없는) 외국인 용병 외에는 의지할 데가 없었다. 세일럼 태생의 '필리버스터' 워드는 높은 보수와 무제한적 약탈에 대한 계속된 약속에 이끌려, 그의 용병 활동을 멈춰 세우려는 영국 정부의 노력에도 불구하고 활동을 계속했다. 지난여름 호프 제독의 기함에서 탈출한 후 워드는 쑹장의 진흙투성이 기지로 몰래 돌아와, 만신창이가 된 민병대의 남은 대원들을 다시 소집했다. 이전의 패배와 영국의 일제 검거로 남은 외국인 용병은 68명에 불과했지만, 그들은 여전히 나폴레옹 대포를 보유하고 있었고, 서북쪽으로 16킬로미터 떨어진 칭푸 성문을 기습할 수만 있다면 부를 얻으리라는 기대감을 여전히 가지고 있었다.

워드의 병사들은 전년도에 태평천국으로부터 그 도시를 탈환하는 데 최소 네 번이나 실패했고, 그해 여름 다시 시도했을 때도 상황은 나아지지 않았다. 그들은 이전과 같은 선봉 전략을 사용했다. 소규모의 외국인 병력이 포격으로 성문을 폭파하고 성벽을 기습하면, 대규모의 청국군이 뒤따라 그 도시를 침공하여 반란군 수비대를 몰아내는 방식이었다. 그러나 청국군의 지원군은 또다시 제때 도착하지 못했다. 패배는 참혹했고, 워드는 이미 쪼그라들어 있던 병력의 거의 3분의 1을 잃었다. 이로 인해 그가 상하이의 외국인 사회에서 동정심을 얻은 것은 아니었다. 워드의 용병 활동이 엄청난 당혹감을 불러일으키고 있던 터라, 칭푸에서의 이 작은 패배 소식은 오히려 안도감을 느끼게 했다. 많은 사람은 이 패배가 그의 수치스러운 경력이 마침내 끝났다는 의미이기를 바랐고, 상하이의 『노스차이나헤럴드』는 앞선 체포에 이은 칭푸에서의 새로운 패배로 이 외국인 민병대의 "불명예스러운 경력이 막을 내렸다"고 전했다. 프레더릭 브루스는 7월 3일 러셀 경에게 "외인 부대가 해체된 것에 대해 만족한다"고 보고했다.[17]

하지만 이것으로 끝이 아니었다. 미국에서 일어난 내분이 상하이라는 국제사회로 번지기 시작하면서 그가 다시 나타났다. 1861년 8월 말, 상하이에는 네바호라는 그 지역 범선이 일단의 캘리포니아 사람들(한 주민의 표현을 빌리자면 "꽤나 거칠어 보이는 사람들")에게 팔렸다는 소문이 퍼졌다. 그들은 몽고메리 소인이 찍힌 봉투를 슬쩍 보여주면서, 그것이 남부연합 대통령 제퍼슨 데이비스로부터 받은 사략선 면허장이라고 말했다. 홍콩의 『차이나 데일리 프레스』와 『차이나메일』은 이 남부연합 사략선 선원 패거리의 우두머리가 워드라고 보도했다. 보도에 따르면, 이 무리는 상하이의 미국 군수품 창고(주인이 남부 사람)에서 가져온 포들로 네바호를 무장시킨 다음 중국 해안에서 미 연방(북부 주들로 이루어진)의 상선들을 격침할 계획이었다.[18]

미국은 당시 중국에 단 한 척의 해군 함정만을 두고 있었다. 그

작은 미 해군 전함 새기노호는 홍콩에서 상하이까지 전속력으로 항해하며 네바호를 추적했다. 남부에 동조하는 장교 두 명이 자신의 임무가 무엇인지 알아차리고 사임한 후에야 이 추적이 시작되었다. 결국 네바호는 대포가 아니라 위스키를 싣고 있던 것으로 밝혀졌지만, 초기 보도들이 미국에 큰 반향을 일으킨 탓에 워드는 중국에서 활동하는 미국인 모험가로, 『뉴욕타임스』의 표현에 따르면 "유명한 필리버스터"로 갑자기 유명해졌다.[19] 11월 9일, 『뉴욕 헤럴드』는 워드가 연방편이라는 사설을 발표함으로써 그가 남부연합에 복무하고 있다는 끊이지 않는 소문을 불식하려 애썼다. 사설은 워드가 실은 연방 탈퇴에 완강히 반대했다고 밝혔고, 그가 뉴욕의 한 친구에게 쓴 편지(그의 자랑스럽지 못한 이력을 부끄러워한 후손들이 훗날 그의 편지를 대부분 태워버린 탓에 얼마 남아 있지 않은 것 중 하나)를 증거로 제시했다. 워드는 친구에게 이렇게 썼다. "지금쯤이면 정부가 연방 탈퇴파 놈들의 수를 한두 명 줄이고 섬터를 탈환했거나, 아니면 적어도 그곳을 포위했으리라 믿네. 자네와 함께 이 일에 동참할 수 있기를 바랄 뿐이네."[20]

그가 어느 편에 서 있었든 간에, 무법자 워드는 미국 남북전쟁의 압력이 조약항들의 지역사회에 타격을 주기 시작하던 시기에 중국 내 미국인들 중 가장 눈에 띄는 인물이었다. 상하이에는 미국인보다 열 배 많은 영국인이 있었다.(한 미국인은 "그들이 고상한 체하는 더할 수 없이 불쾌한 집단"이라고 기록했다.) 중국 내 미국인 대부분이 북부인이었으나, 그들의 영국인 이웃은 압도적 다수가 남부를 지지하는 사람들이었다. 연방 해군력은 미국 남부 항구들을 봉쇄하기 위해 거의 다 북아메리카로 소환되고 오직 새기노호만 남겨졌지만, 이 배는 1861년

12월에 다 부서져 아무것도 남지 않게 되었다. 중국에 있는 미국 상인들은 사업을 보호하기 위해 영국 군함에 의존하지 않을 수 없었고, 이러한 의존을 매우 불쾌하게 여겼다. 영국인들이 미국의 전쟁에 대해 비꼬는 말을 해서 저녁 모임 중에 싸움이 나기도 했다.[21]

상하이에서 영국인과 미국인 사이의 악감정은 1862년 초 이른바 '트렌트호 사건'으로 극에 달했다. 1861년 11월 쿠바 부근에서 한 미국 선장이 영국 우편 증기선 트렌트호를 추격해 그 배에 승선했고, 그 배의 승객들 가운데 두 명의 남부연합 외교관을 체포했다. 영국은 자국 국기를 단 배에 미국인이 승선한 것에 격분해 미국에 전쟁을 선포하기 일보 직전이었다. 영국군이 북쪽으로부터의 침공을 준비하기 위해 캐나다를 향해 항해하는 동안, 호프 제독은 상하이에서 군대를 동원해 미국인 이웃들의 가옥, 선박, 자산을 몰수할 준비를 했다.[22] (그런 일이 벌어지면 워드가 선제 공격을 가해 호프의 배들을 빼앗은 뒤 영국인 거주지에 대포를 겨눌 것이라는 희망 섞인 소문이 미국인들 사이에 돌았다.)[23] 결국 긴장은 완화되었지만, 1862년 겨울 내내 북아메리카에서 온 증기선의 도착을 알리는 총소리만 들리면 걱정 많은 미국 애국자들은 부두로 달려가 선원들에게 뉴스를 캐물었고, 자국이 영국과 전쟁을 벌이고 있는 것은 아닌지 필사적으로 알아내려 했다. 그런 사람들 중 한 명은 이렇게 예견했다. "전쟁이 일어나면 사업은 완전히 파탄 날 것이고, 이곳의 미국인들은 거의 다 샌프란시스코로 가게 될 것이다."[24]

한편 태평천국군이 다가오고 있었다. 1월 11일, 멀리서 일어난 불로 연기가 피어올라 상하이 북쪽 지평선을 어둡게 물들이기 시작한 것이 첫 경보였다. 이튿날 새로운 피난민 물결이 상하이 외곽에 도착하기 시작했는데, 나이 든 여성과 아이들이 약간의 소지품만 챙겨 들고 있었다.[25] 불길이 점점 다가왔다. 종이 울렸고, 대포가 정비되었고, 외국 영사들은 비밀 회의를 열어 도시 방어 계획을 세웠다. 지역 자원봉사자들이 심야에 모여, 불빛이 점점 가까워지면서 자신들 북쪽의 풍경이 훤해지는 것을 불안한 마음으로 지켜보았다. 미국인들은 먼지를 털고 일어나 영국과 프랑스의 대열에 합류했다. 한 미국인이 어머니에게 이렇게 써 보냈다. "기회가 오면, 우리는 영국인들에게 우리가 그들보다 못하지 않다는 것을 보여줄 겁니다."[26]

그들의 걱정은 현실적인 것이었다. 1860년 상하이에서 태평천국군이 쉽게 격퇴되었음에도 불구하고 현재 반란군은 연합군의 예상보다 무장이 더 잘되어 있고 훈련이 더 잘되어 있음을 시사하는 보고들이 간간이 나왔다. 1월 18일, 가버스턴이라는 영국 수병은 자신이 상하이 외곽 몇 킬로미터 지점에서 1만5000명의 반란군 군대에 붙잡혔다가 풀려났으며, 반란군이 자신에게 술을 권하고 그 도시의 방어 체계에 대해 자신을 심문했다고 주장했다. 또한 반란군이 영국제와 독일제 머스킷총을 소지하고 있었으며, 그들 중에 섞여 있던 한 아랍인에게 들은 바로는 유럽인들로 구성된 비밀 부대는 물론이고 엔필드 라이플총으로 무장한 또 다른 부대가 있다고 보고했다. 그의 이야기에 따르면, 반란군은 "매우 잘생긴 남자들"이었고, 잘 먹고 지내는 듯 보였다. (다만 가버스턴이 상하이에서 너무 취한 나머지 상륙 휴가 기간을 경과해버렸음을 스스로 인정한 만큼, 처벌을 피하기 위해 모든 이야기를 지어냈을 가능성도 있었다.) 가버스턴의 이야기는 며칠 후 좀더 확실한 증거로 뒷받침되었다. 머스킷총을 든 2000~3000명의 반란군이 상하이 북쪽으로 16킬로미터쯤 떨어진 우쑹이라는 마을을 침략해 황푸강에서 양쯔강 삼각주에 이르는 강어귀를 점령한 것이다. 이 전투를 목격한 한 영국 해군 대위는 우쑹의 보잘것없는 수비대뿐만 아니라 자신이 하이허강에서 겪었던 정예 청국군에 견주어서도 반란군이 대단히 잘 조직되고 무장되어 있어서 "꽤 놀랐다"고 보고했다.[27]

이수성은 상하이를 청국군으로부터 빼앗는 과정에서 상하이를 파괴할 생각이 없었기에, 넓게 포위하는 전략을 통해 자신의 진격에 맞서 저항하려는 외국인들의 결의를 가늠해보고자 했다. 1월, 다섯 개의 주력 부대(혹자는 수천 명이라 하고 혹자는 수만 명이라 한다)가 상하이에서 몇 킬로미터씩 떨어져 있는 주변 마을들을 점령했다. 이수성의 지지자들은 쑹장과 상하이에 선전물을 쏟아내기 시작했다. 자기들 편으로 오는 모든 사람에게 안전과 보호를 약속한다는 선전물이었다. 선전물에서 이수성은 지난 한 해 동안 장시성과 후베이성을 통과한 자기 군대의 행적과 최근의 저장성 정복을 알렸다. "지나온 모든 곳에서 나는 충성을 맹세한 백성에게 위안과 평화를 주었고, 항복한 사람들〔민병대 장교들〕에게는 계급과 봉급을 주었다."[28] 계속해서 이렇게 적혀 있었다. "어서 그들의 본을 따라, 해와 달처럼 결심을 하고 흐르는 물처럼 우리에게 오기를 권한다." 외국인들에게는 분쟁에 개입하지 말라고 당부하며, 저항 세력을 돕는 자는 "불 속으로 뛰어드는

나방처럼 파멸을 자초할 것"이라고 경고했다.[29]

상하이 내부와 연결되는 통신로들이 서서히 강제로 차단되면서 멀리 있는 대규모 군대의 위협이 가시화되고 무역 쇠퇴의 위협이 커지는 가운데, 이수성은 상하이를 직접 공격할 필요 없이 그 도시의 청나라 관헌을 항복시키기를 바랐다. 공포가 그 도시를 뒤덮었다. 호프 제독은 영국군 증원을 위해서 상하이의 불안정한 상황에 대한 소식을 홍콩으로 보냈고, 광저우 영사가 이 소식을 런던에 전달했다. "우리 방어군은 소규모인데 보호해야 할 공간은 넓고, 넘쳐나는 중국인 피난민을 감당해야 하며, 피난민 중 상당수는 전방 공격이 일어난다면 후방에 공황 상태를 조성할 준비가 되어 있는 반란군 세력일 것이다."[30]

새로운 피난민 물결이 이미 과밀한 상하이 외국인 정착지에 보호를 위해 몰려오면서, 8만 명의 태평천국 군대가 쑤저우로부터 행군에 나섰으며, 이들은 칭푸에서 상하이까지 배를 타고 이동해 1월 25일경 도착할 예정이라는 이야기가 전해졌다.[31] 영국군과 프랑스군의 주력 부대가 성벽으로 둘러싸인 중국인 지구의 방어를 맡았고, 많은 피난민이 있는 넓은 외국인 정착지는 200명의 자원 봉사자, 라이플총과 총검을 가진 일부 경찰들, 그리고 가장 외곽에 배치된 펀자브 보병 부대에 맡겨졌다. 1월 24일, 즉 소문을 통해 태평천국군의 도착 예정일로 이야기된 날의 바로 전날 영국과 프랑스 당국은 상하이와 인근 지역이 연합군의 보호하에 있음을 알리는 중국어 벽보들을 붙였다. 그러고서 그들은 다가오는 공격에 대비했다.

그러나 태평천국군은 1월 25일에 도착하지 않았다. 그 이튿날에는 태평천국군이 다가오고 있다는 징후가 여전히 없는 상황에서 하늘이(『노스차이나헤럴드』의 표현으로는 신의 섭리가) 개입했다.[32] 상하이는 아열대 기후에 속해서 여름에는 찌는 듯이 덥고 겨울에도 기온이 영하로 내려가는 일이 거의 없었지만, 1862년 1월 26일 그 도시의 방위군이 적군의 출현을 파악하기 위해 지평선을 주시하고 있을 때 눈이 내리기 시작했다. 눈은 반란군과 상인, 난민과 선교사들 위로 3일 동안 내렸고, 집과 담벼락과 들판을 새하얗게 뒤덮었다. 강에 살얼음이 끼었고, 시골 논밭을 가로지르는 좁은 길들이 지워져 이동이 거의 불가능해졌다. 눈은 상하이에 60센티미터, 닝보에 30센티미터 쌓였고, 양쯔강 하류 지역을 완전히 마비시켰다. 1월 30일에 이르러서는 그 동해안 지역이 얼음과 서리로 뒤덮여 있었다. 음력으로는 1월 1일에 해당돼서, 중국의 새해 첫날로서 상서로워야 할 날이었다.(이해는 새로운 청나라 황제의 재위 첫해이자, 반란군이 난을 일으킨 지 12년 되는 해였다.) 닝보의 한 선교사는 튼튼한 집에서 불을 피워놓고 있었는데도 밤에 실내 온도가 영상 13도밖에 되지 않는 것을 확인했다. 몇 킬로미터 떨어진 들판에서는 반란군 병사들이 얇은 막사 안에서 추위에 떨며 죽음의 문턱을 맴돌았다.[33]

2월 초가 되자 날씨가 풀렸다. 눈과 얼음이 녹기 시작하자 약해지고 의기소침해져 있던 태평천국군이 다시 움직이기 시작했다. 그러나 이제 그들은 날씨 문제에 더해, 상하이로 가는 디딤돌인 쑹장에서의 예상치 못한 저항까지 맞닥뜨렸다. 지난 몇 달 동안 프레더릭 타운센드 워드는 자기 나라의 전쟁에 대한 관심과는 별도로 그곳에서 새로운 민병대를 훈련시키고 있었다. 이 민병대는 지난 6월에 붕괴된 민병대와는 달랐다. 무엇보다 그가 유럽 선박들에서 도망친 탈영병들로 민병대를 조직하기를 포기하고 대신 쑹장에서 현지 중국 군대를 훈련시키기 시작했기 때문이다. 그는 이전 민병대 출신의 경험 많은 미국인과 유럽인들로 훈련을 담당하고 장교로 복무할 최소한의 인력을 꾸렸을 뿐, 그 밖에는 중국 병사들에게 의존했다. 게다가 중국인 병사 한 명의 급여가 외국인 용병 한 명 급여의 10분의 1에 불과했기 때문에 병력의 규모도 훨씬 더 컸다.

워드의 외국인 장교 대부분은 거의 처음부터 그와 함께해온 사람들이었고, 두 부관(그가 스스로를 장군이라 칭할 수 있을 만큼 병력을 모은 후에는 대령이 되었다)은 그와 마찬가지로 미국인이었다. 그중 한 명은 메인주 출신의 고래잡이 에드워드 포레스터였는데, 그는 일본에서 반란으로 발이 묶였다가 나중에 중국으로 건너갔다.[34] 다른 한 명은 화려한 배경을 가진 노스캐롤라이나 출신의 남부 사람 헨리 앤드리아 버지빈이었다. 그의 아버지는 나폴레옹 전쟁 때 프랑스인 장교로 복무했고, 채플힐의 프랑스어 교사로 경력을 마감했다. 버지빈 자신은 크림반도에서 프랑스 육군에 자원해 2년간 복무한 적이 있지만, 이것 말고는 그의 이전 경력 중 그를 미래의 용병으로 이어줄 만한 것이 거의 없었다. 과거에 그는 신문 편집자, 우체국 직원으로 일했고, 아홉 살 때부터 열일곱 살 때까지는 미국 상원에서 급사로 일했다.[35]

워드는 영어 명령에 응하고 표준 나팔 소리를 따르도록 중국인 부대를 가르쳤다. 그리고 누가 봐도 말쑥한 유럽식 제복을 입혔다. 무릎 밑에서 조이는 헐렁한 반바지와 파란색(포병의 경우) 또는 녹색(보병의 경우) 재킷, 그리고 녹색 두건으로 이루어진 제복이었다. 더운 여름에는 모두 똑같이 빨간색 테두리가 있는 흰색 반바지와 재킷을 입었다.[36] 워드는 신속한 형식으로 싸우고 움직이도록 부하들을 훈련했다. 대열을 이루고, 보병 방진을 형성하고, 오직 명령에 따라 사격하는 형식이었다.[37] 이들은 베이징 침공 때 영국군을 만족시켰던 "광저우 쿨리 부대"와 비슷했지만, 단 하나 다른 점은 보급품이 아니라 총을 들었다는 것이었다.

그는 상하이의 무기상들로부터 최첨단 무기를 구입해 부하들에게 제공했다. 배에 가득 실려 미국의 북군과 남군 모두에게 팔리고 있던 영국산 엔필드 라이플총도 있었고, 영국의 활강 머스킷총과 프로이센의 라이플총도 있었다.[38] 그들은 꾸준한 훈련을 통해 명사수가 되었다고 한다. 그는 전투에 가담하기 위해 중국으로 따라온 동생 헨리 개메일리얼 워드를 통해 더 강력한 대포, 심지어 포함까지 구하기 시작했다. 돈은 있었다. 그의 후원자인 양방과 양방의 동료들은 상하이의 해외 무역 지분에서 벌어들이는 현금이 두둑했고, 자신들의 안전을 위해 기꺼이 돈을 냈다. 중국인 군대를 위해 무기를 대량 구매하는 것이 부도덕한(그리고 정당성이 의심되는) 일로 널리 인식되었음에도 불구하고 워드의 동생은 대담하게도 미국 공사에게서 미 해군 전함 새기노호를 구매하려 시도했다.(공사는 거절했다.)[39] 이 시도가 실패로 돌아가자, 그는 아버지를 통해 미국으로부터 경포함들을 구입하려 했다. 그의 아버지는 중국에 있는 두 아들과 협력해 가족의 부를 일구기 위해서 선박 거래상이 되어 뉴욕에 사무실을 열었던 것이다.

워드가 중국인 군대에 서양 무기를 공급한 유일한 인물은 아니었다. 적어도 닝보 함락 이후 외국인들이 반란군에게 무기를 판매하는 거래가 꾸준히 이루어졌기 때문이다. 그 무기들은 최고급은 아니었지만, 그 전쟁을 열었던 17세기 화승총보다 성능이 뛰어났고, 수량도 상당했다. 이 비밀스러운 거래에 대한 기록은 찾기 어렵지만, 나포된 화물의 기록만 봐도 그 실상을 충분히 알 수 있다. 일례로 1862년 영국 회사인 데이비드슨사는 싱가포르를 경유해 반란군을 위한 대포 300문, 소총 100상자, 탄약 50톤을 실은 선박을 운항하다 적발되었다.[40] 또한 나포된 한 미국 선박의 장부에는 해당 선박 회사가 우쑹의 반란군에게 거의 3000정의 머스킷총, 800문의 대포, 1만8000개의 탄약통, 300만 개 이상의 뇌관을 공급했음이 드러나 있었다.[41] 양쯔강 하류 지역은 화약고였다.

워드의 재편된 민병대는 1862년 2월 3일 땅이 아직 얼어붙어 있는 상황에서 첫 번째 격전을 치렀고, 2만 명의 태평천국군을 상대로 쑹장에서 굳건히 버텨냈다.[42] 그들은 그 도시의 외곽에 포대들을 숨겨두었다가, 눈을 뚫고 전진하는 힘 빠진 반란군을 기습 공격했고, 반란군 지휘관의 퇴각 명령이 떨어질 때까지 2000명 이상을 죽였다. 워드의 병사들은 도망치는 반란군을 700명 이상 생포했고, 도대에 의해 처형되도록 그들을 사슬로 묶어 상하이로 보냈다.[43] 이틀 후 그의 민병대는 선제 공격에 나섰고, 쑹장과 칭푸 사이 중간쯤에 있는 작은 언덕을 공격해 태평천국군 지휘관을 그곳에서 철수시켰다.

상하이 향신의 사설 군대가 처음으로 활약을 보여주고 있었다. 장쑤성의 임시 순무 설환(지난여름 워드에게 가짜 시민증을 발급해준 관리)은 그들이 사용해온 평범하고 설명적인 "외인 부대"라는 명칭을 좀

더 거창하게 "상승군常勝軍(항상 승리하는 군대)"이라고 바꿀 것을 제안했다.[44] 이 화려한 명칭(실제로 승리를 거둔 적은 거의 없었기 때문에 소원을 표현한)은 훗날의 워드의 전기 작가들 일부에 의해 외국인 군 지도자에 대한 중국인의 숭배의 표시로 다루어졌지만,[45] 사실 "외인 부대"를 대체한 이 새로운 명칭은 일반적으로 외국인을 싫어하는 중국인들을 더 많이 이 군대에 입대시키려는, 그리고 이 군대를 좀더 베이징의 입맛에 맞게 만들어 이제는 이 군대의 존재를 알게 된 새 정부가 비중국인 지휘관에 대한 그 군대의 충성심에 신경 쓰지 않게 하려는 시도에 불과했다.

그 충성심에 대해 말하자면, 외국인들은 항상 그 민병대를 "워드의 군대" 혹은 "워드의 훈련을 받은 중국인들"이라고 부르게 되지만, 사실 그 민병대는 지역 군사 조직의 일부였고, 워드는 자신에게 돈을 주는 상하이 관리와 은행가들의 명령을 따르는 사람이었다. 그에게 직접 명령을 내리는 사람은 상하이의 도대 오후였다. 남아 있는 얼마 안 되는 명령문들을 보면 오후는 워드를 "장군"이라 칭하고 그의 이름을 매번 다른 글자보다 크게 쓰고 있는데, 이로 미루어 오후는 워드에게 상당히 존경을 표했던 것으로 보인다. 하지만 오후의 아첨하는 존경은 두려움에서 비롯되었을 가능성이 큰데, 분명 오후는 워드와 그의 민병대가 어떤 식으로든 자제력을 발휘할 것이라고 믿지 않았기 때문이다. 특히 오후는 워드 병사들의 통제되지 않는 약탈을 우려했던 듯하다. 오후는 워드에게 칭푸 공격 명령을 내리면서, 전투가 끝나는 즉시 떠나달라고 간청했다. 그는 이렇게 썼다. "상승군을 그 도시에 들이지 마시오. 그것이 깔끔하게 일을 처리하는 방법이고, 문제를 피하는 길입니다." 그러고 나서 다음과 같이 반복하며 이 점을 강조했다. "그 도시를 무너뜨리는 즉시 그곳을 〔청국군에게〕 내주고 쑹장으로 돌아가시오. 상승군을 그 도시에 들이지 마시오."[46]

워드가 이끄는 군대의 위험성에도 불구하고 워드는 상하이의 향신에게 최고의 희망이었고, 그들은 워드의 충성심을 유지하기 위해 할 수 있는 일은 다 했다. 이 군대를 위한 자금을 조달했던 부유한 은행가 양방은 심지어 1862년 3월 대담하게도 자신의 딸 창메이를 워드에게 시집보냈다. 이는 이상한 결합이었는데, 중국인들의 관점에서 보면 창메이는 흠 있는 상품이었기 때문이다. 그녀의 이전 약혼자가 혼인에 이르기 전에 죽어서 그녀는 다른 남자와 결혼할 수도, 과부 신분을 얻을 수도 없는 처지였던 것이다.[47] 호프가 워드를 체포했던 지난해 여름 워드와 약혼했던 중국인 여성이 어떻게 되었는지에 대한 기록은 없지만, 창메이는 그 여자가 아니었다. 무엇보다 그들의 결혼은 정략적인 것이었다. 그 결혼은 은행가 양방에게는 워드를 가까이 두고 계속 그의 충성심을 얻을 수 있게 해주었다.(그리고 상하이 재계의 계산에 따르면 그의 불운한 딸은 그 외국인과 결혼시키지 않는 한 아무 가치가 없었다.) 워드에게는 그 결혼이 양방으로 하여금 민병대에 대한 자금 지원 약속을 지키게 하는 수단이었다. 그 중심에 수수께끼 같은 존재 창메이가 있었다. 그녀가 남긴 것이라고는 현재 매사추세츠 세일럼의 한 박물관에 소장돼 있는 약간의 보석뿐이다.

상하이에서는 눈보라의 여파로 영국군과 프랑스군이 방어력 강화에 총력을 기울이고 있었다. 호프 제독과 프랑스군의 오귀스트 레오폴드 프로테 제독(당혹스럽게 격퇴당했던 하이허강 전투의 참전 동료)은 2월 13일에 만나, 다가오는 태평천국군으로부터 상하이를 공동으로 방어한다는 협약에 서명했다. 또한 그들은 반란군과의 전투에 투입할 수 있는 육상 병력을 편성해 호프 제독의 오랜 염원인 50킬로미터 반경을 확보할 계획을 세우기 시작했다. 러셀 경은 호프 제독에게 영국 국민의 고문과 죽음을 막기 위한 경우를 제외하고는 내전에 개입하는 일을 절대 허용하지 않을 것임을 분명히 했지만, 호프 제독은 늘 그랬듯이 이 상시적 명령을 무시하고 순간의 필요에 따라 행동했다.

그들이 쓸 수 있는 병력은 부족했다. 그들은 포함을 가지고 있었으나 정규군은 1550명뿐이었는데, 그중 650명은 영국군, 나머지는 프랑스군이었고, 예비 병력으로 소수의 선원이 있었다.[48] 그 밖에 미국인을 포함한 200명의 민간인 자원봉사자가 있었다. 상하이와 주변에 주둔한 청국군은 공식적으로 약 1만 명이었는데, 쓸모없다는 것이 이들에 대한 일반적인 평가였다. 이런 빈약한 병력은 상하이 중국인 지구의 성벽을 태평천국군의 공격으로부터 막아내는 데는 충분할지 몰라도, 야전에서 반란군을 격파할 가망은 없었다. 호프 제독은 자신의 군대를 증강할 방법이 필요했다. 그것이 해결되지 않는다면 그는 상하이 성벽 안에 갇힐 것이었다. 바로 이 때문에, 예상치 못한 상황 전개 속에서 호프 제독은 자신이 전에 그토록 진압하려 애썼던, 변절한 미국인 필리버스터를 새롭게 조명하기로 결심했다.

워드가 더 이상 유럽 수병들이 배를 버리고 이탈하도록 부추기지 않는 듯 보였으므로, 그리고 무엇보다 워드의 새로운 중국인 군대가 실제로 태평천국군의 쑹장 공격을 막아냈으므로, 호프 제독은 미국인 용병에 대한 반감을 접어두고 동맹을 맺어보기로 결심했다. 워드는 상하이를 보호하는 데 특별한 관심이 없었지만, 연합군 포함의 지원을 받으면 태평천국 지역들을 더 쉽게 정복할 수 있으리라고 판단했기에 협력에 동의했다. 2월 말에 이르러서는 호프 제독이 워드를 새로운 극찬의 언어로 일컫고 있었다. 워드는 이제 변절자나 필리버스터가 아니라, "내가 크게 의지할 만한 중국 경험을 가지고 있는" 존경스러운 전문가였다.[49]

프레더릭 브루스는 육상 병력을 강화한다는 호프의 계획을 애매하게 승인했다. 3월 19일자 편지에서 그는 이렇게 썼다. "성벽 안에서 엄격한 방어 태세를 유지한 결과가 공격자들에게 우리가 그들을 두려워하고 야전에서 그들을 상대할 능력이 없다는 믿음을 심어주는 것임을 확실히 하는 데는 중국에서의 경험이 거의 필요하지 않습니다."[50] 하지만 그는 상하이 인접 지역에서 반란군을 몰아내겠다는 호프 제독의 의도에는 찬성하면서도, 연합군은 상하이만을 지켜야 하며 반란군으로부터 탈환한 마을들을 수비하는 것은 청국군 소관이라고 주장했다. 워드와 협력하겠다는 호프의 제안만큼은 브루스도 진심으로 찬성했다. 호프를 따라 브루스도, 외국인 장교들과 청국군으로 구성된 그 미국인 필리버스터의 혼성 병력이 청나라를 승전으로 이끌 수 있는 모델이라고 생각했다. 브루스는 같은 편지에서 호프에게 이렇게 말했다. "개선된 원칙에 따라 군대를 조직하는 것 말고는 이 나라를 만연한 무정부 상태와 약탈 행위에서 구해낼 가망이 없는 것 같습니다. 그리고 워드 대령의 병력이 핵심이 되어주며 (…) 장려되고 증대되어야 한다는 데 동의합니다."

그러나 증국번은 청나라 전쟁에 외국인들이 참전하는 것을 극도로 경계했다. 우선 그는 외국인들이 특별히 효과적일 것이라고 생각하지 않았다. 치먼에서 그는 이수성의 원정군에 외국인이 있다는 것을 알고 있었지만, 그들을 "돈으로 고용된 하찮은 악마들"이라고 일축했다.[51] 증국번이 생각하기에는 충성심이 탐욕보다 훨씬 더 효과적인 동기였다. 그러나 그는 상하이에서는 외국인들이 실질적으로 꼭 필요할 수 있다는 것을 깨달았다. 워드가 쑹장 인근에서 첫 승리를 거둔 직후인 2월 20일, 증국번은 황제에게 올린 상소에서 외국인 용병들로 하여금 상하이 방어를 돕게 하면 청나라에 이익이 될 수도 있음을 인정했다. 심지어 닝보도 마찬가지였는데, 외국인 용병들이 이미 그곳에 거주하고 있었고, 그들이 스스로를 위해 그곳의 방어를 도울 것으로 예상할 수 있기 때문이었다. 그러나 그는 외국인 용병들이 내륙, 특히 쑤저우나 난징으로 진군하는 것은 허용하지 말 것을 강력히 권고했다. 그런 곳들에는 외국인 공동체가 형성되어 있지 않아서, 유럽인들이 순전히 돈만 보고 행동할 것이며, 이것이 심각한 위험을 야기할 수 있을 터였다. 증국번은 이렇게 썼다. "그들이 지면 우리는 웃음거리가 될 것입니다. 그러나 만약 그들이 이긴다면, 미래에 어떤 위험이 뒤따를지 아무도 알 수 없습니다." 그들이 복무에 대한 대가로 나중에 무엇을 요구할지 아무도 짐작할 수 없었다. 그래서 그는 그 외국인들을 상하이를 보호하는 데만 허용해야 한다고 거듭 밝혔다.[52]

그럼에도 불구하고 안칭의 극심한 자금 부족에 직면한 그는 결국 상하이 방어가 전적으로 외국인에게 맡겨져서는 안 된다는 결론에 이르렀다. 그 자신에게 상하이가 필요했기 때문이다. 국제 도시 상하이가 도대 오후와 순무 설환 아래에서 독립적으로 운영되는 한, 상하이의 향신은 스스로 용병을 양성하고 중앙 정부에 세금을 낼 수 있었다. 하지만 증국번의 군대는 얻을 게 없었고, 그의 군대는 받고 있던 임금을 일부라도 지급받기 못하기 시작한다면 반란을 일으킬 위험이 있었다. 증국번은 2월 1일 동생에게 보낸 편지에서 다음과 같이 심경의 변화를 드러냈다. "상하이라는 단일 지역에 1000만 명의 인구와 100억의 재물이 있고, 동남부의 성들을 다 합쳐도 상하이의 부와 인구에 비할 수 없다. 우리는 상하이를 보존할 방법을 찾아야 한다."[53] 열흘 후에는 이렇게 썼다. "듣자 하니 상하이에서는 한 달에 50만 냥을 받을 수 있다. 나는 그 돈이 적의 손에 떨어지는 것을 두고 볼 수가 없다."[54]

그래서 증국번과 상하이 향신은 마침내 일치점을 찾았다. 향신은 증국번의 군대가 강 하류로 내려와 자신들의 집과 생계를 지켜주기를 바랐고, 증국번은 상하이를 난징 원정을 위한 자금 조달 수단이자 쑤저우 공격의 거점으로 여겼다. 양측 모두 자신의 이익을 추구하는 것이었지만, 그들의 당면 목표는 같았다. 증국번은 지난 11월 상하이에서 온 대표단을 거부했던 것과 대조적으로, 1862년 봄에는 태평천국군의 포위를 무너뜨리기 위해 상하이로 군대를 보내기로 결정했다. 만약 성공한다면, 그 군대는 그의 난징 봉쇄 전략에서 세 번째 전선이 될 수 있었다. 남아 있는 유일한 문제는 어떻게 그곳에 군대를 보내느냐 하는 것이었다.

상하이의 도대 오후가 그 문제를 해결해주었다. 오후는 홍인간에게 그토록 단호하게 거부되었던 계획을 조용히 실현시켰는데, 영국 회사인 매켄지·리처드슨사와 계약을 맺고, 영국 증기선을 이용해 안칭에서 상하이까지 9000명의 병사와 지원 인력을 수송했다. 청국군과 영국 당국 모두 강안의 반란군 포대가 영국 국기를 단 배를 향해 감히 발포하지 못할 것이라고 (아주 정확하게) 예상했다. 해리 파크스가 난징에서 태평천국 왕들에게 "중립의 권리와 의무"에 대해 설교를 늘어놓으며 영국이 굶주린 안칭 수비대에 보급품을 수송해줄 수 없다고 말했던 것과는 아주 대조적으로, 이 경우 호프 제독은 영국 증기선을 이용해 이홍장의 군대를 이동시키는 것을 기꺼이 승인했다. 왜냐하면 그것이 "상하이를 태평천국이 가까이 있는 불쾌한 상황에서 해방시키려는 그의 계획에 도움이 될 것"이기 때문이었다.[55]

한 달도 채 안 걸려 4월 말까지 세 차례의 왕복 운항으로 이홍장 휘하의 6500명의 안후이군과 지원 인력은 순식간에 상하이로 들어가 진지를 구축했고, 동쪽으로부터 난징을 향해 내륙으로 진격해 들어갈 준비를 했다. 이홍장은 장쑤성 순무에 취임함으로써 설환 대신에 집권자가 되었고, 상하이 도대 오후보다 높은 위치에 있게 되었으며, 결국 그 지역 청국군을 지휘하게 되었다. 이제 상승군이 그의 명령을 받게 된 셈이었다.

증국번은 이홍장의 군대가 신속하고 안전하게 이동한 것에 흡족해했다. 이제 증국번은 태평천국 반대편에 자신의 충성스러운 군대를 두게 되었다. 그러나 이동에 든 비용은 어마어마했다. 은 18만 냥이 들었는데, 이는 상하이 월간 관세 수입의 약 3분의 1에 해당되는 수준이었고, 병사들의 월급으로 따지자면 4만 명 이상의 것에 해당되는 수준이었다. 증국번은 그것이 "충격적이고 비참하다"고 집에 보낸 편지에 썼다.[56] 이는 외국의 원조를 받는 것에 대한 그의 생각을 확실히 해주었고, 그는 중국이 자체적으로 증기선을 건조해야 외국인들이 더 이상 증기선을 가지고 이익을 챙길 수 없을 것이라고 확신하게 되었다. 그러나 국가적 자존심 문제보다 더 심각한 것은 민간에 쓸 자원이 대폭 줄었다는 것이다. 그는 군의 장군이기만 한 것이 아니라 자신의 관할 지역에서 살고 있는 백성의 안녕을 책임지는 총독이기도 했다. 황실 금고가 바닥나고, 증국번이 안후이성의 자기 군대에 가까스로 물자를 공급하고 있고, 하물며 관할 지역의 백성을 부양하기도 어려운 마당에, 이동 경비로 쓰인 은 18만 냥은 엄청난 사적 기부금이 탐욕스러운 외국인들의 손으로 쏟아져 들어갔음을 의미했다. 집에 보낸 같은 편지에서 그가 언급했듯이 당시 그의 군대에는 식량이 부족했을지 몰라도, 안후이성에서는 오직 군인들만이 먹을 것을 가지고 있었다.[57]

사실 베이징 정부는 증국번에게 이홍장보다는 그의 동생인 증국전을 상하이에 보내라고 명령했다. 그러나 증국전은 증국번보다 더 난징 탈환의 영광을 탐냈고, 반란군의 수도 아닌 다른 곳으로 자기 군대를 끌고 가는 것을 노골적으로 거부했다. 심지어 그는 증국번이 자기 아닌 이홍장을 상하이로 보낼 것이 확실해질 때까지 후난성으로부터 신병들을 데리고 돌아오는 것을 미루기까지 했다. 결국 증국번은 다시 한번 중앙 정부의 의향을 무시했고, 증국전은 중앙 무대에서 싸울 것을 약속받고서 마침내 3월에 안칭으로 돌아왔다. 풋내기 신병들은 수비 임무에 배치되었고, 베테랑 병사들은 또다시 증국전과 함께 출정하기 위해 결집했다.

이홍장의 안후이군이 아직 상하이로 이동할 준비를 하고 있던 시점인 3월 24일, 증국번은 안후이성의 비참함과 굶주림 속에서 수군과 육군으로 구성된 2만 명의 후난군을 이끌고 안칭을 떠나는 동생을 배웅했다. 그들의 동생인 증국보 휘하의 5000명 병력도 거기 포함되어 있었다. 그들은 양쯔강 북안을 따라 동쪽으로 나아갔고, 멀어지면서 사라졌다. 그들 앞에는 태평천국의 심장부가 있었고, 그 안으로 깊이 들어가면 난징 성채가 있었다.[58]

태평천국군에 접근하는 것이 여의치 않아서, 상하이는 멀리서 서서히 포위되었다. 쌀 가격이 50퍼센트 상승했다. 밀가루 가격은 두 배가 되었다. 장작 가격 역시 추운 날씨까지 가세한 탓에 두 배 넘게 뛰었다.[59] 그러나 두려운 태평천국군의 공격은 닥치지 않았다. 그냥 상하이 포위가 느리게 진행되고 있었고, 앞으로 어떤 일이 벌어질지 모두가 지켜보고 있었다. 현지의 영국 당국은 자신들을 포위하고 있는 반란군을 포함한 당면한 위협으로부터 상하이를 지키는 길이 바로 중립이라는 데 의문을 제기하지 않았다. 이 점에서 상하이의 영국 당국은 그곳에 거주하는 자국민들의 전폭적인 지지를 받았다. 『북중국·일본 시장 보고서』의 추측에 따르면, 상하이의 외국인 사회 전체는, 태평천국군에게 무기를 공급하는 것으로 부를 쌓는 사람들만 빼면,

이제 연합군이 “발포와 포탄으로 조약의 중립 조항들을 시험하는 것”을 두고 볼 준비가 되어 있었다.[60]

워드와 영국군, 프랑스군 간의 합동 작전은 1862년 2월 21일 작은 규모로, 상하이에서 12킬로미터쯤 떨어진 가오차오라는 마을을 공격하는 것으로 시작되었다. 워드는 600명의 병사를 이끌었다. 호프와 프로테는 총 500명의 해군 병력을 이끌고 왔는데, 이들은 6파운드 포의 로켓 발사관을 가지고 상륙했다. 전투는 빠르게 끝났고, 반란군 수비대가 마을을 버리고 떠나기 전에 단 한 명의 프랑스군이 살해되었다.[61] 성공을 맛본 연합군은 계속 나아갔다.

초기 교전에 대한 외국인들의 반응은 엇갈렸다. 일부 상하이 사람들은 호프 제독이 반란군에게 적극적으로 맞서는 것을 보고 기뻐했는데, 선교사들이 특히 그랬다. 그들은 태평천국의 통치하에 기독교 국가 중국이 도래하기를 바랐으나, 최근 홍인간의 광기에 대한 소식이 전해지면서 그러한 희망이 꺾여버린 터였다. 그들은 환멸감에 독해졌고, 어떤 이들은 이전의 높았던 희망에 비례하는 반감을 품으며 반란군을 싫어했다. 상하이의 영국 성공회 주교는 3월 17일의 사적인 편지에서 호프 제독의 작전에 대해 전폭적인 지지를 표명했고, 심지어 호프가 당면한 상하이 방어에 그치지 않기를 바란다고 말했다. 그는 미국인 선교사 새뮤얼 웰스 윌리엄스에게 이렇게 편지를 썼다. “당국이 브루스 씨로부터 듣고 싶어하는 말은 오로지 이 성의 모든 성벽 마을에서 〔반란군을〕 몰아내라는 것뿐이라고 합니다. 정말이지 나는 그들이 난징 바로 앞에서 멈추지 않기를 바랍니다. 이 나라가 이 괴물들을 제거해야 할 때가 왔습니다.”[62] 그러나 다른 이들은 영국이 시골 지역에서 태평천국군의 보복을 유발하고 난민을 도시로 몰아냄으로써 혼란을 야기하고 있다고 비난했다. 한 선교사는 『뉴욕 선교사』에 투고한 글에서 이렇게 썼다. "상하이 주변 사람들이 겪고 있는 고통의 상당 부분은 외국인들이 그들에게 취해온 정책 탓이다."[63]

아이러니하게도, 최근 들어 현저해진 호프의 공격성을 가장 강력하게 비난하는 목소리 중 일부는 그가 지켜주려 한 바로 그 상하이 재계에서 나왔다. 상인들은 그의 행동을 만장일치로 지지한 것이 아니었고, 태평천국에 대한 최근의 이런 호전적 행동 방침이 자멸적 결과를 초래할 것이라고 많은 이가 우려했다. 영국의 대표적인 무역 회사인 자다인·매서슨사는 1862년 2월 27일의 회사 내부 회람에서 "연합군 지휘관들이 취한 정책은 재앙적 결과를 초래할 것으로 우려된다"고 썼다. 또한 호프와 워드가 가오차오에서 합동 공격을 감행한 상황을 설명하면서, 그러한 행동은 "절대 경멸해서는 안 될 적을 격분시킬 뿐"이라고 주장했다. 상하이 너머의 "나라 전체"가 "태평천국의 손아귀에" 있다는 점을 감안할 때 "이 자살적 정책이 지속"된다면 "결국 무역을 완전히 파괴하지는 않더라도, 실질적으로 방해"하게 될 것이라고 이 글은 경고했다.[64]

반란군과의 전쟁을 어떤 선교사들은 바랐을 수도 있고, 어떤 사업가들은 우려했을 수도 있지만, 호프 제독은 여전히 런던으로부터 그 전쟁을 승인받지 못했다. 엄격한 중립이 영국 정부의 정책이었기에, 상하이 주변에서의 전투는 엄격히 제한되어야 했고, 태평천국군의 포위 공격으로 상하이가 즉각적 위협을 받을 때에만 가능했다. 소규모 전투들로 피를 봤음에도 불구하고 양측은 여전히 서로를 떠보고 있었다. "싸움꾼 지미"라는 별명의 호프는 엄밀히 따지면 공세를 취하지 않았고, 상하이 인근을 벗어난 곳에서 벌어진 어떤 전투에도 참여하지 않았다. 그러나 그는 그렇게 할 수 있기를 간절히 바랐다.

마침내 결정적인 순간이 찾아왔는데, 필연적으로 그것은 우연일 수밖에 없었다. 4월 23일, 닝보의 태평천국군이 어떤 의례를 거행했다.[65] 판이라는 이름의 태평천국군 지휘관 중 한 명이 진급해 성도 항저우에서 막 돌아온 참이었다. 상하이 북쪽의 주변 지역에서 산발적인 전투가 있었음에도 불구하고 지난 몇 달간 닝보는 조용했고, 중국 상인과 외국 상인 간의 무역은 증가하고 있었다. 『타임스』의 홍콩 특파원은 일주일 전, 닝보의 태평천국군이 이전과 마찬가지로 "외국인에 대해 평화적 태도를 유지"하고 있으며, 이 지역의 중국 상인들은 "반란군 수비대 우두머리들과의 합의"하에 사업에 복귀하고 있다고 보도한 바 있었다. 주요 수입품은 주변 지역 주민들을 먹여 살릴 곡물이었고, 닝보는 영국이 가장 절실하게 필요로 하는 원자재인 면화를 수출하기 시작했다.[66] 사실 면화는 차치하더라도, 전시에 저장성의 쌀 수요가 만족을 몰랐던 데다 영국과 프랑스 선박들이 시암의 풍부한 농작물을 싼값에 공급할 수 있었기 때문에, 비단과 차의 수출 감소에도 불구하고 1862년 6월 30일로 마감된 해의 닝보의 대외 무역 대차대조표는 그 도시가 아직 청나라 지배하에 있었던 전년에 비해 82퍼센트 증가하게 된다.[67] 이는 하비 영사가 예측했던 재앙적 상황이라고는 할 수 없었다. 만 건너편에 위치한 상하이 인근에서 산발적으로 벌어지는 교전에 대한 대안으로서, 닝보가 반란군을 "전쟁 이외의 다른 방법으로 다룰 수 있음을 보여준다"고 『타임스』 특파원은 희망적인 전망을 제시했다.

그러나 하비 자신은 더 극단적인 파멸을 예언했다. 그는 3월 20일 프레더릭 브루스에게 쓴 편지에서(이 편지는 몇 달 뒤 『타임스』에 실린다) 반란군에 대한 자신의 강렬한 증오를 유보해왔던 그간의 입장을 해제해버렸다. 여기서 그는 닝보에서 뭔가 일이 일어나기 훨씬 전부터 그러한 증오를 품고 키워왔다는 것을 인정했다. 그는 브루스에게 이렇게 썼다. "저는 이제 (…) 마음대로 단호하게 선언합니다. (10년 동안 굳게 고수해왔고 일관되게 지켜온 의견입니다.) 태평천국의 반란이 정치 운동 또는 대중 운동이라는 것은 더할 수 없이 큰 망상이며, 태평천국의 교리가 하나의 교리 또는 윤리라는 것은 세상 어디서도 본 적 없는 더할 수 없이 거대하고 불경스러운 기만입니다." 편지는 계속된 끝에 다음과 같은 파멸적인 결론에 이르렀다. "이 운동이 광범위한 규모의 육상 해적 행위(모든 사람의 눈에 혐오스러운 것으로 보이는)로 간주될 때에만, 이 광대한 제국과 무역하는 기독교 문명국들의 힘 안에서 모든 수단을 통해 이 운동이 지구상에서 일소될 때에만 우리가 이 운동에 대한 올바른 평가에 도달하고, 이 운동을 철저히 정의롭게 처리하게 될 것임을 당신은 믿으셔도 됩니다."[68]

4월 23일 문제의 태평천국 의례가 거행되던 중 오전 10시가 조금 지났을 때, 중국인 지구와 외국인 거주지를 가르는 강에 접한 닝보의 동쪽 성문에서 판 장군을 기리는 예포가 발사되었다. 그런데 조준이 정확하지 않아 몇 발이 강 너머로, 프랑스 포함 레투알호의 삭구를 가르며 날아갔고, 외국인 거주지에 떨어졌다. 이로 인해 그곳에 거주하던 중국인 두세 명이 사망했다.(사망자 수는 정확히 밝혀지지 않았다.)[69] 최근 며칠 동안 가까운 곳에서의 머스킷총 사격으로 불편을 겪었던 영국 군함 링도브호의 지휘관은 태평천국 장군들에게 항의 편지를 보냈다. 그는 바로 당일에 많은 사과를 받았고, 닝보에 있는 두 명의 태평천국군 장군 중 한 명인 황 장군은 책임져야 할 병사들을 찾아내 "엄중히 처벌"하겠다고 약속했다.[70]

상하이의 호프 제독은 닝보에서 총격이 있었다는 소식을 듣자마자 사과에 대해 듣기도 전에 행동에 나섰다. 그와 프랑스의 프로테 제독은 "이 만행에 대한 적절한 배상"을 요구하기 위해 인카운터호로 로더릭 듀 대령 휘하의 합동군을 급파했다.[71] 그러나 닝보에 도착한 듀 대령은 태평천국 지휘관들의 사과에 대해 알게 되었고, 사과를 충분히 받아들일 만하다고 생각했다. 듀 대령은 상황이 이미 진정되었다고 판단해, 4월 27일 황 장군과 판 장군에게 사과를 받아들이는 우호적인 편지를 써 보냈다. 그는 그들의 메시지가 "매우 만족"스러웠고, "영국, 프랑스와 우호 관계를 유지하고자 하는 당신들의 바람을 우리에게 강하게 각인"시켰다고 썼으며, 따라서 그런 사고가 재발하지 않도록 외국인 정착지 쪽을 향하고 있는 특정 포들을 치우는 것 이상의 배상은 요구하지 않겠다고 밝혔다. 그는 영국이 중립을 지키고 있으며, 닝보의 반란군이 우호 관계를 유지하는 한 "우리 측에서 그 관계를 훼손하는 일은 없을 것"이라며 그들을 안심시켰다.[72]

그런데 이상하게도 이튿날 듀는 태평천국군 지휘관들에게 또 다른 편지를 보냈다. 이번에는 전날 받아들였던 사과에 대해 더 이상 만족해하지 않고 있었고, 그들이 영국을 "심각하게 모욕"했으며 이는 "우리가 당신들과 유지하고자 했던 우호 관계를 해친 것"이라고 비난했다. 그리고 자신은 "이러한 모욕에 대한 충분한 사과를 (…) 요구하기 위해 상당한 병력을 이끌고" 상하이에서 파견되었다고 썼다. 4월 28일 현재, 그는 예포가 발사된 그 문에서 포들을 치우는 것뿐만 아니라, 강안을 따라 아직 구축 중인 새로운 주요 포대를 포함해, 외국인 정착지 쪽으로 동쪽을 향하고 있는 포들도 전부 치울 것을 요구했다. 그는 24시간 내에 포대 해체를 시작해야 하며, 그러지 않으면 영국군이 직접 해체에 나설 것이라고 경고했다. 그리고 만약 영국군의 해체 작업 중 그들을 향한 발포가 일어난다면, "나는 그것을 적대 행위로 간주해 모든 외국 선박을 강에서 철수시키고 우리 국민을 정착지에서 철수시킬 것이며, 아마도 닝보시를 함락시킬 것"이라고 경고했다.[73]

듀의 어조가 우호적인 것에서 적대적인 것으로 갑자기 반전되며 사과 수용을 철회한 데에는 두 가지 이유가 있었던 듯하다. 첫째, 하나의 사건이 아니라 두 개의 사건이 있었다는 데 처음으로 그의 생각이 미쳤던 것 같다. 링도브호가 겪은 발포와 외국인 정착지의 거주민을 죽게 만든 예포가 각각 다른 날에 있었던 것이다. 그는 이것이 공격의 패턴이라고 판단했다. 둘째, 런던에서 나온 새로운 명령이 막 전달되었다. 그 명령은 지난 1월에 보낸 보고서에 대해 러셀 경이 마침내 응답한 것이었다. 나중에 드러난 사실이지만, 하비 영사가 닝보 파괴에 대한 불길한 예언을 한 것, 호프 제독이 항저우에서 태평천국군의 잔학 행위를 시사한 것, 해리 파크스가 태평천국 반란군과의 전쟁이 빠르게 다가오고 있음을 증언한 것이 모두 합쳐져 그들 모두가 바라고 있던 바로 그 대응을 보장해주었다.

러셀 경은 보고서를 읽은 후 해군 본부에 이렇게 설명했다. "닝보 함락은 다른 도시들의 점령 때 목격되었던 그 모든 잔혹 행위를 동반하지 않았지만, 〔그럼에도 불구하고〕 무역과 산업을 모두 마비시켰고, 평화적인 사람 전부 또는 대다수를 몰아냈으며, 광범위한 파괴와 황폐화를 가져왔다." 하비의 판단에 영향 받아, 러셀은 태평천국 반란군과 항구를 공유하는 것은 영국이 다시는 하지 말아야 할 일이라는 결론을 얻었고, 이렇게 마무리했다. "인류와 상업의 이익을 위해 상하이라는 도시와 항구는 (…) 그런 운명을 겪지 않도록 보호되어야 한다."[74]

그러나 러셀은 상하이에 그치지 않았다. 그 같은 보호가 "가능한 한 다른 조약항들에도 적용되어야 한다"고 결정했다. 이는 닝보가 이제 영국의 군사적 방어 아래 놓인다는 것을 의미했다. 러셀은 "양쯔강에서 영국 국기는 해군력의 보호를 받아야 하며, 일반적으로 영국의 무역은 영국 전함의 지원을 받아야 한다"고 제임스 호프에게 통보할 것을 해군 본부에 지시하는 것으로 해당 글을 마무리했다.[75] 호프 제독은 상하이, 조약 항구들, 그리고 그가 판단하기에 영국 무역의 이익에 직접적인 위협이 되는 기타 중국 지역들에서 태평천국군과 교전할 자유를 부여받았다. 이 명령은 듀 대령이 닝보로 떠나기 직전에 상하이에 전달되었는데, 4월 28일의 그의 심경 변화로 미루어 그는 숙고

끝에 이 명령을 전쟁의 명분을 찾는 허가로 받아들이기로 했던 것 같다.[76]

태평천국 장군들은 협박하는 투의 듀의 두 번째 편지에 대해 이전 편지들과 마찬가지로 달래는 투의 답장을 보냈다. 그들은 다시 한 번 아낌없이 사과했다. 그러나 그들은 동쪽을 향한 포들을 치우는 것은 거부했고, 강으로부터 자신들의 도시를 지키는 데 그 포들이 필요하다고 지적했다. 또한 태평천국 사람들 역시 외국인이 거주하는 강 건너편에서 심각한 범죄와 모욕을 겪은 적이 있지만, 자신들은 한 번도 이렇게 사과나 배상을 요구하지 않았다고 말했다. 그들은 이번 일이 그저 불운하고 비교적 사소한 사고일 뿐이라고 말했다. 그럼에도 불구하고 그들은 문제의 포들에서 화약과 탄환을 제거하고, 총안을 막아놓고, 도시가 공격을 받는 경우에만 총안을 다시 열겠다고 제안했다. "우리는 당신들과 좋은 관계를 유지하기를 너무나 바라고 있습니다"라고 그들은 주장했다.[77] 하지만 그들은 자신들이 스스로를 방어할 수 있어야 한다고 주장했다.

듀 대령은 그들이 자신의 요구를 거절한 것을 마음에 담아두었다. 일주일 후인 5월 5일, 하비 영사가 새로운 소식을 가져왔다. 쫓겨났던 닝보의 도대(12월에 그 도시를 잃은)가 150척의 무장한 작은 배들로 이루어진 보잘것없는 함대와 함께 인근 망명지에서 방금 돌아왔으며, 과거에 해안에서 해적질을 하던 아팍이라는 사람이 그 함대를 지휘하고 있고, "쇠스랑, 대못을 박은 대나무, 괭이, 심지어 몽둥이"로 무장한 농민과 남자들, 여자들도 함께 왔다는 소식이었다.[78] 듀가 호프에게 설명한 바에 따르면 이 "이상한 군대"는 닝보를 공격할 셈으로 강을 타고 올라왔고, 하비의 말에 따르면 그들은 영국과 프랑스의 지원을 요청하고 있었다. 게다가 그들은 마침 듀가 태평천국군에게 포를 치워달라고 요구한 바로 그 지점의 성벽을 공격하려 계획하고 있었다. 당연히 닝보에서의 마찰에 대한 소식이 퍼졌고, 그것도 매우 빠르게 퍼졌다. 듀 대령은 그들의 계획을 전폭적으로 승인했고, "반란군이 우리 요구를 거부한 결과이기에", 그들이 닝보를 공격하러 가는 길에 외국인 거주지를 지나가는 것에 대해 "나는 전혀 이의가 없다"고 도대에게 말했다.[79] 그래서 그들은 듀의 승인을 받아, 외국인들이 거주하는 곳인 강 건너편에 진을 쳤다.

듀는 태평천국 지휘관들에게 다시 편지를 썼다. 그는 먼저 영국의 비전투적 입장을 거듭 밝혔고("우리는 완전 중립을 고수한다"고 그는 떠들어댔다), 그런 다음 절대 불가능한 최후통첩을 했다. 그들이 외국 정착지를 향한 포대를 철거하기를 거부했기 때문에, 이제 그들이 그 포대를 사용해 공격자들에게 발포할 경우, 그는 그것을 대영제국에 대한 전쟁 행위로 간주하겠다고 했다.(공격자들은 바로 그 이유로 바로 그 방향에서 공격할 셈이었다.) 그는 그들에게 경고했다. "만약 당신들이 외국인 정착지 맞은편의 포대나 성벽에서 진격해오는 청국군을 향해 대포나 머스킷총을 발포해 그 정착지에 있는 우리 병사들과 민간인의 생명을 위험에 빠뜨린다면, 우리는 발포로 응대해 도시를 포격하는 것이 우리 의무라고 여길 것이다."[80] 그는 그들에게 단 하나의 선택지를 제시했다. 바로 닝보를 즉각 포기하라는 것이었다.

훗날 의심 많은 사람에게는 그 유혈의 결말이 계획된 것이었음에 틀림없다고 여겨졌을 것이다.[81] 사실 하비 자신조차 일련의 일들이 그토록 시기 적절하게 맞물린 것이 정말 있음 직하지 않은 일임을 강조했다. 5월 9일 프레더릭 브루스에게 쓴 편지에서 그는 이 잡다한 청나라 충성파 병력이 "우리가 그 우두머리들에게 보낸 서신이 실제 공격으로 비화되지는 않은 채 최대한 분노에 차 있던 바로 그 시점에" 구성되었으며, 따라서 이것은 "놓쳐서는 안 될 너무나 좋은 기회에 의한 (…) 이례적이지만 다행스러운 우연"이라고 썼다.[82]

포격은 이튿날 아침 일찍 시작되었다.

13장
뱀파이어

1861년에 반란군이 닝보를 거의 피 흘리지 않고 점령했던 것에 비해, 1862년 5월의 닝보 탈환은 도살장처럼 전개되었다. 처음에는 그 잡다한 청국군이 망설이면서, 유럽인들이 위험한 일을 하게 했다. 영국군과 프랑스군은 6척의 포함으로 구성된 연합 포병대를 동원해 그 도시를 포격했고(듀 대령의 식사를 위해 2시에 잠시 휴식 시간이 있었다), 그런 다음 연합군 돌격대를 보내 성벽을 넘어가 안에서 문을 열게 했다. 몽둥이를 휘두르는 농민들과 해적 무리는 강을 건너 그들을 따라 성안으로 들어가도록 부추김을 받았지만, 일단 안으로 들어가자 자신들의 임무에 열중했다.[1] 2주 후 홍콩의 『차이나메일』에 실린 한 목격자 진술에 따르면, 그 해적 군대는 "몇 시간 만에 반란군이 다섯 달 동안 그곳을 점령하면서 입힌 피해보다 더 큰 피해를 입혔"으며, 그 도시의 권좌에 복귀한 도대는 연합군의 공격이 있은 이튿날 온종일을 "자기에게 붙잡힌 불운한 반란군들의 목을 치는 데" 썼다.[2]

잘린 머리와 내장에 대한 묘사보다 그 글의 독자들을 더 불안하게 만든 것은 영국군이 만주족 정권의 용병으로 전락하고 있다는 우려였다. 이 글에 따르면, 닝보의 "주요 살인자와 고문자들 중 한 명"이 하비 영사의 사적 고용인(외국인들에게 "하비의 소년"으로 알려져 있었다)인 정아푸라는 젊은이였는데, 그는 "비단 옷을 입고" 다녔고, "조랑말을 타고 수행원들과 함께 그 도시를 돌아다니면서 불운한 사람들의 처형을 명령"했다. 더 중요한 점은, 그 도시의 침공에 따른 무질서한 상황에서 하비의 고용인이 "영국 병사들에게 명령을" 내렸고, 그 병사들이 실제로 그의 명령을 따랐다는 것이다. 그 고용인이 중심적 역할을 했다는 것은 저장성의 한 중국인 관리의 어떤 관련 없는 진술에 의해 확증되었다. 그 관리는 정아푸를 영국군과 도대의 해적 군대 간 연락책으로 지목했으며, "하비의 소년"이 아팍과 공모해 5월 10일 아침 강의 양안 중 태평천국군이 자리 잡고 있는 쪽으로부터 인카운터호를 향해 몰래 발포함으로써 도화선에 불을 댕겼고, 이로써 선원 2명이 죽고 듀가 반란군을 상대로 본격적인 포격을 개시할 명분을 얻었다고 말했다.[3] 누가 누구를 섬기고 있었는지는 완전히 불분명했다.

그것은 영국의 불개입 약속의 충격적 결말이었는데, 특히 많은 사람이 닝보를 태평천국군이 진정으로 외국인에게 우호적이고 무역을 환영한다는 증거로 지목하고 있었기 때문이다. 중국의 영자 신문들은(이제는 개입을 매우 지지하고 있던 『노스차이나헤럴드』는 빼고) 격앙된 불만을 쏟아냈다. 『오벌랜드 무역 보고서』의 한 기사는 다음과 같이 쓰고 있었다. "연합군은 태평천국으로부터 이 항구를 탈환하기 위해 너무나 많은 비밀과 속임수를 동원했으며, 그들의 행위에 대한 공식 보고들은 진실성에 대한 고려가 거의 없어서 진실을 밝히기가 매우 어렵고, 지금까지 공개된 적도 없다. (…) 이 계획을 달성하는 방식은 영국의 위신에 지울 수 없는 치욕을 안겨준다." 홍콩의 『데일리 프레스』는 이렇게 썼다. "연합군이 태평천국군으로부터 닝보를 빼앗은 것보다 더 옳지 않고, 더 정당하지 않고, 더 도리에 맞지 않는 행위는 없었다. 공정하게 말하자면, 이는 영국 군함 인카운터호의 로더릭 듀 대령의 영원한 불명예로 기록되어야 한다."[4]

지구 반대편에서는 『뉴욕타임스』가 상하이 주재 특파원의 보도를 실었다. 이에 따르면 닝보 공격은 영국의 단순한 조약항 방어에 종지부를 찍고 중국 내 영국 식민지 확장의 새로운 서막을 알리는 사건이었다. 특파원은 "이 사건에는 깊은 의미가 있다"고 썼다. 그의 입장에서는 영국과 프랑스의 지속적인 군사 지원 없이는 청나라가 살아남을 수 없다는 것이 명백해 보였는데, 이제 이 두 나라는 기꺼이 군사 지원을 제공할 의지를 보였다. "하지만 아무런 대가 없이 그렇게 할까?" 그는 미국 독자들에게 물었다. "아니다. 두 나라는 머지않아 청나라의 사실상의 지배자가 될 것이다."[5] 영국이(그리고 부차적으로 프랑스가) 과거 인도에서 그랬듯이 중국을 점령하려 한다는 그의 우려는 닝보 침공 이후 널리 확산되었다. 그러나 이 기자는 연합군의 중립 위반의 도덕성 문제보다는 자국의 역할 부재에 더 집중했다. "두 나라의 그토록 엄청난 이해관계가 달려 있는 이 문제들을 다루는 데 있어 미국도 할 말이 있지 않을까?" 그는 이렇게 물었다. (그가 같은 지면의 후반부에서 언급했듯이, "만약 이 경우에 우리가 망설인다면, 머지않아 중국은 영국과 프랑스의 지배를 받게 될 것이므로 우리에게는 손해"였다.)[6] 하지만 중국에서 미국의 입지란 미국의 내전이 종식되고 미국이 다시 세계 경쟁에서 제자리를 찾게 된 뒤의 문제였다. 그때까지는 자국과 중국의 유사한 상황을 한탄할 수밖에 없었다. 양국 다. (그가 보았듯이) 남부연합과 태평천국의 내부 파괴로 인해 약화되고 외세의 조종에 노출되어 있었기 때문이다. "우리의 엄청난 반란과 중국의 엄청난 반란이 머지않아 구멍과 굴들 속으로 숨어들어 더 이상 우리 평화를 방해하지 않게 될 날이 있을 것이다." 그는 이렇게 결론지었다.

가장 원초적인 의미에서 하비 영사, 듀 대령, 호프 제독이 영국 무역 증진을 위해 개입을 감행했다고 하더라도, 그들의 노력은 단기적으로는 별다른 성과를 거두지 못했다. 그 도시가 다시 청나라의 지배하에 놓인 지 한 달 후, 두 명의 유럽 상인은 도대가 세금을 "거의 무역 금지" 수준으로 올렸고, 아팍 휘하의 해적 함대가 "강을 봉쇄해 이곳으로 농산물이 들어오는 것을 막고 있다"고 홍콩의 『데일리 프레스』에 보고했다. 청나라의 닝보 탈환 전 몇 달 동안 태평천국이 저장성을 초토화했다는 소문을 반박하는 증거로서, 이 상인들은 닝보가 아직 반란군 치하에 있던 때에 그곳으로부터 내륙으로 들어가는 여정에 올랐던, 자신들의 상회에 소속된 한 비단 상인의 일지를 공개했다. 그는 그 지역이 "작물이 풍성하게 자라는" 활기차고 비옥한 곳이며, 그곳 사람들이 대체로 "꽤 행복하다"고 생각했다. 그는 자신이 어디를 가든 "친절한" 이들에게 "정중한 대접"을 받았고, 상황은 "평온"했다고 말했다.(그 짧은 일지 전체에서 스물한 번 반복.) 그의 말에 따르면, 반란군은 실제로 마을들을 약탈하고 있었지만, 충분한 경고를 했고, "외국인들의 무역을 방해하고 싶어하지 않았다". 심지어 교전이 벌어진 후에도 "반란군은 외국인들에게 매우 우호적이었고, 우리에게 잘해주었다".[7]

상하이와 홍콩에서 표면화되고 있던 도덕적 분노는 중국 반란군에게 반발하는 여론이 거세지고 있던 영국에서는 처음에는 거의 들리지 않았다. 해리 파크스는 인터뷰와 공식 석상에서 태평천국군이 괴물 군단임을 분명히 했다. 하비 영사가 닝보의 표면적 파괴를 마치 그곳이 지도에서 사라지기라도 한 것처럼 암울하게 전한 이야기는 논란 없이 널리 보도되었다.

1862년 여름, 심지어 카를 마르크스도 하비의 글을 읽고 태평천국에 대한 기대를 접었다. 중국 내전의 국제적 중요성에 대한 마르크스의 마지막 글은 7월에 빈의 『디 프레세』에 실렸는데, 하비가 프레더릭 브루스에게 보낸 편지들을 인용하는 데 대부분을 할애하고 있었다. 마르크스가 인용한 구절에서 하비는 태평천국의 진실이 "'중국의 구원'에 대한 동화를 들려주는 영국 선교사들의 환상과 일치하지 않는다"고, 그리고 "10년간의 시끄러운 사이비 운동 끝에 그들은 모든 것을 파괴했고 아무것도 만들어내지 못했다"고 단언했다. 하비가 쓴 바에 따르면(그리고 마르크스가 인용한 바에 따르면) 그 중국 반란은 폭력과 참수의 운동, "불량배, 부랑자, 악당"의 운동, "여성과 소녀들에 대한 무제한적 악행"의 운동, "탄압"과 "공포"의 운동이었다. 요약하자면, 그것은 "무가치한 것의 거대한 덩어리"였다.

하비의 증언을 바탕으로 마르크스는 태평천국을 "왕조 교체 외에는 어떤 임무도 의식하지 못하는" "악마"라고 결론지었다. 그는 이렇게 썼다. "중국 사람들에게 그들은 옛 통치자들보다 더 큰 재앙이다.

그들의 사명은 부활의 씨앗도 없이 기괴하고 끔찍한 형태로 〔중국의〕 옛 전통의 붕괴와 파괴에 단호히 반대하는 것 외에는 아무것도 아닌 듯하다." 그리고 그는 넌더리를 내면서, 엘긴 경이 그랬듯이, 반란군만이 아니라 청나라 전체가 구시대에 빠져 있어서 국경 너머의 급변하는 세상과는 관계가 없다고 단정했다. 마르크스는 다음과 같이 결론지었다. "그러나 그런 악마는 오직 중국에서만 가능했다. 그것은 화석화된 사회생활의 결과다."[8]

『타임스』의 편집진은 전쟁을 원했다. 그들은 홍수전을 영국이 무역 관계를 구축함에 있어서 함께해야 할 "사실상의 군주"라고 칭한 지 1년 후인 1862년 5월 태평천국을 "중국의 폭력배, 도시 파괴자, 들개에게 인육을 던져주는 자, 무자비한 살육자, 무익한 도살자"라고 일컬었다. 그들은 중립 정책을 옹호하는 영국인들을 다시 신랄하게 비난했는데, 특히 토머스 테일러 메도스 영사를 지목했다. 태평천국 정부를 지지하는 1861년 2월의 그의 서한을 마침내 영국에서 접할 수 있게 된 탓이었다. 편집진은 메도스를 "자기 이론을 고집하는 중국 연구가"라 불렀고, 그가 "그곳의 모든 주민의 주의를 독차지하고 있는 학살 소리와 일렁이는 불길"을 부인한다고 비난했다. 그들은 "이제 이 강도들을 공격할 때"라고 선언했다.[9]

물론 1년 새에 변한 것은 하비, 파크스, 호프가 그들에게 태평천국이 무정부 상태에 불과한 세력임을 가르쳐주었다는 것이다. 그러나 변하지 않은 것은, 인도와 함께 중국이 미국 남북전쟁으로부터 영국을 구하리라는 『타임스』의 믿음이었다. 몇 주 후 『타임스』는 이렇게 썼다. "수익성 있는 고객인 미국이 우리에게서 사라져야 하는 운명이라면 (…) 그 대신 중국과 인도가 함께 떠올라, 우리가 고통스럽더라도 어려움을 헤쳐나가도록 도와줄 것이다." 이제 영국은 미래의 진정한 잠재력이 있는 곳 아시아로 눈을 돌림으로써 미국("금지적 관세, 불명예스러운 엄청난 양의 면화, 빈곤한 국민, 필연적으로 다가오는 파산"의 나라)에의 의존에서 벗어날 수 있었다. 그리고 비록 영국이 미국에 "너무 자신 있게 의존해온 데 따른 악영향"으로 고통받고 있긴 하지만, 다행히 "우리가 극동에 심어 물을 준 좋은 씨앗이 싹을 틔우고 열매를 맺고 있다"고 『타임스』는 썼다.[10]

하비의 보고에 따라 이제 『타임스』는 영국의 경제적 생존을 위한 유일한 길은 태평천국을 괴멸하는 것이라고 선언했다. 반란군은 "우리와 우리의 황금 사과 사이를 가로막는 용"이 되어버렸다. 편집진이 독자들에게 설명한 바에 따르면, 그것은 단순한 인도주의적 문제였다. 만약 상하이와 닝보의 차 시장이 태평천국에 의해 파괴된다면, 영국 정부는 차 무역으로 얻는 꼭 필요한 수입을 유지하기 위해서 차에 대한 세율을 인상해야 할 것이다. 이는 랭커셔 섬유 산업 붕괴로 이미 굶주리고 있던 사람들을 포함해, 차를 마시는 영국 사회 하층 계급에게 큰 고통을 안겨줄 것이다. 『타임스』는 외교 정책의 도덕성에 대해 고상하고 추상적인 말을 하는 중립 옹호 정치인들이 "국민이 겪을 고난에 대한 고려를 완전히" 무시하고 있다고 비난했다. 영국의 "완벽한 중립 추구"는 우리가 "랭커셔의 면화 방적업자들"에게 그랬던 것처럼 "영국의 차 소비자나 중국의 차 생산자들"에게 조금도 신경 쓰지 않았다. 따라서 개입은 중국 농민만이 아니라 영국의 빈민과도 관련된 인도주의적 구호의 문제였다. 심지어 일반 서민의 고통 문제는 차치하더라도, "파운드, 실링, 페니"의 기초적인 경제 문제만으로도 "우리와 우리의 황금 사과 사이를 가로막는 이 용을 누군가 죽여야 한다"고 그들은 주장했다.[11]

그러나 『타임스』 편집진은 자신들이 조롱한 도덕적 원칙을 가지고 있는 사람들만큼이나 중국의 폭력 사태에서 동떨어져 있었다. 태평천국이 인도주의적 위협이며, 따라서 청나라 정부가 제국의 질서를 회복하는 것을 돕는 게 영국에 영광이 되리라는 1862년 여름의 그들의 우아한 견해는 아시아에서 들려오는 어두운 소식 앞에서 금세 시들어버렸다. 이제 수문이 열렸으므로, 여왕 폐하 정부의 전폭적인 허가를 방패 삼아 호프 제독은 도덕적으로 거의 헤아릴 수 없는 복잡한 문제를 안고 있는 중국 반란군에 대한 전쟁으로 영국을 떠밀었다.

워드 휘하의 상승군과 연합하고 이홍장의 적극적 지지를 얻은 연합군은 1862년 늦봄에 상하이 주변의 태평천국 거점들을 겨냥한 대대적인 원정을 시작했다. 처음에는 주로 월등한 장비 덕분에 성공을 거두었다. 닝보 공격 3일 후인 5월 13일, 상하이와 쑹장에서 온 연합군은 워드의 민병대가 단독으로는 할 수 없었던 일을 이뤄냈다. 68파운드 중포 하나와 거대한 110파운드 해군 암스트롱포 넷을 포함해 40문의 대포로 무장한 중포병 부대가 두 시간 동안의 포격 후 태평천국으로부터 칭푸를 빼앗았다. 영국과 프랑스의 포병대가 칭푸의 남문을 부숴뜨리자, 워드 휘하의 청나라 측 병력 3500명이 벌어진 틈으로 돌진했다. 포격에 충격을 받은 수비군은 군악대가 영국 국가를 연주

하는 가운데 후퇴했다. 연합군 측에서는 사상자가 거의 없었다.[12]

그러나 반란군은 곧 반격 능력을 보여주었고, 유럽인들은 전쟁 속으로 깊이 빠져들고 말았다. 칭푸 탈환 4일 후, 프랑스군의 프로테 제독은 쑹장 아래의 난차오 마을을 공격했다. 전투 초반에 반란군 저격수가 이 프랑스 제독의 가슴을 쏘아 심장의 주요 동맥을 뚫어버렸고, 그는 그날 밤 과다 출혈로 사망했다. 프로테 제독의 프랑스군은 분노하여 곧바로 반란군으로부터 인근 요새 마을 절린을 탈환했고, 자신들의 소중한 제독의 죽음에 대한 보복으로 여성과 어린이를 포함해 그곳 사람 3000명을 학살한 뒤 마을 전체를 남김없이 불태웠다.[13]

하지만 태평천국에 대한 연합군의 초기 승리는 오래가지 못했다. 성곽 도시를 공격하는 것과 성곽 도시를 점령하는 것은 다른 문제였고, 연합군에게는 후자를 감당할 병력이 없었다. 칭푸 탈환 직후, 이수성이 쑤저우로부터 상승군이 부재 중인 쑹장으로 대규모 반란군을 이끌고 내려가고 있다는 소식이 전해졌다.[14] 워드는 반란군의 공격에 맞서 성벽을 사수하기 위해서 2000명의 병사를 이끌고 쑹장으로 돌아갔고, 그의 부관 에드워드 포레스터를 단 1500명의 병력과 함께 칭푸의 수비대에 남겨두었다. 이들은 거의 곧바로 포위되었다. 호프 제독이 칭푸 탈환을 위한 초기 전투가 끝나자마자 자신의 포함들을 이끌고 상하이로 돌아갔기에 그곳에는 포레스터의 군대밖에 없었다. 그들은 거의 한 달 동안 버텼고, 한번은 반란군을 위한 무기와 탄약을 실은 프랑스 밀수선을 매복 공격해 보급품을 확보하기도 했다. 하지만 포레스터의 유럽인 장교들은 자신들을 금으로 매수하려는 태평천국의 제안을 그가 거절하자 거의 반란을 일으킬 뻔했고, 포레스터는 그들 중 일부를 불복종 혐의로 가두어야 했다. 6월 10일에 워드와 호프의 구출 시도가 있었지만 실패했다. 더 이상 도시를 수비하지 않을 거라면 도시 전체를 불태워야 한다는 호프의 주장에 따라 구출은 중단되었다. 결국 호프와 워드는 급히 후퇴했고, 포레스터의 병사 전원은 학살되었다.(반란군 선봉대는 포레스터의 감금된 유럽 장교들부터 시작해 그들의 잘린 머리를 창끝에 꽂았다.) 포레스터 자신은 태평천국군에게 붙잡혀 두 달 동안 나체 상태로 감금되었다가, 이홍장이 그의 몸값을 지불하면서 풀려났다.[15]

그 후 상황은 더 악화되기만 했다. 여름에 한 영국 군인의 생생한 보고서가 전 세계 신문들에 나돌기 시작했다. 영국군과 프랑스군이 상하이의 청나라 당국에 넘긴 반란군 포로들에게 무슨 일이 일어났는지에 대한 내용이었다. 그의 보고서에 따르면, 청국군이 포로들을 학살하는 동안 영국군은 아무것도 하지 않고 방관했다. 그 정도만으로는 위기를 불러오기에 충분하지 않았지만, 그는 이번에는 학살이 영유아와 태아에게까지 자행되었다고 밝혔다. 그의 보고서에는 다음과 같이 쓰여 있었다.

> 주변 무리에게 당한 잔혹한 일들에도 신음이나 한숨 소리 한번 내지 않던, 임신 8개월쯤 되어 보이는 한 젊은 여성이 자신의 자궁에서 아기를 빼내더니, 피 흘리며 떨고 있는 아기의 작은 손 하나를 붙잡아 자기가 볼 수 있도록 아기를 끌어올렸다. 아기가 보이자 그녀는 호랑이에게서도 동정심을 일으킬 만한 찢어지는 듯한 비통한 소리를 내질렀고, 아기가 가슴에 얹히자 마지막 초인적인 힘을 발

> 휘해 자신을 억누르고 있는 사람들로부터 양팔을 빼내어 피 흐르는 가슴에 아기를 꼭 껴안았다. 그녀는 그렇게 두 팔을 풀지 않은 채 죽었다. 그 둘을 분리하는 것은 불가능했고, 이에 그들은 시체 더미 위에 함께 던져졌다.
>
> 포로들 중에는 배가 갈라질 차례를 기다리고 있던 또 다른 젊은 여인이 있었다. 열 달 된 어린 아들이 까르륵거리며 그녀의 품으로 뛰어들자, 그녀는 아들을 자신에게서 떼어놓으려고 사형집행자 쪽으로 급히 밀어냈다. 그러자 사형집행자는 이 엄마의 눈앞에서 아이의 연약한 가슴에 무자비하게 칼을 꽂았다. 갓 태어난 아기들은 엄마의 가슴에서 떼어내져 엄마의 면전에서 배가 갈라졌다. 젊고 튼튼한 남자들은 배가 갈라지고 팔다리가 잘려나갔으며, 잘린 신체 부위들은 그들의 입속에 찔러넣어지거나, 감탄스럽게 바라보며 웃는 중국인 군중에게 던져졌다.

이 글을 쓴 군인은 자신의 연루에 대해 용서를 구했다. 그는 글 말미에 이렇게 썼다. "그러나 더 이상은 아니다. 나는 더는 이런 장면들을 묘사할 수 없다. 지금 나는 그 끔찍한 광경을 본 것이 후회스러울 뿐이다. 나는 더 이상 군인에 적합한 사람이 아니다." 그러나 그날의 일에 대해 가장 큰 도덕적 부담을 안게 된 것은 그의 조국이었다. "이 전쟁에서 영국이 맡고 있는 역할을 하느님께서 부디 용서하시기를."[16]

이 충격적인 이야기는 영어권 언론을 휩쓸어, 글래스고에서 뉴펀들랜드까지, 루이빌에서 샌프란시스코까지 신문들에 실렸다. 이것은 인도의 한 영자 신문에 처음 실렸고, 필자는 익명이었다. 호프 제독은 이 기사가 "순전히 날조된 것"이라고 단언했지만, 이를 보도한 신문은 거의 없었다. 설령 그것이 날조된 것이라 하더라도, 호프의 반박은 그 글의 신빙성을 더 높일 뿐이었다. 그가 이 기사를 반박하는 데 동원한 주된 증거는 프레더릭 타운센드 워드의 지휘관(그리고 일반적으로 포로들의 처형자)이었던 상하이 도대 오후의 말이었다. 오후가 "모든 종류의 포로가 (…) 친절하고 인간적인 대우를 받았다"고 장담했으며, 또한 마치 포로들이 그저 말썽꾸러기 아이들 무리이기라도 한 양, "그들을 거칠게 다루기는커녕 그들이 친구들에게 돌아갈 수 있을 때까지 보살피려는 것이 자신의 의도였다"고 장담했다며 호프는 냉소적인 기색이 전혀 없이 전했다.[17]

어쨌든 1860년에 있었던 유럽 사절 납치 사건 이후 영국 정부가 만주족을 야만적인 살인자 무리로 묘사해온 만큼 영국 대중에게는 그 섬뜩한 이야기가 곧바로 믿을 만하게 받아들여졌다. 개입에 반대하는 영국인들은 그 이야기를 마구 이용하기 시작했다. 사이크스 대령은 『런던 데일리 뉴스』에 이렇게 썼다. "나는 반란군이 우상 숭배자인지, 불교도인지, 유교도인지, 무슬림인지, 또는 가짜 기독교인인지는 상관하지 않는다. 그들은 인간이다. 그들은 우리 우정을 요구하고 있으며, 우리가 그들을 학살하면서 흘린 피가 우리에 대한 심판으로 하늘까지 악취를 풍기고 있다."[18] 『이코노미스트』는 "올바른 정책은 가장 필요한 개입 외에는 모든 개입을 피하고 (…) 청나라 문제에 대한 영국의 간섭을 강력하고 꾸준하게 억제하는 것"이라고 주장했다.[19] 이 매체의 편집진은 이제 영국이 중국의 전쟁에 너무 깊이 끌려들어가 있어서, 그 나라를 식민지화하는 것 외에는 명예를 되찾을 방법이 없다고 걱정했다.

이러한 진술이 영국에서 분노와 수치심을 불러일으켰다면, 미국에서는 앙심 품은 분노를 촉발했다. 1862년 여름에 미국 북부 주들에서는 반영反英 감정이 고조되었는데, 이는 파머스턴과 러셀을 비롯한 영국 정부의 주요 인사들이 뚜렷하게 남부연합 쪽으로 기울어 있었기 때문이다. 아직 노예해방령이 나오기 전이었으므로, 영국의 동조자들은 이 미국 전쟁을 노예제(북부와 남부 모두 여전히 허용하고 있던)에 대한 전쟁이라기보다는 민족 해방 전쟁으로 규정할 수도 있었다. 영국의 많은 진보주의자는 북부의 폭정에 맞선 남부의 저항을 찬양했는데, 아마 재무장관 윌리엄 글래드스턴만큼 노골적으로 찬양한 사람은 없었을 것이다. 그는 이듬해 10월 뉴캐슬에서 환호하는 청중에게 "제퍼슨 데이비스를 비롯한 남부 지도자들이 육군을 만들었다는 것은 의심할 여지가 없다. 그들은 해군도 만들고 있는 것 같다. 그리고 그들은 그 이상의 것을 만들었다. 그들은 하나의 국가를 만들었다"라고 말했고, 이로써 사실상 남부연합 편에 섰다.[20]

당시 전쟁에서 주도권을 쥐고 있던 미국 남부 반란군에 대한 영국 정부의 분명한 동조와는 대조되게, 북부의 언론인들은 중국에서 온 피비린내 나는 소식을 이용해 영국("존 불")이 노예제에 찬성하는 남부연합보다 훨씬 더 순진한 운동을 진압하기 위해 잔혹하고 야만적인 정권에 기꺼이 고용되었다고 비난했다. 8월 30일자 『배니티 페어』에는 다음과 같은 글이 실렸다.

우리의 훌륭한 친구 존 불이 이제 막 중국에 군대를 두었지.

중국에 군대라니! 왜?

왜냐하면 위엄 있고 숭고하고 고귀하고 강력한 자신들의 군주를
폐위시키려는 중국 반란군을 진압하기 위해서지.

그런데 존 불이 그 싸움과 무슨 상관이 있지?

아무 상관도 없지!

이들의 농담조 이야기는 미국 내전과 중국 내전이라는 두 내전에서 영국의 이중성을 비판하는 장황한 이야기로 바뀐다. "오, 존 불! 존 불! (…) 이 위선 가득한 맥주 통 같으니라고! 기도하다가 약탈하고, 동정하다가 약탈하고, 슬퍼하다가 학살하고, 흑인을 절망케 하다가 황인의 배를 가르는구나……."[21]

『새터데이 이브닝 포스트』는 더 나아가, 이러한 폭로가 나왔는데 영국인들이 어떻게 감히 미국 내전에 대해 판단할 수 있느냐며 이렇게 썼다. "미국의 반란을 매우 칭찬할 만한 일로 여기는 듯한 영국 정부가 중국의 반란에 대해서는 다른 견해를 가지고 있는 것 같다." 그런 다음 이 잡지는 잔학 행위에 대한 기사의 한 대목을 인용하고서 이렇게 결론 내렸다. "영국인들 자신의 역사가 처음부터 끝까지 끊임없는 피, 피, 피의 기록인데, 현재 벌어지고 있는 미국 반란의 필연적인 고통스러운 사건들에 대해 큰 경악을 표하는 것은 영국인들에게 어울리지 않는다!"[22]

이 분노와 위선과 보복의 소용돌이 속으로 제임스 레그가 다시

뛰어들었다. 홍인간의 옛 스승이자 멘토인 런던선교회의 레그는 여전히 홍콩 사회에서 가장 존경받는 사람들 중 한 명이었고, 공자의 가르침을 번역한 덕분에(홍인간이 그의 번역을 도왔다) 영국의 대표적인 중국 전문가로 자리매김하고 있었다.(나중에는 옥스퍼드대학 최초의 중국어 교수가 된다.)[23] 그러나 이제껏 그는 반란의 진행이나 옛 조수 홍인간의 이력에 대한 공적 언급을 대체로 자제하고 있었다. 그랬던 그가 이제 영국의 개입에 대응해, 중국 전쟁에 대한 국제적 논쟁에 신중한 이성의 목소리를 더하고자 공개적으로 나섰다. 1862년 가을, 영국의 주요 선교지들은 레그가 보내온 편지를 실었다. 여기서 그는 개입에 격렬히 반대한다는 뜻을 밝혔고, "우리 정부가 호프 제독의 행위를 승인했다는 소식을 듣고 매우 슬펐다"고 썼다. 그는 영국 대중이 중국에서 실제로 무슨 일이 일어나고 있는지를 모르고 있으며, 이는 영국 신문들의 보도가 태평천국 반란군을 상대로 한 "더할 수 없이 폭력적이고 격렬한 행위를 정당화하려는 의도"에서 처음부터 왜곡되고 일방적이었기 때문이라고 말했다.

그러나 그는 태평천국을 옹호하기 위해 그 편지를 쓴 것은 아니었다. 사실 레그는 홍인간이 사촌과 재회하기 위해 난징으로 가려는 것을 만류했던 시절 이후로 그 반란군 운동을 그다지 존중하지 않았었다. 당시 레그가 너무 강경하게 반대해서, 홍인간은 레그가 휴가로 집을 비울 때까지 기다렸다가 그곳을 떠났다. 그러나 이후에도 두 사람 사이의 감정적 유대는 수그러들지 않았고, 레그는 자신이 가장 좋아하는 중국인이 간왕이자 홍수전의 수석 대신이 되었음을 알고서는 태평천국 운동에 더 큰 관심을 갖게 되었다. 그는 홍인간의 형과 조카를 난징에 갈 준비가 될 때까지 돌봐주었다. 또한 몇 년 동안 홍인간과 가끔 서신을 주고받았고, 최근 편지에서는 상황이 바뀌어 서양에서 태평천국에 대한 무서운 이야기가 돌고 있다고 경고했다.

레그는 자신이 써 보낸 공적 편지에서, 홍인간이 자신을 그 운동에 끌어들이지는 못했다고 시인했다. 초기에는 어느 정도 낙관적이었지만, 그는 반란의 종교적 측면을 완강히 무시했고, 홍인간이 여러 명의 아내를 두었다는 소식에 특히 크게 실망했다. 마치 죽은 친구를 기리는 글을 쓰듯이, 그는 홍인간이 자기 앞에 놓인 엄청난 임무를 제대로 감당하지 못했다고 한탄했다. 또한 (이서카 로버츠를 언급하며) 홍인간에게 제기된 혐의에 대해 그가 무죄라고 썼다. 그럼에도 불구하고 "그는 신앙과 양심을 망쳐"놓았고, 레그는 홍인간이 함께하더라도 중국 반란군이 진정한 기독교에 도달하리라고는 믿지 않았다.

그렇다고 해서 영국이 그들에게 폭력을 행사해도 된다는 의미는 아니었고, 바로 이것이 그의 편지가 말하려는 요점이었다. 레그는 태평천국이 서방 국가들에게 취한 우호적인 태도는 진실한 것이며, "만약 우리가 1860년에, 또는 작년에라도 그들과의 협상에 나섰다면, 그들이 우리를 '외국인 형제들'이라고 부른 것에는 진실되고 선하고 실질적인 의미가 있음을 깨달았을 것"이라고 주장했다. 하지만 호프 제독의 맹목적인 적대 행위로 그 절호의 기회는 사라졌다. 청국군은 반란군 못지않게, 어쩌면 그보다 더 잔혹했으며, 외세의 개입은 그 잔혹함을 부추기고 영속시킬 뿐이었다. 레그는 이렇게 경고했다. "우리는 전장에서 우리 사람 수천 명을 죽이게 될 것이고, 각 성의 순무들은 처형장에서 그들의 사람 수만 명을 죽이게 될 것이다. (…) 우리의 고위 장교들은 수많은 인간 도살자의 하수인이 될 것이다."

영국에서 스튜어트 왕조의 시대가 끝나고 프랑스에서 부르봉 왕조의 시대가 끝났듯이 중국에서 만주족의 시대는 끝났다고 레그는 말했다. 만주족의 통치는 더 계속될 수 없었다. 중국에서 영국이 취할 수 있는 유일한 도덕적 선택은 물러나 중립으로 돌아가는 것이었다. 어떤 끔찍한 일이 닥치든 그것은 중국의 전쟁이고, 영국은 그 전쟁에 참여하지 않았다. 레그는 다음과 같이 끝맺었다. "하지만 그들이 반역자라고 부르는 자들을 우리는 반역자라고 부르지 말자. 중국이 스스로 할 수 없는 일을 중국 대신 하도록 우리 군대와 함대를 빌려주지 말자. 우리가 올바른 일을 하기만 한다면, 중국은 신의 섭리에 따라 머지않아 지금보다 더 나은 상태에 이를 것이다. 무슨 일이 일어나든, 선을 이루기 위해 악을 행하는 것은 개인이든 국가든 정당화될 수 없다."

결국 해외 여론의 항의 없이도, 상하이 50킬로미터 반경 내에 반란군을 들이지 않으려는 호프 제독의 작전은 군사적 이유로 철저하게 유지될 수 없었고, 빠르게 좌절되었다. 추가 파병이 약속되지 않은 상황에서 상하이의 영국과 프랑스 연합군은 워드와 공조하더라도 반란군에 대항할 수비대를 확보하기에는 너무 약했다. 결국 프로테의 죽음과 칭푸에서의 끔찍한 사태 이후 호프는 패배를 인정해야만 했다. 그는 연합군의 승전지들을 태평천국 장수 이수성에게 넘기면서 배들을 상하이로 철수시켰고, 그 도시의 즉각적 방어 이상의 목표를 포기했다.[24] 한편으로 그것은 줄곧 그의 기본적 과실이었다. 런던의 『스펙테이터』는 지시를 넘어서기 일쑤인 호프의 경향에 대해 "인도의 만성적 질병, 즉 영국의 명령에 대한 불복종이 중국까지 확산되었다"고 지적했다.[25] 10월경에는 호프가 중국 복무에서 완전히 배제되고, 훨씬 더 온건하고 외교적인 오거스터스 레오폴드 큐퍼 제독이 그 자리를 맡게 되었다.(그의 임명은 문제 있는 중국 사령부를 맡으려는 해군 장성이 한 명도 없다는 소문이 있은 후에 이루어졌다.)[26] 인카운터호의 듀 대령은 닝보에서 명령을 넘어서는 행동을 한 탓에 해군 본부로부터 공식 징계를 받았다. 영국 해군은 더 이상 반란군 진압에 직접 참여하지 않았다.[27] 프레더릭 타운센드 워드는 어떤 외국 정부에도 의존하지 못하고 혼자 남아 계속 싸우게 되었지만 개의치 않았는데, 영국군과 프랑스군은 중포를 가졌다는 점에서 유용하긴 하나 다른 한편으로는 약탈에 방해가 되기 일쑤였기 때문이다.[28]

전쟁이 계속되는 동안 증국번에게는 그해 봄만큼 일이 잘 풀린 적이 없었다. 무엇보다 상하이와 닝보에서 외국의 개입과는 아무 상관이 없는 이유로 다릉아의 기병대가 안후이성 북부에서 영왕 진옥성을 괴롭히는 데 큰 진전을 이루었다. 9월에 안칭을 잃은 후 진옥성은 거기서 북쪽으로 145킬로미터쯤 떨어진 루저우로 후퇴했다. 루저우는 1858년 이후 반란군 치하에 있던 곳이다. 그곳을 거점으로 삼아 그는 북쪽의 허난성과 산시성으로 진격하는 네 갈래로 계획된 원정을 위해서 태평천국군과 염군의 동맹군을 소집했는데, 아마 베이징으로 진격해 그곳에서 새 정부의 약점을 이용하는 것이 최종 목표였을 것이다.[29] 1862년 초, 세 군대가 계획대로 북진했지만, 영왕은 다룽아를 비롯한 후난군에게 포위당해 루저우에 갇혔다. 그들이 영왕의 통신로를 완전히 차단한 탓에, 영왕은 다른 원정군이 어디에서 승리를 거두었는지, 혹은 포위에서 벗어난다면 자신이 어디로 군대를 데려가야 할지 알려주는 정보를 전혀 얻을 수 없었다.

5월 13일, 루저우의 보급품이 고갈되자 젊은 영왕은 4000명의 군대를 이끌고 루저우 북쪽에 있는 후난군의 포위 진지를 돌파했다. 영왕이 가장 가까운 동료 군대와 합류하기 위해서 군대를 이끌고 밤낮으로 북쪽을 향해 강행군할 때 그가 두고 떠난 루저우를 다룽아의 군대가 공격했다. 영왕이 합류하려는 군대는 계획에 따라 서북쪽으로 약 110킬로미터 떨어진 서우저우라는 도시를 공격하기 위해 파병된 것이었다. 이 군대의 지휘관은 청국군에서 전향한 먀오페일린이라는 사람이었다. 그는 안후이성 북부 출신의 민병대장이었는데, 영왕이 안칭 포위를 무너뜨리려 애쓰던 시기인 1860년 가을에 영왕의 군대가 처음 그 지역을 통과하던 중 태평천국군으로 넘어왔다.[30] 먀오페일린의 군대는 실패한 안칭 원정 당시 영왕을 지원하는 데 중요한 역할을 했으며, 북진을 위한 4개 부대 중 하나였다. 서우저우 성문에 도착한 영왕은 먀오페일린의 군대가 그곳에서 자신을 맞아주며 그 도시를 장악하고 있는 것을 보고 안도했다. 그러나 이상하게도 먀오페일린은 어디에도 보이지 않았다.

통신로가 차단된 탓에 영왕은 먀오페일린이 서우저우에서 완패했으며, 4월 25일 그의 군대 전체가 청국군에게 항복했다는 것을 알지 못했다. 먀오페일린은 청국군 쪽으로 돌아갔고, 반란군 장군을 그들에게 인도하는 대가로 목숨을 건졌다. 이로써 영왕이 동료들과 합류하기 위해 서우저우의 성문으로 들어갔을 때 청국군은 즉시 그를 포획했다. 영왕은 6월에 처형되었다. 영왕은 단 한 번의 자백에서 회한은 전혀 없이 오직 자기 병사들에 대한 슬픔만 드러냈다. 그는 포획자들에게 이렇게 말했다. "나를 이곳으로 인도한 것은 하늘의 뜻이며, 내 과거에 대해서는 말할 만한 것이 없다. 나는 오랫동안 승전의 지휘관이라는 명성을 누려왔지만, 이제는 미래를 바라보고 싶다. 태평천국에게는 나 한 사람을 잃는 것이 마치 그 왕국의 산과 물이 반으로 줄어든 것과 같을 것이다. 나는 내 왕국에 큰 은혜를 입었으며, 항복하지 않을 것이다. 패배한 장군은 목숨을 구걸할 수 없다. 그러나 내 휘하의 4000명의 병사에 대해 말하자면 그들은 백전노졸이고, 나는 그들이 살았는지 죽었는지 알지 못한다. 너희는 내가 저지른 죄를 들어 나를 갈기갈기 찢어놓아도 되지만, 이 죄는 그들과는 아무 상관이 없다."[31]

이런 일이 안후이성 북부에서 일어나고 있을 때, 상하이 외곽의 연합군은 증국번의 동생 증국전의 난징을 향한 진군에 탄탄대로를 마련해주었다. 워드와 연합군의 합동 작전에 대응해 이수성은 자기 군대를 동쪽으로 이동시킬 수밖에 없었고, 쑤저우로부터 쑹장으로 주력군을 이끌고 가 상하이 주변에 주둔한 미숙련 부대를 지휘했다. 이러한 이동은 안후이성 북부에서 영왕 군대가 전멸한 것과 거의 동시에 이루어졌는데, 이로 인해 안칭과 난징 사이에 양쯔강을 따라 주둔해 있던 태평천국 수비대들은 북쪽이나 동쪽으로부터 지원군을 받을 가망이 없었다. 바로 그때 증국번의 동생이 반란군의 수도 난징을 향해 진격하기 시작했다.

몇 달 전만 해도 상하이 근처에서 이런 교전이 벌어질 줄은 아무도 예상 못 했고, 하물며 태평천국에 대항할 효과적인 병력이 그곳에 있으리라고도 생각할 수 없었다. 따라서 태평천국의 병력이 동쪽으로 갑자기 철수한 것은 모든 관계자에게 놀라운 일이었다. 양쯔강의 반란군 수비대들이 증국전의 진격에 밀려 요새를 버리고 방책에 불을 지르며 후퇴하자 증국전은 그들의 무저항에 당황했고, 그들이 무슨 준비를 하고 있을지 궁금해했다.[32] 그가 깨닫지 못한 점은 사실 그들이 아무 준비도 하고 있지 않다는 것이었다. 태평천국군 대부분이 사정거리 밖으로 이동했던 것이다. 적수가 되지 못한 그 수비대들은 안전을 위해 난징으로 후퇴하고 있었고, 이는 호프 제독 덕분이었다.

태평천국에게는 재앙이었다. 반란군의 왕들은 안칭에 있는 증국번의 군대가 상류 쪽에서 위협이 되리라는 것은 줄곧 인지하고 있었지만, 공격이 그렇게 빨리 닥치리라고는 생각지 못했다. 홍인간도 마찬가지여서, 나중에 이렇게 시인했다. "우리가 준비되기도 전에 도깨비들이 들이닥쳤다. 그들은 준비되지 않은 우리를 공격했다."[33] 그리고 무엇보다 수도와 군주의 안전을 자신의 책임으로 여겼던 충왕 이수성도 마찬가지였다. 이수성의 회한 어린 말에 따르면, 1862년 봄 안칭에서 양쯔강을 따라 내려온 후난군의 거침없는 진격은 준비되지 않은 수비대들을 연달아 통과하며 수도 문턱까지 대나무 갈라지듯이 순조롭고 빠르게 진행되었다.[34]

5월 말에 이르러 증국전의 군대는 난징 외곽에 가 있었다. 지원 부대인 그의 수군은 난징 서북쪽 하안을 따라 배치된 강기슭의 중포 포대들을 피해, 바로 맞은편인 난징 서남쪽(강 상류 쪽) 하안에 진지를 확보했다. 남쪽 기슭에서 그들은 그 도시의 해자를 통제하게 해주는 중요한 합류점도 점령했다. 증국전은 그 도시 아래쪽 육로로 군대를 이끌고 왔고, 상류 쪽에서 그들을 감싸주고 있던 수군의 보호를 받으며 남쪽으로부터 그 도시에 접근했다.[35] 1862년 5월 30일, 동쪽으로 300킬로미터쯤 떨어진 곳에서 이수성이 쑹장과 칭푸를 두고 여전히 워드, 포레스터와 싸우는 상황에서 증국전의 군대는 난징 남문 바로 밖에 있는 언덕의 기슭까지 밀고 나갔다.[36]

그들이 목표로 삼은 언덕은 꼭대기의 석축 요새에 의해 지켜지고 있었고, "꽃이 비처럼 쏟아지는 누대"라는 뜻의 '위화타이雨花臺'로 알려져 있었다. 이 이름은 옛날, 숲이 우거진 언덕에서 설법하던 한 승려가 하늘을 크게 기쁘게 하자 하늘에서 꽃잎들이 떨어져 화사한 소나기처럼 그의 주위에 나부꼈다고 전해지는 행복했던 시절에 붙여진 것이다. 이제 나무들은 울타리와 감시탑을 세우는 데 쓰이느라 모두 베인 상태였다. 꽃은 없었다. 비라고는, 후난군 병사들이 진지를 구축하고 기슭에 참호를 파기 시작할 때 그들 발밑의 갈색 흙을 진흙으로 만든 축축하고 우중충한 보슬비뿐이었다.

난징 성벽의 무심한 회색빛 외관은 20여 미터 아래 땅바닥에 서 있는 모든 병사에게 절대 무적임을 말해주었다. 하지만 그곳에도 약점들이 있었고, 위화타이도 그 약점 중 하나였다. 높이가 90미터 조금 넘고 너비가 약 800미터 되는 가파른 작은 언덕이 난징 성벽의 남문 바로 맞은편에 자리 잡고 있었다. 이 성문은 명나라 때 이 도시의 주요 내륙 방어 거점으로, 장대하게 건설됐다. 중층의 화강암 건물에는 수천 명의 병력을 수용할 수 있는 안뜰과 병영이 딸려 있었고, 뒤쪽으로부터 성문까지 이어지는 말 경사로가 있었으며, 성벽 꼭대기는 두 마리 말이 나란히 달려도 총안에 있는 포병들을 방해할 염려가 없을 만큼 넓었다.

하지만 현재 그곳의 수비대는 명나라의 계획자들이 필요하다고 봤던 규모의 일부밖에 되지 않는 부족한 수준이어서, 남문은 강력함이 투사된 장소라기보다는, 결코 깨지지 않는 화강암 성벽의 비교적 부드러운 한 지점에 불과했다. 그리고 위화타이 기슭에서 남문의 육중한 강화 목재 문들까지는 800미터 정도밖에 되지 않는 완벽한 평지가 펼쳐져 있었다. 걸어서는 8~9분, 말을 달려서는 1분 안에 갈 수 있는 거리였다. 비탈의 망루에서는 난징 성벽 꼭대기를 넘어, 성벽 뒤에 펼쳐진 거대한 도시를 볼 수 있었다. 궁궐들의 기와 지붕, 만주족 도시였던 때의 잔해, 심지어 멀리 북쪽을 감싸고 있는 성벽의 뒷모습까지 다 보였다.[37] 관측자는 육안으로 남문 꼭대기의 움직임을 추적할 수 있었고, 망원경으로는 흉벽 위에 있는 수비병들의 머리 수도 셀 수 있었다. 길게 이어진 회색 성벽은 양쪽으로 몇 킬로미터 뻗어 있었지만, 그곳에서 보면 그 수도 전체를 품에 안을 수 있을 것만 같았다.

위화타이는 증국전이 난징 포위 공격을 위한 거점으로 삼으려는 곳이었다. 석축 요새에 있는 언덕 수비대는 아직은 어찌할 수 없었지만, 증국전은 바로 그것의 발치에 군대를 주둔시켰다. 그의 휘하 병력은 강에서 보급 통로가 되어주고 있던 수군을 포함해 2만 명도 채 되지 않았지만, 그들은 그 도시 변두리에 있는 높은 흙벽들 사이에 굳게 바리케이드를 친 열 개의 서로 연결된 진지를 구축한 채 깊이 참호를 파고 숨었다. 규모와 수적 열세에도 불구하고 일단 완전히 참호를 갖추자 그들은 어떤 거대한 포유류의 등에 붙어 있는 작고 단단한 기생충처럼 요지부동이었다.

—

후난군의 화승총, 검과 외국 무기상들이 판매하는 현대식 무기의 차이를 고려할 때, 증국번은 외국인들이 제공한 것에 크게 감명받지 못했다. 그는 서양 총을 몇 개 본 적이 있는데, 그것들이 까다롭고 복잡하며 고장 나기 쉽다고 생각했다. 또한 총을 사용할 때는 조심해야 하며, 20발이나 30발을 쏜 다음에는 총을 수리해야 한다고 생각했다.[38] 하지만 그가 그 총들에 반대하는 가장 주된 이유는 철학적인 것이었다. 그는 어떤 종류의 것이든 무기가 전쟁에 영향을 미칠 수 있다는 생각을 완전히 부정했다. 동생 증국전으로부터 난징 주둔군에게 외국 총을 좀 보급해달라는 요청을 받자 증국번은 "승리의 길은 무기 안에 있는 것이 아니라 사람들 안에 있다"고 써 보냈다. 그는 포초를 예로 들며, "외제 총도 화약도 없지만, 거듭거듭 큰 승리를 거두었다"고 말했다. 한편 녹영군의 난징 포위를 지휘했던 장수인 화춘과 장국량은 1860년 봄 외국 대포 몇 문을 확보하고 있었지만, "이는 그들의 패배를 막는 데 아무런 도움이 되지 못했다"고 말했다. "군사력은 재능의 문제이지 도구의 문제가 아니라고 증국번은 말했다. "진정한 미인은 진주와 옥에 집착하지 않으며, 위대한 작가는 붓과 먹만 있으면 된다. 정말 전쟁에 능숙한 장군이라면 뭐하러 외국 무기를 구하러 가겠는가?"[39] 결국 동생의 끈질긴 요청에 굴복한 증국번은 1862년 광저우와 상하이에 대리인을 보내 난징 주둔군을 위한 외국 라이플총과 화약을 구매했다. 그러나 아주 소량이었고, 그는 전통적인 무기, 즉 진걸총, 조총, 칼, 창, 중국 대포로 군대의 기초를 유지해야 한다고 계속 주장했다.[40]

증국번은 수입 소형 무기들에 대해서는 회의적이었을 수 있지만, 큰 외국 무기나 장비는 이전에 그런 무기를 본 적 없는 중국인들을 공포에 떨게 할 수 있다는 것을 잘 알고 있었다. 사거리 약 8킬로미터의 암스트롱포 같은 영국군 대포가 그랬고, 중국 배들은 나아갈 수도 없는 물살을 그토록 빠르고 민첩하게 거슬러 올라가는 증기선들은 더욱 그랬다.(양쯔강을 따라, 수많은 강사람이 강물의 흐름을 거슬러 밧줄로 배를 끄는 일에 고용되었고, 수세기 동안 힘껏 버티고 섰던 그들의 발은 강기슭의 바위들에 깊고 매끄러운 홈들을 만들어놓았다.)

처음에 증국번은 증기선이 양쯔강을 오르내리며 우편물을 운반하는 데나 필요할 뿐, 반란군을 상대로 한 원정에는 필요하지 않다고 생각했다.[41] 1861년 여름, 함풍제에게 보낸 편지에서 그는 후난군이 이미 물에서 반란군보다 확고한 우위를 점하고 있으며, 후난군의 약점은 오직 육지에 있는데 육지에서는 증기선은 도움이 될 수 없다고 썼다.[42] 하지만 1862년 봄, 증기선을 이용해 이홍장의 군대를 상하이로 수송한 것을 계기로 그는 증기선에도 진정한 군사적 용도가 있다는 것을 납득했고, 외국인은 원하는 대로 임대료를 청구하는 만큼 중국은 외국인에게 의존해서는 안 된다는 것을 깨달았다.

그 자신이 직접 사용할 수 있는지 여부와는 별개로, 그는 외국 선박과 대포의 생소함 자체가 그것들의 가장 큰 장점이라 믿었고, 그 장점은 꺾여야 마땅하다고 생각했다. 상하이 상인들이 외국인 용병 부대를 고용할 때 알고 있었듯이, 그리고 광저우 근처에서 어떤 중국 지휘관이 자기 병사들에게 유럽인 옷을 입힐 때 알고 있었듯이, 영국이 아편전쟁에서 승리한 이래 중국 해안의 주민들은 외국인 군대와 그들의 선박 및 대포의 우월성에 대해 거의 신비적 믿음을 품고 있었는데, 증국번은 이것을 착각일 뿐이라고 여겼다. 그는 중국이 이러한 환상을 깨야 한다고 생각했다. 그는 공친왕에게 다음과 같이 써 보냈다. "영국과 프랑스는 증기선의 빠른 속도와 외국 대포의 긴 사거리를 독점하고 있기에 그것들에 대해 과도한 자부심을 가질 수 있습니다. 중국인들은 이전에 그런 것을 거의 본 적이 없기 때문에 두려움에 떨고 있는 것입니다." 그래서 그는 중국인들에게 공포감을 안겨주는 외국의 힘을 약화시키기 위해서라도 청나라 정부가 그것들을 좀 구매하기를 권했다. 그는 이렇게 썼다. "만약 우리가 그것들을 사서 우리 것으로 만들 수 있다면, 중국인들은 그것들을 보는 데 익숙해지며, 더 이상 그것들을 두려워하지 않게 될 것입니다. 그때 영국과 프랑스는 우위를 잃을 것입니다."[43]

그는 안칭의 지휘 본부에서 직접 이 일에 착수했다. 1862년 2월 그는 상하이에서 작은 증기선을 한 척 구매했고, 소수의 중국 과학자와 기술자들을 안칭으로 불러 그것의 제작 방법을 연구하게 했다. 그 배는 곧 고장 났고, 그들은 그것을 수리할 수 없었다.[44] 그러나 그해 여름 그 기술자들 중 하나가 증기 기관의 작동 원형을 만들어냈다. 증국번은 증기가 바퀴를 움직이는 데 어떻게 사용되는지 주의 깊게 조사하고 관찰한 후 일기에 이렇게 적었다. "우리 중국인들이 이제 이런 교묘한 외국 기술을 사용할 수 있게 되어서 기쁘다. 이제 그들은 우리의 무지를 이유로 그처럼 오만하게 대할 수 없다."[45] 1년 후 안칭에서의 노력 끝에 그들은 양쯔강의 물결을 거스를 수 있는 9미터 정도 길이의 작은 증기선을 만들 수 있었다.

증국번의 기술자들이 안칭에서 진행한 실험은 즉각적인 군사적 가치는 없었지만, 그들이 아직 첫 번째 소형 엔진을 개발하고 있던 1862년 여름, 공친왕이 보통 크기의 증기선 몇 척을 외국으로부터 구매하기를 바랐던 그의 희망이 실현 가능성을 띠게 되었다. 직접 전쟁에 개입하려는 호프 제독의 시도가 실패한 후 프레더릭 브루스는 영국을 더 곤란하게 만들지 않으면서 청나라가 질서를 되찾도록 도울 방법을 찾고 있었다. 그래서 그는 청나라 정부가 외교 기관의 공친왕을 통해서 영국으로부터 증기선 몇 척을 구매할 수 있게 하자는, 상하이 해관海關의 영국 직원의 제안을 지지했다. 런던에서는 그런 허가가 떨어지지 않았지만, 브루스는 이것이 영국 군대에 의지할 필요 없이 중국이 스스로를 방어하고 조약항들을 보호할 수 있는 최선의 방법이라는 데 본국 정부가 동의하기를 바랐다.

영국에서 증기선 주문 건을 담당한 사람은 허레이쇼 넬슨 레이였다. 걸출한 제독 허레이쇼 넬슨과는 아무 관련이 없음에도 그에게서 이름을 따온(아마도 헛되이) 이 사람은 예민한 언어학자였다. 그는 외교 통역관으로서 중국어 읽기와 말하기를 공부했고, 1859년부터 청나라 정부에 의해 고용되어 상하이에서 관세 징수 감독관으로 일했다. 1862년 여름, 영국에 잠깐 귀국해 있던 그는 청나라 세관의 자기 후임자로부터 중국 정부를 대신해 증기선 몇 척을 구매하도록 위임하는 편지를 받았다.[46] 그것은 비공식적인 일이었고, 레이는 계약서도 가지고 있지 않았다. 단지 때가 되면 외교 기관이 자금을 마련할 것이라는 언질만 있었다. 그러나 레이는 그 다소 단순한 임무에서, 동시대 사람 중 한 명의 말을 빌리자면, "중국을 재건하고 자신을 높이는 장대한 계획"을 꾸몄다.[47] 요컨대 그는 청나라 정부를 위해 최첨단 군함들로 구성된 함대를 편성하고, 그 함대에 유럽 수병과 해병들을 배치하기로 결심했다.

레이는 용병 문제에 매우 민감했고, 자신이 청나라의 종복이라는 주장에 발끈했다. 그의 주장에 따르면, 그는 "그들을 위해" 일한 것이지 "그들 밑에서" 일한 것이 아니었다. 중국인과 유럽인의 상대적 지위에 대한 그의 견해는 당시 더 우월주의적인 편이었다. 그가 러셀 경에게 보낸 공개 편지에서 주장한 바에 따르면, "신사가 아시아의 야만인 밑에서 활동한다는 생각은 터무니없는 것"이었다.[48] 자신의 요점이 어떻게든 오해받지 않도록, 그는 그 편지에서 이렇게 밝혔다. "현재 유럽인과 아시아인 사이에 평등이란 없습니다. (…) 중국인은 우리에 비하면 어린아이에 불과합니다. 까다롭고 사나운 어린아이일 때가 많지만, 그들은 어른이 아니라 어린아이로 취급되어야 합니다."[49] 나중에 그의 동시대인 중 한 명이 주장한 바에 따르면, 그런 견해는 "중국인들 밑에서든 중국인들을 위해서든 그가 중국인들과 함께 일하는 것을 부적절하게" 만들었지만,[50] 한동안 그는 자신을 영국의 청나라 대리인으로 여겼고 그렇게 대우받기를 요구했다.

레이는 영국 정부에 자신의 계획을 설명하면서 태평천국이나 내전에서의 중립이라는 난제에 대해서는 거의 언급하지 않았다. 그 대신 소함대가 예컨대 양쯔강 무역의 안전을 보장하고 해안의 해적 행위를 억제하는 식으로 중국에서 영국의 장기적 이익에 기여할 수 있음을 강조했다. 그는 또한 그 소함대가 결국 어떻게든 영국의 중국 내륙 탐험에 문을 열어주리라고 생각했지만, 그 연관성은 불분명했다.(무엇보다 이 함대가 청나라의 통제하에 있게 될 것이므로.) 그는 이 함대가 "중국의 지원하에" 중국에 증기 동력과 전신을 도입하게 될 것이고, 그리하여 "이 제국 전역의 정부 행정의 건전한 개혁을 보장"하게 될 것이라고도 약속했다.[51](그는 그런 것에 관심을 보인 사람은 오직 태평천국의 총리 홍인간뿐이었다는 사실을 회피했다.) 마지막으로, 이것은 용병 부대가 아니라 영국 지휘관과 수병이 함께하는 영국 함대로서 중국 황제를 위해(황제 밑에서가 아니라) 일하게 될 것이라고 그는 거듭하여 열심히 강조했다.

청나라 정부가 그 함대의 비용을 댄다 하더라도 레이는 함대의 지휘관을 자신이 직접 선정했다. 셰러드 오즈본이라는, 훈장을 받은 영국 해군 대령으로, 엘긴의 첫 번째 중국 임무 수행 시기에 퓨리어스호의 선장이었다. 레이가 작성한 4년짜리 계약서에 따르면, 오즈본은 오직 황제에게만 명령을 받을 뿐 중국 내 다른 기관으로부터는 받지 않게 되어 있었다. 더욱이 황제의 명령은 오직 레이에 의해 전달되고, 레이는 일종의 해군 참모장으로서 수도에 상주하도록 되어 있었다. 레이는 모든 중국인이 어린아이라는, 또는 황제 자신은 문자 그대로 여섯 살짜리 아이라는 본인의 생각을 반영하듯, 자신이 황제의 모든 명령을 직접 판단할 것이고 "합리성"이 떨어지는 명령은 오즈본에게 전달하지 않을 것임을 명시했다.[52]

바로 이 지점에서, 알렉산더 던롭이 1861년 5월 태평천국을 교전국으로 인정하려는 자신의 안건을 철회했던 것이 매우 중요해졌다.(앞에서 언급한바, 던롭은 영국이 중국에서 중립을 지키고 있으며 앞으로도 늘 그러할 것이라는 파머스턴과 러셀의 거듭된 확언이 있은 후에야 그 안건을 철회했다.) 중국 반란군은 교전국 지위가 없어서 영국의 외국입대법의 보호를 받지 못했는데, 이 법은 영국 기업들이 영국과 평화적 관계에 있는 나라와 전쟁 중인 정권에 포함을 파는 것을 명시적으로 금지했다. 청나라가 중국에서 인정받는 유일한 정권이었으므로, 영국 기업들은 청나라에 태평천국 반란군을 상대로 사용할 포함을 얼마든지 팔 수 있었다. 한편 허레이쇼 넬슨 레이가 런던에서 청나라 황제를 위해 함대를 조성하려던 바로 그때 아메리카남부연합의 수석 해군 대리인 제임스 불럭도 동일한 목적을 가지고 같은 도시에 있었는데, 레이가 성공한 데 반해 이 미국인은 실패한다. 미국에는 인정된 두 개의 교전 당사자가 있었고, 양측 모두 원칙적으로는 영국과 평화적 관계에 있었으며, 따라서 영국의 선박 제조사는 법적으로 둘 중 어느 쪽에든 포함을 팔 수가 없었다.[53]

외국입대법이 레이의 중국 계획에 어떤 식으로든 장애물이 되는 경우는 그것이 셰러드 오즈본과 그의 선원들에게 적용될 때뿐이었다. 이 법의 골자는 영국 국민이 외국의 국영 군대에 입대하는 것을 금지하는 것이었고, 따라서 오즈본을 청나라 함대의 지휘관으로 임명하려면 왕실의 특별 허가가 필요했다. 의회는 여전히 영국이 중국에서 중립을 유지해야 한다고 주장했지만, 파머스턴과 러셀은 1862년 여름 의회가 휴회에 들어간 뒤 발령된 두 건의 추밀원 칙령을 통해 이 법을 정지시킴으로써, 예상되었던 의원들의 반대를 우회했다. 이듬해 2월 의회가 다시 열릴 때까지는 그 문제가 의제로 다루어질 수 없었다.

1862년 8월에 발령된 첫 번째 추밀원 칙령은 허레이쇼 넬슨 레이와 셰러드 오즈본이 중국 황제의 군에 복무할 수 있도록 특정하여 외국입대법을 정지시켰다. 이는 그들이 중국 황제에게 무장 선박을 마련해주도록 허가하는 것이었고, 그 배들의 영국인 선원을 모집할 독점적 권한을 그들에게 부여하는 것이었다. 그 선원들은 오직 레이와 오즈본 휘하에만 입대할 수 있고, 그 밖에 다른 누구의 휘하에도 들어갈 수 없었다. 4개월 후, 파머스턴 정부는 두 번째 추밀원 칙령을 발령했다. 이 칙령은 기존 허가를 대폭 확대해 어느 영국 장교든 청나라 황제의 군에 입대할 수 있도록 합법화한 것으로, 그들에게 "군사 작전, 전쟁 수행을 비롯한 모든 군사 행동에서 청나라 황제의 군대에 복무하고, 그러한 목적에서 해외 어디에든 가고, 청나라 황제로부터나 그 휘하로부터 받은 어떤 임무, 위임, 임명이든 수락하고, 그 복무에 대한 금전, 급여, 보상을 받는 것"을 허락했다.

하지만 모집 과정에는 한 가지 함정이 있었다. 영국 정부는 오즈본과 레이에게 청나라 해군에 영국인들을 입대시킬 권한을 부여할 수는 있었지만, 그 영국인들에게 중국 장교의 지위를 부여할 수는 없었다. 중국 장교 임관은 전적으로 청나라 황제의 권한에 속하는 일이었고, 그들이 중국에 도착한 뒤에야 이루어질 수 있었다. 하지만 오즈본과 함께 입대하려면 그들은 영국을 떠나기에 앞서 영국 해군 장교의 지위에서 사임하거나 휴직해야 했다. 따라서 그사이에 오즈본은 사실상 자국 장교가 함께하지 않는 수병과 해병들, 즉 용병이 되려는 것은 아니지만 용병만큼이나 행동에 규제도 받지 않고 책임도 지지 않을 수병과 해병들을 데리고 중국까지 항해를 하게 되는 셈이었다.

신문에서 제일 먼저 반응이 나왔다. 러셀과 파머스턴의 대중국 정책 전환은 거의 엉뚱해 보였다. 하룻밤 사이에 영국은 만주족의 적에서 만주족의 무기상이자 잠재적 구원자가 되었다. 잡지 『펀치』가 이를 가장 잘 표현했다. "우리의 용감한 친구 셰러드 오즈본이 (…) 우리 조약항들에 접근하는 태평천국군은 모조리 박살 내고, 두들기고, 섬멸하기 위해 파견될 것이다. 우리는 그가 명예를 얻으리라 확신한다. 러셀 경의 주장을 논리의 방패로 덮어줄 수 있을지는 확신할 수 없다."[54] 전 동인도회사 회장인 사이크스 대령은 런던 『데일리 뉴스』 기고문에서 당혹스러워하며 다음과 같이 썼다. "브루스 씨, 메드허스트 영사, 하비 영사는 공식 문서들에서 청나라 정부가 이 세상에서 가장 부패하고 무력하다고 반복적으로 진술했다. 또한 우리 장교들의 고문과 살해, 전쟁 포로들의 살해, 감옥에서 수감자들을 다룬 방식은 그들이 잔인하고 무자비하다는 것을 보여준다. 그런데도 우리 정책의 목표는 그런 특징을 가진 정부를 효율적 운영으로 돌려놓는 것이다."[55]

이듬해 2월 의회가 재소집되었을 때 그 함대에 대한 승인은 기정사실이 되어 있었지만, 여전히 신랄한 비판을 받았다. 새 회기의 첫날인 1863년 2월 5일, 감상적 도덕주의자와는 거리가 먼 보수당 지도자

벤저민 디즈레일리는 중국 정책을 갑자기 바꾼 파머스턴을 질책했다. "타타르족 왕조에 맞서 전쟁을 벌였던 경께서 이제 타타르족 왕조를 지원하고 있고, 중국 황제의 반란자들에 맞서 전쟁을 벌이고 있습니다. 우리는 입장을 완전히 바꿔버렸습니다. 우리는 태평천국의 반란에 맞서 전쟁을 벌이고 있습니다." 그는 이렇게 말했다. 같은 연설에서 그는 파머스턴이 미국 남북전쟁(그는 이 전쟁을 "대변혁"이라고 불렀다)에 남부를 위해 개입하지 않은 것을 질책했고,[56] 중국의 경우는 파머스턴이 미국보다 영국과 훨씬 덜 친한 나라의 내전에는 기꺼이 개입할 의사가 있음을 보인다고 덧붙였다. 정부의 어느 누구도 중국 반란군의 실체가 무엇인지, 혹은 그들이 대표하는 것의 실체가 무엇인지 명확히 알지 못하는 것 같다며 그는 안타까워했다. 그는 "태평천국 사람들은 누구입니까? 태평천국 사람들은 어떤 존재입니까?"라고 물으며 다음과 같이 말했다. "저는 우리가 태평천국 사람들과 아무 상관이 없다고 주장하는 바입니다. 그들이 애국자인지 아닌지, 도적 떼인지 아닌지는 영국 국민에게 아무 의미가 없습니다. 태평천국 사람들의 사정은 중국 문제이지 영국 문제가 아닙니다."[57]

자유당 측의 사이크스 대령은 중국어로 된 태평천국 성경을 휘두르면서 태평천국을 신성모독자라 부르는 사람들에게 맞서는 한편, 영국이 군사적 지원을 제공하고 있는 "타타르족 소년 황제"는 사실 "베이징 성벽 너머"에서는 거의 영향력이 없다고 말했다.[58] 3일 후 그는 하원에서 영국 장교들이 태평천국군에 입대하는 것에 대한 허가도 동등하게 주어졌는지 물었고, 외무 차관 오스틴 레어드는 그렇지 않다고 답하면서, "정부는 태평천국 황제를 알게 되는 영광을 누리지 못했

다"고 비꼬는 투로 덧붙였다.[59]

그러나 그 함대에 대한 영국의 지배적인 견해는 낙관적인 것이었다. 1862년 12월, "중국 문제에 관심 있는 모든 사람"이 참석한 정중한 왕립지리학회 토론에서 해리 파크스, 허레이쇼 넬슨 레이, 셰러드 오즈본은 재무장관 윌리엄 글래드스턴과 함께 그 함대와 중국의 미래에 대해 토론했다. 레이는 중국 내전을 완화시키고 무역 확대를 가져올 이 함대의 잠재력에 대해 장황하게 이야기했다. 오즈본은 청중에게 자신이 중국에 가는 것은 "평화를 전파하기 위해서지 피를 흘리기 위해서가 아니다"라고 말했고, 때가 되면 "공격 끝에 단 한 명의 태평천국 측 희생자도 없이 난징이 함락되었다"는 소식을 전하고 싶다는 소망을 피력했다. 한술 더 뜬 것은 레이의 주장이었다. 그것은 그의 오만한 공상 중 하나로, 태평천국을 설득해 중국을 포기하고 "버려진 땅, 식량, 노동력, 쾌적한 기후가 있는" 동쪽 다도해의 섬들로 옮겨가게 만들 수 있다는 것이었다. 1857년 파머스턴의 중국 전쟁을 웅변적으로 격렬하게 반대했던 글래드스턴은 이후 마음이 바뀌었음을 드러내면서 오즈본과 레이를 전폭적으로 지지했고, "중국인들에게 문명의 저주가 아니라 문명의 축복을 가져다주라"고 그들에게 말했다.[60]

『타임스』도 오즈본의 원정에 찬성하면서, 영국이 중국보다 미국에 더 강한 유대감을 느낄 수는 있겠지만, 그럼에도 "우리는 미국의 연방파와 분리파 간 싸움만큼이나 중국의 태평천국과 청 왕조 간 전투에도 물질적 이해관계를 갖고 있다"고 밝혔다. 또한 오즈본 함대의 출발이 임박하니 중국 전쟁의 종식이 더 가까워진 것 같았다. 『타임스』는 이렇게 썼다. "중국에는 승리의 여파로 열리거나 닫히는 수많은 시장이 있으며, 랭커셔의 높은 굴뚝들은 다음 미국 원정의 우여곡절이 낳을 결과를 경험하기에 앞서 청나라 승리의 좋은 영향을 느끼게 될지도 모른다."[61]

영국의 조선사들은 청 왕조와 거래하게 된 것을 기뻐했으며, 최고의 작품을 내놓았다. 처음 세 척의 배는 중고를 구매한 것이어서 거의 즉시 준비가 되었지만(이름이 모호크호, 아프리카호, 재스퍼호에서 베이징호, 차이나호, 아모이호로 바뀌었다), 나머지 배들은 새로 건조해야 하기에 1년의 시간이 필요했다. 레이는 모든 배가 다 준비되고 법적 서류 작업이 완료될 때까지 기다렸다가 함대를 중국으로 보내기로 결정했다.[62] 일단 포함 7척과 군수품 수송선 한 척을 포함해 총 8척의 배가 갖춰질 것이었다. 포함의 크기는 대형 원양 군함부터 중국의 진흙탕 강을 스치듯 항해할 수 있는 얕은 흘수의 소형 외륜 증기선까지 다양했다.(이러한 외륜 증기선은 큰 상자에 담겨 아시아로 운송되어 그곳에서 조립되어야 했다.) 이 배들에는 40문의 현대식 포가 실리고, 400명의 선원(레이는 이들이 "최고의 자질을 갖춘 유럽 장교와 선원들"로만 구성될 것이라고 주장했다)이 탈 예정이었다. 청나라는 그동안 해군기가 아예 필요 없었던 만큼 해군기를 갖고 있지 않았고, 그래서 레이가 직접 청나라 해군기를 만들었다. 중앙에 작은 용이 있는 녹색과 노란색 깃발이었다.

1863년 여름, 배들이 중국을 향해 출항할 준비가 되었을 때는 기다린 보람이 있었다. 배들은 최신 장갑裝甲 강철판은 부족했을지 몰라도(적어도 태평천국군의 대체로 허약한 대포를 상대하는 데는 불필요했다), 그 밖에는 최첨단이었다. 함대의 기함인 약 74미터의 캉수호는

1863년 5월 포츠머스 인근 스토크스만灣에서 처음 시험 운항을 할 때, 측정 마일에서 최고 속도 19노트를 기록했고, 4회 항해에서 평균 속도 17노트를 기록하며 사상 최고의 기록 중 하나를 달성했다. 이 배는 지구상에서 가장 빠른 해군 함정이라고 소문이 났다.[63]

영국에서는 이 강력한 함대에 점잖은 이름을 붙였다. 일반적으로 그 함대는 영-중 함대로 알려졌고, 그 함대의 임무는 영-중 원정으로 알려졌는데, 이는 그러한 명칭이 대변하는(혹은 그 함대의 지지자들이 그렇다고 주장하는) 영국과 중국 청 왕조 사이의 신사적 협력을 강조해 양국 공동의 무역 이익을 보호하고 해안에서의 해적 행위를 퇴치하기 위한 것이었다. 훗날 역사가들은 이 함대를 시작의 배후에 있었던 두 영국인 이름을 따서 '레이-오즈본 함대'라고 부르게 된다. 그러나 당시 상하이에서는 그 함대의 유일한 목적이 태평천국의 반란을 진압하는 데 있다는 게 주지의 사실이었고, 외국인 거주자들은 신임받지 못하는 그 중국 왕조를 위해 용병 노릇을 하려는 영국의 최근 입장에 반발하고 있었다. 이런 상하이에는 이 함대를 부르는 또 다른 이름이 있었으니, 바로 '뱀파이어 함대'였다.

14장
꽃이 비처럼 쏟아지는 곳

당시의 죽음은 대포와 머스킷총, 폭발, 도끼와 창 때문만은 아니었다. 감염과 학살, 또는 자살 때문만도 아니었다. 누더기를 걸친 농민 생존자들이 먹고사느라, 그리고 자신들을 지배하는 세력에게 세금을 내느라 허덕이고 있던 전쟁 지역의 극심한 기근 때문만도 아니었다. 도망칠 곳이 없었다. 인구 밀도가 높았던 곳인 장쑤성과 저장성으로부터 많은 사람이 상하이나 다른 조약항들로 계속 빠져나갔다. 그런 곳들은 외국 무기가 배치되어 있어 비교적 안전했기 때문이다. 프레더릭 브루스는 외국인 정착지들로 몰려들고 있는 난민의 수에 대한 보고에 크게 놀랐고, 영국이 중국 사람들의 보호자가 되는 것을 보고 싶지 않다고 말했다.(하지만 본국의 다른 사람들은 이런 상황에 대해, 영국이 말만 하면 중국 사람들이 영국 깃발 아래로 모여들어 영국을 자신들의 새로운 통치자로 맞이하게 될 징조라고 말했다.)

상하이에서만 1862년까지 150만 명의 사람이 외부 전쟁으로부터 보호받기 위해 중국인 지구와 외국인 정착지에 몰려들었다.[1] 피난민들 중 가장 부유한 층은 집에서 살았지만, 대부분의 피난민은 가난해서 갈대 거적으로 만든 오두막이나 수로를 막고 있는 작은 배들에서 살았다. 그 거적의 보호조차 받을 수 없는 이들은 그냥 빈터에 모여 지냈다. 봄이 오자 정착촌을 둘러싼 좁은 강들은 계절적 유출수로 인해 갈색이 되었고, 먼 유역의 논들에서 흘러든 진흙과 배설물이 뒤섞여 혼탁해졌다. 여기저기서 반쯤 부패한 동물이나 사람의 시체가 역겨운 물살을 따라 떠나녔다.[2] 그 강은 상하이 피난민들의 주요 식수원이었고, 사람들은 식수는 늘 끓였지만 몸을 씻거나 식재료를 준비할 때는 끓인 물을 쓰지 않았다.

콜레라 환자가 처음 발생한 것은 1862년 5월이었다. 콜레라는 다른 증상 없이 복통으로 시작되었다. 그다음에 구토가 나타났다. 하지만 훨씬 더 심각한 것은 나중에 나타나는 희부연 색깔의 폭발적이고 격렬한 설사로, 환자의 몸을 완전히 망가뜨렸다. 겨우 몇 시간 만에 사망에 이르기도 했지만, 상하이 주민 대부분이 이미 설사를 앓고 있었던 터라 발병 시기를 정확히 예측하기는 어려웠다. 6월에 이르러서는 콜레라가 본격적으로 유행해, 작은 배나 거적으로 만든 오두막에 모여 사는, 건물과 거리들에 몰려든 비참한 피난민 무리를 휩쓸었다. 작은 외국인 사회에서는 상하이에 살고 있는 2000여 명의 외국인 중 10명 내지 15명의 유럽인이 매일 콜레라로 사망했고, 군함의 선원들도 콜레라로 큰 피해를 입었다.[3] 하지만 가장 큰 피해를 입은 이들은 조밀하게 모여 있던 빈곤한 중국인들이었다. 6월에는 매일 수백 명이, 7월에는 매일 수천 명이 사망했다. 콜레라가 절정에 달했을 때 외국인 정착지에서는 하루에 무려 3000명이 사망했다. 상하이 거리들에는 매장되지 않은 시신들이 널려 있었다. 다른 시신들은 관을 대신해 얇은 판자로 된 상자에 담겨 있었고, 또 다른 시신들은 짚으로 대충 덮인 채 한여름 더위에 썩어가도록 방치되어 있었다.[4]

어떤 중국인들은 콜레라를 '판사番痧', 즉 외국 역병이라고 불렀다.[5] 그 조약항에서 시작된 콜레라는 외부로 퍼져나갔다. 북쪽으로는 엘긴의 옛 침략 경로이자 이제는 우편물 수송 증기선이 다니는 경로인 해안을 따라 퍼져나갔다. 그리하여 콜레라는 6월 중순 다구 포대에 도달했고, 그다음에는 하이허강을 따라 톈진으로 전파되어 그곳에서 끔찍한 단 몇 주 동안 2만 명의 목숨을 빼앗았다. 콜레라는 거기서 베이징으로 옮겨갔고, 무방비 상태였던 그 청나라 수도에서 한껏 활개를 쳤다.[6]

어떤 이유에서인지 남쪽은 화를 면했지만, 콜레라는 해안을 따라 올라가면서 베이징을 향해 퍼져나갈 때 양쯔강과 지류들을 따라 내륙으로도 유입되었다. 그해 여름, 그 강을 오가는 배들이 물통과 승객들의 뱃속에 있는 병원균을 상하이에서 안후이로 실어 날랐다. 쩡궈판의 지휘 본부로부터 그의 군대의 보급로를 따라 콜레라가 퍼져나갔고, 늦여름에 이르러서는 후난군 병사들이 주둔지에서 떼를 지어 쓰러졌다.[7] 쩡궈판은 8월과 9월 황제에게 올린 상소에 피해 상황을 기록했다. 위화타이에 있던 동생 쩡궈취안 휘하의 병사 1만 명(후난군 포위군의 족히 절반)이 콜레라에 걸려 죽어갔다. 안후이성 남부에 있던 포차오의 군대에서도 1만 명 이상이 목숨을 잃었고, 심지어 포차오 자신도 콜레라에 걸렸다.(이 때문에 쩡궈판은 걱정되어 미칠 지경이었지만, 그에게는 다행스럽게도 그의 소중한 지휘관은 살아남았다.) 저장성에 있던 쭤쭝탕의 군대는 감염률이 50퍼센트에 달했다. 다른 군대들에서는 감염률이 더 높았고, 안후이성 남부의 후난군 병사 중 60~70퍼센트가 감염되었다.[8] 너무 많은 군사가 죽어가고 있어서 군대가 더 이상 공격에 나설 수 없다고 그는 보고했다.[9]

영국 문명도 중국 문명도 해결책이 없었다. 상하이의 영국군은 이른바 '콜레라 벨트'라는, 체온을 따뜻하게 유지하고자 몸통에 두르는 넓은 플란넬 허리띠를 배포했는데, 이는 땀이 나 축축하고 으스스한 상태에서 콜레라가 뱃속으로 들어오기 쉽다는 이론에 기초한 것이었다. 베이징의 영국군 수석 군의관은 상하이의 배 위에 사는 피난민 중 얼마나 많은 사람이 사망했는지 알게 된 후 위생 문제를 원인에서 배제했다.(그는 그 배들이 상하이에서 비교적 깨끗한 거주지에 속한다고 생각했기 때문이다.) 과학적 설명을 모색하던 그는 대기의 특정 전기화학적 변화가 특정 체질에 영향을 미치는 것은 아닐까 의심했다.[10] 한편 안칭에서는 증국번이 적어도 어느 정도의 증상 완화가 있기를 바라며 병든 병사들에게 한국 인삼을 나누어주라고 지휘관들에게 지시했다.[11] 그러나 그는 이 전염병의 근본 원인으로서 스스로를 책망할 뿐이었다. 전염병이 얼마나 널리 퍼졌는지 알지 못한 채, 그는 군대를 휩쓴 이 질병이 자신의 지도력에 대한 신의 심판이며, 너무 많은 권력을 축적한 자신을 하늘이 벌하고 있는 것이라고 확신했다. 그는 심지어 베이징에 서한을 보내, 자신의 책임을 나누어 질 수 있는 다른 대리인을 보내달라고 요청하기까지 했다. 자신의 권력을 절반으로 줄여(바라건대) 하늘의 분노를 달래고 재앙을 종식시키기 위해서였다.[12] 조정의 답신은 전염병이 그의 잘못만은 아니라며 그를 안심시켰다. 또한 전염병이 이 왕조가 하늘을 노하게 했다는 징조도 아니라고 말했

다. 그는 서한을 읽으며 안도의 눈물을 흘렸다.[13]

난징이나 더 멀리 있는 태평천국 영토 내에서 전염병의 영향에 대한 단서는 거의 없지만, 상하이와 톈진 주변의 도시 지역에서 인구가 밀집돼 있었던 것에 비해 반란군 치하의 시골 지역에서는 인구가 분산되어 있었다는 점, 그리고 반란군이 조약항들과는 상대적으로 고립되어 있었다는 점은 전염병이 국제 무역망과 청국군의 보급로를 따라 퍼져나갈 때 태평천국에 이점으로 작용했을 가능성이 있다. 그러나 태평천국이 점령한 마을들 중 상하이와 가장 가까운 곳들은 행상과 밀수꾼(순회 민병대는 말할 것도 없고)의 끊임없는 유입으로 상하이와 연결되어 있었고, 그런 마을들은 상하이만큼이나 심하게 피해를 입었을 것으로 보인다.[14] 이 전염병은 겨울에 이르러 마침내 중국 본토에서 힘을 잃더니, 동북쪽으로 이동하며 만주를 통과했고, 그다음에는 바다를 건너 난데없이 일본으로 옮겨갔다. 난리를 겪느라 정신이 없었던 청나라 정부는 종합적인 데이터를 수집할 수 없었지만, 영국인들은 노력했다. 그들의 데이터는 외국인들의 정보망이라는 좁은 범위에 국한된 것이었지만, 그들은 9월에 한 로마 가톨릭 선교사의 도움을 받아, 당시 수백만 명의 인구가 거주하던 상하이 주변 약 60킬로미터 내 지역에서 콜레라가 그 인구의 약 8분의 1을 사라지게 했음을 알아냈다.[15]

위화타이에 자리 잡은 후난군 진지는 전염병의 공격 전부터 위태

로웠다. 증국번은 난징 성벽 너무 가까이에 진을 친 동생의 무모한 결정에 깜짝 놀랐고, 이 군대의 도착을 베이징에 처음 보고할 때, 큰 기대를 갖지 말라고 중앙 정부의 대신들에게 말했다. 그는 녹영군 장수들이 8년간 7만 명의 병력을 동원해 그 태평천국 수도를 포위 공격했지만 아무 성과가 없었음을 지적했다. 반면 그의 동생 증국전은 겨우 2만 명의 병력을 가지고 있었다.[16]

그 후 콜레라가 기습했고, 1862년 가을에는 증국전의 군대가 원래 전투력의 절반으로 축소되어 있었다.[17] 증국번은 상당한 증원군을 파견했지만, 난징 포위 공격을 위해 그가 가능한 모든 것을 투입했음에도 불구하고 충원받은 후난군 군대는 여전히 숙달 병력이 3만 명도 채 되지 않는 수준이었고, 동원할 예비 병력도 없었다.[18] 그럼에도 그 군대는 계속해서 참호를 깊게 파고 방어 시설을 보강했다. 그리고 난징 수비대가 이따금 남문으로부터 출격해도, 위화타이 정상의 석축 요새로부터 공격이 가해져도 꿋꿋이 버텼다. 적어도 그 전투들은 양측의 병력이 엇비슷했다.

그러나 후난군의 수를 격감시킨 바로 그 전염병이 이수성에게 동부 원정을 중단하고 난징으로 돌아갈 기회를 열어주었다. 동쪽의 군대들이 병자와 사망자를 돌보느라 상하이 부근에서 전투가 둔화되자, 그는 이 소강 상태를 틈타 천왕의 점점 더 간절해지는 귀환 요구에 응했다. 늦여름에 그는 쑤저우로 철수했고, 그곳에서 수도를 구하는 원정을 위해 세 개의 군대를 모았다. 하나는 안후이성 남부의 포초를 공격할 군대, 또 하나는 강의 수군을 공격해 후난군의 보급로를 차단할 군대, 나머지 하나는 그가 직접 지휘하는 군대로서 위화타이의 증국전 군대를 격파할 것이었다.[19] 9월 말경 그들은 행군 중이었고, 난징 남쪽에서 접근하고 있었다. 이수성이 직접 지휘하는 군사는 12만 명이었지만, 그 군대가 도착하기 전에 그 지역을 휩쓴 소문은 그보다 훨씬 더 많은 수를 말했다. 30만 명이라거나 60만 명이라는 설도 있었다. 하늘이 캄캄해질 정도로 공포스러운 분위기 속에서 그의 도착이 이뤄졌다.[20]

반란군이 난징을 구할 준비를 하고 있다는 소식을 듣자마자 증국번은 위화타이에 있는 동생에게 쌀, 소금, 화약, 탄환을 보내기 시작했다. 진영이 감당할 수 있는 최대치였다. 하지만 증원군은 더 이상 보낼 수 없었다. 적어도 필요한 만큼의 규모는 아니었다. 포초는 안후이성 남부에서 수렁에 빠져 있었고, 그곳에서 이미 반란군은 빼앗긴 영토를 되찾기 위해 맹렬히 공격하고 있었다.(12월에는 치먼에 있던 증국번의 옛 지휘 본부까지 탈환하게 된다.) 게다가 증국번은 다룽아와 그의 기병대에 대한 통제력을 잃어가고 있었다.

다룽아는 영왕을 추적하기 위해 북쪽으로 간 뒤 증국번의 명령을 무시하기 시작했다. 증국번이 다룽아에게 난징으로 와서 강의 북안을 지키고 위화타이에 있는 자기 동생을 보호하라고 말하자 다룽아는 오지 않을 핑계를 댔다. 근본 원인은 개인적인 질투였다. 2만 명의 기병으로 이루어진 다룽아의 군대는 지난해 영왕의 거듭된 안칭 구조 시도를 막는 데 결정적인 역할을 했지만, 증국전은 증국번의 동생이었고, 그 도시를 수복한 공적으로 가장 큰 몫을 챙겼다.[21] 자부심 강한 만주족 지휘관 다룽아는 자신의 이 조연 역할에 불만을 품게 되었고, 자신을 희생해 증국번 가족의 영광을 돕는 데 흥미를 잃었다. 이에 그는 기병대를 이끌고 동쪽의 난징으로 가서 증국전을 지원하는 대신, 반대 방향인 서북쪽의 건조한 지역 산시성으로 가서 심화되고 있는 그곳의 민족 반란을 진압하라는 임무를 받았다.[22] 이웃한 쓰촨성의 무슬림 군대가 무슬림과 중국인 간에 발생한 폭력 사태에 대응하기 위해 산시성을 침공했으며, 수만 명이 사망했다고 이야기되었다.[23] 증국번은 다룽아가 무슬림을 상대하는 임무에 배치된 것에 크게 실망했다. 그가 생각하기에 이것은 "쥐 한 마리 잡으려고 종마를 보내는 격"이었다.[24] 하지만 그는 무슬림을 과소평가한 것이었다. 다룽아는 2년 후 고대의 수도인 시안으로부터 서쪽으로 64킬로미터쯤 떨어진 저우지라는 성벽 마을 외곽에서 무슬림과 싸우다 전사했고, 그리하여 증국번의 원정에는 영영 다시 참여할 수 없었다.

위화타이 공격은 10월 13일에 시작되었지만, 증국번은 7일 뒤 동생의 첫 번째 전갈이 도착하고서야 이 사실을 알게 되었다. 전갈에는 이수성이 대규모 병력을 이끌고 막 진영 밖에 도착했다는 내용이 담겨 있었다. 동생으로부터 매일 소식이 전해졌지만, 멀리 떨어진 안칭 지휘 본부에서 증국번이 할 수 있는 일은 걱정하는 것 말고는 거의 없었다. 그는 빈약하나마 가능한 증원군을 난징으로 보냈는데, 여기저기서 충당한 수백 명에 불과했다. 그는 하늘의 뜻이 반란군을 계속 남아 있게 하는 것인지 아니면 쫓아버리는 것인지 알아보기 위해 점을 치기도 했다.[25]

증국번은 포위되어 있는 동생에게 안전한 안칭에서 편지를 쓰면서 격려하려 애썼다. 만약 충왕(증국번은 그를 "거짓 충왕"이라 불렀다)

이수성의 병력이 10만 명이 넘는다면 그의 군대는 하루에 약 60톤의 쌀을 보급받아야 할 것이라고 증국번은 추산했다. 만약 이수성이 보급품을 실은 큰 바지선들을 자신의 진영에 닿게 할 수 없다면(후난군 수군이 강과 해자의 합류점을 점령하고 있는 한은 그것이 불가능했다) 어떻게 오래 버틸 수 있겠는가? 증국번은 안후이성 남부에서의 최근 경험을 통해 육로로 보급품을 운반하는 것이 얼마나 어려운 일인지 알고 있었다. 설령 반란군이 성안에 비축되어 있는 것을 이수성의 군대에 보급한다 하더라도, 성문을 열고 나와 성벽을 돌아서 몇 킬로미터 떨어진 곳까지 대량의 곡물을 운반하다보면 노출될 위험이 있고, 어쨌든 그 군대가 매달 거의 2000톤에 달하는 식량을 필요로 하게 되면서 수도의 비축량은 빠르게 고갈될 것이었다.[26]

증국번은 동생에게 보낸 편지에서는 이렇게 낙관적인 태도를 보였지만, 마음속으로는 무너져 내리고 있었다. 10월의 일기 한 편이 이를 대표적으로 보여주는데, 그것은 고통의 연대기였다.

> 어젯밤, 나는 만 가지 위험에 직면한 내 동생 증국전을 생각했다. 불안으로 애가 탔다. 나는 내실로 들어가 바둑판 위에 여러 작전을 짜보려 했다[기분을 전환할 요량으로]. 그런 다음 방 안을 이리저리 서성였다. 11시에 잠자리에 들었지만 잠이 오지 않았다. 새벽 3시가 넘어서야 겨우 잠들었고, 악몽을 꾸었다.[27]

그는 거의 잠을 자지 못했고, 기진맥진하여 방문자들을 거절하기 시작했다. 매일매일 동생에게서 오는 편지는 점점 더 심각한 소식을 전했다. 10월 24일 도착한 편지에서 증국전은 7일간 밤낮으로 끊임없이 공격을 받고 있다고 전했다. 그리고 자신들이 굳게 버티고 있다고 말했다.(증국번은 "작은 위안"이라고 일기에 적었다.) 그러나 태평천국군은 외국 무기상으로부터 구입한 새로운 무기들을 시험하고 있었다. 그들은 진지 안으로 폭발탄을 발사했다. 중국어로 '뤄디 카이화 파오'라고 불리는, '땅에 떨어지면 꽃처럼 피어나는 포탄'이었다.[28]

이틀 후 증국번은 이수성의 사촌인 시왕 이세현이 이끄는 최소 10만 명의 반란군이 저장성을 떠나 위화타이의 후난군을 공격하는 데 합류했다는 소식을 접했다. 그러나 그 소식은 지연된 것이어서, 증국번이 적군의 철수에 대해 알게 되었을 때 적군은 이미 3주 동안 행군을 이어가는 중이었다. 이는 난징에 도착하고도 남을 시간이었다.[29]

이튿날 동생에게서 편지가 오지 않았다.

증국번은 증국전에게 재앙이 닥친 게 아닐까 노심초사하여, 편지 배달병을 기다리며 밤을 새웠다. "그가 다친 걸까?" 아니면 "그의 부대가 완전히 박살 난 걸까?" 그는 알 수 없었다.[30] 실은 부상 때문이었다. 증국전이 얼굴에 폭발물의 파편을 맞은 것이다. 피투성이가 될 정도로 상처를 입었지만 생명을 위협할 수준은 아니었고, 암울한 매일의 보고가 재개되었다. 증국번은 동생이 살아 있다는 사실에 안도했지만, 동생이 위화타이에서 돌아오지 못하는 게 아닐까 하는 두려운 생각을 떨쳐낼 수 없었다. 그는 필사적으로 상하이의 이홍장에게 지원군을 요청했다. 이홍장은 안후이군과 함께 강 하류로 내려와 있던 후난군 대대는 내어줄 수 없다고 했고, 그 대신 상승군을 난징으로 보내는 것을 제안했다. 외국 용병을 내륙으로 들이지 말아야 한다고 스스로가 경고를 해왔음에도 불구하고 증국번은 마지못해 그 제안을 받아들였다.[31]

하지만 그 병력은 올 준비가 되어 있지 않았고, 난징에 도착하기까지는 몇 주가 걸릴 것이었다.(사실 오지도 않을 테지만, 증국전은 아직 그것을 알지 못했다.) 그래서 11월에 그는 후퇴를 명령했다. 증국번은 동생에게 편지를 써서, 공격이 조금이라도 잦아들면 위화타이와 포위를 포기하고 병들고 부상당한 병사들을 데리고 수군 통로를 통해 안전한 곳으로 후퇴하라고 했다. 더 버티는 것은 불가능하다고 그는 경고했다.[32] 일단 안전해지면, 그들은 포초를 도우러 갈 수 있었다. 당시 증국전의 병사들은 자신들보다 몇 배나 규모가 큰, 잘 무장된 병력의 끊임없는 공격을 받으며 한 달 가까이 참호 속에서 버티고 있었다.

증국전은 그곳을 떠나기를 거부했다. 증국번이 안전한 곳으로 후퇴하라고 간청했지만, 그는 완강하게 자신의 위치를 고수했다. 사실 태평천국군의 엄청난 수적 우세에도 불구하고 그 요새화된 진영에서는 그가 여전히 전투의 "주인"이고 태평천국군이 "손님"이었으며, 그의 병사들은 주로 두터운 벽과 참호로 보호를 받으면서 노출된 공격자들에게 격렬한 사격을 계속하고 있었다. 격렬한 전투가 벌어졌던 11월 어느 하루 동안 증국전의 추산에 따르면 그의 병사들은 적군을 수천 명 죽였지만, 아군 측에서는 100명 미만의 사망자와 200명가량의 부상자가 발생했을 뿐이었다.[33] 그러나 이수성의 병사들은 외벽 아래를 끈기 있게 파헤치고 지하에 폭발물을 설치해 그 벽들을 폭파하고 있었다. 진지 방어는 필사적으로 외벽을 유지하고, 큰 총을 장전하고, 공격자들에게 쉬지 않고 화승총 사격을 가하는 것이었다. 병사들은 가능하면 적의 땅굴을 찾아내, 땅굴 작업자들이 벽에 도달하기 전에 돌파하려 했다. 하지만 발각되지 않은 땅굴이 남아 있을 경우에 대비해, 그들은 또한 진지 안전 지대 내에 새로운 방어 시설과 참호를 구축하여 혹시라도 외벽이 폭파되면 그곳으로 후퇴할 수 있게 했다.[34]

증국번은 계속 고통받았고, 자신을 갉아먹고 있는 끊임없는 불안과 걱정이 끝나기를 바랐다. 그는 후난성에 있는 장남 증기택에게 편지를 써, 잠시 집을 떠나 자신이 있는 안칭 본부로 오라고 했다. 그는 외로웠고, 가족과 함께하는 것이 필요했다. 아들이 그곳으로 온다면 두 사람 모두에게 이로울 것이라고 그는 아들에게 말했다. 그는 장남의 시험 공부를 도울 수 있었고, 그러면서 자신에게 평온함을 안겨주는 유일한 일인 학문에 다시 몰두할 수 있었다. 아들이 증국번 자신을 위해 무엇을 할 수 있는지에 대해서는, 아들의 존재 자체가 "나의 불안한 마음을 진정시키는 데 도움이 될 것"이라고 그는 말했다.[35]

증국전은 기적처럼 살아남았다. 그의 병사들은 피해를 당하기 전에 먼저 적군의 땅굴 대부분을 돌파하는 데 성공했고, 흙을 쌓아 만든 방어선이 무너졌을 때도 그들의 예비 요새는 무너지지 않았다.[36] 그의 견고한 후난군은 이수성이 11월 26일 마침내 작전을 중단하기까지 무려 45일 동안이나 공격을 견뎌냈다.[37] 결국 증국번의 초기 분석이 옳았다. 효과적인 수상 보급로가 없어서 이수성은 그 도시의 비축 물량을 축내야 했고, 이는 수도의 생존을 위협했다. 그가 후난 수군을 상대로 파견한 군대는 강과 해자의 합류점을 장악하고 있는 그 수군을 무너뜨리지 못했고, 그리하여 후난군의 보급로는 계속 열려 있는 반면 그의 보급로는 막혀버렸다. 결국 식량 부족으로 전투를 포기해야만 했던 쪽은 증국전의 침략군이 아니라, 자신들의 수도 바로 밖에 와 있던 충왕의 군대였다. 게다가 겨울이 오고 있었는데, 이수성의 병사들에게는 겨울을 날 옷과 장비가 없었다. 그는 지난해의 끔찍한 눈보라에서 교훈을 얻은 바 있었다.[38] 충왕은 자신의 대규모 병력 중 일부를 장쑤성과 저장성으로 돌려보내 자신이 없는 동안 그곳에서 발생하고 있는 문제들을 해결하게 했고, 자신은 겨울 동안 수도의 성벽 안으로 피신해 상처를 치료하면서 적을 어떻게 밖으로 몰아낼지 고민했다.

후난군은 난징에서 새로운 영토를 확보하지 못했고, 심지어 위화타이의 석축 요새도 여전히 반란군의 수중에 있었다.(사실은 이수성이 그곳에서 많은 전투를 지휘했다.) 그러나 후난군이 진이 다 빠지도록 한 달 반 동안 계속 공격을 받고도 바로 적의 수도 성벽 아래서 살아남았다는 사실 자체가 전설적이었다. 그럼에도 불구하고 증국번은 여전히 위화타이 진지를 버리고 안전한 곳으로 후퇴하도록 동생을 설득하려 했다. 전략적으로 그는 진지를 지키는 것보다 군대를 지키는 것이 더 중요하다고 주장했다.[39] 하지만 증국전은 자리를 지켰다. 증국번은 승리에도 기쁨을 느끼지 못했고, 이수성이 난징 안으로 철수해버린 것이 공격 재개 전의 일시적 소강 상태는 아닌지 걱정했다.

계속되는 불면과 걱정은 증국번에게 육체적으로 해를 끼쳤다. 그는 이가 심하게 아팠고, 너무 고통스러워서 때로는 일도 할 수 없었다. 그는 늙고 지쳤다고 느꼈다. 12월 5일의 편지에서 그는 아들 증기택에게 이렇게 말했다. “후세에게 욕먹지 않고 빨리 죽을 수 있다면 축복일 것이다."[40] 열흘 후, 아들에게 보낸 또 다른 편지에서 그는 자기 마음을 사로잡는 어떤 어둠이 있으며, 그 어둠은 자신이 1858년 고향집에 돌아와 있던 때나 1861년 봄 치먼에 있던 때를 상기시키는 것이라고 털어놓았다. 첫 번째 예는 아버지의 죽음에 따른 우울로 사임하고 거의 1년 동안 전투에 임하기를 거부했던 때다. 두 번째 예는 안후이성 남부에 보급 물자도 없이 고립되어, 거기서 삶을 마감하게 되리라고 확신했던 때다. 현재의 어둠은 전보다 훨씬 더 심하다고 그는 아들에게 말했다. 그리고 이 편지를 어머니에게 보여주지 말라고 당부했다.[41]

그러나 최악의 상황은 아직 닥치지 않았다. 같은 날 오후, 그가 아들에게 보내는 편지를 끝낸 직후 난징 진지의 증국전으로부터 편지가 도착했다.[42] 그는 늘 증국전의 안전을 걱정하면서도, 5000명의 병력을 이끌고 난징 포위 공격을 지원하러 간, 증국전보다 어리고 경험이 부족한 또 다른 동생 증국보에 대한 생각은 거의 하지 않고 있었다. 34세의 증국보는 증국번보다 열일곱 살 어렸고, 증국번의 남은 세 형제 중 막내였다. 1858년 반란군이 싼허에서 그들의 또 다른 형제를 죽였을 때 복수를 맹세했던 형제가 바로 증국보였다. 그런데 이제 증국전은 증국보가 병에 걸렸다고 전하고 있었다. 두 형은 이후 며칠 동안 긴밀히 연락을 유지했다. 증국보는 처음에는 회복하는 듯했고, 최악의 상황은 지나갔다고 그들은 며칠 동안 기뻐했지만, 결국 열이 다시 치솟았다. 장티푸스였다. 1월 11일 동이 튼 직후, 증국번은 동생이 죽었음을 알리는 편지를 개봉했다.[43]

15장
피와 명예

프레더릭 타운센드 워드는 1862년 9월 21일 복부에 총을 맞고 그날 밤 닝보에서 "엄청난 고통 속에" 사망했다.[1] 워드의 민병대는 이홍장의 안후이군과 협력하여, 1862년 늦여름과 초가을에 충왕 군대의 부재를 틈타 상하이 근처 마을들을 돌파했고, 9월에는 워드 자신의 부대를 본떠 만든 새로운 프랑스-중국 부대의 명령에 따라 닝보 주변 지역에서 반란군을 몰아내는 임무를 띠고 저장성으로 내려갔다. 그곳에서의 전투는 순조롭지 않았다. 워드가 죽어가며 남긴 유언은 그답게 돈을 요구한 것이었다. 그는 상하이 도대인 오후와 자신의 명목상의 장인인 양방이 함께 자신에게 14만 냥을 갚아야 한다고 말했다.(이는 당시의 가치로 20만 달러에 상당했고, 고국에 있던 그의 가족은 20세기에 들어설 때까지 계속 이 엄청난 요구와 관련해 중국 정부를 압박하게 된다.) 워드의 최후는 이상한 치욕을 당해야 했다. 장례를 위해 워드의 시신을 쑹장으로 운반하는 임무를 띤 증기선의 선장은 고 워드 장군에게 증오심을 품은 수동공격 성향의 남부연합 쪽 사람으로 밝혀졌는데, 그가 시신 운반을 거부했다. 워드의 부관들에게 압박을 받아 그는 결국 그 일을 받아들였지만, 석탄 저장고를 다시 채우지 않고 항구를 떠났다. 프레더릭 타운센드 워드의 시신을 안식처로 운반하던 그 배는 닝보와 상하이 사이의 만 어딘가의 바다에서 시동이 꺼졌고, 방향을 잃고 표류했다. 워드의 부관들이 선장을 가둔 후 배의 상부 목재 구조물을 뜯어내 가마에 넣고서야 배가 다시 움직일 수 있었다. 목재가 다 떨어지자 그들은 화물칸에 있던 돼지고기 50통을 가마에 쏟아부었고, 그리하여 배가 남은 길을 운항하기에 충분한 증기를 만들어낼 수 있었다.[2]

이후 상승군의 상황은 쇠퇴하기 시작했다. 워드가 죽은 후 이홍장은 에드워드 포레스터에게 지휘권을 제안했지만, 포레스터는 반란군에 의해 감금되었던 기간에 정신적으로나 육체적으로나 완전히 무너져서 거절하지 않을 수 없었다.[3] 지휘권은 후보 명단에서 아래로 내려가 노스캐롤라이나 출신인 헨리 앤드리아 버지빈에게 넘어갔다. 그는 호프의 열렬한 지지를 받았고, 특히 영국이 중국을 점령하려 한다는 의심을 무디게 하기 위해 미국인이 그 병력을 지휘하는 것을 간절히 원했던 프레더릭 브루스의 열렬한 지지를 받았다.[4] 버지빈은 조국의 전쟁에 대해 중립적이어서(아칸소주의 고급 장교인 그의 형제와 달리) 미국인 동포들에게 호감을 주었다.[5] 성격도 남부인의 전형이어서 정중하고 매력적이었는데, 험악한 표정을 짓고 있던 워드보다는 당연히 더 그랬다. 그가 중국인-외국인 민병대를 지휘하게 되자 모두가 큰 기대를 걸었다.[6] 그는 매우 유능한 지휘관임을 증명했지만, 그의 특출한 성격 이면에는 굉장한 성깔과 술 좋아하는 성향이 있었다.

1862년 가을, 버지빈의 지휘 아래 상승군은 워드 휘하에서 거둔 승리에 더해 상하이 인근 몇몇 마을에서 추가로 태평천국군을 몰아내는 데 성공하는 등, 반란군이 후난군의 포위를 돌파하기 위해 이수성과 함께 서둘러 난징으로 떠나고 없는 상황을 계속 이용했다. 겨울에 이르러서는 약 50킬로미터 반경 내에서 반란군을 거의 몰아냈지만, 버지빈은 몇 가지 문제에 직면했다. 첫째, 양방이 급여를 몇 달째 주지 않았다. 또한 이홍장이 버지빈에게 증국번의 동생을 돕기 위해 난징으로 병력을 이동시키라는 명령을 내렸는데, 이는 버지빈과 다른 외국인 장교들에게 자살 행위로 비쳤다. 버지빈은 전리품을 챙길 가능성보다 죽을 가능성이 훨씬 더 높은 곳인 난징으로 가라는 명령을 거부했다. 그러나 양방은 그가 난징으로 갈 때까지 병사들의 체불 급료를 지급하지 않겠다고 말했다. 결국 버지빈의 성질이 폭발했다. 프레더릭 타운센드 워드는 양방의 딸과 결혼하는 방법으로 안정적 재정을 확보했지만, 버지빈은 다른, 어쩌면 더 직접적인 방법을 택했다. 1863년 1월 4일, 그는 소수의 호위대를 이끌고 양방의 집에 나타나이 은행가를 폭행했고, 양방의 얼굴을 가격한 후 4만 달러의 은화를 강탈했다. 그는 이 돈을 쑹장으로 가져와 자기 병사들의 급료를 지급하는 데 썼다. 이홍장은 버지빈이 해고되었음을 선언하고 그의 목에 5만 냥의 현상금을 걸었다.[7]

그 후 그들은 미국인을 다 쫓아냈다. 버지빈이 사라지자 그가(그리고 그 전에 워드가) 그들의 자금을 낭비하고, 빚을 어마어마하게 늘리고, 쑹장의 민정을 중국 관리들로부터 탈취하다시피 했다는 것이 분명해졌다. 프레더릭 브루스는 몹시 분개해, 상승군의 지휘권을 "모험가들의 손에서" 빼앗아 "자국 병무에서 군사 지식과 군대 경리를 보증하는 지위에 있는 장교들의 지휘 아래" 두어야 한다고 주장했다.[8] 그는 필리버스터와 용병 대신 적절한 임무와 지켜야 할 명예를 지닌 훌륭한 외국인 군 장교들이 상승군을 이끌고 자신들의 조국에 책임을 지게 되기를 바랐다.

분명 그런 사람들은 미국에서 나올 수 없었다. 그들은 모두 귀국해야 했기 때문이다. 그래서 브루스는 영국인에게 상승군을 맡기는 것을 마지못해 승인했다. 오즈본의 함대를 지원하면서 그랬듯이, 그는 영국의 중국 개입에 있어 새로운 방식을 시험하고 있었다. 즉, 영국의 직접적 개입을 최소화하고 청국군의 특정 부대들을 영국의 대리인으로 활용하는 방식이었다. 그의 목표는 간단했다. 중국의 질서를 회복하고 무역을 확대하는 동시에 중립이라는 영국의 공식 입장을 계속 유지하는 것이었다. 이 전략의 핵심은 청나라에 무기를 팔고, 이전 원정들에서 오점을 남기며 조국에 큰 수치를 안겼던 그런 잔혹 행위와 나포 행위에 관여하지 않을 것으로 믿을 만한 몇몇 명망 있는 장교를 빌려주는 것이었다. 워드의 사망 소식에 뒤이어 나온, 파머스턴의 두 개의 추밀원 칙령 중 두 번째가 모든 영국 장교의 청나라 군대 입대를 합법화했기 때문에, 중립과 개입 사이의 경계를 찾으려는 프레더릭 브루스의 새로운 시도에는 아무런 법적 장애가 없었다.[9] 그럼에도 불구하고 그는 영국이 청나라를 위해서 청나라의 전쟁에 참여할 의향은 전혀 없다고 끝까지 주장했다. 그는 이듬해 10월에 이렇게 썼다. "태평천국 반란을 진압하거나 태평천국과 전쟁을 벌이는 것은 우리 일이 아니다. 상하이에서 우리가 할 유일한 일은 그 항구와 반경 50킬로미터 이내를 보호하는 것이다. 그리고 우리가 이 일을 하는 것은 중국 정부에 애정이 있어서가 아니라, 무질서한 태평천국 무리가 상하이를 점령한다면 우리 이익이 크게 침해받을 것을 우려하기 때문이다."[10] 다른 사람들은 그것을 다르게 봤을 것이다.

영국 장교 홀랜드 대위가 제일 먼저 상승군 지휘에 도전했는데, 그는 곧바로 상승군을 최악의 패배로 이끌었다. 그는 해임되었다. 그 군대의 급여는 체불이 더 심해졌고, 병사들은 본거지인 쑹장에서 상점들을 약탈하기 시작했다. 마침내 좀더 유망한 후임자로 찰스 고든이라는 영국 공병대의 젊은 장교가 나타났다. 그는 이 전쟁에서의 공로로 훗날 동포들에게 "중국의" 고든으로 불리며 '아라비아의 로렌스'와 함께 영국 제국 영웅들의 반열에 오른다. 나중에는 수단에서 복무하다가 그곳에서 사망했는데, 이 때문에 전기 독자들에게 "대영제국을 구한" 사람으로도 기억되었다.[11]

고든은 곧은 콧날과 넓은 이마, 근엄한 콧수염, 맑은 청회색 눈을 가진 고전적인 영국인 미남이었다. 그는 울리치의 왕립 육군사관학교를 졸업했고(프레더릭 타운센드 워드가 웨스트포인트 입학을 거부당한 때로부터 2년 후 이곳에 입학했다), 부유한 집안으로 장가간 장교들이 대대로 이어진 가문에서 태어났다. 그의 외할아버지의 배들은 보스턴 차 사건 때 약탈당했던 그 배들이었다.[12] 그는 노련한 지도 제작자이자 시각적 사고에 능한 사람으로, 군사 작전에서 지도와 스케치를 훌륭하게 활용했다. 또한 종교적 영향으로 성관계를 하지 않았고, 결혼하지 않았으며, 14세 때부터 환관이고 싶다는 바람을 피력했다. 또한 그는 뚜렷한 혀짤배기소리로 말을 하게 되었다.[13]

고든의 임명은 영국이 중국에서 권력을 차지하려 한다는 의심을 막는 데 아무 도움이 되지 않았다. 고든이 지휘를 맡았을 때, 『노스차이나헤럴드』는 "이 지역에서 영국 문명의 확장을 묶는 것은 튼튼한 참나무의 섬유질을 묶는 것이나 같다"라고 썼고, "이 지역 모든 요새의 열쇠는 브리타니아의 허리띠에 걸려 있을 것이며, 브리타니아는 중국의 이 부유한 지역에서 내치와 외치 모두의 위대한 중재자가 될 것이다"라고 예측했다.[14] 그럼에도 불구하고 그러한 개입에 대한 미래의 보상은 본국 사람들에게 다소 모호해 보였다. 런던의 『스펙테이터』는 다음과 같이 썼다. "중국은 의심할 여지 없이 한 세기 동안의 영국 통치로 이득을 볼 것"이지만, "우리는 번영하는 도시들을 아무런 목적도 없이 포격하는 것인가? 우리는 아무런 정책도 없이 우리 국민이 3억 명이 넘는 중국인에 대한 지배를 떠맡게 하는 것인가?"[15] 고든의 임명은 적어도 덜 강경한 개입 반대자들, 즉 경계의 시선을 보이는 정도의 사람들을 달래는 데는 도움이 되었다. 왜냐하면 그들은 청나라 군대를 육상과 해상에서 지휘할 사람이 상스러운 필리버스터나 탈영병 집단이 아니라, 신사이자 여왕의 명예롭고 정직한 기독교도 신하인 고든과 오즈본임을 알고 안심할 수 있었기 때문이다. 그래서 계속 중립을 지키고(적어도 얼마간은), 더 중요하게는 영국의 국가적 위엄을 지키면서 지원을 제공할 수 있을 것으로 기대되었다.

1863년 3월 찰스 고든이 상승군의 지휘권을 물려받았을 때는 군의 사기가 저하되어 있어서, '늘 이긴다'는 뜻의 상승군이라는 이름이 무색한 상황이었다. 당시 상승군은 3000명의 중국인 병사(비록 다수가 탈영했지만), 그리고 워드 시대로부터 남겨진 얕은 흘수의 외륜선 2척과 야포 30문을 보유하고 있었다.[16] 원래 더 큰 대포도 몇 문 있었지만, 홀랜드가 그것들을 모두 잃었다. 무능한 지휘관들이 이어지고 양방과의 신뢰관계가 깨진 후, 보수를 받지 못한 병사들은 부루퉁하고 다루기 힘들었다. 신임 지휘관으로서 쑹장에 도착한 고든은 병사들의 기강을 확인하기 위해서 그들에게 열병 행진을 명령했는데, 심지어 그들은 거부했다. 그는 그들에게 분통을 터뜨렸고(그는 "빌어먹을!" 하고 소리쳤다고 한다),[17] 그런 다음, 기록된 어떤 일 때문이든, 즉 병사들의 급여 문제를 해결했기 때문이든 아니면 더 무례하게 구는 병사들 중 한 명을 끌어내 총으로 쐈기 때문이든 병사들의 충성심을 되찾았다.[18]

워드와 버지빈이 거뒀던 성과는 주로 이수성이 난징 외곽에서 후난군을 몰아내는 일에 매달리면서 그의 최정예 병력이 자리를 비운 덕분이었다. 그들은 반란군의 결연한 저항에 직면해 거의 성과를 내지 못했다. 그러나 고든은 장쑤성의 태평천국군에게 실질적인 위협이 될 것이었다. 왜냐하면 자기 이익만을 추구하는 필리버스터들과 달리 그는 이홍장과 긴밀히 협력할 의향이 있었기 때문이다. 구체적으로 그는 태평천국에서 전향한 인물이자 이홍장의 최고 전술 지휘관인 정학계와 협력해 작전을 수행했고, 이홍장은 (증국번의 예를 따라) 배후에서 협조했다. 고든은 자기 부대의 병사와 외국인 장교들을 그다지 좋게 평가하지 않게 되었고, 그들을 "무차별적 약탈과 학살"에 빠져 있는 통제 불능의 살인자 집단이라고 묘사했다.[19] 하지만 여왕에게서 차용된 장교로서 명망을 지켜야 했던 그는 청나라 황제를 위해 충실히 복무하면서도 영국의 명예를 유지하려 했고, 그래서 어떤 면에서는 자신의 전임자인 용병들이 받아들이지 않으려 했던 지역 군 서열

상의 자리를 받아들였다. 동시에 상하이에서 계속 영국 해군을 지휘하고 있던 호프 제독과 달리 고든은 이제 왕립 공병대에서 절반의 급여로 한시적 유급 휴가를 받은 상태에서 청나라 장교로 복무하고 있었고, 따라서 50킬로미터 반경 밖에서도 자유롭게 전투에 나설 수 있었다.

고든은 병력을 정비하자마자 정학계와 함께 반란군으로부터 장쑤성을 탈환하기 위한 합동 작전을 개시했다. 두 사람의 협력 덕분에 돌격 전략은 효과를 발휘하기 시작했다. 고든의 소규모 병력은 얕은 흘수의 증기선들을 타고 좁은 수로를 빠르게 통과할 수 있었고, 기습 공격을 받은 태평천국 마을들의 성벽에 대포로 구멍을 낼 수 있었다. 한편 정학계의 군대는 워드와 제대로 공조하지 못했던 이전의 청국군 군대에 비해 훨씬 더 훈련이 잘되어 있었고, 예상대로 대규모로 출격해 무자비하게 싸웠다. 두 사람의 연합 군대는 반란군을 상하이 인근에서 완전히 몰아냈고, 1863년 여름에 이르러서는 동쪽에서 난징으로 갈 때 가장 중요한 디딤돌이 되는 쑤저우를 위협하기에 충분할 만큼 내륙 경로를 확보했다.

찰스 고든과 이홍장의 연합 군대에게는 모든 것이 순조로워 보였지만, 단 한 가지 문제는 헨리 버지빈이 아직 팔팔하고 복귀를 원한다는 것이었다. 상승군 지휘관 자리에서 내쫓긴 뒤 그는 체포를 피해 베이징으로 도망갔고, 그곳에서 돈벌이가 되는 그 자리에 다시 임명되기를 바라며(그의 보수만 1년에 4000파운드였다고 한다) 미국 공사 앤슨 벌링게임의 집에 피신해 있었다.[20] 벌링게임에게 잘 보이기 위해 버지빈은 선물 공세를 폈다. 이 공사를 위한 캘리포니아 와인 여섯 상자와 지도 및 지구본, 그리고 그의 아내를 위한 가마 두 개와 몇몇 공예품, 그의 일곱 살짜리 딸을 위한, 화려한 상자에 담긴 프랑스 사탕 등이었다.[21]

버지빈은 협력자를 잘 고른 셈이었는데, 앤슨 벌링게임은 미국 필리버스터들의 진정한 친구였기 때문이다. 그는 에이브러햄 링컨 정부의 공사로서 1862년 초 중국에 왔는데, 문제가 발생할 경우 그를 뒷받침할 해군력이 없으니 영국이나 프랑스의 반감을 사지 말라는, 권고에 불과한 지시를 받은 상태였다. 논쟁 좋아하고 언변이 뛰어난 매사추세츠 하원의원이자 전 보스턴 변호사인 구레나룻 기른 모습의 벌링게임은 처음 중국에 도착했을 때 같은 뉴잉글랜드 출신인 프레더릭 타운센드 워드를 곧바로 좋아하게 되었다. 자기가 중국 사람이 다 되었다는 워드의 주장에도 불구하고 벌링게임은 워드를 충성스러운 미국인으로 보았다. 그는 미국 국무장관에게 워드에 대해서 다음과 같이 써 보냈다. "자진 망명도, 외국 군대 복무도, 격동의 삶을 만든 사건들도 공화국의 이 방랑하는 아이의 가슴에서 진정 충성스러운 마음의 불길을 꺼뜨릴 수 없었습니다."[22] 벌링게임의 생각에 따르면, 미국이 내전으로 인해 아시아에 아무런 영향력도 행사할 수 없었던 시기에 상하이 외곽에서 워드가 용병으로 활동한 것은 미국인들이 중국 정부의 호의를 얻는 수단이자, 전쟁이 끝난 뒤에는 미국인들이 중국에 영향력을 행사하게 해줄 수단이었다.

링컨의 사절인 벌링게임은 당연히 반란에 공감하지 않았고, 태평천국에 대해서는 오직 혐오감밖에 갖고 있지 않았다. 공친왕은 청나라와 미국의 유사 관계를 간파해, 청나라가 미연방에 해당되고 태평천국이 남부연합에 해당된다고 봤고, 벌링게임의 청나라 지지를 부추겼다. 어느 날 벌링게임은 바다에서 미연방 상선들을 파괴하고 있던 남부연합의 약탈선 앨라배마호에 중국의 항구들을 열어주지 말아달라는 내용의 진정서를 공친왕에게 보냈는데, 이에 공친왕은 기꺼이 승낙하면서, 바로 이것이 두 나라가 공히 겪고 있는 문제라고 벌링게임에게 설명했다. 공친왕은 벌링게임에게 이렇게 써 보냈다. "이로 미루어, 정부에 대한 미국 남부의 반란으로 인해 당신의 나라는 선동적 백성이 반란을 일으키고 있는 중국과 매우 유사한 처지에 놓인 것으로 보입니다."[23] 중국 정치가의 이러한 비교는 벌링게임의 아내를 말로 표현할 수 없을 만큼 기쁘게 했다. 그녀는 아버지에게 이렇게 편지를 썼다. "그들은 이렇게 말했어요. '우리가 알기로는 당신들도 우리와 똑같다' '당신들은 반란을 겪고 있고 우리도 그러하므로, 우리는 당신들의 상황을 이해할 수 있다'. '남부 기사단'은 '태평천국'과 같은 선상에 놓인 것에 대해 무슨 말을 할지 궁금하네요!"[24]

벌링게임은 워드를 좋아했던 것처럼 워드의 후임자에게도 호감을 느꼈다. 그래서 1863년 봄에 버지빈이 베이징에 나타나 미국 공사관으로 갔을 때, 벌링게임은 즉시 청나라 외교 기관에 그의 사면과 복직을 위한 로비를 하기 시작했다.[25] 이홍장은 양방을 폭행하고 난징으로 가라는 명령을 거부한 그 남자와 아무런 관계도 맺고 싶어하지 않았지만, 벌링게임은 버지빈 문제를 공친왕에게 직접 거론했다.(베이징에서 외로움을 느끼던 프레더릭 브루스도 벌링게임의 이러한 노력에 동참했다. 브루스는 말하기 좋아하는 이 미국인 동료에게 호감을 느꼈고, 영국인 아닌 사람이 그 군대를 지휘하는 것을 여전히 더 바라고 있었다.) 결국 공친왕은 마음이 누그러졌고, 버지빈은 명령서를 소지한 황실 대리인과 함께 상하이로 돌아갔다. 버지빈은 그 명령서가 청나라 외교 기관에서 나온 것으로, 자신을 다시 상승군 지휘관으로 임명하라고 이홍장에게 지시하는 내용일 것으로 추측했다.

하지만 공친왕의 그 서신은 사실 명령이라기보다는 제안에 가까웠다. 어느 쪽이든, 이홍장은 이를 단호히 거부했다. 버지빈은 찰스 고든에게 직접 호소했고, 고든은 자신의 지휘 계통을 존중해, 이홍장의 명령이 있을 경우에만 사임하겠다고 말했다. 그 후 그들은 버지빈을 배제하고 쑤저우에 대한 작전을 계속했다. 버지빈은 낙담하여 베이징으로 되돌아갔지만, 이제 외교 기관은 이홍장으로 하여금 버지빈을 복직시키게 할 방법이 없다고 말했다. 버지빈의 성깔이 다시 나왔다. 이번에는 좀더 체계적이었다. 그는 상하이로 돌아가, 프레더릭 타운센드 워드 시절에 퇴역한 몇몇 장교를 포함해 70명의 외국인 용병을 모았다. 그런 다음 상승군의 포함 한 척을 훔쳐 쑤저우로 가서 반란군에 합류했다.[26]

상하이와 해외의 외국인 사회는 외국인이 중국 전쟁의 흐름을 결정하는 주요인이라고(유일한 요인은 아닐지 몰라도) 봤으므로, 이들의 관점에서는 버지빈이 워드의 외국인 장교단 대부분과 함께 반란군 쪽으로 넘어간 것이 틀림없이 장쑤성에서 전쟁의 흐름을 바꿀 일로 여겨졌다. 그리고 그가 쑤저우에 주둔하며 고든과 싸울 태평천국군을 훈련시키기 시작하자마자 전투는 반란군에게 유리하게 전개되기 시작했다. 『뉴욕타임스』는 이 소식에 다음과 같이 반응했다. "반란군이 현명해서 그가 뛰어난 재능을 마음껏 펼치도록 해준다면, 그의 휘하의 태평천국군이 빼앗긴 땅을 되찾을 우려가 있을 뿐만 아니라 상하이 자체가 위험에 처할 우려가 있다."[27] 『뉴욕 헤럴드』의 헤드라인은 더 나아가, 마치 이제 이 미국인이 스스로 청나라 왕권을 차지할 수도 있다는 듯 "양키가 청나라를 계승할 기회"라고 외쳤다.[28] 심지어 런던의 『타임스』는 "한때 인도에서는 현재 중국에서 활동하는 사람들보다 능력이 떨어지는 이들에 의해 왕권이 수립되었다"고 인정했다.[29]

새로운 쑤저우 주둔지에서 버지빈은 밤중에 위험을 무릅쓰고 나가, 고든의 부대가 쑤저우에 대한 공격을 준비하고 있는 적진을 찾아가기 시작했다. 자신의 위치에 상응하는 영국 측 상대인 고든을 몰래 만나, 청나라를 위한 임무를 포기하도록 그를 설득하기 위해서였다. 사실 고든은 이미 포기 직전에 와 있었다. 부대의 자금 문제는 해결하기 어려운 것으로 드러났고, 그는 병력을 통솔하는 데 어려움을 겪었다. 또한 쉽게 포로를 참수하는 정학계의 성향이 그의 명예심에 거슬렸다. 하지만 그는 버지빈이 상대편으로 넘어간 후에도 남아 있기로 결정했다. 영국에 대한 자신의 의무는 상하이를 반란군에게 함락되지 않도록 보호하는 것이라고 생각했기 때문이다.[30] 그러나 『뉴욕 헤럴드』의 헤드라인은 그렇게 빗나간 것이 아니었고, 버지빈의 야망은 상하이보다 훨씬 더 컸다. 그는 자신과 고든이 힘을 합쳐 북으로 진군해, 만주족의 수도 베이징에서 왕조를 무너뜨려야 한다고 주장했다.

버지빈의 계획에 대한 소문은 베이징의 프레더릭 브루스에게도 전해졌고, 그는 이것이 청나라의 종말을 가져올 것이라고 우려했다. 그는 러셀 경에게, 만약 버지빈이 자신의 태평천국군 부대를 북쪽으로 끌고 가면 북부의 염군이 그를 지지할 가능성이 높으며, "베이징에서의 성공은 태평천국 수립으로 이어지든 그렇지 않든 현 왕조를 전복시킬 것이 틀림없다"고 썼다.[31] 하지만 설령 그런 일들이 벌어지지 않는다 해도, 버지빈은 베이징 정부가 직면한 위협들 중 가장 시급한 것이었다. 브루스에게도 똑같이 골치 아픈 일은 버지빈의 변절을 초래한 일들이었다. 즉, 공친왕과 외교 기관이 이홍장에게 의지를 행사할 힘이 없다는 게 드러난 것이다. 브루스에게 이것은, 태평천국과의 전쟁에서 무슨 일이 일어나든 이 왕조의 베이징 중앙 정부가, 즉 그가 영국군 장교들을 빌려주고 군수품과 함선을 판매해가면서 붕괴를 막으려 애쓰고 있던 진영이 실은 중국의 진정한 권좌가 아닐 수 있다는 명백한 증거로 보였다. 특히 버지빈이 쑤저우로 떠날 무렵 그가 러셀 경에게 말했듯이, 그는 증국번이 "중국 중앙 권력의 막강한 경쟁자"로 부상하고 있음을 우려했다.[32]

증국번은 외국인 용병들에 대한 자신의 생각을 깔끔하게 확인해 준 버지빈의 불명예 퇴진 소식에 오히려 즐거워했다.[33] 그러나 그는 상승군의 중국인 지휘관(이홍장이 난징 원정에 대한 책임을 맡기기 위해 도대 자리에서 해임한 오후)[34]이 약속대로 자기 동생을 돕기 위해 상승군을 보내지 않은 것에 격노했다. 증국번의 생각으로는, 상승군은 평판이 나쁘기는 하지만 그래도 중국 군대였다. 그는 동생 증국전에게 후난성 출신이 아닌 상승군 병사들이 난징에 도착하면 그들이 문제를 일으킬 수 없게끔 증국전의 병사들과 분리시켜놓으라고 말했다. 그리고 이홍장에게는, 그들이 약속을 지켜 반란군 수도를 정복하도록 돕는다면, 외국인이 이끄는 부대의 병사들이 전리품 대부분을 가로채려 들 것이라는 게 자신의 가장 큰 걱정거리라고 털어놓았다.[35] 그러나 그런 잠재적 문제들은 드러난 완전한 실패에 비하면 아무것도 아니었다. 증국번은 위화타이에 있는 동생의 취약성을 걱정하고 있던 시기에 오후에게 두 차례 통렬한 편지를 보내, 그를 믿을 수 없는 게으름뱅이라고 비난하며("'지원병'이라는 것이 이렇게 미루어지는 법이 어디 있습니까?") 역정을 냈다. 그는 오후에게 이렇게 말했다. "당신이 중국인이든 외국인이든, 옛날 사람이든 지금 사람이든, 고위 관리든 보잘것없는 관리든, 유능한 사람이든 어릿광대든 상관없습니다. 위기 속에서 약속을 지키지 않는다면, 당신은 한 푼의 값어치도 없습니다!"[36]

상승군이 끝내 증국번의 동생을 돕지 않자 증국번은 더 이상 용병에게 관심을 보이지 않았다. 이홍장이 장쑤성에서 용병을 어떻게 활용할지는 그 지역 지휘관으로서 그의 의지에 달려 있었지만, 증국번은 안칭의 중앙 본부와 관련해서는 외국인들과 아무 관계도 맺고 싶지 않았다.(외국 기술에 대해 점점 더 관심을 갖게 되었음에도 불구하고.) 고든이 상승군 지휘를 맡은 직후인 1863년 4월, 중국 내 영국 군대의 신임 지휘관인 찰스 스테이블리 준장이 증국번을 방문하기 위해 안칭에 갔는데, 이때 그의 방문에 대한 증국번의 반응은 성가심 같은 것이었다. 당시 증국번은 양쯔강 하류 쪽으로 시찰을 나가 있었는데, 자신이 안칭에 없는 것을 알게 된 스테이블리가 뒤쫓아 오기로 하자 약간 귀찮아했다. 그는 이 영국군 지휘관에게 딱 한 시간을 내주었고, 그 시간 동안 스테이블리는 반란군을 진압함에 있어서 영국군 장교들을 고용해 증국번 자신의 군대를 이끌게 할 것을 제안했다. 스테이블리는 상승군보다 훨씬 더 큰 규모를 추진하고 있었다. 17개 대대에 1만 200명의 중국인 병사를 두고, 각 대대에 장교 21명을 배치하는 것이었다. 스테이블리는 매달 5만8000냥(약 8만 달러)이 조금 넘는 정도의 금액에 외국인 장교들을 제공할 수 있으며, 그들이 난징을 정복할 수 있을 것이라고 약속했다. 이홍장의 군대를 상하이까지 배로 수송하는데 든 엄청난 비용에 여전히 속이 쓰렸던 증국전은 스테이블리의 말을 무시했다. 그는 스테이블리에게 베이징의 외교 기관과 상의하라고 말한 뒤 자신의 업무로 돌아갔다.[37]

다시 말하지만, 증국번이 외국의 원조를 전혀 원하지 않은 것은 아니었다. 그는 단지 외국인들과 엮이고 싶어하지 않은 것이었다. 그는 외국인들의 문화를 경멸했다. 그들은 미개하고 제멋대로였으며, 충과 신의라는 유교 개념을 이해하지 못했다. 그들은 사람을 군자로 만들어주는 중국 고전들을 알지 못했다. 그들의 나라는 대체로 탐욕스러웠고, 특히 영국과 프랑스는 기회만 있으면 중국을 이용했다. 그래서 그는 유럽인이나 미국인을 고용할 필요 없이, 외국인들과 친분이 있고 안칭의 자신에게 새로운 지식과 기술을 가져다줄 수 있는 중국인에게만 의지했다. 많은 뛰어난 젊은 중국인 물리학자와 수학자들이 안칭의 그에게 왔는데, 그들 대부분은 조약항의 개신교 선교사들로부터 수학과 과학을 배웠다.(선교사들이 가르치는 종교와는 안전 거리를 유지하면서.) 증국번은 그들을 자신의 지휘 본부로 불러들여 이른바 "천막 정부"에 합류시켰고, 다양한 보좌역에 기용했다.

그의 부름에 응한 젊은 남성들 중 한 명이 예일대학 졸업생인 용굉이었다. 그는 1860년 가을 홍인간을 방문한 이후 태평천국 통행증을 거의 사용하지 않았다. 사실 그는 1861년 조약항들에서 멀리 떨어진, 양쯔강 강변의 우후라는 마을에서 해운업을 시작하기 위해 그 통행증을 사용한 적이 있고, 6개월 동안 반란군이 장악한 안후이성 남부 지역들에서 상하이까지 거의 2000톤의 차를 운반했다.[38] 그러나 그는 기대한 만큼의 이익을 얻지 못했고, 병이 나서 두 달 동안 병상에 누워 있었다. 결국 질병, 전쟁, 약탈 등의 위험 때문에 그 일을 할 만한 가치가 없다고 판단했고, 그때부터 상하이에 머물러 있기로 했다.[39]

난징 방문 3년 후인 1863년 늦가을, 용굉은 상하이에서 사업을 정리한 뒤 증국번과의 면접을 위해 안칭의 후난군 지휘 본부로 갔다. 그를 소개한 사람은 두 명의 지인, 즉 중국인 기술자와 수학자였는데, 그들은 이미 증국번의 보좌진에 합류해 증기선 관련 실험을 돕고 있었다. 1860년에 용굉이 옛 지인 홍인간에게 보였던 거만한 태도(당시 그는 자신이 내거는 조건들이 충족되어야만 반란군이 자신의 지지를 얻을 수 있다고 주장했다)는 안칭에 간 그에게서는 더 이상 두드러지지 않았다. 오히려 그는 이 후난군 장군에게 굽실대다시피 했는데, 그에게는 장군의 권력이 "거의 제왕적"이고 "거의 무한한" 것처럼 보였다. 용굉의 매혹된 눈에 비친 당시의 증국번은 "명실공히 중국의 최고 권력자"였다.[40]

첫 만남에서 증국번은 입가에 살짝 미소를 띤 채 용굉을 천천히, 끈기 있게 파악했다. 그는 외국인들과 많은 시간을 보낸 이 젊은이의 모습을 뜯어보았다. 그의 시선에 용굉은 "불안"했지만, 용굉이 받은 인상은 분명 좋은 것이었다. 증국번은 용굉의 눈빛에서 그가 좋은 지휘관이 되리라는 것을 알아봤다고 말했다. 그는 용굉에게 결혼했는지 물었다. 용굉은 마주한 이 장군의 머릿속에 어떤 계략이 숨어 있는지 헤아리는 것은 불가능하다고 생각했고, 장군의 끈끈한 시선은 그의 영혼까지 꿰뚫어보는 듯했다.[41]

면접은 이후 2주에 걸쳐 계속되었고, 그 기간에 용굉은 안칭에 머무르면서 증국번을 둘러싼 활기찬 분위기에 경탄했다. 그의 주변에는 중국 전역에서 온 100명의 비서와 수백 명의 참모가 있었고, 이들은 모두 증국번의 "인품과 높은 명성의 자석 같은 힘"에 이끌려 안후이성의 이 도시로 온 사람들이었다.[42] 그러나 용굉은 도저히 꿰뚫을 수 없을 것 같은 장군의 겉모습 뒤에 도사리고 있는 불안에 대해서는 전혀 알지 못했다. 특히 자신의 명성이 과분하고 자신의 권력이 환상에 불과하지 않을까 하는 그의 개인적인 두려움에 대해서 알지 못했다. 용굉이 방문한 지 얼마 되지 않아 증국번은 이홍장에게 다음과 같이 털어놓았다. "양쯔강 1600킬로미터에 걸쳐 내 깃발을 달지 않은 배가 한 척도 없다. 그래서 중국인과 외국인 모두 내가 막강한 권력을 휘두른다고 생각한다. 실은 내 자원이 부족하고 병사가 너무 적다는 것을 그들은 모른다."[43] 용굉에게는 이런 것이 전혀 보이지 않았다.

2주가 끝나갈 때 증국번은 용굉에게 어떤 임무를 주었다. 아니, 자신의 임무가 무엇이어야 할지, 자신이 후난군 장군을 위해 무엇을 할 수 있을지를 직접 말해보라며 용굉에게 요구했다. 안칭에 머무는 동안 용굉은 만찬 기회들을 통해서 증국번이 원하는 것은 바로 기계와 무기임을 확실히 인지하고 있었다. 이 "중국 위인"에게 환심을 살 만한 정답을 제시하고 싶어서,[44] 용굉은 교육 개혁, 학교에 성경 공부 도입, 현대적 금융 제도 구축 같은, 자신이 태평천국 합류의 절대적 전제 조건으로 내세웠던 것들에 대해서는 입도 뻥긋하지 않았다. 그 대신 당장 미국으로 돌아가 그곳의 인맥을 활용해, 후난군을 위한 서양식 총, 탄약통, 대포를 생산하는 현대적 공장을 건설하는 데 필요한 모든 장비를 증국번을 대신해 구매하겠다고 제안했다.[45]

증국번은 그 임무를 승인했고, 용굉은 미국으로 돌아갔다. 그는 1864년 미국에서 매사추세츠 피치버그에 있는 퍼트넘 기계 회사로부터 한 공장 전체의 가치에 해당되는 증기 동력 산업 기계를 주문하여 상하이로 발송시켰다.(미국 남북전쟁이 한창이던 당시에 놀랍게도.) 시기와 장소가 잘 맞아떨어져서, 심지어 그는 이 미국 방문 때 뉴헤이븐에 들러 졸업 후 열 번째로 열린 예일 동문회에 참석할 수 있었다. 벽돌 건물로 이루어진 평온한 대학의 느릅나무 그늘 아래서 동창들이 미국 남북전쟁의 예측 불허 상황에 대해 이야기할 때, 용굉은 자신이 조국의 반란의 운명을 결정짓는 데 한몫했으니 이제는 반년 동안 연방군에 입대해볼까 하는 생각을 했다.[46]

헨리 버지빈이 반란군 편으로 넘어감으로써 장쑤성에서 반란군이 유리해졌다면, 그가 상하이를 떠난 지 불과 4주 만에 청국군 측에서 별도의 전력이 구체화되어 분명 이 유리함을 무력화시킨 것처럼 보였다. 1863년 9월 1일, 셰러드 오즈본 대령이 마침내 상하이에 도착해 함대 지휘를 맡은 것이다. 오즈본은 『블랙우드의 에든버러 매거진』에 "중국의 진보"에 관한 두 편의 글을 쓰면서 영국에서는 대중적 지식인 같은 존재가 되어 있었는데, 그중 두 번째 글은 "태평천국과 그들의 해법"이라는 대담한 제목을 달고 있었다. 이 글에서 그는 자신의 사명에 대한 원대한 기대를 드러냈다. 그는 다음과 같이 썼다. "중국 정부와 국민은 우리에게 어려움에 처한 자신들을 도와달라고 요청하고 있으며, 그 대가로 우리가 그토록 오랫동안 애쓰고 싸우며 이루고자 했던 교류와 상업의 자유를 확실하게 제공할 것이다." 그는 "중국 내 유럽인들이 승무원으로 고용된, 유럽의 중국 군대"가 증기력, 전기, 철도를 중국에 도입하고 "그 나라 전역을 기독교와 무역에 개방"할 것이라고 약속했다.[47]

하지만 실제로 중국에 도착했을 때 오즈본은 허레이쇼 넬슨 레이의 계획 전체가 망상이었음을 알게 되었다. 청나라 행정관들은 유럽의 유사 해군을 고용할 의사가 전혀 없었다. 게다가 그들은 구매에 동의한 몇 척의 배가 청나라 수군에 속하게 될지 지방 수군에 속하게 될지도 확실히 알지 못했다. 함대와 관련된 내부 서신들은 공친왕이 제안한 것과 증국번이 원한 것의 극명한 불일치를 드러냈다. 1862년 11월에 나온 한 칙령은 그 함대가 청나라 제국의 자산이 되어, 처음에는 태평천국 반란군과 싸우는 데 사용되다가 나중에는 바다로 나가 중국 해안을 순찰하는 데(함의로는, 미래의 외국 침략자들을 물리치는 데)

사용될 것이라고 밝혔다. 공친왕에 따르면, 그 배들의 승무원은 여러 민족으로 구성될 것이었다. 선원은 동북쪽 해안을 끼고 있는 산둥성 출신, 포병은 중부에 위치한 후난성 출신, 해병은 만주족으로 구성되는 식이었다.

그러나 증국번은 다른 시각을 가지고 있었다. 특히 그는 함대가 자신의 수군에 유용한 보탬이 될 것이라고 생각했다. 그가 1863년 1월 30일에 썼듯이 황제의 칙령대로 다양한 민족을 각각의 재능에 따라 기용하는 것이 좋을 수도 있겠지만, 이런 혼합은 불화를 초래할 수도 있었다. 그가 제시한 대안은 선원 전체, 즉 선장, 포병, 수병 모두를 후난성 출신으로 구성하는 것이었다. 그리고 후난성 사람들은 해양 경험을 할 수 없는 만큼 그는 해안 순찰이라는 계획은 접어두었고, 함대가 내륙의 강과 호수에서만 운용되어야 한다고 주장했다. 그는 키 조작과 엔진 정비를 위해 배 한 척에 매우 제한된 수의, 아마 서너 명의 외국인만을 배치할 것을 건의했다. 나머지 선원은 모두 후난군 사람들로 충원할 수 있었고, 그의 병사들이 일을 다 익히면 외국인들을 완전히 대체할 수 있었다. 그는 이렇게 설명했다. "우리는 처음엔 외국인들을 이용해 중국인에게 배 조종하는 법을 가르칠 것이고, 그 다음엔 중국인을 이용해 중국인에게 가르칠 것이다."[48] 후난군이 훈련과 작동을 완전히 장악하고 나면 "양쯔강의 수군 전체가 한 계통을 이룰 것이며, 하나의 정신으로 뭉칠 수 있다"고 그는 썼다. 증기 기관을 탑재한 포함들의 함대가 '긴 용' '빠른 게', 황동 포를 장착한 삼판선과 함께 그의 수군 함대에 흡수되고, 증국번은 양쯔강 전체를 장악하게 되는 것이었다.

청나라 내의 진정한 힘의 균형을 보여주는 또 다른 신호가 있었다. 증국번 장군의 바람이 중앙 정부의 바람을 이긴 것이다. 그리하여 9월 1일 상하이에 도착한 셰러드 오즈본은 앞으로 후난군 제독이 그 함대의 총지휘관을 맡게 될 것임을 알리는 공친왕의 공문을 건네받았다. 오즈본은 부지휘관으로 강등되었고, 그 배에 타고 있는 외국인 선원들에 대한 지휘 권한만 갖게 되었다.(외국인 선원들은 증국번의 계획에 따라 소수로 구성되고, 곧 단계적으로 완전히 철수될 예정이었다.) 게다가 공문에는, 함대의 전투를 지휘하는 모든 명령은 레이가 약속했던 것처럼 청나라 황제에게서 나오는 것이 아니라 증국번과 이홍장에게서 나온다고 명시되어 있었다.[49]

오즈본은 항의하기 위해 베이징으로 갔지만, 공친왕은 레이와 체결한 계약에 대한 승인을, 특히 황제를 제외한 모든 사람을 무시할 권한을 오즈본에게 부여하게 될 지휘 체계 관련 조항에 대한 승인을 노골적으로 거부했다. 허레이쇼 넬슨 레이는 오즈본보다 먼저 늦봄에 중국으로 돌아와 칭찬을 기대하던 중 이 절망적인 상황에 맞닥뜨렸고, 10월 3주 동안 자신의 계획에 동참하고 오즈본의 계약을 승인하도록 귀 막은 베이징의 외교 기관을 설득하려 애썼다. 공친왕은 더 이상 회의에 나타나지 않았다. 상하이에는 증국번이 공친왕을 위협했다는 소문이 퍼졌다. 공친왕이 오즈본 함대를 증국번 휘하에 두지 않는다면 "청나라 정부에 대한 모든 물자 공급을 차단"하겠다고 증국번이 위협했다는 것이다.[50]

공친왕의 최종 결정이 내려졌고, 10월 말에는 셰러드 오즈본이 청나라의 직위에서 사임하고 영국으로 돌아갈 것임을 밝혔다. 황제의 해군의 총지휘관이 되어 제국의 질서를 회복하고, "태평천국 사람 단 한 명의 목숨도 잃는 일 없이" 난징을 정복하고, 이 구식의 나라에 현대 기술의 경이로움을 일깨워주어 영국과의 무역을 환대하게 만든다는 그의 원대한 구상은 증국번 개인의 군대에서 한낱 부관으로 복무하라는 굴욕적인 명령에 무너졌다. 오즈본은 이렇게 불평했다. "나는 황제를 섬기기 위해, 그리고 황제 아래 있는 섭정을 섬기기 위해 온 것이지, 한낱 지방 당국의 부하가 되기 위해 온 것이 아니다."[51]

그러나 당시 오즈본은 그의 해군에서 유일하게 사임할 직위를 가진 사람이었다. 그가 베이징에서 분노하는 동안, 그의 중무장 함대에 탑승한 400명의 직위 없는 선원들은 그들이 상하이에서 탈영해 반란군 쪽으로 넘어가기 시작하면서 그가 이동시켜놓은 북쪽의 한 항구에서 아무 임무도 없이 기대에 차서 대기하고 있었다.[52] 오즈본은 사임하면서 함대 지휘권을 공친왕에게 넘기기를 거부했는데, 이는 함대 전체가 태평천국, 심지어 미국 남부연합에 넘어갈지도 모른다는 막연한 우려를 불러일으켰다. 그 함대는 남부연합군이 남부 봉쇄를 격파하거나 연방군의 세계 항로들을 파괴하는 상상을 불러일으키는 것이었기 때문이다. 양측 모두 상하이 현지의 대리인들을 통해 함대를 매수하려 했다.[53]

미국 공사 앤슨 벌링게임은 배들이 남부연합의 수중에 들어가지 않게 하는 데 가장 큰 이해관계가 걸려 있었고, 따라서 함대 해체를 중재하기 위해 개입한 사람이 바로 그였다. 결국 함대는 손해를 보고 매각되어, 인도와 영국으로 돌려보내졌다. 본국에서의 온갖 홍보와 장담에도 불구하고 이 일은 영국에 뼈아픈 당혹감을 안겨주었다.

하지만 그보다 중요한 것은, 브루스와 레이가 상상했던 자신들의 제국과 만주족 제국 간의 정중한 협력, 총리와 재무장관까지 납득시켰던 그 협력이 실은 현실적 근거가 없다는 경고 신호였다. 청나라의 새 정부는 프레더릭 브루스가 청나라 편에 서서 반란군에 맞서야 한다고 러셀과 파머스턴을 설득하던 때에 상상했던 것처럼 고분고분하고 개화된 중앙 정부가 전혀 아닌 것으로 드러나고 있었다.

청나라에는 다행스럽게도 찰스 고든은 헨리 버지빈의 미끼를 물지 않았다. 고든은 자신의 원칙을 고수해, 청나라 황제를 몰아낸다는 그 미국인의 임무에 동참하기를 거부했고, 그 대신 버지빈이 태평천국 측을 떠날 경우 면책하겠다고 약속하면서 그가 청나라 측으로 돌아오도록 설득하려 애썼다. 이러한 목적에는, 성깔 있는 버지빈이 자신의 이전 고용주들만큼이나 새 고용주들과도 잘 지내기 어렵다고 생각하게 된 것이 도움이 되었다. 그는 반란군 장군들의 명령을 받는데 짜증이 났고, 자신이 독립된 부대를 이끌도록 그들이 지원해야 한다고 주장했다.[54] 고든을 만나기 위한 그의 잦은 적진 방문이 태평천국 반란군의 의심을 사기 시작했다. 훔친 그의 포함이 뜻하지 않게 폭발했다. 과거에 입은 부상이 악화되어 그는 점점 더 많은 시간을 술에 취해 보냈다. 한번은 쑤저우의 태평천국군 지휘관이 탄약과 총의 탁송비로 지불할 상당한 자금을 들려서 그를 상하이로 보냈는데 그는 대신 브랜디를 싣고 돌아왔다.[55] 또 한번은 친한 친구가 정오에 버지빈을 깨워서 장교 몇 명이 그의 음주 문제에 대한 이야기를 하고 있다고 말해주었는데, 버지빈은 친구가 그들의 이름을 대기를 거부한다는 이유로 권총으로 그의 뺨을 쐈다.[56] 버지빈의 변절은 그것으로 거의 끝났다. 1863년 10월 15일, 고든의 부대가 한창 쑤저우를 공격하고 있을 때 버지빈을 따르던 사람 몇 명이 청나라 쪽으로 넘어가 항복했다. 버지빈 자신도 며칠 후 그들과 합류했다.[57]

고든의 개인적인 면책 약속 덕분에(그리고 이제 매우 적극적으로 나온 앤슨 벌링게임의 또 다른 개입 덕분에) 버지빈은 반역죄로 청나라 당국에 의해 사형에 처해지는 것을 면할 수 있었다. 그러나 그의 석방 조건은 중국을 떠나야 하고 다시는 돌아올 수 없다는 것이었다. 그의 이야기는 1865년, 그가 사면 조건을 어기고 새로운 민병대를 조직하기 위해 마지막으로 중국에 몰래 들어왔을 때 끝을 맺게 된다. 그는 청국군에 체포되었고, 얼마 지나지 않아 중국의 어떤 강에서 쇠사슬에 묶인 모습으로 익사한 채 발견되었다. 지역 당국은 그를 호송하던 배가 사고를 당해 전복되었다고 밝혔다. 하지만 아무도 그 말을 믿지 않았다.[58]

뱀파이어 함대가 해체되자 영국의 대리 개입은 원래대로 장쑤성에서 찰스 고든의 육상 부대와 이홍장의 육상 부대가 협력하는 것으로 되돌아갔다. 10월에 버지빈이 반란군으로부터 빠져나와 항복하면서 그들의 쑤저우 공략을 방해하는 주요 장애물이 제거되었다. 그러나 버지빈의 도움이 없어도 그 도시에 대한 태평천국군의 방어는 강력했다. 1863년 11월에 고든의 상승군은 이홍장의 변절자 지휘관인 정학계가 지휘하는 안후이군과 협력해 쑤저우에서 진전 없이 싸우고 있었다. 그들은 쑤저우를 비교적 효과적으로 포위하고 있었지만, 11월 말에 일련의 격렬한 격퇴가 있은 후 그들이 기습적으로 쑤저우 성문을 무너뜨리기는 어려워 보였다.

하지만 도시 내부에서는 견해차가 있었다. 쑤저우의 태평천국 수석 지휘관은 모왕으로도 알려진 담소광이라는 인물이었다. 그는 죽음을 무릅쓰고 자신의 도시를 지킬 각오가 되어 있었다. 그러나 그 밑에는 하위의 여섯 왕이 있었는데, 그들은 자기 병사들과 가족을 크게 걱정했고 청국군을 물리칠 수 있을지 확신하지 못했다. 11월 28일 정학계는 고든에게, 그 하위 왕들 중 한 명이 몰래 자신을 만나러 와서, 만약 모왕과 그의 지지자들을 어떻게든 내부 권력에서 제거할 수 있다면 평화적으로 그 도시를 넘겨주겠노라 약속했다고 보고했다. 12월 1일에 이르러서는 그들은 쑤저우 성문을 청국군에게 열어주는 것을 놓고 정학계, 찰스 고든과 진지한 협상을 벌이고 있었다. 이 무리의 지도자는 납왕 고영관으로, 고든이 묘사한 바에 따르면 "중간 키, 어두운 피부, 약 30세의 나이, 매우 총명해 보이는 잘생긴 얼굴의 남자"였다.[59] 그는 두려워하는 듯했고, 고든에게 도움을 청했다.

고든은 최소한의 유혈 사태로 쑤저우를 점령할 수 있는 계획이라면 무엇이든 승인하겠다고 말했고, 하위 왕들이 어떻게든 모왕에게 도전해 쑤저우를 청나라 측에 넘겨줄 방도를 찾는 일을 정학계에게 맡겼다. 과거에 태평천국 반란군의 일원이었던 정학계는 그 왕들에게 충성을 맹세했고(정학계는 일찍이 납왕이 태평천국군의 한 지휘관으로 자리를 잡아가던 때부터 그를 알고 있었다), 그들의 안전을 약속했다. 고든은 공식 보고서에서, 얼마 후 자신이 이홍장을 찾아가 항복하는 왕들에게 자비를 베풀어야 한다는 뜻을 분명히 밝혔다고 언급했다. 이때 이홍장은 동의했다.[60]

12월 4일 아침 11시에 모왕은 납왕을 비롯한 여러 사람을 위해 자신의 궁에서 연회를 열었다. 호화로운 만찬과 기도 시간이 끝난 후, 그들은 의례가 치러지는 큰 공간으로 이동해, 모두 비단 옷을 입고 왕관을 쓴 차림으로 단 위에 놓인 기다란 탁자 앞에 앉았다. 모왕이 연설을 시작했는데, 진정으로 신뢰할 수 있는 반란군은 남쪽 출신 반란군, 즉 처음부터 함께한 반란군뿐이라는 말을 하면서 긴장감이 감돌았다. 그의 손님 대부분이 중국의 중부 지방인 후난성과 후베이성 출신이었기 때문이다. 그때 하위 왕들 중 한 명이 일어나더니 도발하듯이 옷을 벗었다. 난투극이 벌어졌다. 누군가 모왕을 단도로 찔렀고, 모왕이 탁자 위로 쓰러졌다. 그러자 그들 모두가 달려들어 그를 단 위에서 바닥으로 끌고 내려가 찍어 눌렀고, 그 상태에서 부하 하나가 그의 머리를 톱으로 잘라버렸다. 그런 다음 그들은 도시를 개방하기 위해 군대를 집결시켰고, 청나라 진영으로 전령을 보내서 정학계를 찾아가 모왕의 잘린 머리를 바치게 했다.[61]

이튿날 고든은 청국군이 진입하기에 앞서 먼저 쑤저우로 들어갔고, 성안이 완전히 평화롭다는 것을 확인했다. 여섯 왕은 "아주 편안해" 보였고, 이홍장에게 도시를 넘겨주고 그 전투에서 맡은 역할을 끝마치기를 간절히 바라는 듯했다. 고든은 그들에게 자신들이 한 일에 만족하느냐고 물었고, 그들은 그렇다고 답했다. 그는 이튿날 아침 다시 납왕의 집으로 그들을 찾아갔다. 왕들은 그날로 예정된 항복에 대비해 깔끔하게 머리를 밀어버린 모습이었다.[62] 전과 마찬가지로 그들의 기분은 좋았다. 고든은 미래에 대해 납왕과 약간 이야기를 나누었다. 그는 평화적 이양을 주선한 것에 대해 고든에게 고마움을 표했고, 곧 다시 만나기를 바란다고 말했다.

그러나 그날 늦게 이홍장이 도시를 장악하기 위해 호위대와 함께 배를 타고 도착하면서 상황은 어두워졌다. 조용했던 도시에 총소리가 울려 퍼졌고, 고든은 군중이 우왕좌왕하는 것을 보았다. 또한 고든은 병사들이 쑤저우의 거리를 달리며 내지르는 함성을 들었다. 고든은 성벽 밖에서 정학계를 발견하고 무슨 일이냐고 물었지만 그는 얼버무렸고, "불안해 보였다". 결국 정학계는 왕들이 항복하러 나타나지 않았다고 말했다. 걱정된 고든은 납왕을 찾아 안전을 확인하기 위해서 말을 타고 성안으로 들어갔다. 거리는 사람들로 붐볐고, 그는 항복한 반란군 대열과 상점과 집들을 약탈하고 다니는 청나라 병사들 무리를 말을 타고 지나쳤다. 마침내 그가 납왕의 집에 도착했을 때 집은 텅 비어 있었고, 그는 집을 샅샅이 뒤졌다.

왕들이 계획대로 이홍장을 만나러 갔을 것이라고 확신한 고든은 정학계가 거짓말에 속은 것이고, 사실은 반란군 왕들이 항복했을 때 이홍장이 그들을 포로로 잡은 것이라고 의심하기 시작했다. 이튿날 동이 틀 무렵에 그는 이홍장을 찾아 나섰다. 납왕을 비롯한 왕들을 석방하도록 이홍장을 몰아붙일 생각이었다. 몇 시간 동안 수색했음에도 이홍장을 찾을 수 없었지만, 그는 정학계를 다시 만났고, 정학계는 고든에게 일이 어떻게 돌아가고 있는지 모른다고 단언했다. 하지만 그것은 사실이 아니었다. 고든이 수색을 계속하기 위해 그 자리를 떠났을 때 남아 있었던 한 외국인 장교에 따르면, 과거에 태평천국군이었던 정학계가 땅바닥에 주저앉아 울기 시작했다. 그는 고든에게 말을 전해달라고 그 외국인 장교에게 부탁했다. 그것은 사과의 말이었는데, 요지는 자신이 단지 이홍장의 명령을 따랐을 뿐이라는 것이었다. 고든은 마침내 그날 오전 중에 항복한 왕들의 잔해를 발견했다. 그가 가장 먼저 알아본 것은 흙 속에 처박힌 납왕의 머리였다. 그런 다음 그는 다른 왕들의 조각 일부를 수습했다. "손과 몸통들은 끔찍하게 베이고 가운데가 갈라져 있었다"고 그는 보고했다. 납왕의 "몸통은 부분적으로 땅에 묻혀 있었다".[63] 이홍장의 병사들이 그들을 전부 처형하고 토막 낸 것이었다.

고든은 폭발했다. 납왕을 비롯한 그 왕들에 대한 그의 신뢰의 약속은 깨지고 말았다. 그는 그들의 안전을 장담했는데, 그들이 지도자를 배신하고 그 도시를 청나라 측에 넘겨준 뒤 이홍장이 그들을 그토록 잔인하게 처형해버린 것은 그로서는 상상도 할 수 없는, 명예에 반하는 범죄였다. 그는 다시는 이홍장을 위해 일하지 않을 것임을 밝히며 이홍장 휘하의 복무를 그만두었다. 그는 나중에 어머니에게 이렇게 썼다. "피에 굶주린 듯 보이긴 하지만, 저는 그의 재판과 처형을 간절히 바랍니다."[64] 고든의 의로운 분노는 들불처럼 외국인 사회에 번져나갔다. 12월 16일, 상하이에 주재하는 10개국 영사관 직원들은 "청나라의 대의가 서방 국가들의 공감과 이제껏 청나라를 도와온 용감한 장교들의 도움을 더 이상 얻을 수 없게 만드는" 이홍장의 "인간성에 어긋나는 극도의 반역 행위"를 비난하는 성명을 만장일치로 승

인했다.[65]

고든의 격분에 대한 이야기는 전달되고 재진술되면서 확대되었고, 런던의 『타임스』에서 다루어졌을 때는 그 격분이 미친 듯한 분노와 복수가 되어 있었다. 고든과 그의 영국인 장교들이 이홍장의 병사들에게 맹렬히 총을 쏘아대며 대학살을 막으려 헛되이 애썼다는 것이었다. 『타임스』는 다음과 같이 보도했다. "그들은 마주치는 모든 관료와 청국군 병사에게 총을 쏘았고, 장전하고 또 쏘았다. 고든 자신은 〔청국군〕 35명을 쏘았다고 한다." 그들은 이홍장의 거처에 최대한 접근했지만 밀고 들어가지는 못했다고 했다. 마무리는 다음과 같았다. "모두가 평범치 않은 혐오감을 느꼈고, 고든이 〔이홍장을〕 붙잡아 목매다는 데 성공하지 못해 원통해하는 마음이 팽배했다."[66]

이는 영국 국민이 자국의 중국 전쟁 참여를 더 이상 지지하지 않게 된 중요한 사건이었다. 쑤저우에서 벌어진 그 피비린내 나는 사건은 그들에게 너무나 역겹고 충격적이었는데, 찰스 고든의 명예가 훼손된 것에 대해 그들이 느낀 대리 분노 때문이라기보다는(그런 감정도 어느 정도는 있었지만), 그 사건이 더 큰 그림에서 드러낸 사실 때문이었다. 그 사건은 이 전쟁이 찰스 고든의 것이 아니라 이홍장과 증국번의 전쟁임을 단번에 보여주었기 때문에 그토록 충격적이었다. 그 사건은 고든의 사명을 지지한 영국인들이 중국 반란군과의 전쟁에서 "중국의" 고든이 정말로 중요한 책임을 맡고 있다고 생각했던 것이 틀렸음을(아니, 너무나 순진했음을) 보여주었다. 영국인들이 자국이 청나라 정부에 독자적인 전쟁 방식을 보여주고 있다고 자화자찬하고, 자국의 신사적인 장교들이 청국군에게 일종의 등대 같은 역할을 함으로

써 청국군이 따라야 할 본보기가 되었다고 생각한 것도 틀린 것이었다. 간단히 말해서, 쑤저우에서 일어난 일들을 통해 결국 분명해진 점은 중국에 있는 자랑스러운 영국 요원들이 항상 용병에 불과했다는 것이었다.

고든과 이홍장 사이의 폭발적 균열은 영국과 청나라의 직접적 군사 협력의 종말을 의미했고, 영국이 인도에서 그랬듯이 이제 폐허가 된 중국을 장악하기 위해 필요한 병력을 보내야 할 수도 있다는 전망을 다시 한번 열어놓았다. 상하이와 해외의 많은 사람에게 이제 이것은 피할 수 없는 일로 보였다. 닝보의 청국군 지휘관이 처음에 듀의 도움을 활용하지 못했을 때 호프가 좌절감에 차서 "고관들의 비겁함과 무능" 때문에 그들과의 협력이 불가능하다고 썼듯이, 오즈본과 고든의 경력의 잔해는 영국이 청 왕조를 대리해 중국의 질서와 무역을 회복할 수 있다는, 적어도 명예의 실추 없이 그렇게 할 수 있다는 프레더릭 브루스의 희망찬 계획이 거짓임을 보여주었다. 가장 암울한 추론으로 나아가자면, 만약 영국이 정말로 중국의 평화를 원한다면 이제 영국이 직접 평화를 이루어내야 하리라는 것이었다. 『뉴욕타임스』는 다음과 같이 썼다. "오직 강력한 군사력 투입을 통해서만 유럽 열강 중 어느 한 나라가 중국을 평정할 수 있다. 이런 식으로 평정이 이루어진다면 중국 제국이 유럽의 힘에 영원히 복종하게 될 것이 거의 확실하다."[67]

중국의 식민지화, 또는 적어도 중국 남쪽 절반의 식민지화는 프레더릭 브루스가 가장 두려워한 길이었으며, 영국 신문들은 그것을 소리 높여 비난했다.(『이코노미스트』는 "중국에서 우리 용건은 지배가 아니라 무역이다"라고 썼다.)[68] 그러나 더할 수 없이 야망이 큰 영사 업무 종사자들이 보기에 그것은 금방 나올 수 있는 결과가 아니었다. 상하이의 청나라 세관에서 근무하며 허레이쇼 넬슨 레이의 옛 직위인 감독관 자리를 노리고 있던 영국인 에드워드 보라는 당시 가장 솔직하다 할 만한 평가를 내놓았다. 1863년 12월에 그는 "이곳 정세가 바뀌고 있어 기쁘다"고 생각했다. 당시는 고든이 분노하여 사임한 직후였고, 그가 보기에는 이 영국 장교가 이제 이홍장과 증국번을 위해서가 아니라 빅토리아 여왕을 위해서 장쑤성을 정복하기로 결심할 수도 있을 듯싶었다. 보라는 일기에 다음과 같이 썼다. "우리가 영토 획득이나, 적어도 영국의 중국 남부 점령으로 나아가는 데 실질적으로 도움이 되는 새로운 일들이 매일 일어나고 있다. 그런데도 본국 정부는 그런 결과를 피하고 싶어하는 것 같다."[69]

앞서 엘긴 경이 그랬듯이, 보라는 자국민이 진정 원하는 바는 중국 정복임을 내심 알고 있었다. 영국 국민은 단지 스스로의 검은 속셈이라는 진실을 참을 수 없을 뿐이었다. 그는 본국 정부가 "바보나 아이"처럼, 거창한 명령을 내려놓고 나서 "의안에 대해 불평"하기 일쑤라고 썼다. 그들은 "늘 약탈에 함께 참여하고, 침략을 돕고, 용병에게 영광을 베풀지만, 동시에 희생자를 동정하고, 원정을 비난하고, 정책을 비난"하는 것이다. 영국이 중국에서 지속적인 무역 확대를 요구할 거라면, 그 욕망의 확실한 대가인 유혈의 영토 정복에 대한 증오를 가장해서는 안 된다고 그는 생각했다.

그러나 보라의 공격적인 희망은 실현되지 않았다. 영국 정부는 오즈본과 고든의 사임 소식이 전해진 후, 즉 영국 국민이 청국군의 야만성과 자국민이 관여한 학살에 눈뜬 후 의회에서 솟구쳐 오른 엄청난 분노에 부응했고, 결국 아이나 바보보다는 꽤 강하다는 것을 증명했다. 쑤저우에서의 참수 소식이 영국에 전해지면서 대중의 지지가 급격히 무너지는 가운데, 파머스턴 정부는 영국 장교들이 청국군에 복무할 수 있도록 허용했던 추밀원 칙령을 즉시 취소했다. 상하이의 영국 당국에는 "고든 소령으로부터 중국 황제 밑에서 복무하는 것에 대한 허가와 면허를 모두 명백히 박탈하라"는 별도의 지시가 내려졌다.[70]

파머스턴의 개입 포기가 놀라울 정도로 신속했기에, 그가 하원에서 공격을 받을 무렵에는 이미 논쟁이 무의미한 상태였다. 그의 반대자들이 공격했던 정책은 사실상 이미 종결되었고, 그들의 논의는 주로 공개적인 채찍질의 역할을 했다. 그럼에도 불구하고 그들은 그를 채찍질했다. 윌리엄 백스터는 셰러드 오즈본의 임무 "실패"가 "기쁘다"고 했는데, "왜냐하면 그 덕분에 우리가 큰 곤란과 어려움에서 벗어날 수 있게 되었기 때문"이었다.[71] 데번포트를 대표하는 윌리엄 페런드는 "중국 내전에 대한 우리 나라의 추가 개입은 현명치 못하고 불필요하다"는 상징적인 결의안을 지지하면서, 파머스턴의 중국 정책은 "양원의 존경하는 의원들에게 비난받았을 뿐만 아니라 국민 일반에게도 비난받았다"고 말했다.[72] (하지만 대부분의 의원이 순전히 상징적인 조치로 불만을 해결하는 것이 가치 있다고 생각했는지는 또 다른 문제였다. 개입에 반대하는 이 결의안은 다른 발의 없이 어느 금요일 의제의 마지막 항목으로 상정되었는데, 토론이 끝났을 때는 표결에 부칠 수 있을 만큼의 의원이 자리에 남아 있지 않았다.)

로치데일의 하원의원인 리처드 코브던은 1864년 5월 31일 중국에 대한 불개입 정책을 요구하는 결의안을 제출해 논쟁에 새로운 활력을 불어넣었다. 그는 특히, 프레더릭 브루스가 "자신이 추천한, 혹은 자신의 묵인하에 시행된 정책이 실패하고 좌절한 것으로 보이자 절망에 빠져 있다"고 언급했다.[73] 사이크스 대령은 영국의 "청나라 측을 위한 직접 개입과 태평천국군 학살" 정책을 비난했고, 찰스 고든이 한 선교사에게 보낸 사적인 편지를 인용해 "청나라 측에 낭비된 노력의 절반만 반란군에게 쏟았더라면 그 나라는 오래전에 평화를 얻었을 것"이라고 말했다.[74]

결국 총리는 야당에 굴복해 불개입 정책으로 돌아가야 했다. 그는 직접적인 공격으로부터 상하이를 보호하는 것은 계속 허용했지만, 조약항들을 벗어난 곳에서 전쟁에 참여하는 것은 더 이상 허용하지 않았다.[75] 파머스턴 총리는 코브던의 결의안으로부터 스스로를 방어하느라 셰러드 오즈본과 찰스 고든의 중국 복무를 지지했던 자신을 비롯한 여러 사람의 선의를 용서했지만, 청나라 정부를 지원하려는 자신의 노력이 실패했다는 것은 인정했다. 그는 흔치 않은 뉘우침의 순간에 다음과 같이 인정했다. "그 조치들은 실패했습니다. 죄송합니다."[76]

하지만 그의 패배에는 흡족한 면도 있었다. 그가 원하는 것을 얻었기 때문이다. 하원에서 이런 논쟁들이 벌어지고 있던 1864년 여름의 관점에서는(당시는 미국 남북전쟁 3년 차, 랭커셔 면화 기근 2년 차였다), 파머스턴을 비롯해 중국의 반란에 맞선 개입을 지지한 사람들이 영국의 태평천국 진압 노력으로 인해 중국 무역이 크게 확대되었다고 주장할 수 있었다. 실제로 영국이 반란군 진압에 적극적으로 나선 후 중국 무역으로 얻는 총수입은 세 배가 되었다.[77] 다시 말해 파머스턴과 그의 지지자들은 미움 받는 자신들의 정책이 실제로는 눈부신 성공을 거두었으며, 도덕적 문제나 모순에도 불구하고 자신이 중국에서 감행한 일이 영국 경제를 미국 남북전쟁의 참화로부터 보호하는 데 도움이 되었다고 주장할 수 있었다. 파머스턴은 5월 20일 하원에서 자랑스럽게 말했다. "중국과의 무역이 우리에게 상업 활동의 광대한 장을 열어주리라는 생각은 오래전부터 있어왔으며, 무엇보다 대중국 무역이 크게 확대된 덕분에 우리가 미국에서 벌어지고 있는 일들로 인해 우리의 상업과 제조업이 받은 불행한 방해를 재앙 없이 헤쳐나갈 수 있었다는 데는 의심의 여지가 없습니다."[78] 즉, 한쪽 문이 닫혔을 때 다른 쪽 문이 열렸다는 것이다.

그러나 영국 정부의 관리인과 하인들이 국가적 양심을 놓고 갈등할 때도, 또한 그 갈등이 지구 반대편에서 혼란스럽고 모순적인 정책들로 표출될 때도(중국에서 전진했다가, 후퇴했다가, 용병처럼 되었다가, 원칙을 따랐다가, 만주족 왕조를 응원했다가, 그 왕조를 매도했다가), 증국번과 그의 군대는 단일한 불굴의 목표에 끊임없이 집중했다. 그리하여 영국이 마침내 상하이에서 중립이라는 외투 안으로 철수하면서 영국의 중국 내전 개입이 밀려드는 도덕적 고뇌 속에 무너져 내릴 무렵에는 영국의 조력이 더 이상 필요치 않았다.

16장
산을 넘다

1862년 겨울 이서카 로버츠가 홍인간을 떠난 후, 홍인간은 외부 세계 사람들과 거의 접촉하지 않았다. 1년 반 후인 1863년 여름에 빌헬름 로브샤이트라는 독일인 선교사가 마지막으로 난징에 들어왔는데, 당시는 고든과 안후이군이 장쑤성을 침략하고 있던 때였다. 그는 간왕 홍인간이 냉랭하고 방어적이라고 생각했다. 홍인간이 그에게 물었다. "우리가 외국인들에게 신의를 저버린 적이 있는가? 우리가 영국과 프랑스의 적의에 대해 보복한 적이 있는가?" 만약 외국인들이 태평천국의 적이 되고 싶다면 조심하는 게 좋을 것이라고 그는 말했다. "우리는 우리 나라에서 싸우고 있으며, 외세를 떨쳐버리기 위해 싸우고 있다. 난징에 첫 충격이 가해진 후 우리 손에 넘어온 이방인에게는 화가 있을 것이다." 로브샤이트는 홍인간의 목소리에서 느껴지는 배신의 아픔에 깜짝 놀랐고, 반란군과 외국 세력 간의 새로운 시작을 바랐다. 그는 난징에서 돌아온 후 한 홍콩 신문에 다음과 같이 썼다. "프레더릭 브루스 경은 언젠가 소환되어, 자신이 정부에 권고했던 파멸적 정책 방향에 대한 설명을 요구받을 것이며, 마침내 반란군 의회에서 외국의 영향력이 우세해질 것이다. 그러나 그런 일이 비단과 차 농장의 폐허 위에서 전개될지, 아니면 수천 명의 영국 신민의 묘지 위에서 전개될지, 머지않아 목격할 기회가 있을 것이다."[1]

홍인간은 더 이상 외교 문제에 관여하지 않았지만, 그래도 여전히 반란군 조정에서 최고위 인사였고, 수도 난징에서 진행되는 모든 일이 그의 손을 거쳤다.[2] 다른 왕들은 대개 여전히 홍인간을 거쳐야만 그의 은둔한 사촌인 천왕에게 접근할 수 있었다. 선교사들의 행위에 대한 분노가 가라앉자, 천왕은 이전에 맡겼던 임무들보다 어떤 면에서는 더 개인적인, 따라서 더 신뢰에 기초한 새로운 임무들을 그에게 맡겼다. 1863년에 천왕은 홍인간에게 자신의 십대 아들인 '유주幼主'를 맡아달라고 부탁했고, 천왕 자신에게 무슨 일이 일어나더라도 그 아들의 안전을 반드시 지켜달라고 했다. 태자의 후견인으로서 홍인간은 "나에게 주어진 큰 신뢰"에 미치지 못할까봐 염려했고, "근심에 차 눈물을 흘렸다".[3]

당면한 전쟁의 압박으로 홍인간은 중국의 새로운 정부와 외교를 위한 계획을 접을 수밖에 없었다. 군사 작전과 보급로 확보가 최우선이었고, 그 전선들에서의 문제가 더 심각해지면서 그가 꿈꿨던 국가의 시작은 점점 멀어졌다. 철도, 법원, 무역 중개소, 신문, 광산, 은행, 산업 등 그가 소중히 여겼던 개혁들은 모두 미뤄질 것이었다. 수도의 지도부를 단결시키는 것만이 그가 할 수 있는 전부였다. 군사적 패배가 짙어질수록 홍수전의 광기는 커져갔고, 파멸의 조짐은 환영을 보는 그의 정신을 묵시록으로 몰아갔다. 그는 물러나는 것을 용납하지 않고 오직 하늘에 계신 아버지께만 의지했으며, 추종자들에게 함부로 보상과 영예를 베풀기 시작하면서, 그의 아들 유주가 이름을 다 기억할 수도 없을 만큼 많은(100명이 넘는) 새로운 왕을 만들어냈다.[4] 그래서는 안 될 시기에 수도의 관리들 사이의 다툼이 커지고, 격해지고 있었다.

한편 농촌 지역에서는 기근이 더 심해졌다. 증국번이 안후이성 남부에 구호소들을 만들었음에도 불구하고 그 안후이성 산악 지대의 상황은 증국번이 안칭을 처음 장악했을 때보다 훨씬 더 끔찍한 수준으로 악화되었다. 증국번은 1863년 6월 8일의 일기에 "안후이성 남부 어디서나 사람을 먹고 있다"라고 썼는데, 이 언급에 담긴 예사로움은 상상도 할 수 없는 일이 얼마나 흔하게 벌어지게 되었는지를 보여주었다. 이는 증국번의 일기장에 적힌, 인육을 먹는 행위에 대한 여러 언급 중 하나인데, 이때 그는 인육이 소비되고 있다는 사실 그 자체를 우려하기보다는(알려진 지 이미 오래된 사실이기에) 인육 가격이 너무 비싸지고 있다는 사실을 우려하고 있다. 인육의 1온스(약 30그램)당 가격이 전년보다 네 배 올랐는데, 이는 이 가장 음울한 먹을거리조차 너무 비싸지고 있음을 의미했다. 증국번의 기록에 따르면, 난징 동쪽과 남쪽의 장쑤성 지역들에서도 인육을 먹는 행위가 있었지만, 그곳의 인육 가격은 더 낮은 것으로 보고되었다. 찰스 고든은 원정 중에 식인 행위의 섬뜩한 흔적을 직접 봤지만, 상하이에 있는 동포들은 그것이 주는 공포를 실감하지 못할 것이라고 생각했다. 고든은 자기 어머니에게 다음과 같이 썼다. "인육을 먹는 인간이 있다는 글을 읽는 것은 살덩이가 잘려나간 시체들을 보는 것에 비하면 덜 충격적입니다."[5]

안후이성 북부는 황무지였다. 포초는 난징 맞은편인 양쯔강 북안에 주둔하고 있는 한 군대를 지원하기 위해 안후이성을 관통하는 보급선을 뚫으려 돌아다녀봤지만, 희망을 버렸다. 평상시 안후이성의 평평한 중부 지역은 봄이면 옥빛의 평원이 끝없이 펼쳐지고, 벼의 싹들이 햇빛을 받으며 자라고, 햇빛이 실처럼 뻗은 관개 수로들에 반사되어 눈부시게 반짝였다. 그러나 포초는 1863년 봄 그 지역을 관통하는 160킬로미터가 넘는 여정에서 풀 한 포기 보지 못했다고 회고했다. 불을 피울 나무도 없었다. 사람의 생명을 지탱해줄 수 있는 것이 아무것도 없었다.[6] 장쑤성에서도 비슷하게 암울한 소식이 전해졌다. 장쑤성에서는 전쟁으로 상하이 주변 약 160킬로미터에 걸쳐 농촌 지역이 거의 비어 있었다. 멧돼지들이 버려진 마을들을 뒤지며 물기 없는 송장들을 뜯어 먹고 있었다. 이곳은 총독 증국번이 관할하에 있으며 그가 높은 권한을 행사하는 지역이었다. 그는 일기에 이렇게 썼다. "이렇게 끔찍한 시기에 이렇게 큰 책임을 맡다니, 이 사람은 세상에서 가장 저주받은 존재임이 분명하다."[7]

그러나 그 폐허에도 나름 긍정적인 면이 있었다. 증국번이 초토화 정책을 적극적으로 지지했든 그렇지 않든, 그는 황폐함의 풍경 속에서 세계사의 다른 시대에 다른 사람들도 알게 되었을, 반란 소탕 전쟁의 똑같은 이점을 분명히 보았다. 1863년 4월 14일 황제에게 올린 상소에서 그는 안후이성 남부의 폐허를 이렇게 묘사했다. "노란 지푸라기와 하얀 뼈밖에 없습니다. 하루 종일 돌아다녀도 사람은 단 한 명도 만날 수 없습니다." 그가 보기에 이 황폐함에서 가장 우려스러운 점은 먹을 것을 구할 수 없는 반란군이 이곳을 벗어나 서남쪽의 장시성으로 향할지도 모른다는 것이었다.[8]

그 상황에는 만족스럽게 여길 만한 점도 많다고 그는 설명했다. 반란군은 자신들과 어울려 살아가는 농민들의 지지와 수용에 의지하고 있었는데, 기근 상황은 갈등을 야기할 것이었다. 사람들은 태평천국 통치 지역 주변을 떠나 "연기처럼 사라질" 것이었고, 결국 반란군에게는 지지자가 남지 않게 될 것이었다. 파종할 씨앗이 없으면 농민들은 밭을 버리지 않을 수 없을 것이고, 반란군에게는 먹을 것이 남지 않게 될 것이었다. 그는 다음과 같이 썼다. "사람이 없는 지역에서 전쟁을 수행하면 반란군은 물을 벗어난 물고기와 같을 것입니다. 농사가 이루어지지 않는 농촌에서 반란군은 나무 없는 산의 새와 같을 것입니다."[9] 황폐함으로 인해 결국 반란군이 더 이상 살아남을 수 없는 지경에 이를 것이라고 그는 예상했다.

증국전은 여러 달에 걸친 조용한 준비 끝에 야간 기습 공격을 감행해, 1863년 6월 13일 마침내 위화타이의 석축 요새를 점령했다. 증국전은 인명 피해를 거의 내지 않았지만, 증국번은 동생이 가능한 한 큰 공적을 인정받도록 하려고, 이 전투에서 반란군 수비대 6000명이 사망했다고 베이징에 보고했다.[10] 그 언덕을 장악한 증국전은 이제 남문을 사실상 봉쇄했다. 위화타이 꼭대기에 있는 증국전의 새로운 전망 지점에서는 반란군의 수도가 거대한 바둑판처럼 눈앞에 펼쳐졌다. 이제 포위 작전이 본격화되었고, 안칭의 처소에서 바둑에 매달려 있는 그의 형은 주의 깊게 말들을 배치해보면서, 도시를 포위하고 모든 탈출구를 차단해 승부를 결정 지을 수를 짜내고 있었다.

난징시의 서쪽 문과 가장 북쪽 문은 양쯔강을 향해 열려 있었고, 양쯔강은 그 도시를 지나며 동북쪽으로 흘렀다. 건너편 강안에는 대규모의 태평천국 포대가 설치되어 있었는데, 그 포대는 폭 1.6킬로미터 정도의 양쯔강 회랑 지대가 그 도시에 인접했을 때 그곳을 지켰다. 6월 30일, 후난군 수군은 이 포대에 대한 맹공격을 시작했다. 후난군은 강한 옆바람을 이용해 삼판선을 파도처럼 계속 내보냈다. 이 삼판선들은 바람이 불어오는 쪽으로 바싹 이물을 돌려 하류 쪽으로 흘러내려가는 물결을 타다가 맞바람에 맞서 급격히 방향을 튼 다음, 사격을 가한 뒤 돛을 활짝 펴서 순풍을 받으며 다시 상류 쪽으로 밀려가는 조화로운 움직임을 연속적으로 했다. 태평천국 해안 포대는 계속 순회하는 이 삼판선들을 포격했고, 2000명 이상의 후난군 수병을 다치고 죽게 했지만, 결국 그 포대는 함락되었고 수비대 전원이 죽임을 당했다. 후난군은 양쯔강과 난징 서북쪽 모퉁이가 만나는 지점의 강을 완전히 장악했고, 반란군은 더 이상 난징의 북쪽으로 넘어갈 수 없었다. 이제 도시의 서쪽 문들은 그들에게 쓸모가 없었다.[11]

포대가 점령당하기 전 그 강을 마지막으로 건넌 태평천국 장군은 6월 20일 북쪽 원정에서 돌아온 충왕 이수성이었다. 그는 위화타이의 자기 진지에서 증국전을 몰아내는 데 실패한 지 3개월 후인 1863년

2월, 안후이성 북부의 후난군을 돌파해 난징으로 향하는 새로운 보급로를 개척하기 위해 군대를 이끌고 수도를 떠났다. 그의 안후이성 황무지 현장 조사는 포초의 조사와 마찬가지로 성과가 없었고, 그의 군대는 여정 중에 끔찍한 굶주림에 시달렸다. 풀만 뜯어 먹는 신세가 된 그들은 자신들이 공격한 도시들이 충분한 양식을 가진 후난군 수비대에 점령당해 있다는 것을 거듭 확인했고, 이 후난군 수비대들은 그의 군대에 많은 사상자를 발생시켰다. 자신의 부재 중에 증국전이 위화타이 요새를 점령했다는 소식은 결정타였고, 이수성은 소식을 듣자마자 수도로 돌아왔다. 6월 20일, 북안의 포대가 함락되기 10일 전에 단계적으로 강을 건너 그와 함께 난징으로 돌아온 군대는 그 자신의 추산에 따르면 지난 2월 난징을 떠나던 때에 비해 10만 명이나 적었다. 그러나 포위된 군주의 곁으로 돌아오자마자 그는 다시 떠나야 했는데, 이홍장의 위협을 받고 있던 쑤저우와 좌종당 군대의 공격을 받고 있던 항저우에서 그의 도움이 필요했기 때문이다. 전선은 너무 많았고, 지휘관은 너무 적었고, 자원도 너무 적었다.[12]

강을 장악하자 후난군은 그 도시의 서쪽 문들을 지배할 수 있게 되었다. 증국전이 위화타이에 진을 치면서 가장 남쪽의 문이 봉쇄되자, 증국번은 그 도시의 북쪽 방면과 동쪽 방면으로 주의를 돌렸다. 강의 포대가 점령된 직후 증국번은 포초를 보내, 난징으로 들어가 도시 북쪽에 위치한 중요한 내륙 관문인 신책문神策門을 포위하게 했다. 이것만 보면 그는 실패한 것이었다. 포초의 진지에서 질병이 발생했고, 후난군 수비대가 저장성에서 서쪽으로 도망치는 태평천국군과 싸우고 있던 안후이성 남부와 장시성에서 지원 요청이 왔다. 그래서 증국번은 포초를 난징에서 빼내 안후이성으로 돌려보내야 했고, 신책문을 열린 채로 두게 되었다.

1863년 여름과 가을 동안 증국전의 군대는 계속 뻗어나가, 철저하게 방어되는 10개의 다리와 그 도시의 동남쪽 길들을 지배하게 해주는 산길들을 줄줄이 장악했다.[13] 11월에 그는 그 도시의 바로 동쪽 언덕에 있는, 명나라 황제들의 무덤이 자리한 능을 향해 동북쪽으로 파견대를 보냈고, 그곳에서 그의 병사들은 그의 동남쪽 진지들과 연결되는 약 5킬로미터의 벽을 쌓아 동쪽 접근을 거의 완전히 차단했다. 난징 동쪽에서 아직 열려 있는 유일한 문은 태평문이었는데, 이것은 후난군이 봉쇄한 명나라 능에서 서쪽으로 몇 킬로미터 떨어진 곳에 있는 바깥문이었다. 그 지점의 성벽 바깥쪽 도시에 바싹 붙어 있는 가파른 산에서 두 개의 강력한 반란군 요새가 태평문을 감시하고 있었다. 그 산의 도시 쪽 경사면은 '용의 어깨'라고 알려져 있었고, 산꼭대기에 있는 성채는 '하늘 요새', 산기슭에 있는 성채는 '땅 요새'였다. 1863년 12월에 이르러서는 두 개의 감시 보루를 갖춘 태평문과 포초가 내버려두고 떠난 북쪽의 신책문만이 그 도시의 총 37킬로미터 둘레 중에서 반란군 장악 지점으로 남아 있었다.

난징 내부는 조용한 공포에 휩싸여 있었다. 두 개의 성문만이 아직 열려 있었고, 따라서 도시 밖과 연결되는 길도 두 개뿐이었기에, 식량 공급은 제한적이었고, 성 내부로든 외부로든 통행은 거의 없었다. 성벽 안에는 약 3만 명의 사람이 있었는데, 그중 3분의 1은 병사였다.[14] 12월에 쑤저우가 이홍장에게 함락되자 이수성은 다시 난징으로 돌아왔고, 천왕에게 떠나야 한다고 간청했다. 수도를 버리고 장시성으로 옮겨가야 한다고 간청했다. 그러나 천왕은 거부했고, 화를 내며 그의 신앙심 부족을 질책했다.[15] 군주의 비타협적 태도가 분노를 자아냈지만, 이수성은 그대로 있으라는 군주의 명령을 거역할 생각이 없었고, 길어질 포위에 대비해 성내 거주자들을 준비시키기 시작했다. 하지만 한 가지 이점이 있었으니, 그렇게 넓은 도시에 그렇게 인구가 적다는 것이었다. 그의 지휘 아래 사람들은 도시 북쪽의 땅을 경작할 준비를 시작했다. 열심히 일하면 오랫동안 버틸 수 있는(성벽만 튼튼하다면 영원히라도) 식량을 생산할 수 있었다. 하지만 갇힌 사회는 평화롭지 않았다. 홍수전의 편집증은 점점 더 심해졌고, 그의 사촌조차 그의 광기 어린 잔혹함을 억누를 수 없었다. 사람들은 그의 기괴하고 변덕스러운 처벌을 두려워했다. 사람들은 성벽 밖 사람들과 소통했다는 죄로 돌에 맞아 죽거나, 공공장소에서 산 채로 가죽이 벗겨졌다.[16]

더 많은 사람이 그 도시를 저버릴 수도 있었을 것이고, 다시 변발을 하고 청 왕조 편으로 돌아가게 해달라고 간청할 수도 있었을 것이지만, 그들은 안칭의 주민들에게 어떤 일이 일어났는지 알고 있었다. 12월 말에 이르러서는, 쑤저우에서 항복한 왕들에게 어떤 일이 일어났는지도 알고 있었다.[17] 그들의 판단은 현명했다. 이후 몇 달에 걸쳐 여성들 여러 무리가 난징에서 밖으로 내보내졌는데, 그들은 명백히 죽임을 당한 것은 아니지만, 시골 주민들에게 아내로 "주어지는" 좀더 불안정한 운명에 처했다.[18] 하지만 그 관용마저 끝났다. 1864년 늦봄, 증국번은 동생에게 더 이상 여자와 아이들이 도시를 빠져나가게 놔두지 말라고 조언했다. 반란군이 성내 인구 전체를 부양해야 한다면 그들의 굶주림이 빨라질 것이라고 그는 설명했다. 그리고 그는 동생이 부주의하게 반란군의 가족들을 살려두게 되는 것을 바라지 않았다.[19]

영왕 진옥성이 죽고 충왕 이수성이 여러 전선 사이에서 갈피를 못 잡고 있는 상황에서 간왕 홍인간은 다시 한번 군 지휘권을 떠맡았다. 성에서 나갈 수 있는 출구가 하나씩하나씩 차단되자, 천왕은 그에게 수도를 빠져나가서 인근 영토들의 병력을 집결시켜 난징을 구하러 오라고 지시했다. 하지만 군사적으로 초보자인 홍인간조차 전세가 바뀌었음을 감지할 수 있었다. 뛰어나고 카리스마 넘치는 영왕의 죽음으로 난징 북쪽과 서쪽의 안후이성 지역에 공백이 생겼고, 그가 그곳에 없으면 북쪽 진입로들로부터 수도를 방어하는 것은 불가능했고, 이전의 난징 포위 당시 그들의 가장 중요한 출구였던, 강 건너기나 푸커우를 통과하는 북쪽 길을 재개하는 것도 불가능했다. (과거에 난징 포위를 깨뜨렸던 이수성의 항저우 공격은 이제는 통제력을 상실해 감행할 수 없게 된 강 건너기로 시작되었다.) 영왕을 대신할 지휘관은 없었고, 그가 살아 있을 때는 수많은 군대가 기꺼이 그를 따랐지만 그가 죽은 지금은 그의 군대가 해체되어, 병사들은 집으로 돌아가거나, 염군에 합류하기 위해 북쪽으로 가거나, 청나라 측에 항복했다. 홍인간은 다음과 같이 회고했다. "영왕이 몰락하면서 그 군대의 위신은 사라졌고, 당연히 그 군대도 흩어졌다."[20] 설상가상으로 익왕 석달개마저 여름에 쓰촨성에서 변절한 자기 군대를 이끌고 항복했으므로 그가 난징을 도우러 오리라는 희망은 사라졌다는 소식이 전해졌다.

홍인간은 1863년 크리스마스 이튿날에 형과 아내들과 아이들을 난징에 두고 떠났다.[21] 그는 먼저 동쪽으로 약 80킬로미터 떨어진 단양으로 향했다. 단양은 녹영군 장군들이 1860년에 최후를 맞은 곳이었다. 영왕의 숙부가 그곳의 수비대를 지휘하고 있었지만, 그는 홍인간이 난징으로 데려갈 수 있는 병력은 없다고 말했다. 그래서 그는 대운하를 따라 다시 동쪽으로 약 48킬로미터 떨어진 창저우를 향해 계속 내륙으로 진군할 준비를 했다. 그러나 그때 창저우가 이홍장의 군대에 함락되었다는 소식이 전해졌고, 그는 겨우내 단양에 머물러 있어야 했다. 봄이 오자 그는 저장성을 향해 남쪽으로 이동했다. 저장성에서는 성도 항저우에서 북쪽으로 80킬로미터 떨어진 후저우가 여전히 저항하고 있었다.[22]

홍인간이 1861년 군대를 일으키러 나섰을 때는 신병을 모으는 과정이 수월했다. 그저 깃발을 세우고 시를 지은 다음, 대중이 전투로 이끌어줄 자신을 찾아오도록 기다리기만 하면 되었다. 하지만 이제는 아니었다. 단양에서도 후저우에서도 그는 강인함이 아니라 취약함만 발견했다. 지휘관들은 방금 쑤저우와 창저우를 정복한 청국군이 공격해올 것을 걱정했다. 병사들은 식량 부족을 염려했고, 비교적 안전한 수비대를 떠나서 그를 따라 수도로 돌아가기를 거부했다.[23] 절충안으로, 그는 후저우에 여름을 보낼 집을 마련했고, 9월까지 그곳에서 함께 대기하겠다고 지휘관들에게 약속했다. 9월이면 난징에서 추수가 이루어져 그들 모두가 먹을 만한 양식이 준비될 것이고, 그들은 함께 수도로 돌아갈 수 있을 것이었다.[24]

그러는 동안 증국번의 후난군은 신병 모집으로 전례 없는 규모로 확대되었다. 1864년 1월, 난징에는 5만 명에 달하는 후난군 병사가 있었다.[25] 증국번은 총 12만 명의 병력을 지휘했는데, 그중 약 10만 명은 육상 병력이었고 나머지는 강의 수군 병력이었다. 난징에 증국전 휘하의 5만 명이 있었고, 안후이성 남부에 2만 명, 안후이성 북부에 1만 명이 주둔해 있었으며, 1만3000명이 포초와 함께 이동해 다녔고, 안후이와 쑤저우 사이에 1만 명이 주둔해 있었다.[26] 게다가 이 수치는 이홍장의 안후이군과 좌종당의 군대는 포함하지 않은 것이었다. 이홍장의 안후이군은 쑤저우를 정복한 후 우시와 창저우 두 성벽 도시를 잇따라 빠르게 돌파하고 난징을 향해 진군했다. 또한 저장성의 좌종당 휘하 군대는 남쪽으로부터 난징으로 진격할 요량으로 열심히 싸우며 항저우로 나아갔다. 모든 병력이 집결하고 있었다.

군대가 커지면서 전투는 계속 잘 풀려나갔다. 1864년 2월, 증국전의 부대는 '용의 어깨'의 꼭대기에 있는 성채인 '하늘 요새'를 점령했다. 기슭에 있는 '땅 요새'는 여전히 반란군이 점령하고 있어서, 이 요새가 산마루와 성벽이 만나는 지점을 지켜주었다.[27] 그러나 상부 요새를 장악한 청국군이 전장을 지배했고, 거의 저항 없이 신책문과 태평문에 방책을 세울 수 있었다. 이 마지막 두 성문이 포위되자 도시는 완전히 봉쇄되었다.[28] 그 직후인 3월 31일, 저장성의 성도 항저우가 닝보에서 파견된 프랑스-청나라 군대의 지원을 받은 좌종당에게 함락되었다. 함락된 그 도시를 탈출한 수비군은 북쪽으로 약 80킬로미터 떨어진 후저우로 도망쳤고, 여름 동안 홍인간과 함께 그곳에 피신해 있었다. 저장성 곳곳에 흩어져 있던 다른 반란군 군대들은 저장성을 버리고 장시성을 향해 서쪽으로 무질서하게 후퇴하기 시작했다. 항저우와 쑤저우를 모두 잃은 태평천국은 이제 동부의 주요 도시들을 하나도 장악하고 있지 못했다. 수도를 구할 길은 더 이상 없었다. 남은 것은 포위 공격뿐이었다.

증국번은 꿈을 꾸었다. 높은 산봉우리를 올라 온 힘을 다해 정상에 도달하는 꿈이었다. 하지만 정상에 도착했을 때 그는 나아갈 길을 찾을 수 없어 뒤를 돌아보았다. 그러나 돌아보니 뒤에도 더 이상 길이 없었다. 3월 말의 어느 비 오는 음울한 날에 그는 부관에게 이 꿈에 대해 이야기했다. "상서로운 꿈이 아닌 것 같다." 그는 슬프게 말했다. 그의 군대의 보급품은 거의 소진된 상태였다. 결국 농촌 지역의 황폐화는 적군인 반란군보다 포위 중인 후난군에게 훨씬 더 심각한 징조였던 셈이다. 양쯔강을 따라 이어진 보급로가 여전히 열려 있고 아무런 방해도 받지 않았지만, 1864년 봄에 이르러서는 그 보급로를 통해 얻을 수 있는 식량이 많지 않았다. 병사들은 쌀죽으로 연명할 뿐, 그 밖에는 아무것도 없었다. 그는 대대 지휘관들이 부하들에게 더 나은 식량을 제공하지 못하는 것에 수치심을 느껴 영내에서 더 이상 기강을 잡지 못할까봐 걱정했다. 증국전은 부관에게 이렇게 털어놓았다. "식량이 곧 바닥날 텐데, 더 구할 곳도 없다. 한 달 안에 이 도시를 함락시키지 못하면 우리 군대 전체가 산산이 부서지고 말 것이다."[29]

난징 성내는 다른 세상이었다. 4월이 되자, 난징의 북쪽 끝에 위치한 탁 트인 대지에는 주둔군의 첫 번째 작물인 밀이 처녀지의 흙을 뚫고 나오면서 푸르름이 돋아났다. 주변 수백 킬로미터의 풍경과는 대조적으로, 그들의 땅은 비옥함과 경작의 오아시스였다. 증국번의 제독 한 명은 멀리서 망원경을 통해 그들의 노동의 결과를 바라보며 부러움과 씁쓸함을 느꼈다. 성내의 반란군이 풍작을 기대하는 동안, 그의 부하들은 빠른 시일 내에 포위를 끝내지 못하면 굶주림에 시달릴 처지에 놓여 있었다.[30]

증국전의 군대는 초여름까지 버틸 수 있었지만, 베이징의 압력이 거세지기 시작했다. 정부의 인내심이 다해가고 있었던 것이다. 정부는 더 이상 지체하지 말고 난징을 정복할 것을 요구했다. 그러나 증국전은 난징 탈환의 공로를 온전히 자신에게 돌리고 싶어서, 이홍장의 안후이군을 난징으로 불러들여 자신의 후난군 병력을 보충하자는 제안을 받아들이려 하지 않았다. 총지휘관인 증국번은 승리에 대한 기대와, 동생이 계속 고집스럽게 지원을 거부하면 난징에 있는 동생의 군대가 보급 부족으로 무너질지도 모른다는 걱정 사이에서 갈등했다. 그는 동생의 허영심을 질책했다. 6월 19일 증국전에게 쓴 편지에서 그는 이렇게 말했다. "난징 정복의 공로가 어째서 오로지 너에게만 주어져야 하느냐? 하늘 아래 가장 이름난 사람이 어째서 단 한 명이어야 하느냐?"[31] 증국번은 베이징 조정에서 벌어지는 정치에 대해 동생보다 잘 알고 있었고, 동생은 그 방면에 경험이 없었다. 그래서 결국 증국번은 난징 공격에 동참하도록 이홍장을 불러들였다. 그러지 않으면 자신의 가문이 제국의 이익보다 개인적 야망을 중시한다는 비난을 받으리라는 것을 알고 있었던 것이다. 이홍장은 스승의 곤경을 존중해, 정중하게 난징 공격에 나서지 않을 핑계를 댐으로써 증국번 가문만이 계속 난징 탈환을 위해 싸우게 해주는 동시에 조정의 비판도 누그러뜨렸다.[32]

이 당시 증국전의 난징 포위 시설은 어떤 기준으로 보더라도 경이로울 정도로 규모가 확대되어 있었다. 후난군은 습지를 통과하는 약 5킬로미터 길이의 보급로를 구축해, 강을 증국전의 위화타이 사령부 약 3킬로미터 이내의 단단한 땅과 연결시켜놓았다. 찰스 고든은 상승군이 해체된 후 개인 자격으로 그곳으로 증국전을 방문했는데, 난징의 고요한 지붕들을 내려다보는 언덕 꼭대기 전망대에 선 고든은 마침내 성벽이 무너진다면 저항은 거의 없으리라는 것을 알 수 있었다. 그는 다음과 같이 언급했다. "수 킬로미터에 걸쳐 성벽에는 인적이 없고, 그저 여기저기 한 사람씩, 아무 지원도 받을 수 없이 뚝 떨어져 있을 뿐이다." 모든 것이 고요했고, "죽음과 같은 고요함"이 그 넓은 도시를 뒤덮었다.[33]

눈으로 볼 수 있는 한 가장 멀리까지 보루들이 줄을 지어 그 반란군 도시를 둘러싸고 있었다. 수 킬로미터에 걸쳐 끊임없이 이어진 목재 흉벽 사이에는 간간이 진흙 요새가 있었다. 이런 진흙 요새는 백 개가 넘었고, 각 요새 안에는 수백 명의 병력이 있었다. 몇몇 지점에서는 그 요새가 성벽과 100미터 정도로 위험할 만큼 가까이 붙어 있었지만, 위에서 그 요새들을 향해 총을 쏘는 사람은 아무도 없었다. 실제로 고요와 휴식(어떤 사람들은 지루함이라고 말할 것이다)의 느낌이 이 진흙 진지에 스며들었다. 임시 상점들이 생겨나더니, 상업적 감각이 발달한 지역 주민들이 병사들에게 물건을 팔았다. 눈에 띄는 보초는 없었다. 후난군이 나태한 것은 아니고, 당분간은 기다리고 시간을 때우는 것 말고는 할 일이 없었기 때문이다. 진짜 일은 지하에서 눈에 띄지 않게 진행되고 있었다.

성벽을 뚫을 포가 없어서 후난군은 성벽 도시를 함락시키는 더 오래된 방법, 즉 성벽 아래로 굴을 파는 방법을 택했다. 증국전의 병사들은 성벽 주위에 여러 개의 구덩이를 팠다. 그들은 해자가 끊어지거나 파고들 공간이 있을 만큼 성벽에서 멀찍이 떨어져 있는 곳에서 약 4.5미터 땅을 파고 내려간 다음, 성벽을 향해 수평으로 땅을 파기 시작했다. 그러나 해자가 성벽을 보호하고 있는 곳에서는 그 아래를 안전하게 우회하기 위해 약 27미터 깊이까지 비스듬히 파내려가야 했다.[34] 그들은 성벽에 종종 모습을 드러내는 감시병들에게 자신들의 역작을 들키지 않기 위해 구덩이 앞에 서둘러 방책을 만들었다. 그러나 각 땅굴이 길어지면서 땅굴 작업자들이 파낸 돌무더기가 그것을 가리는 나무 방책보다 높이 올라가게 되었다. 다른 문제점도 있었는데, 얕은 땅굴들이 길어질수록 구덩이 위 지표의 풀들이 갈색으로 변해서 감시병들이 알아볼 수 있을 정도로 뚜렷한 경로를 남긴다는 것이었다.[35]

땅굴은 폭 약 1.2미터, 깊이 약 2미터였고, 내부는 목재와 나뭇가지로 이루어진 틀로 받쳐져 있었다. 땅굴 위에 물이 없을 경우 환기를 위해 지표면과 연결되는 수직 구멍들을 뚫었는데, 이 구멍들은 질식은 막았지만, 역시 감시병들의 주의를 끌 위험이 있었다. 한편 성내에서는 태평천국군이 감시병들의 안내를 받아, 바깥쪽으로 천천히 대항 땅굴을 파고 있었다. 그리고 들어오는 땅굴의 벽에 구멍을 뚫는 데 성공할 경우 그들은 풀무를 사용해 유해한 연기를 가득 퍼붓기도 했고, 끓는 물이나 하수를 흘려보내 작업자들을 익사시키고 땅굴을 쓸모없게 만들기도 했다.[36] 딱 한 번 후난군의 땅굴이 성벽에 충분히 접근해서 폭약을 터뜨렸는데, 폭약은 충분한 폭발력을 내지 못했고, 후난군이 진입하기에 충분한 틈을 만들어내지 못했다. 그 경우 반란군은 기존 성벽 뒤에 새로운 성벽을 쌓아 손상 지점을 차단했다.

6월에 이르러 후난군은 성벽 주변 30곳 이상에 땅굴을 파놓은 상태였지만, 4000명의 땅굴 작업자가 목숨을 잃은 것 말고는 아무런 성과도 내지 못하고 있었다.[37] 그러나 7월 3일 그들은 마침내 그 도시 동쪽에 위치한 '용의 어깨' 기슭의 '땅 요새'를 점령했다. '땅 요새'는 남쪽에 있는 위화타이의 석축 요새처럼 성 내부를 살펴볼 수 있는 곳이었고, 심지어 더 높은 위치에서, 그리고 성벽과 실제로 접촉할 수 있을 정도로 더 가까운 위치에서 살펴볼 수 있는 곳이었다. 그 요새를 손에 넣은 증국전의 부대는 '용의 어깨' 경사면에 100문이 넘는 대포들로 이루어진 포대를 설치했고, 밤낮으로 끊임없이 성벽에 집중 포격을 가하기 시작했다. 포탄이 엄청난 소리를 내며 성벽을 때렸고, 맞은편 건물들과 지면을 폭파했고, 감시병과 땅굴 작업자들이 안전한 곳으로 서둘러 대피하게 했다. 그들은 요새와 성벽 사이의 틈을 돌무더기, 흙, 짚더미로 메우기 시작했다. 그냥 걸어서 성벽을 넘어 성안으로 들어갈 수 있을 정도로 지면을 높일 요량이었다. 그리고 그들의 포격의 엄호 아래, '용의 어깨' 기슭의 땅 밑에서 증국전의 더할 수 없이 야심에 찬 땅굴이 계속 길어지고 길어졌다.

땅굴은 약 64미터 밖에서 시작되었는데, 중추가 되는 땅굴은 성벽을 향해 곧장 뻗어나갔고, 하루에 5미터씩 흙과 돌을 뚫고 나아갔다. 거의 15미터 두께의 성벽 기슭에 가까워졌을 때 땅굴은 여러 갈래로 갈라졌고, 각각의 땅굴이 성벽 아래로 나아가 위쪽의 거대한 구조물 아래에 간격을 두고 빈 공간들을 만들어냈다. 수비군은 거기 땅굴이 있다는 것을 알았지만, '용의 어깨'의 포대에서 끊임없이 땅을 뒤흔드는 포격이 가해지는 탓에 대항 땅굴을 뚫는 것은 불가능했다. 7월 15일, 무더운 한밤중에 이수성은 수백 명의 기병과 함께 태평문 밖으로 돌격해 땅굴 입구의 방책을 습격하려 시도했지만, 후난군에 밀려 다시 성안으로 돌아갔다. 3일 후 땅굴이 거의 완성되자 증국전은 성벽 아래 공간들에 폭발물을 설치하라는 명령을 내렸다. 그동안 너무 많은 실패로 인해 성공을 간절히 원하고 있었고 베이징의 조정이 인내심을 잃을까봐 염려하고 있었던 증국전은 이번에는 폭약의 과다한 양이라는 실수를 범했다. 그의 병사들은 총 20톤의 화약을 담은 6000개의 자루를 성벽 아래에 두었다.[38]

7월 19일 정오에 그들은 땅굴을 폭파시켰다. 엄선된 400명의 노련한 병사로 이루어진 대대가 성벽에 구멍이 뚫리면 안으로 뛰어들어 근접전을 개시할 결심으로 검을 꽉 쥔 채 성벽 바로 앞 땅바닥에 웅크리고 있었다. 대대 뒤쪽으로 좀 떨어진 곳에서는 '용의 어깨' 경사면에서 1000명 이상의 병사가 뒤따를 준비를 하고 있었다. 불 붙은 도화선이 지지직거리면서 구덩이 안으로 천천히 내려가더니 땅굴의 어두운 입구 속으로 사라졌다. 땅 위에서 걱정스럽게 시간이 길어지고 있을 때(처음 5분이 지나갔고, 그다음 10분이 지나갔고, 그다음 20분, 30분이 지나갔다) 도화선은 보이지 않게 땅 밑에서 천천히 자기 길을 가면서 땅굴의 거친 바닥을 따라 불꽃을 일으켰고, 마침내 거미 다리처럼 갈라져 마지막 지점인 여러 목표물을 향해 나아갔다. 그때 땅이 무섭게 흔들리며 거대한 벽이 솟아올랐다. 연기와 돌들이 굉음을 내며 솟구쳐 올라 하늘을 완전히 뒤덮었다가 다시 쏟아져 내렸는데, 화강암 파편들이 너무나 치명적이어서 아래 웅크리고 있던 400명의 선두 대원을 모두 으스러뜨렸다. 그러나 그들의 찢기고 부서진 몸 위에서 검은 연기가 걷히자, 성벽을 뚫은 60미터쯤 되는 너비의 틈이 드러났다.[39]

폭발음이 멀리까지 울려 퍼지자, '용의 어깨'에 주둔하던 후난군 병사들은 함성을 지르며 언덕 아래로 달려 내려가기 시작했다. 그들은 검을 높이 든 채 성벽의 틈으로 쇄도했고, 잔해와 죽은 동료들의 시신을 넘어 태평천국 수비군과 정면으로 맞섰다. 수비군 대열을 뚫은 첫 번째 병사들은 손에 지도를 들고 그 도시의 넓은 거리를 일직선으로 나아가 천왕의 궁으로 직행했다. 그러나 이수성이 앞질러 그곳으로 갔고, 홍수전의 아들인 유주가 그들에게 잡혀가지 않도록 그를 데리고 사라졌다. 첫 번째 후난군 부대가 천왕의 궁에 도착했을 때 그곳은 섬뜩할 정도로 텅 비어 있었고 조용했는데, 천왕이 이미 죽은 뒤였기 때문이다. 천왕은 그들이 성벽을 부수기 6주도 더 전에 아마도 질병으로 사망했고, 그들이 도착했을 때는 이미 예복 차림으로 확실하게 매장되어 있었다.(증국번은 나중에 그의 시신이 진짜인지 확인하기 위해 무덤을 파헤쳤다.)[40] 당황한 그들은 증국전에게 유주가 자살했다고 보고했다. 다른 부대들은 성벽 안쪽을 돌며 뒤에서 성문을 공격하여 반란군 수비대를 몰아냈고, 육중한 성문을 열거나 사다리를 올려 다른 후난군 병력이 사방에서 성내로 쏟아져 들어오게 했다.

그날 저녁, 점령의 혼란 속에서 이수성은 가족에게 눈물 어린 작별을 고한 뒤, 후난군 병사들로 변장한 채 말을 탄 작은 부대와 함께 유주를 데리고 난징의 거리를 지나갔다. 저물어가는 해의 밝은 빛을 등지고 그들은 성벽의 틈으로 돌격했고, 기습 공격을 받은 보초병들을 돌파하고 황혼 속으로 사라졌다.[41]

후난군 부대가 이수성을 찾아내지 못하자 증국전은 당황했다. 증국전은 유주가 자기 아버지와 마찬가지로 죽었다고 잘못 생각했지만, 만약 이수성이 무사히 달아났다면 그는 어디서든 다시 부대를 편성해 저항을 계속할 수 있으리라는 것을 알았다. 난징 정복을 위한 오랜 싸움은 허사가 되고 말 것이다. 전쟁은 결코 끝나지 않을 것이다. 그러나 결국 그들은 이수성을 붙잡았다. 성벽에 난 틈으로 빠져나온 뒤 밤이 되도록 자신들을 뒤쫓는 기병대를 피한 이수성은 유주가 도망갈 수 있도록 그에게 자신의 준마를 내주었고, 자신에게는 쇠약한 늙은 말을 남겼다. 이 말은 이내 탈진하여 더 달리기를 거부했다. 그는 어린 왕을 다른 사람들과 함께 먼저 보냈고, 기병 몇 명만 자신의 일행으로 남겼다. 그리고 난징 남쪽으로 약 20킬로미터 떨어진 어떤 산비탈의 버려진 절로 피신했다.

그 작은 반란군 무리는 보급품도 없었고 계획도 없었다. 결국 일단의 지역 농민들이 그들을 발견했고, 이수성이 누구인지 알게 된 사람들이 울며 그의 앞에 무릎을 꿇었다. 그들은 이수성에게 붙잡히지 않도록 변발을 하라고 애걸했고, 그에게 숨을 곳을 마련해주려 했다. 하지만 마을 사람들 중에는 이 낯선 방문자가 누구인지 알아내고 그를 고발하면 부를 얻을 수 있다고 생각한 사람들이 있었다. 그중 두 명(그들을 그는 "악당"이라고 불렀다)이 그를 붙잡아, 그가 탈출한 지 불과 3일 만인 7월 22일 증국전의 군대에 넘겼다.[42]

유주의 행방은 알 수 없었지만, 증국전은 결국 충왕 이수성을 손에 넣었다. 그는 모두가 가장 탐내는 포로였고, 반란군 최후의 훌륭한 지휘관이었다. 그의 지도력이 없더라도 태평천국의 병사들은 계속 싸우고 살아남았을지도 모르고, 심지어 먼 곳으로 가 직접 작은 왕국을 세울 수 있었을지도 모르지만, 이수성의 지휘 아래 누렸던 기세를 되찾을 수는 없었을 것이다. 이수성이 붙잡히면서 전쟁은 사실상 끝이 났다.

후난군의 자랑스러운 기강은 난징 함락과 함께 완전히 무너졌다. 민병대원들은 무급에다 잘 먹지도 못하고 지냈는데, 가족과 집을 떠나 수년간 치열한 전투를 치른 끝에 최종 목표 달성에 성공하자 대열을 이탈해 반란군 수도를 통제 불능의 약탈로 황폐화시켰다. 증국전은 병사들에게 민간인을 살해하거나 여성을 납치하는 것을 금지하는 포고령을 내렸지만, 지휘관들은 병사들이 미쳐 날뛰어도 아무 관심도 보이지 않았다.(심지어 어떤 때는 돕기까지 했다.) 그들에게 맞서는 반란군은 거리에서 죽임을 당했고, 젊은 여성들은 끌려갔으며, 남아 있는 건장한 남성들은 짐꾼으로 동원되어 금, 은, 비단, 모피, 옥 등 그 도시에서 약탈한 엄청난 양의 전리품을 날라야 했다. 심지어 약탈 행위에 대해 조사하기 위해 그 도시에 들어간 증국전의 부관들 중 일부도 몰려다니는 후난군 병사들 패거리에게 강탈당하고 구타당했다.[43] 제일 먼저 병사들은 궁들에 불을 질렀다. 그런 다음 집들도 불태웠다. 그러자 마치 도시 전체가 불타고 있는 것 같았다. 파괴된 수도에는 며칠 동안 자홍색 장막이 드리워져 있었고, 7월 25일 오후에 폭우가 내려 마침내 도시를 깨끗이 씻어냈다.[44]

증국전의 부관은 7월 26일에 그 도시에 들어왔고, 그 안에서 벌어지고 있는 일에 충격을 받았다. 아직 살아 있는 반란군은 후난군 병사들을 위해 짐을 나르거나 땅에 묻힌 보물들을 파내는 일을 돕고 있는 듯했다. 그가 보기에 그들은 나중에 풀려나거나 적어도 그 도시에서 도망칠 것 같았다. 그러나 다른 사람들은 그렇지 않았다. 나이 든 사람들은 마구 죽임을 당했다. 강제 노역에 동원될 수 없는 병자와 허약자들도 마찬가지였다. 거리를 따라가며 본 널브러진 시체 대부분은 노인이었지만, 아이들도 셀 수 없이 많았다. 그는 일기에 다음과 같이 기록했다. "어린이와 걸음마 단계의 아이들, 심지어 두 살도 안 된 아이들까지 그저 재미의 대상으로 난도질당하거나 칼에 찔렸다." 그가 식별하기로는 그 도시에 마흔 살 미만의 여성은 한 명도 남아 있지 않았다. 숨이 붙은 사람들은 땅바닥에 엎드려 있었다. 감춰둔 귀중품들의 위치를 알아내려 그들을 고문했던 병사들에게 신체를 훼손당한 흔적이 보였다. "열 개, 열두 개의 베인 상처가 난 사람도 있었고, 상처가 그보다 몇 배 많은 사람도 있었다. 그들의 울음소리와 신음이 사방으로 퍼져나갔다."[45]

이 모든 일이 자기 군대의 소행이라는 데는 의심의 여지가 없었다. 그는 증국전의 지휘관들 중 학살과 약탈에 가담한 것으로 자신이 알고 있는 몇몇 사람의 이름을 일기에 적었고, 분노에 차 이렇게 썼다. "그들이 어떻게 장군을 대할 수 있겠는가? 어떻게 황제를 대할 수 있겠는가? 어떻게 하늘과 땅을 대할 수 있겠는가? 스스로를 대할 수 있겠는가?" 거리에서 썩어가는 시체들로 인해 악취가 진동했고, 증국전은 도시를 통과하는 탁 트인 길을 확보할 수 있도록 적어도 시체들을 길가로 끌어다놓고 잔해로 덮어놓으라는 미약한 명령을 내렸다.[46]

난징에서 끌려간 수천 명의 젊은 여성에게 무슨 일이 일어났는지에 대해서는 알려진 바가 거의 없지만, 적어도 한 여성은 난징 함락 후 자신에게 일어난 일에 대해 기록을 남겼다. 그녀의 이름은 황수화였고, 당시 그녀는 열여섯 살이었다. 그녀는 병사들이 와서 어떻게 했는지를 다음과 같이 말했다. "그들은 마당에서 나의 오빠 둘을 죽인 다음, 집 안의 방들을 뒤졌다. 힘센 병사들 중 한 명이 나를 붙잡아 끌고 나갔다. 남동생이 그 병사의 옷을 잡아당겼고, 어머니는 울면서 그의 앞을 막아섰다. 병사는 화가 나서 소리쳤다. '반란군 추종자들은 모두 죽임을 당할 것이다. 용서는 없다. 이것이 장군의 명령이다!' 그러더니 병사는 어머니와 동생을 죽였다. 큰오빠의 아내가 나오자 그녀도 죽였다. 그러고 나서 병사는 나를 끌고 갔고, 그래서 나는 또 다른 오빠의 아내가 어떻게 되었는지는 알지 못한다. 나는 비탄에 빠져 흐느꼈고, 그에게 욕설을 퍼부었고, 빨리 죽여달라고 빌었다. 하지만 그는 나를 비웃기만 했다. '나 너 좋아해. 너 안 죽여.' 그는 이렇게 말했다."[47]

병사는 후난성의 집으로 데려가기 위해 그녀를 묶어 배에 태웠다. 그는 증국번의 고향인 샹샹현 출신으로, 샹샹현은 증국번의 군대, 아니 청나라의 질서를 되찾기 위한 증국번의 모든 원정이 시작된 곳이었다. 그리고 오랜 세월이 흐른 지금, 증국번이 일으켰던 군대가 마침내 승리의 유산을 챙겨 들고 고향으로 돌아가고 있었다. 그 병사의 마을에서 젊은 여인은 자기 가족 전부를 살해한 남자의 아내로서 남은 인생을 보내야 하는 끔찍함에 직면하게 될 것이었다. 그들이 여정 중 어느 날 저녁 밤을 보내기 위해 여인숙에 들렀을 때, 그녀는 두 장의 종이에 자신의 이야기를 적었다. 그리고 한 장은 자기 몸에 숨기고, 다른 한 장은 여인숙 벽에 붙였다. 그런 다음 그녀는 어떻게든 방법을 찾아 그를 죽였고, 이어서 스스로 목을 맸다.

증국번은 동생의 군대가 성벽을 뚫은 지 9일 후인 7월 28일에 안칭으로부터 도착해 마침내 난징을 점령했다. 병력에 대한 통제력은 상실되었지만, 그럼에도 그의 군대 상층부에게는 승리를 축하하고 만끽하는 시간이었다. 동생 휘하의 장교들이 그를 가마에 태워 성벽 주변을 돌며 승리한 전투 이야기를 들려주었고, 여전히 연기를 내뿜고 있는 파괴의 현장을 보여주었다. 밤마다 시와 연극, 술과 노래, 기억과 망각의 멋진 결합이 펼쳐졌다. 장교, 부관, 참모들이 둘러앉은 100개 이상의 식탁이 차려진 대연회에서 가극이 공연되었다. 그리고 증국번의 승리의 소식이 베이징에 다다르면 이내 청나라 정부로부터 찬양이 쏟아질 것이었다. 제국의 수도는 조용해지고 태후는 눈물을 흘릴 것이었다.[48]

그러나 태후는 멀리 떨어져 있었고, 난징에서는 그의 전쟁이 끝난 것이지 청나라의 전쟁이 끝난 것은 아니었다. 증국번은 난징 함락에 대한 자신의 보고서에 거짓을 흩뿌려, 반란군 10만 명이 전투에서 죽었다고 주장했고, 자기 가족과 군대의 영광을 부풀렸고, 민간인에 대한 약탈과 잔혹 행위를 은폐했다. 그는 조정이 무엇을 알게 할지를 조심스럽게 통제했다. 이를 위해 그는 난징에 도착한 날부터 이수성에 대한 심문을 인계받았다. 후난군 지휘관들은 이수성이 포로로 잡힌 지 일주일 만에 이미 그에게서 긴 자백을 받아낸 상태였다. 그의 출신과 전쟁사를 상세히 서술하고 그가 했던 전술적 결정을 설명한 기록이 여러 장 되었는데, 그중 많은 부분을 그들은 여전히 이해하지 못했다. 심문을 시작하는 영예는 증국전에게 주어졌고, 그는 노골적으로 즐거워하며 이 일을 맡았다. 그의 주요 도구는 송곳과 칼이었고, 다른 사람들이 말리기도 전에 그는 이수성의 팔 일부를 잘라냈다.[49]

7월 28일 증국번이 심문을 넘겨받았을 때, 마침내 내전의 두 총지휘관, 비바람을 견뎌낸 백발의 두 총지휘관이 처음으로 직접 마주하게 되었다. 한쪽에는 떡 벌어진 어깨의 증국번이 있었다. 그는 피곤한 눈의 학자였고, 그의 긴 수염은 회색빛으로 변해가고 있었다. 다른 쪽에는 강단 있어 보이고 안경을 쓴 이수성이 있었다. 그는 숯 굽는 일을 하다가 한 나라의 군대를 지휘하는 인물로 떠올랐다. 그러나 이것은 미국의 남북전쟁이 끝나던 때와는 너무도 달랐다. 이 대등한 두 인물 사이에는 회한과 존중의 애틋한 분위기가 감돌지 않았다. 패배자에게 그것은 화해의 서곡도, 굽이치는 농장에서의 황혼기의 서곡도 아니었다. 이 전쟁은 항복이 아니라 전멸로 끝났다. 증국번은 이후 저녁마다 이수성의 5만 자에 달하는 자백을 편집하는 데 긴 시간을 보냈다. 그는 자신의 군대를 좋게 말하지 않는 대목은 삭제했고, 정부에 제출하기 위해서 그 기록을 복제해 실로 묶었다. 그러고 나서 그는 이 반란군 장수를 청나라의 수도에 산 채로 보내라는 명령이 베이징으로부터 내려왔다는 것을 알면서도 무심하게 이수성의 처형을 명했다.[50]

외국인이 마지막으로 홍인간을 본 것은 난징 함락 직전에 후저우에서였다. 패트릭 넬리스라는 용병이 그곳에 있었는데, 그는 원래 셰러드 오즈본 함대의 선원이었으나 반란군에게 끌려가 그 도시의 방어를 돕고 있었다. 7월 초였고, 왕국은 사방에서 무너지고 있었지만 후저우의 성벽은 아직 버텨내고 있었다. 홍인간과 또 다른 왕은 단상에서 안뜰에 모인 사람들에게 연설을 했다. 연설은 몇 시간이나 계속되는 것만 같았다. 넬리스는 중국어를 전혀 할 줄 몰라서, 자기가 아는 몇몇 지명밖에 알아들을 수 없었다. 쑤저우. 항저우. 그들은 지고 있었다. 장시성. 그들은 도망칠 것이다. 연설이 끝난 후 홍인간은 단상에서 내려와 그에게 다가왔다.

홍인간은 넬리스에게 영어로 말했지만, 그간 영어를 사용하지 않은 탓에 그의 말은 느리고 더듬거렸다. 과거의 유창함은 사라지고 없었다. 선교사들이 홍인간의 궁으로 그를 만나러 오곤 했던 때로부터 오랜 시간이 흘렀다. 그가 외국인 친구들에게 스테이크와 와인으로 저녁 식사를 대접하고, 영어로 찬송가를 불러주던 때로부터 오랜 시간이 흘렀다. 그가 외국인 친구들과 함께 아름다운 홍콩에서의 즐거웠던 지난날에 대해 추억하고, 왕국의 미래에 대한 빛나는 희망으로 외국인 친구들의 마음을 빼앗던 때로부터 오랜 시간이 흘렀다. 그 세계는 이제 가고 없었다. 그의 희망은 모두 사라졌다.

그는 넬리스에게 국적이 어디인지 물었다.

"영국입니다." 넬리스가 대답했다.

"나는 좋은 외국인을 만나본 적이 없소." 홍인간이 말했다.[51]

저들은 마침내 10월 초에 그를 따라잡았다. 7월에 이수성이 붙잡히자, 홍인간은 후저우를 떠나 유주의 호위를 맡았다. 그들은 병사와 기병들의 초라한 호위를 받으며 거의 석 달간 생존하면서 장시성 남부까지 내려갔다. 그곳은 난징에서 서남쪽으로 640킬로미터 넘게 떨어져 있었고, 그가 오래전 처음 남쪽으로부터 올 때 지나온 메이링 고개에서는 불과 240킬로미터밖에 떨어져 있지 않았다. 안전한 곳을 찾아 헤매던 그들은 청국군이 그들의 흔적을 쫓고 있을 때쯤에는 떠나온 함락된 수도보다 광저우와 홍콩에 더 가까워져 있었다. 그들의 도주는 '돌벽'이라는 마을에서 동북쪽으로 24킬로미터 떨어진 외딴 산악 지대에서 끝났다. 홍인간은 누더기 옷을 입은 행렬의 맨 뒤를 따라가고 있었다. 말과 병사들이 지쳐 있었기에, 그들은 걸음을 멈추고 야영을 했다. 본능적으로 그는 좁은 시골길을 따라 어둠 속으로 계속 나아가야 한다고 생각했지만, 길을 안내해줄 현지 안내자가 없었다. 공격은 자정 무렵에 예고 없이 닥쳤다. 초병은 잠이 들어버렸을 것이다. 그들이 갑옷을 입거나 말에 오를 시간도 없이 청국군 병사들이 그들을 덮쳤다. 홍인간은 도보로 혼자 어둠 속으로 도망쳤고, 나무들 사이를 맹렬히 달려 어두운 산속으로 들어갔다. 그러나 결국 그는 더 나아갈 길이 없는 곳에 이르렀다.[52] 뒤에도 더 이상 길이 없었다.

맺는말

1864년 7월 증국번이 난징에 도착해 그 도시를 장악했을 때, 청 왕조에게는 그것이 승리의 순간일 뿐 아니라 공포의 순간이기도 했다. 당시 증국번은 중국 전체에서 가장 강력한 사람이었기 때문이다. 반란군의 수도는 완전히 파괴되었다. 증국번의 군대는 막강했다. 그는 중국 동부와 중부에서 사실상 절대적 군사 권력을 행사했다. 게다가 그는 왕조의 완전한 통제하에 있은 적이 없었다. 그의 후난군이 베이징 정부의 통치를 유지하기 위해 싸우긴 했지만, 그의 군 지휘는 왕조의 직접적인 영향력 아래서 크게 벗어나 있었다. 왕조가 반란군과의 전쟁을 끝까지 밀고 나가기 위해 거의 전적으로 그에게 의지하고 있던 바로 그때에도, 베이징에서 그의 행동이 크나큰 불안 속에 주시되지 않은 순간은 없었다.[1] 나중에 밝혀졌듯이, 증국번이 "중국 중앙에서 막강한 권력 경쟁자"가 될 것이라는 프레더릭 브루스의 우려는 진짜 그림의 일부를 포착한 것에 불과했다. 태평천국의 몰락 후 여러 세대 동안 전해내려온 이야기는, 동생 증국전을 포함해 증국번의 여러 고위 지휘관이 흔들리는 청나라는 종말의 운명에 내맡겨두고 난징

에서 증국번 자신이 중국의 새로운 황제로서 권력을 잡을 때가 왔다고 그에게 조언했다는 것이다.[2]

그러나 증국번은 그렇게 하지 않았다. 사실 난징 원정이 막바지에 접어들었을 때부터 그는 이미 자신의 군대를 해체하고 자신의 군사적 힘을 포기할 준비를 하고 있었다. 전쟁이 끝난 후 그는 장시성, 장쑤성, 안후이성의 총독이라는 굉장한 지위를 유지하면서, 난징에 있는 자신의 집무실에서 중국 동부 지역의 재건을 감독하게 된다. 그의 집무실은 그의 명령에 따라 천왕궁의 폐허 바로 위에 지어진 으리으리한 건물에 자리 잡고 있었다. 하지만 승전 장군 증국번이 이제 북쪽 베이징으로 군대를 보내 만주족 황제를 몰아내고 청나라의 혼란을 수습할 것인지를 중국과 해외의 관찰자들이 초조하게 지켜보고 있을 때, 그는 권력을 이양하고 병사들을 집으로 돌려보낸 뒤 그저 제국 관료제 내의 한 문관으로서 여생을 보내기로 이미 마음먹고 있었다. 물론 가장 강력한 문관이겠지만, 여전히 어린 황제와 그의 섭정인 태후의 관리이자 충신일 것이었다.

증국번에게서 드러난 권력과 복종의 조합, 모순되어 보이는 이 조합은 그를 무자비한 군사 지도자로 아는 사람들에게는 당혹스러운 면이었는데, 이는 그의 내적 자아와 외적 자아가 뚜렷이 분리된 결과였다. 외적으로 그는 실로 뛰어나고 무자비한 장군이었고, 전쟁이 끝날 무렵에는 거의 무한한 권력을 손에 쥐고 있었다. 그는 전투로 단련된, 중국에서 가장 무시무시한 군대를 이끌었다. 그 군대는 그의 고향인 후난성 출신의 병사들로 구성되어 있었고, 오직 그에게만 충성했으며, 그를 신처럼 여겼다. 그는 수많은 사람의 죽음을 차분하게 평정심을 유지하며 받아들였다.(물론 자신이 전쟁에서 죽음을 맞을 가능성을 생각할 때도 그 같은 평정심을 유지했다.) 이러한 증국번은 용굉이 "명실공히 중국의 최고 권력자"로 여긴 인물, 프레더릭 브루스가 제국의 중앙을 장악할 것으로 우려한 인물이었다. 이러한 증국번은 청나라 정부가 두려워한 인물이었는데, 정부가 그를 통제할 수 없었고, 그가 정부의 명령을 자기 마음대로 따르기 일쑤였기 때문이다.

형제, 아들들, 그리고 소수의 가까운 친구만이 알고 있는 내면의 증국번은 깊은 위엄과 온화함을 지닌 데다 의심과 우울에 시달리는 사람이었다. 그는 장군이 되고자 한 적이 한 번도 없었다. 그는 자신의 지휘나 힘에 대해 정말로 확신을 가져본 적이 없었다. 그는 무엇보다 책으로 돌아가 조용히 학문에 전념하는 삶을 살고 싶어하는 사람이었다. 그리고 그런 사람에게는 전쟁이 끝났는데도 권력을 쥐고 있는다는 것은 상상도 할 수 없는 일이었다. 증국번은 베이징 정부 관료들의 부패, 탐욕, 무능에 대해 회의적일지언정, 황제 자신의 정통성에 대해서는 결코 의문을 제기하지 않았다. 증국번의 충성심은 일종의 종교적인 것이었다. 즉, 하늘이 제국의 통치자를 선택했으니, 조정의 참모, 대신들이 무슨 말을 하든 무슨 일을 하든 하늘의 선택에 따른 것이어야 한다는 믿음이었다.

왜 증국번 스스로가 왕위에 오르지 않았는지 훗날 의아해한 사람들(그런 사람이 많았을 것이다)은 중국 통치자라는 지위가 탐낼 만한 것이라고 상정하고 있었다. 그러나 증국번에게 권력이란, 특히 그가 살았던 격동의 시대를 고려할 때, 두려운 전망을 보여주는 것이었다. 그것은 실패에 대한 공포, 자신에게 주어진 막중한 책임을 다하지 못하는 것에 대한 공포를 불러일으켰고, 더 나아가 자신의 권력과 영향력이 전례 없는 수준으로 커진다면 한계를 넘었다는 이유로 신의 징벌이 내려 자신을 짓밟을 것이라는 끊임없는 공포를 불러일으켰다. 그는 양심 있는 황제라면 제국의 온 무게를 어깨에 짊어진 채, 그리고 즉위식부터 죽음에 이를 때까지 하늘의 날카로운 심판의 눈을 절대 벗어나지 못한 채 두려움 속에서 살아가게 된다는 것을 알고 있었다. 증국번은 전쟁 말기에 안후이성에서 그러한 책임감을 조금이나마 겪어보았고, 그것이 자신이 상상할 수 있는 가장 저주받은 삶임을 깨달았다. 중국의 황제는 부러움의 대상이 아니라 동정의 대상이었다.

난징이 무너진 지 한 달도 채 안 된 1864년 8월에 증국번 군대의 동원 해제가 시작되었지만, 그 도시가 함락되기 전부터 이미 증국번은 준비에 들어가 있었다. 5월에 그는 몸이 아프다는 이유로 휴가를 냈는데, 그가 동생 증국전에게 설명한 바에 따르면 그것은 사실 자신의 권력에 대해 점점 의심을 품는 비판자들을 피해 전쟁이 끝난 후 종적을 감추기 위한 구실이었다. 그는 증국전에게도 똑같이 하라고 권했다. 증국번은 동생에게 이렇게 썼다. "만약 운 좋게 난징이 함락된다면, 우리 형제는 물러나야 할 것이고, 이것이 우리의 대비책이 될 수 있다."[3] 그러나 증국전은 형의 조언에 분개했고, 증국번은 이러한 증국전에게 통렬한 편지를 보내 시키는 대로 하라고 경고했다. 그는 증국전이 경제적 권력을 확대하려 한다는 추측이 담긴 세무국의 상소를 이미 본 적이 있었고, 동생에게 다른 사람들의 시기심을 불러일으키지 말라고 훈계했다. 그는 다음과 같이 썼다. "재정에 대한 권력을 찬탈한 군 지휘관들은 국가에는 해악밖에 가져오지 않고, 가족에게는 피해밖에 가져오지 않는다. 설령 네가 완전히 바보라 할지라도, 모략을 피하기 위해서는 권력과 거리를 두어야 한다는 것을 모르지 않을 것이다."[4]

시야에서 멀어지려는 그의 노력에도 불구하고 조정의 공격이 곧 시작되었다. 먼저 증국번의 동생 증국전과 그의 부하들에게 약탈과 관리 부실의 혐의가 제기되어, 그들은 부패, 강탈, 규율 미준수에 대해 비난받았다.[5] 그런 다음 베이징의 비판자들은 증국번 자신에 대해 비판하기 시작했다. 그들은 증국번이 엄청나게 많은 개인 재산을 약탈함으로써 중국 동부의 백성에게 고통을 주었다고 비난했다. 그리고 증국번이 능력이 아닌 운으로 높은 지위를 얻었다고 트집 잡았다. 그가 의무를 다하고 더 이상 필요하지 않게 되자, 이제 그들은 건방짐과 오만함을 운운하며 그를 깎아내렸다. 8년 남짓한 그의 여생에 사람들은 그에게 휴식을 허락하지 않았고, 은퇴를 허락하지 않았으며, 직무를 잠시 중단하는 것도 허락하지 않았다. 그의 수염은 하얗게 변했고, 그의 시력은 점점 흐려져 실명할 지경이었다. 전쟁이 끝난 후의 일기는 한탄으로 가득했다. 학문, 집, 사색의 삶으로 돌아가는 꿈은 미뤄지고 또 미뤄져, 결국 그는 죽음과 함께 찾아올 해방을 다시금 애타게 기다리게 되었다. 1867년에 집으로 보낸 편지에 그는 이렇게 썼다. "나는 이 세상보다 거기서 더 행복할 것이다."[6]

가장 널리 받아들여지는 추정치는 19세기 중국 내전으로 인한 사망자 수를 2000만 명에서 3000만 명 사이로 추산한다. 이 수치는 비교 대상으로 삼을 당시의 신뢰할 만한 인구 자료가 존재하지 않는다는 점에서 필연적으로 인상주의적인 것이며, 따라서 정상적이었다면 후대의 중국 인구가 어떤 수준이었을지에 대한 인구학적 추정에 기반한 것이다. 1969년에 발표된 미국의 한 연구에 따르면, 난징 함락 후 거의 50년이 지난 1913년에 이르러서도 중국의 인구는 1850년 이전 수준으로 회복되지 못했다.[7] 1999년에 발표된 중국 학자들의 좀더 최근 연구는 가장 타격이 컸던 5개 성(장시성, 후베이성, 안후이성, 저장성, 장쑤성)에서 1851~1864년 약 8700만 명의 인구가 감소한 것으로 추정했다. 그중 5700만 명은 전쟁으로 사망했고, 나머지는 출산율 하락으로 태어나지 않았다. 연구진이 추정한 모든 성에서 전쟁의 총규모는 7000만 명의 사망, 1억 명 이상의 총인구 감소였다.[8] 최근에는 좀더 높은 이러한 수치가 더 널리 유포되고 있지만, 논란의 여지가 있다. 반박하는 사람들은 사망자들 가운데 전쟁, 질병, 기아로 죽은 사람이 얼마나 되는지, 다른 곳에서 목숨을 잃은 사람이 얼마나 되는지 알 방법이 없다고 주장한다.[9] 그럼에도 불구하고 양쯔강 하류 지역을 여행한 사람들의 지극히 주관적인 삽화적 보고들조차 태평천국 전쟁 이후 수십 년이 지난 지금도 여전히 치유되지 않은 깊은 상처가 중국의 도시와 시골에 남아 있음을 증언해주며, 그러한 수치들은 인류 역사상 가장 치명적으로 여겨지는 이 내전에서 중국을 휩쓴 전례 없는 규모의 파괴와 사회적 혼란에 대해 감을 잡게 해준다.

충격적인 규모의 혼란과 폭력을 감안할 때, 가장 놀라운 결과는 이후에도 청나라가 유지되었다는 것이다. 청나라는 태평천국의 종말

후 몇 년간 그저 맥없이 유지된 것이 아니라 20세기까지 거의 50년 동안 계속됐고, 1911년 신해혁명에 이르러서야 마침내 무너졌다. 그러나 청나라가 태평천국과의 전쟁에서 이겼다고 말하기는 힘들다. 오히려 증국번의 지방 군대와 영국의 무계획적 개입이 복합적으로 작용한 덕분에 청나라가 구제된 것이다. 이 두 독립적인 세력(하나는 내부 세력이고 다른 하나는 외부 세력)은 서로를 깊이 의심했지만, 역사적으로 돌이켜보면, 반란군을 상대로 싸웠던 그들 각자의 전쟁은 이상하게도 어떤 식으로든 공동 작용을 한 것처럼 보인다. 두 세력 다 청나라의 통치를 구하기 위해 싸웠는데, 서로 이유는 달랐지만, 청나라의 지속이 자신들의 미래에 더 나은 결과를 가져오리라 믿었기 때문이다. 증국번은 전쟁 전에 자신에게 큰 보상을 주었던 명예, 인정, 도의, 학문으로 이루어진 체계를 보존하는 것이 더 나은 미래라고 믿어 청나라의 지속을 바랐다. 영국은 일부 영국인(대체로 영향력이 큰)이 청나라의 붕괴를 막고 중국에 태평천국 정권이 들어서는 것을 막는 것이 자국의 무역을 계속 성장시키고, 특히 미국에서 입은 막대한 손실을 메우는 유일한 방법이라고 믿었기 때문에 청나라의 지속을 바랐다.

증국번에게 전쟁의 여파가 낙담이었다면, 영국이 맞은 결말은 더 미심쩍었다. 반란 진압 후 무역이 호황을 이룰 것이라는 예상은 전혀 실현되지 않았다. 오히려 전쟁의 종식은 상하이에 재앙을 안겨주었다. 중국에서 영국의 이익 증가를 태평천국에 맞서는 개입과 연결시켰던 파머스턴 경이 매우 옳았던 것으로 판명되었는데, 단 그가 생각한 이유에서는 아니었다. 영국의 무역에 도움이 되는 것은 평화를 가져오는 것이 아니라 전쟁의 지속이었다. 태평천국의 상하이 점령을 막고 상하이 주변 지역의 폭력을 장기화시킴으로써, 영국의 개입은 중국 상인들, 부, 상품들이 영국 덕분에 지속되고 있는 혼란을 피해 상하이라는 안전지대로 몰려들 수 있는 환경을 조성했다. 상하이로 도피한 부유층이 땅값을 끌어올렸고, 상하이에 외국인 상인들과 재판매를 위한 상품들이 넘쳐나게 했다. 더욱이 양쯔강을 따라 전쟁이 계속되는 동안 중국 상인들은 포격을 피하게 해주는 깃발을 단 외국 선박에 상품을 실어 안전하게 운송하는 데 드는 높은 할증료를 기꺼이 지불했다. 그러나 태평천국이 진압되자 이런 이점들은 사라졌다. 양쯔강이 다시 안전해지자 외국 해운사들은 우위를 많이 잃었고, 피난민들이 떠나면서 상하이 부동산 시장은 붕괴의 길로 내몰렸다. 전쟁 기간의 호황은 장기 불황으로 이어졌고, 영국 최대 기업 두 곳이 파산했다. 아이러니하게도 아무도(특히 파머스턴도) 중국에 평화를 회복하는 것이 영국의 이익에 사실상 부합하지 않았다는 것을 깨닫지 못했다.[10]

영국은 외교적으로도 기뻐할 일이 거의 없었다. 개입은 영국이 기대했던 만주족 정부의 호의나 친절도 가져다주지 못했고, 대외 무역 개방의 재개도 가져다주지 못했다. 프레더릭 브루스는 곧 그의 "만다린 숭배 정책"[11]으로 조롱받게 되었는데, 많은 사람이 그렇게 생각했듯이, 이 정책은 영국 정부를 청나라 통치자들의 앞잡이로 만들어 버렸다. 그러나 중국 전쟁에서의 역할을 받아들임에 있어서 영국이 가진 자존심은 브루스의 주장, 즉 전쟁의 모든 파괴를 초래한 것은 태평천국이고, 태평천국은 무정부 세력에 불과하며, 태평천국은 문명화되고 잘 통치된 모든 것의 적이라는 주장이 거의 만장일치에 이를 정도로 끊임없이 반복된 데 기초해 있었다. 그러한 관점에서 볼 때, 영국의 전쟁 개입이 인도주의적이라는 데는 의심의 여지가 없었다. 이런 견해가 주류가 된 덕분에 찰스 고든과 프레더릭 타운센드 워드는 중국을 파멸에서 구한, 중국 전쟁의 위대한 외국인 영웅으로 역사에 기록되게 되었다. 아편전쟁과 이화원 파괴의 불명예에도 불구하고 고든과 워드는 중국인과 외국인 간의 협력을 상징하는 희망의(심지어 이타적인) 상징으로 남았다. 같은 맥락에서, 이 전쟁은 영어로 내전이 아니라 '태평천국의 반란Taiping Rebellion'이라고 영원히 불리게 되었다. 이 명칭은 청나라 편을 드는 것이고, 태평천국을 정당하고 합법적인 정부에 맞선 한낱 반역자, 그리고 당시의 혼란에 대해 유일하게 책임이 있는 무법자이자 선동자로 만드는 것이다.

반대의 목소리는 거의 없었지만, 당시 자국의 개입 근거에 대해 의문을 제기했던 일부 사람은 그러한 반대가 더 이상 환영받지 못한다는 것을 알면서도 그 후에도 계속 반대 의사를 표명했다. 태평천국 영토를 육로로 여행한 적이 있고 난징 외곽의 배 위에서 몇 달간 지낸 적이 있는 영국 영사 로버트 포레스트는 1867년에 『왕립아시아학회 북중국 지부 저널』에 기고한 글에서 매우 통렬하게 이를 표현했다. 이 글에서 포레스트는 태평천국의 멸망이 결국 중국 제국을 다시 바로 세웠다는 영국의 통념에 대해 이의를 제기했지만, "어떻게 기록되었든, 사실은 편견을 무너뜨리지 못한다. (…) 또한 태평천국의 통치에 대한 내 경험은 그 수도에 오래 머무르며 얻은 것일지라도 기존 관념과 반대된다면 호의적으로 평가되지 않을 것이다"라고 통탄했다.[12]

태평천국 진압 이후 무역이 침체된 것을 지적하며, 그는 전쟁 중에 자국 국민이 반란군에게 보인 증오심에도 불구하고 "만약 내일 투표가 이루어진다면 많은 외국인이 반란군이 되돌아오기를 바라지 않겠는가?"라고 생각했다.

그럼에도 불구하고 그는 동포 중 누구도 진실을 듣고 싶어하지 않는다는 것을 알고 있었다. 그가 경험했듯이, 태평천국이 사람들에게 알려진 바와 달리 실은 괴물이나 메뚜기 같은 존재가 결코 아니라는 진실 말이다. 그는 다음과 같이 썼다.

> 그러나 난징에서 실제로 질서라는 것이 지배했는지 이야기하자면, 그곳에는 여전히 질서가 있었다. 천왕의 장교들 중에 굉장히 영리한 장군들이 있었다. 전쟁터가 아닌 곳에서는 교양 있는 장군들이었다. 태평천국군의 행동거지는 청국군의 행동거지보다 나쁘지 않았다. 그리고 사오싱, 항저우 같은 곳에 사는 주민들은 태평천국 치하의 자신들의 운명이 이 도시들이 수복되어 임시로 이방인 장교들의 손에 넘어갈 경우의 불운한 운명보다 낫다고 주장했다. 만약 내가 증거를 들어가며 이런 이야기를 한다면, 나는 청나라에 새롭게 퍼져나가고 있는 빛나는 정치적 여명을 거스르는 반역자, 신성모독자로 매도당할 것이다.[13]

1911년에 청나라는 마침내 종말을 맞았는데, 그것은 선배들에 대해 잘 알고 있던 새로운 세대의 반만주족 혁명가들에 의해 이루어졌다. 어떤 이들은 변발을 자르고 머리를 길러, 양식화된 태평천국 반란군처럼 보였다. 또 어떤 이들은 증국번을 자기 민족에 대한 최고의 반역자로 비난하는 선전물을 썼다. 그는 만주족이라는 이민족의 왕조를 유지하기 위해 자신의 동류인 수많은 한족을 학살했다는 것이다. 이 새 세대의 가장 뛰어난 지도자는 광둥성 출신의 쑨원이었는데, 그는 태평천국 영웅들의 이야기를 들으며 자랐고, 친구들은 그에게 홍수전이라는 별명을 붙였다.[14]

난징 함락 이후 수십 년 동안, 이홍장, 좌종당을 비롯한 전 장군과 중국 관리들이 국가 부흥을 위한 개혁에 착수하고자 용감하게 노력했음에도 불구하고 중국은 계속 약화되었다. 그들은 태평천국이 멸망한 후 염군의 반란과 무슬림의 반란을 진압하고, 한때 무너졌던 제국의 국내 질서를 회복하는 등 국내적으로는 놀라운 성공을 거두었다. 그러나 외국과의 전쟁에 따른 막대한 배상금으로 국고는 바닥났고, 만주족 조정의 계속되는 부패와 보수성은 광범위한 개혁을 이끌려는 그들의 시도를 방해했다. 국내에는 평화가 있었을지 몰라도, 대외적으로 중국은 작은 나라인 이웃 일본의 숨 막힐 듯한 부상으로 인해 뒤로 밀려나 있었다. 다시 한번 일본은 중국의 부정적인 사례에서 이득을 보았다. 1850년대에 일본 정부가 공공연한 적대감 없이 외국과 조약을 맺음으로써 아편전쟁을 피했던 것처럼, 1860년대에 영향력 있는 젊은 사무라이들은 내전을 끝낸 중국을 극적인 변화 없이는 자국이 어떻게 될지에 대한 경고로 여겼다. 1860년대 말에 일어난 혁명은 산업화와 사회 변혁의 급속한 프로그램으로 이어졌는데, 그 프로그램은 종교적으로는 아니더라도 정신적으로는 홍인간이 자신의 좌절된 국가에 대해 구상했던 것과 놀라울 정도로 유사했다. 1890년대에 이르러서는 일본의 근대화된 해군이 청나라 함대를 결정적으로 압도했고, 일본이 중국으로부터 타이완 섬을 빼앗아 첫 번째 주요 식민지로 취했다. 20세기 초에는 중국의 개혁가들이 미래의 생존 가능성을 위해서 일본을 자신들의 국가가 지향해야 할 모델로 여겼다.

하지만 어쩌면 그럴 필요가 없었을지도 모른다. 총리를 네 번 지냈고 19세기 개혁 운동의 주요 설계자였던 일본의 원로 정치가 이토 히로부미는 1909년 영국 기자와의 인터뷰에서, 1911년의 신해혁명을 향해 치닫는 과정으로서 중국에서 막 전개되기 시작한 폭력 사태를 언급하면서, 그것이 한참 전에 일어났어야 할 일이라고 말했다. 그의 견해에 따르면 새로운 중국 혁명가들은 태평천국이 50년 전에 시작된 일을 마무리하고 있는 것일 뿐이고, 태평천국이 뜻대로 할 수 있었다면 그 일에 성공했을 것이라고 그는 굳게 믿었다. 그는 기자에게 이렇게 말했다. "서양인, 특히 영국인들이 중국과의 모든 관계에서 저지른 가장 큰 실수는 만주족을 도와 태평천국의 반란을 진압한 것입니다."[15]

이토 히로부미는 전쟁 당시 중립을 주장했던 많은 관찰자, 즉 중국의 전쟁은 왕조 교체라는 자연스러운 과정의 일부여서 결국 끝을 보게 될 수밖에 없다는 이유를 들어 영국이 개입하지 않아야 한다고 주장했던(헛되이) 많은 관찰자의 생각에 닿아 있었다. 그는 다음과 같이 주장했다. "태평천국의 반란이 일어났을 때 만주족 왕조가 한계에 이르러 있었다는 데는 의심의 여지가 거의 없습니다. 그런데 고든과 그의 '상승군'이 그 왕조의 전복을 막음으로써 정상적이고 건강한 순리적 과정을 저지한 것입니다. 이후 만주족이 한 일은 그들이 구제될 자격이 있다는 증거를 조금도 보여주지 않았습니다. 오히려 그 반대입니다. 그리고 그들이 무너지면, 머지않아 무너져야 하고 무너질 것입니다만, 그토록 오래 그리고 부당하게 지연되었던 격변은 더욱더 격렬할 것이고 장기화될 것입니다."

이토 히로부미는 이렇게 난징 함락 후 40여 년이 지난 후의 뒤늦은 깨달음을 이야기하면서, 중국 내전에 외국이 군사적으로 개입해 그 나라의 질서를 회복하는 것은 장기적으로 중국에 도움이 되지 않고, 오히려 위대함과 공정한 통치의 시대에서 멀어진 지 오래인 부패한 권력에 중국인들이 계속 억압받는 결과를 초래하게 것이라고 강력히 주장했던(상하이에서, 의회에서, 언론에서) 당시의 그 영국인들의 견해가 옳았음을 뒷받침했다. 전쟁 이후에도 그 왕조의 통치가 지속된 것과 관련된 그의 발언, 즉 "이후 만주족이 한 일은 그들이 구제될 자격이 있다는 증거를 조금도 보여주지 않았다"는 발언은 그의 시대의 수많은 중국인이 기꺼이 동의했을 만한 것이다.

다시 100여 년이 지난 우리 시대의 관점에서 볼 때, 만주족이 마침내 무너지면 "그토록 오래 그리고 부당하게 지연되었던 격변은 더욱더 격렬할 것이고 장기화될 것"이라고 이토 히로부미가 예측했던 것 역시 불행히도 사실이 되었다. 만주족은 그 인터뷰 2년 후에 타도되었고 공화국이 만주족 왕조를 대체했지만, 이 공화국은 거의 즉시 내전으로 분열되었다. 수십 년간 국내에서 벌어진 폭력에 시달리고, 계속되는 외세의 침략 때문에 약화되고 거의 무력해진 중국은 그다음

세기를 이전 역사의 많은 기간에 중국이 세계에서 유지했던 힘과 탁월성의 지위를 되찾으려 노력하는 데 보냈다. 그러나 지연되었던 재창조 과정이 마침내 본격화된 1912년에 이르러 중국은 이미 경쟁국들에 너무 뒤처져 있었기 때문에, 따라잡는다는 생각은 거의 불가능해 보였다.(최근까지도.)

승전국에도 전쟁이 벌어진 나라에도 지속적인 이익을 거의 가져다주지 못했다는 것이 이 전쟁의 결과인데, 이러한 전쟁에서 얻을 수 있는 교훈이 있다면 힘을 북돋아주는 종류의 교훈은 아닐 것이다. 어떤 의미에서 이 전쟁의 결과에 대한 책임은 우리의 용감무쌍한 보조 선교사 홍인간에게 있다고도 할 수 있다. 홍콩의 선교사들 사이에서 몇 년을 보낸 후, 그는 자신이 영국인들의 마음을 알고 있으며, 따라서 자신의 나라와 그들의 나라 사이에 다리를 놓을 수 있다고 믿었다. 이러한 믿음에서 그는 외국인에 대한 유화 정책과 개방 정책을 옹호했는데, 이는 결국 자국민의 파멸로 이어졌다. 마찬가지로 영국 대사 프레더릭 브루스에게 책임이 있다고도 할 수 있다. 그는 상하이와 베이징에 잠시 머무른 후, 청나라가 왕도 없고 통치 비전도 없는 혼돈의 반란군 무리에 맞서는 문명화된 군주국이라고 상상했고, 이를 근거로 자신이 생각하기에 중국에서 유일하게 생존 가능한 힘을 가진 세력인 청 왕조를 위해 개입해야 한다고 본국 정부를 설득했기 때문이다.

홍인간과 프레더릭 브루스는 모두 자신이 상대방의 문명에서 좋은 것과 가까이할 수 있는 것을 알아보는 통찰력을 가지고 있다고 생각했다는 공통점이 있지만, 동시에 둘 다 심각하게 틀렸다는 공통점도 있다. 결국 외세의 개입과 태평천국의 몰락은 잘못된 확신에 대한 이야기일지도 모른다. 이는 문화와 거리를 초월하여 우리가 인지하는 관련성(근본적으로 인간의 덕성은 매한가지라는 우리의 바람, 내면으로 들어가면 우리는 어쨌든 모두 같다는 우리의 믿음)이 때로는 우리의 상상이 만들어낸 허구에 불과할 수 있다는 것을 보여주는 이야기다. 또한 우리는 우리를 다른 문명과 분리하는 어두운 창문을 꿰뚫어보는 것을 기뻐하고, 저편에 드리운 그림자 속에 숨어 있는 익숙한 형상들을 발견하며 신이 나기도 하지만, 때로는 우리가 단지 우리 자신의 반영을 보고 있을 뿐임을 깨닫지 못한 채 그렇게 한다.

형은 말했다.

“조만간 사람들은 한쪽 편을 들어야 한다. 인간으로 남으려면.”

—그레이엄 그린, 『조용한 미국인』

감사의 말

모든 연구 프로젝트에는 초월의 순간이 있는데, 이번에는 안칭에서 출발한 버스가 산악 지대를 통과하자마자 도착한, 후텁지근한 늦봄 오후의 치먼에서 그 순간이 찾아왔다. 나는 타일과 유리로 장식된 치먼의 현대적인 중심가를 벗어나 골목길을 따라 그 도시의 구시가지로 들어섰는데, 곧 구불구불한 자갈길에서 길을 잃었다. 조용하고 시원한 길에는 돌과 풍화된 삼나무로 지어진 명나라 때의 집들이 늘어서 있었다. 그곳에서 무엇을 찾을 수 있을지 나는 알지 못했지만, 장쯔창과 대화를 나누게 되어 내가 무엇을 찾고 있는지를 말하자 그는 미로 같은 골목길들을 지나 도시 중심부로 나를 이끌었고, 마침내 우리가 걷던 좁은 길 끝에 태평천국 전쟁 당시 증국번의 지휘 본부였던 웅장한 건물이 나타났다. 아직 온전했고, 동굴 같았고, 버려져 있었고, 아무런 표시도 없었다. 정교하게 조각된 옻칠 들보는 이제 비를 막기 위해 비닐로 부분적으로 덮여 있었다. 내가 본부 건물 밖의 주변을 둘러보고 있을 때 즈핀타이가 나를 발견했고, 그 건물의 측면 쪽에 있는 자신의 방으로 나를 초대했다. 과거에 홍위병이었고 청소부로 일했던 즈핀타이 씨는 은퇴 후 지역 역사를 연구하면서, 자신이 살아온 그 도시에 대한 자료나 이야기를 수집했다. 특히 그는 증국번의 옛 지휘 본부 건물의 작은 문간방에서 오랜 기간 살았다. 서류와 책이 높이 쌓여 있는 그의 방에서 나는 차를 마시며 치먼의 역사에 대해 배우는 행복한 오후를 보냈다. 벽에서는 깔끔한 마오쩌둥의 초상화가 우리를 내려다보고 있었다. 중국 역사의 층층이 마치 시간을 관통하는 번개를 맞은 듯 함께 융합될 수 있다는 것을 나는 불현듯 깨달았다. 마오쩌둥의 문화혁명의 자식이었던 그가 이제는 고요한 노년기에 들어서, 한참 전 어지러웠던 시대의 기운이 서린 건물에 살면서, 주변의 파편들을 꼼꼼하게 살피고 추려내 끊임없이 변화하는 중국의 표면 아래서 흐르고 있는 더 깊은 끈기 있는 흐름을 자신만의 방식으로 이해하고 있었다.

'공공 지식 프로그램'을 통해 내 작업을 용이하게 해준 '국가 미중관계위원회'에 감사한다. 나는 2008년부터 2010년까지 이 프로그램의 일원이었다. 얀 베리스와 댄 머피, 그리고 이 프로그램의 내 동료들은 내가 이 책을 쓰는 동안 격려와 지지의 버팀목이 되어주었다. 이들 모두에게 감사한다. 특히 2009년 여름 창사 여행 기간에 후난군에 대한 나의 길고 지루한 생각들을 참고 들어주었던 이들에게 감사한다. 하버드대학의 페어뱅크 동아시아연구센터와 존스홉킨스대학 역사학부 세미나의 청중은 내가 이 프로젝트의 초기 형태를 발표했을 때 아주 유용한 의견을 제시해주었다. 헨리에타 해리슨, 이언 밀러, 휴탐 호타이, 윌리엄 로, 마타 핸슨은 특히 도움이 되는 논평과 제안을 해주었다. 국가인문학기금으로부터 받은 여름 장학금은 이 프로젝트를 위한 연구를 시작하도록 도와주었고, 매사추세츠대학 애머스트 캠퍼스 인문예술대학의 자금 지원이 끝까지 이어졌다.

초기 원고 전체를 읽고 의견을 제시하는 큰일을 떠맡아준 로버트 비커스, 토비 마이어퐁, 헤더 콕스 리처드슨에게 감사한다. 이들의 질문, 교정, 그리고 새로운 자료 소개는 이 책을 더 충실하게 만드는 데 도움이 되었다. 나는 그들의 조언을 모두 수용하지는 않았는데, 그 때문에 사실관계나 해석에 있어서 어떤 잘못이 있다면 전적으로 내 책임이다. 토비 마이어퐁은 원고를 읽는 일에 더해 시종일관 지원자이자 공명판 같은 존재가 되어주었다. 그녀는 내 자료에 대해 따져 물었고, 곧 발표될 태평천국 시대에 대한 자신의 연구에서 얻은 생각을 공유해주었으며, 전반적으로 중국의 19세기에서 등한시된 이 방면을 나 혼자서 헤매고 있는 듯한 느낌을 받지 않게 해주었다. 모든 학자에게는 이런 동료가 있어야 한다.

더 큰 주제를 추구하도록 격려하며 높이뛰기 가로대를 높여놓았던 조너선 스펜스에게 특별히 감사한다. 지도를 디자인해준 데이브 메릴에게 감사한다. 근면하고 유능하게 연구를 도와준 레이 듀앤과 리샤오잉에게 감사한다. 도판을 구하는 데 도움을 준 예완쥔, 줄리 니마이어, 제프 모저에게 감사한다. 여러 장章을 읽어준 조엘 울프에게 감사한다. 군복의 분류에 도움을 준 아담 데자르댕에게 감사한다. 도서관 지원을 해준 샤론 도미에에게 감사한다. 난징에 대한 지식을 공유해준 척 울드리지에게 감사한다. 조언, 소개, 단서 제공, 크고 작은 질문에 대한 답변으로 도움을 준 황위안중, 존 들루리, 매슈 그로하우

스키, 메리 랭킨, 존 슈레커, 메리 불럭, 수전 내퀸에게 감사한다. 예일대학 도서관, 하버드-옌칭 도서관, 매사추세츠 역사학회, 의회 도서관, 피바디 에식스 박물관, 베이징 중국인민혁명군사박물관, 난징 태평천국 박물관의 직원들에게 감사한다. 나는 이 책의 많은 부분을 그린필드에 있는 사이런 카페와 몬터규에 있는 레이디킬리그루 카페에서 썼는데, 생각하고 집필하는 공간을 제공해준 두 곳의 관계자들에게도 감사한다.

매사추세츠대학 역사학과는 가르치는 일과 집필을 어느 한쪽도 희생하지 않고 균형을 맞출 수 있도록 도와주었고, 내 학생들은 내가 이 책에 담긴 많은 생각을 제일 먼저 피력한 대상으로서 나를 끊임없이 긴장하게 만들었다. 특히 마이클 니콜스처럼 단순하고 직접적인 질문들을 던져준 학생들에게 감사한다. 그 질문들에 대한 답을 도저히 얻을 수 없을 때면 이 프로젝트에 대한 내 생각은 새로운 방향으로 나아갔다.

위웨이, 천팡팡, 이리는 모두 난징에서 도움을 주었다. 안칭이 고향인 청즈창은 나의 안칭 여행에 대해 조언해주었다. 슈닝에 있는 '예일-차이나'의 교사들, 특히 브렌던 우는 내가 연구를 위해 그곳을 방문했을 때 안내하고 환대해주었으며, 잊지 못할 황산 하이킹에 데려가주었다. 2010년 봄에 안후이성을 같이 방문한 국가위원회의 조너선 로윗과 예일-중국의 조 더너-파일러는 이셴 북쪽에 있는 양잔링의 비탈을 오르는 데 함께해주었다. 당시 우리는 가파르고 듬성듬성 자갈이 깔린 길을 따라 올라가면서 옹이 많은 소나무들과 녹색 잎의 빽빽한 차나무들을 통과했고, 멋진 경치를 볼 수 있었다. 1860년 늦가을 오후, 증국번이 반란군의 접근을 살펴보려 애썼던 당시, 몹시 짙은 안개 때문에 그에게는 허락되지 않았던 경치다.

브레트니 블룸은 처음부터 변함없는 믿음과 격려의 원천이었고, 그녀를 에이전트로 둔 나는 정말 행운아였다. 노프출판사의 앤드루 밀러는 다시없을 편집자였다. 그는 처음부터 끝까지 나와 함께하며 원고를 읽고 논평을 해주었다. 그의 능숙한 편집 솜씨는 원고에서 최고의 결과를 이끌어내는 동시에, 고맙게도 최악의 부분은 제거해주었다. 앤드루 칼슨은 쾌활하고 친절하게 책의 제작 과정을 진행했고, 내게 추가적인 교정 기회를 주었다. 이 책을 정성껏 만들어준 브라이언 바스와 권순영에게도 진심으로 감사한다.

무엇보다 아내 프랜시의 지지와 협력, 그리고 딸 루시가 우리 삶에 안겨준 기쁨을 고맙게 생각한다. 그들은 나의 닻이고, 별이고, 나침반이다. 사랑을 담아 이 책을 그들에게 바친다.

주

약어

ZGFQJ: 『증국번 전집』 총16권(베이징: 中國致公出版社Zhongguo Zhigong Chubanshe, 2001).
TPTG: 뤄얼강·왕칭청 편집, 『태평천국』 총10권(구이린: 廣西師範大學 출판부Guangxi Normal University Press, 2004).

들어가는 말_천국의 아이들

1. 난징이 함락되던 날 함풍제는 사실 이화원에 없었고, 베이징에서 의례와 접견에 임하고 있었다. 그는 태평천국에 대한 절박한 대응으로서 자신이 싫어하는 자금성으로 거처를 옮겼고, 스스로를 벌한다는 의미에서 이화원에서 누릴 수 있는 즐거움들을 거부했다. 그것은 아무 소용없는 일이었고, 1854년에 이르러서는 이화원으로 돌아가 남은 평생 대부분을 그곳에서 보내게 된다. 함풍제의 짧았던 자기 처벌은 Wong Young-tsu, *A Paradise Lost: The Imperial Garden Yuanming Yuan*(Honolulu: University of Hawaii Press, 2001), pp. 113~114에 언급되어 있으며, 이는 *Yuanmingyuan*(Shanghai: Guji Chubanshe, 1991), vol. 1, pp. 544~545를 인용한 것이다. 한편 1853년 3월 19일 함풍제가 베이징에서 거행한 의례는 궁정 일지인 *Qingdai qijuzhu ce. Xianfeng chao*(Taipei: National Palace Museum, 1983), Xianfeng 3(1853), vol. 11에 기록되어 있다. 함풍제의 공황 상태를 더욱 잘 보여주는 징후로서, 그는 조상들의 보호를 비는 기도를 계속 올리고 있었고, 반란과 관련해 스스로를 탓하는 두 개의 포고령을 내렸다. Mao Haijian, *Kuming tianzi: Xianfeng huangdi Yixin*(Taipei: Lianjing, 2008), p. 88을 보라. 난징 함락 상황에 대한 서술은 토머스 테일러 메도스의 서술에 근거했다. 그는 (허미스호를 타고 항해하던 중) 그 일이 있은 지 한 달쯤 뒤 난징에서 반란군들과 이야기를 나누다가 이 상황에 대해 들었다. 메도스의 설명은 1853년 5월 7일자 『노스차이나헤럴드』에 처음 실렸고, Jen Yu-wen(Jian Youwen, 簡又文), *The Taiping Revolutionary Movement*(New Haven, Conn.: Yale University Press, 1973), pp. 117~118에도 실려 있다. 어떤 기록들은 만주족의 인구를 더 높이 잡고 있고, 또 어떤 기록들은 만주족 수비대의 영웅적인 면모를 더 크게 언급하고 있지만, 당시 대량 학살이 벌어졌음은 논쟁의 여지가 없다.

1장 선교사의 조수

1. James Legge, "The Colony of Hong Kong", *The China Review* 3(1874): 165, 173~175.
2. The Rev. Theodore Hamberg, *The Visions of Hung-Siu-Tshuen, and Origin of the Kwang-si Insurrection*(Hong Kong: China Mail Office, 1854), pp. 61~62.
3. "China", *The Times*, June 21, 1853.
4. Jonathan Spence, *God's Chinese Son*(New York: Norton, 1996), p. 198.
5. 1853년 5월 7일자 『노스차이나헤럴드』에 실린 허미스호의 방문에 대한 기사는 다음과 같다. "이러한 폭동을 일으킨 사람들에 대한 정보는 아직 불분명하다. 그것을 분명히 알려면 상당한 노력이 필요할 것 같다."
6. 다음 문헌에서 인용됨. Dona Torr, ed., *Marx on China: 1853~1860*(London: Lawrence & Wishart, 1968), p. 1, n. 3.
7. Karl Marx, "Revolution in China and Europe", *New-York Daily Tribune*, June 14, 1853. Torr, *Marx on China*, p. 1에서 인용됨.
8. Ibid., p. 4.
9. "The Revolution in China"(사설), *Daily Picayune*, May 22, 1853.
10. "The Rebellion in China", *North China Mail*. *The Times*(April 8, 1853)에 재수록.
11. *The Times*, August 30, 1853("중국의 혁명은 모든 면에서……"라고 시작되는 사설).
12. Carl T. Smith, "Notes on Friends and Relatives of Taiping Leaders", *Journal of the Hong Kong Branch of the Royal Asiatic Society* 16(1976): 117~134, 특히 p. 121.
13. "The Confession of Hung Jen-kan", trans. in Franz Michael, *The Taiping Rebellion: History and Documents*(Seattle: University of Washington Press, 1966~1971), vol. 3: 1511~1530, 특히 p. 1511.
14. 별도의 언급이 없는 한, 이번 절의 내용은 Theodore Hamberg, *The Visions of Hung-Siu-Tshuen*에 기초한 것이며, 인용문의 출처는 pp. 10, 13, 14, 24, 29다.
15. Hamberg, *The Visions of Hung-Siu-Tshuen*, p. 63.
16. Shen Weibin, *Hong Rengan*(Shanghai: Shanghai Renmin Chubanshe, 1982), p. 21.
17. Smith, "Notes on Friends and Relatives", p. 122.
18. "The Confession of Hung Jen-kan", pp. 1511~1512.
19. Lauren F. Pfister, *Striving for "The Whole Duty of Man": James Legge and the Scottish Protestant Encounter with China*(New York: Peter Lang, 2004), pp. 32~33.
20. Legge, "The Colony of Hong Kong", p. 172.
21. Helen Edith Legge, *James Legge: Missionary and Scholar*(London: The Religious Tract Society, 1905), p. 91.
22. Ralph Wardlaw Thompson, *Griffith John: The Story of Fifty Years in China*(London:

The Religious Tract Society, 1906), p. 125.

23. Ibid.
24. Smith, "Notes on Friends and Relatives", p. 125.
25. "The Taiping Rebellion: Its Rise and Fall", *The Merchant's Magazine and Commercial Review*, January 1865, pp. 38~49, 특히 p. 44.
26. 다음 문헌들에 기술되어 있다. John Scarth, *Twelve Years in China*(Edinburgh: Thomas Constable & Co., 1860), pp. 106, 239; George Wingrove Cooke, *China: Being "The Times" Special Correspondence from China in the Years 1857~58*(London: G. Routledge & Co., 1858), p. 50.
27. Thomas Taylor Meadows, *The Chinese and Their Rebellions*(Stanford, Calif.: Academic Reprints, 1953, 원래 출판은 1856년, Smith, Elder & Co.), p. 454.
28. Scarth, *Twelve Years in China*, pp. 237~238.
29. Yung Wing, *My Life in China and America*(New York: Henry Holt & Co., 1909). 융광의 교육 계획에 대해서는 p. 41, 중국어 재습득에 대해서는 p. 52, 인용문들은 p. 53~54를 보라.
30. James Legge, "The Colony of Hong Kong", p. 171.
31. Xia Chuntao, *Hong Rengan*(Wuhan: Hubei Jiaoyu Chubanshe, 1999), p. 51.
32. Jen Yu-wen(Jian Youwen), *The Taiping Revolutionary Movement*(New Haven, Conn.: Yale University Press, 1973), p. 355.
33. Pfister, *Striving for "The Whole Duty of Man"*, p. 43.
34. Michael, *The Taiping Rebellion*, vol. 3, p. 836의 번역문을 다듬은 것이다.

2장 중립

1. Alfred Moges, *Recollections of Baron Gros's Embassy to China and Japan in 1857~1858*(London: Griffin, Bohn, and Company, 1861), p. 203. p. 206에 15척의 영국 군함과 4척의 프랑스 군함, 그리고 영국과 프랑스 기함들이 열거되어 있다. 항해 거리는 약 2900킬로미터라고 Thomas Bowlby, *An Account of the Last Mission and Death of Thomas William Bowlby*, ed. C. C. Bowlby(printed for private circulation, 1906), p. 154에 나와 있다.
2. D. J. MacGowan, "Contributions to the History of the Insurrection in China", a companion to the *Shanghai Almanac* for 1857(Shanghai, 1857), p. 3.
3. Lewis Hertslet(comp.), *A Complete Collection of the Treaties and Conventions (…) Subsisting between Great Britain and Foreign Powers*…(London: Butterworth, 1859), vol. 10, pp. 61~62.

4. MacGowan, "Contributions to the History of the Insurrection", p. 3.
5. Teng Ssu-yu, *The Taiping Rebellion and the Western Powers: A Comprehensive Survey*(Oxford: Clarendon Press, 1971), p. 191.
6. Ibid., p. 189.
7. Douglas Hurd, *The Arrow War: An Anglo-Chinese Confusion, 1856~1860*(London: Collins, 1967), p. 98.
8. James Bruce, Earl of Elgin, *Letters and Journals of James, Eighth Earl of Elgin*, ed. Theodore Walrond(London: John Murray, 1872), p. 199.
9. Ibid.
10. Ibid., p. 185.
11. 푸른빛이 나는 인광에 대한 묘사는 다음 자료를 보라. Sherard Osborn, "Notes, Geographical and Commercial, Made During the Passage of HMS *Furious*, in 1858, from Shanghai to the Gulf of Pecheli and Back", *Proceedings of the Royal Geographical Society of London* 3, no. 2(November 22, 1858): 55~87. p. 66에서 오즈본은 인광이 "천계에서나 볼 수 있을 만하게 찬란"했다고 묘사하고 있다.
12. Moges, *Recollections*, p. 208.
13. Ibid., p. 206.
14. Laurence Oliphant, *Narrative of the Earl of Elgin's Mission to China and Japan in the Years 1857, '58, '59*, 2 vols.(London and Edinburgh: William Blackwood and Sons, 1859), vol. 1, p. 295.
15. Augustus F. Lindley(Lin-le), *Ti-Ping Tien-Kwoh. The History of the Ti-Ping Revolution*(London: Day & Son, 1866), p. 621.
16. Moges, *Recollections*, pp. 209~210.
17. Oliphant, *Narrative*, vol. 1, p. 299.
18. "China: History of the Allied Expedition", *The New York Times*, August 20, 1858.
19. Ibid.
20. Elgin, *Letters and Journals*, p. 248.
21. Oliphant, *Narrative*, vol. 1, p. 305.
22. Osborn, "Notes, Geographical and Commercial", pp. 71~72.
23. Oliphant, *Narrative*, vol. 1, p. 316.
24. Osborn, "Notes, Geographical and Commercial", p. 72.
25. Elgin, *Letters and Journals*, p. 250.
26. Oliphant, *Narrative*, vol. 1, pp. 316~317.
27. Moges, *Recollections*, pp. 216~217.
28. Ibid., p. 217; Osborn, "Notes, Geographical and Commercial", p. 73.
29. Osborn, "Notes, Geographical and Commercial", p. 73.

30. Oliphant, *Narrative*, vol. 1, p. 326.
31. Osborn, "Notes, Geographical and Commercial", p. 73.
32. Immanuel C. Y. Hsü, *China's Entrance into the Family of Nations: The Diplomatic Phase, 1858~1880*(Cambridge, Mass.: Harvard University Press, 1968), pp. 67~68.
33. Elgin, *Letters and Journals*, p. 209.
34. John Morley, *The Life of William Ewart Gladstone*(New York: Macmillan, 1911), p. 563. 연설은 *Hansard's Parliamentary Debates*(London: T. C. Hansard), March 3, 1857, vol. 144, cc. 1787~1808 참고.
35. Elgin, *Letters and Journals*, p. 279.
36. "The First News Dispatch Over the Atlantic Cable", *The New York Times*, August 27, 1858. 이 특별한 케이블은 최초로 대서양에 성공적으로 가설되었지만, 한 달 정도밖에 지속되지 않았다.
37. "Our Relations with China", *The New York Times*, August 20, 1858.
38. "The Chinese Treaties", *The New York Times*, September 23, 1858.
39. "End of the China War", *The New York Times*, August 27, 1858.
40. 엘긴은 일기에 다음과 같이 썼다. "영사는 일본과의 꽤 좋은 조약을 순조롭게 성사시킬 수 있었는데, 여기에는 분명 우리가 중국에서 한 일이 영향을 미쳤다." Elgin, *Letters and Journals*, p. 263.
41. Elgin, *Letters and Journals*, p. 261.
42. Ibid., p. 274.
43. Ibid., p. 272.
44. 엘긴이 맘즈버리에게 쓴 1859년 1월 5일의 편지, in Foreign Office, Great Britain, *Correspondence Relative to the Earl of Elgin's Special Missions to China and Japan, 1857~1859*(London: Harrison and Sons, 1859), p. 440.
45. Ibid., p. 443.
46. Oliphant, *Narrative*, vol. 2, p. 299.
47. 엘긴이 상하이에서 맘즈버리에게 쓴 1859년 1월 5일의 편지, *Correspondence Relative to the Earl of Elgin's Special Missions*, p. 443.
48. Elgin, *Letters and Journals*, p. 285.
49. Franz Michael, *The Taiping Rebellion: History and Documents*(Seattle: University of Washington Press, 1966~1971), vol. 2, p. 713.
50. Ibid., vol. 2, p. 720.
51. Ibid., vol. 2, pp. 724~725.
52. "Sir Thomas F. Wade, K.C.B.", *The Far East*, new ser., vol. 1(July~December 1876): 37~41.
53. Thomas Wade, "Report on the Town of Woo-hoo", *Correspondence Relative to the*

Earl of Elgin's Special Missions, p. 448, 로마자 표기를 변경함.

54. Thomas Wade, "Report on the Town of Nganking [Anqing]", *Correspondence Relative to the Earl of Elgin's Special Missions*, p. 449. 비슷한 주장을 위해 Scarth, *Twelve Years in China*, p. 270에서 인용됨.
55. Thomas Wade, "Translation of a Paper Handed to Captain Barker, R. N., by an Insurgent at Woohoo", *Correspondence Relative to the Earl of Elgin's Special Missions*, p. 450.
56. Lindesay Brine, *The Taeping Rebellion in China: A Narrative of Its Rise and Progress*(London: John Murray, 1862), p. 268.
57. 엘긴이 상하이에서 맘즈버리에게 쓴 1859년 1월 5일의 편지, *Correspondence Relative to the Earl of Elgin's Special Missions*, p. 442.
58. Elgin, *Letters and Journals*, pp. 304~305.
59. "Address of the Shanghae Merchants to the Earl of Elgin", Shanghai, January 18, 1859, *Correspondence Relative to the Earl of Elgin's Special Missions*, pp. 457~458.
60. Ibid., p. 458.
61. "Bruce, Sir Frederick William Adolphus Wright", *Oxford Dictionary of National Biography*(Oxford, England: Oxford University Press, 2004~2010).
62. Frederick Wells Williams, *The Life and Letters of Samuel Wells Williams, LL.D.*(New York: G. P. Putnam's Sons, 1889), p. 299.
63. Edgar Stanton Maclay, *Reminiscences of the Old Navy: From the Journals and Private Papers of Captain Edward Trenchard, and Rear-Admiral Stephen Decatur Trenchard*(New York: G. P. Putnam's Sons, 1898), p. 91.
64. Zhang Gongchen, *Senggelinqin chuanqi*(Biography of Senggelinqin)(Beijing: Zhongguo Renmin Daxue Chubanshe, 2003), p. 96.
65. Guo Songtao, *Yuchi laoren zishu*(Memoir of the Old Man at Jade Pond), excerpted in *Dierci Yapian Zhanzheng*(The Second Opium War), 6 vols., ed. Qi Sihe et al.(Shanghai: Shanghai Renmin Chubanshe, 1978~1979), vol. 2, p. 277. 그는 여기서 특히 중국 북부에서 일어난 염군의 반란을 언급하고 있다.
66. Ibid., p. 277.
67. Zhang, *Senggelinqin chuanqi*, p. 97.
68. George Battye Fisher, *Personal Narrative of Three Years' Service in China*(London: Richard Bentley, 1863), pp. 190~193.
69. Williams, *Life and Letters*, p. 309.
70. James D. Johnston, *China and Japan: Being a Narrative of the Cruise of the U.S. S team-Frigate Powhatan in the Years 1857, '58, '59, and '60*(Philadelphia: Charles Desilver, 1860), p. 234.

71. Williams, *Life and Letters*, pp. 308~311.
72. Maclay, *Reminiscences of the Old Navy*, p. 83.
73. *The Times*, September 16, 1859("우리는 그 몽골 인종에게 죄를 물을 수 없을까 봐 두렵다"라는 말로 시작되는 사설). Leavenworth, *The Arrow War with China*, p. 138에서 인용됨.
74. Williams, *Life and Letters*, p. 310.
75. "Blood Is Thicker than Water", in Wallace Rice and Clinton Scollard, *Ballads of Valor and Victory: Being Stories in Song from the Annals of America*(New York: Fleming H. Revell, 1903), p. 84.
76. T. F. Tsiang, "China after the Victory of Taku, June 25, 1859", *American Historical Review* 35, no. 1(October 1929): 79~84, 특히 p. 81.
77. Ibid., pp. 83~84.
78. Samuel Wells Williams, 1859년 7월 5일 하이허강 앞바다의 미국 전함 '파우해튼호'에서 윌리엄 프레더릭 윌리엄스에게 쓴 편지. Samuel Wells Williams Family Papers, Sterling Memorial Library, Yale University, New Haven, Conn.
79. Williams, *Life and Letters*, p. 312.

3장 간왕

1. 홍인간이 지나간 길은 난창에서의 그의 세 번째 자백에 나타나 있다. "Nanchang fu tixun niqiu gong", *TPTG*, vol. 2, pp. 412~414. 또한 장시성 관아에서 자백한 내용에도 나타나 있다. "Benbuyuan tixun niqiu gong", Ibid., pp. 415~416. 메이링 고개를 지나가는 경로에 대한 서술은 William Charles Milne, *Life in China*(London: G. Routledge & Co., 1857), pp. 356~364에 담겨 있는 동시대의 설명(반대 방향으로 이동한 경우지만)에 근거했다.
2. Luo Ergang, *Lüying bingzhi*(Chongqing: Shangwu Yinshuguan, 1945).
3. Shen Weibin, *Hong Rengan*(Shanghai: Shanghai Renmin Chubanshe, 1982), p. 25.
4. Archibald Little, *Gleanings from Fifty Years in China*(London: Sampson Low, Marston & Co., 1910), p. 113.
5. Hong Rengan, third Nanchang confession, *TPTG*, vol. 2, p. 413.
6. Shen Weibin, *Hong Rengan*, p. 26.
7. Xia Chuntao, *Cong shushi, Jidutu dao wangye: Hong Rengan*(From scholar and Christian to king: Hong Rengan)(Wuhan: Hubei Jiaoyu Chubanshe, 1999), p. 64.
8. Mao Jiaqi, *Guo zhu "Taiping Tianguo shishi rizhi" jiaobu*(Emendations to Guo [Tingyi's] *Daily Calendar of Events in the Taiping Heavenly Kingdom*)(Taipei: Taiwan Shangwu Yinshuguan, 2001), p. 127.

9. Xia Chuntao, *Hong Rengan*, p. 64.

10. Hong Rengan, third Nanchang confession, *TPTG*, vol. 2, p. 413.

11. John Lovelle Withers, "The Heavenly Capital: Nanjing Under the Taiping, 1853~1864", Ph.D. diss., Yale University, 1983, pp. 159ff.

12. Franz Michael, *The Taiping Rebellion: History and Documents*(Seattle: University of Washington Press, 1966~1971), vol. 2, pp. 15~16.

13. C. A. Curwen, *Taiping Rebel: The Deposition of Li Hsiu-Ch'eng*(Cambridge, England: Cambridge University Press, 1977), p. 200.

14. Ibid., p. 148.

15. Ibid., p. 83.

16. Ibid.

17. Hong Rengan, third Nanchang confession, *TPTG*, vol. 2, p. 413.

18. Philip Kuhn, "The Taiping Rebellion", *The Cambridge History of China*(Cambridge, England: Cambridge University Press, 1978), vol. 10, part 1, pp. 264~317.

19. William C. Wooldridge, "Transformations of Ritual and State in Nineteenth-Century Nanjing", Ph.D. diss., Princeton University, 2007, pp. 160~179.

20. Michael, *The Taiping Rebellion*, vol. 3, p. 735.

21. 이러한 시각은 리치먼드 『데일리 디스패치』에 실린, "호전적인 타타르족(만주족)이 지저분한 중국인들보다 분명 더 고귀한 민족이다"라고 주장하는 기사("Honorable War Not to Be Deplored", *The Daily Dispatch*, May 18, 1861)에서도 드러났다.

22. D. J. MacGowan, "Contributions to the History of the Insurrection in China", a companion to the *Shanghai Almanac* for 1857(Shanghai, 1857), p. 6.

23. W. A. P. Martin, "The Recognition of the Nanking Government", *The North-China Herald*, June 20, 1857.

24. Hong Rengan, *Zizheng xinbian*(A new work for the aid of government). 이 글은 Franz Michael, *The Taiping Rebellion: History and Documents*(Seattle: University of Washington Press, 1966~1971), vol. 3, pp. 751~776에 번역되어 있고, 인용된 내용은 p. 758에 나와 있다.

25. Ibid., pp. 758~759, 765.

26. Ibid., p. 759.

27. Ibid., p. 761.

28. "The Chinese Insurgents, and Our Policy with Respect to Them", *The London Review* 16, no. 31(April 1861): 222~246, 인용된 내용은 p. 229.

29. Hong Rengan, "A new work", p. 763.

30. Ibid., p. 771.

31. Hong Rengan, 석보전의 군영에서의 두 번째 자백, *TPTG*, vol. 2, pp. 401~405. 계획은

p. 402에 서술되어 있다.

32. Arthur W. Hummel, ed., *Eminent Chinese of the Ch'ing Period(1644~1912)*(Taipei: Chengwen, reprint, 1967), p. 294.
33. Curwen, *Taiping Rebel*, p. 188, n. 66.
34. Jen Yu-wen(Jian Youwen), *The Taiping Revolutionary Movement*(New Haven, Conn.: Yale University Press, 1973), p. 370.
35. Hong Rengan, 석보전의 군영에서의 두 번째 자백, *TPTG*, vol. 2, p. 403.
36. Ibid.
37. Ibid.
38. Ibid., p. 404.
39. Pamela Crossley, *Orphan Warriors: Three Manchu Generations and the End of the Qing World*(Princeton, N.J.: Princeton University Press, 1990), pp. 128~130.
40. Janet Theiss, "Managing Martyrdom: Female Suicide and Statecraft in Mid-Qing China", *Passionate Women: Female Suicide in Late Imperial China*, ed. Paul S. Ropp, Paola Zamperini, and Harriet T. Zurndorfer(Boston: E. J. Brill, 2001): 47~76, 특히 p. 74의 "Epilogue".
41. Crossley, *Orphan Warriors*, p. 129; Jen Yu-wen, *The Taiping Revolutionary Movement*, p. 372.
42. Jen, *The Taiping Revolutionary Movement*, pp. 371~372를 기초로 했다.
43. Augustus F. Lindley(Lin-le), *Ti-Ping Tien-Kwoh. The History of the Ti-ping Revolution*(London: Day & Son, Ltd., 1866), p. 269.
44. Jen, *The Taiping Revolutionary Movement*, p. 380.

4장 탐색

1. Xue Fengjiu, *Nanqing zaji*(Miscellaneous records of difficult circumstances), *TPTG*, vol. 5, p. 273.
2. Ibid., p. 274.
3. C. A. Montalto de Jesus, *Historic Shanghai*(Shanghai: The Shanghai Mercury, Ltd., 1909), p. 41.
4. William Minns Tileston, 어머니에게 쓴 1860년 10월 18일의 편지, Massachusetts Historical Society, Boston, Mass.
5. Lindesay Brine, *The Taeping Rebellion in China: A Narrative of Its Rise and Progress*(London: John Murray, 1862), p. 254 이하의 지도. "이상하고 평평하고 쓸쓸한 땅"의 출처는 Edward Bowra, diary, at School of Oriental and African Studies(PPMS 69,

Bowra, Box 1, Folder 6), accessed via Adam Matthew Digital, "China: Trade, Politics and Culture, 1793~1980", entry for October 15, 1863.

6. Bowra diary, May 3, 1863, 그의 상하이 도착 당시.
7. Bowra diary, October 15, 1863, 도착한 지 다섯 달 후.
8. Ralph Wardlaw Thompson, *Griffith John: The Story of Fifty Years in China*(London: The Religious Tract Society, 1906), p. 47.
9. William C. Milne의 말. Montalto de Jesus, *Historic Shanghai*, p. 43에서 인용됨.
10. 브루스가 러셀에게 쓴 1860년 6월 10일의 편지, *Correspondence Respecting Affairs in China, 1859~1860*(London: Harrison and Sons, 1861), p. 66.
11. Loch, Henry Brougham, *Personal Narrative of Occurrences During Lord Elgin's Second Embassy to China in 1860*(London: John Murray, 1900), pp. 11~12.
12. 브루스가 러셀에게 쓴 1860년 6월 10일의 편지, *Correspondence Respecting Affairs in China, 1859~1860*, p. 66.
13. 브루스가 러셀에게 쓴 1860년 5월 30일의 편지, Ibid., p. 60, 로마자 표기를 변경함.
14. 브루스가 러셀에게 쓴 1860년 6월 10일의 편지, Ibid., p. 67.
15. William Minns Tileston, 어머니에게 쓴 1863년 3월 3일의 편지, Massachusetts Historical Society, Boston, Mass.
16. Hallett Abend, *The God from the West*(Garden City, N.Y.: Doubleday, 1947), p. 73.
17. Ibid., p. 14.
18. Ibid., p. 15.
19. Holger Cahill, *A Yankee Adventurer: The Story of Ward and the Taiping Rebellion*(New York: Macaulay, 1930), p. 40.
20. Edward Forester, "Personal Recollections of the Tai-ping Rebellion", *Cosmopolitan* 21, no. 6(October 1896): 628.
21. D. J. MacGowan, "Contributions to the History of the Insurrection in China", a companion to the *Shanghai Almanac* for 1857(Shanghai, 1857), p. 3.
22. Abend, *God from the West*, p. 74.
23. 악취탄에 대해서는 다음을 보라. Joseph Needham, *Science and Civilisation in China*(Cambridge, England: Cambridge University Press, 1986), vol. 3, part 7, sect. 30(continued), pp. 191~192.
24. Forester, "Personal Recollections", pp. 627~629.
25. Demetrius Boulger, *The History of China*, 2 vols.(London: W. Thacker & Co., 1898), vol. 2, p. 364.
26. "Visit of Missionaries to Soo-chow. Conferences with Hung-Jin", *The Missionary Magazine and Chronicle*, no. 294(November 1860): 299~302, 인용은 p. 300(여기서 Hung-Jin은 홍인간을 지칭한다).

27. "Mission of Hung-Jin to Tae-Ping-Wang, Chief of the Chinese Insurgents at Nanking", *The Missionary Magazine and Chronicle*, no. 293(October 1860), p. 277.
28. Joseph Edkins, "City of Su-Chow", *The Missionary Magazine and Chronicle*, no. 292(September 1860), pp. 253~254.
29. "Visit of Messrs. Edkins, John, MacGowan, and Hall, to the Chinese Insurgents", *The Missionary Magazine and Chronicle*, no. 293(October 1860), pp. 270~277.
30. Ibid., p. 273, 로마자 표기를 변경함.
31. "The Rebellion in China", *The New York Times*, September 1, 1860.
32. "The Chinese Insurgents, and Our Policy with Respect to Them", *The London Review* 16, no. 31(April 1861): 222~246, 인용은 p. 246.
33. "Visit of Messrs. Edkins, John, MacGowan, and Hall", p. 272. 이러한 이야기는 그리피스 존의 전기 작가 리처드 톰프슨을 통해 조지프 에드킨스에게 전해졌다. Thompson, *Griffith John: The Story of Fifty Years in China*, p. 128 참고.
34. Augustus F. Lindley(Lin-le), *Ti-Ping Tien-Kwoh. The History of the Ti-ping Revolution*(London: Day & Son, Ltd., 1866), pp. 71~72.
35. "Visit of Messrs. Edkins, John, MacGowan, and Hall", p. 276.
36. Ibid.
37. Ibid., p. 274.
38. Ibid., p. 275.
39. Ibid., pp. 276~277.
40. Jane Edkins, 시어머니에게 쓴 1860년 7월의 편지, in Jane R. Edkins, *Chinese Scenes and People: With Notices of Christian Missions and Missionary Life in a Series of Letters from Various Parts of China*(London: James Nisbet and Co., 1863), p. 129.
41. Jane Edkins, 아버지에게 쓴 1860년 8월의 편지, in *Chinese Scenes and People*, p. 143.
42. Jane Edkins, 시어머니에게 쓴 1860년 7월 31일의 편지, in *Chinese Scenes and People*, pp. 134~135.
43. Thompson, *Griffith John*, p. 138.
44. "Visit of Missionaries to Soo-chow. Conferences with Hung-Jin", *The Missionary Magazine and Chronicle*, no. 294(November 1860), p. 301.
45. "Mission of Hung-Jin to Tae-Ping-Wang, Chief of the Chinese Insurgents at Nanking", *The Missionary Magazine and Chronicle*, no. 293(October 1860), p. 277.
46. "Sketch of the Early History of Hung-Jin", *The Missionary Magazine and Chronicle*, no. 294(November 1860), p. 296.
47. "Mission of Hung-Jin to Tae-Ping-Wang", p. 278.
48. J. S. Gregory, *Great Britain and the Taipings*(London: Frederick A. Prger, 1969), p. 35에서 인용됨.

49. "The Chinese Revolution—Its Principles—British Duty and Policy", *Tait's Edinburgh Magazine*, November 1860, pp. 562~563. 명확한 의미 전달을 위해 "광시"를 "태평천국"으로 바꿨다.
50. "The Chinese Insurgents, and Our Policy with Respect to Them", *The London Review* 16, no. 3(April 1861): 222~246, 인용은 p. 225.
51. Ibid., p. 226.
52. Ibid., p. 223, 로마자 표기를 변경함.

5장 북방 임무

1. *Hansard's Parliamentary Debates*(London: T. C. Hansard), January 24, 1860, vol. 156, c. 21.
2. Ibid., c. 25.
3. Immanuel C. Y. Hsü, *The Rise of Modern China*, 3rd ed.(New York: Oxford University Press, 1983), p. 215. 병참과 관련해서는 George Armand Furse, *Military Transport*(London, 1882), pp. 40~41. 기병대 말의 수에 대해서는 Robert Swinhoe, *Narrative of the North China Campaign of 1860*(London: Smith, Elder & Co., 1861), pp. 44~45. Michael Mann, *China, 1860*(Salisbury, Wiltshire: M. Russell, 1989), pp. 5~6에는 총수에 대한 도표가 나와 있다.
4. R. K. I. Quested, *The Expansion of Russia in East Asia, 1857~1860*(Kuala Lumpur: University of Malaya Press, 1968), p. 261에 인용된 그대로.
5. Nikolaĭ Pavlovich Ignat'ev, *The Russo-Chinese Crisis: N. P. Ignatiev's Mission to Peking, 1859~1860*, ed. and tr. John Evans(Newtonville, Mass.: Oriental Research Partners, 1987), p. 100, 로마자 표기를 변경함.
6. 브루스가 상하이에서 러셀에게 쓴 1859년 12월 5일의 편지, *Further Correspondence with Mr. Bruce, Her Majesty's Envoy Extraordinary and Minister Plenipotentiary in China*(London: Harrison and Sons, 1860), p. 1.
7. "The British Expedition to China (from our Special Correspondent)", *The Times*, August 29, 1860. 이 글은 Thomas Bowlby, *An Account of the Last Mission and Death of Thomas William Bowlby*, ed. C. C. Bowlby(printed for private circulation, 1906), pp. 154~175에 재수록되었으며, 특히 pp. 158, 160을 보라.
8. 브루스가 상하이에서 에드킨스에게 쓴 1860년 7월 28일의 편지, *Correspondence Respecting Affairs in China, 1859~1860*(London: Harrison and Sons, 1861), p. 92.
9. 브루스가 상하이에서 러셀에게 쓴 1860년 8월 1일의 편지, *Correspondence Respecting Affairs in China, 1859~1860*, p. 91.

10. 메도스에 대해서는 John King Fairbank, "Meadows on China: A Centennial Review", *The Far Eastern Quarterly* 14, no. 3(May 1955): 365~371을 보라. 메도스의 정보원과 통찰에 대한 또 다른 긍정적 평가는 Pierre-Étienne Will, "Views of the Realm in Crisis: Testimonies on Imperial Audiences in the Nineteenth Century", *Late Imperial China* 29, no. 1 suppl.(June 2008): 125~159 중 pp. 152~153을 보라.

11. Thomas Taylor Meadows, *The Chinese and Their Rebellions*(Stanford, Calif.: Academic Reprints, 1953, orig. published by Smith, Elder & Co., London, 1856), p. 464. 이 내용은 Fairbank, "Meadows on China", p. 370에서도 언급된다.

12. Meadows, *The Chinese and Their Rebellions*, p. 465.

13. 메도스가 브루스에게 쓴 1860년 7월 27일의 편지, *Correspondence Respecting Affairs in China, 1859~1860*, p. 93, 로마자 표기를 변경함.

14. 브루스가 메도스에게 쓴 1860년 7월 31일의 편지, ibid., 로마자 표기를 변경함.

15. 이 편지는 Franz Michael, *The Taiping Rebellion: History and Documents*, 3 vols.(Seattle: University of Washington Press, 1966~1971), vol. 3, p. 1119에 나와 있다.

16. 다음을 참고하라. Augustus Lindley(Lin-le), *Ti-Ping Tien-Kwoh. The History of the Ti-Ping Revolution*(London: Day & Son, 1866), p. 297에서 인용된 *The North-China Herald*, August 25, 1860; C. A. Montalto de Jesus, *Historic Shanghai*(Shanghai: The Shanghai Mercury, Ltd., 1909), pp. 107~111.

17. 제인 에드킨스가 상하이에서 형제에게 쓴 1860년 9월 4일의 편지, in Edkins, *Chinese Scenes and People: With Notices of Christian Missions and Missionary Life in a Series of Letters from Various Parts of China*(London: James Nisbet and Co., 1863), pp. 147~151.

18. "The Advance of the Tai-ping Insurgents on Shanghai", *The North-China Herald*, August 25, 1860.

19. Ibid.

20. *The North-China Herald*에 실린 내용. 이것은 *Nonconformist*, November 14, 1860에 재수록되었고, Lindley, *Ti-PingTien-Kwoh*, p. 297에서 인용되었다.

21. Earl Cranston, "Shanghai in the Taiping Period", *Pacific Historical Review* 5, vol. 2(June 1936): 147~160, 특히 p. 158.

22. "The Chinese Rebellion and the Allies", *The New York Times*, October 1, 1860.

23. Ibid.

24. "The Chinese Insurgents, and Our Policy with Respect to Them", *The London Review* 16, no. 31(April 1861): 222~246, 인용한 내용은 p. 246.

25. "The Visit of the Rebel Forces to Shanghai: No Attack Made by Them", *The New York Times*, November 17, 1860.

26. "The Chinese Revolution", *Tait's Edinburgh Magazine*, November 1860, p. 581.

27. 이 서술은 다음 자료들을 참고했다. Michael Mann, *China, 1860*(Salisbury, Wiltshire: M. Russell, 1989), p. 9; Bowlby, *An Account of the Last Mission*, pp. 38, 204; David Field Rennie, *The British Arms in North China and Japan: Peking 1860; Kagosima 1862*(London: John Murray, 1864), pp. 19, 43.
28. George Armand Furse, *Military Transport*(London, 1882), p. 41. 식량에 대해서는 p. 72.
29. Rennie, *The British Arms in North China*, p. 98.
30. Mark S. Bell, *China: Being a Military Report on the North-Eastern Portions on the Provinces of Chih-li and Shan-tung. Nanking and Its Approaches. Canton and Its Approaches (…) and a Narrative of the Wars Between Great Britain and China*(Calcutta, India: Office of the Superintendent of Government Printing, 1884), vol. 2, p. 423.
31. James Bruce, Earl of Elgin, *Letters and Journals of James, Eighth Earl of Elgin*, ed. Theodore Walrond(London: John Murray, 1872), pp. 376~377.
32. Robert Swinhoe, *Narrative of the North China Campaign of 1860*(London: Smith, Elder & Co., 1861), pp. 191~193.
33. Bowlby, *An Account of the Last Mission*, p. 165.
34. Swinhoe, *Narrative of the North China Campaign*, p. 195.
35. Rennie, *The British Arms in North China*, p. 112.
36. Laurence Oliphant, *Narrative of the Earl of Elgin's Mission to China and Japan in the Years 1857, '58, '59*, 2 vols.(London and Edinburgh: William Blackwood and Sons, 1859), pp. 362~363.
37. Bowlby, *An Account of the Last Mission*, p. 62.
38. Ibid., p. 63.
39. 달과 관련된 해리 파크스의 언급은 1860년 8월 6일의 편지, in Stanley Lane-Poole, *The Life of Sir Harry Parkes*, 2 vols.(London: Macmillan and Co., 1894), vol. 1, p. 354에 나와 있다. 파크스는 배가 10~12척이었다고 말하지만 엘긴은 8척이라고 밝혔다(*Letters and Journals*, p. 341).
40. George Allgood, *China War 1860: Letters and Journal*(London: Longmans, Green and Co., 1901), p. 41.
41. 볼비는 프랑스군만 그랬다고 주장했지만, 해리 파크스의 8월 6일 편지(Lane-Poole, *The Life of Sir Harry Parkes*, vol. 1, p. 358)에 따르면 양국 병사 모두가 약탈에 참여했으며, 다른 점이 있다면 영국군은 이 범죄자들을 처벌하려 한 데 반해 프랑스군은 그렇지 않았다는 것뿐이었다.
42. "Gengshen beilüe"(1860년에 북쪽에서 있었던 일에 대한 설명), *Dierci Yapian Zhanzheng*(The Second Opium War), 6 vols., ed. Qi Sihe et al.(Shanghai: Shanghai Renmin Chubanshe, 1978~1979), vol. 2, pp. 28~33, 특히 p. 28.

43. Bowlby, *An Account of the Last Mission*, pp. 63~64.

44. Parkes, 1860년 8월 6일의 편지, in Lane-Poole, *The Life of Sir Harry Parkes*, vol. 1, p. 355.

45. Thomas Bowlby, 1860년 8월 9일의 일기, in Bowlby, *An Account of the Last Mission*, p. 73.

46. Bowlby, *An Account of the Last Mission*, p. 245.

47. Ibid., p. 285.

48. The Rev. R. J. L. M'Ghee, *How We Got to Pekin: A Narrative of the Campaign in China of 1860*(London: Bentley, 1862), p. 114.

49. Mann, *China, 1860*, p. 58.

50. Rennie, *The British Arms in North China*, p.88("그것이 암스트롱포의 첫 번째 전쟁 사격이었다").

51. Mann, *China, 1860*, p. 59, quoting James Hope Grant; Rennie, *The British Arms in North China*, pp. 91~92.

52. Allgood, *China War 1860*, pp. 75~76.

53. Ibid., p. 46.

54. Thomas Bowlby, 1860년 8월 23일의 일기, in Bowlby, *An Account of the Last Mission*, p. 83.

55. Parkes, 1860년 8월 26일의 편지, in Lane-Poole, *The Life of Sir Harry Parkes*, vol. 1, p. 364.

56. Mann, *China, 1860*, p. 91.

57. "The Capture of the Taku Forts (from our Special Correspondent)", *The Times*, November 3, 1860. 이 글은 Bowlby, *An Account of the Last Mission*, p. 281에 재수록되었다.

58. "Parkes, Sir Harry Smith", *Oxford Dictionary of National Biography*(Oxford, England: Oxford University Press, 2004~2010). "파크스는 작고 마른 체격에 큰 머리, 성긴 금발, 그득한 구레나룻, 밝은 파란색 눈을 가지고 있었다. 그의 빠른 걸음걸이와 빈틈없어 보이는 용모는 퉁명스럽고 성마른 기질의 징표였다. 그는 공적 업무에 열성적인 사람이었고, 정적인 취미를 견딜 수 없어 했다."

59. J. Y. Wong, "Harry Parkes and the 'Arrow' War in China", *Modern Asian Studies* 9, no. 3(1975): 303~320 참고.

60. Thomas Bowlby, 1860년 9월 1일의 일기, in Bowlby, *An Account of the Last Mission*, p. 90.

61. Parkes, 1860년 8월 26일의 편지, in Lane-Poole, *The Life of Sir Harry Parkes*, vol. 1, p. 368.

62. Bowlby, *An Account of the Last Mission*, pp. 37, 93.

63. Swinhoe, *Narrative of the North China Campaign*, p. 197; Lane-Poole, *The Life of Sir Harry Parkes*, vol. 1, p. 369.
64. Elgin, 1860년 9월 8일의 일기, *Letters and Journals*, p. 350.
65. Bowlby, *An Account of the Last Mission*, pp. 289, 292.
66. Bowlby, 1860년 9월 3일의 일기, Ibid., p. 93.
67. "Gengshen beilüe", XF10/7/1-2(August 17~18, 1860), *Dierci Yapian Zhanzheng*, vol. 2, pp. 28~29.
68. Weng Tonghe, *Weng wengong gong riji*, diary entries for XF10/7/10 and XF10/7/23(August 26 and September 8, 1860), *Dierci Yapian Zhanzheng*, vol. 2, pp. 88~89.
69. Allgood, *China War 1860*, p. 80.
70. Rennie, *The British Arms in North China*, pp. 161~162; Elgin, *Letters and Journals*, p. 355.
71. 이 비밀 지시는 Weng Tonghe's diary entry for XF10/7/24(September 9, 1860), in *Dierci Yapian Zhanzheng*, vol. 2, p. 89에 언급되어 있다. 헨리 로크는 몰래 진행된 이러한 준비를 목격했다. Henry Brougham Loch, *Personal Narrative of Occurrences During Lord Elgin's Second Embassy to China in 1860*(London: John Murray, 1900), pp. 88~90 참고.
72. "Gengshen ducheng jieyan shiji"(A record of affairs under martial law in the capital in 1860), *Dierci Yapian Zhanzheng*, vol. 2, p. 34.
73. "Gengshen beilüe", XF10/8/3(September 17, 1860), *Dierci Yapian Zhanzheng*, vol. 2, pp. 29~30.
74. Elgin, *Letters and Journals*, pp. 356~357.
75. Swinhoe, *Narrative of the North China Campaign*, pp. 253~254.
76. Viscount Garnet Wolseley, *Narrative of the War with China in 1860, to Which Is Added the Account of a Short Residence with the Tai-ping Rebels at Nankin*…(London: Longman, Green, Longman and Roberts, 1862), p. 189.
77. Wu Kedu, "Wang ji bian"(Extreme transgressions), *Dierci Yapian Zhanzheng*, vol. 2, pp. 66~69, 특히 p. 67.
78. Wenxiang, 일기, *Wen wenzhong gong shilüe*(Taipei: Wenhai Chubanshe, reprint of 1882 edition), *juan* 2, pp. 32a~33b; Zhao Liewen, 일기 XF10/9/24(November 6, 1860), *TPTG*, vol. 7, pp. 70~71; Wu Kedu, "Wang ji bian", *Dierci Yapian Zhanzheng*, vol. 2, p. 66.
79. "Gengshen beilüe", XF10/8/8-19(September 22~October 3, 1860), *Dierci Yapian Zhanzheng*, vol. 2, pp. 30~31.
80. Ibid., XF10/8/22(October 6, 1860), *Dierci Yapian Zhanzheng*, vol. 2, p. 31.

81. Allgood, *China War 1860*, p. 84.
82. Alexander Bruce Tulloch, *Recollections of Forty Years' Service*(London: William Blackwood and Sons, 1903), pp. 117~118.
83. Ibid., p. 119.
84. Elgin, *Letters and Journals*, pp. 361~362.
85. Loch, *Personal Narrative*, pp. 102~103.
86. "Deposition of Bughel Sing, sowar, 1st troop Fane's Horse; and also of sowar Khan Sing, of the same regiment", in Loch, *Personal Narrative*, p. 165에서 인용됨.
87. Tulloch, *Recollections of Forty Years' Service*, p. 117.
88. Rennie, *The British Arms in North China*, pp. 166~167; James Hevia, *English Lessons: The Pedagogy of Imperialism in Nineteenth-Century China*(Durham, N.C.: Duke University Press, 2003), p. 90.
89. Sarah A. Southall Tooley, *The Personal Life of Queen Victoria*(London: Hodder and Stoughton, 1897), p. 256; Hevia, *English Lessons*, pp. 86~88.
90. 이러한 설명은 다음 자료들에 인용되어 있다. Rennie, *The British Arms in North China*, pp. 165~166; Swinhoe, *Narrative of the North China Campaign*, p. 331.
91. Swinhoe, *Narrative of the North China Campaign*, p. 330.
92. Ibid., pp. 330~331.

6장 다루기 힘든 장군

1. Zeng Guofan, diary entries for XF10/9/2, XF10/9/3 and XF10/9/4(October 15~17, 1860), *ZGFQJ*, vol. 10, p. 3591.
2. Andrew C. K. Hsieh, "Tseng Kuo-fan, A Nineteenth Century Confucian General", Ph.D. diss., Yale University, 1975, pp. 9~13.
3. A. L. Y. Chung, "The Hanlin Academy in the Early Ch'ing Period", *Journal of the Hong Kong Branch of the Royal Asiatic Society*, vol. 6(1966): 100~119. p. 101에 따르면 18세기에 줄곧 100명 수준이었다.
4. 전위원Jen Yu-wen 역시 유사한 조사를 했다. *The Taiping Revolutionary Movement*(New Haven, Conn.: Yale University Press, 1973), p. 218.
5. Hsieh, "Tseng Kuo-fan, A Nineteenth Century Confucian General", p. 17.
6. Zeng Guofan, family letter of DG22/12/20(January 20, 1843), *ZGFQJ*, vol. 2012.
7. Hsieh, "Tseng Kuo-fan, A Nineteenth Century Confucian General", p. 22 및 여러 곳.
8. Zhu ong'an, *Zeng Guofan zhuan*(Biography of Zeng Guofan)(Tianjin: a Wenshu Chu-

banshe, 2000), p. 51.

9. Joanna Waley-Cohen, "Militarization of Culture in Eighteenth-Century China", *Military Culture in Imperial China*, ed. Nicola di Cosmo(Cambridge, Mass.: Harvard University Press, 2009), pp. 278~295.
10. Hsieh, "Tseng Kuo-fan, A Nineteenth Century Confucian General", p. 64. 탕젠의 전기는 p. 209, n. 29.
11. Zhu Dong'an, *Zeng Guofan zhuan*, p. 55.
12. Hsieh, "Tseng Kuo-fan, A Nineteenth Century Confucian General", p. 78.
13. William James Hail, *Tseng Kuo-fan and the Taiping Rebellion, with a Short Sketch of His Later Career*(New Haven, Conn.: Yale University Press, 1927), p. 148. 언급한 편지들은 XF2/12/16 to XF2/12/22(January 24~30, 1853).
14. *Zeng Guofan nianpu*(Chronological biography of Zeng Guofan), in *ZGFQJ*, vol. 1, p. 158, entry for XF2/12/13(January 21, 1853).
15. Thomas Wade, "The Army of the Chinese Empire", *Chinese Repository*, vol. 20(January~December 1851), pp. 250~280, 300~340, 363~421, 특히 p. 421.
16. Dai Yingcong, "Military Finance of the High Qing Period", *Military Culture in Imperial China*, ed. Nicola di Cosmo(Cambridge, Mass.: Harvard University Press, 2009), pp. 296~316.
17. Ralph Powell, *The Rise of Chinese Military Power, 1895~1912*(Princeton, N.J.: Princeton University Press, 1955), pp. 13~16.
18. Zeng Guofan, memorial dated XF1/3/9(April 10, 1851), *ZGFQJ*, vol. 2, p. 385.
19. Zeng Guofan, letter to Kui Yinting, *ZGFQJ*, vol. 13, p. 4747.
20. Zeng Guofan, memorial dated XF2/12/22(January 30, 1853), *ZGFQJ*, vol. 2, pp. 401~402.
21. Ibid.
22. Zeng Guofan, memorial dated XF5/4/1(May 16, 1855), *ZGFQJ*, vol. 2, pp. 561~562.
23. Luo Ergang, *Xiangjun xin zhi*(A new history of the Hunan Army)(Taipei: Liming Wenhua Shiye Gongsi, 1988), pp. 201~210.
24. Zeng Guofan, instructions from the Jiangxi Field Headquarters, *ZGFQJ*, vol. 5(pidu), p. 1678.
25. Zeng Guofan, "She"(Forgiveness), *ZGFQJ*, vol. 16(wenji), pp. 5968~5969.
26. Li Zhiming, *Xiangjun: chengjiu shusheng xunye de "minbing"*(The Hunan Army: accomplished "people's militia" of elite scholars)(Shanghai: Guji Chubanshe, 2007), p. 52.
27. Maochun Yu, "The Taiping Rebellion: A Military Assessment of Revolution and Counterrevolution", *A Military History of China*, ed. David Graff and Robin Higham(Boulder: Westview, 2002), pp. 135~152, 특히 p. 148.

28. Luo Ergang, *Xiangjun xin zhi*, pp. 201~202.

29. Jen, *The Taiping Revolutionary Movement*, p. 227.

30. 녹영군의 급여 수준에 대해서는 Wade, "The Army of the Chinese Empire", *Chinese Repository*, vol. 20(1851), p. 414. 이 자료에 따르면 후난군은 한 달에 4.2냥이었는데 녹영군은 한 달에 1.5냥이었다.

31. Zeng Guofan, "Xiaoyu xinmu xiangyong"(Instructions to new recruits), *ZGFQJ*, vol. 15(wenji), pp. 5953~5955, 상의 목록에 대해서는 p. 5955.

32. Ibid., p. 5953.

33. Ibid., p. 5955.

34. Zeng Guofan, "Ying gui"(Rules of camp), section on "Zhaomu zhi gui"(Rules for recruitment), *ZGFQJ*, vol. 15(wenji), p. 5999.

35. Hail, *Tseng Kuo-fan and the Taiping Rebellion*, p. 201, n. 34.

36. Hsieh, "Tseng Kuo-fan, A Nineteenth Century Confucian General", pp. 98~99.

37. Zeng Guofan, "Tao yuefei xi"(A call to arms against the Guangxi bandits), *ZGFQJ*, vol. 15(wenji), p. 5768.

38. As described in "Gengshen (jia) binan riji"(A diary of avoiding calamity in 1860~1861), entry for XF11/2/19(March 29, 1861), *TPTG*, vol. 6, p. 214.

39. Jen, *The Taiping Revolutionary Movement*, p. 100.

40. Wang Kaiyun, *Xiangjun zhi*(Annals of the Hunan Army)(Changsha: Yuelu Shushe, 1983), p. 159. 또한 다음 자료들을 참고. Luo Ergang, *Xiangjun bingzhi*, p. 93; Zeng Guofan, "Ying gui"(Rules of camp), *ZGFQJ*, vol. 16(wenji), pp. 5996~5999. 뤄얼강은 이 형태의 대대('잉')가 1860년 치먼에서 시작되었다고 보고 있으며, 이후 그것이 변경되지 않았다고 언급한다(Luo Ergang, *Xiangjun bingzhi*, p. 92).

41. Luo Ergang, *Xiangjun bingzhi*, pp. 94~95.

42. William Minns Tileston, 어머니에게 쓴 1863년 2월 12일의 편지, Massachusetts Historical Society, Boston, Mass.

43. 특히 40척의 "빠른 게", 50척의 "긴 용", 150척의 무장한 삼판선이었다.

44. Zhu Dong'an, *Zeng Guofan zhuan*, p. 102.

45. Ibid., p. 103; Jen, *The Taiping Revolutionary Movement*, p. 236.

46. Jen, *The Taiping Revolutionary Movement*, p. 242. Xue Fucheng, *Yong'an biji*에서 인용.

47. 다룽아에 대해서는 Zhu Dong'an, *Zeng Guofan zhuan*, p. 144. 또한 Wang Kaiyun, *Xiangjun zhi*, p. 62.

48. Zeng Guofan, "Ai min ge"(Song of loving the people), *ZGFQJ*, vol. 16(wenji), pp. 5966~5967.

49. Zeng Guofan, instructions from Jiangxi Field Headquarters, *ZGFQJ*, vol. 5(pidu), p.

1671.

50. Zeng Guofan nianpu, entry for XF4/12/25(February 11, 1855), *ZGFQJ*, vol. 1, p. 189.

51. Jen, *The Taiping Revolutionary Movement*, pp. 328~336.

52. Zeng Guofan, family letter of XF10/4/24(June 13, 1860), *ZGFQJ*, vol. 7, p. 2389.

53. Zeng Guofan, instructions from Jiangxi Field Headquarters, *ZGFQJ*, vol. 5(pidu), p. 1674.

54. Zeng Guofan, memorial dated XF9/6/22(August 8, 1859), *ZGFQJ*, vol. 3, p. 814.

55. Zeng Guofan, memorial dated XF9/6/18(August 4, 1859), Ibid., pp. 809~811.

56. Jen, *The Taiping Revolutionary Movement*, p. 341; Zeng Guofan, letter to Zuo Zongtang, *ZGFQJ*, vol. 13(letters), p. 4959.

57. Zhao Liewen, *Neng jingju riji*, entry for TZ3/4/8(May 13, 1864), *TPTG*, vol. 7, p. 249; Zhu Dong'an, *Zeng Guofan zhuan*, p. 147.

58. 그는 거의 즉시(6월에) 장시성의 지방 회계관을 군용 물자 담당관으로 임명했다. David Pong, "The Income and Military Expenditure of Kiangsi Province in the Last Years(1860~1864) of the Taiping Rebellion", *The Journal of Asian Studies* 26, no. 1(November 1966): 49~65, p. 57.

59. Zeng Guofan, memorial dated XF9/10/17(November 11, 1859), *ZGFQJ*, vol. 3, pp. 820~822.

60. Zhu Dong'an, *Zeng Guofan zhuan*, p. 152.

61. 대형에 대해서는 Zhang Dejian, *Zeiqing huizuan*(Intelligence reports on the Taiping rebels)(Taipei: Wenhai Chubanshe, 1968, reprint of 1855 original), pp. 366~378.

62. Zeng Guofan, "Bing"(The Military), *ZGFQJ*, vol. 16(wenji), pp. 5992~5993.

63. Zeng Guofan, letter to Li Xuyi(Li Xi'an), *ZGFQJ*, vol. 14(letters), p. 5092.

64. Zeng Guofan, family letters of XF10/8/4 and XF10/8/5(September 18 and 19, 1860), *ZGFQJ*, vol. 7, pp. 2407~2408.

65. Zeng Guofan, family letter of XF10/9/14(October 27, 1860), Ibid., p. 2419; Zhu Dong'an, pp. 156~161의 관련 주장.

66. Zeng Guofan, family letter of XF10/9/17(October 30, 1860), *ZGFQJ*, vol. 7, p. 2420.

67. Zeng Guofan, diary entries for middle of XF10/9(late October 1860), *ZGFQJ*, vol. 10, pp. 3594~3595.

68. Zeng Guofan, family letter of XF10/9/4(October 17, 1860), *ZGFQJ*, vol. 7, p. 2416.

69. Zeng Guofan, family letter of XF10/9/1(October 14, 1860), Ibid., pp. 2414~2415.

70. Zeng Guofan, diary entry for XF10/9/24(November 6, 1860), *ZGFQJ*, vol. 10, p. 3596.

7장 교리의 힘

1. Augustus F. Lindley(Lin-le), *Ti-Ping Tien-Kwoh. The History of the Ti-ping Revolution*(London: Day & Son, Ltd., 1866), p. 281.
2. Hong Rengan, third Nanchang confession, *TPTG*, vol. 2, p. 414.
3. Hong Rengan, second confession at Xi Baotian's military camp, *TPTG*, vol. 2, p. 404.
4. Hong Rengan, confession at the Jiangxi governor's yamen, Ibid., vol. 2, p. 416.
5. 그 석판의 탁본은 '영국 및 해외 성서협회'에 보존되어 있으며, Thomas Jenner's pamphlet "The Nanking Monument of the Beatitudes"(London: William Clowes and Sons, 1911)에 복제되어 있다. 또한 Joseph Edkins, "Narrative of a Visit to Nanking", Jane R. Edkins, *Chinese Scenes and People: With Notices of Christian Missions and Missionary Life in a Series of Letters from Various Parts of China*(London: James Nisbet and Co., 1863), pp. 241~307, 특히 p. 264에 설명되어 있다. 에드킨스는 '복'을 '행복'으로 잘못 번역했다.
6. Prescott Clarke and J. S. Gregory, *Western Reports on the Taiping: A Selection of Documents*(Honolulu: University Press of Hawaii, 1982), p. 240에 나와 있는 J. S. Burdon의 설명에 근거했다. 석판에 대한 묘사는 Catharina Van Rensselaer Bonney, *A Legacy of Historical Gleanings*(Albany, N.Y.: J. Munsell, 1875), p. 341에 근거했다.
7. Thomas W. Blakiston, *Five Months on the Yang-tsze*(London: John Murray, 1862), pp. 49~51; Josiah Cox, "A Missionary Visit to Nanking and the 'Shield King'", *The Wesleyan Missionary Notices*, 3rd ser., vol. 10(April 1862): 61~66, 특히 p. 62.
8. Edmund F. Merriam, *A History of American Baptist Missions*(Philadelphia: American Baptist Publication Society, 1900), p. 59.
9. George Blackburn Pruden, Jr., "Issachar Jacox Roberts and American Diplomacy in China During the Taiping Rebellion", Ph.D. diss., The American University, 1977, pp. 34~35.
10. Merriam, *A History of American Baptist Missions*, p. 59.
11. Pruden, "Issachar Jacox Roberts and American Diplomacy in China", pp. 164~166.
12. Ibid., pp. 193~195.
13. Ibid., p. 215.
14. *The Vermont Chronicle*, February 6, 1855, p. 22. 뜻을 분명히 하기 위해서 'Wang(王)'을 'King'으로 바꿨다.
15. W. A. P. Martin, *A Cycle of Cathay*(New York: F. H. Revell Co., 1896), p. 29.
16. Edkins, "Narrative of a Visit to Nanking", p. 275.
17. Viscount Garnet Wolseley, *Narrative of the War with China in 1860, to Which Is*

Added the Account of a Short Residence with the Tai-ping Rebels at Nankin···(London: Longman, Green, Longman and Roberts, 1862), p. 338.

18. Masataka Banno, *China and the West, 1858~1861: The Origins of the Tsungli Yamen*(Cambridge, Mass: Harvard University Press, 1964), p. 71.
19. Clarke and Gregory, *Western Reports on the Taiping*, pp. 253~254.
20. Jane Edkins, 즈푸에서 시어머니에게 쓴 1860년 12월 12일의 편지, in *Chinese Scenes and People*, p. 192.
21. Ralph Wardlaw Thompson, *Griffith John: The Story of Fifty Years in China*(London: The Religious Tract Society, 1906), p. 143.
22. Jane Edkins, 즈푸에서 형제인 사이먼에게 쓴 1860년 12월 11일의 편지, in Edkins, *Chinese Scenes and People*, p. 189.
23. Thompson, *Griffith John*, pp. 147~148.
24. Clarke and Gregory, *Western Reports on the Taiping*, p. 278.
25. Thompson, *Griffith John*, p. 150.
26. William Robson, *Griffith John: Founder of the Hankow Mission Central China*(London: S. W. Partridge & Co., n.d. [1901?]), p. 51.
27. Yung Wing, *My Life in China and America*(New York: Henry Holt & Co., 1 p. 96(그는 1859년으로 날짜를 잘못 제시하고 있다).
28. Ibid., pp. 100~101.
29. Ibid., p. 110.
30. Ibid., p. 109.
31. Ibid., p. 134.
32. Weng Tonghe, *Weng wengong gong riji*, diary entry for XF10/7/25(September 10, 1860), in *Dierci Yapian Zhanzheng*, 6 vols., ed. Qi Sihe et al.(Shanghai: Shanghai Renmin Chubanshe, 1978~1979), vol. 2, p. 89.
33. Jerome Ch'ên, "The Hsien-fêng Inflation", *Bulletin of the School of Oriental and African Studies, University of London*, 21, no. 1~3(1958): 578~586.
34. 2개월 지연된 뒤 두 보고서가 11월 2일 그에게 도착했다. Leone Levi, ed., *Annals of British Legation*(London: Smith, Elder, & Co., 1862), vol. 10, p. 313.
35. *The Times*, November 16, 1860("대부분의 독자가 알고 있듯이 중국 제국에는 두 개의 수도가 있다"라는 말로 시작되는 사설).
36. A. A. Hayes, "An American Soldier in China", *The Atlantic Monthly*, February 1886, 193~199, 인용은 p. 194.
37. "The Chinese Rebellion", *The New York Times*, September 1, 1860.
38. Quoted in Lindley, *Ti-PingTien-Kwoh*, p. 296.
39. "Pinghu biji"(Pinghu diary), *TPTG*, vol. 5, p. 29.

40. J. S. Gregory, *Great Britain and the Taipings*(London: Frederick A. Praeger, 1969), pp. 88~89.

41. Zhao Liewen, *Neng jingju riji*, entry for XF10/7/5(August 21, 1860), *TPTG*, vol. 7, p. 67.

42. James Bruce, Earl of Elgin, *Letters and Journals of James, Eighth Earl of Elgin*, ed. Theodore Walrond(London: John Murray, 1872), p. 376.

43. Gregory, *Great Britain and the Taipings*, pp. 89~90.

44. Ibid., pp. 95~96. 엘긴과 브루스 사이의 유사한 의견 교환이 토머스 볼비의 1860년 9월 1일의 일기에 언급되어 있다. 이때 엘긴은 톈진에 있었고, 브루스는 상하이에 있었다. James Bowlby, ed. C. C. Bowlby(printed for private circulation, 1906), *An Account of the Last Mission and Death of Thomas William Bowlby*, p. 91 참고.

45. Zhao Liewen, *Neng jingju riji*, entry for XF10/7/23(September 8, 1860), *TPTG*, vol. 7, p. 68.

46. Ibid. 이 부분을 번역하면서 나는 *TPTG*에 실려 있는 일기 필사본에 "청나라 황제는 망한 나라 황제가 아니다"라고 적힌 것에 오류가 있다고 추정했다.

47. Zhao Liewen, *Neng jingju riji*, entry for XF10/9/4(October 17, 1860), *TPTG*, vol. 7, p. 69.

48. "Gengshen (jia) binan riji"(A diary of avoiding calamity in 1860~1861), entry for XF10/8/27(October 11, 1860), *TPTG*, vol. 6, p. 206.

49. Wang Shihui, *Xianfeng Xiangshan yue fen jishi*(A record of actual events under the rebels in Xiangshan during the Xianfeng reign), *TPTG*, vol. 5, p. 219.

50. Wang Yishou, *Yuenan zhi*(A chronicle spanning hardships), Ibid., p. 143.

51. "Lu zai muzhong"(Firsthand account of Taiping military organization), Ibid., p. 436.

52. Zhang Xiaoqiu, *Yuefei jilüe*(Brief records of the Guangxi bandits), *TPTG*, vol. 4, p. 56.

53. Wang Yishou, *Yuenan zhi*, *TPTG*, vol. 5, p. 144.

54. Kathryn Bernhardt, "Elite and Peasant During the Taiping Occupation of the Jiangnan, 1860~1864", *Modern China* 13, no. 4(October 1987): 379~410; Xiaowei Zheng, "Loyalty, Anxiety, and Opportunism: Local Elite Activism during the Taiping Rebellion in Eastern Zhejiang, 1851~1864", *Late Imperial China 30*, no. 2(December 2009): 39~83.

55. Bernhardt, "Elite and Peasant", pp. 384~388.

56. Ibid., pp. 383~384.

57. "진짜 장발들"이 소수에 불과했다는 것에 대해서는 "Gengshen (jia) binan riji"(A diary of avoiding calamity in 1860~1861), *TPTG*, vol. 6, p. 200 참고.

58. Blakiston, *Five Months on the Yang-tsze*, pp. 48~49.

59. Wang Yishou, *Yuenan zhi*, *TPTG*, vol. 5, p. 157.

60. Mr. Tang(이름은 없음), "Qiuwen riji"(Qiuwen diary), entry for XF11/3/2(April 11, 1861), *TPTG*, vol. 6, pp. 346~347; "Gengshen (jia) binan riji"(A diary of avoiding calamity in 1860~1861), entry for XF11/2/27(April 6, 1861), *TPTG*, vol. 6, pp. 214~215.

61. 논어 문구는 "Gengshen (jia) binan riji"(A diary of avoiding calamity in 1860~1861), entry for XF11/3/8(April 17, 1861), *TPTG*, vol. 6, p. 215에 기록되어 있다. 또한 Mr. Tang(이름 없음), "Qiuwen riji"(Qiuwen diary), entry for XF11/3/2(April 11, 1861), *TPTG*, vol. 6, p. 346 참고.

62. Edkins, "Narrative of a Visit to Nanking", pp. 280~281.

63. Ibid., p. 301.

64. Hong Rengan, *Yingjie guizhen*(A hero's return to the truth), trans. in Franz Michael, *The Taiping Rebellion: History and Documents*(Seattle: University of Washington Press, 1966~1971), vol. 3, pp. 799~831, 인용은 pp. 804, 806, 807.

65. Ibid., p. 817.

66. Hong Rengan, third Nanchang confession, *TPTG*, vol. 2, p. 414.

67. C. A. Curwen, *Taiping Rebel: The Deposition of Li Hsiu-Ch'eng*(Cambridge, England: Cambridge University Press, 1977), pp. 121~122.

68. Curwen, *Taiping Rebel*, p. 122(from folio 72).

69. 윌리엄 뮤어헤드가 제시한 날짜. 뮤어헤드가 1861년 2월 12일 쓴 바에 따르면 홍인간은 이전 안식일에 떠났는데, 그 안식일은 2월 10일 일요일이자 음력 1월 1일이었을 것이다.

70. W. Muirhead, "Visit of the Rev. W. Muirhead to the City of Nanking", *The Missionary Magazine and Chronicle*, vol. 25(July 1861): 197~209, 특히 p. 206. 뮤어헤드의 글은 1861년 2월로 되어 있다.

8장 문명의 위기

1. *The Economist*, February 9, 1861, p. 146.

2. *The Times*, December 25, 1860("크리스마스 종소리가 처음 울려 퍼지던 바로 그때 도착한 소식"이라고 시작되는 사설).

3. "Capture of Pekin", *The Illustrated News of the World*, December 15, 1860.

4. 이 편지의 전체 내용은 Hugo's collected works, *Oeuvres Complètes: Pendant l'Exil: 1852~1870*(Paris, 1883), pp. 267~270에서 볼 수 있다.

5. 이 내용은 1861년의 편지에 근거했지만, 그는 1870년에도 같은 주제를 반복했다. "S'associer à l'Angleterre pour donner à la Chine le spectacle de l'Europe vandale, stupéfier de notre barbarie les barbares, détruire le palais d'Été de compte à demi avec le fils de lord Elgin qui a mutilé le Parthénon", *Oeuvres Complètes: Pendant*

l'Exil: 1852~1870, p. 530.

6. *Hansard's Parliamentary Debates*(London: T. C. Hansard), February 14, 1861, vol. 161, c. 392.
7. Ibid., c. 410.
8. James Bruce, Earl of Elgin, *Letters and Journals of James, Eighth Earl of Elgin*, ed. Theodore Walrond(London: John Murray, 1872), pp. 391~392.
9. Ibid., p. 393.
10. Arthur W. Hummel, ed., *Eminent Chinese of the Ch'ing Period(1644~1912)*(Taipei: Chengwen reprint, 1967), p. 666.
11. Lolan Wang Grady, "The Career of I-Hsin, Prince Kung, 1858~1880: A Case Study of the Limits of Reform in the Late Ch'ing", Ph.D. diss., University of Toronto, 1980, pp. 23~24.
12. 그레이디Grady의 번역, Ibid., pp. 94~95.
13. Ibid., p. 100.
14. Ibid., pp. 100~101.
15. Jennifer Rudolph, *Negotiated Power in Late Imperial China: The Zongli Yamen and the Politics of Reform*(Ithaca, N.Y.: Cornell University East Asia Program, 2008), pp. 184~185.
16. R. K. I. Quested, *Sino-Russian Relations: A Short History*(Boston: George Allen & Unwin, 1984), pp. 71~77; Quested, *The Expansion of Russia in East Asia, 1857~1860*(Kuala Lumpur: University of Malaya Press, 1968), pp. 64~153.
17. Quested, *Sino-Russian Relations*, pp. 75~77.
18. Mao Jiaqi, *Guo zhu "Taiping Tianguo shishi rizhi" jiaobu(Emendations to Guo [Tingyi's] Daily Calendar of Events in the Taiping Heavenly Kingdom)*(Taipei: Taiwan Shangwu Yinshuguan, 2001), p. 151. 무역 감독관은 설환이었다. 그는 장쑤성의 순무이기도 했지만, 나중에 남부 조약항들의 무역에 집중하기 위해 그 직책을 내놓았다. Rudolph, *Negotiated Power*, p. 113 참조.
19. Mao Jiaqi, *Guo zhu*, pp. 149~150.
20. Zeng Guofan, memorial dated XF10/11/8(December 19, 1860), *ZGFQJ*, vol. 3, pp. 879~882.
21. Masataka Banno, *China and the West, 1858~1861: The Origins of the Tsungli Yamen*(Cambridge, Mass.: Harvard University Press, 1964), p. 209; p. 332, n. 26.
22. Mao Jiaqi, *Guo zhu*, p. 154에서 인용됨. "우리가 외국 선박들을 그곳에 보낼 경우, 합동 공격의 가능성이 없을뿐더러, [호위받지 않는 러시아인들이] 반란군과 협력해 새로운 문제를 야기할지도 모른다는 우려가 있다."
23. 이곳과 다음 단락들에 인용된 그레이 백작의 연설은 *Hansard*, February 19, 1861, vol.

161, cc. 546~569에서 볼 수 있다.

24. Ibid., c. 580.
25. 메도스가 러셀에게 쓴 1861년 2월 19일의 편지(1861년 4월 12일에 수신됨), *Papers Relating to the Rebellion in China, and Trade in the Yang-tze-kiang River*(London: Harrison and Sons, 1862), p. 3.
26. J. S. Gregory, "Stephen Uhalley, Jr. and Westerners in China: A Further Comment", *The Journal of Asian Studies* 35, no. 2(February 1976): 364~365.
27. 다른 지역들에서는 홈스의 편지가 1860년 12월 1일의 *Church Missionary Intelligencer* 에 게재되었다.
28. "The Chinese Insurgents, and Our Policy with Respect to Them", *The London Review* 16, no. 31(April 1861): 222~246. 『오벌랜드 레지스터』의 인용문을 포함해 인용은 pp. 232, 235, 242.
29. John Scarth, *British Policy in China: Is Our War with the Tartars or the Chinese?*(London: Smith, Elder and Co., 1860), front cover.
30. Ibid., pp. 23, 31, 32.
31. *The Economist*, May 11, 1861, p. 513.
32. "China", *Dublin University Magazine*, May 1861, p. 569.
33. *Dictionary of National Biography*(New York: Macmillan, 1909), vol. 19, p. 258.
34. 이곳과 다음 단락들에 인용된 사이크스의 연설은 *Hansard*, March 12, 1861, vol. 161, cc. 1841~1856에서 볼 수 있다.
35. Ibid., cc. 1858~1859.
36. *Hansard*, April 12, 1861, vol. 162, c. 522.
37. 비에 대한 묘사는 Thomas W. Blakiston, *Five Months on the Yang-tsze*(London: John Murray, 1862), pp. 1~2.
38. "싸움꾼 지미Fighting Jimmy": Robert S. Rantoul, "Frederick Townsend Ward", *Historical Collections of the Essex Institute* 44, no. 1(January 1908): 1~64, p. 31. Alexander Michie, *The Englishman in China During the Victorian Era*(Edinburgh: William Blackwood and Sons, 1900), p. 349에 따르면, 호프는 "키가 크고 귀티가 나는 사람이었고, 호감을 주는 더할 수 없이 신사적인 외모를 가지고 있었다".
39. Stanley Lane-Poole, *The Life of Sir Harry Parkes*, 2 vols.(London: Macmillan and Co., 1894), vol. 1, pp. 265~266.
40. Harry Parkes, "Report of an Interview with Rebel Authorities at Nanking, March 1, 1861", *Papers Relating to the Rebellion in China, and Trade in the Yang-tze-kiang River*, pp. 35~37.
41. Lane-Poole, *The Life of Sir Harry Parkes*, vol. 1, p. 263.
42. Ibid., p. 264.

43. Parkes to Hammond, June 12, 1861, *Papers Relating to the Rebellion in China, and Trade in the Yang-tze-kiang River*, p. 45.
44. Lane-Poole, *The Life of Sir Harry Parkes*, vol. 1, p. 265.
45. "Report by Mr. Parkes of Visit to Woo-Hoo and Tae-Ping", March 28, 1861, *Papers Relating to the Rebellion in China, and Trade in the Yang-tze-kiang River*, p. 31.
46. Hope to Admiralty, April 6, 1861, *Correspondence Respecting the Opening of the Yang-tze-kiang River to Foreign Trade*(London: Harrison and Sons, 1861), p. 10.
47. Michie, *The Englishman in China*, p. 376.
48. 상하이에서 50킬로미터 떨어져 있겠다는 약속이 그해에 국한된 것이었는지 아니면 영속적인 것이었는지에 대해서는 논란이 있었다. 파크스의 원래 보고서에는 1년 운운하는 말이 전혀 없었지만, 나중에 브루스는 태평천국군이 "12개월 동안" 상하이 밖에 머물기로 약속했다고 언급했고, 파크스는 거의 1년 뒤에 돌아와 연장을 요청했다(이 요청은 거부되었다). 또한 호프는 1862년 10월 15일 후임자 큐퍼에게 남긴 지침에서 이 약정을 "단지 그해로 한정된" 것으로 언급했다. 다음 자료 참고. 브루스가 베이징에서 호프에게 쓴 1861년 6월 16일의 편지, *Papers Relating to the Rebellion in China, and Trade in the Yang-tze-kiang River*, p. 56; "Extract from a Memorandum dated October 15, 1862, addressed to Rear-Admiral Kuper by Vice-Admiral Sir J. Hope, on resigning the Command of the Station", *Further Papers Relating to the Rebellion in China*(London: Harrison and Sons, 1863), p. 111.
49. "Report by Mr. Forrest of Journey from Shanghae to Nanking", *Correspondence Respecting the Opening of the Yang-tze-kiang River to Foreign Trade*, pp. 27~30.
50. 센토호 함장의 표현을 따름. 그는 대운하의 기슭이 "인간의 뼈로 뒤덮여 문자 그대로 하얗다"고 묘사했다. 애플린이 호프에게 쓴 1861년 3월 21의 편지, Ibid., p. 21.
51. "Report by Mr. Forrest of Journey from Shanghae to Nanking", Ibid., p. 29.
52. 증국번 군대의 대대장은 매달 50냥을 받았다. 월 60냥은 1년에 1000달러가 조금 넘는 수준이었다. 당시 상하이의 한 회사에서 일하던 윌리엄 밀스 타일스턴이라는 젊은 미국인은 1년에 900달러를 받았다.
53. 포레스트가 브루스에게 쓴 1861년 4월 20일과 5월 1일의 편지, *Papers Relating to the Rebellion in China, and Trade in the Yang-tze-kiang River*, pp. 41~42.
54. 존 힌턴의 증언이 동봉된, 메드허스트가 브루스에게 쓴 1861년 5월 6일의 편지, Ibid., pp. 42~43.
55. 그 편지는 Frederick Townsend Ward Papers, Manuscripts and Archives, Sterling Memorial Library, Yale University, New Haven, Conn.에 소장되어 있다.
56. Teng Ssu-yu, *The Taiping Rebellion and the Western Powers: A Comprehensive Survey*(Oxford, England: Clarendon Press, 1971), p. 305.
57. Caleb Carr, *The Devil Soldier: The American Soldier of Fortune Who Became a God*

in China(New York: Random House, 1992), pp. 150~151.

58. Edward Forester, "Personal Recollections of the Tai-ping Rebellion", *Cosmopolitan* 21, no. 6(October 1896): 629; Carr, *Devil Soldier*, pp.153~154.

9장 인내

1. 다음 자료들을 기초로 했다. Thomas W. Blakiston, *Five Months on the Yang-tsze*(London: John Murray, 1862), p. 61; Viscount Garnet Wolseley, *Narrative of the War with China in 1860, to Which Is Added the Account of a Short Residence with the Taiping Rebels at Nankin*…(London: Longman, Green, Longman and Roberts, 1862), pp. 369~372.
2. *Narrative of the Earl of Elgin's Mission to China and Japan in the Years 1857, '58, '59*, 2 vols.(London and Edinburgh: William Blackwood and Sons, 1859), vol. 2, pp. 363~364에서 로런스 올리펀트가 이렇게 묘사했다.
3. Augustus F. Lindley(Lin-le), *Ti-Ping Tien-Kwoh. The History of the Ti-ping Revolution*(London: Day & Son, Ltd., 1866), p. 345; Wolseley, *Narrative of the War with China in 1860*, p. 371.
4. Zhang Dejian, *Zeiqing huizuan*(Intelligence reports on the Taiping rebels)(Taipei: Wenhai Chubanshe, 1968, reprint of 1855 original), p. 173.
5. Lindesay Brine, *The Taeping Rebellion in China: A Narrative of Its Rise and Progress*(London: John Murray, 1862), p. 307.
6. Zhu Hongzhang, *Cong rong jilue*(Zhu Hongzhang's account of the campaign against the rebels)(Taipei: Wenhai Chubanshe reprint, 1968), p. 68.
7. "Report by Mr. Parkes of Visit to Ngan-king[Anqing], March 24, 1861", *Correspondence Respecting the Opening of the Yang-tze-kiang River to Foreign Trade*(London: Harrison and Sons, 1861), pp. 25~27, 특히 p. 26.
8. Jen Yu-wen(Jian Youwen), *The Taiping Revolutionary Movement*(New Haven, Conn.: Yale University Press, 1973), p.412.
9. 여기에는 그들이 실제로 달성하려 한 것이 무엇이었는지가 반영되어 있는데, 이는 충왕 이수성이 자백에서 밝힌 전략과는 다소 차이가 있다.
10. 관문의 상소에 언급된 내용. 이 상소는 Mao Jiaqi, *Guo zhu "Taiping Tianguo shishi rizhi" jiaobu*(Emendations to Guo (Tingyi's) *Daily Calendar of Events in the Taiping Heavenly Kingdom*)(Taipei: Taiwan Shangwu Yinshuguan, 2001), p. 157에 인용되어 있다.
11. Parkes, "Report of Mr. Parkes of his Visit to the Ying Wang at Hwang-chow, March

22, 1861", *Papers Relating to the Rebellion in China, and Trade in the Yang-tze-kiang River*(London: Harrison and Sons, 1862): 53~56, 특히 p. 55.

12. Zeng Guofan, family letter of XF10/7/3(August 19, 1860), *ZGFQJ*, vol. 7, p. 2400.
13. Zeng Guofan, diary entry for XF10/10/11(November 23, 1860), *ZGFQJ*, vol. 10, p. 3600.
14. Zeng Guofan, diary entries for XF10/10/11 and XF10/10/19(November 23 and December 1, 1860), Ibid., pp. 3600, 3602.
15. Zhu Dong'an, *Zeng Guofan zhuan*(Biography of Zeng Guofan)(Tianjin: Baihua Wenshu Chubanshe, 2000), p. 162.
16. Chen Chang, *Tingjun jilüe*(History of Bao Chao's army)(Shanghai: Shanghai Shenbao Guan, 1882), *juan* 3, p. 26b.
17. Zeng Guofan, family letter of XF10/10/20(December 2, 1860), *ZGFQJ*, vol. 7, p. 2430.
18. C. A. Curwen, *Taiping Rebel: The Deposition of Li Hsiu-Ch'eng*(Cambridge, England: Cambridge University Press, 1977), pp. 122~123.
19. Chen Chang, *Tingjun jilüe, juan* 3, p. 27a.
20. Zeng Guofan, family letter of XF10/11/14(December 25, 1860), *ZGFQJ*, vol. 7, pp. 2436~2437. (주의: *Zeng Guo-fan quanji*에 인쇄상의 오류가 있다. 이 편지가 XF10/11/14가 아닌 XF10/11/4로 되어 있다.)
21. Zeng Guofan, letter to Hu Linyi of XF10/11/16(December 27, 1860). Mao Jiaqi, *Guo zhu*, p. 150에서 인용됨.
22. Zeng Guofan, family letters of XF10/11/18, XF10/11/22, and XF10/11/24(December 29, 1860, and January 2 and 4, 1861), *ZGFQJ*, vol. 7, pp. 2437, 2438~2439.
23. Zeng Guofan, 각서 XF10/11/28(January 8, 1861), *ZGFQJ*, vol. 3, pp. 887~888.
24. Jen Yu-wen(Jian Youwen), *The Taiping Revolutionary Movement*, p. 415; Zhu Dong'an, *Zeng Guofan zhuan*, p. 163.
25. Zeng Guofan, diary entry for XF11/3/5(April 14, 1861), *ZGFQJ*, vol. 10, p. 3641. 또한 Zhu Dong'an, *Zeng Guofan zhuan*, p. 164에서 인용됨.
26. Zeng Guofan, diary entry for XF11/3/13(April 22, 1861), Ibid., p. 3644.
27. Zeng Guofan, family letter of XF11/3/13(April 22, 1861), Ibid., vol. 7, pp. 2475~2476.
28. Ibid., p. 2476.
29. "Report of Mr. Parkes of His Visit to the Ying Wang at Hwang-chow, March 22, 1861", *Papers Relating to the Rebellion in China, and Trade in the Yang-tze-kiang River*, pp. 53~56, 인용은 p. 54.
30. Ibid., p. 54.
31. Lindley, *Ti-Ping Tien-Kwoh*, p. 350.

32. "Report by Mr. Parkes of Visit to Ngan-king[Anqing], March 24, 1861", *Correspondence Respecting the Opening of the Yang-tze-kiang River to Foreign Trade*, pp. 25~27.
33. "Report by Mr. Parkes on Communications with the Insurgents at Nanking, March 29 to April 2, 1861", *Papers Relating to the Rebellion in China, and Trade in the Yang-tze-kiang River*, pp. 10~15, 특히 p. 12.
34. 1861년 봄 그곳에 들렀던 가닛 울즐리의 보고. Wolseley, *Narrative of the War with China in 1860*, p. 370.
35. "Report by Mr. Parkes of Visit to Ngan-king[Anqing], March 24, 1861", p. 27.
36. Curwen, *Taiping Rebel*, p. 123.
37. Ibid.
38. Ibid., pp. 124~125.
39. "Li Hsiu-ch'eng's letter to Lai Wen-kuang Seeking Military Information", trans. in Franz Michael, *The Taiping Rebellion: History and Documents*, 3 vols.(Seattle: University of Washington Press, 1966~1971), vol. 3, pp. 1043~1044. 이 편지는 대영박물관에 소장되어 있다.
40. Jen, *The Taiping Revolutionary Movement*, pp. 421~422.
41. Xia Chuntao, *Hong Rengan*(Wuhan: Hubei Jiaoyu Chubanshe, 1999), p. 257.
42. Zeng Guofan, family letter of XF11/4/24(June 2, 1861), *ZGFQJ*, vol. 7, p. 2506.
43. Hong Rengan, "Ti yuci jinbi"(On receiving the golden brush), *Hong Rengan xuanji*(The selected works of Hong Rengan), ed. Yangzhou Shifan Xueyuan Zhongwen Xi(Beijing: Zhonghua Shuju, 1978), p. 62. 번역은 Michael, *The Taiping Rebellion*, vol. 3, p. 835에 기초함.
44. Hong Rengan, "Zhi ge"(The end of fi ghting), *Hong Rengan xuanji*, p. 67.
45. Xia Chuntao, *Hong Rengan*, p. 261.
46. Ibid., p. 248 Jen, *The Taiping Revolutionary Movement*, p. 423.
47. Zeng Guofan, family letter of XF11/5/4(June 11, 1861), *ZGFQJ*, vol. 7, p. 2514; letter of XF11/5/14(June 21, 1861), *ZGFQJ*, vol. 7, p. 2522.
48. Wang Kaiyun, *Xiangjun zhi*(1879 edition), *juan* 5, p. 8a.
49. 증국번은 7월 9일에 그 소식을 들었다. Zeng Guofan, family letter of XF11/6/2(July 9, 1861), *ZGFQJ*, vol. 7, p. 2527.
50. Zhu Hongzhang, *Cong rong jilue*, pp. 73~74. Zhu Hongzhang은 1만 명이라고 말하고 있으나 증국전은 증국번에게 그 수가 8000명이라고 말했다(이 수는 무기 개수와 일치한다). Zeng Guofan, family letter of XF11/6/4(July 11, 1861), *ZGFQJ*, vol. 7, p. 2528 참고.
51. Zeng Guofan, family letter of XF11/6/4(July 11, 1861), *ZGFQJ*, vol. 7, p. 2528.

52. Zeng Guofan, family letter of XF11/6/5(July 12, 1861), Ibid.
53. Zeng Guofan, family letter of XF11/6/12(July 19, 1861), Ibid., p. 2530.
54. Zeng Guofan, family letter of XF11/4/24(June 2, 1861), Ibid., p. 2506.
55. Zeng Guofan, family letter of XF11/4/26(June 4, 1861), Ibid., pp. 2508~2509.
56. Zeng Guofan, family letter of XF11/5/6(June 13, 1861), Ibid., p. 2516. 그 배는 쌀 3000단dan을 하역했는데, 1단은 쌀 2.75부셸 또는 124파운드(약 56킬로그램)에 해당된다. 나중에 증국번은 하루에 쌀 1단이 100명의 병사를 지탱하는 데 필요한 양이라고 추산했다. 그렇다면 3000단은 3만 명의 사람이 보통의 양으로 10일 동안 먹을 수 있는 수준이었다. Zeng Guofan, family letter of TZ1/9/2(October 24, 1861), p. 2624 참고.
57. Zeng Guofan, family letter of XF11/5/6(June 13, 1861), Ibid., p. 2516.
58. "The Prince of Kung to Mr. Bruce", July 18, 1861, *Papers Relating to the Rebellion in China, and Trade in the Yang-tze-kiang River*, pp. 67~68; 브루스가 베이징에서 메드허스트에게 쓴 1861년 7월 23일의 편지, Ibid., p. 68. 인용문은 브루스가 베이징에서 러셀에게 쓴 1861년 7월 30일의 편지, Ibid., pp. 64~65. 전위원Jen Yu-wen은 *The Taiping Revolutionary Movement*, p. 426에서 영국이 실제로 증국번의 수군과 함께 해상 봉쇄를 구축했다고 주장하지만, 그 주장의 출처는 제시하지 않는다.
59. William James Hail, *Tseng Kuo-fan and the Taiping Rebellion, with a Short Sketch of His Later Career*(New Haven, Conn.: Yale University Press, 1927), p. 233.
60. Zeng Guofan, family letter of XF11/3/24, *ZGFQJ*, vol. 7, pp. 2483~2484, 인용은 p. 2484.
61. Hail, *Tseng Kuo-fan*, p. 234.
62. Jen, *The Taiping Revolutionary Movement*, p. 422. 또한 Zeng Guofan, family letter of XF11/5/30(June 30, 1861), *ZGFQJ*, vol 7, p. 2526 참고.
63. 다음 자료들의 설명을 근거로 했다. Zhu Hongzhang, *Cong rong jilüe*, pp. 76~77; Zhao Liewen, *Neng jingju riji*, XF11/8/13(September 17, 1861), *TPTG*, vol. 7, p. 107; Long Shengyun, *Xiangjun shigao*, p. 262; the entry on Chen Yucheng(the Brave King) in Arthur W. Hummel, ed., *Eminent Chinese of the Ch'ing Period(1644~1912)* (Taipei: Chengwen reprint, 1967), p. 106. 마지막 자료는 전투가 6일 밤과 낮 동안 계속되었고 전투가 시작된 날은 8월 21일이라고 밝히고 있지만, Zhu Hongzhang에 따르면 전투는 8월 27일(음력 7월 22일)에 본격적으로 시작되었고 9월 3일(음력 7월 29일) 밤에 끝났다.
64. Long Shengyun, *Xiangjun shigao*, p. 262, n. 2. Augustus Lindley, Zhu Hongzhang, Wang Kaiyun 모두 수비대가 이미 그 도시를 빠져나간(Lindley에 따르면 합의에 의해서, Zhu Hongzhang에 따르면 땅굴을 통해서) 상태였다고 말했는데, 이는 성벽을 폭파해 도시를 함락시켰다는 증국번의 보고와 상충된다. Zhao Liewen의 말에 따르면, 후난군이 땅굴을 팠지만 그 땅굴은 9월 초(음력 7월 말)에야 완성되었고, 후난군은 전투가 끝난 뒤에야 그 땅굴을 이용해 도시에 진입했다. 그는 쇠사슬에 묶인 포수들을 묘사하고 있고, 후난군이 진입

했을 때 아무런 저항도 없었다고 말한다. *Neng jingju riji*(Zhao Liewen's diary), entry for XF11/8/13(September 17, 1861), *TPTG*, vol. 7, p. 108 참고.

65. Zhao Liewen, *Neng jingju riji*, XF11/8/13(September 17, 1861), *TPTG*, vol. 7, pp. 107~108.
66. Zeng Guofan, family letter of XF11/5/18(June 25, 1861), *ZGFQJ*, vol. 7, p. 2523.
67. Jian Youwen, *Taiping Tianguo quanshi*(Hong Kong: Mengjin Shuwu, 1962), vol. 3, p. 1893은 남녀노소 가리지 않고 내부의 모든 사람이 죽임을 당했다고 결론짓는다. Long Shengyun은 여자들은 끌려가고 남자와 소년은 모두 학살당했다고 말한다(*Xiangjun shigao*, p. 262). Zhao Liewen은 아이들은 목숨을 건졌지만 여자는 1만 명 이상이 병사들에게 끌려갔고 수십 명이 자살했다고 말한다(*Neng jingju riji*, XF11/8/13, *TPTG*, vol. 7, p. 108).

10장 하늘과 땅

1. David Field Rennie, *Peking and the Pekingese: During the First Year of the British Embassy at Peking*, 2 vols.(London: John Murray, 1865), vol. 1, pp. 267~269. 그해 8월 베이징에 떠돈 황제의 죽음에 관한 소문에 대해서는 Ibid., pp. 317, 335 참고.
2. "Pinghu biji"(Pinghu diary), *TPTG*, vol. 5, p. 31.
3. Zhao Liewen, *Neng jingju riji*, XF11/8/1(September 5, 1861), *TPTG*, vol. 7, p. 96.
4. Zeng Guofan, diary entry for XF11/7/30(September 4, 1861), *ZGFQJ*, vol. 10, pp. 3684~3685.
5. Zeng Guofan, diary entry for XF11/8/10(September 14, 1861), Ibid., p. 3687.
6. Zeng Guofan, diary entry for XF11/8/10(September 14, 1861), Ibid., pp. 3687~3688.
7. Evelyn S. Rawski, *The Last Emperors: A Social History of Qing Imperial Institutions*(Berkeley: University of California Press, 1998), pp. 140~141. 그의 배우자 가운데 4분의 3은 임신을 하지 못했다.
8. Hong Rengan, "Proclamations on the Extermination of Demons", trans. in Franz Michael, *The Taiping Rebellion: History and Documents*(Seattle: University of Washington Press, 1966~1971), vol. 3, pp. 859~869, 인용은 p. 863. 로마자 표기와 일부 대문자를 변경.
9. Rennie, *Peking and the Pekingese*, vol. 1, p. 173.
10. Ibid., pp. 173~174.
11. 파크스가 베이징에서 브루스에게 쓴 1861년 5월 10일의 편지, *Papers Relating to the Rebellion in China, and Trade in the Yang-tze-kiang River*(London: Harrison and Sons, 1862), pp. 23~35, 인용은 p. 32.
12. Hong Rengan, 이수성에게 쓴 편지, *Hong Rengan xuanji*, ed. Yangzhou Shifan

Xueyuan Zhongwen Xi(Beijing: Zhonghua Shuju, 1978), p. 56.

13. Michael, *The Taiping Rebellion*, vol. 3, p. 1526.
14. Xu Chuanyi, *Taiping Tianguo Anhui sheng shigao*(Draft history of Anhui province during the Taiping Rebellion)(Hefei: Anhui Renmin Chubanshe, 1991), p. 283.
15. Michael, *The Taiping Rebellion*, vol. 3, p. 969.
16. Ibid., vol. 1, pp. 159~160.
17. Thomas W. Blakiston, *Five Months on the Yang-tsze*(London: John Murray, 1862), p. 49.
18. Ibid., p. 52.
19. Ibid., p. 54.
20. Ibid., pp. 52~54.
21. 이 단락과 다음 단락의 인용문은 Jane R. Edkins, *Chinese Scenes and People, With Notices of Christian Missions and Missionary Life*…(London, James Nisbet & Co., 1863), pp. 201~206.
22. Ibid., pp. 29~33.
23. Griffith John, 한커우에서 티드먼 목사에게 쓴 1861년 11월 5일의 편지. *The Missionary Magazine and Chronicle*, no. 309, new ser., no. 26(February 1862): 36~37에 재수록됨.
24. 파크스가 베이징에서 브루스에게 쓴 1861년 5월 10일의 편지, *Papers Relating to the Rebellion in China, and Trade in the Yang-tze-kiang River*, 인용은 p. 35.
25. Roberts, letter to *The North-China Herald*, March 30, 1861. Prescott Clarke and J. S. Gregory, *Western Reports on the Taiping: A Selection of Documents*(Honolulu: University Press of Hawaii, 1992), p. 263에서 인용됨.
26. "Our editorial of last week…", *The North-China Herald*, September 14, 1861.
27. Introduction to letter from I. J. Roberts, *China Mail*, no. 856(July 11, 1861).
28. "The Taeping Rebels", *The Louisville Daily Journal*, May 8, 1862. 여기에는 다음과 같이 나와 있다. "서구 세계의 기독교 국가들이 그들에게 더 실질적인 공감을 보이지 않는 것은 이상하게 여겨져왔다. 이러한 감정은 우리 나라에서는 널리 퍼져 있는데, 이는 '태평천국 통치자'의 스승이었던 선교사 로버츠 씨가 미국인이라는 잘 알려진 사실 때문이다."
29. Letter from I. J. Roberts, *China Mail*, no. 856(July 11, 1861).
30. Rawski, *The Last Emperors*, p. 103.
31. Ibid., p. 127.
32. Arthur W. Hummel, ed., *Eminent Chinese of the Ch'ing Period(1644~1912)*(Taipei: Chengwen reprint, 1967), p. 668; Rawski, *The Last Emperors*, p. 103.
33. Rennie, *Peking and the Pekingese*, vol. 2, pp. 141, 125.
34. Lolan Wang Grady, "The Career of I-Hsin, Prince Kung, 1858~1880: A Case Study

of the Limits of Reform in the Late Ch'ing", Ph.D.diss., University of Toronto, 1980, p. 101.

35. Rennie, *Peking and the Pekingese*, vol. 2, pp. 128~129.

36. Ibid., vol. 2, p. 160.

37. Hummel, *Eminent Chinese*, p. 668. William Robson, *Griffith John: Founder of the Hankow Mission Central China*(London: S. W. Partridge & Co., n.d. [1901?]), p. 60은 로카트Lockart의 직접 목격담을 인용하고 있다. 또한 Rennie, *Peking and the Pekingese*, vol. 2, pp. 125~166.

38. Rennie, *Peking and the Pekingese*, vol. 2, p. 134.

39. William Minns Tileston, 상하이에서 어머니에게 쓴 1860년 10월 18일의 편지, Massachusetts Historical Society, Boston, Mass. 참고.

40. Edward Bowra, diary, at School of Oriental and African Studies(PPMS 69, Bowra, Box 1, Folder 6), accessed via Adam Matthew Digital, "China: Trade, Politics and Culture, 1793~1980", entry for June 1, 1863(manuscript pp. 35~36).

41. Josiah Cox, "A Missionary Visit to Nanking and the 'Shield King'", *The Wesleyan Missionary Notices*, no. 100, 3rd ser.(April 1862): 61~66, 인용은 p. 62.

42. "Extract from the Journal of the Rev. Josiah Cox", *The Wesleyan Missionary Notices*, no. 101, 3rd ser.(May 1862): 69~76, 인용은 p. 70.

43. Cox, "A Missionary Visit to Nanking and the 'Shield King'", p. 62.

44. Ibid., p. 65; J. S. Gregory가 1956년에 발표한 논문 때문에 서양의 역사가들은 이 인용문을 홍인간 자신의 것으로 계속 오인해왔다. 그러나 이 말은 가문을 보호하려는 차원에서 홍인간의 염려의 표시였지, 그의 정책적 변화의 표시가 아니었다.

45. Ibid., p. 62. 강조 표현을 추가함.

11장 교차

1. "The New War in China", *The London Review*, July 12, 1862, p. 27.

2. Eugene A. Brady, "A Reconsideration of the Lancashire 'Cotton Famine'", *Agricultural History* 37, no. 3(July 1963): 156~162, 특히 p. 159.

3. "A History of the External Trade of China, 1834~81", *Decennial Reports on the Trade, Navigation, Industries, etc., of the Ports Open to Foreign Commerce, and on Conditions and Development of the Treaty Port Provinces*, 5th issue(1922~1931) (Shanghai: Statistical Department of the Inspectorate of Customs, 1933), vol. 1, pp. 1~144, 특히 p. 56. 또한 Brady, "A Reconsideration", p. 159의 도표 참고.

4. Brady, "A Reconsideration'", pp. 156~158.

5. "A History of the External Trade of China, 1834~81", pp. 61 and 77.
6. David McLean, 상하이에서 쓴 1863년 1월 10일의 편지. In letter book held at School of Oriental and African Studies, University of London(MS380401/11), p. 26. Accessed via Adam Matthew Digital, "China: Trade, Politics and Culture, 1793~1980."
7. James McPherson, *Battle Cry of Freedom: The Civil War Era*(New York: Oxford University Press, 1988), p. 388.
8. *The Times*, May 13, 1861("연이은 모든 편지는 최근의 우리 대중국 정책의 건전성을 입증해준다"로 시작되는 사설).
9. *Hansard's Parliamentary Debates*(London: T. C. Hansard), May 31, 1861, vol. 163, cc. 379~381.
10. Ibid., cc. 381~383.
11. Ibid., c. 391.
12. Ibid., cc. 383~385.
13. Ibid., c. 386.
14. Ibid., c. 388.
15. Ibid., c. 401.
16. *The Times*, June 3, 1861("우리 하원은 모든 힘과 모든 재주를 합칠 것을 주장한다"로 시작되는 사설).
17. C. A. Curwen, *Taiping Rebel: The Deposition of Li Hsiu-Ch'eng*(Cambridge, England: Cambridge University Press, 1977), p. 258, n. 14.
18. Mao Jiaqi, *Guo zhu "Taiping Tianguo shishi rizhi" jiaobu*(Emendations to Guo [Tingyi's] *Daily Calendar of Events in the Taiping Heavenly Kingdom)*(Taipei: Taiwan Shangwu Yinshuguan, 2001), p. 168.
19. Curwen, *Taiping Rebel*, p. 128.
20. Shen Zi, *Bikou riji*(A diary of avoiding the bandits), XF11/12/7(January 7, 1862), *TPTG*, vol. 8, p. 77.
21. Shen Zi, *Bikou riji*, XF11/12/6(January 5, 1862), *TPTG*, vol. 8, p. 77.
22. Curwen, *Taiping Rebel*, p. 129.
23. Ibid., p. 260, n. 26, Xu Yaoguang를 인용.
24. 브루스가 톈진에서 싱클레어 영사에게 쓴 1860년 12월 21일의 편지, *Papers Relating to the Rebellion in China, and Trade in the Yang-tze-kiang River*(London: Harrison and Sons, 1862), p. 2.
25. 브루스가 톈진에서 호프에게 쓴 1860년 12월 23일의 편지, Ibid.
26. Hope, "Orders Addressed to Captain Dew", Nagasaki, May 8, 1861, Ibid., p. 16.
27. 러셀이 브루스에게 쓴 1861년 7월 24일의 편지와 1861년 8월 8일의 편지, Ibid., pp. 23 and 46.

28. 브루스가 베이징에서 호프에게 쓴 1861년 6월 16일의 편지, Ibid., pp. 56~59.

29. Mao Jiaqi, *Guo zhu*, p. 167.

30. 호프가 홍콩에서 브루스에게 쓴 1861년 7월 11일의 편지, *Papers Relating to the Rebellion in China, and Trade in the Yang-tze-kiang River*, p. 60.

31. "Memorandum by Mr. Alabaster, on the condition of the Tae-ping Insurgents at Cha-poo", Ibid., pp. 61~62.

32. 하비가 닝보에서 브루스에게 쓴 1861년 6월 18일의 편지, Ibid., p. 66. 특히 다음 구절. "듀 대령은 도대에게, 제독으로부터 닝보를 반란군의 공격에서 방어하기 위한 조치를 검토하고 조율하라는 지시를 받았다고, 그 도시에 대한 공격에 저항하라는 명령을 실제로 받은 것은 아니지만 상하이로 귀환하면 그 명령을 받으리라는 데 의심의 여지가 없다고 알렸다."

33. 호프가 상하이에서 해군 본부에 쓴 1861년 12월 22일의 편지, Ibid., pp. 90~91.

34. 하비가 닝보에서 브루스에게 쓴 1861년 11월 12일의 편지, Ibid., p. 83.

35. The Ven. Archdeacon Moule, *Personal Recollections of the T'ai-p'ing Rebellion, 1861~1863*(Shanghai: Shanghai Mercury Office, 1898), pp. 8~9.

36. "Memorandum by Mr. Parkes on the Capture of Ningpo by the Rebels", *Papers Relating to the Rebellion in China, and Trade in the Yang-tze-kiang River*, pp. 92~96, 특히 p. 94.

37. Moule, *Personal Recollections*, p. 11.

38. 하비가 닝보에서 해먼드에게 쓴 1861년 12월 18일의 편지, *Papers Relating to the Rebellion in China, and Trade in the Yang-tze-kiang River*, p. 89.

39. Moule, *Personal Recollections*, p. 9.

40. W. H.(William Henry) Sykes, *The Taeping Rebellion in China: Its Origin, Progress, and Present Condition*(London: Warren Hall & Co., 1863), p. 34.

41. 하비가 닝보에서 해먼드에게 쓴 1862년 1월 3일의 편지, *Papers Relating to the Rebellion in China, and Trade in the Yang-tze-kiang River*, p. 106.

42. 다음 자료들에서 인용됨. Stephen Uhalley, Jr., "The Taipings at Ningpo: The Significance of a Forgotten Event", *The Journal of the Hong Kong Branch of the Royal Asiatic Society*, vol. 11(1971): 17~32, 특히 p. 20; Sykes, *The Taeping Rebellion in China*, p. 19.

43. 하비가 닝보에서 브루스에게 쓴 1861년 12월 31일의 편지, *Papers Relating to the Rebellion in China, and Trade in the Yang-tze-kiang River*, pp. 107~108.

44. Lindesay Brine, *The Taeping Rebellion in China: A Narrative of its Rise and Progress*(London: John Murray, 1862), p. 333.

45. 브루스가 베이징에서 러셀에게 쓴 1862년 1월 18일의 편지, *Papers Relating to the Rebellion in China, and Trade in the Yang-tze-kiang River*, p. 143.

46. 호프가 상하이에서 해군 본부에 쓴 1862년 1월 9일의 편지, Ibid., p. 106.

47. 우편선에 대한 묘사는 Edward Bowra's diary entry for October 11, 1863에 기초했다.
48. Stanley Lane-Poole, *The Life of Sir Harry Parkes*, 2 vols.(London: Macmillan and Co., 1894), vol. 1, p. 465.
49. "Commander Bingham to the Tae-ping Authorities at Nanking", January 1, 1862, *Papers Relating to the Rebellion in China, and Trade in the Yang-tze-kiang River*, p. 104.
50. "Our China Correspondence", *The New York Times*, March 29, 1862(dateline January 17).

12장 배수의 진

1. Zhu Dong'an, *Zeng Guofan zhuan*(Biography of Zeng Guofan)(Tianjin: Baihua Wenshu Chubanshe, 2000), p. 188; family letters of TZ1/10/16~17(December 7~8, 1862).
2. Zeng Guofan, family letter of TZ1/3/4(April 2, 1862), *ZGFQJ*, vol. 7, p. 2588.
3. Zeng Guofan, memorial dated XF11/10/14(November 16, 1861), *ZGFQJ*, vol. 3, p. 962.
4. Zhu Dong'an, *Zeng Guofan zhuan*, p. 187.
5. Arthur W. Hummel, ed., *Eminent Chinese of the Ch'ing Period(1644~1912)*(Taipei: Chengwen reprint, 1967), p. 464.
6. Stanley Spector, *Li Hung-chang and the Huai Army: A Study in Nineteenth-Century Chinese Regionalism*(Seattle: University of Washington Press, 1964), pp. 18~19.
7. Lolan Wang Grady, "The Career of I-Hsin, Prince Kung, 1858~1880: A Case Study of the Limits of Reform in the Late Ch'ing", 박사학위 논문, University of Toronto, 1980, pp. 118~119.
8. Zeng Guofan, diary entry for XF11/11/14(December 15, 1861), *ZGFQJ*, vol. 10, p. 3717.
9. Zeng Guofan, diary entry for XF11/11/25(December 26, 1861), Ibid., pp. 3720~3721.
10. 예를 들면 Zeng Guofan's memorial dated TZ1/1/10(February 8, 1862), *ZGFQJ*, vol. 3, pp. 981~982 참고.
11. Zeng Guofan, memorial dated TZ1/1/22(February 20, 1862), Ibid., pp. 986~987.
12. 임명과 관련해서는 Zhu Dong'an, *Zeng Guofan zhuan*, p. 185 참고.
13. 이 문단과 다음 문단의 내용은 "Letter from Rev. I. J. Roberts", January 22, 1862, *Papers Relating to the Rebellion in China, and Trade in the Yang-tze-kiang River*(London: Harrison and Sons, 1862), pp. 142~143.
14. John A. Rapp, "Clashing Dilemmas: Hong Rengan, Issachar Roberts, and a Taiping

'Murder' Mystery", *Journal of Historical Biography* 4(Autumn 2008): 27~58; Lindesay Brine, *The Taeping Rebellion in China: A Narrative of Its Rise and Progress*(London: John Murray, 1862), p. 299.

15. "The Confession of Hung Jen-kan", trans. in Franz Michael, *The Tai ping Rebellion: History and Documents*(Seattle: University of Washington Press, 1966~971), vol. 3, pp. 1511~1530, 인용은 p. 1527.
16. Brine, *The Taeping Rebellion in China*, p. 299.
17. "The Chinese Foreign Legion", *The North-China Herald*, June 8, 1861; 브루스가 러셀에게 쓴 1861년 7월 3일의 편지, *Papers Relating to the Rebellion in China, and Trade in the Yang-tze-kiang River*(London: Harrison and Sons, 1862), p. 61.
18. "Colonel Ward and the Supposed Privateer Neva", *New York Herald*, November 9, 1861.
19. 위스키: William Minns Tileston, 상하이에서 어머니에게 쓴 1861년 9월 2일의 편지, Massachusetts Historical Society, Boston, Mass.; 유명한 필리버스터: "The Rebels at Work in Chinese Waters", *The New York Times*, November 3, 1861; 연방 탈퇴파 놈들: "Colonel Ward and the Supposed Privateer Neva", *New York Herald*, November 9, 1861.
20. William Minns Tileston, l1862년 10월 5일의 편지, Massachusetts Historical Society, Boston, Mass.
21. "From Hong Kong: The End of Our Squadron in the China Seas", *The New York Times*, February 23, 1862.
22. Hallett Abend, *The God from the West*(Garden City, N.Y.: Doubleday, 1947), p. 139; Augustus Allen Hayes, "Another Unwritten Chapter in the Late War", *The International Review*, vol. 11(1881): pp. 519ff.
23. Holger Cahill, *A Yankee Adventurer: The Story of Ward and the Taiping Rebellion*(New York: Macaulay, 1930), p. 152.
24. William Minns Tileston, 상하이에서 어머니에게 쓴 1862년 3월 5일의 편지, Massachusetts Historical Society, Boston, Mass.
25. "Shanghai Shipping News", January 13, 1862, *Papers Relating to the Rebellion in China, and Trade in the Yang-tze-kiang River*, pp. 130~131에서 발췌.
26. William Minns Tileston, 상하이에서 어머니에게 쓴 1862년 6월 2일의 편지, Massachusetts Historical Society, Boston, Mass.
27. Capt. Willes to Vice-Admiral Sir J. Hope, Wusong, January 20, 1862, *Papers Relating to the Rebellion in China, and Trade in the Yang-tze-kiang River*, p. 139("나는 하이허강 원정에서 청국군을 볼 기회가 있었고, 그들의 장비와 조직을 보고 몹시 놀랐다").
28. "A Proclamation Urging the People and Soldiers at Shanghai and Sung-chiang to

Surrender", in Michael, *The Taiping Rebellion*, vol. 3, pp. 996~998, 인용은 p. 997.

29. Ibid., p. 998.
30. 로버트슨이 광저우에서 해먼드에게 쓴 1862년 1월 29일의 편지, *Papers Relating to the Rebellion in China, and Trade in the Yang-tze-kiang River*, p. 129.
31. *Daily Shipping and Commercial News*, Ibid., pp. 129~130에서 발췌.
32. *The North-China Herald*, February 1, 1862.
33. Jonathan Spence, *God's Chinese Son*(New York: W. W. Norton, 1996), p. 302; The Ven. Archdeacon Moule, *Personal Recollections of the T'ai-p'ing Rebellion, 1861~1863*(Shanghai: Shanghai Mercury Office, 1898), p. 15.
34. "A Remarkable Career: Col. Forrester, Once Commander in a Chinese Army", *The Sarnia Observer*, November 21, 1890. 이 글에 따르면 그는 메인주 출신이지만, 『볼티모어 선』에 실린 또 다른 글은 그가 뉴욕주 제퍼슨카운티 출신이라고 밝히고 있다("Remarkable Romance in Real Life: A New York Sailor Ruling a Chinese City", *The Sun*, August 6, 1862).
35. D. J. MacGowan, "Memoir of Generals Ward and Burgevine, and of the Ever Conquering Legion", *The Far East*, new ser., vol. 2(January~June 1877): 104; Robert Harry Detrick, "Henry Andrea Burgevine in China: A Biography", 박사학위 논문, Indiana University, 1968, pp. 11~12.
36. Cahill, *A Yankee Adventurer*, pp. 148~149.
37. Caleb Carr, *The Devil Soldier: The American Soldier of Fortune Who Became a God in China*(New York: Random House, 1992), pp. 162~165.
38. John Keegan, *The American Civil War: A Military History*(New York: Knopf, 2009), pp. 7, 44.
39. Richard J. Smith, *Mercenaries and Mandarins: The Ever-Victorious Army in Nineteenth-Century China*(Millwood, N.Y.: KTO Press, 1978), p. 90.
40. "China: Important Defeat of the Rebels", *Otago Witness*, July 26, 1862.
41. "List of Articles Abstracted from a Pocket-Book Found on Board a Vessel with Arms &c., for Sale to the Rebels", *Further Papers Relating to the Rebellion in China*(London: Harrison and Sons, 1863), p. 103.
42. Mao Jiaqi, *Guo zhu "Taiping Tianguo shishi rizhi" jiaobu*(Emendations to Guo [Tingyi's] *Daily Calendar of Events in the Taiping Heavenly Kingdom*)(Taipei: Taiwan Shangwu Yinshuguan, 2001), p. 172.
43. Report from *Daily Shipping and Commercial News*, February 10, 1862, in *Papers Relating to the Rebellion in China, and Trade in the Yang-tze-kiang River*, p. 155.
44. Mao Jiaqi, *Guo zhu "Taiping Tianguo shishi rizhi" jiaobu*, p. 173.
45. 예를 들면 Carr, *Devil Soldier*, pp. 214~215 참고.

46. From the Frederick Townsend Ward Papers, Sterling Memorial Library, Manuscripts and Archives, Yale University, New Haven, Conn.
47. Carr, *Devil Soldier*, pp. 83, 211~212.
48. "Minute of Conference between the Military and Naval Authorities, at Shanghae, February 13, 1862", *Papers Relating to the Rebellion in China, and Trade in the Yang-tze-kiang River*, p. 149.
49. 호프가 상하이에서 브루스에게 쓴 1862년 2월 22일의 편지, *Further Papers Relating to the Rebellion in China*, p. 10.
50. 브루스가 베이징에서 호프에게 쓴 1862년 3월 19일의 편지, Ibid., pp. 10~11.
51. Zeng Guofan, family letter of XF11/5/1(June 18, 1861), *ZGFQJ*, vol. 7, p. 2511.
52. Zeng Guofan, memorial dated TZ1/1/22(February 20, 1862), *ZGFQJ*, vol. 3, pp. 987~988.
53. Zeng Guofan, family letter of XF11/12/14(January 13, 1862), *ZGFQJ*, vol. 7, p. 2580.
54. Zeng Guofan, family letter of XF11/12/14(January 13, 1862), Ibid., p. 2581.
55. 메드허스트가 상하이에서 브루스에게 쓴 1862년 3월 21의 편지(호프 제독의 말을 전달하는), *Further Papers Relating to the Rebellion in China(In Continuation of Papers Presented to Parliament, May 2, 1862)*(London: Harrison and Sons, 1862), p. 9.
56. Zeng Guofan, family letter of TZ1/3/4(April 2, 1862), *ZGFQJ*, vol. 7, p. 2588.
57. Ibid.
58. Guo Tingyi, *Taiping Tianguo shishi rizhi*(Taipei: Taiwan Shangwu Yinshuguan, 1976), p. 873. 증국전의 후난성으로부터의 도착과 이후의 출발에 대해서는 Zeng Guofan's diary entries for TZ1/2/15 and TZ1/2/24(March 15 and 24, 1862), *ZGFQJ*, vol. 10, pp. 3745, 3747 참고.
59. 메드허스트가 상하이에서 호프에게 쓴 1862년 2월 19일의 편지, *Papers Relating to the Rebellion in China, and Trade in the Yang-tze-kiang River*, pp. 152~153.
60. *North China and Japan Market Report*, February 21, 1862, in *Papers Relating to the Rebellion in China, and Trade in the Yang-tze-kiang River*, p. 154에서 발췌.
61. Sir William Laird Clowes, *The Royal Navy: A History from the Earliest Times to the Death of Queen Victoria*, 7 vols.(London: Sampson Low, Marston and Company, 1903), vol. 7, p. 165.
62. William J. Boone이 Samuel Wells Williams에게 쓴 1862년 3월 17일의 편지. Samuel Wells Williams Family Papers, Sterling Memorial Library, Manuscripts and Archives, Yale University, New Haven, Conn.
63. "Present State of the Rebellion in China", *New-York Evangelist*, July 3, 1862.
64. Augustus F. Lindley, *Ti-Ping Tien-Kwoh. The History of the Ti-ping Revolution*(London: Day & Son, Ltd., 1866), p. 454.

65. 하비가 닝보에서 브루스에게 쓴 1862년 5월 9일의 편지, *Further Papers Relating to the Rebellion in China*, p. 37; Moule, *Personal Recollections*, p. 17.
66. "China (from Our Own Correspondent)", *The Times*, May 26, 1862(dateline April 15, 1862).
67. *Reports on the Trade at the Ports in China Open by Treaty to Foreign Trade, for the Year 1865*(Shanghai: Imperial Maritime Customs' Press, 1866). p. 10의 역사적 도표는 닝보의 총 무역 수입이 1861년 14만5264냥에서 1862년 26만3862냥으로 증가했음을 보여준다.
68. "The Rebellion in China", *The Times*, June 17, 1862.
69. Moule, *Personal Recollections*, p. 17에 따르면 세 명이 죽었다.
70. "Hwang, General Commanding in Ningpo, to Commander Craigie", in W. H. Sykes, *The Taeping Rebellion in China: Its Origin, Progress, and Present Condition*(London: Warren Hall & Co., 1863), p. 37; *Further Papers Relating to the Rebellion in China*, p. 44.
71. James Hope, "Orders Issued to Captain Dew", April 25, 1862, *Further Papers Relating to the Rebellion in China*, pp. 44~45.
72. "Captain Dew to Generals Hwang and Fau", Ningbo, April 27, 1862, Ibid., p. 48.
73. "Captain Dew to the Officer in Command of Tae-ping Troops, Ningpo", Ningbo, April 28, 1861, Ibid., p. 46.
74. 러셀이 해군 본부에 쓴 1862년 3월 11일의 편지, *Papers Relating to the Rebellion in China, and Trade in the Yang-tze-kiang River*, p. 111.
75. Ibid., 로마자 표기를 변경함.
76. The Hong Kong correspondent of The Times reported on April 27 that news of the new orders had come in "the mail just received," which would have been a few days previous, meaning the orders would have reached Hope shortly before Dew left for Ningbo. 『타임스』의 홍콩 특파원은 새로운 명령들에 대한 소식이 "막 도착한 우편물"을 통해 들어왔다고 4월 27일 보도했는데, 이는 며칠 전이었을 것이고, 듀가 닝보로 떠나기 직전 호프에게 명령이 도착했을 거라는 의미다. "China", *The Times*, June 12, 1862.
77. "Generals Hwang and Fau to Captain Dew", *Further Papers Relating to the Rebellion in China*, p. 49.
78. Dew to Hope, Ningbo, May 7, 1862, *Further Papers Relating to the Rebellion in China*, p. 50.
79. Ibid.
80. "Captain Dew and Lieutenant Kenney to the Tae-ping Chiefs", *Further Papers Relating to the Rebellion in China*, p. 51.
81. Sykes, *The Taeping Rebellion in China*, p. 43. 또한 Lord Naas의 하원 연설, July 6,

1863 참고. 여기서는 듀 대령과 아팍에 대해 다음과 같이 언급한다. "잘 알려진 소명을 추구하다가 상하이의 술집 밖에서 붙잡히기라도 하면 교수형에 처해질 것만 같은 그런 사람과 영국의 대령이 소통해야 한다는 것은 다소 기이한 일로 보였다." *Hansard's Parliamentary Debates*(London: T. C. Hansard), July 6, 1863, vol. 172, cc. 279~280.

82. 하비가 닝보에서 브루스에게 쓴 1862년 5월 9일의 편지, *Further Papers Relating to the Rebellion in China*, pp. 37~39, 인용은 p. 38.

13장 뱀파이어

1. The Ven. Archdeacon Moule, *Personal Recollections of the T'ai-p'ing Rebellion, 1861~1863*(Shanghai: Shanghai Mercury Office, 1898), pp. 19~20.
2. *The China Mail*, May 22, 1862. Augustus F. Lindley, *Ti-Ping Tien-Kwoh. The History of the Ti-ping Revolution*(London: Day & Son, Ltd., 1866), p. 536에서 인용됨.
3. Stephen Uhalley, Jr., "The Taipings at Ningpo: The Significance of a Forgotten Event", *Journal of the Hong Kong Branch of the Royal Asiatic Society* 11(1971): 17~32, 특히 pp. 27~28.
4. Lindley, *Ti-PingTien-Kwoh*, pp. 537~538.
5. "Events in China", *The New York Times*, July 29, 1862.
6. "The Rebellion in China", *The New York Times*, August 14, 1862.
7. "Travels in China from Ningpo Through the Silk Country into the Fai Chow Tea District and on to Shanghai". 이것은 원래 *Hong Kong Daily Press*, July 10, 1862에 발표되었고, W. H. Sykes, *The Taeping Rebellion in China: Its Origin, Progress, and Present Condition*(London: Warren Hall & Co., 1863), pp. 49~53에 재수록되었다.
8. Karl Marx, "Chinese Affairs", *Die Presse*, July 7, 1862. Schlomo Avineri, ed., *Karl Marx on Colonialism and Modernization*(New York: Anchor, 1969), pp. 442~444에 재수록.
9. *The Times*, May 16, 1862("자연은 매우 관대해서, 자신의 가장 유해하고 사나운 자손들에게도 겸손한 친구를 만들어주었다"로 시작되는 사설).
10. *The Times*, June 14, 1862("중국에서 무슨 일이 일어나고 있는가?"로 시작되는 사설).
11. Ibid.
12. "Operations in China", *The Times*, July 16, 1862; Edward Forester, "Personal Recollections of the Tai-ping Rebellion", second of three installments, *Cosmopolitan* 22, no. 1(November 1896): 34~38, 워드의 병력 규모에 대해서는 p. 35.
13. Sir William Laird Clowes, *The Royal Navy: A History from the Earliest Times to the Death of Queen Victoria*(London: Sampson Low, Marston, and Company, 1903), vol. 7,

p. 166.

14. Forester, "Personal Recollections of the Tai-ping Rebellion", pp. 35~36.

15. Ibid., pp. 36~37.

16. Sykes, *The Taeping Rebellion in China*, pp. 84~85.

17. 호프가 상하이에서 해군 본부에 쓴 1862년 10월 20일의 편지, *Further Papers Relating to the Rebellion in China*(London: Harrison and Sons, 1863), pp. 112~114.

18. W. H. Sykes, letter to the editor of the London *Daily News*, September 10, 1862. Sykes, *The Taeping Rebellion in China*, pp. 46~47에 재수록됨.

19. "The True Danger in China", *The Economist*, August 2, 1862.

20. "The Crisis of the American War", *Blackwood's Edinburgh Magazine* 92, no. 565(November 1862), p. 636; James McPherson, *Battle Cry of Freedom*(New York: Oxford University Press, 1988), pp. 552~553.

21. "Bull in China", *Vanity Fair*, August 30, 1862, p. 107.

22. "English Consistency", *The Saturday Evening Post*, August 9, 1862, p. 2.

23. 레그의 명성은 이즈음에 영국에도 알려졌다. 1863년 7월 6일, 네이스 경은 하원에서 그에 대해 다음과 같이 발언했다. "그는 다른 어떤 영국인보다 중국을 잘 아는 사람이며 편견 없는 매우 공정한 목격자입니다." *Hansard's Parliamentary Debates*(London: T. C. Hansard), July 6, 1863, vol. 172, c. 294.

24. Holger Cahill, *A Yankee Adventurer: The Story of Ward and the Taiping Rebellion*(New York: Macaulay, 1930), pp. 193~194; Hallett Abend, *The God from the West*(Garden City, N.Y.: Doubleday, 1947), p. 180; Robert Harry Detrick, "Henry Andrea Burgevine in China: A Biography", 박사학위 논문, Indiana University, 1968, pp. 71~72.

25. *The Spectator* of June 21, 1862. W. H. Sykes, letter of October 17, 1862, to the editor of the London *Daily News*, in Sykes, *The Taeping Rebellion in China*, p. 62에서 인용됨.

26. 『옥스퍼드 인명 사전*Oxford Dictionary of National Biography*』에 실린 제임스 호프 항목에는 그의 중국 파병 후의 "그의 외교 능력에 대한 의구심"이 언급되어 있다. 그를 교체하는 것이 바람직하지 않다는 언급에 대해서는 1863년 2월 24일 존 파킹턴이 하원에서 한 연설 참고. "중국의 제임스 호프 경 후임으로 임명된 용감한 제독이 그 자리를 거절했다는 것이 사실입니까 아닙니까? 해군 본부 위원회가 이미 네다섯 명의 해군 장교를 후임으로 추천했지만, 아직 그 자리를 맡을 사람을 찾지 못했다는 소문이 돌고 있습니다."(*Hansard*, vol. 169, c. 781.)

27. Sir William Laird Clowes, *The Royal Navy: A History from the Earliest Times to the Death of Queen Victoria*, 7 vols.(London: Sampson Low, Marston and Company, 1903), vol. 7, pp. 172~174.

28. Cahill, *A Yankee Adventurer*, p. 194.

29. Jen Yu-wen(Jian Youwen), *The Taiping Revolutionary Movement*(New Haven, Conn.: Yale University Press, 1973), pp. 463~466; "Ying Wang Chen Yucheng koushu"(The Brave King Chen Yucheng's confession), *TPTG*, vol. 3, p. 267.

30. Jen, *The Taiping Revolutionary Movement*, pp. 410~411.

31. "Ying Wang Chen Yucheng koushu"(The Brave King Chen Yucheng's confession), *TPTG*, vol. 3, p. 267.

32. Zhu Hongzhang, *Cong rong jilüe*(Zhu Hongzhang's account of the campaign against the rebels)(Taipei: Wenhai Chubanshe, 1968, reprint of 1890 original), p. 78.

33. "The Confession of Hung Jen-kan", trans. in Franz Michael, *The Taiping Rebellion: History and Documents*(Seattle: University of Washington Press, 1966~1971), vol. 3, pp. 1511~1530, 인용은 p. 1528.

34. C. A. Curwen, *Taiping Rebel: The Deposition of Li Hsiu-Ch'eng*(Cambridge, England: Cambridge University Press, 1977), p. 136.

35. Zeng Guofan, memorial dated TZ1/5/17(June 13, 1862), *ZGFQJ*, vol. 3, p. 1036.

36. Wang Kaiyun, *Xiangjun zhi*(Annals of the Hunan Army)(Yuelu Shushe edition, 1983), p. 63; Guo Tingyi, *Taiping Tianguo shishi rizhi*(Daily calendar of events in the Taiping Heavenly Kingdom)(Taipei: Taiwan Shangwu Yinshuguan, 1976), pp. 902~903.

37. 개인적 관찰과 찰스 고든의 묘사(Curwen, *Taiping Rebel*, p. 298)에 근거함.

38. Zeng Guofan, letters to brothers of TZ1/5/20 and TZ1/6/2(June 16 and 28, 1862), *ZGFQJ*, vol. 7, pp. 2603, 2606.

39. Zeng Guofan, family letter of TZ1/9/11(November 2, 1862), Ibid., pp. 2628~2629.

40. Zeng Guofan, letters to brothers of TZ1/9/29(November 20, 1862), Ibid., p. 2638.

41. Zeng Guofan, memorial dated XF11/7/18(August 23, 1861), *ZGFQJ*, vol. 3, p. 950.

42. Zeng Guofan, memorial dated XF11/7/18(August 23, 1861), Ibid., p. 948.

43. Ibid.

44. Gideon Chen, *Tseng Kuo-fan: Pioneer Promoter of the Steamship in China*(Beijing: Yenching University Economics Department, 1935), pp. 37~38.

45. Zeng Guofan, diary entry for TZ1/7/4(July 30, 1862), *ZGFQJ*, vol. 10, p. 3786; Chen, *Tseng Kuo-fan*, p. 41.

46. Hosea Ballou Morse, *The International Relations of the Chinese Empire*, vol. 2: *The Period of Submission, 1861~1893*(London: Longmans, Green, and Co., 1918), p. 35.

47. Andrew Wilson, *The "Ever-Victorious Army": A History of the Chinese Campaign under Lt.-Col. C.G.Gordon*…(Edinburgh: William Black-wood and Sons, 1868), p. 260.

48. Horatio Nelson Lay, *Our Interests in China: A Letter to the Right Hon. Earl Russell*(London: Robert Hardwicke, 1864), p. 19.

49. Ibid., p. 20.

50. Samuel Wells Williams, *The Middle Kingdom*(New York: Charles Scribner's Sons, 1883), vol. 2, p. 694.

51. "Memorandum", enclosure in doc. 151, in Ian Nish, ed., *British Documents on Foreign Affairs: Reports and Papers from the Foreign Office Confidential Print*(Frederick, Md.: University Publications of America, 1994), Part I, Series E(Asia, 1860~1914), vol. 19, p. 207.

52. 계약서는 Morse, *The International Relations of the Chinese Empire*, vol. 2, p. 37에 수록되어 있다.

53. Frank J. Merli, *The Alabama, British Neutrality, and the American Civil War*(Bloomington: Indiana University Press, 2004); chap. 7, "The Confederacy's Chinese Fleet, 1861~1867", on Bulloch and Lay.

54. "Punch's Essence of Parliament", *Punch*, August 9, 1862, p. 52.

55. "Events at Ningpo", a letter to the editor of the London *Daily News*, dated August 29, 1862. Sykes, *The Taeping Rebellion in China*, pp. 35~46에 재수록, 인용은 p. 45.

56. *Hansard's Parliamentary Debates*(London: T. C. Hansard), February 5, 1863, vol. 169, c. 81.

57. Ibid., c. 86.

58. Ibid., c. 99.

59. *Hansard*, February 9, 1863, vol. 169, c. 187.

60. *The Times*, December 12, 1862("왕립지리학회"로 시작되는 사설).

61. Ibid.

62. Horatio Nelson Lay, *Our Interests in China*, p. 15; Sherard Osborn, "Progress in China, Part II: The Taepings and Their Remedy", *Blackwood's Edinburgh Magazine* 93, no. 568(February 1863): 133~148, 특히 p. 147.

63. "The Anglo-Chinese Expedition", *The Times*, May 8, 1863. 『타임스』는 이 선박이 "현재 가장 빠른 함선들 중 하나라고, 참석한 모든 해군 권위자와 과학 권위자가 만장일치로 선언했다"고 보도했다. 앤슨 벌링게임은 수어드 국무장관에게 보낸 서한에서 "이 함선들 중 하나가 세상에서 가장 빠른 함선이라고 들었습니다"라고 썼다. 벌링게임이 수어드에게 쓴 1863년 11월 7일의 편지, *Papers Relating to Foreign Affairs, Accompanying the Annual Message of the President to the Second Session, Thirty-Eighth Congress, Part III*(Washington, D.C.: Government Printing Office, 1865), p. 345.

14장 꽃이 비처럼 쏟아지는 곳

1. Yu Xingmin, *Shanghai, 1862 nian*(Shanghai, 1862)(Shanghai: Renmin Chubanshe, 1991), p. 14; Earl Cranston, "Shanghai in the Taiping Period", *Pacific Historical Review* 5, no. 2(June 1936): 147~160, 특히 p. 155.
2. "Medical Statistical Returns of the East Indian and China Station", *A Copy of the Statistical Report of the Health of the Navy, for the Year 1862*(Return to an Order of the Honourable The House of Commons, June 26, 1865), pp. 204~248, 특히 pp. 232~233; Kerrie L. MacPherson, *A Wilderness of Marshes: The Origins of Public Health in Shanghai, 1843~1893*(New York: Oxford University Press, 1987), p. 81.
3. Edward Bowra, diary entry for July 29, 1862(manuscript p. 72), School of Oriental and African Studies, accessed via Adam Matthew Digital, "China: Trade, Politics and Culture, 1793~1980."
4. James Henderson, *Memorials of James Henderson, MD, (···) Medical Missionary to China*(London: James Nisbet and Co., 1867), p. 147. 매장되지 않은 시신들, 상자, 짚에 대해서는 "Medical Statistical Returns of the East Indian and China Station", p. 229. 하루에 3000명에 대해서는 MacPherson, *A Wilderness of Marshes*, p. 30, citing report of Robert Alexander Jamieson.
5. MacPherson, *A Wilderness of Marshes*, p. 280, n. 50.
6. David Field Rennie, *The British Arms in North China and Japan: Peking 1860. Kagosima 1862*(London: John Murray, 1864), p. 316.
7. 8월에 후난군 사이에 전염병이 돈 것에 대해서는 Wang Kaiyun, *Xiangjun zhi*(Annals of the Hunan Army)(Changsha: Yuelu Shushe, 1983), p. 64.
8. Zeng Guofan, memorial dated TZ1/8/29(September 22, 1862), *ZGFQJ*, vol. 3, pp. 1065~1066.
9. Zeng Guofan, memorial dated TZ1/7/21(August 22, 1862), Ibid., p. 1053.
10. Rennie, *The British Arms in North America*, p. 317.
11. Zeng Guofan, instructions from the Anqing Headquarters, *ZGFQJ*, vol. 5(pidu), p. 1699.
12. Wang Kaiyun, *Xiangjun zhi*, p. 64.
13. Zeng Guofan, diary entry for TZ1/9/1(October 23, 1862), *ZGFQJ*, vol. 10, p. 3814.
14. "Medical Statistical Returns of the East Indian and China Station", p. 226: "이 병은 중국 반란군 사이에 꽤 오랫동안 널리 퍼져 있었던 것 같다."
15. *Correspondence between Military Authorities at Shanghai and War Office Respecting the Insalubrity of Shanghai as a Station for European Troops*(Parliamentary Papers, 1863 [466]), p. 17; *The British Medical Journal*, vol. 2 for 1864(July~December),

issue of September 24, 1864, p. 378: "상하이와 그로부터 약 60킬로미터 떨어진 곳 사이에서 1862년 중국 인구의 약 8분의 1이 콜레라로 사망한 것으로 추정된다."

16. Zeng Guofan, memorial dated TZ1/5/17(June 13, 1862), *ZGFQJ*, vol. 3, p. 1037.
17. Jen Yu-wen(Jian Youwen), *The Taiping Revolutionary Movement*(New Haven, Conn.: Yale University Press, 1973), p. 519.
18. Wang Dun, *Xiangjun shi*(A history of the Hunan Army)(Changsha: Hunan Daxue Chubanshe, 2007), p. 553.
19. Long Shengyun, *Xiangjun shigao*(Draft history of the Hunan Army)(Chengdu: Sichuan Renmin Chubanshe, 1990), p. 412.
20. Wang Dun, *Xiangjun shi*, p. 553.
21. Zhu Dong'an, *Zeng Guofan zhuan*(Biography of Zeng Guofan)(Tianjin: Baihua Wenshu Chubanshe, 2000), p. 193.
22. Wang Kaiyun, *Xiangjun zhi*, pp. 62~63.
23. Zhao Liewen, *Neng jing ju riji*, entry for TZ1/6/20(July 16, 1862), *TPTG*, vol. 7, p. 153.
24. Wang Kaiyun, *Xiangjun zhi*, p. 63.
25. Zeng Guofan, diary entry for TZ1/8/27(October 20, 1862), *ZGFQJ*, vol. 10, pp. 3812~3813.
26. Zeng Guofan, family letter of TZ1/9/2(October 24, 1862), *ZGFQJ*, vol. 7, p. 2624. 10만 명의 병사에게 공급하려면 하루에 1000단이 필요할 것이라고 그는 쓰고 있다. 1단은 쌀 2.75부셸 또는 124파운드(약 56킬로그램)에 해당된다.
27. Zeng Guofan, diary entry for TZ1/9/7(October 29, 1862), *ZGFQJ*, vol. 10, p. 3816.
28. Zeng Guofan, diary entry for TZ1/9/2(October 24, 1862), Ibid., p. 3814에는 폭발탄에 대해 언급되어 있다. Zeng Guofan, family letter of TZ1/9/4(October 26, 1862)에는 그것들이 외국인들에게서 구입한 것이며 '뤄디 카이화 파오'라고 불린다는 것이 언급되어 있다. *ZGFQJ*, vol. 7, p. 2625.
29. Zeng Guofan, diary entry for TZ1/9/4(October 26, 1862), *ZGFQJ*, vol. 10, p. 3815.
30. Zeng Guofan, diary entry for TZ1/9/5(October 27, 1862), Ibid., p. 3815.
31. Zeng Guofan, diary entry for TZ1/9/17(November 8, 1862), Ibid., p. 3820; Zeng Guofan, letter to Li Hongzhang TZ1/9/20(November 11, 1862), Yuelu Shushe edition of *Zeng Guofan quanji*(Changsha: Yuelu Shushe, 1992), vol. 5, pp. 3176~3177.
32. Zeng Guofan, family letter of TZ1/9/21(November 12, 1862), *ZGFQJ*, vol. 7, p. 2634.
33. Long Shengyun, *Xiangjun shigao*, p. 414.
34. Zhu Dong'an, *Zeng Guofan zhuan*, p. 200.
35. Zeng Guofan, letter to Zeng Jize of TZ1/10/4(November 25, 1862), *ZGFQJ*, vol. 7, p. 2640.

36. Zhu Hongzhang, *Cong rong jilüe*(Zhu Hongzhang's account of the campaign against the rebels)(Taipei: Wenhai Chubanshe reprint, 1968), p. 89.
37. Zeng Guofan, diary entry for TZ1/10/11(December 2, 1862), *ZGFQJ*, vol. 10, p. 3831(이에 대한 전갈은 그의 52번째 음력 생일에 그에게 전달되었다).
38. Curwen, *Taiping Rebel: The Deposition of Li Hsiu-Ch'eng*(Cambridge, England: Cambridge University Press, 1977), p. 138.
39. Zeng Guofan, letter to Guoquan of TZ1/10/15(December 6, 1862), *ZGFQJ*, vol. 7, p. 2645.
40. Zeng Guofan, family letter of TZ1/10/14(December 5, 1862), Ibid., p. 2644.
41. Zeng Guofan, letter to Jize of TZ1/10/24(December 15, 1862), Ibid., p. 2648. Zhu Dong'an, *Zeng Guofan zhuan*, p. 199에서 인용됨. 이 편지에는 사실 '1860년(함풍제 10년) 봄, 치먼'이라고 되어 있는데, 이는 오류일 가능성이 크다. 왜냐하면 그가 치먼에 도착한 것은 1860년 여름이었고, 그곳에서 모든 일이 잘못 돌아가게 된 것은 이듬해 봄이었기 때문이다.
42. Zeng Guofan, diary entry for TZ1/10/24(December 15, 1862), *ZGFQJ*, vol. 10, p. 3834.
43. Zeng Guofan, diary entries for TZ1/10/24 to TZ1/11/22(December 15, 1862~January 11, 1863), Ibid., pp. 3834~3843; Zeng Guofan, 증국전에게 쓴 편지, TZ1/11/22(January 11, 1863), *ZGFQJ*, vol. 7, p. 2655.

15장 피와 명예

1. Edward Forester, "Personal Recollections of the Tai-ping Rebellion", part 3, *Cosmopolitan* 22, no. 2(December 1896): 209~216, 특히 p. 216.
2. Ibid.
3. Hosea Ballou Morse, *The International Relations of the Chinese Empire, vol. 2: The Period of Submission, 1861~1893*(London: Longmans, Green, and Co., 1918), p. 83.
4. 벌링게임이 베이징에서 수어드에게 쓴 1863년 6월 20일의 편지, *Papers Relating to Foreign Affairs, Accompanying the Annual Message of the President to the First Session, Thirty-Eighth Congress*, part II(Washington, D.C.: Government Printing Office, 1864), pp. 859~863. p. 861에 다음과 같이 서술되어 있다. "브루스는 자신이 워드 부대의 수뇌부에 영국인 장교를 두길 원치 않는다는 것을 내게 보여주기 위해, 자신이 미국인 버지빈 장군의 임명을 강력히 권고했다는 것을 내게 보여주었다. 그런데 나는 급보를 쓸 때는 이 사실을 알지 못했다."
5. Thomas Lyster, *With Gordon in China: Letters from Thomas Lyster, Lieutenant Roy-*

al Engineers(London: T. Fisher Unwin, 1891), p. 113; Robert Harry Detrick, "Henry Andrea Burgevine in China: A Biography", 박사학위 논문, Indiana University, 1968, p. 7.

6. Jane Burlingame, 아버지에게 쓴 1863년 4월 10일의 편지("그는 좋은 남자입니다. 워드와는 아주 달라요."), 그리고 자매에게 쓴 1863년 5월 22일의 편지("그는 훌륭한 청년이고, 여기서 인기가 많지."), Burlingame Papers, Box 3, Library of Congress, Washington, D.C.

7. Holger Cahill, *A Yankee Adventurer: The Story of Ward and the Taiping Rebellion*(New York: Macauley, 1930), p. 249; Detrick, "Henry Andrea Burgevine in China: A Biography", p. 114.

8. 브루스가 베이징에서 러셀에게 쓴 1863년 3월 14일의 편지, *Papers Relating to the Affairs of China(In Continuation of Papers Presented to Parliament in March, 1863)*(London: Harrison and Sons, 1864), p. 67.

9. Jack J. Gerson, *Horatio Nelson Lay and Sino-British Relations, 1854~1864*(Cambridge, Mass.: Harvard East Asian Monographs, 1972), pp. 180~181.

10. 브루스가 베이징에서 브라운 소장에게 쓴 1863년 10월 6일의 편지, *Papers Relating to the Affairs of China(In Continuation of Papers Presented to Parliament in March, 1863)*, p. 163.

11. Per jacket flap copy for Arthur Orrmont, *Chinese Gordon: Hero of Khartoum*(New York: G. P. Putnam's Sons, 1966).

12. Archibald Forbes, *Chinese Gordon: A Succinct Record of His Life*(New York: Funk and Wagnalls, 1885), p. 9.

13. Richard Davenport-Hines, "Gordon, Charles George", *Oxford Dictionary of National Biography*(Oxford, England: Oxford University Press, 2004~2010); lisp: Cahill, *A Yankee Adventurer*, p. 255.

14. *North-China Herald* 사설은 "British Ambition: New Developments", *The New York Times*, June 15, 1863(dateline Shanghai, March 15, 1863)에 인용되어 있다.

15. "The Conquest of Southern Asia", *The Spectator*, October 31, 1863; *The Living Age*, no. 1018(December 5, 1863): 457~459에 재수록, 인용은 p. 459.

16. 3000명의 병사에 대해서는 Richard J. Smith, *Mercenaries and Mandarins: The Ever-Victorious Army in Nineteenth-Century China*(Millwood, N.Y.: KTO Press, 1978), p. 118. Jen Yu-wen, *The Taiping Revolutionary Movement*(New Haven, Conn.: Yale University Press, 1973), p. 495에서는 그 수를 5000명으로 보고 있다. William Hail, *Tseng Kuo-fan and the Taiping Rebellion, with a Short Sketch of His Later Career*(New Haven, Conn.: Yale University Press, 1927), p. 264에는 2250명이라고 되어 있다. A. Egmont Hake, *Events in the Taeping Rebellion, Being Reprints of Mss. Copied by General Gordon, C.B. in His Own Hand-writing*…(London: W. H. Allen and Co., 1891), p.

256에는 얕은 흘수의 외륜선에 대해 묘사되어 있다.

17. Cahill, *A Yankee Adventurer*, p. 256.

18. 한 사람을 본보기로 쏴 죽였다는 내용은 Hake, *Events in the Taeping Rebellion*, p. 12. 체불 임금을 지급했다는 내용은 Cahill, *A Yankee Adventurer*, p. 256.

19. "Memorandum Embodying the Substance of Major Gordon's Reports on Affairs at Soochow, Between the 28th of November and 7th December, 1863(translation of which was forwarded by Sir F. Bruce to the Foreign Board at Peking)", *Correspondence Relative to Lieut.-Colonel Gordon's Position in the Chinese Service*(London: Harrison and Sons, 1864), pp. 7~11, 인용은 p. 8.

20. Lyster, *With Gordon in China*, p. 110.

21. Jane Burlingame, 베이징에서 자매에게 쓴 1863년 5월 11일의 편지, Burlingame Papers, Library of Congress, Washington, D.C.

22. 벌링게임이 베이징에서 수어드에게 쓴 1861년 10월 27일의 편지. Robert S. Rantoul, "Frederick Townsend Ward", *Historical Collections of the Essex Institute* 44, no. 1(January 1908): 55~56에 재수록.

23. 공친왕이 벌링게임에게 쓴 1864년 3월 16일의 편지, *Papers Relating to Foreign Affairs, Accompanying the Annual Message of the President to the Second Session, Thirty-Eighth Congress*, part III(Washington, D.C.: Government Printing Office, 1865), p. 377.

24. Jane Burlingame, 아버지에게 쓴 1864년 3월 28일의 편지, Burlingame Papers, Library of Congress.

25. Jane Burlingame, 자매에게 쓴 1863년 5월 11일의 편지, Burlingame Papers, Library of Congress.

26. Demetrius C. Boulger, *The Life of Gordon*, 2 vols.(London: T. Fisher Unwin, 1896), vol. 1, 버지빈의 기질과 성깔에 대해서는 pp. 57~58, 반란군 쪽으로 넘어간 것에 대해서는 p. 90. 또한 브루스가 베이징에서 러셀에게 쓴 1863년 9월 9일의 편지. Hake, *Events in the Taeping Rebellion*, pp. 298~299에서 인용됨.

27. "The Chinese Civil War", *The New York Times*, November 1, 1863.

28. "Important from China", *New York Herald*, November 4, 1863.

29. "The War in China", *Chicago Tribune*, November 11, 1863에서 인용됨.

30. William James Hail, *Tseng Kuo-fan and the Taiping Rebellion, with a Short Sketch of His Later Career*(New Haven, Conn.: Yale University Press, 1927), pp. 265~266; "Colonel Gordon's Chinese Force", *Black-wood's Edinburgh Magazine* 101, no. 616(February 1867): 165~191, 특히 p. 189.

31. 브루스가 베이징에서 러셀에게 쓴 1863년 9월 9일의 편지, *Papers Relating to the Affairs of China(in Continuation of Papers Presented to Parliament in March, 1863)*, pp.

155~156.

32. Teng Ssu-yu, *The Taiping Rebellion and the Western Powers: A Comprehensive Survey*(Oxford, England: Clarendon Press, 1971), p. 315에서 인용됨.
33. Stanley Spector, *Li Hung-chang and the Huai Army: A Study in Nineteenth-Century Chinese Regionalism*(Seattle: University of Washington Press, 1964), p. 60.
34. Detrick, "Henry Andrea Burgevine in China", p. 109, n. 90(*The North-China Herald* for November 29, 1862를 인용).
35. Zeng Guofan, letter to Li Hongzhang of TZ1/9/20(November 11, 1862), in Yuelu Shuyuan edition of *Zeng Guofan quanji*(Changsha: Yuelu Shuyuan, 1992), vol. 5, pp. 3176~3177.
36. Zeng Guofan, letter to Wu Xu, *ZGFQJ*, vol. 5(pidu), pp. 1706~1707.
37. Zeng Guofan, diary entry for TZ2/2/20(April 7, 1863), *ZGFQJ*, vol. 10, p. 3868.
38. Yung Wing, *My Life in China and America*(New York: Henry Holt & Co., 1909), pp. 127ff. 그는 6만5000상자를 선적했는데, 상자당 무게는 60파운드(약 27킬로그램)였다.
39. Ibid., pp. 113~136.
40. Ibid., p. 142.
41. Jonathan Spence, *The Search for Modern China*(New York: W. W. Norton, 1999), p. 196; Yung Wing, *My Life in China and America*, p. 144.
42. Yung Wing, *My Life in China and America*, p. 148.
43. Zhao Liewen, *Neng jingju riji*, entry for TZ3/4/8(May 13, 1864), *TPTG*, vol. 10, p. 249.
44. Yung Wing, *My Life in China and America*, p. 144.
45. Ibid., p. 152.
46. Spence, *The Search for Modern China*, p. 196. 그의 연방군 합류 시도는 중국이 그를 필요로 한다는 이유로 거부되었다.
47. Sherard Osborn, "Progress in China, Part 2: The Taepings and Their Remedy", *Blackwood's Edinburgh Magazine* 93, no. 568(February 1863): 133~148, 인용은 p. 148.
48. Zeng Guofan, memorial dated TZ1/12/12(January 30, 1863), *ZGFQJ*, vol. 3, p. 1108.
49. Morse, *International Relations of the Chinese Empire*, vol. 2, pp. 38~40.
50. Edward Bowra, diary, at School of Oriental and African Studies(PPMS 69, Bowra, Box 1, Folder 6), accessed via Adam Matthew Digital, "China: Trade, Politics and Culture, 1793~1980", entry for November 5, 1863.
51. "Captain Osborn's Remarks upon Prince Kung's Letter of Instructions", Beijing, September 28, 1863, in *Correspondence Respecting the Fitting Out, Dispatching to China, and Ultimate Withdrawal, of the Anglo-Chinese Fleet under the Command*

of Captain Sherard Osborn(London: Harrison and Sons, 1864), pp. 10~12, 인용은 p. 11.

52. Hake, *Events in the Taeping Rebellion*, p. 307; Morse, *International Relations of the Chinese Empire*, vol. 2, p. 41. 또한 Augustus F. Lindley, *Ti-Ping Tien-Kwoh: The History of the Ti-ping Revolution*(London: Day & Son, Ltd., 1866), pp. 577, 579~582 참고. 여기에는 상하이에서의 그들의 행동에 대한 간략한(또한 대단히 편파적인) 설명이 있다.
53. 벌링게임이 수어드에게 쓴 1863년 11월 7일의 편지, *Papers Relating to Foreign Affairs, Accompanying the Annual Message of the President to the Second Session, Thirty-Eighth Congress*, part III(Washington, D.C.: Government Printing Office, 1865), p. 344; Frank J. Merli, *The Alabama, British Neutrality, and the American Civil War*(Bloomington: Indiana University Press, 2004), pp. 174~175; Morse, *International Relations of the Chinese Empire*, vol. 2, p. 42. 425
54. "Statement of C. F. Jones, Lately Commanding the Steamer 'Kajow'", *Papers Relating to the Affairs of China(in Continuation of Papers Pre-sented to Parliament in March, 1863)*, pp. 172~175.
55. Jen, *The Taiping Revolutionary Movement*, p. 501; Lindley, *Ti-Ping Tien-Kwoh*, p. 642.
56. "Statement of C. F. Jones, Lately Commanding the Steamer 'Kajow'", p. 174.
57. Hake, *Events in the Taeping Rebellion*, p. 332.
58. Morse, *The International Relations of the Chinese Empire*, vol. 2, pp. 88~89; Boulger, *Life of Gordon*, p. 93.
59. Gordon, "Memorandum on the Events Occurring Between the 28th November and 6th December, 1863, inclusive", *Papers Relating to the Affairs of China(in Continuation of Papers Presented to Parliament in March 1863)*, pp. 195~198.
60. Hake, *Events in the Taeping Rebellion*, pp. 375 and 196.
61. Ibid., p. 196.
62. Ibid., p. 490.
63. Ibid., p. 198.
64. 고든이 어머니에게 쓴 1863년 12월 24일의 편지. Smith, *Mercenaries and Mandarins*, p. 146에서 인용됨.
65. "Minutes of a Meeting held at the British Consulate, Shanghae, December 16, 1863", *Papers Relating to the Affairs of China(in Continuation of Papers Presented to Parliament in March 1863)*, pp. 192~193.
66. "The Civil War in China", *The Times*, January 29, 1864(quoting letter dateline Hong Kong, December 15, 1863).

67. "The Chinese Civil War", *The New York Times*, December 20, 1863.
68. *The Economist*, January 9, 1864.
69. Edward Bowra, diary entry for December 13, 1863(typescript pp. 78~79).
70. Layard to Lugard, Foreign Office, April 25, 1864, *Correspondence Relative to Lieut.-Colonel Gordon's Position in the Chinese Service*, p. 17.
71. *Hansard*, May 20, 1864, vol. 175, c. 530.
72. *Hansard*, April 22, 1864, vol. 174, c. 1547.
73. *Hansard*, May 31, 1864, vol. 175, c. 916.
74. Ibid., cc. 965~966.
75. "The Future of China", *The New York Times editorial*, June 26, 1864.
76. *Hansard*, May 31, 1864, vol. 175, c. 968.
77. 1861 회계연도의 253만1763냥에서 1864 회계연도의 772만8747냥으로 205퍼센트 증가했음을 보여주는 총 무역 통계는 *Reports on the Trade at the Ports in China Open by Treaty to Foreign Trade, for the Year 1865*(Shanghai: Imperial Maritime Customs' Press, 1866), p. 11.
78. *Hansard*, May 20, 1864, vol. 175, c. 533.

16장 산을 넘다

1. Wilhelm Lobscheid, "The Taipings: A Visit to Nanking, and an Interview with the Kan-Wong", letter to the Hong Kong *Daily Press*, dated June 10, 1863. Augustus Lindley(Lin-le), *Ti-Ping Tien-Kwoh; The History of the Ti-ping Revolution*(London: Day & Son, Ltd., 1866), pp. 600~601에서 인용됨.
2. Hong Renzheng's second confession, *TPTG*, vol. 2, p. 437; Huang Wenying's confession, trans. in Franz Michael, *The Taiping Rebellion: History and Documents*(Seattle: University of Washington Press, 1966~1971), vol. 3, p. 1534.
3. "The Confession of Hung Jen-kan", trans. in Michael, *The Taiping Rebellion*, vol. 3, pp. 1507~1530, 인용은 p. 1513.
4. "Hong Tianguifu qinshu Taiping Tianguo zhuwang mingdan"(The Young Monarch's listing of the names of the Taiping kings), *TPTG*, vol. 2, pp. 426~427.
5. Zeng Guofan diary entry for TZ2/4/22(June 8, 1863), *ZGFQJ*, vol. 10, p. 3890. 인육 가격은 600그램당 엽전 30개에서 120개까지 올랐다. Charles Gordon, 어머니에게 쓴 편지. Demetrius Boulger, *The Life of Gordon*, 2 vols.(London: T. Fisher Unwin, 1896), vol. 1, p. 118에서 인용됨.
6. Zeng Guofan, family letter of TZ2/4/10(May 27, 1863), *ZGFQJ*, vol. 7, p. 2702.

7. Zeng Guofan, diary entry for TZ2/4/22(June 8, 1863), *ZGFQJ*, vol. 10, p. 3890.
8. Zeng Guofan, memorial dated TZ2/2/27(April 14, 1863), *ZGFQJ*, vol. 3, p. 1131. 또한 C. A. Curwen, *Taiping Rebel: The Deposition of Li Hsiu-Ch'eng*(Cambridge, England: Cambridge University Press, 1977), p. 275에서 인용되고 번역됨. 초토화 전술에 대한 유사한 언급이 있다.
9. Zeng Guofan, memorial dated TZ2/2/27(April 14, 1863), *ZGFQJ*, vol. 3, p. 1131.
10. Long Shengyun, *Xiangjun shigao*(Draft history of the Hunan Army)(Chengdu: Sichuan Renmin Chubanshe, 1990), p. 418.
11. Ibid., p. 419; Lindley, *Ti-Ping Tien-Kwoh*, pp. 621~622; Guo Tingyi, *Taiping Tianguo shishi rizhi*(Daily calendar of events in the Taiping Heavenly Kingdom)(Taipei: Taiwan Shangwu Yinshuguan, 1976), p. 999, 여기에는 6월 30일이라는 날짜가 언급되어 있고, 2만 명의 수비군이 전멸했다는 기록이 있다.
12. Long Shengyun, *Xiangjun shigao*, p. 419; Curwen, *Taiping Rebel*, pp. 138~140.
13. Listed in Long Shengyun, *Xiangjun shigao*, p. 419.
14. John Lovelle Withers, "The Heavenly Capital: Nanjing Under the Taiping, 1853~1864", 박사학위 논문, Yale University, 1983, p. 233. Withers에 따르면, 난징 수비대에는 아마도 1만 명 정도의 병사밖에 없었다.
15. Curwen, *Taiping Rebel*, p. 140. Li Xiucheng gives his arrival in Nanjing as early December and blames Li Hongzhang's successful capture of Suzhou on the fact that he was absent from that city. But according to Hong Rengan's fourth confession at Nanchang, it was only after the loss of Suzhou that Li Xiucheng returned to Nanjing. 이수성은 난징에 도착한 것이 12월 초라고 밝히고 있고, 자신이 쑤저우에 없었기 때문에 이홍장이 성공적으로 쑤저우를 함락한 것이라고 탓한다. 하지만 난창에서의 홍인간의 네 번째 자백에 따르면 이수성이 난징에 돌아온 것은 쑤저우 함락 직후였다. Hong Rengan, fourth Nanchang confession, *TPTG*, vol. 2, p. 414 참고.
16. Curwen, *Taiping Rebel*, p. 151.
17. William James Hail, *Tseng Kuo-fan and the Taiping Rebellion, with a Short Sketch of His Later Career*(New Haven, Conn.: Yale University Press, 1927), p. 283.
18. Ibid., p. 285.
19. Zeng Guofan, family letter of TZ3/3/24(April 29, 1864), *ZGFQJ*, vol. 8, p. 2800.
20. "The Confession of Hung Jen-kan", 번역문은 다음 자료 참고. Michael, *The Taiping Rebellion*, vol. 3, p. 1527.
21. Hong Rengan, second Nanchang confession, *TPTG*, vol. 2, p. 412.
22. Hong Rengan, fourth Nanchang confession, Ibid., p. 414.
23. "The Confession of Hung Jen-kan", trans. in Michael, *The Taiping Rebellion*, vol. 3, p. 1513.

24. Hong Rengan, second confession at Xi Baotian's military camp, *TPTG*, vol. 2, pp. 401~405, p. 405.
25. Wang Kaiyun, *Xiangjun zhi*(Annals of the Hunan Army)(Changsha: Yuelu Shushe, 1983), p. 68.
26. Wang Dun, *Xiangjun shi*(A history of the Hunan Army)(Changsha: Hunan Daxue Chubanshe, 2007), p. 175.
27. Wang Kaiyun, *Xiangjun zhi*, p. 68.
28. Long Shengyun, *Xiangjun shigao*, p. 420.
29. Zhao Liewen, *Neng jingju riji*, entry for TZ3/2/23(March 30, 1864), *TPTG*, vol. 7, pp. 227~228. 증국번은 후난군의 보급품이 고갈되기 전에 난징을 점령해야 한다는 거의 동일한 진술을 상소에서 했다. Zeng Guofan, memorial dated TZ3/4/12(May 17, 1862). Wang Dun, *Xiangjun shi*, p. 176 참고.
30. Long Shengyun, *Xiangjun shigao*, p. 420, 팽옥린의 편지를 인용. 찰스 고든은 1864년 6월에 방문했을 때 경작을 알아차리지 못했는데 당시 그는 그 도시의 남쪽에 있었고, 팽옥린은 경작을 목격했기 때문에(홍인간의 자백으로 확인됨), 경작은 그 도시의 북쪽 끝, 양쯔강 근처에서 이루어지고 있었을 것이다. 고든의 이야기는 Curwen, *Taiping Rebel*, pp. 297~299, n. 42에 재수록됨.
31. Zeng Guofan, family letter of TZ3/5/16(June 19, 1864), *ZGFQJ*, vol. 8, p. 2818.
32. Hail, *Tseng Kuo-fan and the Taiping Rebellion*, p. 288.
33. 상승군 해산 후 개인적 관찰자로서 위화타이를 방문한 찰스 고든의 관찰. Curwen, *Taiping Rebel*, pp. 97~299, n. 42에서 인용됨.
34. Zhao Liewen은 *Neng jingju riji*에서, 위화타이 근처의 해자 아래 파인 땅굴의 깊이를 7~8장으로 제시한다(1장은 당시 약 11.75피트). TZ2/12/2(January 10, 1864), *TPTG*, vol. 7, p. 212.
35. Wang Dun, *Xiangjun shi*, p. 176; Jonathan Spence, *God's Chinese Son*(New York: W. W. Norton, 1996), p. 324(이 문단과 다음 문단의 내용).
36. Wang Dun, *Xiangjun shi*, p. 176.
37. Long Shengyun, *Xiangjun shigao*, pp. 420~421.
38. Zhu Hongzhang, *Cong rong jilue*(Zhu Hongzhang's account of the campaign against the rebels)(Taipei: Wenhai Chubanshe reprint, 1968), p. 120에는 화약을 담은 6000개의 자루가 언급되어 있다. Wang Dun, *Xiangjun shi*, p. 177에는 3만 근(4만 파운드)의 화약이 언급되어 있다. 총 비축량에 관해서는 증국번이 letter to Zeng Guoquan on TZ3/5/5(June 6, 1864)에서 자신이 방금 화약 4만 근을 선적했다고 말했는데, 이는 이전에 선적한 5만 근과 상하이에서 온 9만 근(총 120톤)에 더해진 것이었다. *ZGFQJ*, vol. 8, p. 2813.
39. Zhu Hongzhang, *Cong rong jilue*, pp. 121~123; Wang Dun, *Xiangjun shi*, p. 177; Curwen, *Taiping Rebel*, p. 299.

40. Zeng Guofan, family letter of TZ3/6/29(August 1, 1864), *ZGFQJ*, vol. 8, p. 2831.

41. Curwen, *Taiping Rebel*, pp. 154~155.

42. Ibid., pp. 155~156.

43. Jonathan Porter, *Tseng Kuo-fan's Private Bureaucracy*(Berkeley: Center for Chinese Studies, University of California, 1972), p. 69, n. 107.

44. 자홍색 구름: *Zhao Liewen, Neng jingju riji*, TZ3/6/17(July 20, 1864), *TPTG*, vol. 7, p. 270. Zhao는 화재의 70퍼센트는 후난군이 일으킨 것이라고 믿었다. 비: Ibid., TZ3/6/22(-July 25, 1864), Ibid., p. 274.

45. Zhao Liewen, *Neng jingju riji*, TZ3/6/23(July 26, 1864), *TPTG*, vol. 7, p. 274.

46. Zhao Liewen, *Neng jingju riji*, TZ3/6/21(July 24, 1864), Ibid., p. 274.

47. Xiangxiang xianzhi(Gazetteer of Xiangxiang county)(1874), final *juan*, p. 26. Zhu Dong'an, *Zeng Guofan zhuan*(Tianjin: Baihua Wenshu Chubanshe, 2000), p. 225에서 인용됨.

48. Andrew C. K. Hsieh, "Tseng Kuo-fan, A Nineteenth Century Confucian General", 박사학위 논문, Yale University, 1975, pp. 166~167.

49. Zhao Liewen, *Neng jingju riji*, TZ3/6/20(July 23, 1864), *TPTG*, vol. 7, p. 272.

50. 5만 자에 대해서는 Zeng Guofan, letter to Zeng Jize on TZ3/7/7(August 8, 1864), *ZGFQJ*, vol. 8, p. 2833. 그의 일기에 따르면 같은 날 그는 그것을 약 2만8000자로 줄였다(130쪽, 쪽당 216글자). *ZGFQJ*, vol. 11, p. 4025.

51. "Statement of Patrick Nellis", in Prescott Clarke and J. S. Gregory, *Western Reports on the Taiping: A Selection of Documents*(Honolulu: University Press of Hawaii, 1982), pp. 412~416, 인용은 p. 415; Spence, *God's Chinese Son*, p. 329.

52. 홍인간의 네 번째 난창 자백, *TPTG*, vol. 2, p. 415.

맺는말

1. Luo Ergang's observation, *Xiangjun xin zhi*(A new history of the Hunan Army)(Taipei: Liming Wenhua Shiye Gongsi, 1988), p. 285.

2. 예를 들면 Xiao Yishan, "Zeng Guofan buzuo huangdi"(Zeng Guofan does not become emperor), *Qingdai tongshi*(Comprehensive history of the Qing dynasty)(Taipei: Shangwu Yinshuguan, 1962~1963), vol. 3, pp. 778~781 참고.

3. Zeng Guofan, letter to brother of TZ3/3/26(May 1, 1864), *ZGFQJ*, vol. 8, pp. 2800~2801.

4. Zhu Dong'an, *Zeng Guofan zhuan*(Biography of Zeng Guofan)(Tianjin: Baihua Wenshu Chubanshe, 2000), p. 236에서 인용됨.

5. Andrew C. K. Hsieh, "Tseng Kuo-fan, A Nineteenth Century Confucian General", 박사학위 논문, Yale University, 1975, p. 168.
6. Zeng Guofan, family letter of TZ6/6/6(July 1867), *ZGFQJ*, vol. 8, p. 2975. Andrew Hsieh's in "Tseng Kuo-fan, A Nineteenth Century Confucian General", 박사학위 논문, Yale University, 1975, p. 171의 번역문 수정. 만년의 증국번의 우울에 대해서는 Ibid., pp. 170~172.
7. Hua Qiang and Cai Hongjun, "Taiping Tianguo shiqi Zhongguo renkou sunshi wenti"(The question of China's population loss in the Taiping Rebellion), *Wan Qing guojia yu shehui*(State and society in the late Qing)(Beijing: Chinese Academy of Social Sciences 2007), 여기서 Dwight Heald Perkins, *Agricultural Development in China, 1368~1968*(Chicago: Aldine Publishing Co. 1969), pp. 274~283을 인용.
8. Ge Jianxiong, Hou Yangfang, and Zhang Genfu, *Renkou yu Zhongguo de xiandaihua: 1850 nian yilai*(Population and China's modernization: 1850 to the present) (Shanghai: Xuelin Chubanshe, 1999), p. 109. Hua and Cai, "Taiping Tianguo shiqi", pp. 69~70에서 인용됨.
9. Hua and Cai, "Taiping Tianguo shiqi", pp. 70~75.
10. 전후 상하이의 경기 침체에 대해서는 Robert Bickers, *The Scramble for China: Foreign Devils in the Qing Empire, 1832~1914*(London: Allen Lane, 2011), p. 182.
11. "Asia: Important from China and Japan. Foreign Relations with China Out of Joint", *New York Herald*, December 28, 1865.
12. Robert James Forrest, "The Christianity of Hung Tsiu Tsuen", *Journal of the North-China Branch of the Royal Asiatic Society*, new ser., no. 4(December 1867): 187~208, 인용은 p. 188. Prescott Clarke and J. S. Gregory, *Western Reports on the Taiping: A Selection of Documents(Honolulu: University Press of Hawaii, 1982)*, p. 427에 부분적으로 재수록, 로마자 표기법 변경.
13. Forrest, "The Christianity of Hung Tsiu Tsuen", p. 188, 로마자 표기법 변경. "T'ien-wang"을 "Heavenly King"으로, "Ch'ang-mao"을 "Taiping"으로 변경.
14. 쑨원의 별명: Marie-Claire Bergere, *Sun Yat-sen*, trans. Janet Lloyd(Stanford, Calif.: Stanford University Press, 1998), p. 33; Harold Schiffrin, *Sun Yat-sen and the Origins of the Chinese Revolution*(Berkeley: University of California Press, 1968), pp. 5, 23.
15. Valentine Chirol, "The Chinese Revolution", *The Quarterly Review* 216, no. 431(April 1912): 536~553, 인용은 p. 538~539.

주요 참고문헌

Abend, Hallett. *The God from the West. Garden City*, N.Y.: Doubleday, 1947.

Adams, Ephraim Douglass. *Great Britain and the American Civil War*. New York: Russell & Russell, 1958.

Allgood, George. *China War 1860: Letters and Journal*. London: Longmans, Green and Co., 1901.

Banno, Masataka. *China and the West, 1858~1861: The Origins of the Tsungli Yamen*. Cambridge, Mass.: Harvard University Press, 1964.

Bernhardt, Kathryn. "Elite and Peasant During the Taiping Occupation of the Jiangnan, 1860~1864." *Modern China* 13, no. 4(October 1987): 379~410.

Bickers, Robert. *The Scramble for China: Foreign Devils in the Qing Empire, 1832~1914*. London: Allen Lane, 2011.

Blakiston, Thomas W. *Five Months on the Yang-tsze*. London: John Murray, 1862.

Bonney, Catharina Van Rensselaer. *A Legacy of Historical Gleanings*. Albany, N.Y.: J. Munsell, 1875.

Boulger, Demetrius C. *The Life of Gordon*. 2 vols. London: T. Fisher Unwin, 1896.

Bowlby, Thomas. *An Account of the Last Mission and Death of Thomas William Bowlby*. Ed. C. C. Bowlby. Printed for private circulation, 1906.

Brine, Lindesay. *The Taeping Rebellion in China: A Narrative of Its Rise and Progress*. London: John Murray, 1862.

Burlingame, Anson. Anson Burlingame Papers, Manuscripts Division, Library of Congress, Washington, D.C.

Cahill, Holger. *A Yankee Adventurer: The Story of Ward and the Taiping Rebellion*. New York: Macaulay, 1930.

Callery, Joseph-Marie. *History of the Insurrection in China: With Notices of the Christianity, Creed, and Proclamations of the Insurgents*. New York: Paragon Book Reprint Co., 1969, orig. published London, 1853.

Carr, Caleb. *The Devil Soldier: The American Soldier of Fortune Who Became a God in China*. New York: Random House, 1992.

Cheang, Sarah. "Women, Pets, and Imperialism: The British Pekingese Dog and Nostalgia for Old China." *Journal of British Studies* 45(April 2006): 359~387.

Chen Chang. *Tingjun jilüe*(History of Bao Chao's army). Shanghai: Shanghai Shenbao Guan, 1882.

Chen, Gideon. *Tseng Kuo-fan: Pioneer Promoter of the Steamship in China*. Beijing: Yenching University Economics Department, 1935.

Ch'ên, Jerome. "The Hsien-fêng Inflation." *Bulletin of the School of Oriental and African Studies, University of London* 21, no. 1~3(1958): 578~586.

Chen Qitian. *Zeng Guofan pingluan yaozhi*(The essential principles of Zeng Guofan's suppression of disorder). Taipei: Taiwan Shangwu Yinshuguan, 1967.

Chung, A. L. Y. "The Hanlin Academy in the Early Ch'ing Period." *Journal of the Hong Kong Branch of the Royal Asiatic Society* 6(1966): 100~119.

Clarke, Prescott, and J. S. Gregory. *Western Reports on the Taiping: A Selection of Documents*. Honolulu: University Press of Hawaii, 1982.

Clowes, Sir William Laird. *The Royal Navy: A History from the Earliest Times to the Death of Queen Victoria*. 7 vols. London: Sampson Low, Marston and Company, 1903.

Cooke, George Wingrove. *China: Being "The Times" Special Correspondence from China in the Years 1857~58*. Wilmington, Del.: Scholarly Resources, Inc., 1972, orig. published London by G. Routledge & Co., 1858.

Cox, Josiah. "A Missionary Visit to Nanking and the 'Shield King.'" *The Wesleyan Missionary Notices*, 3rd ser., vol. 10(April 1862): 61~66.

Cranston, Earl. "Shanghai in the Taiping Period." *Pacific Historical Review* 5, no. 2(June 1936): 147~160.

Crossley, Pamela. *The Manchus*. Cambridge, Mass.: Blackwell, 1997.

———. *Orphan Warriors: Three Manchu Generations and the End of the Qing World*. Princeton, N.J.: Princeton University Press, 1990.

Cui Zhiqing. *Hong Xiuquan pingzhuan, fu <Hong Rengan pingzhuan>*(Biography of Hong Xiuquan, including a biography of Hong Rengan). Nanjing: Nanjing Daxue Chubanshe, 1994.

Curwen, C. A. *Taiping Rebel: The Deposition of Li Hsiu-Ch'eng*. Cambridge, England: Cambridge University Press, 1977.

Dai Yingcong. "Military Finance of the High Qing Period." In *Military Culture in Imperial China*, ed. Nicola di Cosmo. Cambridge, Mass.: Harvard University Press, 2009.

Davis, John Francis. "A View of the Great Valley of the Yang-tse-keang Before and Since Its Occupation by the Rebels." *Proceedings of the Royal Geographic Society* 3(1859): 164~171.

Deng Yuanzhong. *Americans and the Taiping Rebellion: A Study of American-Chinese Relationship, 1847~1864*. Taipei: China Academy in Hwa Kang, 1982.

Detrick, Robert Harry. "Henry Andrea Burgevine in China: A Biography." Ph.D. diss., Indiana University, 1968.

Di Cosmo, Nicola. Ed. *Military Culture in Imperial China*. Cambridge, Mass: Harvard University Press, 2009.

Dong Xun. *Huanduwo shushi laoren shouding nianpu*(Chronological autobiography of Dong Xun). Taipei: Wenhai Chubanshe reprint, 1968, orig.published 1892.

Du Wenlan. *Jiangnanbei daying jishi benmo*(History of the great encampments South and North of the river). Taipei: Tailian Guofeng Chubanshe reprint, 1969, orig. published 1869.

———. *Pingding yuefei jilüe*(A record of the suppression of the Guangxi bandits). Qunyuzhai, 1870.

Edkins, Jane R. *Chinese Scenes and People: With Notices of Christian Missions and Missionary Life in a Series of Letters from Various Parts of China*. London: James Nisbet and Co., 1863.

Edkins, Joseph. "Narrative of a Visit to Nanking." In Jane R. Edkins, *Chinese Scenes and People*. London: James Nisbet and Co., 1863, pp. 241~307.

Elgin, James Bruce, Earl of. *Letters and Journals of James, Eighth Earl of Elgin*. Ed. Theodore Walrond. London: John Murray, 1872.

Elliott, Mark C. *The Manchu Way: The Eight Banners and Ethnic Identity in Late Imperial China*. Stanford, Calif.: Stanford University Press, 2001.

Extracts from "The Taepings as They Are, by One of Them". London: Harrison and Sons, 1864.

Fairbank, John King. "Meadows on China: A Centennial Review." *The Far Eastern Quarterly* 14, no. 3(May 1955): 365~371.

Fang Zongcheng. *Botang shiyou yanxing ji*(An account of the words and deeds of Fang Zongcheng's friends and teachers). Taipei: Wenhai Chubanshe, reprint, 1968.

Fisher, George Battye. *Personal Narrative of Three Years' Service in China*. London: Richard Bentley, 1863.

Forbes, Archibald. *Chinese Gordon: A Succinct Record of His Life*. New York: Funk and Wagnalls, 1885.

Foreign Office, Great Britain. *Correspondence Relative to the Earl of Elgin's Special Missions to China and Japan, 1857~1859*. London: Harrison and Sons, 1859.

Forester, Edward. "Personal Recollections of the Tai-ping Rebellion." *Cosmopolitan* 21, no. 6(October 1896): 625~629. continued in 22, no. 1(November 1896): 34~38. continued in 22, no. 2(December 1896): 209~216.

Furse, George Armand. *Military Transport*. London, 1882.

"Gengshen beilüe",(An account of what happened in the North in 1860). In *Dierci Yapian Zhanzheng*, ed. Qi Sihe et al. 6 vols. Shanghai: Shanghai Renmin Chubanshe, 1978~1979, vol. 2, pp. 28~33.

"Gengshen(jia) binan riji",(A diary of avoiding calamity in 1860~1861). In *Taiping Tianguo*(The Taiping Heavenly Kingdom), ed. Luo Ergang and Wang Qingcheng. 10 vols. Guilin: Guangxi Normal University Press, 2004, vol. 6, pp. 198~290.

Gerson, Jack J. *Horatio Nelson Lay and Sino-British Relations, 1854~1864*. Cambridge, Mass.: Harvard East Asian Monographs, 1972.

Giquel, Prosper. *A Journal of the Chinese Civil War, 1864*. Ed. Steven A. Leibo. Honolulu: University of Hawaii Press, 1985.

Gordon, Charles George. *General Gordon's Private Diary of His Exploits in China. Amplified by Samuel Mossman*. London: S. Low, Marston, Searle, and Rivington, 1885.

Gordon, Henry William. *Events in the Life of Charles George Gordon, from Its Beginning to Its End*. London: Kegan Paul, Trench, & Co., 1886.

Grady, Lolan Wang. "The Career of I-Hsin, Prince Kung, 1858~1880: A Case Study of the Limits of Reform in the Late Ch'ing." Ph.D. diss., University of Toronto, 1980.

Graff, David, and Robin Higham, eds. *A Military History of China*. Boulder, Colo.: Westview, 2002.

Gregory, J. S. "British Intervention Against the Taiping Rebellion." *The Journal of Asian Studies* 19, no. 1(November 1959): 11~24.

———. *Great Britain and the Taipings*. London: Frederick A. Praeger, 1969.

———. "Stephen Uhalley, Jr. and Westerners in China: A Further Comment." *The Journal of Asian Studies* 35, no. 2(February 1976): 364~365.

Guo Tingyi. *Taiping Tianguo shishi rizhi*(Daily calendar of events in the Taiping Heavenly Kingdom). Taipei: Taiwan Shangwu Yinshuguan, 1976.

Guo Yisheng, ed. *Taiping Tianguo lishi ditu ji*(Historical maps of the Taiping Heavenly Kingdom). Beijing: Zhongguo Ditu Chubanshe, 1989.

Hail, William James. *Tseng Kuo-fan and the Taiping Rebellion, with a Short Sketch of His Later Career*. New Haven, Conn.: Yale University Press, 1927.

Hake, A. Egmont. *Events in the Taeping Rebellion, Being Reprints of Mss. Copied by General Gordon, C.B. in His Own Handwriting*…. London: W. H. Allen and Co., 1891.

Hamberg, The Rev. Theodore. *The Visions of Hung-Siu-Tshuen and Origin of the Kwang-si Insurrection*. Hong Kong: China Mail Office, 1854.

Hansard's Parliamentary Debates(Third Series). London: T. C. Hansard, 1853~1864.

Harris, David. *Of Battle and Beauty: Felice Beato's Photographs of China. Santa Barbara*, Calif.: Santa Barbara Museum of Art, 1999.

Hayes, A. A. "An American Soldier in China." *The Atlantic Monthly*(February 1886): 193~199.

Henderson, James. *Memorials of James Henderson, MD,…Medical Missionary to China*. London: James Nisbet and Co., 1867.

Hevia, James. *English Lessons: The Pedagogy of Imperialism in Nineteenth-Century China*. Durham, N.C.: Duke University Press, 2003.

Hong Rengan. *Hong Rengan xuanji*(The selected works of Hong Rengan). Ed. Yangzhou Shifan Xueyuan Zhongwen Xi. Beijing: Zhonghua Shuju, 1978.

———. *Hong Rengan zishu*(The confession of Hong Rengan). In Taiping Tianguo wenxian huibian(Collected documents on the Taiping Heavenly Kingdom), ed. Yang Jialuo. Taipei: Dingwen Shuju, 1973, pp. 846~855.

———. *Taiping tianri*(Narrative of the early years of the Taiping). In *Xuxiu siku quanshu, shi bu, zashi lei*(A continuation of the Four Treasuries). Shanghai: Commercial Press Reprint, 1948, pp. 359~377.

Horowitz, Richard Steven. "Central Power and State Making: The Zongli Yamen and Self-Strengthening in China, 1860~1880." Ph.D. diss., Harvard University, 1998.

Hsieh, Andrew C. K. "Tseng Kuo-fan, A Nineteenth Century Confucian General." Ph.D. diss., Yale University, 1975.

Hsü, Immanuel C. Y. *China's Entrance into the Family of Nations: The Diplomatic Phase, 1858~1880*. Cambridge, Mass.: Harvard University Press, 1968.

———. *The Rise of Modern China*, 3rd ed. New York: Oxford University Press, 1983.

Hummel, Arthur W., ed. *Eminent Chinese of the Ch'ing Period(1644~1912)*. Taipei: Chengwen, reprint, 1967.

Hurd, Douglas. *The Arrow War: An Anglo-Chinese Confusion, 1856~1860*. London: Collins, 1967.

Ignat'ev, Nikola˘ı Pavlovich. *The Russo-Chinese Crisis: N.P. Ignatiev's Mission to Peking, 1859~1860*. Ed. John Evans. Newtonville, Mass.: Oriental Research Partners, 1987.

Jansen, Marius. *China in the Tokugawa World*. Cambridge, Mass: Harvard University Press, 1992.

Jen Yu-wen(Jian Youwen). *The Taiping Revolutionary Movement*. New Haven, Conn.: Yale University Press, 1973.

Johnston, James D. *China and Japan: Being a Narrative of the Cruise of the U.S.*

Steam-Frigate Powhatan in the Years 1857, '58, '59, and '60. Philadelphia: Charles Desilver, 1860.

Kuhn, Philip. *Rebellion and Its Enemies in Late Imperial China: Militarization and Social Structure, 1796~1864*. Cambridge, Mass.: Harvard University Press, 1970.

Lane-Poole, Stanley. *The Life of Sir Harry Parkes*. 2 vols. London: Macmillan and Co., 1894.

Lao Bolin. Sanhe zhi yi(The battle of Three Rivers). Changsha: Yuelu Shushe, 1988.

Lay, Horatio Nelson. *Our Interests in China: A Letter to the Right Hon. Earl Russell*. London: Robert Hardwicke, 1864.

Leavenworth, Charles S. *The Arrow War with China*. London: Sampson Low, Marston and Co., 1901.

Legge, Helen Edith. James Legge: Missionary and Scholar. London: The Religious Tract Society, 1905.

Legge, James. "The Colony of Hong Kong." *The China Review* 3(1874): 165, 173~175.

Li Chun. *Hong Rengan*. Shanghai: Shanghai Renmin Chubanshe, 1957.

Li Xiucheng. *The Autobiography of the Chung-Wang*. Trans. W. T. Lay. Shanghai: Presbyterian Mission Press, 1865.

Lindley, Augustus F. *The Log of the Fortuna: A Cruise on Chinese Waters*. London: Cassell, Petter & Galpin, 1870.

———(Lin-le). *Ti-Ping Tien-Kwoh. The History of the Ti-ping Revolution*. London: Day & Son, Ltd., 1866.

Little, Archibald. *Gleanings from Fifty Years in China*. London: Sampson Low, Marston & Co., 1910.

Liu Tieming. *Xiangjun yu Xiangxiang*(The Hunan Army and Xiangxiang). Changsha: Yuelu Shushe, 2006.

Loch, Henry Brougham. *Personal Narrative of Occurrences During Lord Elgin's Second Embassy to China in 1860*. London: John Murray, 1900.

Long Shengyun. *Xiangjun shigao*(Draft history of the Hunan Army). Chengdu: Sichuan Renmin Chubanshe, 1990.

Luo Ergang. *Li Xiucheng zishu yuangao zhu*(Commentary on the original draft of Li Xiucheng's confessional statement). Beijing: Zhonghua Shuju, 1982.

———. *Lüying bingzhi*(Military organization of the Green Standard Army). Chongqing: Shangwu Yinshuguan, 1945.

———. *Xiangjun bingzhi*(Military organization of the Hunan Army). Beijing: Zhonghua Shuju, 1984.

———. *Xiangjun xin zhi*(A new history of the Hunan Army). Taipei: Liming Wenhua

Shiye Gongsi, 1988.

———, ed. *Taiping Tianguo wenwu*(Relics of the Taiping Heavenly Kingdom). 2 vols. Nanjing: Jiangsu Renmin Chubanshe, 1992.

———, ed. *Taiping Tianguo wenxuan*(Documents on the Taiping Heavenly Kingdom). Hong Kong: Nanguo Chubanshe, 1969.

——— and Wang Qingcheng, eds. *Taiping Tianguo*(The Taiping Heavenly Kingdom). 10 vols. Guilin: Guangxi Normal University Press, 2004.

Lyster, Thomas. *With Gordon in China: Letters from Thomas Lyster, Lieutenant Royal Engineers*. London: T. Fisher Unwin, 1891.

MacGowan, D. J. "Contributions to the History of the Insurrection in China", a companion to the *Shanghai Almanac* for 1857. Shanghai, 1857.

———. "Memoir of Generals Ward and Burgevine, and of the Ever Conquering Legion." *The Far East*, new ser., vol. 2(January~June 1877): 102~108, 119~124. vol. 4(July~December 1877): 22~26, 44~50, 58~66, 75~83, 103~110.

Maclay, Edgar Stanton. *A History of the United States Navy from 1775 to 1894*. 2 vols. New York: D. Appleton and Co., 1895.

———. *Reminiscences of the Old Navy: From the Journals and Private Papers of Captain Edward Trenchard, and Rear-Admiral Stephen Decatur Trenchard*. New York: G. P. Putnam's Sons, 1898.

Mann, Michael. *China, 1860*. Salisbury, Wiltshire: M. Russell, 1989.

Mao Haijian. *Kuming tianzi: Xianfeng huangdi Yixin*(The unfortunate Son of Heaven: Yixin, the Xianfeng emperor). Taipei: Lianjing, 2008.

Mao Jiaqi. *Guo zhu "Taiping Tianguo shishi rizhi" jiaobu*(Emendations to Guo [Tingyi's] Daily Calendar of Events in the Taiping Heavenly Kingdom). Taipei: Taiwan Shangwu Yinshuguan, 2001.

———. *Taiping Tianguo yu lieqiang*(The Taiping Heavenly Kingdom and the foreign powers). Nanning: Guangxi Renmin Chubanshe, 1992.

Martin, W. A. P. *A Cycle of Cathay*. New York: F. H. Revell Co., 1896.

Meadows, Thomas Taylor. *The Chinese and Their Rebellions*. Stanford, Calif.: Academic Reprints, 1953, orig. published 1856 by Smith, Elder & Co., London.

———. "Description of an Execution Ground at Canton." *Journal of the Royal Asiatic Society* 16(1856): 54~58.

Medhurst, W. H. *China: Its State and Prospects, with Especial Reference to the Spread of the Gospel*. London: John Snow, 1838.

Mei Yingjie et al., eds. *Xiangjun renwu nianpu*(Chronological biography of major figures in the Hunan Army). Changsha: Yuelu Shushe, 1987.

Merli, Frank J. The Alabama, *British Neutrality, and the American Civil War*. Bloomington: Indiana University Press, 2004.

Merriam, Edmund F. *A History of American Baptist Missions*. Philadelphia: American Baptist Publication Society, 1900.

M'Ghee, The Rev. R. J. L. *How We Got to Pekin: A Narrative of the Campaign in China of 1860*. London: Bentley, 1862.

Michael, Franz with Chung-li Chang. *The Taiping Rebellion: History and Documents*. 3 vols. Seattle: University of Washington Press, 1966~1971.

Michie, Alexander. *The Englishman in China During the Victorian Era*. Edinburgh: William Blackwood and Sons, 1900.

Moges, Alfred, Marquis de. *Recollections of Baron Gros's Embassy to China and Japan in 1857~58*(authorized translation of Souvenirs d'une ambassade). London and Glasgow: R. Griffin, Bohn, and Co., 1861.

Montalto de Jesus, C. A. *Historic Shanghai*. Shanghai: The Shanghai Mercury, Ltd., 1909.

Morse, Hosea Ballou. *The International Relations of the Chinese Empire. Vol. 2: The Period of Submission, 1861~1893*. London: Longmans, Green, and Co., 1918.

Moule, The Ven. Archdeacon. *Personal Recollections of the T'ai-p'ing Rebellion, 1861~1863*. Shanghai: Shanghai Mercury Office, 1898.

Ng, Kam-yuen. "The Interaction between Hong Kong and Mainland China: The Tai Ping Tian Guo Movement as a Case Study." Ph.D. diss., Chinese University of Hong Kong, 2003.

Oliphant, Laurence. *Narrative of the Earl of Elgin's Mission to China and Japan in the Years 1857, '58, '59*. 2 vols. London and Edinburgh: William Blackwood and Sons, 1859.

Osborn, Sherard. "Notes, Geographical and Commercial, Made During the Passage of HMS Furious, in 1858, from Shanghai to the Gulf of Pecheli and Back." *Proceedings of the Royal Geographical Society of London* 3, no. 2(November 22, 1858): 55~87.

———. "Progress in China, Part II: The Taepings and Their Remedy." *Blackwood's Edinburgh Magazine* 93, no. 568(February 1863): 133~148.

Pfister, Lauren F. Striving for *"The Whole Duty of Man": James Legge and the Scottish Protestant Encounter with China*. New York: Peter Lang, 2004.

Pi Mingyong. *Xiang Jun*(The Hunan Army). Taiyuan: Shanxi Renmin Chubanshe, 1999.

Pong, David. "The Income and Military Expenditure of Kiangsi Province in the Last Years(1860~1864) of the Taiping Rebellion." *The Journal of Asian Studies* 26, no. 1(November 1966): 49~65.

Porter, Jonathan. *Tseng Kuo-fan's Private Bureaucracy*. Berkeley: Center for Chinese Studies, University of California, 1972.

Powell, Ralph. *The Rise of Chinese Military Power: 1895~1912*. Princeton, N.J.: Princeton University Press, 1955.

Pruden, George Blackburn, Jr. "Issachar Jacox Roberts and American Diplomacy in China During the Taiping Rebellion." Ph.D. diss., The American University, 1977.

Pu Yinghua. *Zeng Guofan bingfa*(Zeng Guofan's art of war). Taipei: Zhaowen She, 1996.

Qi Sihe et al., eds. *Dierci Yapian Zhanzheng*(The Second Opium War). 6 vols. Shanghai: Shanghai Renmin Chubanshe, 1978~1979.

Qingdai qijuzhu ce. Xianfeng chao(Qing court diary: Xianfeng reign). Taipei: National Palace Museum, 1983.

Quested, R. K. I. *The Expansion of Russia in East Asia, 1857~1860*. Kuala Lumpur: University of Malaya Press, 1968.

———. "Further Light on the Expansion of Russia in East Asia: 1792~1860." *The Journal of Asian Studies* 29, no. 2(February 1970): 327~345.

———. *Sino-Russian Relations: A Short History*. Boston: George Allen & Unwin, 1984.

Rantoul, Robert S. "Frederick Townsend Ward." *Historical Collections of the Essex Institute* 44, no. 1(January 1908): 1~64.

Rapp, John A. "Clashing Dilemmas: Hong Rengan, Issachar Roberts, and a Taiping 'Murder' Mystery." *Journal of Historical Biography* 4(Autumn 2008): 27~58.

Rawski, Evelyn S. *The Last Emperors: A Social History of Qing Imperial Institutions*. Berkeley: University of California Press, 1998.

Reilly, Thomas H. *The Taiping Heavenly Kingdom: Rebellion and the Blasphemy of Empire*. Seattle: University of Washington Press, 2004.

Rennie, David Field. *The British Arms in North China and Japan: Peking 1860. Kagosima 1862*. London: John Murray, 1864.

———. *Peking and the Pekingese: During the First Year of the British Embassy at Peking*. 2 vols. London: John Murray, 1865.

Roberts, I. J. "Tae Ping Wang: The Chinese Revolutionist." *Putnam's Monthly Magazine* 8, no. 46(October 1856): 380~383.

Robson, William. *Griffith John: Founder of the Hankow Mission Central China*. London: S. W. Partridge & Co., n.d.(1901?).

Rudolph, Jennifer. *Negotiated Power in Late Imperial China: The Zongli Yamen and the Politics of Reform*. Ithaca, N.Y.: Cornell University East Asia Program, 2008.

Scarth, John. *British Policy in China: Is Our War with the Tartars or the Chinese?* London: Smith, Elder and Co., 1860.

———. *Twelve Years in China: The People, the Rebels, and the Mandarins*. Wilmington, Del.: Scholarly Resources, Inc., 1972, orig. published 1860 by Thomas Constable & Co., Edinburgh.

Shanghai Xinbao zhong de Taiping Tianguo shiliao(Historical materials on the Taiping in the Shanghai *Xinbao*). Shanghai: Shanghai Tushuguan, 1964.

Shen Weibin. *Hong Rengan*. Shanghai: Shanghai Renmin Chubanshe, 1982.

Shen Zi. *Bikou riji*(A diary of evading the bandits). In *Taiping Tianguo*(The Taiping Heavenly Kingdom), ed. Luo Ergang and Wang Qingcheng. 10 vols. Guilin: Guangxi Normal University Press, 2004, vol. 8, pp. 1~264.

Shih, Vincent Y. C. *The Taiping Ideology: Its Sources, Interpretations, and Influences*. Seattle: University of Washington Press, 1967.

"Sir Thomas F. Wade, K.C.B." *The Far East*, new ser., vol. 1(July~December 1876): 37~41.

Smith, Carl T. "Notes on Friends and Relatives of Taiping Leaders." *Journal of the Hong Kong Branch of the Royal Asiatic Society* 16(1976): 117~134.

Smith, Richard J. *Mercenaries and Mandarins: The Ever-Victorious Army in Nineteenth-Century China*. Millwood, N.Y.: KTO Press, 1978.

So Kwan-wai, Eugene P. Boardman, and Ch'iu P'ing. "Hung Jen-kan, Taiping Prime Minister, 1859~1864." *Harvard Journal of Asiatic Studies* 20, no. 1~2(June 1957): 262~294.

Spector, Stanley. *Li Hung-chang and the Huai Army: A Study in Nineteenth-Century Chinese Regionalism*. Seattle: University of Washington Press, 1964.

Spence, Jonathan. *God's Chinese Son*. New York: W. W. Norton, 1996.

———. *The Search for Modern China*. New York: W. W. Norton, 1999.

Suppression of the Taiping Rebellion in the Departments Around Shanghai. Shanghai: Kelly & Co., 1871.

Swinhoe, Robert. *Narrative of the North China Campaign of 1860*. London: Smith, Elder & Co., 1861.

Sykes, W. H.(William Henry). *The Taeping Rebellion in China: Its Origin, Progress, and Present Condition*. London: Warren Hall & Co., 1863.

Tang Haoming. *Tang Haoming pingdian Zeng Guofan jiashu*(Zeng Guofan's family letters, annotated by Tang Haoming). 2 vols. Changsha: Yuelu Shushe, 2002.

Taylor, Charles. *Five Years in China: With Some Account of the Great Rebellion*…. New York: Derby & Jackson, 1860.

Teng, S. Y. "Hung Jen-kan, Prime Minister of the Taiping Kingdom and his Modernization Plans." *United College Journal*(Hong Kong) 8(1970~1971): 87~95.

Teng, Ssu-yu. *The Taiping Rebellion and the Western Powers: A Comprehensive Survey*. Oxford, England: Clarendon Press, 1971.

Teng, Yuan Chung. "The Failure of Hung Jen-k'an's Foreign Policy." *The Journal of Asian Studies* 28, no. 1(November 1968): 125~138.

———. "Note on a Lost Taiping Book." *The Journal of Asian Studies* 23, no. 3(May 1964): 447~448.

———. "Reverend Issachar Jacox Roberts and the Taiping Rebellion." *The Journal of Asian Studies* 23, no. 1(November 1963): 55~67.

Theiss, Janet. "Managing Martyrdom: Female Suicide and Statecraft in Mid-Qing China." In *Passionate Women: Female Suicide in Late Imperial China*, ed. Paul S. Ropp, Paola Zamperini, and Harriet T Zurndorfer. Boston: E. J. Brill, 2001, pp. 47~76.

Thompson, Ralph Wardlaw. *Griffith John: The Story of Fifty Years in China*. London: The Religious Tract Society, 1906.

Tileston, William Minns. William Minns Tileston Letters, Massachusetts Historical Society, Boston, Massachusetts.

Torr, Dona, ed. *Marx on China: Articles from the New York Daily Tribune, 1853~1860*. London: Lawrence & Wishart, 1968.

Tsiang, T. F. "China after the Victory of Taku, June 25, 1859." *American Historical Review* 35, no. 1(October 1929): 79~84.

Tulloch, Alexander Bruce. *Recollections of Forty Years' Service*. London: William Blackwood and Sons, 1903.

Uhalley, Stephen, Jr. "The Foreign Relations of the Taiping Revolution." Ph.D. diss., UC Berkeley, 1967.

———. "The Taipings at Ningpo: The Significance of a Forgotten Event." *Journal of the Hong Kong Branch of the Royal Asiatic Society* 11(1971): 17~32.

Wade, Thomas F. "The Army of the Chinese Empire…". *The Chinese Repository* 20, no. 5(May 1851): 250~280. continued in 20, no. 6(June 1851): 300~339. continued in 20, no. 7(July 1851): 363~471.

Wagner, Rudolf G. *Reenacting the Heavenly Vision: The Role of Religion in the Taiping Rebellion*. Berkeley: Institute of East Asian Studies, University of California, 1982.

Waley-Cohen, Joanna. "Militarization of Culture in Eighteenth-Century China." In *Military Culture in Imperial China*, ed. Nicola di Cosmo. Cambridge, Mass.: Harvard University Press, 2009, pp. 278~295.

Wang Ding'an. *Xiangjun ji*(A record of the Hunan Army). Changsha: Yuelu Shushe, 1983, orig. text dated 1889.

Wang Dun. *Xiangjun shi*(A history of the Hunan Army). Changsha: Hunan Daxue Chubanshe, 2007.

Wang Ermin. *Huaijun zhi*(Annals of the Anhui Army). Beijing: Zhonghua Shuju, 1987.

Wang Kaiyun. *Xiangjun zhi*(Annals of the Hunan Army), published in a single volume with Guo Zhenyong, *Xiangjun zhi pingyi*(An appraisal of *Annals of the Hunan Army*) and Zhu Deshang, *Xu xiangjun zhi*(Continued *Annals of the Hunan Army*). Changsha: Yuelu Shushe, 1983.

Wang Shihui. *Xianfeng Xiangshan yuefen jishi*(A record of actual events under the rebels in Xiangshan during the Xianfeng reign). In *Taiping Tianguo*(The Taiping Heavenly Kingdom), ed. Luo Ergang and Wang Qingcheng. 10 vols. Guilin: Guangxi Normal University Press, 2004, vol. 5, pp. 207~219.

Wang Yeh-chien. "The Impact of the Taiping Rebellion on Population in Southern Kiangsu." *Harvard Papers on China* 19(1965).

Wang Yishou. *Yuenan zhi*(A chronicle spanning hardships). In *Taiping Tianguo*(The Taiping Heavenly Kingdom), ed. Luo Ergang and Wang Qingcheng. 10 vols. Guilin: Guangxi Normal University Press, 2004, vol. 5, pp. 139~163.

Ward, Frederick Townsend. Frederick Townsend Ward Papers, Manuscripts and Archives, Sterling Memorial Library, Yale University, New Haven, Conn.

Weng Tonghe. *Weng wengong gong riji*(Diary of Weng Tonghe). Excerpted in Qi Sihe et al., eds. *Dierci Yapian Zhanzheng*(The Second Opium War). 6 vols. Shanghai: Shanghai Renmin Chubanshe, 1978~1979, vol. 2.

Wenxiang, *Wen wenzhong gong shilüe*(Events in the life of Wenxiang). Taipei: Wenhai Chubanshe, 1968, reprint of 1882 original.

Will, Pierre-Étienne. "Views of the Realm in Crisis: Testimonies on Imperial Audiences in the Nineteenth Century." *Late Imperial China* 29, no. 1 suppl.(June 2008): 125~159.

Williams, Frederick Wells. *Anson Burlingame and the First Chinese Mission to Foreign Powers*. New York: Charles Scribner's Sons, 1912.

———. *The Life and Letters of Samuel Wells Williams, LL.D.: Missionary, Diplomatist, Sinologue*. New York and London: G. P. Putnam's Sons, 1889.

Williams, Samuel Wells. *The Middle Kingdom*. New York: Charles Scribner's Sons, 1883.

———. Samuel Wells Williams Family Papers, Manuscripts and Archives, Sterling Memorial Library, Yale University, New Haven, Conn.

Wilson, Andrew. *The "Ever-Victorious Army": A History of the Chinese Campaign under*

Lt.-Col. C. G. Gordon…. Edinburgh: William Blackwood and Sons, 1868.

Withers, John Lovelle. "The Heavenly Capital: Nanjing Under the Taiping, 1853~1864." Ph.D. diss., Yale University, 1983.

Wolseley, Garnet Wolseley, Viscount. *Narrative of the War with China in 1860, to Which Is Added the Account of a Short Residence with the Tai-ping Rebels at Nankin*…. London: Longman, Green, Longman and Roberts, 1862.

Wong, J. W. *Deadly Dreams: Opium, Imperialism, and the Arrow War(1856~1860) in China*. Cambridge, England: Cambridge University Press, 1998.

Wong, J. Y. "Harry Parkes and the 'Arrow' War in China." *Modern Asian Studies* 9, no. 3(1975): 303~320.

Wong Young-tsu. *A Paradise Lost: The Imperial Garden Yuanming Yuan*. Honolulu: University of Hawaii Press, 2001.

Wooldridge, William C. "Transformations of Ritual and State in Nineteenth-Century Nanjing." Ph.D. diss., Princeton University, 2007.

Wright, Mary Clabaugh. *The Last Stand of Chinese Conservatism: The T'ung-Chih Restoration, 1862~1874*. Stanford, Calif.: Stanford University Press, 1967.

Wu, James T. K. "The Impact of the Taiping Rebellion upon the Manchu Fiscal System." *Pacific Historical Review* 19, no. 3(1950): 265~275.

Xia Chuntao. *Cong shushi, Jidutu dao wangye: Hong Rengan*(From scholar and Christian to King: Hong Rengan). Wuhan: Hubei Jiaoyu Chubanshe, 1999.

Xiangxiang xianzhi(Gazetteer of Xiangxiang county, Hunan). 1874.

Xiao Yishan. *Qingdai tongshi*(Comprehensive history of the Qing dynasty). Taipei: Shangwu Yinshuguan, 1962~1963.

Xu Chuanyi. *Taiping Tianguo Anhui sheng shigao*(Draft history of Anhui province during the Taiping Rebellion). Hefei: Anhui Renmin Chubanshe, 1991.

Xu Liting. *Xianfeng, Tongzhi di*(Emperors Xianfeng and Tongzhi). Changchun: Jilin Wenshi Chubanshe, 1993.

Xue Fengjiu. *Nanqing zaji*(Miscellaneous records of difficult circumstances). In *Taiping Tianguo*(The Taiping Heavenly Kingdom), ed. Luo Ergang and Wang Qingcheng. 10 vols. Guilin: Guangxi Normal University Press, 2004, vol. 5, pp. 271~288.

Yang Yiqing. *Hunan difang zhi zhong de Taiping Tianguo shiliao*(Materials on the Taiping Heavenly Kingdom from Hunan gazetteers). Changsha: Yuelu Shushe, 1983.

Yu Bingkun et al., eds. *Qing zhengfu zhenya Taiping Tianguo dang'an shiliao*(Archival materials on the Qing government's suppression of the Taiping). 26 vols. Beijing: Guangming Ribao Chubanshe, 1990~.

Yu, Maochun. "The Taiping Rebellion: A Military Assessment of Revolution and Counterrevolution." In *A Military History of China*, ed. David Graff and Robin Higham. Boulder, Colo.: Westview, 2002.

Yu Xingmin. *Shanghai, 1862 nian*(Shanghai, 1862). Shanghai: Renmin Chubanshe, 1991.

Yung Wing. *My Life in China and America*. New York: Henry Holt & Co., 1909.

Zeng Guofan. *Zeng Guofan jiaxun*(Zeng Guofan's family instructions). Ed. Cheng Xiaojun and Tang Zhaomei. Shenyang: Liaoning Guji Chubanshe, 1997.

———. *Zeng Guofan quanji*(The complete works of Zeng Guofan). 16 vols. Beijing: Zhongguo Zhigong Chubanshe, 2001.

———. *Zeng Guofan weikan wanglai hangao*(Unpublished correspondence of Zeng Guofan). Changsha: Yuelu Shushe, 1986.

Zhang Dejian. *Zeiqing huizuan*(Intelligence reports on the Taiping rebels). Taipei: Wenhai Chubanshe, 1968, reprint of 1855 original.

Zhang Gongchen. *Senggelinqin chuanqi*(Biography of Senggelinqin). Beijing: Zhongguo Renmin Daxue Chubanshe, 2003.

Zhang Hongxing. "Wu Youru's 'The Victory Over the Taiping': Painting and Censorship in 1886 China." Ph.D. diss., School of Oriental and African Studies, University of London, 1999.

Zhang Xiaoqiu, *Yuefei jilüe*(Brief records of the Guangxi bandits). In *Taiping Tianguo*(The Taiping Heavenly Kingdom), ed. Luo Ergang and Wang Qingcheng. 10 vols. Guilin: Guangxi Normal University Press, 2004, vol. 4, pp. 46~60.

Zhang Yun. *Zeng Guofan yu Xiangjun*(Zeng Guofan and the Hunan Army). Shenyang: Liaoning Renmin Chubanshe, 2008.

Zhao Liewen. *Neng jingju riji*(Diary of Zhao Liewen). In *Taiping Tianguo*(The Taiping Heavenly Kingdom), ed. Luo Ergang and Wang Qingcheng. 10 vols. Guilin: Guangxi Normal University Press, 2004, vol. 7, pp. 42~366.

Zheng Xiaowei. "Loyalty, Anxiety, and Opportunism: Local Elite Activism during the Taiping Rebellion in Eastern Zhejiang, 1851~1864." *Late Imperial China* 30, no. 2(December 2009): 39~83.

Zhongyang Yanjiuyuan Jindaishi Yanjiusuo, ed. *Jindai Zhongguo dui Xifang ji lieqiang renshi ziliao huibian*(Collection of materials on the understanding of the West in modern China). Nankang: Academia Sinica Institute of Modern History, 1972.

Zhu Dong'an. *Zeng Guofan zhuan*(Biography of Zeng Guofan). Tianjin: Baihua Wenshu Chubanshe, 2000.

Zhu Hongzhang. *Cong rong jilüe*(Zhu Hongzhang's account of the campaign against the rebels). Taipei: Wenhai Chubanshe, 1968, reprint of 1890 original.

삽화 출처

증국번: Hosea Ballou Morse, *The International Relations of the Chinese Empire*, vol. 2(New York: Longmans, Green, & Co., 1910~1918). Courtesy of the Yale University Library.

증국전: Peng Hongnian, *Ziguangge gongchen xiaoxiang bing Xiangjun pingding Yuefei zhantu*(Shanghai: Dianshizhai, 1900).

다릉아: Peng Hongnian, *Ziguangge gongchen xiaoxiang bing Xiangjun pingding Yuefei zhantu*(Shanghai: Dianshizhai, 1900).

포초: Peng Hongnian, *Ziguangge gongchen xiaoxiang bing Xiangjun pingding Yuefei zhantu*(Shanghai: Dianshizhai, 1900).

이홍장: 미국 의회도서관.

엘긴 경과 공친왕: George Allgood, *China War 1860: Letters and Journal*(London: Longmans, Green and Co. 1901). Courtesy of the Yale University Library.

다구 포대 1: George Allgood, *China War 1860: Letters and Journal*(London: Longmans, Green and Co., 1901). Courtesy of the Yale University Library.

다구 포대 2: George Allgood, *China War 1860: Letters and Journal*(London: Longmans, Green and Co., 1901). Courtesy of the Yale University Library.

해리 파크스: Stanley Lane-Poole, *The Life of Sir Harry Parkes*, vol. 1(New York: Macmillan, 1894). Courtesy of the Yale University Library.

제임스 호프: W. Laird Clowes, *The Royal Navy: A History from the Earliest Times to the Present*, vol. 7(Boston: Little, Brown & Co., 1897~1903). Courtesy of the Yale University Library.

프레더릭 브루스: Alexander Michie, *The Englishman in China During the Victorian Era*, vol. 1(Edinburgh: W. Blackwood and sons, 1900). Courtesy of the Yale University Library.

앤슨 벌링게임: 미국 의회도서관.

베이징 성벽: George Allgood, *China War 1860: Letters and Journal*(London: Longmans, Green and Co., 1901). Courtesy of the Yale University Library.

『하퍼스 위클리Harper's Weekly』 제1면에 실린 워드와 버지빈: 미국 의회도서관.

찰스 "중국의" 고든: A. Egmont Hake, *Events in the Taeping Rebellion*(London: W. H. Allen and Co., 1891). Courtesy of the Yale University Library.

상하이 부두 길: John Thomson, *Illustrations of China and its People*(London: S. Low, Marston, Low, and Searle, 1873~1874). Courtesy of the Beinecke Library, Yale University.

옮긴이 임태홍

성균관대 동아시아 학술원 수석연구원. 성균관대 중어중문과를 졸업하고, 타이완 정치대학과 성균관대에서 석사 학위를, 도쿄대학에서 석사 및 박사 학위를 취득했다. 저서로 『동아시아의 자국인식: 신화와 근대종교로 본』『일본 사상을 만나다』 등이 있고, 옮긴 책으로 『쌍전』『논어징』 등이 있다. 주요 논문으로는 「홍수전의 종교적 성공과 그 사상적 배경」「동아시아 신종교에 보이는 신비체험과 그 사상」(박사 논문) 등이 있다.

천국의 가을

1판 1쇄 2026년 1월 5일
1판 2쇄 2026년 2월 3일

지은이 스티븐 플랫
옮긴이 임태홍
펴낸이 강성민 이은혜
기획 노승현
편집 한선예
마케팅 정민호 박치우 한민아 이민경 박진희 황승현 김경언
브랜딩 함유지 김은솔 박민재 이송이 박다솔 조다현 김하연 이준희
제작 강신은 김동욱 이순호

펴낸곳 (주)글항아리 | **출판등록** 2009년 1월 19일 제406-2009-000002호

주소 경기도 파주시 문발로 214-12, 4층
전자우편 bookpot@hanmail.net
전화번호 031-955-2689(마케팅) 031-941-5161(편집부)
팩스 031-941-5163

ISBN 979-11-6909-479-5 03900

잘못된 책은 구입하신 서점에서 교환해드립니다.
기타 교환 문의 031-955-2661, 3580

www.geulhangari.com